Romantik und Geschichte

Veröffentlichungen des Nordost-Instituts

Band 8

2007

Harrassowitz Verlag · Wiesbaden

Romantik und Geschichte

Polnisches Paradigma, europäischer Kontext, deutsch-polnische Perspektive

Herausgegeben von
Alfred Gall, Thomas Grob,
Andreas Lawaty und German Ritz

2007

Harrassowitz Verlag · Wiesbaden

Herausgeber:
Nordost-Institut
Institut für Kultur und Geschichte
der Deutschen in Nordosteuropa e.V.
an der Universität Hamburg
Conventstr. 1
21335 Lüneburg
www.ikgn.de

Redaktion des Bandes: Konrad Maier

Umschlagabbildung: Polska. Artur Grottger (1837–1867) Rekonesans [Spähtrupp],
Kunstgalerie, Lviv' / Lemberg, Ukraine.

Gedruckt mit Unterstützung des Schweizerischen Nationalfonds
und des Beauftragten der Bundesregierung für Kultur und Medien.

Bibliografische Information der Deutschen Nationalbibliothek
Die Deutsche Nationalbibliothek verzeichnet diese Publikation in der Deutschen
Nationalbibliografie; detaillierte bibliografische Daten sind im Internet
über https://dnb.de/ abrufbar.

Bibliographic information published by the Deutsche Nationalbibliothek
The Deutsche Nationalbibliothek lists this publication in the Deutsche
Nationalbibliografie; detailed bibliographic data are available in the internet
at https://dnb.de/.

Informationen zum Verlagsprogramm finden Sie unter
https://www.harrassowitz-verlag.de/
© Otto Harrassowitz GmbH & Co. KG, Wiesbaden 2007
Kreuzberger Ring 7c-d, D-65205 Wiesbaden
produktsicherheit.verlag@harrassowitz.de
Gedruckt auf alterungsbeständigem Papier.
Satz: fio & flo, Thorn, Polen
Printed in Germany
ISSN 1862-7455
ISBN 978-3-447-05654-0

Inhalt

Romantik und das Andere

Einleitung

Die Romantik gehört in der polnischen Literatur – wie in anderen slawischen Literaturen – zu den zentralen Stilperioden, und ihre kultur- und identitätsstiftende Wirkung hält bis heute an. Seit der zweiten Hälfte des 19. Jahrhunderts hat sie die polonistische Aufmerksamkeit auf sich konzentriert, und ihre Erforschung hat die Entwicklung der Literaturwissenschaft begleitet und wesentlich gestaltet. Längst ist für viele Vertreter und Probleme eine ausdifferenzierte Forschungstradition entstanden, die einen Gesamtzugang außerhalb didaktischer Einführungen unmöglich macht. Wenn in diesem Band die polnische Romantik dennoch als Gesamtphänomen in den Blick genommen wird, dann vor allem, weil ihre Außenrezeption in keiner Weise der Binnenrezeption entspricht und weil sie in der deutschen und europäischen Romantikforschung kaum wahrgenommen wird – dies obwohl ihre besondere Ausprägung und der ästhetische Rang vieler ihrer Werke ihr unzweifelhaft eine markante Position im kultur- und literaturgeschichtlichen Phänomen der europäischen Romantik verleihen.

Die polnische Romantik ergänzt das westeuropäische Romantikbild in wesentlichen Aspekten. Sie kompensiert ihre ‚Verspätung‘ gegenüber der deutschen und englischen Romantik – die sie mit anderen regionalen Formen teilt – durch eine breitere Fundierung; sie steht im Dialog mit der deutschen und englischen und entwickelt sich in enger innerer Verbindung mit der parallelen französischen Romantik. Über die westeuropäische Romantik öffnet sie sich zur Tradition der Dramen Shakespeares und zur südeuropäischen Gegenreformation, insbesondere zum spanischen Barock. Sie teilt mit den westeuropäischen Ausprägungen die geschichtsphilosophische Fundierung sowie grundsätzliche ästhetische Positionen wie die Forderung nach ästhetischer Autonomie; diesen hält sie bis weit in das 19. Jahrhundert die Treue. Sie entwickelt so eine der originellsten Formen einer europäischen ‚Spätromantik‘.

Die Besonderheit der polnischen Romantik beruht nicht zuletzt auf einer besonderen Beziehung von Literatur und Geschichte. Dieser Nexus, der fast alle Aspekte der polnischen Romantik berührt, bildet den Rahmen des vorliegenden Sammelbandes und rechtfertigt die Breite des Unternehmens. Die frühen romantischen Texte schaffen der Jugend eine eigene Sprache, mit der sie sich in den 1820er Jahren gegen die aufklärerische Vätergeneration auflehnt und die sie in den politischen Widerstand gegen die Teilungsmächte und insbesondere gegen Russland treibt; dies mündet schließlich in den in vieler Hinsicht romantisch inspirierten November-Aufstand von 1830/31. Die Geschichte hatte bereits bei der spezifischen Form der polnischen Aufklärung Pate gestanden. Diese hatte sich in den Dienst der Staatsreform gestellt und suchte, vergeblich zwar, dem Untergang Polens vorzubeugen. Sie versuchte nach der Auflösung der alten Adelsrepublik von 1795, der historischen Tragödie eine Sprache zu geben und das historische Erbe zumindest in der Kulturnation zu bewahren.

Die Sprache der jungen Romantiker war in der Agitation der Bevölkerung viel erfolgreicher als die Sprache der klassizistischen Väter. Die romantischen Dichter hatten das einfache Volk (lud) und nicht den Salon im Auge, auch wenn sie von diesem Volk keinen sehr präzisen Begriff hatten. Die romantischen Texte begründeten und trugen nicht nur den Widerstand der 1820er und 30er Jahre, sondern auch alle folgenden Widerstandswellen bis hin zur bisher letzten nationalen Erhebung der Solidarność nach 1980. Die Romantik revoltierte aber nicht nur die Jugend, sondern sie suchte nach dem Scheitern des Aufstands historische Visionen zu formulieren, die in ihrer Verbindung von Geschichtsmythos und romantischer Poetik die aufklärerische Staatsutopie mit Hilfe messianischer Heilsvisionen wirkungsvoll übertrafen. Die Romantik wird die polnische Geschichte beleben und sie gleichzeitig immer wieder neu entwerfen.

Diese Wirkung, die fast anderthalb Jahrhunderte anhielt, erreichte die Romantik durch eine bereits in der Zeit beginnende und später immer deutlicher sich herausbildende Kanonisierung von Figuren und Texten. Der Kanon garantierte nationale Identitätsmuster und hielt sich über die verschiedenen Stilperioden hinweg kraft seiner großen ästhetischen Spannbreite, die von Mickiewicz und Słowacki bis zu Norwid oder Fredro reicht, am Leben.

Der Kanon lastet aber bisweilen auf der literaturwissenschaftlichen Auseinandersetzung. Die polnische Romantikforschung hat in ihrem mehr als 150-jährigen Bestehen einen stark hierarchisch geordneten Wissenschaftsapparat hervorgebracht, dessen innerer Dialog von den sich wandelnden literaturtheoretischen Positionen wenig berührt wurde. Sie entwickelte sich im 20. Jahrhundert lange zwischen hermeneutischen Ansätzen und einer vor allem geistesgeschichtlich orientierten Literaturwissenschaft. In dieser Tradition stehen die meisten bis heute verbindlichen Standardwerke zur polnischen Romantik. Die nach dem Zweiten Weltkrieg vorgegebene Nähe der geistesgeschichtlichen zur offiziösen marxistischen Literaturwissenschaft richtete in der Romantikforschung erstaunlich wenig Schaden an. Der Marxismus oder die Nähe zu ihm verhalf der Romantikforschung vor allem nach 1956 sogar zu einer Rehistorisierung der Romantik. Sie wurde jetzt als breites Phänomen der allgemeinen literarischen und historischen Entwicklung in der ersten Hälfte des 19. Jahrhunderts begriffen und nahm nun auch die zweit- und drittrangigen Autoren und vor allem die Entwicklung in der in Polen entstandenen Literatur (Literatura krajowa) nach 1831 ernst. In dieser Ausdifferenzierung der Romantik wurde wichtige Grundlagenforschung geleistet; die nach 1975 erschienenen Bände *Literatura krajowa w okresie romantyzmu 1831–1863* [Heimatliteratur zur Zeit der Romantik 1831–1863] geben davon ein Zeugnis.

Diese breite Orientierung der Romantikforschung ging nach 1980 und vor allem nach 1989 eher verloren, und es dominierten wiederum Beiträge zu den Kanonautoren. Insgesamt machte die Romantikforschung die theoretischen Entwicklungen der Literaturwissenschaft nach den 1960er Jahren nicht mit. Der polnische Strukturalismus und Poststrukturalismus haben die Romantik, anders als etwa in Russland, nicht als ihr primäres Exerzierfeld benutzt; das Interesse der polnischen Theoretiker dieser Prägungen richtete sich vornehmlich auf die Moderne. Eine wichtige Brücke zwischen geistesgeschichtlichem Ansatz und Poststrukturalismus schlug die Literaturpsychologie, wie sie Janion und die Forscherinnen ihres Kreises betrieben.

Die Beiträge dieses Sammelbandes gingen aus einer Konferenz hervor, die im Herbst 2005 stattfand und von einem an der Universität Zürich angesiedelten Forschungsprojekt des Schweizerischen Nationalfonds zusammen mit dem Nordost-Institut Lüneburg ausgerichtet wurde. Das Ziel der Konferenz war eine gewisse Korrektur in der Ausrichtung der polonistischen Romantikforschung, dies nicht in Form eines neuen Theorieansatzes – ein solcher wäre im aktuellen Methodenpluralismus auch kaum zu erreichen –, sondern durch die Aufdeckung von ‚Differenzen im Kanon' – so der Konferenztitel – mithilfe eines komparatistischen und interdisziplinären Herangehens; der Dialog zwischen Literaturwissenschaftlern und Historikern war dabei Programm. Angestrebt wurde keine Revision der Romantik, die aufgrund ihrer identitätsstiftenden Funktion ohnehin nur in Polen selbst vorgenommen werden könnte – und von den innerpolnischen Debatten war auf der Tagung und ist in den Beiträgen einiges zu spüren –, sondern eine Überprüfung der historischen Verortung im europäischen Kontext.

Der Akzent auf der Differenzbildung im Kanon verlangt eine Perspektive der kulturellen Distanznahme; die polnischen und deutschen Beiträge ergänzen sich hier. Es war nicht ein gemeinsamer Blick angestrebt, sondern ein Dialog verschiedener Pespektiven und Wissenschaftstraditionen.

Die Beiträge lassen sich zu drei Blöcken gruppieren: einem interdisziplinär-thematischen zu *nation building* und Modernisierung, einem komparatistisch-poetologischen zu Imagination, Ironie und Intertextualität, und schließlich einem kulturtypologischen und wirkungsgeschichtlichen, der über das ‚Andere der Romantik' gefasst werden soll.

Modernisierung: *nation building* und *imagined community*

In der Forschung ist die prägende Rolle der Romantik für die polnische Kultur, insbesondere für die Ausformung des polnischen Nationalbewusstseins, ein bis in die Gegenwart reichendes zentrales Arbeitsgebiet. Für die polnische Kultur ist die Genese der modernen Nation untrennbar mit den Erfahrungen der Teilungen und der Staatenlosigkeit verknüpft. Nach dem Verlust der Eigenstaatlichkeit am Ende des 18. Jahrhunderts tritt mit der Aufhebung einer institutionell verankerten politischen Autonomie die Entfaltung der politischen Nation in den Hintergrund und die Behauptung einer alle Schichten und Stände umfassenden Kulturnation in den Vordergrund. Dabei ist die Idee der Kulturnation an die für die Zukunft zu schaffende politische Nation gebunden und geradezu deren Voraussetzung. Die Dialektik von politischer und kultureller Nation wird beeinflusst durch soziale und ökonomische Modernisierungsprozesse, die im Reflexionsmedium der Literatur verhandelt werden. Soziale, politische und kulturelle Modernisierungen im Sinne der Emergenz der modernen Nation werden in die Kulturnation verschoben und von ihr aus imaginiert. Literatur erscheint als ein zentrales Medium, durch welches Vergesellschaftungen vorgestellt und kommuniziert werden. Wenn man die Rolle der Literatur im Prozess der Selbstbehauptung der polnischen Kulturnation betrachtet, zeichnet sich ein vielfältiges Erscheinungsbild von Aufgaben ab, die ihr zugewiesen, zugetraut oder auch zugemutet wurden.

Mit konstruktivistischen Ansätzen, die Nationen nicht als gegebene, sondern als gemachte und damit auch historischem Wandel unterliegende Größen annehmen, wird der Zusammenhang von Literatur und Nation für die polnische Kultur neu akzentuiert. Mit dem Begriff *nation building* kann das in den historischen Sozialwissenschaften entworfene Konzept einer gesellschaftlichen Konstruktion der Nation auch auf die Rolle der Literatur übertragen werden: Literarische Texte sind Testfelder des Selbstentwurfs einer nationalen Identität, sie verhandeln Formen und Varianten einer auf Nation abzielenden Selbstbeschreibung. Sie intervenieren damit in den Prozess der Entstehung einer Nation und sind als Medien am Prozess des *nation building* beteiligt, in dem sie durch den imaginierenden Entwurf von Vergesellschaftungen Vorstellungswelten sowie Begriffsfelder zum Ausdruck bringen, die in sozialen Praktiken aufgegriffen und so auch im politischen Feld wirksam werden können, wodurch sie auf ihre jeweils eigenständige Art und Weise an der Entstehung der polnischen Nation mitwirken. Mit den Bezeichnungen *nation building* und *imagined community* sind zwei Problemfelder umrissen, die in der Romantik als sozial- sowie kulturgeschichtliche Zusammenhänge mit der literarischen Praxis verzahnt sind. Verschiedene Tagungsbeiträge untersuchen die grundlegende Frage nach der Bedeutung der Literatur in den Prozessen des *nation building* sowie ihrer Rolle in der Imagination von nationaler Gemeinschaft.

Andreas Lawaty versucht in seinem einführenden Beitrag den interdisziplinären Ansatz von Geschichte und Literaturwissenschaft sowie den Vergleich zwischen Ost- und Westeuropa zu vereinen, indem er die politische Romantik anhand von zwei zentralen Texten der deutschen und polnischen Romantik – Fichtes *Reden an die deutsche Nation* (1807/08) und Mickiewiczs Pariser *Vorlesungen über slawische Literatur* (1840–1844) – zu fassen sucht. Die deutsche Historiografie hat die Romantik, wie die Einführung darstellt, kaum als ihr Analysefeld erachtet. Die vergleichende politikgeschichtliche Lektüre vermag aber vertiefte Einsichten in die romantische Kondition Deutschlands und Polens zu befördern. Nicht nur wird dabei die für gewöhnlich angenommene Abhängigkeit der verspäteten ost- gegenüber der westeuropäischen Romantik aufgebrochen, sondern wird auch gezeigt, dass die Einmaligkeit des romantischen Polen durchaus ihre überraschenden Pendants beim unmittelbaren Nachbarn haben kann.

Tomasz Kizwalter beschreibt die Romantik als Laboratorium der Moderne, in welchem Zukunftsmodelle für soziale und politische Verhältnisse entwickelt werden. Er verfolgt die Verschiebungen bei den Diskussionen über die verschiedenen Aspekte von Modernisierung in Wirtschaft, Politik und Gesellschaft für die Zeit der Aufklärung und Romantik. Er fokussiert die Spannungsfelder zwischen den Voraussetzungen sowie Zielsetzungen der aufklärerischen Ideen zur Modernisierung der polnischen Gesellschaft einerseits und den skeptischen sowie selbstreflexiven Betrachtungen der Romantiker andererseits. Die von den Aufklärern ins Auge gefasste Modernisierung, die als zivilisatorisches Fortschrittsprojekt und Industrialisierung angelegt ist, kollidiert mit der Skepsis der Romantiker, die wirtschaftliche und soziale Fortschrittsideen an existenziellen sowie individuellen Erfahrungsdimensionen messen, wodurch Ambivalenzen und Aporien von Modernisierungsprozessen offen gelegt werden, zugleich aber auch die Idee einer Erneuerung des Menschen in einer neuen Gemeinschaft ihr Profil erhält.

Hans-Jürgen Bömelburg untersucht die Valenz des Konzepts einer *Übergangsgesellschaft* für die polnische Kultur des ausgehenden 18. und frühen 19. Jahrhunderts. Aufklärung und Romantik erscheinen nicht als getrennte Einheiten, sondern als Wegmarken eines epochenübergreifenden Problems, das sich nach den Teilungen und dem Verlust der Eigenstaatlichkeit in der Behauptung der polnischen Kulturnation unter den Bedingungen der Fremdherrschaft zeigt. Am Beispiel von Woronicz sowie Niemcewicz erläutert Bömelburg, wie noch vor der Romantik Konzepte einer polnischen Kulturnation entwickelt wurden und welche Kriterien bei den damit einhergehenden Inklusions- sowie Exklusionsmechanismen zur Anwendung kamen. Bei Woronicz gründen die Vorstellungen einer polnischen Kulturnation, die es zu bewahren gilt, auf der Sakralisierung der polnischen Geschichte, die im

Kulturgedächtnis der Polen fest zu verankern sei, um der Nation ein tragendes Fundament zu geben. In der Entwicklung einer öffentlich wirksamen und um nationale Werte zentrierten Erinnerungskultur erblickt auch Niemcewicz die Voraussetzung für die Bewahrung der polnischen Nation. Beide Autoren sind als Vertreter einer Übergangsgesellschaft noch vor der Romantik an der Ausarbeitung eines kulturell definierten Begriffs der polnischen Nation einschließlich eines in diesem Sinne entwickelten Geschichtsdenkens maßgeblich beteiligt.

Dirk Uffelmann betont in seinem Beitrag vor allem die Problematik, dass eine solche zu bewahrende Nation überhaupt erst geschaffen werden muss: Die Nation ist ein Projekt für die Zukunft. Im Rückgriff auf Ansätze der *postcolonial studies* wird die Lage Polens unter der Fremdherrschaft der Teilungsmächte in partieller Übereinstimmung mit der Erfahrung der Kolonisation außereuropäischer Länder verknüpft. In der Problemskizze werden die Möglichkeiten der *postcolonial studies* für die Untersuchung der polnischen Romantik erwogen. Konkret erörtert wird unter anderem die performative Setzung der Nation durch literarische Sprechakte, in deren Vollzug sich ein noch der Vervollständigung in Politik und Gesellschaft bedürfendes Profil der Nation abzeichnet.

In vergleichbarer Weise bezieht sich Alfred Gall auf Positionen der *postcolonial studies*, um die Besonderheit der in Rzewuskis *Pamiątki Soplicy* [Erinnerungen des Herrn Soplica] geleisteten Darstellung historischer Zusammenhänge zu erfassen. Dabei wird auf das Konzept des *kulturellen Gedächtnisses* rekurriert, mit dessen Hilfe eine Brücke zwischen Geschichtsdenken und der Erfahrung der Fremdherrschaft geschlagen wird. In Rzewuskis Text markiert die unbesetzte Funktionsstelle des Autors, der hinter der Stimme des kreierten Erzählers Soplica, der zugleich die Hauptfigur ist, verschwindet, die Aporie, über eine vergangene Epoche zu schreiben, ohne den eigenen Standpunkt zu umreißen. Diese Konstellation ist paradigmatisch für kulturelle Selbstbeschreibungen unter Fremdherrschaft, unter deren Bedingungen eine eigene Stimme und ein eigenes Beschreibungsvokabular erst noch entwickelt werden müssen.

Anknüpfend an die Rolle der Geschichte für die Romantik, in der die Entfaltung der Nation parallel zur Entstehung eines öffentlichen Geschichtsbewusstseins verläuft, setzt sich Rolf Fieguth in seinem Beitrag mit zwei historischen Romanen auseinander. Er untersucht die Entfaltung der historischen Prosa in den ersten beiden Dritteln des 19. Jahrhunderts am Beispiel von Zygmunt Krasińskis *Agaj-Han* und Henryk Rzewuskis *Listopad* [November]. Die beiden Romane werden als komplementäre Erscheinungen bewertet und als Ausdruck eines jeweils eigenständigen Paradigmas erfasst, was als Neubewertung und Aufwertung zweier bislang marginalisierter Texte erfolgt, deren Bedeutung für die weitere Entwicklung der historischen Prosa in Polen mit Nachdruck in Erinnerung gerufen wird.

Den überaus wichtigen Aspekt der religiösen Kultur in der polnischen Romantik rückt Mikołaj Sokołowski in den Mittelpunkt. Sokołowski thematisiert vor allem die religionsgeschichtliche Stellung des Towianismus zwischen Orthodoxie und Häresie. Der Towianismus interessiert insbesondere mit seiner internationalen Ausstrahlung, vornehmlich nach Italien, sowie mit den bis in die Gegenwart reichenden Nachwirkungen und gilt dabei, entgegen einer langjährigen Rezeptionstradition, als Entwurf einer neuen, auf Individualität und Freiheit gründenden Religiosität, deren Modernität in der zeitgenössischen Aktualität begründet ist. Diese kulturgeschichtliche Einbettung zieht eine Neubewertung des Towianismus nach sich, die sich von den etablierten und zumeist skeptischen Einschätzungen abhebt.

Programmatik zwischen Individualisierung und Totalisierung

Romantikforschung ist auch eine Form der kulturellen Archäologie des geschichtlichen Denkens. Das Historische betrifft gleichsam alle Fasern ihres Gegenstandes, und in kaum einem Romantikmodell wird dies so deutlich wie im polnischen. Romantik schreibt auf ganz verschiedene Weise Geschichte, nicht nur in der Formung historischer Modelle, in der Inspiration von Historiografie, der Prägung historischer Bilder und Narrative oder im Versuch der ‚Ästhetiker‘, politisch in den Geschichtsverlauf einzugreifen. Die romantische Eigenart der Nichtidentifikation mit sich selbst, der steten Verschiebung des Gegebenen durch Ironie, durch Sehnsucht und Projektion, durch die Bewegung des Ichs, die Spiegelung im Anderen und im Horizont des Unendlichen rückt auch das Vergangene heran. Gegenwart erscheint gleichsam historisch verfremdet, so wie sich das Vergangene mit dem Künftigen verbindet.

In der polnischen Romantik wird die Geschichte zunehmend zum Bezugspunkt per se, und in den historisierenden Gesten erhebt romantisches Denken und Schreiben Anspruch auf kulturelle Wirkung – anders, als das die ‚Aufklärung‘ tat, aber bekanntlich nicht minder universal. Michał Kuziak versucht in seinem Beitrag *Brodziński, Mickiewicz, Mochnacki: Der Alteritätsdiskurs der polnischen romantischen Kritik*, den Einsatz des Anderen, in dessen Zentrum die Geschichte stehe, in den wirkungsmächtigen literaturkritischen Beiträgen von Kazimierz Brodziński, Adam Mickiewicz und Maurycy Mochnacki zu skizzieren. Er findet bei diesen Autoren einen durchgehenden, wenn auch uneinheitlichen Umgang mit einer Pluralisierung, die aus der romantischen Perspektive folge, aber immer ambivalent bleibe. Die „Dezentrierung von Ich und Welt", die Auflösung des kulturellen Monolithismus bringen umgekehrt diskursbestimmende Größen wie das Nationale hervor, das gleichzeitig Differenz und Synthese bedeutet; Dezentrierung und Pluralisierung geht kompensatorisch einher mit der Tendenz zum Mythologischen und Universalen.

Zusammen mit dem Historischen wird ‚Identität‘ – keineswegs nur in Abhängigkeit von deutscher Philosophie – zu einem Kernproblem der Zeit, das sich auf allen Ebenen ästhetischer Ausdrucksformen wiederfindet. Es äußert sich beispielsweise in der Spannung zwischen Individuum und Gruppe, die an der Schaffung des motivlichen Kerninventars der Romantik mitwirkt. Auch dabei handelt es sich nicht um ein bloßes Herunterbrechen von subjektphilosophischen Abstraktionshöhen; eher entspringen die verschiedenen Ausformungen einer gemeinsamen, zeitgebundenen Individualitätsproblematik, die ästhetisch ausgesprochen produktiv wird.

Tendiert die Reflexion auf das krisenhafte Subjekt etwa im deutschsprachigen Raum zu phantasierten Formen der Geselligkeit von der Freundschaft, dem Gruppendialog bis hin zu Institutionen wie Familie und (man denke an Adam Müller) Staat, so betont das byronistische Erbe den Konflikt zwischen Individuum und (falscher) Gesellschaft und damit das Rebellentum im Dienste einer wahren Allgemeinheit. Damit rückt der ‚Held‘ in den Mittelpunkt des Interesses. Dies beschreiben eindrücklich der panoramische Beitrag von Michał Masłowski (*Der polnische romantische Held*) und der spezifischere von Stefan Chwin (*Die Romantik und das Recht auf den eigenen Tod*). Die polnische Romantik schafft trotz der starken Bezugnahme auf europäische Vorbilder auf originäre Weise eine „neue heroische Mythologie" (Masłowski). Deren Heldenbild impliziert gleichzeitig ein Verhaltensmodell wie eine moralische Norm. Nicht zuletzt, ja bevorzugterweise ist der Dichter selbst Teil davon: Das genuin romantische Idealbild des *wieszcz* als Dichter-Seher verbindet die Genietradition mit der Ausrichtung auf die Gesellschaft.

In der Prägung des polnischen romantischen Helden bildet sich, insbesondere unter Einfluss des Aufstands, ein mehrstufiges Entwicklungsmodell vom frühen romantischen Narzissten bis zum „Pilger für die universale Sache" heraus. Gerade das Heldenparadigma zeigt, wie tief sich romantische Bildlichkeiten in Polen in das kulturelle Bewusstsein eingewoben haben. Stefan Chwin entwickelt dies an einem der heikelsten Punkte dieses Heldenbildes überhaupt, der Problematik nämlich des Selbstmörders zwischen der Zuspitzung eines genuin romantischen Subjektkonfliktes wie beim jungen Mickiewicz und seiner späteren Überführung in patriotische Kontexte, die so pathos- wie konfliktbehaftet bleibt. An diesem Modellfall lässt sich auch ablesen, wie sehr der romantische Impuls – nicht ohne Zutun einiger romantischer Protagonisten selbst – immer wieder und manchmal bis zur Unkenntlichkeit von vereindeutigenden Lektüren und Sinngebungen überlagert wird.

Gerade deswegen ist es ein wesentlicher Teil der historischen Rekonstruktion, das Potenzial romantischer Texte, das nicht zuletzt in inneren Differenzen und Gegenläufigkeiten, in ihrer idealtypisch unbegrenzten Offenheit liegt, nicht aus dem Blick zu verlieren. Verschiedene Beiträge in diesem Band versuchen dies, auch gegen längst gefestigte Vereinnahmungen. Es muss immer neu gefragt werden, inwiefern diese konstitutiven Spannungen im romantischen Impuls eine Beruhigung finden können, ob Bewegungen wie diejenigen zum Patriotischen, zum Nationalen so totalisierend gelesen werden dürfen, wie dies lange üblich war. Denn diese Totalisierungen, die sich bei Romantikern selbst finden und die in der Dynamik der romantischen Entwicklung zu liegen scheinen, widersprechen gleichzeitig romantischen Grundpositionen. Die polnischen Paradigmen sind in ihrer starken politisch-nationalen Fokussierung für die europäische Romantik besonders aufschlussreich, nicht zuletzt in Bezug auf die ‚Ideologieanfälligkeit' romantischer Positionen insbesondere in späteren Phasen, die bekanntlich kein polnisches Privileg sind.

Die Besonderheit des polnischen Falles liegt auch in der außerordentlichen Überlebenskraft romantischer Bilder und Narrative in der Kultur; Masłowski etwa meint – und er ist damit keineswegs allein –, die romantischen Heldenbilder seien zumindest bis 1989 dominant geblieben. Diese Wirkungskraft verdankt sich nicht ausschließlich den totalisierenden Lektüren, sondern immer wieder auch der offenen Struktur der romantischen Texte mit ihrer widerständigen, in vieler Hinsicht paradoxalen Struktur. Letzteres wird etwa in der Frage des Bezugs zwischen Romantik und Modernismus aktuell, wie ihn Agata Bielik-Robson in ihrem Beitrag *Das romantische Syndrom. Stanisław Brzozowski und die Revision der Romantik* anhand dieses Kritikers entfaltet. Es geht darin um Brzozowskis „Revision" der Romantik. Brzozowski prüfe, so die Autorin, in seiner Romantikkritik die Bedingung der Möglichkeit individueller Subjektivität unter den verschärften Bedingungen einer „entzauberten Wahrheit". Analoges ließe sich entwickeln für das Verhältnis von Romantik und Postmoderne, das Kuziak andeutet.

Bei all dem bleibt Teil des romantischen Paradigmas, dass seine Perspektive im Grunde ästhetisch bleibt. Die Welt als Text zu sehen steigert ganz offensichtlich auch die literarische Autoreferentialität der dichterischen Werke in einem Maß, das weit über hergebrachte Dimensionen hinausführt. Brigitte Schultze führt in ihrem Beitrag *Textbezogenheit in Zeiten der Kulturnation: Fredros ‚Pan Jowialski' und Słowackis ‚Balladyna'* die mögliche Komplexität intertextueller Verwobenheiten anhand von Balladenelementen in zwei romantischen

Dramen aus den 30er Jahren vor. Bildet die romantische Ballade, das zentrale Genre der frühen polnischen Romantik, selbst schon ein schier unauflösliches Gewebe von Elementen aus verschiedenen Strängen von europäischer Volks- und Kunstdichtung, so steigert besonders Juliusz Słowackis *Balladyna* dies in einer Weise, die traditionelle Sinnstrukturen des Dramas zu sprengen scheint und die eben nicht das Nationale, sondern das Universelle sucht, das sich doch entzieht. Der kulturgeografische Bereich, der hier intertextuell abgesteckt wird, bildet einen überaus weiten Horizont: Die polnische Romantik erweist sich auch hier als eminent europäisches Phänomen.

Gerade die balladeske Tradition, die Schultze ausbreitet, könnte – erstaunlich für das im Grunde formal enge Genre – für das offene Erbe der Romantik stehen, aber auch für die oft zitierte Problematik, zur „Tat" zu gelangen, die sich mit den politischen Umwälzungen nach 1830 zuspitzt. In all diesen Formen inszeniert sich das Dilemma von Individualität und Sozietät, von individueller Zuspitzung des Textes an die Grenzen seiner „Verständlichkeit" im Sinne Friedrich Schlegels einerseits und dem Rekurs auf ‚kollektiv' abgesicherte Erzählformen andererseits. Dieser Konflikt, das ist Thema bei Thomas Grob (*Romantische Phantasie, die Phantastik der Ballade und die Frage nach dem ‚Anfang' der polnischen Romantik*), prägt schon die frühen romantischen Balladen. So schwierig die Bestimmung eines genauen Einsetzens ‚der' Romantik fällt, nimmt man zu der romantischen Selbstmythisierung des gänzlich Neuen Distanz, so eindeutig bleibt die Bedeutung Imagination bzw. Phantasie als einer programmatischen Größe, die konzeptgeschichtlich immer schon die Problematik von ‚Chaos' und nicht bewältigbarer Offenheit in sich trug. Die Phantasiekonzeption, die nun ins Zentrum ästhetischen Denkens rückt, zeigt einerseits die Verwurzelung der jungen polnischen Romantik in westeuropäischen Tendenzen; sie zeigt aber bei genauerem Hinsehen auch, wie relativ der Bruch ist, der den Anfang dieser Bewegung oder Epoche einleiten soll. Anhand der Phantasiekonzeption lässt sich zudem die produktive innere Widersprüchlichkeit der neuen Konzepte zwischen einer ‚negativen' Poetik des Aussparens und Nichtsagens und der Tendenz zur positiven, wenn man will ideologischen Füllung beobachten. Damit schlägt sich eine Brücke zu den nicht minder widerspruchsgeladenen Bipolaritäten wie denjenigen von Individuum und Gruppe, Subjektivismus und Absolutheit, Subjekt und Anderem.

Romantik und das Andere

Einmal aus der metaphysischen Ordnung entlassen, schafft sich der Mensch der Neuzeit im Horizont des Anderen, wird die Figur des Anderen zum unausweichlichen Doppelgänger seiner Identitätssuche. Das Andere bleibt dabei, gemäß seinem Wesen, zwar unbeschreibbar, erhält aber im Wechsel der großen geistesgeschichtlichen und Stilperioden eine zwar nur relative, aber stets wechselnde Maske. Berühmt geworden ist das Andere der Vernunft des 18. Jahrhunderts, bildlich gesprochen die Löcher und Leerstellen der sonst einsichtigen und gestalteten Wirklichkeit der Neuzeit. Am Ausgang des 19. Jahrhunderts ist dieses Andere auch zum Anderen des Geschlechts geworden, konkreter zum Anderen der Frau, während es im Realismus als das Fremde, zumeist soziologisch als der Fremde in Bezug auf die Klasse oder auf die Nation eingeschränkt wurde. Romantik und Avantgarde machen das Andere gleichsam zum Eigenen, indem das lyrische Ich aus der Position des Anderen spricht, der literarische Text zum anderen Sprechen, zu Kristevas berühmt gewordenem

Semiotischen wird. Die zeitlichen Verortungen des Anderen sind aber nie absolut, je tiefer wir das jeweilige Andere fassen, desto mehr sehen wir in ihm gleichsam alle Formen des Anderen ineinander aufbewahrt. Wer immer in Kunst und Kultur mit dem Begriff des Anderen zu operieren versucht, wird sich nie aus der Ambivalenz lösen können, denn das Andere, das wir immer neu zu benennen suchen, ist nur eine Maske des Unaussprechbaren.

Die Polonistik hat in der Konferenz des Instituts für Literaturforschung der Warschauer Akademie der Wissenschaften im Jahr 2001 mit dem Titel *Inny, inna, inne. O inności w kulturze* [Der andere, die andere, das andere. Über das Andere in der Kultur] das Andere als Beschreibungskategorie vor allem für die Romantik entdeckt und sich anzueignen versucht. Der gleichnamige Sammelband erschien 2004. Die Produktivität des vor allem poststrukturalistisch erfassbaren Konzepts für die Romantik liegt einerseits in der genannten Prinzipialität des Anderen als dem primären Ort romantischer Imagination und romantischen Schreibens, andererseits im Übergangscharakter der Romantik in Bezug auf das Andere, d.h. von seiner allgemeinen anthropologischen Beschreibung in der Aufklärung zu seiner konkreten geografischen oder ethnischen Verortung im Realismus. Das Andere ist gerade für die stark kanonischen Romantikbilder Achse, an der entlang die Romantik immer wieder aufgebrochen bzw. revidiert werden kann. Die in diesem Band versammelten Beiträge, die um das Konzept des Anderen kreisen, gehen von verschiedenen Wissenschaftstraditionen und verschiedenen Formen des Anderen aus. Als ein roter Faden im Labyrinth des Anderen erweist sich die Dyade des Anderen des Geschlechts und des Anderen der Ethnie bzw. der Kultur, die beide, radikal durchdacht und formuliert, sich verbinden und damit steigern können.

Am stärksten sucht Monika Rudaś-Grodzka eine Revision der kanonischen Romantik. Ihr Beitrag *Versklavtes Slawentum* überprüft die Slawenidee von Mickiewiczs Messianismus. Das hier aufgenommene Andere stammt aus dem sexuellen Phantasma des Masochismus, mit dem vor allem der Modernismus des ausgehenden 19. Jahrhunderts arbeiten wird. Die dabei untersuchte Verbindung zwischen dem sexuellen Phantasma und dem ethnisch Anderen, hier der Slawen, ist typisch für die Ausformung gerade dieses Phantasmas zwischen Romantik und Modernismus. Der Beitrag zeigt aber auch, wie schwierig sich die Revision der Romantik aus einer Binnenperspektive heute noch gestaltet und wie tief die kanonischen Muster in Polen reichen. Das phantasmatische Andere verliert in seiner Hilfs-Funktion bei der Dekonstruktion seinen Konzeptcharakter.

Etwas am Rande der weiteren inhaltlich und methodisch stark aufeinander bezogenen Beiträge steht der abschließende von Jan Zieliński, der nicht mit dem Anderen des Geschlechts oder der Ethnie arbeitet, sondern der Anwesenheit der anderen Kunst, hier der Malerei, in der Literatur, wobei sich im Kontext des romantischen Selbstverständnisses ein solcher Griff auf die andere Kunstform kaum markiert. Es geht im Beitrag von Zieliński um den Bezug von Norwids Lyrik zu dem Raffael zugeschriebenen Bild vom Tod des Heiligen Joseph. Die Ekphrasis steht dabei aber weniger im Zentrum als die Geschichte des mysteriösen Bildes, das Norwid 1862 in Paris sieht.

Im Beitrag von Izabella Surynt (*Polen als Raum des ‚Anderen' am Beispiel der deutschsprachigen Literatur der 1820er und 1830er Jahre*) wird das Andere ethnisch verortet und berührt nicht das Phantasmatische, sondern das ethnische Heterostereotyp. Die untersuchten Texte von Wilhelm Hauff, Franz Grillparzer und Gustav Freytag zeigen, wie das ethnisch

Andere trotz seiner Tendenz zum Stereotyp in den konkreten Texten zwischen Romantik und Realismus noch zur ambivalenten und offenen Figur werden kann, eine Möglichkeit, die nach 1850 abnehmen wird. Das deutsche Polenstereotyp ist von verschiedenen Diskursen überschrieben, die gerade in ihrer Wechselwirkung das Bild des anderen Volkes öffnen. Einer der wichtigsten ist der Kolonialdiskurs. Dieser wird zum Ausgangspunkt von Maria Zadenckas Beitrag *Zeichen der Exterritorialität. Ukrainebilder in Texten polnischer Romantiker.*

Der Beitrag diskutiert die Ukraine-Texte von Antoni Malczewski, Seweryn Goszczyński und Juliusz Słowacki und sieht hinter dem Landschaftsbild der Texte ein einheitliches Grundbild, das des Meeres. Im Kontext des englischen Imperialismusdiskurses, der durch die primären Bezugstexte der polnischen Poeme, Byrons *Corsair* und *Island*, in die polnischen Ukrainebilder einfließt, überführt sich das Naturbild als ein historisches, und es bekommt ein politisches Profil. Durch den Rückbezug der polnischen Texte auf den zeitgenössischen europäischen Kolonialismus- und Imperialismusdiskurs bekommt zudem der allgemeine Geschichtspessimismus oder Katastrophismus eine neue, eine weniger metaphysische als historische Bedeutung, ganz im Unterschied zu der bisherigen Deutung bei Janion oder Przybylski.

Einen ganz anderen Aspekt des ethnisch Anderen beschreibt der Beitrag von Katrin Steffen *Visionen jüdisch-polnischer Gemeinsamkeit: Polnische Romantik als Erinnerungsort jüdischer Identitätsentwürfe in Polen.* Die Romantik hat ihre nationalen Geschichtsmythen auf einer nicht einheitlichen ethnischen, sprich polnischen Basis konstruiert, weil das wiederzuerstehende Polen das alte multiethnische sarmatische Polen werden sollte. Die Juden in Polen werden diese Geschichtsmythen, anders als etwa die Litauer und Ukrainer, im 19. und 20. Jahrhundert zu ihren eigenen machen. Die Geschichtsutopie entdeckt sich aber, in die reale Geschichte übersetzt, als stets gefährdetes Konstrukt, bei dem der Wechsel zwischen den Strategien des Ein- und Ausschlusses des Anderen nicht zum Abschluss kommt. Der romantische Geschichtsmythos erneuert aber gleichzeitig seine mythische Valenz gerade in den nur sehr schwierig zustande kommenden jüdischen Selbstentwürfen immer wieder und erhält sich bis in die Zwischenkriegszeit aktiv.

Das Andere des Geschlechts und nicht der Ethnie ist Ausgangspunkt der beiden Beiträge von Arkadiusz Bagłajewski (*Krasiński und die „Frau der Zukunft"*) und German Ritz (*Zwischen Gender und Nation – Frauen in der polnischen Romantik oder die Sprache des Geschlechts*). Die romantische Liebe, ein zentrales Konzept der europäischen und damit auch der polnischen Romantik, reagiert auf die neu begriffene Geschlechterdifferenz seit dem 18. Jahrhundert und sucht den Gegensatz der Geschlechter, meist erfolglos, in der romantischen Liebe zu überwinden. Krasiński hat in seinen Briefen an Delfina diesbezüglich einen der radikalsten utopischen Entwürfe vorgelegt, der mit Hilfe der Geschichtsphilosophie von Hegel romantische Liebe und romantische Kunst zu synthetisieren sucht. Die Frau wird dabei in der Rolle der Geliebten zum neuen Menschen idealisiert. Das Konzept von Krasiński nimmt in seiner Radikalität in vielem die idealistischen Liebeskonzepte des Modernismus vorweg. Der Beitrag von Ritz sucht im Kontext von Gender imaginierte Weiblichkeit und weibliches Schreiben zu historisieren, indem der Geschlechterdiskurs mit dem ‚kolonialistischen' ethnischen Diskurs verbunden wird. Die Geschlechtergeschichte wird nicht nur in der Überschreitung der ethnischen Grenze, in der Verschiebung im Raum, als solche deutlich, sondern auch in der Verschiebung der Diskursformen, d.h. im Wechsel der Gattungen. Die weibliche Romantik bedient sich der anderen Gattung – nicht der Lyrik oder des Dramas, wie die männliche Romantik, sondern des Romans. In der erzählten Romantik, und zwar nicht nur der weiblichen, zeigt sich zudem vielleicht am deutlichsten eine andere Romantik.

Die Herausgeber, im Frühjahr 2007

Modernisierung:
nation building und imagined community

Andreas Lawaty

Zur romantischen Konzeption des Politischen: Polen und Deutsche unter fremder Herrschaft

1. Politische Romantik

„Romantik" als die Bezeichnung einer historisch verorteten geistigen Formation gehört nicht unbedingt zum klassischen Reservoir politikwissenschaftlicher Terminologie, weder als ein historischer noch als ein systematischer Begriff. Es gibt zwar eine Diskussion um das, was seit Carl Schmitt ‚politische Romantik' genannt wird,[1] ‚romantische Politik' existiert dagegen entweder als Synonym für Treue und Heroismus in politisch ausweglosen Situationen (in Polen) oder als zwiespältiges Reizwort der Aufklärer und Realpolitiker (in Deutschland).[2] Dies ist unvergleichbar zum Umgang etwa mit der Epochen- bzw. Systembezeichnung ‚Aufklärung' in ihrer Zuständigkeit für Rationalismus und Revolution, aber auch für den ‚aufgeklärten Absolutismus'; dieser Begriff erweist sich als ein außerordentlich ‚reales', obgleich keineswegs unumstrittenes Phänomen der europäischen Geschichte des 18. Jahrhunderts. Politische Theorie und politische Praxis scheinen in hohem Maße eine Sache der Aufklärung und ihrer Folgen zu sein. Die Rationalismuskritik der Romantik erscheint dagegen je nach Perspektive eher als der Fluch der Flucht aus politischer Verantwortung oder als moralische Nobilitierung von Durchhalteparolen bei dem Versuch, die ‚gerechte Sache' am Leben zu halten. Seit der Einsicht in die „Dialektik der Aufklärung" ist die moralische Ambivalenz der „Sattelzeit" der Moderne deutlich geworden; sie wird debattiert, letztlich aber als unentrinnbar akzeptiert. Der Begriff der Romantik lebt dagegen in seiner politischen Deutung kaum von der Dialektik, ihm wird vielmehr, so will es scheinen, das hermeneutische Potenzial abgesprochen, es sei denn, er erweist sich als fähig der Integration in eine „politische Theologie". Im polnischen politischen Denken der Gegenwart wird der Konflikt zwischen ‚Romantik' und ‚Liberalismus' zum wiederholten Mal ausgetragen.

---

1 Vgl. Markus Schwering, Politische Romantik, in: Romantik-Handbuch, hrsg. v. Helmut Schanze. 2. Aufl., Stuttgart 2003, S. 479-509; Isaiah Berlin, Political Ideas in the Romantic Age. Their Rise and Influence on Modern Thought, hrsg. v. Henry Hardy. Princeton/Oxford 2006; Ulrich Scheuner, Der Beitrag der deutschen Romantik zur politischen Theorie. Opladen 1980; Poetisierung – Politisierung: Deutschlandbilder in der Literatur bis 1848, hrsg. v. Wilhelm Gössmann u. Klaus-Hinrich Roth. Paderborn 1994; Die politische Romantik in Deutschland. Eine Textsammlung, hrsg. v. Klaus Peter. Stuttgart 1985.
2 In Gerhard Schulz' Synthese der ‚Romantik' heißt es, „Konservatismus, Nationalismus und religiöser Fundamentalismus haben ihrem Wesen nach nichts mit dem Romantischen zu tun; sie existieren unabhängig davon in allen Gesellschaften und zu allen Zeiten in den verschiedensten Erscheinungsformen". Aus der politischen Romantik eine romantische Politik ableiten zu wollen, würde den Romantik-Begriff „weit über das hinaus" dehnen, „was er an Erkenntnishilfe leisten kann", vgl. Gerhard Schulz, Romantik. Geschichte und Begriff. München 2002, S. 55.

Die ‚Liberalen' schützen den Liberalismus vor der Romantik; die ‚Romantiker' schützen die Romantik vor dem Liberalismus. Doch wer schützt die Romantik vor den ‚Romantikern'?

Die Geschichtswissenschaften üben sich bezüglich ‚Romantik' ebenfalls in Zurückhaltung, als wären sie für diesen Begriff nicht unbedingt zuständig: Im Unterschied zur „Aufklärung" wurden der „Romantik" die Weihen der „Geschichtlichen Grundbegriffe" nicht zuteil, sie tritt jedenfalls nicht als Grundbegriff der „politisch sozialen Sprache in Deutschland" in Erscheinung.[3] Der Begriff ‚Romantik' wird wohl doch der Literaturgeschichte überlassen. Auch als ein Erinnerungsort in den „Deutschen Erinnerungsorten" ist die „Romantik" nicht aufzufinden, obgleich es in dieser verdienstvollen Sammlung[4] sehr wohl verschiedene Orte ‚romantischer' Provenienz gibt. Diese vermochten sich aber trotz der Steilvorlagen von Madame de Staël und Heinrich Heine nicht zu einer kumulativen Metapher „Romantik" zu bündeln; die „Romantik" ist dann doch wohl zu sehr ein europäisches Phänomen und musste der „Reformation" und dem „Deutschen Idealismus" das Feld überlassen.

Würde es polnische „Grundbegriffe" und „Erinnerungsorte" (als wissenschaftliche und editorische Großprojekte) geben – so darf man spekulieren –, dann hätte die „Romantik" sehr wohl gute Chancen, zu einem der wichtigsten Lemmata in beiden Editionen zu werden. Und das hätte sehr viel mit der diskursiven, kulturellen und politischen Nachwirkung der Romantik in der Geschichte, aber auch in der Gegenwart Polens zu tun. Allerdings scheint im Polnischen der Begriff ‚romantyzm polityczny' (‚politische Romantik')[5] nicht zu funktionieren, und wenn dann eher als Lehnübersetzung aus dem Deutschen zur Bezeichnung der ‚reaktionären' deutschen Romantik verwendet zu werden, von der sowohl die ‚mystische Politik'[6] der polnischen Romantik als auch der ‚polnische Messianismus' in aller Deutlichkeit abzugrenzen sind. Das mag daran liegen, dass die polnische Romantik ohne das ‚Politische' gar nicht interpretierbar zu sein scheint und damit an sich politisch gedacht war – wuchs doch die Bedeutung einer romantischen politischen Theorie (in Geschichtsphi-

---

3 Natürlich finden ‚Klassiker' der deutschen Romantik vielfach Verwendung und nicht zuletzt wird von Hans Ulrich Gumbrecht die „romantische Bestimmung der ‚modernen Zeit'" unter dem Stichwort „Modern, Modernität, Moderne" abgehandelt in: Geschichtliche Grundbegriffe. Historisches Lexikon zur politisch-sozialen Sprache in Deutschland, hrsg. v. Otto Brunner, Werner Conze, Reinhart Koselleck. Bd. 4, Stuttgart 1978, S. 105-109.

4 Deutsche Erinnerungsorte, hrsg. v. Etienne François u. Hagen Schulze. Bd. 1-3, München 2001. Über die Zeit der Romantik und das Ende des Alten Reiches heißt es bei Ernst Schulin: „Es ist eine Zeit ohne festen, sichtbaren Gedächtnisort, aber eine Zeit, in der Gedächtnisorte erfunden wurden. Die deutsche Nation, der deutsche Volksgeist, das Nationaldenkmal, die nationale Geschichte wurden erfunden – in der Spannung zu den übernationalen, kosmopolitischen Ideen, die sich seit der Aufklärung entwickelt hatten, und zu den übernationalen neuen politischen Verhältnissen, in denen man lebte." Siehe Ernst Schulin, Weltbürgertum und deutscher Volksgeist. Die romantische Nationalisierung im frühen neunzehnten Jahrhundert, in: Deutschland in Europa. Ein historischer Rückblick, hrsg. v. Bernd Martin. München 1992, S. 105-125, hier S. 108.

5 Als Teil der polnischen Kritik der romantischen Tradition: vgl. dazu Andrzej Walicki über „the legacy of political romanticism and the emergence of integral nationalism" in: Ders., Philosophy and Romantic Nationalism: The Case of Poland. Notre Dame, Ind. 1994, S. 337-357.

6 Vgl. Wiktor Weintraub, Mickiewicz – mistyczny polityk [Mickiewicz – mystischer Politiker], in: Ders., Mickiewicz – mistyczny polityk i inne studia o poezie [Mickiewicz – mystische Politik und andere Studien über den Dichter], hrsg. v. Zofia Stefanowska. Warszawa 1998, S. 13-51.

losophie, Ethik und Dichtung) proportional zum Rückgang der Möglichkeit zur politischen Praxis.[7]

Es gehört zu den verbreiteten Vorstellungen über die polnische und die deutsche Romantik, dass jene eine Ideologie und eine Ästhetik der Befreiung einer geteilten Nation gewesen sei, während diese die Geburtsstunde und Gründungsakte eines konservativen, integrativen und letztlich aggressiven Nationalismus darstelle.[8] Das ist keine zwingende Sichtweise, weder in Polen noch in Deutschland. Historisch nicht, weil die Romantik in beiden Fällen emanzipatorische und restriktive, revolutionäre und konservative Elemente aufzuweisen hatte, da aus der „romantischen Logik" heraus doch überaus unterschiedliche Schlussfolgerungen gedacht werden konnten. Die deutschen Romantiker haben auf politische Zeitereignisse reagiert, die ihnen wenn nicht in gleicher, so doch *mutatis mutandis* in vergleichbarer Weise wie den polnischen Romantikern die Frage nach nationaler Identität, nach dem Sinn der Geschichte und nach den Hoffnungen gestellt haben. Sie hatten darauf kaum ‚realpolitische' oder ‚analytische' Antworten geben können oder wollen.[9] In der Tat hätten sich ihr ‚Erfahrungsraum' und ihr ‚Erwartungshorizont' kaum komplexer gestalten können.[10] Zu den für die deutschen Romantiker unmittelbar relevanten Zeitereignissen zählten in erster Linie die Französische Revolution, die Besetzung Deutschlands durch Napoleon, die Auflösung des Heiligen Römischen Reiches deutscher Nation (1806), die ‚Freiheitskriege' 1813–1815 und die Politik der Restauration sowie die Zeit des Vormärz nach 1815. Die Wendung der deutschen Romantiker zum nationalen ‚Erwartungshorizont' ist im unmittelbaren Kontext eben dieses ‚Erfahrungsraums' zu sehen.[11] Und die Romantiker sind der politischen Herausforderung literarisch und philosophisch vor allem, so scheint es, mit Geschichtsdeutung und Geschichtspolitik begegnet.

---

7 Zdzisław Krasnodębski spricht von einer „politischen ‚Überlegenheit' der polnischen Romantik" gegenüber der deutschen: Zdzisław Krasnodębski, Verdächtige Moderne. Romantik in Deutschland und Polen, in: Die Modernität der Romantik. Zur Wiederkehr des Ungleichen, hrsg. v. Urte Helduser u. Johannes Weiß. Kassel 1999 (Intervalle. 4), S. 129-154, hier S. 151.

8 Es gibt neben den binnennationalen deutschen und polnischen Romantik-Diskursen auch Traditionen in der Wahrnehmung des „Romantischen" beim jeweiligen Nachbarn. Und diese erweisen sich als politisch sehr anpassungsfähig. Einer der führenden „Romantiker", zugleich auch „Schmittianer", unter den politischen Intellektuellen der polnischen Gegenwart, Marek Cichocki, hat schon vor Jahren erklärt, warum die deutsche „politische Romantik" unter die „Despotie der Gefühle" geriet und mittels eines „Ressentimentmechanismus" Werte wie „Gemeinschaft, Tradition, Geschichte, Sittenrecht" pervertierte und kompromittierte. Vgl. Marek Cichocki, Wieczna gra możliwości – rzecz o politycznym romantyzmie niemieckim [Das ewige Spiel der Möglichkeiten – über die deutsche politische Romantik], in: Res Publica nowa (1998), Nr. 7/8, S. 41-53.

9 Schmitt nimmt das politische Unvermögen der Romantik in einen rhetorischen Würgegriff: „Die Revolution der Romantiker selbst aber bestand darin, eine neue Religion, ein neues Evangelium, eine neue Genialität, eine neue Universalkunst zu versprechen. (...) Ihre Taten waren Zeitschriften." – Carl Schmitt, Politische Romantik. 6. Aufl., Berlin 1998, S. 41. Vgl. auch Karl-Georg Faber, Zur Machttheorie der politischen Romantik und der Restauration, in: Romantik in Deutschland. Ein interdisziplinäres Symposion, hrsg. v. Richard Brinkmann. Stuttgart 1978, S. 59-69.

10 Reinhart Koselleck, ‚Erfahrungsraum' und ‚Erwartungshorizont' – zwei historische Kategorien, in: Ders., Vergangene Zukunft. Zur Semantik geschichtlicher Zeiten. Frankfurt a.M. 1989, S. 349-375.

11 Vgl. Thomas Nipperdey, Auf der Suche nach Identität: Romantischer Nationalismus, in, Ders., Nachdenken über die deutsche Geschichte. Essays. München 1990, S. 132-150; Ernst Schulin, Weltbürgertum (wie Anm. 4).

Die polnische Romantik gewann an Boden zu einem Zeitpunkt, als die liberalen, realpolitischen und ‚rationalen' Lösungsversuche für die polnische Frage im Herzogtum Warschau
(1807–1815) keinen Bestand hatten und als im Königreich Polen (mit einer liberalen Verfassung ausgestattet, doch der Herrschaft des Zaren unterstellt) sich das Vertrauen in eine
Autonomie unter fremder Herrschaft zu erschöpfen begann. Man kann literarische und geistesgeschichtliche Zäsuren schlecht mit politischen Ereignissen erklären, doch nehmen die
beiden Aufstände (1830 und 1863) am Anfang und am Ende der romantischen Formation
in Polen mehr als nur symbolische Plätze ein; sie sind ein Teil dieser Bewegung selbst.
Denn sie waren Ausdruck der Ablehnung der realpolitischen Lage, der Rebellion gegen
rationale Zwänge der Politik, und sie hatten mit Kościuszko und den Polnischen Legionen
zur Nachahmung anstachelnde Vorbilder.

Die moralische Betrachtungsweise des Politischen, insbesondere der internationalen Politik, hatte in Polen eine lange Tradition, sie war in der Aufklärung tief verwurzelt und
bildete das Reservoir der Argumente gegen die sich an Polen bedienenden Teilungsmächte.
Diese Tradition hat die polnische Romantik, die aus guten politischen Gründen keinen Sinn
für das Gleichgewichtssystem der Mächte hatte, in vollem Umfang übernommen, sie jedoch
wieder, nach der Indifferenz der Aufklärung, die im geteilten Polen bis in die 1820er Jahre
den Ton angab, religiös eingebunden: Die historische Gerechtigkeit des christlichen Gottes
erschien am romantischen ‚Erwartungshorizont' erneut in voller Breite, und die Dichter als
Seher und Propheten waren drauf und dran, sie auch einzufordern. Dieses war kein kirchlich
orthodoxes Verfahren, aber es war von einem romantisch-visionären und mystisch-ethischen
Impetus getragen. Die polnische Emigration nach 1831 war in politischen Flügeln – einem
konservativen und einem demokratischen – organisiert, stets darum bemüht, in den politischen Flügeln Europas und, wo möglich, auch auf den diplomatischen Parketts die „polnische Frage" am Leben zu erhalten.[12] Die „polnische Romantik" war gut in der Emigration
vernetzt und in hohem Ansehen. Sie steckte an, riss mit und schien doch aus einem anderen
Holz geschnitzt zu sein, denn die polnische ‚politische Romantik' erhöhte die Temperatur
des patriotischen Gedankens und trieb den Freiheitsgedanken in mystische Höhen. Das Verhandeln und Paktieren war ihre Sache nicht, Fordern und Herausfordern schon. Und auch
die polnischen Romantiker sind ihrer politischen Herausforderung literarisch und philosophisch vor allem, so scheint es, mit Geschichtsdeutung und Geschichtspolitik begegnet. Nur
dass sie nicht vom napoleonischen Frankreich, sondern vom zaristischen Russland (neben
Preußen und Österreich) sich herausgefordert fühlten. In beiden Fällen hatte der Konflikt
Tradition und der ‚Erfahrungsraum' eine beachtliche Tiefe.

In Deutschland hat inzwischen eine Rückbesinnung auf die der „Romantik" innewoh-
nende Selbstkritik und Selbstbegrenzung der Moderne stattgefunden.[13] Hinzu kommt eine
Historisierung, die möglich wurde, indem der Romantik der ideologische Stachel gezogen
wurde. In einer der neuesten Publikationen zur deutschen Politischen Romantik bedient
sich Andreas Groh beispielsweise einer Definition, die die Romantik alles Exzentrischen,

---

12 Vgl. Hans Henning Hahn, Außenpolitik in der Emigration. Die Exildiplomatie Adam Jerzy Czar-
    toryskis 1830–1840. München/Wien 1978.
13 Vgl. Die Modernität der Romantik (wie Anm. 7). Zur Geschichte des Umgangs mit der Romantik
    in Deutschland vgl. Karl Heinz Bohrer, Die Kritik der Romantik. Der Verdacht der Philosophie
    gegen die literarische Moderne. Franfurt a.M. 1989.

Widersprüchlichen und Rebellenhaften zu berauben scheint; sie sei eine geistesgeschichtliche Richtung, heißt es, „die in ihrer Weltanschauung an die Aufklärung und den deutschen Idealismus anknüpft und deren Rationalismus um weitere Erkenntniselemente ergänzt". Sie sei darüber hinaus ein „Versuch, Vereinzelung und Individualisierung durch Einordnung in höhere Ganzheiten aufzuheben, wobei sie mit der Philosophie beginnt und mit theologischen und poetischen Begründungen endet. Politische Romantik ist dabei alles das, was sich mit den Gebieten von Staat, Gesellschaft, Recht und Ökonomie befasst, aber auch ganz allgemein mit ethischen Fragen, den Fragen nach dem ‚guten Leben' und dem ‚sittlichen Ziel'. Sie greift dabei den *reinen* Rationalismus scharf an, ohne jedoch rationale Erkenntnismethoden rundweg abzulehnen".[14] Dabei wies die Rezeption der deutschen Romantik in den verschiedenen Phasen der politischen Entwicklung Deutschlands sowohl exzentrische als auch konservative, apologetische wie utopische Züge auf, und lohnt auch unter politikgeschichtlichen Aspekten der genaueren Untersuchung.[15]

In Polen dagegen, so will es scheinen, wird die „fesselnde" Wirkung alter Glaubensschichten romantischer Befreiungsideologie immer wieder neu erlebt, gefeiert, erlitten.[16] Nach der politischen Wende in Europa und angesichts einer radikal neuen Chance Polens, in diesem Europa eine eigene freie und demokratische Zukunft aufzubauen, schien der Bedarf an romantischem Freiheitspathos zu sinken, eine Historisierung des romantischen Ethos selbst griff um sich. Doch zeigte sich bereits in den 1990er Jahren, dass die liberaldemokratische Zukunftseuphorie von denen, die sich einem sakral-konfessionellen, ‚romantischen' oder ethnischen Nationsverständnis verpflichtet fühlten, nicht kampflos hingenommen werden konnte. Die Suche nach der Wahrheit ist also nicht abgeschlossen, und sie kann auch immer noch nicht den Wissenschaftlern allein überlassen werden. Die Romantik bleibt also als „Himmel und Hölle der Polen"[17] dem polnischen Diskurs erhalten.

---

14 Andreas Groh, Die Gesellschaftskritik der Politischen Romantik. Eine Neubewertung ihrer Auseinandersetzung mit den Vorboten von Industrialisierung und Modernisierung. Bochum 2004, S. 23.

15 Vgl. zum Beispiel: Streit um die Romantik (1820–1854). Mit Texten von v. Eichendorff, Feuerbach, Fichte, Hegel, Heine, Schlegel u.a. und Kommentar. Hamburg 1999; Andreas Schumann, Nation und Literaturgeschichte. Romantik-Rezeption im deutschen Kaiserreich zwischen Utopie und Apologie. München 1991; Ralf Klausnitzer, Blaue Blume unterm Hakenkreuz: die Rezeption der deutschen Literarischen Romantik im Dritten Reich. Paderborn 1999; Deutsche Romantik und das 20. Jahrhundert, hrsg. v. Hanne Castein u. Alexander Stillmark. Stuttgart 1986.

16 Vgl. die sprechenden Titel jüngerer Texte der polnischen Romantikforscherin Maria Janion: Do Europy – tak, ale razem z naszymi umarłymi [Nach Europa – Ja, aber mit unseren Toten]. Warszawa 2000; Rozstać się z Polską? [Von Polen Abschied nehmen?], in: Gazeta Wyborcza vom 1.10.2004; Moje herezje antynarodowe [Meine antinationale Ketzerei], in: Gazeta Wyborcza vom 27.-28.05.2007; im letzten Artikel schreibt Janion: „Früher war ich der Auffassung, dass der polnische Messianismus das Verdienst innehat, dass er zwar eine Selbstüberhöhung ist – aber eine Selbstüberhöhung im Leiden. Aber das ist doch die gleiche Selbstüberhöhung wie jede andere. Sie führt dazu, dass die Herzen versteinern, weil wir nicht in der Lage sind, andere zu verstehen."

17 Marcin Król, Romantyzm. Piekło i niebo Polaków. Polskie obrachunki na koniec millenium [Romantik. Hölle und Himmel der Polen. Polnische Abrechnungen am Ende des Millenniums]. Warszawa 1998. Zum wisenschaftlichen Diskurs vgl. Nasze pojedynki o romantyzm [Unsere Duelle um Romantik], hrsg. v. Dorota Siwicka, Marek Bieńczyk. Warszawa 1995. Jüngst spricht Anna Wolff-Powęska vom anhaltenden „Kampf um die Rehabilitierung der romantischen Tradition"; vgl.

Geht man von der Romantik als einer geistigen Formation (nicht der einzigen) in der ersten Hälfte des 19. Jahrhunderts aus, so wird man bei einer Zusammenbetrachtung der deutschen und der polnischen Romantik geneigt sein, beide Fälle gleichermaßen als Versuche einer philosophischen und literarischen, ästhetischen und politischen, zivilisatorischen und metaphysischen Selbstverortung – im Unterschied zur rationalistischen Systementwicklung der Aufklärungszeit – zu sehen. Wegen der Phasenverschiebung zwischen der seit Ende des 18. Jahrhunderts auftretenden deutschen Romantik und der zwischen ca. 1820 und 1863 aktiven polnischen romantischen Bewegung gibt es zahlreiche Ebenen der West-Ost gerichteten Rezeption und der Ost-West gerichteten Reaktion, gelegentlich auch Offensiven innerhalb der romantischen Formation.[18]

Je nach Fragestellung wird man aber auch transnationale Typologien des Umgangs mit der politischen Realität, mit den gesellschaftlichen Umbrüchen, mit der konfessionellen Disziplinierung und der philosophischen Deutungsmacht beobachten können. Diese typologische Transnationalität wird man nicht zuletzt in der Positionierung des Nationalen gegenüber Kategorien der Humanität und der Zivilisation beobachten können. Die Zahl der Antworten auf die Fragen der Zeit erweist sich als begrenzt, unabhängig davon, in welcher Sprache sie abgegeben werden. Genau dies in Frage und die Unverwechselbarkeit der nationalen Antworten unter Beweis zu stellen, haben sich aber die romantischen Bewegungen zur Aufgabe gemacht.

Immer wieder erwies sich die Romantik aber sprachübergreifend als eine Form der Verweigerung gegenüber der Realität, und als eine Form des Willens, diese Realität neu zu schaffen. Allein darin steckte auch politisches Potenzial. Führte der ‚deutsche Idealismus‘ noch Debatten über die Vorherrschaft der Vernunft über das Wirkliche bzw. das als wirklich Erscheinende, so geriet der Herrschaftsanspruch der Vernunft in der Romantik unter Druck konkurrierender Ansprüche, des Ästhetischen, des Religiösen und Mystischen, des Historischen und Moralischen.

Dem deutschen Idealismus und der Romantik gemeinsam blieb das Problem der Verankerung des Anspruchs auf Freiheit, die des Individuums und die des Kollektivs. In diesem Sinne wohnte der Romantik ein Revolutionswille inne, dessen Ziel aber keineswegs die Etablierung eines „normalen" politischen Systems war, das auf den Trümmern des alten, verbrauchten Systems für Sicherheit, Wohlstand und Gerechtigkeit zu sorgen hätte, viel-

---

dies., Geschichtspolitik. Die polnischen Auseinandersetzungen um Geschichte und Gedächtnis, in: Jahrbuch Polen 18 (2007) S. 207-219, hier S. 211.

18 Zum Vergleich der polnischen und der deutschen Romantik siehe u.a.: Zdzisław Krasnodębski, Verdächtige Moderne. Romantik in Deutschland und Polen, in: Die Modernität der Romantik (wie Anm. 7), S. 129-154; Marek Cichocki, Die politische Romantik in Polen und in Deutschland, in: Sendung und Dichtung: Adam Mickiewicz in Europa, hrsg. v. Zdzisław Krasnodębski und Stefan Garsztecki. Hamburg 2002, S. 119-126; Piotr Roguski, Romantyzm polski i niemiecki. Trudności nie tylko terminologiczne [Polnische und deutsche Romantik. Nicht nur semantische Schwierigkeiten], in: Między oświeceniem i romantyzmem. Kultura polska około 1800 roku [Zwischen Aufklärung und Romantik. Polnische Kultur um 1800], hrsg. v. Brigitte Schultze u. Hans Rothe. Warszawa 1997, S. 147-158; Tadeusz Namowicz, Romantik, in: Deutsche und Polen. Geschichte – Kultur – Politik, hrsg. v. Andreas Lawaty u. Hubert Orłowski. München 2003, S. 304-312; Lucjan Puchalski, Europäischer Patriotismus und nationales Bewusstsein. Zur Europa-Idee in der deutschen und polnischen Romantik, in: Arcadia 26 (1991), H. 2, S. 141-171.

mehr das die ‚Normalität' eines jeden funktional gedachten Staatsgebildes sprengende Gegenteil. Was war aber das Gegenteil? Auf jeden Fall etwas Erhabenes, Heiliges, Ganzes, Sittliches, Geistiges, Metaphysisches, Visionäres, Ursprüngliches usw. Dieses ideale Etwas sollte auch – soviel schien fest zu stehen – unbedingt frei sein von „fremden" Einflüssen, sonst konnte es nicht all das sein, was es zu sein hatte. Das ‚Fremde' geriet in Konflikt mit dem ‚Wahren', so erklärt sich vielleicht die Überhöhung des reinen Eigenen in das unverfälschte ‚Wahre'. Zerstörerische Fremdeinwirkung schien jedenfalls eine der wichtigsten Erfahrungen der sich zunehmend national definierenden Eliten zu sein, die ein in Fluss und Aufruhr begriffenes Europa erlebten.

Dort, wo die Romantik politisch wurde, weil sie die weltliche Ordnung geistig revolutionieren wollte, schlug sie, so will es scheinen, in Anti-Politik um, indem sie das Politische – durchaus in einer radikalisierten Fortsetzung der Aufklärung – so weit moralisierte, dass es sich in einer ‚höheren Idee' auflöste. Ludwig Stockinger erinnert daran, dass „der religiös-moralische Impetus der Jakobinerherrschaft" dem „Politikverständnis" der Frühromantiker durchaus entsprochen habe.[19] Insofern konnte die Französische Revolution ihnen unverdrossen als ein „weltgeschichtliches Zeichen" gelten, „das ihren Glauben an die Möglichkeit einer Neuschöpfung (...) aus der Kraft des Gedankens" nährte.[20] Die Analyse des Politischen bzw. Anti-Politischen der Romantik steht aber stets in der Gefahr einer – je nach Perspektive positiven oder negativen – Politisierung, also einer politischen Wertung im analytischen Auge des Betrachters. Auch das Anti-Politische, Geniale und Mystische der (deutschen) Romantik konnte als bedauerliche Fehlanzeige bei der Erfüllung nationaler Pflichten der Literatur (so schon 1842 im Urteil der *Neueren Geschichte der poetischen National-Literatur der Deutschen* von Georg Gottfried Gervinus)[21] oder ein gefährlicher Hohlraum für ästhetische Rückzüge aus der politischen Verantwortung betrachtet werden. Die Historisierung der politischen Seite der Romantik im Sinne der Loslösung von präsentistischen Deutungsinteressen ist für den polnischen und deutschen Historiker (und Literaturhistoriker) gleichermaßen ein schwieriges wenn nicht illusorisches Unterfangen. Das mag daran liegen, dass in den Formationen des romantischen Dichtens und Wahrnehmens die Brüche der Moderne angelegt sind, die in dem Idealtypus des ‚aufgeklärten Denkens' und in dem Bild von Aufklärung als ‚Sattelzeit', gemessen an der Realität der Moderne, zu kurz gekommen sind.

2. Deutsche und Polen unter Fremdherrschaft

Auch wenn die deutschen antinapoleonischen Haltungen im krassen Gegensatz zu den polnischen pronapoleonischen Haltungen stehen, speisen sie sich doch beide aus der prägenden Erfahrung der Fremdherrschaft, die zunehmend national als die französische und die russische bzw. deutsche gedeutet wurde. Nachdem die deutschen Romantiker eine Phase der Revolutionsbegeisterung durchgemacht hatten, wurden sie mit Napoleons universaldespoti-

---

19 Ludwig Stockinger, Die Auseinandersetzung der Romantiker mit der Aufklärung, in: Romantik-Handbuch, hrsg. v. Helmut Schanze. 2. Aufl., Stuttgart 2003, S. 79-106, hier S. 93
20 Hans-Joachim Mähl, Philosophischer Chiliasmus. Zur Utopiereflexion bei den Frühromantikern, in: Die literarische Frühromantik, hrsg. v. Silvio Vietta. Göttingen 1983, S. 149-179, hier S. 151.
21 Vgl. dazu Bohrer, Die Kritik der Romantik (wie Anm. 13), S. 221-229.

schen Ambitionen konfrontiert. „Die Niederwerfung Preußens 1806 und die Zerschlagung des alten Reiches lässt die Romantiker in Napoleon den Zerstörer historisch gewachsener Organismen" und den Liquidator, nicht den Erben der Revolution erblicken. „Die Suche nach einer kollektiven Identität sollte eine geistige ‚Wiederbewaffnung' einleiten, die Voraussetzung für einen erfolgreichen Befreiungskampf gegen Napoleon im Zeichen der Einigung des zerstückelten ‚Vaterlandes' werden könnte."[22]

Die Vorstellung vom ‚fremden Joch' hat biblische Ursprünge und theologische Dimensionen. Der Terminus und das politisch-semantische Konzept einer ‚Fremdherrschaft' ist in der deutschen politischen Kultur eine Folge der Erfahrung der ‚Franzosenzeit' im frühen 19. Jahrhundert. Diese Erfahrung ließ sich aber auch relativ problemlos zurückdatieren: Als Joseph Görres 1814 im „Rheinischen Merkur" von der „Zeit unserer babylonischen Gefangenschaft" schrieb, meinte er ein Deutschland, das seit 1648 unter französischem Einfluss gestanden habe, da die ständische Verfassung vom Absolutismus verdrängt worden sei.[23]

Der Rückbezug auf die napoleonische Zeit blieb, einer Studie von Christian Koller zufolge, ein fest präfiguriertes Muster eines politischen Erklärungsmodells der Fremdherrschaft bis in die NS-Zeit.[24] Die ‚romantische', geschichtsphilosophische Einordnung der zeitgenössischen Erfahrung der Fremdherrschaft in eine Geschichte der Verteidigung gottgegebener Ursprünglichkeit der Nation vor Überfremdung bildete aber nicht nur die Grundlage für die Bestimmung der kulturellen Identität, sondern ließ zugleich zumindest die Möglichkeit einer sich gegen das Fremde richtenden Politisierung der Nation zu.

Thomas Nipperdey erklärte Deutschland zu einem „Kernland des romantischen Nationalismus", weil er sich in Reaktion auf die französische Vorherrschaft in Europa habe entwickeln müssen: einer kulturellen, revolutionären, moralischen und imperialen Vorherrschaft. Er verwies aber zugleich darauf, dass der ‚romantische Nationalismus' vor allem ein Nationalismus von Völkern sei, „die nicht in einem Staat leben, von unterdrückten Völkern wie den ost- und südosteuropäischen, den Iren, den Norwegern, den Flamen, oder von geteilten Völkern wie den Italienern und den Deutschen".[25] Die Neigung, im ‚Romantischen' primär einen kulturellen Vorboten des politischen Nationalismus zu sehen und den letzteren nur im Rahmen eines bestehenden Staatswesens für möglich zu halten, scheint insofern zu kurz zu greifen, als der ‚politische Wille' sehr wohl auch in den unfreien Nationen zu finden war, die ihre ‚Volkssouveränität' nur aus der Geschichte herleiteten und an den eigenen ‚Erwartungshorizont' projizierten, in Ermangelung eines eigenen Staates aber nicht zu praktizieren vermochten.

Die romantische Konstruktion des ‚Volksgeistes', den wir – konstruktivistisch eben – ‚Kulturnation' zu nennen pflegen, ist implizit ein politisches Projekt, entwickelt unter Bedingungen begrenzter oder verschlossener Möglichkeit der politischen Praxis.[26] Fichte hat es präzise als Aufforderung formuliert: „Wird unser äußeres Wirken in hemmende Fesseln

---

22 Schwering, Politische Romantik (wie Anm. 1), S. 494 f.
23 So Görres in „Die künftige deutsche Verfassung", zit. nach Klaus Peter, Einleitung, in: Die politische Romantik in Deutschland. Eine Textsammlung, hrsg. von dems. Stuttgart 1985, S. 9-73, hier S. 37.
24 Vgl. Christian Koller, Fremdherrschaft. Ein politischer Kampfbegriff im Zeitalter des Nationalismus. Frankfurt a.M. 2005.
25 Nipperdey, Auf der Suche (wie Anm. 11), S. 141.
26 Vgl. auch Herfried Münkler, Die Nation als Modell politischer Ordnung. Vorüberlegungen zu einer

geschlagen, lasst uns desto kühner unsern Geist erheben zum Gedanken der Freiheit, zum Leben in diesem Gedanken, zum Wünschen und Begehren nur dieses einigen. Lasst die Freiheit auf einige Zeit verschwinden aus der sichtbaren Welt; geben wir ihr eine Zuflucht im innersten unserer Gedanken, so lange, bis um uns herum die neue Welt emporwachse, die da Kraft habe, diese Gedanken auch äußerlich darzustellen."[27] Die Nation wurde also in der Zeit der begrenzten äußeren Wirkungsmöglichkeit nach innen modelliert, sprachlich kommuniziert, historisch verwurzelt, theologisch transzendiert, sozial nivelliert, zur philosophischen Kategorie erhoben, sittlich kollektiviert und psychologisch individualisiert. Allem voran aber für von Natur aus frei erklärt und zugleich einem Kanon nationaler Verhaltensnormen untergeordnet. Diese geistige Hyperaktivität am Projekt Nation ließ allerdings auf dem Weg zum Projekt Staat viele Optionen offen. Die weit verbreitete Weigerung der romantischen Nationalisten, die spirituell oder kulturell gedachte Nation mit sozialen Forderungen oder verfassungspolitischen Strukturen zu befrachten, sollte verhindern, dass die Nation sich in Fraktionen spaltete und die Vision der Freiheit aus den Augen verlor. Man könnte dies auch romantische Politik nennen.

Wenn also Nipperdey darauf verweist, dass der romantische Nationalismus „von der Kultur, nicht vom Staate" ausgehe, dann bedeutet es in der Tat keinen Verzicht auf den Staat, vielmehr spiegelt sich darin die für die Romantik charakteristische Überordnung bzw. Verselbständigung der Nation gegenüber dem Staat, vor allem, wenn es ein ‚fremder' Staat war. Im Hinblick auf die politische Qualität des deutschen ‚romantischen Nationalismus' wird man daher Nipperdey folgen können, dass er „die legitimierende Idee und eine der treibenden Kräfte des Anspruchs auf nationale Selbstbestimmung" wurde. „Er verband sich mit der Idee der Volkssouveränität und der liberalen Freiheitsrechte: Das ist sein revolutionärer Zug geworden."[28] Die Forderung der Freiheit der eigenen Nation schloss die Legitimität der Forderung anderer Nationen nach Freiheit mit ein. Und trotzdem schien die „Internationale der Nationalisten",[29] die von den romantischen Nationalisten gebildet worden war, dort mächtige Risse zu bekommen, wo der geistige, romantische Nationalismus realpolitisch wurde und damit mit anderen Nationalismen in politisch-territoriale Konflikte geriet.

Die Politisierung des romantischen Nationalismus war von einer Nationalisierung des liberalen Gedankens begleitet – beide Prozesse kamen in der Paulskirche 1848 zu einem politischen – wenngleich nicht realpolitischen – Höhepunkt. Angelegt waren sie bereits zu einem Zeitpunkt, als die deutsche Nation infolge des Verlusts des Alten Reiches 1806 sich eher ins Geistige zu flüchten schien. Die Überhöhung der Nation ins Kulturelle und Geistige, also gleichsam ihre ‚Romantisierung' ging aber nicht mit einem Verzicht auf eine politische Existenz in Europa einher – in Deutschland nicht und in Polen auch nicht. Die Dialektik des geistigen und politischen Existenzwillens hat Schiller um 1801 in seinem Gedichtentwurf mit besonderer Präzision eingefangen: „Deutsches Reich und deutsche Nation sind zweierlei Dinge, indem das politische Reich wankt, hat sich das geistige immer fester und vollkommener gebildet. Dem, der den Geist bildet, beherrscht, muß zuletzt die Herrschaft werden

---

wissenssoziologisch-ideengeschichtlich fundierten Theorie der Nation, in: Staatswissenschaften und Staatspraxis 5 (1994), Nr. 3, S. 367-392.
27 Johann Gottlieb Fichte, Reden an die deutsche Nation. Hamburg 1978, S. 193.
28 Nipperdey, Auf der Suche (wie Anm. 11), S. 145.
29 Ebenda, S. 146.

(...). Ihm ist das Höchste bestimmt, und so wie er in der Mitte von Europens Völkern sich befindet, so ist er der Kern der Menschheit."[30]

Eine Kulturnation, die auf eine Reichsgeschichte zurückblicken konnte, war gleichsam eine ,Schläfernation', eine romantische ,Geisternation', die, sich ihrer selbst bewusst geworden – ein idealistischer Gedanke des Romantischen –, dazu verurteilt war, sich nach der Wiederherstellung ihres ,Reiches' zu sehnen. Das Politische war der deutschen – nicht wesentlich anders als der polnischen – Nation im romantischen Nationalismus immanent, denn die jenseitige Verankerung der Nation strebte – und hier könnte man den romantischen Begriff des ,Unbewussten' bemühen – nach einer diesseitigen, politischen Emanation. Nur war im Fall der deutschen (romantischen) Nationsbildung die Konkurrenz der Angebote zwischen Reichspatriotismus, regionalstaatlichem (preußischen, österreichischen, rheinbündischen) Nationalismus und Kulturnationalismus, all dies in Spannung zur französischen Herausforderung, eben anders gruppiert, als etwa in der polnischen (romantischen) Nationsbildung: Denn hier blieb die Rzeczpospolita, unabhängig davon, wie kritisch ihre Geschichte auch gesehen wurde, der konkrete, also auch politisch-territoriale Maßstab der mehr geistig-moralisch denn kulturell-sprachlich imaginierten ,polnischen Nation'.[31]

Die romantische Nationalisierung in Deutschland war, folgt man der Argumentation von Ernst Schulin, „vor allem Sache der Germanistik und der mit ihr verbundenen Historischen Rechtsschule" von Savigny, denn diese haben wesentlich intensiver als die deutschen Historiker (und deren Kronzeuge Ranke) die Äußerungen des ,Volksgeistes' erforscht und allen anderen, auch den politischen und staatlichen Kategorien übergeordnet.[32] Aus dem Rekurs auf die Metapher des Organischen leiteten sie ihre Verteidigung ständischer Volksfreiheit und monarchischer Regierung gegenüber den ,unnatürlichen', weil historisch nicht legitimierten politischen Parteibildungen und den Zwängen des konstitutionellen Systems. Der Druck politischer, liberaler Modernisierung im Vormärz bewegte zwar die ,Germanisten' und romantischen Nationalisten in der politischen Praxis zu der Überzeugung, am parlamentarischen System partizipieren zu sollen.[33] Aber die Verteidigung des ,eigenen' Gemeinschaftslebens vor ,fremden' Einflüssen ist als Kategorie des Politischen erhalten geblieben.[34]

---

30 Friedrich Schiller, Deutsche Größe, in: Schillers Werke. Nationalausgabe, Bd. 2,I: Gedichte 1799–1805. Weimar 1983, S. 431 ff. Zitiert nach Schulin, Weltbürgertum (wie Anm. 4), S. 115.

31 Vgl. Michael G. Müller, Das Ende zweier Republiken: Die Teilungen Polens und die Auflösung des alten Reiches, in: Deutsche und Polen (wie Anm. 18), S. 47-53. Vgl. zum Umgang mit den Folgen des Endes der Rzeczpospolita und des alten Reiches zuletzt Jarosław Czubaty, Zasada „dwóch sumień". Normy postępowania i granice kompromisu politycznego Polaków w sytuacjach wyboru (1795–1815) [Das Prinzip des „zweierlei Gewissens". Verhaltensnormen und Grenzen des politischen Kompromisses für Polen in Situationen der Wahl (1795–1815)]. Warszawa 2005, und Wolfgang Burgdorf, Ein Weltbild verliert seine Welt. Der Untergang des Alten Reiches und die Generation 1806. München 2006.

32 Vgl. Schulin, Weltbürgertum (wie Anm. 4), S. 123.

33 Hartwig Brandt, Die „Germanisten" des Vormärz zwischen politischer Theorie und praktischer Politik, in: Zur Geschichte und Problematik der Nationalphilologien in Europa. 150 Jahre Erste Germanistenversammlung in Frankfurt am Main (1846–1996), hrsg. v. Frank Fürbeth, Pierre Krügel, Ernst E. Metzner, Olaf Müller. Tübingen 1999, S. 77-84; vgl. auch: Germanistik und deutsche Nation 1806–1848, hrsg. V. Jörg Jochen Müller. Stuttgart 1974.

34 In der Auffassung eines affirmativen Beitrags zur polnischen politischen Romantik von Andrzej

In Aufnahme der romantischen Denkweise versuchte der Apologet des Nationalstaates Friedrich Meinecke 1946 in seiner Abhandlung *Die deutsche Katastrophe* einen Weg zu finden, das Makel des Nationalsozialismus, das auf der deutschen Nation lastete, zu relativieren und die Akzeptanz der Besatzung und des Zusammengehens mit dem „bisherigen Feinde" nach der deutschen Niederlage dem deutschen nationalen Ehrgefühl zumutbar zu machen. „Nur wer sich ganz klargemacht hat, dass dem Zeitalter der äußeren Fremdherrschaft, wie es zunächst jetzt über uns hereingebrochen ist, ein Zeitalter der inneren Fremdherrschaft, der Herrschaft eines Verbrecherklubs, vorangegangen ist, findet den Weg zur Lösung des nationalen Pflichtproblems. Äußere Fremdherrschaft ist etwas Furchtbares und für stolze Völker schwer Demütigendes. Aber es braucht dabei nicht die Seele dieser Völker notwendig und allgemein zu leiden. Das Nationalgefühl der Besseren kann sich sogar dann unter Schmerzen vertiefen und reinigen. Das wissen wir aus eigener Geschichte. Wie aber eine innere Fremdherrschaft von der Art, wie sie uns im Dritten Reich zuteil geworden ist, auf die Seele des Volkes und der Einzelnen zu wirken vermag, das haben wir selber eben erst zu erleben begonnen. Sie umklammert die Seele viel stärker als die äußere Fremdherrschaft, weil sie viel wirksamer mit Lug und Trug zu arbeiten vermag."[35]

Die Unterscheidung zwischen innerer und äußerer Fremdherrschaft ist in der Romantik –in der polnischen wie der deutschen wohl gleichermaßen – vorgeformt worden. Dies lässt sich auf drei Ebenen deutlich machen: Zum einen ging es um die Notwendigkeit, die Seele der Nation vor dem Aufgehen im fremden Imperium zu bewahren, d.h. die äußere Fremdherrschaft durfte nicht auch zu einer inneren werden. Zum zweiten ging es darum, die Seele des Volkes vor den Giften des Materialismus und der fremden Sitten, gar der Sittenlosigkeit zu bewahren, die kulturgeografisch oft im ‚Westen' angesiedelt wurde; d.h. hier bestand die Gefahr der inneren Fremdherrschaft, ohne dass eine äußere zu beklagen wäre. Und schließlich musste die Reinheit des Volkes[36] historisch verankert werden, denn das Volk hatte nur eine Zukunft, wenn es auf Beispiele der Abwehr gegen die äußere und die innere Fremdherrschaft zurückgreifen konnte. Hier half der deutschen Romantik in der Regel der Blick in das harmonische, von modernen Spaltungen und Entfremdungen unberührte, in der „teutschen Freiheit" verankerte und von einer heiligen deutschen Reichsstruktur überwölbte Mittelalter. Die polnische Romantik blickte auf die freie, jedoch von bösen Feinden umgebene Rzeczpospolita und, von Herder angestachelt, auf die unverdorbene slawische Seele zurück, die, weil ohne Geschichte, nur noch die Zukunft haben konnte.

Waśko gehörte es zum Wesen des Politischen der Romantik, sich von ‚Fremden' nach außen aber auch nach innen – von Konservatismus, Liberalismus, Sozialismus, etc. – abzugrenzen, vgl. Andrzej Waśko, Cywilizacja i „duch narodowy" w *Panu Tadeuszu* i publicystyce Mickiewicza [Zivilisation und ‚der nationale Geist' in *Pan Tadeusz* und in der Publizistik Mickiewiczs], in: Arcana (1998), Nr. 6, S. 6-17.

35 Friedrich Meinecke, Die deutsche Katastrophe: Betrachtungen und Erinnerungen. 3. Aufl., Wiesbaden 1947 – zitiert nach und angeregt durch Christian Koller, Fremdherrschaft und nationale Loyalität: Das Fremdherrschaftskonzept in der politischen Sprache Deutschlands der ersten Hälfte des 20. Jahrhunderts, in: „Kollaboration" in Nordosteuropa. Erscheinungsformen und Deutungen im 20. Jahrhundert, hrsg. v. Joachim Tauber. Wiesbaden 2006 (Veröffentlichungen des Nordost-Instituts. 1), S. 56-74, hier S. 68 f.

36 Vgl. Brian Vick, The Origins of the German Volk: Cultural Purity and National Identity in Nineteenth-Century Germany, in: German studies review 26 (2003), Nr. 2, S. 241-256.

3. Fichte und Mickiewicz: Reden für die Nation

Die Verformung des Nationsbegriffs aus der Erfahrung einer fremden Herrschaft ist so vielschichtig wie diese Erfahrung selbst. Ausschlaggebend ist nicht die Erfahrung einer objektiv als ‚fremd‘ zu bestimmenden und damit als ‚illegitim‘ abzulehnenden Herrschaft, sondern die Wahrnehmung und Deutung dieser Herrschaft als fremd und bedrohlich in einer jeweils konkreten historischen Konstellation. Eine transnational vergleichende Analyse des Umgangs mit und der Deutung von der Fremdheits- und Fremdherrschaftserfahrung lässt angesichts der individuellen Unverwechselbarkeit historischer Erfahrung keine Rekonstruktion von Verhaltensgesetzlichkeiten erwarten, sehr wohl aber Affinität von Wahrnehmungsmustern und Lösungsstrategien vermuten. Erschwerend kommt hinzu, dass das Erkenntnisinteresse hier vom Begriff der ‚politischen Romantik‘ geleitet und auf eine ‚romantische‘ Deutung des Problems der nationalen Existenz fokussiert wird. Doch kann gerade die Fokussierung auf den Umgang einer geistigen Formation wie der Romantik mit der Erfahrung der Fremdherrschaft deutlich machen, wie ethisch aufgeladen und zugleich Anti-Politisch das Politische in der Phase der modernen Nationsbildung – hier an einem deutschen und einem polnischen Beispiel vorgeführt – in der ersten Hälfte des 19. Jahrhunderts sein konnte.

Es gibt mehrere Gründe, Adam Mickiewiczs Pariser *Vorlesungen über slawische Literatur* (1840–1844)[37] mit den *Reden an die deutsche Nation*, die Johann Gottlieb Fichte 1807/08 in Berlin gehalten hatte,[38] einem Vergleich unter dem oben genannten Aspekt zu unterziehen.[39] Diese liegen aber nicht in einem etwaigen direkten Zusammenhang zwischen beiden Texten oder deren Autoren. Eine unmittelbare Rezeption der *Reden* in den *Vorlesungen* ist nicht festgestellt worden. Mickiewicz äußerte sich in den *Vorlesungen* vielfach und überaus kritisch zur deutschen Philosophie, polemisierte gegen sie selbst und gegen ihren Einfluss in Polen.[40] Die deutsche Philosophie, deren Entstehung er auf den religiösen Abfall in der Reformation und den Glaubensverlust zurückführte, verlor sich nach seiner Auffassung in Abstraktionen, verachtete die Tat, ordnete sich unter den (preußischen) Staat (vgl. X, 213 ff.). Er ist bereit, für Herder, der die Humanität und den Volksgeist zusammen-

---

37 Adam Mickiewicz, Literatura słowiańska [Slawische Literatur]. Kurs 1-4. Warszawa 1997/98 (Adam Mickiewicz. Dzieła. VIII, IX, X, XI) – zitiert künftig als *Vorlesungen*, im Text mit Band und Seitenzahl in Klammern.

38 Johann Gottlieb Fichte, Reden an die deutsche Nation. Mit einer Einleitung von Reinhard Lauth. Hamburg 1978 (Philosophische Bibliothek. 204) – künftig im Text mit Seitenzahl in Klammern zitiert.

39 Gleichsam als Einführung zum deutsch-polnischen Romantikvergleich unter Bezug auf Mickiewicz siehe Stefan Garsztecki, Mickiewicz' Messianismus und romantisches deutsches Sendungsbewusstsein, in: Sendung und Dichtung (wie Anm. 18), S. 127-170.

40 Vgl. Andrzej Walicki, Problematyka filozoficzna w Mickiewiczowskich prelekcjach paryskich [Philosophische Problematik in Mickiewiczs Pariser Vorlesungen], in: Ders., Mesjanizm Adama Mickiewicza w perspektywie porównawczej [Der Messianismus von Adam Mickiewicz in vergleichender Perspektive]. Warszawa 2006, S. 179-204; Eugenia Łoch, Deutsche Motive in den Pariser Vorträgen von Adam Mickiewicz, in: Orbis Linguarum 12 (1999), S. 5-17; Bernard W. Januszewski, Problematyka filozoficzna w wykładach paryskich Adama Mickiewicza [Philosophische Problematik in den Pariser Vorlesungen von Adam Mickiewicz]. Wrocław 1986; siehe aber auch: Elżbieta Zarych, Problemy w badaniach nad wpływem filozofii niemieckiej – od Kanta do Hegla – na literaturę polskiego romantyzmu [Probleme der Erforschung des Einflusses deutscher Philosophie – von Kant bis Hegel – auf die Literatur der polnischen Romantik], in: Teksty Drugie (2001), Nr. 2, S. 52-77.

führte, eine Ausnahme zu machen, auch für Friedrich Schlegel, den Geschichtsphilosophen, der zum Katholizismus konvertierte. Kant, Fichte, Hegel aber hielt er für Irrlehrer und – was in der Logik der Vorlesungen schwer gewogen hatte – für Feinde der Slawen und der Kirche. „Fichte und alle Philosophen seiner Schule", sagt Mickiewicz, „können wir verglei- chen mit jenen Markgrafen des Hauses Brandenburg, die gegen den Willen der Kirche ihr ‚Ich' ausgeweitet haben, desgleichen ihre Grenzen, der Kirche und dem deutschen Reich zum Trotz." (X, 223) Darin lässt sich womöglich ein Echo auf den Atheismusstreit, der 1798/99 um Fichte in Jena entbrannt ist, heraushören. Auf dieser Ebene lässt sich aber keine Verbindung zwischen Mickiewicz der *Vorlesungen* und Fichte der *Reden* herstellen.

Die Zeitspanne, die zwischen den *Reden* Fichtes und den *Vorlesungen* Mickiewiczs sowie zwischen den historischen Ereignissen liegt, in die sie zu kontextualisieren sind, macht den Vergleich zu einem typologischen. Es geht um die Wirkung ‚nationalpolitisch' gleichartiger Ereignisse – die Erfahrung der napoleonischen Besatzung als Fremdherrschaft bei Fichte und die Wahrnehmung des zaristischen Siegs über Polen im Novemberaufstand als Kampf mit einer zutiefst fremden Macht bei Mickiewicz – auf zwei Autoren, die zwar mit Dichtung und Philosophie unterschiedlichen Professionen und Textgattungen, gleichzeitig aber einer geistigen Formation zugeordnet werden können, die mit dem Begriff ‚romantische Bewegung' umschrieben wird. Die typologische Gleichzeitigkeit des Ungleichzeitigen wird hergestellt durch ‚romantische' Formen des Umgangs mit ‚fremder Herrschaft' sowie durch die Affinität der Denk- und Bildstrukturen einer europäischen Romantik, die ohnehin einen geistigen Kommunikationsraum darstellte.

Und trotzdem: Die Verknüpfung von Nationalismus- und Romantikforschung auch in einem solchen Vergleich wirft viele Unwägbarkeiten auf, zumal wenn sie kausale Zusam- menhänge zwischen ‚Nationalismus' und ‚Romantik' impliziert. Die historische Nationalis- musforschung kommt, zumal wenn sie jede nationale Instrumentalisierung meidet, in der Regel auch ohne Rückgriffe auf die Formation der Romantik aus. Und die Romantikfor- schung, sofern sie Politisierung meidet, verweist den Nationalismusverdacht der (literatur-) historischen Epoche ‚Romantik' in ihre analytisch abgesicherten Schranken: Es ist nicht das Nationale, das (auch die national aktive) Romantik zur Romantik macht. Inwiefern die nach literarischen Kriterien der Romantik zugeordneten Autoren für die Ausformung eines modernen Nationalismus wichtig waren, ist eine historische Frage, inwiefern die Vertre- ter einer geistigen Formation ‚Romantik' eine spezifische Vorstellung von ‚Nation' kreiert haben, ist eine geistesgeschichtliche Frage; inwiefern diese Vorstellung von ‚Nation' als eine ‚romantische' tradiert, modifiziert und appliziert wurde, ist eine Frage der Ideologie- und Erinnerungsgeschichte; inwiefern heute bestimmte Formen der nationalen Identität und Loyalität als ‚romantisch' eingefordert oder abgelehnt werden, ist eine Frage der aktuel- len Wertkoordinaten der Gesellschaft und der Geschichtspolitik – eine Frage, in die auch die aktuelle Geschichts- und Literaturwissenschaft eingebunden bleiben, spätestens bei der Rezeption ihrer wissenschaftlichen Produkte.

Gerhard Schulz hält es weder für „erkenntnisfördernd" noch „der historischen Wahrheit dienlich, wenn man die Ideologen [des] Patriotismus, also Fichte, Arndt oder Jahn (...) un- differenziert als ‚Romantiker' bezeichnet".[41] Es stimmt schon: Wenn Fichte spätestens in

---

41 Schulz, Romantik (wie Anm. 2), S. 58.

seinen *Reden* das individualistische Fundament seiner früheren politischen Anschauungen verlässt und gegen einen kollektiven, interpersonalen Begriff von Sittlichkeit in seiner Vorstellung von einer Nationalerziehung eintauscht, so wird er dadurch nicht zum Romantiker, vielmehr zu einem der frühen Ideologen des sich modernisierenden Nationalismus. Nicht der ‚Politiker‘ – könnte man hinzufügen –, sondern der Philosoph Fichte, die Radikalität seines Freiheitsbegriffs und die philosophische Begründung des autonomen ‚Ich‘ waren für die Romantik inspirierend. In diesem Sinne könnte man Schulz folgen, wenn er im aufsteigenden Nationalismus der napoleonischen Kriege nicht die Steigerung eines romantischen Weltbildes sieht, sondern dessen Ende: „mit ästhetischen Theorien, Romanen, Dramen und Gedichten war Napoleon nicht aus dem Lande zu treiben. (...) Zweifel an der Wirksamkeit von romantischer Kultur und romantischem Universalismus weiteten sich aus".[42] Doch: Ist Universalismus romantisch, und Nationalismus nicht mehr?[43] Die Eingrenzung des ‚Romantischen‘ geht hier den Weg der Ausgrenzung des ‚Politischen‘. Dieser Weg scheint für einen Vergleich der deutschen und polnischen Romantik, der über das rein Ästhetische hinausgeht, kaum begehbar. Jedenfalls in Polen müsste dann Romantik aufhören, Romantik zu sein, und die ‚politische Romantik‘ in Deutschland wäre dann weder politisch noch romantisch.

Einen breiteren Weg für den Vergleich bietet Jakob Talmon. Sein ‚bequemerer‘ Weg ist im biblischen gleichsam wie im hermeneutischen Sinn aber auch der gefährlichere. Jedenfalls wird das Romantische bei ihm einer geistesgeschichtlichen Bewertung und einer Politisierung ausgesetzt. Talmons Interesse an den zwei Typen der Demokratie, die er respektive „liberal" und „totalitär" nennt, rückt die Romantik in die Nähe des Totalitarismus; entsprechend wird ihm beispielsweise die saint-simonistische Schule Ausdruck der „Dialektik des romantischen Totalitarismus".[44] Der Begriff der Dialektik hilft ihm, für die Antithesen Universalismus und Nationalismus eine Synthese im „politischen Messianismus" zu finden, so wie er für die „romantische Phase" besonders kennzeichnend zu sein schien. Der Nationalismus ist dann nicht als das Ende des Universalismus und damit auch der Romantik zu sehen. Im Gegenteil, „die Vergottung der Nation [machte aus der Sicht der messianischen Theorien] die Apotheose der Universalgeschichte und die Einheit der Menschheit zur Notwendigkeit. Sonst wäre die Einzigartigkeit der einzelnen Nation eine Missbildung, die keinen Anspruch auf absolute Bedeutung erheben könnte".[45] Die nationalistischen Ideologien, so Talmon, waren also „eifrigst bestrebt, eine Rechtfertigung zu finden für nationale Besonderheiten, das heißt für die Rolle, die einer bestimmten Nation innerhalb der Universalgeschichte zufiel". Die „auferstandenen Nationen, Italiener, Polen oder Deutsche", haben, sofern sie sich zum gleichen Glauben bekannten, den „Kampf für die Verbrüderung aller Nationen" aufgenommen, der die Befreiung „vom Joch fremder Eindringlinge oder königlicher Despoten" zum Ziel hatte.[46]

---

42 „Als Napoleon seine Eroberungszüge in die Mitte und den Osten des Kontinents begann, wurde Schlegel zum deutschen Patrioten. Von ‚Universalpoesie‘ war nun nicht mehr die Rede", fügt Schulz hinzu, vgl. ebenda, S. 59 f.

43 Vgl. zur gegenläufigen Konzeption die Beiträge in: Volk – Nation – Europa. Zur Romantisierung und Entromantisierung politischer Begriffe, hrsg. v. Alexander von Bormann. Würzburg 1998 (Stiftung für Romantikforschung. 4).

44 Vgl. Jakob Talmon, Politischer Messianismus. Die romantische Phase. Köln 1966, S. 54-102.

45 Ebenda, S. 15.

46 Ebenda.

Wohlgemerkt, Talmon verweist hier nicht auf romantische, sondern auf messianische Theorien. Diese sind aber in Polen in der Romantik verwurzelt. Das gleiche wird man für die deutsche Romantik kaum sagen können. In seinem Abschnitt über den „messianischen Nationalismus", den er als eine bis 1848 anhaltende gute Beziehung zwischen der „internationalen Revolution und nationaler Einzigartigkeit" behandelt, findet er keinen Platz für die deutschen Romantiker. Die Kronzeugen des ‚messianischen Nationalismus' sind für ihn Lamennais, Michelet, Mazzini, Mickiewicz und Marx. Selbst bei den französischen Ultramontanen und Konterrevolutionären findet er „gewisse tiefreligiöse und auch ästhetisch-aristokratische Nuancen. Es vibriert ferner von einem Gefühl geschichtlichen Dramas und geschichtlicher Größe". Dagegen stellt ihm die Haltung der deutschen Romantiker „ein kränkliches efeugleiches Sichanklammern an das Bestehende dar, eine ungesunde Angst vor Veränderung, Trennung und Entwurzelung, eine erschreckende Sehnsucht danach, sich in Scharen zusammenzudrängen".[47]

Der Verweis auf Talmons Argumentationskette soll deutlich machen, wie schwierig sich auch auf der Ebene einer politischen Romantikdeutung der deutsch-polnische Vergleich gestaltet. Der deutsche Denker, dem sich Talmon ausführlicher zuwendet, Fichte, wird bemerkenswerterweise nicht dem „nationalistischen", sondern dem „sozialistischen Messianismus" zugeordnet.[48] Dies mag daran liegen, dass der „totalitäre *Geschlossene Handelsstaat*" und andere gesellschafts- und staatstheoretische Ansichten von Fichte in den Mittelpunkt seiner Aufmerksamkeit geraten. Bemerkenswert ist aber auch, dass Talmon ausgerechnet in Fichte den „Prototyp der langen Serie von Propheten- und Messiasgestalten im neunzehnten Jahrhundert" erblickt.[49] Fichte habe „der Schulmeister der Menschheit sein und die Macht haben [wollen], die menschliche Natur wie Ton in seinen Händen zu formen". In Fichtes heroischem Versuch, „die Welt im Namen der Vernunft aus sich selbst heraus neu zu erschaffen", lag für Talmon dann aber doch etwas „intensiv Romantisches". Insofern sei Fichte der Schöpfer des „prometheische[n] Mythos der Romantik", er war „der Romantiker unter den Rationalisten und der Rationalist unter den Romantikern".[50]

Das, was den Romantiker und Rationalisten in Fichte vereint, ist seine Emphase für das Problem der Freiheit. „Fichtes Philosophie ist Freiheitsphilosophie", fasst Georg Mohr zusammen. „Sie kann als eine rationale Selbstverständigung über den vorphilosophischen Freiheitsglauben verstanden werden."[51] In der Selbstwahrnehmung Fichtes heißt es: „Mein

---

47 Ebenda, S. 271.
48 Zu Fichtes Nationsbegriff und Nationalismusproblem liegt eine umfangreiche Literatur vor. Vgl. Hans Kohn, The Paradox of Fichte's Nationalism, in: Journal of the History of Ideas 10 (1949), Nr. 3, S. 319-343; Kosmopolitismus und Nationalidee, hrsg. v. Klaus Hammacher, Richard Schottky u. Wolfgang H. Schrader. Amsterdam/Atlanta, GA 1990 (Fichte-Studien. 2); Carla De Pascale, Der Primat Deutschlands bei Fichte, in: Fichte-Studien 3 (1991), S. 68-85; Hans-Joachim Becker, Fichtes Idee der Nation und das Judentum. Den vergessenen Generationen der jüdischen Fichte-Rezeption. Amsterdam/Atlanta, GA 2000.
49 Talmon, Politischer Messianismus (wie Anm. 44), S. 169.
50 Ebenda, S. 167. Zu Fichtes ‚Romantizität' vgl. auch die Beiträge in: Fichte und die Romantik. Hölderlin, Schelling, Hegel und die späte Wissenschaftslehre, hrsg. v. Wolfgang H. Schrader. Amsterdam/Atlanta, GA 1997 (Fichte-Studien. 12).
51 Teilbeitrag von Georg Mohr zu „Freiheit, Moral und Sittlichkeit" in: Handbuch Deutscher Idealismus, hrsg. v. Hans Jörg Sandkühler. Stuttgart/Weimar 2005, S. 154.

System ist vom Anfang bis zu Ende nur eine Analyse der Freiheit." Und in einem anderen Brief, von April 1795, heißt es: „Mein System ist das erste System der Freiheit;
wie jene Nation von den äußeren Ketten den Menschen losreißt, reißt mein System ihn
von den Fesseln der Dinge an sich, des äußeren Einflusses los, und stellt ihn in seinem
ersten Grundsatze als selbständiges Wesen hin."[52] Das „System der Freiheit" ist aber im
Gesamtwerk Fichtes doch sehr zwiespältig: Fichtes Philosophie lebt vom Problem der „Freiheit", seine Politik- und Staatstheorie doch eher vom „System", das deterministische Züge
trägt und eher dem Modell des Obrigkeitsstaates entspricht. Bei Fichte fehlt „die politische
Freiheit als Grundkategorie der politischen Theorie" fast völlig, fasst Karl Hahn Fichtes Politikbegriff zusammen, „so dass Fichtes Theorie nicht als freiheitliche, politische Theorie,
sondern als apolitische Staatstheorie zu qualifizieren ist".[53] Das Apolitische ist nicht unbedingt ‚unromantisch', doch könnte es darauf hinweisen, dass sich der politisch-romantische
Freiheitsbegriff doch primär auf Freiheit von einer geschichtsphilosophisch als ‚fremd' zu
identifizierenden Herrschaft konzentrierte, dagegen die ‚innere' Freiheit der Bürger etwa an
die ebenfalls geschichtsphilosophisch definierte religiöse und nationale Sittlichkeit gebunden hatte.[54] Dazu stehen die kritischen Äußerungen zur politischen Lage in Deutschland
während der Französischen Revolution nicht unbedingt im Widerspruch, auch wenn die
Spannung um die Deutung von Fichtes politischem Freiheitsbegriff erhalten bleibt.[55]

In seinen *Beiträge[n] zur Berichtigung der Urteile des Publikums über die Französische
Revolution* von 1793 unterschied Fichte drei Typen der Freiheit: „die transzendentale, die
in allen vernünftigen Geistern die gleiche ist: das Vermögen, erste unabhängige Ursache
zu sein; die kosmologische, der Zustand, da man wirklich von nichts außer sich selbst
abhängt (...); die politische, das Recht, kein Gesetz anzuerkennen, als welches man sich
selbst gab. Sie soll in jedem Staate sein."[56] Die größte Gefahr für die politische Freiheit
waren ihm die „uneingeschränkten Monarchien": deren stetes „Streben nach Vergrößerung
von innen und außen ist ein großes Unglück für die Völker".[57] Es sei „die Tendenz aller
Monarchien", so Fichte, „nach innen uneingeschränkte Alleinherrschaft" auszuüben, und
„nach außen Universalmonarchie" anzustreben.[58] Wenn die Politiker die Bedrohung des
Gleichgewichts der Mächte beklagen, so ist das nicht die Sorge der unterjochten Bürger.
Die Kriege der französischen Revolution lösten in ihm damals, 1793, keine Ängste vor
Fremdherrschaft. Im Gegenteil; an die „uneingeschränkten Monarchien" gewandt, heißt es

---

52 Beide Briefstellen zitiert von Georg Mohr in: Ebenda, S. 154.
53 Karl Hahn, Fichtes Politikbegriff, in: Der Transzendentale Gedanke. Die gegenwärtige Darstellung
    der Philosophie Fichtes, hrsg. v. Klaus Hammacher. Hamburg 1981, S. 204-214, hier S. 209 f.
54 Vgl. dazu Hinweise bei Richard Schottky, Internationale Beziehungen als ethisches und juridisches
    Problem bei Fichte, in: Der Transzendentale Gedanke (wie Anm. 53), S. 250-277.
55 Zur nachhaltigen Wirkung der Französischen Revolution und deren Folgen auf den bewussten
    Einsatz des Fichteschen Denkens siehe Manfred Buhr, Die Philosophie Johann Gottlieb Fichtes
    und der historische Prozeß der Zeit, in: Der Transzendentale Gedanke (wie Anm. 53), S. 331-344.
56 Johann Gottlieb Fichte, Beiträge zur Berichtigung der Urteile des Publikums über die Französische
    Revolution, in: Ders., Schriften zur Französischen Revolution. Mit zeitgenössischen Rezensionen.
    Leipzig 1988, S. 37-270, hier S. 98 [Hervorhebung im Original]. Ebenfalls 1793 erschien seine
    Zurückforderung der Denkfreiheit von den Fürsten Europas, die sie bisher unterdrückten. Eine
    Rede.
57 Fichte, Beiträge (wie Anm. 56), S. 93.
58 Ebenda, S. 91.

bei ihm: „Die Unterjochung durch eine fremde Macht fürchtet ihr für uns, und um uns vor diesem Unglück zu sichern, unterjocht ihr uns lieber selbst? (...) Daß es euch lieber ist, wenn ihr es seid, die uns unterjochen, als wenn es ein anderer wäre, ist zu glauben: warum es uns um vieles lieber sein sollte, wüssten wir nicht. Ihr habt eine zärtliche Liebe zu unserer Freiheit, ihr wollt sie allein haben."[59]

Stanisław Brzozowski stellte in seiner 1905 verfassten Schrift *Philosophie der polnischen Romantik* eine gewisse Affinität zwischen der polnischen Romantik und der deutschen (idealistischen) Philosophie fest: „Sowohl unserer Romantik als auch der deutschen Philosophie geht es im Grunde genommen um ein und dasselbe: um die Freiheit, um die Befreiung des Menschen. Allerdings liegt die zentrale Richtung und Zielsetzung, die die Entwicklung unserer Romantik bestimmen, darin, Freiheit zu schaffen, zu erkämpfen, zu verwirklichen. Die deutsche Philosophie will die Freiheit erkennen. Nun kann aber die Freiheit des Menschen nur in dem Maße erkannt werden, in dem sie in ihm verwirklicht wurde. Freiheit ist die Herrschaft über sich selbst, von niemanden und von nichts abhängig, bestätigt durch die Tat." Diese in die Tat gewendete Erkenntnis der Freiheit schreibt Brzozowski Mickiewicz zu; eine Erkenntnis, die der deutschen Philosophie gefehlt habe, mit einer Ausnahme: Fichte. „In der ganzen Entwicklung der deutschen Philosophie, außer bei Fichte – und auch bei ihm nur bedingt –, besteht Freiheit in der Anerkennung einer bestimmten Form von Abhängigkeit. Bei Kant – vom noumenalen Wesen des Menschen in Gestalt des kategorischen Imperativs. Bei Hegel – von der allgemeinen Vernunft. Bei Marx – von der Entwicklung ökonomischer Bedingungen."[60]

Brzozowski bescheinigte Fichte ein „heroisch-patriotisches Engagement", das aber bei den deutschen Romantikern keine besonderen Spuren hinterlassen habe.[61] Der Vergleich zwischen deutscher (idealistischer) Philosophie und polnischer Romantik, den Brzozowski hier anstrengt, konzentrierte sich wie bei Mickiewicz auf den Zusammenhang von Tat und Theorie, von heroischem Handeln und idealistischem Denken. Die polnischen Romantiker bedurften nicht der Erkenntnistheorie und der philosophischen Argumente des Idealismus, um „an den Geist und an das Herz zu glauben, allen Sinnen und jeder Logik vollendeter Tatsachen zum Trotz (...)". Die deutschen Romantiker hätten auf Kant, Fichte und Schlegel als ihre Vorbilder geblickt. Philosophen als Vorbilder hätten die polnischen Romantiker aber nicht nötig gehabt, diese Funktion erfüllten für sie Kościuszko und die Legionäre.[62] Freiheitskämpfer brauchen keine Freiheitsphilosophen, sie verkörpern die Freiheit durch das, was sie tun. Dagegen gehen die Freiheitsphilosophen, die auf die Tat meinen verzichten zu können, der Freiheit selbst verlustig. Diese Logik der Freiheit hat die polnische Romantik um so viel erhabener erscheinen lassen als die deutsche Romantik – mit Ausnahme von Fichte?

---

59 Ebenda, S. 92. Vgl. auch Manfred Buhr, Domenico Losurdo, Fichte – die Französische Revolution und das Ideal vom Ewigen Frieden. Berlin 1991.

60 Stanisław Brzozowski, Filozofia romantyzmu polskiego [Philosophie der polnischen Romantik], in: Ders., Kultura i życie. Zagadnienia sztuki i twórczości. W walce o światopogląd [Kultur und Leben. Anmerkungen zur Kunst und zum Schaffen. Im Kampf um die Weltanschauung], hrsg. v. Andrzej Walicki. Warszawa 1973, S. 375-414, hier S. 405.

61 Brzozowski, Filozofia (wie Anm. 60), S. 384.

62 Ebenda.

Das vermeintlich unbeirrte Festhalten Fichtes an einem unverfälschten und unbegrenzten Freiheitsbegriff war aber im Zuge der Entwicklung seiner Sittenlehre, seiner Religionsphilosophie und des ihnen beiden entspringenden politischen Denkens doch mehreren Einschränkungen unterworfen. Fichte unterwarf die Freiheit zunehmend und immer wieder der Herrschaft einer auf Religion und Geschichte bezogenen Sittenlehre und hielt mit Kant am kategorischen Imperativ fest.[63] Und er stellte sich dem fundamentalen theologischen Problem des Antagonismus von Freiheit und Vorsehung.[64] Fichtes Ausweichen von politischer in eine metaphysische Freiheit hatte aber auch Konsequenzen für seine politische Theorie, die ,neutral' schwer zu beurteilen ist.[65] In Fichtes Religionsphilosophie dringt das Absolute, die Gottheit zur geschichtlichen Emanation, die Ewigkeit sucht ihre vollkommene Erscheinung in Kunst, Wissenschaft, Staat, Volk und Erziehung. Nach Peter Eicher gerät das Individuum dadurch unter einen „metaphysischen Revolutionsdruck", es muss seine Freiheit der Gemeinschaft unterordnen, an ihm offenbart sich „die Gnadenlosigkeit der politischen Metaphysik der Moderne".[66] In den *Grundzüge[n] des gegenwärtigen Zeitalters* von 1804/05 liefert Fichte das Individuum unverblümt dem „Gesetz der Geisterwelt" aus, das unaufhaltbar waltet, „ohne irgend eines Einwilligung zu erwarten. Nur dies ist der Unterschied, ob man mit der Binde um das Haupt, wie ein Tier, sich zur Schlachtbank wolle führen lassen; oder frei und edel, und im vollen Vorgenusse des Lebens, das aus unserem Falle sich entwickeln wird, sein Leben am Altare des ewigen Lebens zur Gabe darbringen."[67] Hier wird Freiheit zur Einsicht in die göttliche Notwendigkeit, deren Deutung und Offenbarung wohl dem Philosophen und seiner Wissenschaftslehre, also wenn es nach Fichte ginge, Fichte selbst überlassen wird.

Der Begriff der Freiheit, der beim frühen Fichte wenngleich nur theoretisch, so doch politisch begründet war, wird nunmehr seines Grundlagencharakters für politisches Denken und Handeln beraubt und im Metaphysischen aufgehoben. Dort in der Metaphysik wird „die Weltpolitik gnostisch entschieden", wie Eicher das Freiheitsproblem auf den Punkt bringt: „Der Philosoph denkt sich zum regierungsamtlichen Sprecher der göttlichen Weltregierung hinauf, er kennt das Urteil über die Weltgeschichte und muß seinem Spruch zum Durchbruch verhelfen. Deshalb muß er als Prediger der neuen Religion und als Feldprediger der deutschen Nation in die Geschichte treten, er muß die Idee zur Herrschaft bringen, muß durch Erziehung herrschen."[68] Für den Vergleich zur polnischen Romantik ist es besonders beachtenswert, dass Fichtes Weg zum Nationalismus der *Reden an die deutsche Nation* of-

---

63 Fichtes Sozialphilosophie war auch in Verbindung zu seinem Freiheitsdiskurs in seinem gesellschaftstheoretischen Schaffen vielen Veränderungen unterworfen, vgl. Hansjürgen Verweyen, Recht und Sittlichkeit in J.G. Fichtes Gesellschaftslehre. Freiburg/München 1975.

64 Vgl. Stefan Gnädinger, Vorsehung: ein religionsphilosophisches Grundproblem bei Johann Gottlieb Fichte. Münster 2003.

65 Vgl. Bernard Willms, Die totale Freiheit. Fichtes politische Philosophie. Köln 1967; vgl. auch Ewa Nowak-Juchacz, Autonomia jako zasada etyczności: Kant, Fichte, Hegel [Autonomie als Prinzip der Sittlichkeit: Kant, Fichte, Hegel]. Wrocław 2002.

66 Peter Eicher, Die Politik der absoluten Religion. Fichtes Beitrag zur Gnosis der Deutschen, in: Religionstheorie und Politische Theologie, hrsg. v. Jacob Taubes. Bd. 2: Gnosis und Politik, München (u.a.) 1984, S. 199-218, hier S. 211.

67 Zitiert nach: Ebenda.

68 Ebenda, S. 211 f.

fensichtlich auch über die Brücke der Religionsphilosophie führt. Denn nach dieser Vorstellung drängt es Gott danach, sich zu offenbaren in einer dafür am besten geeigneten Nation. Erst über die Nation erreicht die Emanation des Geistes die ganze Welt, die Menschheit, die damit einst ihre vollkommene Gestalt und ‚Freiheit' erhalten wird. Die Argumentation Fichtes bleibt aber primär religionsphilosophisch, d.h. auf die Vernunft angewiesen, auch wenn er sich seit seiner Erfahrung mit dem Atheismusvorwurf theologischer gab.[69]

Es lohnt sich, Eichers systematischem Argument zu folgen, dass die Modernität von Fichtes Religionsphilosophie unter anderem darin liegt, dass sie die „nationale Idee (...) als die Ideologie eines noch gar nicht vorhandenen Staates" begreift und damit die Bindung des politischen Denkens an das antike Staatswesen auflöst.[70] Eicher bindet Fichtes Entwicklung zur „politischen Religiosität", seinen Versuch, das deutsche Volk als „Urvolk" zum „Gefäß der Gottheit" zu machen, an eine Verlusterfahrung, die vor den Freiheitskriegen liegt: „Spätestens seit dem Ende des Heiligen Römischen Reiches Deutscher Nation wird die Staatsbegründung offen religionsphilosophisch geführt. Und für sie ist charakteristisch der Übergang vom Staat zur Nation, vom Rechtsstaat zum Volk oder vom Staat zum politischen Vernunft-Reich überhaupt."[71] Am religionsphilosophischen Erwartungshorizont tauchte nach dem Ende des Reiches die Nation als Medium des göttlichen Wirkens auf dem Weg zu einem ‚absoluten' Staat auf. Die politische Philosophie wurde zur politischen Theologie, die wiederum zur Nationaltheologie oder zur „politischen Gnosis des Deutschtums"[72] mutierte. In der religionsphilosophischen Funktionalisierung und Sakralisierung der Nation wird man die Affinität dieses Fichteanischen – wohl eher im deutschen Idealismus wurzelnden denn die deutsche Romantik projizierenden – Modells zur Funktion der Nation in der polnischen Romantik suchen dürfen. Allerdings wäre die Spannung zwischen religionsphilosophischen, theologischen und konfessionellen Kategorien im Hinblick auf ihre Bedeutung für die Sakralisierung der Nation – und hier gibt es viele Unterschiede in der Herangehensweise bei Fichte und Mickiewicz – noch genau zu untersuchen. Die Frage ist, ob die Universalität und die Autonomie des Freiheitsbegriffs im Rahmen der ‚Nationaltheologie' und des Messianismus eines Mickiewicz nicht ebenfalls ihres politischen Gehalts durch metaphysische und gnostische Überhöhung beraubt wurde.

Die von Brzozowski postulierte romantisch-philosophische Affinität zwischen Mickiewicz und Fichte konzentrierte sich auf den Begriff der Freiheit. Tatsache ist, dass in Fichtes

---

69 Vgl. Jakub Kloc-Konkołowicz, Absolut i wolność człowieka w „Zachęcie do życia szczęśliwego" Fichtego [Das Absolute und die Freiheit des Menschen in *Die Anweisung zum seligen Leben* (1806) von Fichte], in: Przegląd Filozoficzno-Literacki (2004), Nr. 1, S. 83-93; Christoph Asmuth, Wissenschaft und Religion. Perspektivität und Absolutes in der Philosophie Johann Gottlieb Fichtes, in: Fichte-Studien 8 (1995), S. 1-20; Hansjürgen Verweyen, Fichtes Religionsphilosophie. Versuch eines Gesamtüberblicks, in: Fichte-Studien 8 (1995), S. 193-224.

70 Eicher, Politik (wie Anm. 66), S. 216 f.

71 Ebenda, S. 212.

72 Ebenda, S. 214. Die besondere Struktur des Zusammenhangs zwischen „Staat", „Kirche" und „Volkserziehung" analysiert Verweyen und betont zugleich die „vermittelnde Funktion [der Wissenschaftslehre Fichtes; A. L.] zwischen zwei geschichtlichen Fakten, der Botschaft Christi und dem Kommen des von ihm verkündeten Reiches", denn – im Sinne Fichtes – „die Notwendigkeit sowohl wie die Vorläufigkeit der Dualität von Staat und Kirche ergibt sich aus der unvollkommenen Realisation der christlichen Botschaft." Vgl. Verweyen, Recht und Sittlichkeit (wie Anm. 63), S. 312 f.

Reden und Mickiewiczs *Vorlesungen* die Freiheit der Nation, verstanden als Freiheit von innerer und äußerer Fremdherrschaft, eine zentrale Rolle spielt. In den Texten der beiden Autoren spiegelte sich die Erfahrung des Fremden als eines Eindringlings mit feindlichen Absichten. Die Ablehnung des Expansionswillens Napoleons und der Teilungsmächte führte beide zur Überzeugung, dass dieser den freien Nationen nicht zumutbare Zustand überwunden werden müsse.

Der Dichter Mickiewicz und der Philosoph Fichte reden ein Publikum an, das sie überzeugen, in Bewegung setzen wollen. Damit das Wort zur Tat werden kann, muss der Redner mittels appellativer Rhetorik mit dem Zuhörer in Kontakt treten, auf ihn einwirken, mit ihm ein Gespräch führen, doch nicht zum Zwecke der Wahrheitsfindung, sondern der Wahrheitsvermittlung bzw. Wahrheitsproduktion.[73] Beide Redner verlassen dabei nicht wirklich ihre Metiers, Dichtung und Philosophie, sie trauen nur der reinen Dichtung und der reinen Philosophie (die bei Fichte verdeutscht „Wissenschaftslehre" heißt) nicht mehr zu, dass sie die Menschen auch erreichen. Dichtung und Philosophie verlieren ihre auf Ästhetik resp. Wahrheit bezogene „Reinheit", sie stellen sich in den Dienst der Nation und erhalten eine politische Absicht. Gleich in der ersten Rede Fichtes heißt es: „Ich rede für Deutsche schlechtweg, von Deutschen schlechtweg, nicht anerkennend (...) die trennenden Unterscheidungen, welche unselige Ereignisse seit Jahrhunderten in der einen Nation gemacht haben". (13) Er ließ nur die alles umfassende „Deutschheit" und keine partikularen Identitäten gelten, denn nur dadurch kann der „Untergang unsrer Nation im Zusammenfließen derselben mit dem Auslande" abgewehrt werden. (13) Aber der „Zweck dieser Reden" war es nicht, den Zustand der „gesunkenen Nation" zu beklagen, sondern „Mut und Hoffnung zu bringen (...), über die Stunde der größten Bedrängnis leicht und sanft hinüberzuleiten". (26) Die „neue Erziehung", als „eigentümliche deutsche Nationalerziehung" und als „Rettungsmittel" gedacht, sollte „die Deutschen zu einer Gesamtheit bilden". (23 f.) Zu den Trägern „dieser neuen Schöpfung" hat Fichte „die gebildeten Stände Deutschlands" auserkoren, die selbst und ihre Nachkommen einst „zum Volke werden". (25 f.)

Das „Ausland" war Fichtes Chiffre für das napoleonische Frankreich, eine Chiffre, die er im französisch besetzten Berlin benutzte. Das ‚Ausland', vor dem Mickiewicz die von ihm postulierte Polonität abzuwehren suchte, und die Lage, in der er seine Vorlesungen hielt, gestaltete sich komplizierter, obgleich er sich weder vor russischer noch vor preußischer oder österreichischer Zensur fürchten musste. Die Abwehr galt dem Zarismus und den absolutistischen ‚halbdeutschen' Mächten Preußen und Österreich; inwiefern sie auch den ‚großen' Nationen galt, war noch auszuloten. Er wandte sich jedenfalls als Professor für slawische Literatur am Collège de France in Paris primär an ein französisches Publikum, in dem sich auch Polen und andere ‚Slawen' befanden. Und er sprach in einer fremden Sprache[74] – ein für Fichte unhaltbarer Zustand, indem er nur die ‚reine' deutsche Sprache –

---

73 Vgl. Eberhard Ostermann, Aspekte romantischer Gesprächstheorie, in: Archiv für Kulturgeschichte 85 (2003), S. 317-338.
74 Mickiewicz, Literatura (wie Anm. 37), Bd. VIII, S. 13 ff.: „Ich bin ein Ausländer, ich muss in einer Sprache reden, die mit der Sprache, die für gewöhnlich meinen Gedanken als Werkzeug dient, keine Gemeinsamkeiten in der Herkunft, in den Formen und im Duktus besitzt." Gefragt ist das „schöpferische Wort". „Wird aber „ein Ausländer je in der Lage sein, den Akt der herrschaftlichen Macht des Wortes zu vollenden"?

also des Redners eigene Sprache – für der ‚reinen‘ Erkenntnis fähig hielt. Für Mickiewicz war die Sprache aber nicht eine Frage der Erkenntnis der Wahrheit, sondern eine Frage der praktischen Vermittlung derselben.

Komplizierter als die Frage der „Deutschheit" für Fichte, stellte sich für Mickiewicz die Einheit dessen, was er in den Vorlesungen vorzustellen hatte: Er war berufen, die Literaturen der Völker zu vertreten, „mit denen meine Nation [d.h. Polen; A. L.] durch Vergangenheit und Zukunft eng verbunden ist". Die Erfahrung, die er während der Aufenthalte in slawischen Ländern gemacht habe, prägte ihm das „Gefühl der Einheit unseres Geschlechts" stärker ein, als es je eine Theorie vermocht hätte. Mickiewicz sah sich dadurch veranlasst, über die Gründe der Streitigkeiten unter den Slawen in der Geschichte und über die „Grundlage unserer künftigen Einheit" nachzudenken. (VIII, 15 f.) Damit konnte aber nicht nur ein politisch harmloses Nachdenken darüber gemeint sein, was die slawischen Völker verbindet. Bereits in der ersten Vorlesung wird die Vision der künftigen zentralen Rolle des „slawischen Geschlechts" in Europa entwickelt: Slawen, die eine besondere Nähe zu Europa, zu den „Völkern des Westens" verspüren, obgleich sie vom selbigen Westen auf Distanz gehalten werden, sind dazu bestimmt, wie die der Sonne am nächsten liegenden Planeten, eines Tages selbst den Platz der Sonne einzunehmen. (VIII, 15 f.) Die Ablösung der Franken durch die Slawen bzw. Polen als Zentrum des europäischen Planetensystems war damit bereits angekündigt. Es war noch auszuloten, auf welchem Wege und in welcher Eigenschaft die Slawen bzw. die Polen dahingelangen sollten.

Die *Reden* und die *Vorlesungen* waren damit befasst, den jeweiligen Volksgeist aus seiner Vergangenheit heraus zu deuten, ihn aber auch zu seiner neuen Aufgabe heranzubilden und ihm damit, aller düsteren Gegenwart zum Trotz, eine lichte Zukunft zu bescheren. Die vergleichbare Funktionalität der Reden von Fichte und Mickiewicz legt auch die vergleichende Inhaltsanalyse der von ihnen verwendeten Argumentationsfiguren nahe. Der Blick soll dabei auf einige Verfahrensweisen – insbesondere die geschichtsphilosophischen und die nationaltheologischen – fokussiert werden, deren sich Fichte und Mickiewicz, teilweise mit sehr unterschiedlichen Ergebnissen, bedienten. Dabei bilden Fichtes *Reden* den Ausgangspunkt und werden gewissermaßen durch die Brille von Mickiewicz gelesen.

Das ist ein Verfahren, das Fichte nicht unwidersprochen gelassen hätte, denn für ihn war nur das umgekehrte Verfahren legitim: Die Deutschen seien doch in der Lage, die Ausländer besser zu verstehen als sie sich selber, während der Blick auf die deutsche Nation durch „ein fremdes und ausländisches Sehwerkzeug" den Sachverhalt unbedingt verschleiern musste, denn das ausländische Sehwerkzeug passte allein schon durch „das geringe Maß an Schärfe niemals auf ein deutsches Auge". (15) Dahinter stand die Konkurrenz der deutschen, also Fichtes Philosophie gegenüber der französischen. Polen erschien Fichte in diesem Zusammenhang gar nicht erst am Horizont. Aber auch Mickiewicz warnte immer wieder davor, dass von Ausländern, die der ‚polnischen Idee‘ fern stehen würden, keine Erkenntnis zu erwarten sei. Dabei differenzierte er in den *Vorlesungen* zwischen Frankreich, das eine christliche Berufung im Norden Europas zu erfüllen habe, und der deutschen Philosophie, die bereits einige polnische Autoren von ihrer nationalen Aufgabe abgelenkt habe. Über die polnischen Philosophen August Cieszkowski und Bronisław Trentowski[75] konnte

---

75 Trentowski wurde von Mickiewicz mit besonderer Heftigkeit angegriffen, als einer, der es wagte –

man von Mickiewicz hören, sie dürften für „entnationalisierte Slawen gehalten werden, für Slawen, die sich in die Gefangenschaft des deutschen Gedankens begeben haben" (X, 224). Wie Fichte für Deutsche unter den germanischen Völkern, so reklamierte Mickiewicz für Polen unter den slawischen Völkern die größte Nähe zur Wahrheit. Nur suchte Fichte über die Philosophie den Weg zum Glauben und Mickiewicz suchte über den Glauben den Weg zur Philosophie. Die politische Wahrheit lag in der angestrebten Freiheit. Wie sie zu erreichen war, lag für Mickiewicz in einem geheimen Wort verborgen, das jedes Volk zur Tat aufrüttelt, zu dem, was Tacitus *arcana imperiorum* genannt habe (X, 14, 37, 50).

Sowohl in den *Reden* als auch in den *Vorlesungen* nimmt der Schriftsteller eine prophetische Funktion ein: Er bewahrte die Nation in seinem Wort und er ermahnte sie, auf dass sie sich – wie Fichte es formulierte – an die „Sklaverei" nicht gewöhne oder sie gar lieb gewinne (192). Fichte, der 1794 in Jena über die *Bestimmung des Gelehrten* las und diesen sowohl für den Fortgang der Wissenschaften wie für den Fortgang des Menschengeschlechts verantwortlich gemacht hatte,[76] war in den *Reden* nicht nur mit ‚Gelehrten', sondern auch mit dem „heiligsten Amt des Schriftstellers" befasst: „Das heiligste Amt des Schriftstellers ist es, seine Nation zu versammeln, und mit ihr über ihre wichtigsten Angelegenheiten zu beratschlagen; ganz besonders aber ist dies von jeher das Amt des Schriftstellers in Deutschland gewesen, indem dieses in mehrere abgesonderte Staaten zertrennt war, und als gemeinsames Ganzes nur durch das Werkzeug des Schriftstellers, durch Sprache und Schrift, zusammengehalten wurde; am eigentlichsten und dringendsten wird es sein Amt in dieser Zeit, nachdem das letzte äußere Band, das die Deutschen vereinigte, die Reichsverfassung, auch zerrissen ist." (201) Das Volk, dem politische Freiheit nicht gegeben war, brauchte umso mehr den „vernünftigen Schriftsteller", der seine politische Aufgabe begriffen hatte: dieser sollte „eingreifen in das allgemeine und öffentliche Leben, und dasselbe nach seinem Bilde gestalten und umschaffen." (199)

Wie heilig das Amt des Schriftstellers für Mickiewicz war, kann man an der Heftigkeit der Verurteilung der Autoren ablesen, die er des „erstrangigen Verrats" bezichtigte. Diese „Gruppe der Schriftsteller-Verräter" habe „den Glauben und die vaterländische Vergangenheit geleugnet, indem sie die Geschichte und die Sitten Polens anschwärzten", nur um sich das Wohlgefallen der Verfolger zu sichern. Die Deutung des „Verrats" der Schriftsteller treibt Mickiewicz noch weiter um, indem er daran die Vermutung anschließt, Polen könne „dazu bestimmt sein, einst das Urbild eines politischen Verräters hervorzubringen, wie einst

---

darin den deutschen „Philosophen (...) der protestantischen Schule" folgend –, Christus unter die Philosophen zu mischen, und „das Christentum als eines der in Deutschland gerade populären Systemchen darzustellen", womit er die unter den „protestantischen Doktoren" verbreitete Verachtung gegenüber dem einfachen Volk praktizierte (X, 264). Trentowskis didaktisches Denken hatte übrigens viel der Philosophie Fichtes zu verdanken, ohne dass diese von ihm als Quelle genannt worden wäre; vgl. Jan Garewicz, Fichte und die polnische „Philosophie der Tat", in: Der Transzendentale Gedanke (wie Anm. 53), S. 363-372; Zbigniew Kuderowicz: Philosophie und Politik in der polnischen Romantik, in: Acta Universitatis Lodziensis. Folia Philosophica 13 (1999), S. 85-91.

76 Vgl. dazu Otto Dann, Johann Gottlieb Fichte. Die ‚Bestimmung des Gelehrten' in der Gesellschaft, in: Geschichte und politisches Handeln. Studien zu europäischen Denkern der Neuzeit. Theodor Schieder zum Gedächtnis, hrsg. v. Peter Alter, Wolfgang J. Mommsen, Thomas Nipperdey. Stuttgart 1985, S. 102-127, hier S. 109.

das Christentum das Urbild eines religiösen Renegaten hervorgebracht hatte" (IX, 251). Die Polonität eines Schriftstellers, der als Staatsbürger dazu verpflichtet ist, sein Vaterland zu verteidigen, war für Mickiewicz ohnehin nicht primär die Frage seiner Sprache, sondern der geistigen Haltung. „Poesie und Begeisterung" waren jedenfalls die Mittel, die der „materialistischen Philosophie" den tödlichen Schlag versetzen sollten (vgl. IX, 412 f.). Und die polnische Literatur war die „Wahrheit" und zugleich die „Tat" (X, 10). Denn das „poetische und literarische Polen, das als Organ des politischen Polen angesehen werden kann, erwartet eine Wende in der Geschichte", und es „teilt diese Erwartung mit allen Völkern Europas" (IX, 425). Das war Mickiewiczs literarisch-messianische Vision.[77]

Die Funktion des deutenden Propheten übernimmt Fichte in Anknüpfung an die geschichtsphilosophischen Vorlesungen *Die Grundzüge des gegenwärtigen Zeitalters*, die er 1804/05 ebenfalls in Berlin gehalten hatte.[78] In den *Reden* sah er die Zeit gekommen, die er in den *Grundzügen* hatte kommen sehen: die Zeit, in der das Menschengeschlecht „mit Freiheit sich zu dem mache, was es eigentlich ursprünglich ist" (53). Die Erkenntnis, dass das gegenwärtige Zeitalter den Worten noch nicht zu glauben vermag, passt zum klassischen Bild des Propheten. Und das ist dem Philosophen-Prediger-Propheten Fichte auch nicht weiter verwunderlich, denn die „neuere deutsche Philosophie", die „seit ihrer Entstehung (...) nichts weiter vermochte, denn zu predigen", sie „ist gar nicht zu Hause in diesem Zeitalter, sondern sie ist ein Vorgriff der Zeit" (56). Zum Amt des Propheten gehört es, den Glauben zu verbreiten, dass die Zeit kommen wird. Unter Berufung auf Visionen des Propheten Hesekiel bekräftigt er die Hoffnung, dass „der belebende Odem der Geisterwelt" noch nicht aufgehört hat zu wehen: „Er wird auch unsers Nationalkörpers erstorbene Gebeine ergreifen, und sie aneinander fügen, dass sie herrlich dastehen in neuem und verklärten Leben." (58) In der sich gleich anschließenden Vierten Rede über die „Verschiedenheit zwischen den Deutschen und den übrigen Völkern germanischer Abkunft" kann man Hinweise darauf finden, wer zu den „Gebeinen" gezählt werden darf, die einst zu dem „Nationalkörper" zusammengefügt werden: hier werden „Skandinavier (...) unbezweifelt für Deutsche genommen" (59), in weiteren Reden werden auch Franzosen zu potenziellen Deutschen und in einem kurz vor den *Reden* verfassten Fragment *Die Republik der Deutschen* konnten auch Polen Deutsche werden.[79] Die „Deutschheit" erweist sich also als aufnahmefähig, umso mehr musste Deutschsein aber vor ‚fremden' (geistigen) Einflüssen abgeschirmt werden, die diese Deutschheit wieder in Frage stellen konnten.

In der zwölften Rede sinnt Fichte „Über die Mittel, uns bis zur Erreichung unsers Hauptzwecks aufrecht zu erhalten" (191) nach. Deutsch sein hieß in dieser Lesart, die „Hoffnung

---

77 Zur Interpretation der Vorlesungen als eine Prophetie des Dichter-Propheten vgl. Wiktor Weintraub, Prelekcje paryskie jako profecja [Pariser Vorlesungen als Prophetie], in: Ders., Poeta i prorok. Rzecz o profetyzmie Mickiewicza [Dichter und Prophet: Zu Mickiewiczs Prophetie]. Nachwort v. Zofia Stefanowska. Warszawa 1998, S. 277-345.

78 Zu Fichtes Geschichtsphilosophie vgl. Verweyen, Recht und Sittlichkeit (wie Anm. 63), S. 292-320.

79 In dem Text mit dem vollständigen Titel *Die Republik der Deutschen zu Anfang des zwei und zwanzigsten Jahrhunderts, unter ihrem fünften Reichsvogte* projiziert Fichte in die Zukunft die Vorstellung: „Die Polen sind größtenteils Deutsche geworden, die übrigen hat man auswandern lassen nach Russland u.s.f.", zitiert bei Richard Schottky, Fichtes Nationalstaatsgedanke auf der Grundlage unveröffentlichter Manuskripte von 1807, in: Fichte-Studien 2 (1900), S. 111-137, hier S. 115.

künftiger Befreiung" zu bewahren: „Wird unser äußeres Wirken in hemmende Fesseln geschlagen, lasst uns um desto kühner unsern Geist erheben zum Gedanken der Freiheit und
Begehren nur dieses einigen". (193) Der „Hauptzweck", die Befreiung, kann nur erreicht
werden, wenn die Deutschen es schaffen, „fremde Kunststücke" von sich zu weisen und
damit Charakter zeigen: „denn Charakter haben, und deutsch sein, ist ohne Zweifel gleichbedeutend" (193). Die Unbeugsamkeit gegenüber den „Feinde[n] unserer Selbständigkeit"
(194) als Bestimmungsfaktor der „Deutschheit" ist als dem verwandt zu sehen, was Mickiewicz seinen Landsleuten im Exil in den *Büchern der polnischen Pilgerschaft* als predigender
Schriftsteller verkündet hatte: „Wahrlich ich sage euch: ihr sollt die Zivilisation nicht von
den Fremden lernen, sondern ihr sollt diese die wahre christliche Zivilisation lehren." Der
Pole hatte sein Vaterland zu verlassen, um sich dem Fremdherrscher nicht zu beugen, in
der Fremde angekommen, sollte er sich aber von den ihn umgebenden Fremden unterscheiden und sein sittliches Selbstwertgefühl wahren: „Ihr seid nicht alle gleich gut, aber der
Schlechtere von euch ist besser, als der ungläubige Fremde, denn ein jeder von euch besitzt
Selbstaufopferungsgeist."[80] Mickiewiczs „polnische Pilger" hatten bis zur Erreichung ih-
res „Hauptzwecks" (Fichte), bis sie das „heilige Land", das „freie Vaterland" (Mickiewicz)
gefunden haben, zu „pilgern".[81] Die Mission ist universal eingebunden, denn dem polni-
schen Volke ist nicht nur das „freie Vaterland", sondern auch „die Erbschaft der künftigen
Weltfreiheit" zugesprochen.[82] Zur „wahren christlichen Zivilisation" gelangt das polnische
Volk nicht nur über die Wahrung der christlich-nationalen Sittlichkeit, sondern über den
„Nationen-Krieg" gegen den „fremden Despotismus".[83]

In den *Vorlesungen* habe Mickiewicz, so Andrzej Walicki, den nationalistischen Ton der
Bücher verlassen und an dessen Stelle eine messianistische Vision ausgebaut, die wesentlich
stärkere christlich-mystische und alle Völker umfassende Komponenten enthielt.[84] Möglicherweise ist es die Spannung im Nations-Begriff der Romantik selbst, die für verschiedene Lesarten der Texte heute hauptsächlich verantwortlich ist. Denn die nationalistische
Vorstellung von einer historisch-kulturellen Gemeinschaft, der die Treue zum Vaterland
unter allen Umständen abverlangt wird, fehlt auch in den *Vorlesungen* nicht. Viel stärker
kommt aber die Vorstellung von Nation als „Idee" zum Ausdruck, als eine Art religiöse
Gemeinschaft, die für alle Glaubenden offen steht. Die Staatenwelt, mit der Mickiewicz

80 Adam Mickiewicz, Die Bücher des polnischen Volkes und der Polnischen Pilgerschaft. Deutsch-
    land im Jahre der Gnade 1833, S. 48, 56. Vgl. dazu auch Wolfgang Stephan Kissel, Die Anfänge
    einer Zivilisationskritik in Osteuropa: Čaadaev – Mickiewicz – Puškin, in: Sendung und Dich-
    tung (wie Anm. 18), S. 59-82; Piotr Roguski, Mickiewiczs „Bücher des polnischen Volkes und
    der polnischen Pilgerschaft" als Diskurs über die Freiheit 1830–1833, in: Adam Mickiewicz und
    die Deutschen. Eine Tagung im Deutschen Literaturarchiv Marbach am Neckar, hrsg. v. Ewa
    Mazur-Kębłowska u. Ulrich Ott. Wiesbaden 2000, S. 138-149.
81 Mickiewicz, Bücher (wie Anm. 80), S. 29.
82 Ebenda, S. 32.
83 Ebenda, S. 116, 112. Vgl. Zofia Stefanowska, Historia i profecja. Studium o *Księgach narodu
    i pielgrzymstwa narodu i pielgrzymstwa polskiego* Adama Mickiewicza [Geschichte und Prophetie.
    Eine Studie über die *Bücher des polnischen Volkes und der polnischen Pilgerschaft*]. Warszawa
    1962.
84 Andrzej Walicki, Adama Mickiewicza prelekcje paryskie [Adam Mickiewiczs Pariser Vorlesun-
    gen], in: Polska myśl filozoficzna i społeczna [Das polnische philosophische und soziale Denken].
    T. 1, Warszawa 1973, S. 216-272, hier S. 247 f.

es zu tun hatte, hatte mit der Nationenwelt, so wie er sie imaginierte, wenig zu tun. Anhand von Österreich und Frankreich hat er die Spannung an einer Stelle exemplifiziert.
Österreich sei „kein deutsches, italienisches oder slawisches Kaiserreich". „Hundert deutsche, tschechische, ungarische und slawische Familien, die fast alle Französisch, manche
aber kein Deutsch sprechen, herrschen über vierunddreißig Millionen Menschen. Das ist
eine Vereinigung, die der Britisch-Indischen Kompanie ähnlich ist, die über große Flächen
Land herrscht. (...) Es ist eine Aktiengesellschaft gegründet zu dem Zweck, von großen
und bevölkerungsreichen Ländereien den Nutzen zu ziehen". (X, 45) Demgegenüber stelle
Frankreich ein Land dar, das man gemäß den „französischen Begriffen" von „einheitlicher
Regierung, ethnischer Einheit und Bevölkerungsreichtum" zum Maßstab für die „politische
Bedeutung von Nationen" machen könne. Doch all das sei nicht das, was christliche und
sogar heidnische Staaten im Altertum und im Mittelalter ausmachte: die Bindung an eine
Idee. Franzosen im mittelalterlichen Frankreich, „das waren Menschen, die die französische
Idee angenommen haben, repräsentiert durch die Kirche und durch den französischen König. (...) Erst, als diese Idee erlahmte, konnte man sich die Beständigkeit des Landes nicht
anders erklären, als nur, indem man sich das Land als eine Herde von Individuen aus der
gleichen Ethnie vorstellte." (X, 45)[85] Die multiethnische Rzeczpospolita Mickiewiczs hatte
eine solche Idee und das künftige Polen hatte sie in der messianistischen Aufgabe ebenfalls.
Wie bei Fichte, so überschneiden sich auch bei Mickiewicz verschiedene Identitätsmerkma-
le, generative und ideelle, von Germanen und Slawen einerseits bis zu von Ideen vereinten
Menschengruppen andererseits.

Der romantische Nationalismus meinte es grundsätzlich gut mit den fremden Völkern,
obgleich er in der Regel nur die eigene Nation in der Lage oder dazu berufen sah, die anderen aus ihrem Niedergang zu befreien. Die Begründungen dieser besonderen Befähigungen
differierten aber erheblich allein schon deswegen, weil die besonderen Eigenschaften der
einzelnen Völker, die sie aus der Menge der anderen herausheben sollten, gleichsam im
Wettbewerb zueinander differieren mussten. Mickiewiczs nationale Theologie – die sich in
den Vorlesungen mal auf die Gesamtheit der Slawen, mal auf die unter ihnen hervorge-
hobenen Polen bezieht – argumentierte mit der gleichsam ‚materiellen', machtpolitischen
Schwäche Polens, um den Beweis der göttlichen Führung, ja der Auserwähltheit, und der
sittlichen Stärke zu erbringen. Bei Fichte sind die besonderen Stärken der Deutschen anders
verteilt, obgleich inhaltlich den polnischen bei Mickiewicz durchaus ähnlich.

Die Deutschen sind als direkte Nachkommen der Germanen „eine alte Ehrwürdige Nation", sie sind der „Stamm der mehrsten Völker des neuen Europa, und die Bildnerin aller"
(203). Sie sitzen als „übermächtige Nation" im „Mittelpunkte von Europa" (209), frei von
jeder „Raubsucht", und sie zeichnet das „bekannte System eines Gleichgewichts der Macht
in Europa" aus: „hätten doch dann die übrigen Europäer sich morden mögen in allen Mee-
ren, und auf allen Inseln und Küsten: in der Mitte von Europa hätte der feste Wall der
Deutschen sie verhindert aneinanderzukommen – hier wäre Friede geblieben, und die Deut-

---

85 Eine ähnliche Argumentationsfigur benutzte Fichte in seiner 1813 erschienenen Arbeit *Die Staats-
lehre, oder über das Verhältnis des Staates zum Vernunftreiche*; dort gibt er auch eine an die
Lebendigkeit einer Idee gebundene Definition der Nation: „Eine Menschenmenge, durch gemeinsame sie entwickelnde Geschichte zur Errichtung eines Reiches vereint, nennt man ein *Volk*."
Zitiert nach Verweyen, Recht und Sittlichkeit (wie Anm. 63), S. 306.

schen hätten sich, und mit sich zugleich einen Teil der übrigen europäischen Völker in Ruhe und Wohlstand erhalten" (210). In diesen Bildern kommt eine sittlich-religiöse Vorstellung vom Reich der Deutschen zum Ausdruck, die in ihrer Anziehungskraft und in ihrer Funktionalität durchaus der Rzeczpospolita der Polen als antemurale christianitatis entspricht. Nach Heinz Angermeier hat in Anlehnung an das Reich „die Idee von einer deutschen Förderation eine Faszination" ausgeübt, der von 1801–1815 kaum jemand widerstehen konnte",[86] aber er bestreitet die Vorstellung, dass damit ein deutscher Nationalstaat teleologisch präfiguriert oder angestrebt gewesen wäre: „Der nationale Gedanke der Jahre nach 1812 war lediglich das Postulat einer gesamtdeutschen Politik, aber niemals das Konzept eines nationalen deutschen Staates."[87] Für Stefan Reiß korrespondiert gerade die Vorstellung von Deutschen als einer Kulturnation mit der „historischen Wahrnehmung des Reichs als Friedensordnung und als Schutzmacht des christlichen Abendlandes". Und er fügt in Bezug auf Fichtes „Verständnis der deutschen Geschichte als eines Kampfs für Freiheit, Vernunft und Frieden" hinzu: „In der Vorstellung vom Reich als Reich des Geistes und des Friedens, nicht der Macht, verbinden sich romantisches Einheitsdenken, Lehrmeisterthese und Sakralität des Reichsbegriffs zu einer politischen Idee von universalen Dimensionen."[88]

Das Reich als Modell einer künftigen nationalen und europäischen Ordnung sah Fichte in seiner Zeit von Frankreich aus bedroht, da es dem „Ausland" doch gelungen sei, die deutschen „Staaten im Schoße der Einen Nation" (210) gegeneinander aufzubringen. Indem die Deutschen die Spaltung ihrer Einheit zugelassen hatten, trugen sie in den Augen Fichtes zu einem Schicksal bei, das dem „christlichen Europa" (211) widerfuhr, denn auch dieses war ursprünglich eins und hätte so bleiben sollen. Wäre aber in dem „zerteilten Europa" zumindest Deutschland „Eins geblieben, so hätte es auf sich selbst geruht im Mittelpunkte der gebildeten Erde, so wie die Sonne im Mittelpunkte der Welt; es hätte sich in Ruhe erhalten, und durch sich seine nächste Umgebung." (211) Mit der Auflösung des Reiches 1806 sah Fichte das „sichtbare Zeichen" (233) der Einheit der Deutschen erloschen. Ähnlich wie manche Stimmen in Polen, die mit dem Ende der Rzeczpospolita 1795 auch das Ende der polnischen Nation kommen sahen, und mit ähnlichem Pathos, wie der Appell Mickiewiczs an seine pilgernden Brüder, sprach auch Fichte an die zeitgenössischen Deutschen: „Es hängt von euch ab, ob ihr das Ende sein wollt, und die letzten, eines nicht achtungswürdigen (...) Geschlechts (...); oder, ob ihr der Anfang sein wollt, und der Entwicklungspunkt einer neuen, über alle eure Vorstellungen herrlichen Zeit (...). Bedenket, dass ihr die letzten seid, in deren Gewalt diese große Veränderung steht. Ihr habt doch noch die Deutschen als Eins nennen hören, ihr habt ein sichtbares Zeichen ihrer Einheit, ein Reich, und einen Reichsverband, gesehen (...) Was nach euch kommt, wird sich an andere Vorstellungen gewöhnen, es wird fremde Formen, und einen andern Geschäfts- und Lebensgang, annehmen; und wie lange wird es noch dauern, dass keiner mehr lebe, der Deutsche gesehen, oder von ihnen gehört habe?" (233)

---

86 Heinz Angermeier, Deutschland zwischen Reichstradition und Nationalstaat. Verfassungspolitische Konzeptionen und nationales Denken zwischen 1801 und 1815, in: Zeitschrift der Savigny-Stiftung für Rechtsgeschichte 107 (1990), S. 19-101, hier S. 44.

87 Ebenda, S. 88.

88 Stefan Reiß, Fichtes „Reden an die deutsche Nation" oder: Vom ich zum wir. Berlin 2006, S. 159.

Die dramatische Darstellung der Gefahr war die Voraussetzung für eine ebenso dramatische Vision einer möglichen hellen Zukunft der Deutschen: „Ihr sehet im Geiste durch dieses Geschlecht den deutschen Namen zum glorreichsten unter allen Völkern erheben, ihr sehet diese Nation als Wiedergebärerin und Wiederherstellerin der Welt." (233) In der Anciennität, (sprachlichen) Reinheit und historischen Unschuld der Deutschen lag für Fichte ihre Befähigung für eine Mission begründet, zu der sie selbst aber noch mittels der Nationalerziehung heranreifen mussten. Und er hatte sich viel für die Deutschen vorgenommen, er wollte eine „feste unwandelbare Grundlage" geben, „worauf endlich in einem Volke der Welt die höchste, reinste, und noch niemals also unter den Menschen gewesene Sittlichkeit aufgebaut, für alle folgenden Zeiten gesichert, und von da aus über alle andere Völker verbreitet werde; es wird eine Umschaffung des Menschengeschlechts angegeben aus irdischen und sinnlichen Geschöpfen, zu reinen und edlen Geistern." (203) Fichte vermochte auf der gesamten Oberfläche der Erde kein anderes Volk zu erblicken, an das man die „Hoffnung des gesamten Geschlechts auf Rettung" (246) hätte richten können. Im Umkehrschluss waren die Folgen für die ganze Welt eindeutig: „wenn ihr versinkt, so versinkt die ganze Menschheit, ohne Hoffnung einer einstigen Wiederherstellung" (246).

Der romantische Nationalismus – sofern man Fichte in gleicher Weise wie Mickiewicz ihm zuordnen will – brauchte die Nation zur Rettung der Menschheit. Mickiewicz jedenfalls formulierte den Vorgang präzise: „der menschliche Geist muss, wenn es denn auf dem rechten Weg geschieht, durch die Nationalität hindurch, bevor er die Allgemeinheit erreicht" (IX, 417). Die Nation, „das höchste Schöpfungswerk Gottes" (IX, 402), und nicht das Individuum, ist das Objekt der göttlichen Vorsehung und Erlösung: „Wann immer sich eine Idee auf der Welt offenbart, die Vorsehung sucht sich zum Zweck ihrer Umsetzung einen Stamm aus" (IX, 15). Das Ursprüngliche der Slawen war für Mickiewicz die „unverfälschte religiöse Tradition" (X, 153), und die Superiorität der slawischen Völker lag darin, dass sie ihre „Tradition nicht verfälscht" hatten (X, 155). Indem Mickiewicz die Religion zum Kern des slawischen Volkes machte, leitete er alle anderen Bereiche – Politik, Kunst, Wissenschaft – davon ab. Die Missachtung, die den Slawen in Europa entgegengebracht werde, liege daran, dass nach „europäischen Begriffen" der „politischen Ökonomie" die Slawen über keinerlei Reichtümer verfügten.

Auch Fichte suchte nach der „Hauptverschiedenheit zwischen den Deutschen und den übrigen Völkern germanischer Herkunft" (Vierte Rede). Andere „neueuropäische Nationen, als z.B. die von slawischer Abstammung" scheinen sich in seinen Augen „noch nicht so klar entwickelt zu haben, dass eine bestimmte Zeichnung von ihnen möglich" wäre. (59) Seine Theorie von der Kontinuität und Identität des deutschen Volkes gründet also auf einer Differenzierung unter den germanischen Völkern, und insbesondere auf dem Gegensatz zwischen Deutschen und dem „Ausland", den Franzosen. „Der Unterschied zwischen den Schicksalen der Deutschen und der übrigen aus der selben Wurzel erzeugten Stämme ist der, dass die ersten [also Deutsche; A. L.] in den ursprünglichen Wohnsitzen des Stammvolks blieben, die letzten [d.h. v.a. die Franzosen; A. L.] in andere Sitze auswanderten, die ersten die ursprüngliche Sprache des Stammvolks behielten und fortbildeten, die letzten eine fremde Sprache [also die der Römer; A. L.] annahmen und dieselbe allmählich umgestalteten. Aus dieser frühesten Verschiedenheit müssen erst die später erfolgten, z.B. dass im ursprünglichen Vaterlande, angemessen germanischer Ursitte, ein Staatenbund unter einem beschränkten Oberhaupte blieb, in den fremden Ländern mehr auf bisherige römische Weise die Verfassung in Monarchien überging, und dergleichen erklärt werden, keineswegs aber in umgekehrter Ordnung." (60)

Die allerwichtigste Unterscheidung war für Fichte demzufolge nicht der ursprüngliche Wohnsitz: „Der Mensch wird leicht unter jedem Himmelsstriche einheimisch". Auch die ethnische Reinheit der Deutschen stand nicht im Mittelpunkt: Im „Mutterlande" sei es schließlich zu einer „Mischung" mit Slawen gekommen, im „Auslande mit Galliern, Kantabriern usw.", „so dass es keinem der aus Germaniern entstandenen Völker heutzutage leicht fallen würde, eine größere Reinheit seiner Abstammung vor den übrigen darzutun". Entscheidend allein ist die deutsche Sprache, und es komme darauf an, „dass diese Sprache ohne Unterbrechung fortgesprochen werde, indem weit mehr die Menschen von der Sprache gebildet werden, denn die Sprache von den Menschen." (60 f.)

Die von Fichte vertretene Sprachphilosophie betont die Lebendigkeit der ursprünglichen Sprache, denn in sie ist das Leben des Volkes in vollendeter Einheit eingebettet. (72) Demzufolge haben nur Deutsche eine lebendige Sprache, während die übrigen germanischen Stämme, so z.B. die Franzosen, fremde Sprachen angenommen haben und ihnen diese daher zu toten Sprachen wurden. Diese haben, „genau genommen", keine „Muttersprache". (71) Dementsprechend stehen die Franzosen als Zweig der Germanen unter der Herrschaft einer fremden Sprache und damit auch eines fremden Denkens, unter einer Fremdherrschaft also, der sie sich ausgeliefert haben. Die Macht der deutschen („lebenden") gegenüber der französischen („toten") Sprache ist also für Fichte nicht im Ethnischen, sondern in der Vernunft und der Einbildungskraft begründet.[89] Deutsch als Sprache der Philosophie, der Erkenntnis – und der Dichtung – hat die Deutschen zu Deutschen gemacht und konnte entsprechend auch andere zu Deutschen machen. Indem das Reich der Vernunft, dem Reich des Himmels gleich und das Ziel des Menschengeschlechts ist, wird den deutsch sprechenden Deutschen die Mission auferlegt, der Menschheit voranzuschreiten. Fichte war keineswegs konsequent und konnte sehr wohl anderen Kriterien Vorrang geben, das Verhältnis von Philosophie, Sprache und sittlicher Bestimmung des Menschen hat er aber nicht aus dem Auge verloren.

Der „Sprachnationalismus" Mickiewiczs gestaltet sich nicht minder komplex wie der Fichtes. Beide verbindet die Vorstellung, dass Sprache Ausdruck der Reinheit einer tiefer liegenden Idee ist. Die Konkurrenz zwischen dem Deutschen und Französischen unter den ‚Germanen', die Fichte umtreibt – immerhin ist er damit befasst, die Dominanz der französischen Sprache in Europa als ungerechtfertigt erscheinen zu lassen –, hat ihre Parallele in der Konkurrenz des Russischen und Polnischen unter den Slawen bei Mickiewicz.[90]

---

89 Vgl. Kurt Müller-Vollmer, Fichte und die romantische Sprachtheorie, in: Der Transzendentale Gedanke (wie Anm. 53), S. 442-461; Damir Barbarić, Fichtes Gedanken vom Wesen der Sprache, in: Fichte-Studien 19 (2002), S. 213-222.
90 Zu Mickiewiczs Nations- und Slawen-Begriff anregend Michał Kuziak, Dlaczego „Literatura słowiańska"? Pomiędzy hermeneutyką, ideologią a pragmatyką dyskursu prelekcji paryskich Adama Mickiewicza [Warum „Slawische Literatur"? Zwischen Hermeneutik, Ideologie und Pragmatismus des Diskurses in den Pariser Vorlesungen von Adam Mickiewicz], in: Ostrożnie z literaturą!: (przykłady, wykłady oraz inne rady) [Vorsicht mit Literatur!: (Beispiele, Reden und andere Ratschläge)], hrsg. v. Stanisław Balbus, Włodzimierz Bolecki. Warszawa 2000 (Z Dziejów Form Artystycznych w Literaturze Polskiej. 53), S. 92-105; Michał Kuziak, Przemiany koncepcji narodowości w prelekcjach paryskich Mickiewicza [Wandel der Konzeption von Nation in den Pariser Vorlesungen von Mickiewicz], in: Ruch Literacki 40 (1999), Nr. 5, S. 517-523. Vgl. auch Zofia

Mickiewicz wollte den Superioritätskonflikt unter den Sprachen auf eine außersprachliche, sittliche Ebene übertragen. „Ich bin der Meinung" – heißt es in den *Vorlesungen* – „dass man die verschiedenen slawischen Dialekte nicht nach ihrer Form, ihren Elementen und dem grammatischen Aufbau aufteilen sollte, sondern nach der Idee, die sie in ihren Grundsätzen und Grundelementen repräsentieren. (...) Denn diese Dialekte entwickelten sich unter dem Einfluss der politischen, moralischen und religiösen Ideen. Polen und Russland, das sind nicht zwei Regionen eines Landes, sondern zwei Ideen, geworfen unter die slawischen Völker, Ideen, die nach Realisierung drängen, sich gegenseitig ausschließen und einen ewigen Kampf führen. (...) In diesen Ideen sollte man die Natur der Dialekte suchen. Es gab bereits zwischen den Dialekten gewisse Unterschiede, doch hat erst das jeweils angenommene geistige Grundelement diese Unterschiede weiterentwickelt und schuf so zwei verschiedene Sprachen." (VIII, 93 f.) Um die Geschichte der slawischen Völker zu verstehen, war es für Mickiewicz wichtig, ihre jeweilige Neigung zur Polnischen oder der Russischen Idee zu beachten, standen doch mit diesen „zwei verschiedene Religionen, zwei verschiedene Alphabete, zwei geradezu entgegen gesetzte Regierungssysteme" (VIII, 94) zur Wahl. Mickiewicz spricht vom anhaltenden „Kampf der Begriffe" (VIII, 44), einem eminent politischen und moralischen Kampf zwischen zwei Ideen. Die nationale Sprache wird damit sowohl bei Fichte wie bei Mickiewicz Trägerin einer universellen Idee, Ausdruck der Humanität, Instrument philosophisch-religiöser Erkenntnis. Der Unterschied mag darin bestanden haben, dass bei Fichte Kenntnis der deutschen Sprache gleichsam Voraussetzung für die Erkenntnis der (philosophischen) Idee war, während bei Mickiewicz der Empfang der (religiösen) Idee der Ausbreitung der polnischen Sprache und Herrschaft vorausging. (vgl. VIII, 525 f.)

Fichte warnt die Deutschen vor der anziehenden Wirkung des „Auslandes", der fremden Sprache und Kultur, die nicht die Tiefe und die Ursprünglichkeit der deutschen besitze, aber dazu führen könnte, dass sich die Deutschen deren inneren Fremdherrschaft selbst ausliefern würden. Und er warnt das „Ausland", sprich Napoleon, davor, „sein Mutterland [Deutschland; A.L.] der Selbständigkeit zu berauben und es dadurch zu vernichten und aufzunehmen in sich", da es dadurch „die letzte Ader zerschneiden" würde, „durch die es bisher noch zusammenhing mit der Natur und dem Leben, und es würde gänzlich anheim fallen dem geistigen Tode" (...) „und die Barbarei müsste wieder beginnen." Dass dies die Folge wäre, „kann freilich nur der Deutsche einsehen", dem Ausländer musste es aber „als eine abgeschmackte Lästerung der schlecht unterrichteten Unwissenheit" erscheinen. (89)

Beide, Fichte und Mickiewicz, hatten ein entwickeltes Sensorium für Geschichte in ihrer hermeneutischen (Geschichtsphilosophie) und didaktischen (Geschichtspolitik) Dimension. Der Zuwendung zur nationalen Idee geht bei Fichte die Betonung der Geschichtlichkeit der Vernunft voraus. Selbst seine eigene Philosophie wusste er historisch einzuordnen, jedenfalls sah er sich wohl selbst als den „eigentliche[n] Stifter der neuen deutschen Philosophie" (100). Nachdem die Aufgabe der Wahrheitssuche „vollständig gelöst" (100) zu sein schien, ohne dass das Zeitalter, in dem er lebte, es auch begriffen hätte, war die Zeit gekommen, den „vernunftgemäßen Staat" (100) zu errichten. Dieser Staat konnte aber nicht errichtet werden, ohne dass zuvor die Aufgabe der Erziehung der Nation „zum vollkommenen Menschen"

Stefanowska, Legenda słowiańska w prelekcjach paryskich Mickiewicza [Die slawische Legende in den Pariser Vorlesungen von Mickiewicz], in: Pamiętnik Literacki 59 (1968), Nr. 2, S. 43-53.

erfüllt worden wäre. Dazu musste die Nation in Kenntnis ihrer „wahren Bestimmung" (105) gesetzt werden, die sich nur durch Kenntnis des Sinns ihrer eigenen Geschichte einstellen würde. Klassisch Romantisches ist dann bei Fichte nachzulesen über die Verteidigung der germanischen Freiheit vor dem römischen Imperialismus, über die „deutsche Gründlichkeit" und die „deutsche Gemütlichkeit" (98), über „das Gemüt des deutschen Mannes Luther" (94), über die „unvermischt deutsche Andacht" (99), darüber, dass „Deutschland auf das übrige Europa immer [positiv; A. L.] zurückgewirkt" (98) habe.

Immerfort ist in Bezug auf die deutsche Geschichte bei Fichte nicht über Vernunft, sondern über die Begeisterung und die Befreiung die Rede: In der „Weltgeschichte" – heißt es bei Fichte – „siegt immer und notwendig diese Begeisterung über den, der nicht begeistert ist. Nicht die Gewalt der Arme, noch die Tüchtigkeit der Waffen, sondern die Kraft des Gemüts ist es, welche Siege erkämpft." (137) Das Volk brauchte eine „begeisternde Geschichte der Deutschen (...), die da National- und Volksbuch würde, so wie Bibel, oder Gesangbuch es sind" zu dem Zweck, „den deutschen Geist wieder zu heben" (104). Und die Befreiung? Fichte deutet die ganze deutsche Geschichte in eine Geschichte der geistigen Befreiung um – einer Befreiung von den Römern und von den Neulateinern (Franzosen), von deren als imperial geschilderten politischen, kulturellen und geistigen Dominanz, von deren materialistischen Philosophie. Die deutsche Revolution des Geistes (mit dem Vorbildcharakter der Reformation) wird kontrastiert mit der misslungenen Revolution der Franzosen.

Und doch wird die in seiner Sprachtheorie postulierte Grundverschiedenheit zwischen Deutschen und Franzosen in der Geschichte (in der Fünften Rede) wieder aufgehoben: dort sind sie als Germanen „beide Teile der gemeinsamen Nation" (88). Zur Vollendung der „Fortbildung des Menschengeschlechts" bedarf es vielmehr der „Vereinigung der beiden Haupthälften", allerdings einer Vereinigung, die es möglich macht, jeden „in seiner Eigentümlichkeit unverfälscht zu lassen" (88). Dahinter steckt die Vorstellung von einem dialektischen (und nicht dominanten bzw. rezeptiven) Verhältnis der deutschen und französischen Kultur.

Fichtes Vorstellung von der organischen Einheit der Germanen, die auch die Kontrahenten Deutschland und Frankreich umfasst, und für die Zukunft der Menschheit von eminenter Bedeutung ist, weist bei Mickiewicz bemerkenswerte Parallelen auf. Mickiewiczs Vorstellung von der ursprünglichen Einheit der Slawen und der Verwandtschaft der slawischen Völker stellte ihn vor die Aufgabe zu erklären, warum Russen und Polen in einen Konflikt geraten waren, die diese organische Einheit zu sprengen schien. Und nachdem er den „verbissenen Kampf zwischen den zwei unversöhnlichen Ideen, der russischen und der polnischen", geschildert hatte, machte er sich auf die Suche nach dem „erhabenen Ort, an dem sie zusammen kommen könnten" (X, 14). Die Franzosen Fichtes verloren die Verbindung zu ihrem germanischen Mutterland durch die Überfremdung infolge des Verlusts der Sprache; die Russen Mickiewiczs verloren ihre Verbindung zum slawischen Mutterland durch die Überfremdung infolge der Annahme einer asiatischen, despotischen Herrschaftsform. In Frankreich siegten die römischen, in Russland die mongolischen bzw. germanischen Eroberer. Es lässt sich nicht leugnen, das dass fremd gewordene Frankreich auf Fichte und das fremd gewordene Russland auf Mickiewicz Faszination ausgeübt haben. Fichtes Deutschland brauchte Frankreich als geistigen Impulsgeber, und auch Fichtes negatives Napoleon-Bild ist nicht frei von Ambivalenzen. Bei Mickiewicz entsteht wiederum der Eindruck, dass er an der enormen Durchsetzungskraft Russlands etwas gesehen hatte, was den friedlichen aber schwachen Polen und anderen Slawen zum eigenen Nachteil zu fehlen schien.[91] Die charismatische Herrschaft, den Mann der Vorsehung, sucht Mickiewicz daher nicht unter den Slawen, sondern unter den „katholischen Franzosen", die als „Söhne der Soldaten Napoleons" (XI, 188) von der Vorsehung dazu auserkoren seien, einen zweiten Napoleon als Befreier hervorzubringen.[92]

Die politische Schwäche Deutschlands und Polens musste erklärt und durch Stärken im Geistig-Sittlichen und auf anderen Ebenen des Politischen wettgemacht werden. Fichte und Mickiewicz haben die politische Besonderheit von Deutschen und respektive Polen in der Idee des Republikanismus gefunden. Der Begriff des Republikanismus ist bei beiden Autoren semantisch freilich nicht gleich belegt, und er nimmt Bezug auf die jeweilige nationale Geschichte. Er verbindet beide aber in seiner Gleichartigkeit als Bezeichnung von Geist und Stil der Politik, nicht von Regierungsform oder Verfassung. Im Sinne Kants verbanden beide mit ‚Republik' die Bedeutung von Freiheit und Gleichheit, und das Gegenteil von Despotie. Die monarchische bzw. auch despotische Herrschaftsform wies Fichte Frankreich, Mickiewicz dagegen Russland als eine ihnen eigene zu. Auf der anderen Seite führt die Idealisierung des eigenen Republikanismus dazu, dass alle Sicherungsmechanismen der staatsbürgerlichen Freiheiten auf der Strecke bleiben. Das Vaterland kann den Bürgern alles abverlangen, der Bürger opfert sich dem Vaterland freiwillig, ohne ihm dafür irgendwas abzuverlangen.[93] Und es war das jeweilige Vaterland, das den jeweiligen Idealtypus vorgeprägt hatte: Fichtes republikanisches Politikideal ist ein bürgerliches, Mickiewiczs republikanisches Politikideal entspringt der Rzeczpospolita, einer Adelsrepublik.

Für Fichte war Bildung eine zentrale Voraussetzung für die Überlebensfähigkeit der deutschen Nation, und die „republikanische Verfassung bisher die vorzüglichste Quelle deutscher Bildung" (144). Die deutsche Nation, so Fichte, war „die einzige unter den neueuropäischen Nationen, die es an ihrem Bürgerstande schon seit Jahrhunderten durch die Tat gezeigt hat, dass sie die republikanische Verfassung zu ertragen vermöge". (104) Indem Fichte die „republikanische Verfassung" für die Deutschen zum ersten „Sicherungsmittel ihrer Eigentümlichkeit" erklärt hatte, machte er die republikanische Form der Freiheitssi-

---

91 Vgl. Andrzej Walicki, *Wykłady paryskie* Adama Mickiewicza: Rosja i myśliciele rosyjscy [Pariser Vorlesungen von Adam Mickiewicz: Russland und russische Denker], in: Ders., Mesjanizm Adama Mickiewicza w perspektywie porównawczej [Messianismus Adam Mickiewiczs in vergleichender Perspektive]. Warszawa 2006, S. 233-281; siehe auch ders., *Prelekcje paryskie* Mickiewicza a słowianofilstwo rosyjskie [Pariser Vorlesungen und die russische Slawophilie], in: Ders., Filozofia a mesjanizm. Studia z dziejów filozofii i myśli społeczno-religijnej romantyzmu polskiego [Philosophie und Messianismus. Studien zur Geschichte der Philosophie und des gesellschaftlich-religiösen Denkens der polnischen Romantik]. Warszawa 1970, S. 240-293.

92 Zu Mickiewiczs Messianismus im französischen Kontext siehe Maria Wodzyńska, Adam Mickiewicz i romantyczna filozofia historii w Collège de France [Adam Mickiewicz und die romantische Geschichtsphilosophie im Collège de France]. Warszawa 1976.

93 Zu Fichte vgl. Jadwiga Szumielewicz, Rozważania nad fichteańskimi „Mowami do narodu niemieckiego" [Reflexionen über Fichtes *Reden an die deutsche Nation*], in: Studia z historii państwa, prawa i idei [Studien zur Geschichte des Staates, des Rechts und der Ideen] (Festschrift Jan Malarczyk), hrsg. v. Artur Korobowicz u. Henryk Olszewski. Lublin 1997, S. 383-394, hier S. 390 f. Zum späten Fichte und der bei ihm gegenüber den *Reden* aufkommenden Akzentverschiebung vgl. Manfred Gawlina, Grundlegung des Politischen in Berlin. Fichtes späte Demokratie-Theorie in ihrer Stellung zu Antike und Moderne. Berlin 2002.

cherung zum Bestandteil der deutschen Identität. Unter dem Ideal des Republikanismus wird bei Fichte die Kulturnation zur Nation einer politischen Kultur, und die politische Kultur wird in ihrer Inklusions- und Exklusionspotenz sogar stärker als die Sprachnation. Entsprechend fasst er in der Siebenten Rede zusammen, „was wir in unsrer bisherigen Schilderung unter Deutschen verstanden haben" (121): „was an Geistigkeit und Freiheit dieser Geistigkeit glaubt, und die ewige Fortbildung dieser Geistigkeit durch Freiheit will, das, wo es auch geboren sei und in welcher Sprache es rede, ist unsers Geschlechts, es gehört uns an und es wird sich zu uns tun. Was an Stillstand, Rückgang und Zirkeltanz glaubt, oder gar eine tote Natur an das Ruder der Weltregierung setzt, dieses, wo auch es geboren sei und welche Sprache es rede, ist undeutsch und fremd für uns, und es ist zu wünschen, dass es je eher je lieber sich gänzlich von uns abtrenne." (122) Im Widerspruch zu seiner Sprachtheorie imaginiert Fichte hier die deutsche Nation auch als eine offene Gemeinschaft. Die Nation nahm die Form einer politischen Ideengemeinschaft an, die den Menschen und seine Freiheit schützt. In einer solchen Form der Nation konnten „germanische Ausländer" nicht ausgeschlossen werden, wenn sie sich anschließen wollten, und das föderative Reichskonzept bot, im Unterschied zur Monarchie oder zum napoleonischen Machtstaat, das geeignete Gefäß dafür.

Mickiewiczs Republikanismus nimmt dagegen Züge einer politischen Theologie an, die sich beim genaueren Hinsehen eher als eine Theologie der Nation erweist.[94] Am deutlichsten ist es zu sehen am Beispiel seiner Darstellung der Funktionsweise des Parlaments (Sejm) in der polnisch-litauischen Adelsrepublik. Wie schon die polnische politische Literatur der Reformzeit im 18. Jahrhundert musste Mickiewicz dem Anarchievorwurf der ausländischen Kritiker begegnen. Er verwies darauf, dass Europa sich zu Herrschaftsformen hin entwickelt habe, die ausschließlich auf Vernunft basierten. Dadurch sei Europa unfähig geworden zu verstehen, dass sich in Polen das christliche Politikverständnis beispielsweise im Wahlsystem der Adelsrepublik erhalten habe, in dem der „nationale Instinkt" sich im Einvernehmen mit dem Heiligen Geist befunden habe. Die europäischen Kritiker vermuteten überall einen „politischen Mechanismus", eine nachvollziehbare und vorhersehbare formale Handlung (vgl. IX, 65). Die „polnischen Begriffe" des Wahlsystems standen aber im Konflikt „mit der zeitgenössischen Praxis, so wie sie von Bentham, Rousseau und allen neuen Publizisten formuliert worden ist. Die Wahl war im Sinne der Kirche und der polnischen Nation ein religiöser Akt, man hat sie für eine unmittelbare Verfügung Gottes gehalten, für ein Wunder." (IX, 47) Die Aura, die den polnischen Thron umgeben habe, und die königliche Herrschaft beruhten nach Mickiewicz „auf der Idee der Wirkung des Heiligen Geistes" allein. (IX, 49) Es ist nicht das mittelalterliche Gottesgnadentum, das hier wiederbelebt zu sein scheint, vielmehr die Überhöhung des adelsdemokratischen Wahlverhaltens zum Akt des göttlichen Handelns. Mickiewicz bediente sich der Analogie zum Konklave oder zu den frühchristlichen Konzilien, die unter der Wirkung des Heiligen Geistes wie der Sejm nur

---

94 Zu diesem Aspekt vgl. gleichsam in Affirmation des Ansatzes der politischen Theologie: Zdzisław Krasnodębski, Adam Mickiewicz' politische Theologie, in: Sendung und Dichtung (wie Anm. 18), S. 33-58. Seit 2003 erscheint in Polen die von Marek Cichocki und Dariusz Karłowicz herausgegebene Zeitschrift „Teologia polityczna", die diesen Ansatz in politischer Analyse und in Anleitung zur politischen Praxis zur Anwendung bringt und damit bewusst die romantische Tradition als eine spezifisch katholisch-polnische fortführen will.

einstimmig über dogmatische Entscheidungen befunden haben: „Die nationale polnische Verfassung war der Verfassung der römisch-katholischen Kirche sehr ähnlich." (IX, 72) In terminologisch konsequenter Anwendung der politischen Theologie wurde bei Mickiewicz der mit der Kirche verglichene Sejm zu einer „von der katholischen Kirche losgerissenen Sekte" (IX, 223 f.), als er, wie der Vierjährige Sejm von 1788–1791, unter Missachtung des einstimmigen Wahlverhaltens (impliziert auch im Instrument des liberum veto) mehrheitlich und unter Einfluss westlicher, rationalistischer Ideen grundlegende Reformen durchzuführen versuchte. Die Geschichte des Vierjährigen Sejms stand in seinen Augen für die „Geschichte des Nationalgeistes, der die Tradition allmählich verlässt und am Ende an sich selbst zweifelt". (IX, 223)

Mickiewicz entwickelte in seiner Geschichtsphilosophie[95] eine Nationalgeschichte, die zur Heilsgeschichte wurde, er machte die civitas Dei gleichsam zum Abbild des Idealtypus des polnischen Republikanismus. Damit wird bei Mickiewicz eine politische Theologie durchaus im Sinne der Definition von Jan Assmann betrieben (und nicht nur beschrieben): In der politischen Theologie geht es nach Assmann um die „theologischen Implikationen des Politischen (worunter [...] sowohl die ‚vertikale' Dimension der Herrschaft als auch die ‚horizontale' Dimension der Gemeinschaft verstanden wird)", und nicht um die „politischen Implikationen des Theologischen".[96] In der Selbstwahrnehmung Mickiewiczs verhielt es sich natürlich umgekehrt. Polen werde „rechtgläubig" genannt, heißt es bei ihm, „das heißt es setzt den christlichen Geist und die katholischen Formen beim politischen Handeln ein; und in der Tat, nie hat Polen den Heiligen Stuhl auch nur betrübt" (IX, 378).

Die messianische Vorstellung vom freiwilligen und kollektiven Opfer und Leiden der Nation stiftete die Gemeinschaft und projizierte die politische Heilserwartung ins Theologische. Der sittlich begründete Idealtypus der polnischen Geschichte und die Geschichte selbst hatten allerdings miteinander nicht viel zu tun, und Mickiewicz wusste es. Aber die Vision vom Königreich ohne eine reglementierende Verfassung und ohne politisches System, allein auf Geist und Begeisterung gegründet, war für ihn verführerisch. Die „uralte polnische Idee" erschien ihm als „eine Idee des Edelmuts, der Selbstaufopferung und der Begeisterung", sie „lehnt jede Berechnung ab, sie überwindet jede Schwierigkeit" (IX, 190). An der Frage, ob sie umgesetzt wird, sollte sich jedenfalls „die Zukunft Polens" entscheiden (IX, 49). Politische Ökonomie dagegen, eine „durchweg materialistische Idee", war ein „Feind der slawischen Völker", desgleichen konnte fremde Gesetzgebung ihnen nur „zum Verhängnis werden". (X, 257) Die einzigen fremden Denker, die Mickiewicz im Kontext des ökonomischen Denkens positiv zu erwähnen wusste, waren Franz Baader und Adam Müller. Die Vertreter des konservativen Zweigs der deutschen politischen Romantik erwiesen

---

95 Siehe zuletzt Jarosław Ławski, Od historiografii do historiozofii. Mickiewiczowska refleksja o metodach poznania przeszłości (1832–1840) [Von Geschichtsschreibung bis zur Geschichtsphilosophie. Mickiewiczs Reflexionen über Methoden historischer Erkenntnis (1832–1840)], in: Pamiętnik Literacki 46 (2005), Nr. 4, S. 79-99. Zur Rolle der Geschichte im polnischen romantischen Denken nach wie vor wichtig Maria Janion, Maria Żmigrodzka, Romantyzm i historia [Romantik und Geschichte]. Warszawa 1978.

96 Jan Assmann, Herrschaft und Heil. Politische Theologie in Altägypten, Israel und Europa. Frankfurt a. M. 2002, S. 15. Adam Sikora sprach von der „Umwandlung der irdischen Geschichte in eine heilige Geschichte" bei Mickiewicz, vgl. Adam Sikora, Między wiecznością i czasem [Zwischen Ewigkeit und Zeit]. Kraków 2006, S. 43.

sich für Mickiewicz – für den zwischen dem „deutschen Gedanken" und dem „slawischen Gedanken" explizit Feindschaft herrschte – als die Fremden, die dem polnischen Gedanken noch am nächsten standen.

Mickiewiczs Phasen der Bindung an Mystik und Towianismus, seine Konflikte mit dem Papst und mit der katholischen Orthodoxie lassen gelegentlich in Vergessenheit geraten, dass seine Religiosität und seine ‚politische Theologie' zutiefst an den Katholizismus gebunden waren.[97] Das Christentum ist für ihn katholisch, auch wenn die katholische Kirche sich in seinen Augen nicht immer christlich genug erweist. Andere christliche Kirchen sind Formen des Abfalls und des Verrats der reinen Idee. Das Festhalten am katholischen Glauben ist in gleicher Weise Bedingung der Existenz der polnischen Nation und Quelle ihrer politischen Freiheit, wie die (russische) Orthodoxie ein Symbol des Absolutismus und die (deutsche) Reformation eine Bedrohung Polens sei. Die polnische Nation verfügte in seinen Augen über den „moralischen Instinkt", der ihr erlaubte, ihre Feinde unbeirrbar zu erkennen. „Die Nation war sich dessen bewusst, dass sie dazu berufen war, mit den Ungläubigen und den Abtrünnigen zu kämpfen." (IX, 74) Dieser Instinkt war nur in der Zeit der Reformation in Polen betrübt, als die Polen nicht erkannt haben, dass „an ihren Grenzen zwei auf Abtrünnigkeit basierenden Mächte gewachsen waren: Moskau und Brandenburg" (IX, 75).

In Mickiewiczs historischem Rückblick wurde die Reformation dafür verantwortlich gemacht, dass die Deutschen (Preußens) die politischen Bindungen an Polen zerrissen hätten (VIII, 396, 462). Die Reformation habe im 17. Jahrhundert alte Verfassungen in Europa aufgehoben und Despotien eingeführt, die nicht mehr in der Lage waren, die alte „polnische Freiheit" zu begreifen (VIII, 490). Die Reformation hat als eine „explizit deutsche" Bewegung die Reste der unter deutscher Herrschaft befindlichen Slawen vernichtet, denn: „Sekten, die in einer Nation ihren Ursprung nehmen, werden sozusagen national und wollen den Nationalismus verbreiten" (VIII, 172). Indem Schweden, England und das vom Bürgerkrieg zerrissene Frankreich im 17. Jahrhundert Verbindungen nach Russland suchten, sei klar geworden, dass „der Protestantismus die Slawen von allen Seiten umgarnte" (VIII, 561). Der Protestantismus habe die geistliche Macht der weltlichen geopfert und den Nationen jedes Sendungsbewusstsein abgesprochen, und damit deren Leben in christlicher Gemeinschaft in Frage gestellt (IX, 416). Die Reformation habe die deutschen Fürsten ihrer lebendigen Grundlage beraubt, und diese hätten das Heilige Römische Reich zerschlagen, sich in den Sog Russlands begeben, dort Glauben, Sprache und Sitten verloren. (IX, 133 f.) Die Liste der Thesen zum schädlichen Wirken des Protestantismus ließe sich wesentlich erweitern.

In einem solchen Kontext ist Mickiewiczs emphatische Darstellung des „Priester-Patrioten" Piotr Skarga zu verstehen: Für Skarga seien die Nationen Geschöpfe Gottes gewesen; Polen sei das ‚neue Jerusalem' und habe die Sendung, im Norden Europas Christentum

---

97 Vgl. zum Themenkomplex die Studie von Janusz Ruszkowski, Adam Mickiewicz i ostatnia krucjata. Studium romantycznego millenaryzmu [Adam Mickiewicz und der letzte Kreuzzug. Eine Studie des romantischen Millennarismus].Wrocław 1996. Von Interesse wäre freilich auch die umgekehrte Frage nach dem Ort von Mickiewicz und der Romantik in der Geschichte der katholischen Kirche und der Theologie in Polen. Zur Haltung der deutschen Theologie gegenüber der Romantik vgl. Philipp Schäfer, Der Weg der Auseinandersetzung mit dem Rationalismus der Aufklärung zum Verständnis der Kirche als lebendige Gemeinschaft. Ein Beitrag der katholischen Theologie zur Romantik, in: Romantik in Deutschland. Ein interdisziplinäres Symposion, hrsg. v. Richard Brinkmann. Stuttgart 1978, S. 475-489.

und Zivilisation zu verbreiten; dem widersetzten sich die Protestanten, die Polen ins Unglück führten (VIII, 570 ff.). In Mickiewiczs eigener Überzeugung erkannten die Polen früh ihre Berufung, „Christentum und Zivilisation vor dem Islamismus und der Barbarei" zu verteidigen (VIII, 35). In seiner Rechtfertigung der Rolle des Katholizismus in Europa befand sich Mickiewicz im diametralen Gegensatz zu Fichte und näherte sich eher der konservativen deutschen politischen Romantik:[98] „Das römisch-deutsche Kaiserreich, das die legale Herrschaft des Katholizismus darstellte, wurde durch das Abkommen [Westfälischer Friede; A. L.] für immer zerschlagen. (...) Die Deutschen zählen jetzt viele Herrscher, viele Kabinette, die im Interesse der Herrscher intrigieren, und das Reich, in Stücke zerschlagen, steht sperrangelweit offen für Einflüsse des Auslandes" (VIII, 588). Darunter hatte nach Mickiewicz auch Polen besonders zu leiden, weil das „deutsche Reich bis dahin Polen in Treue Freundschaft hielt und verbündet war" (VIII, 589), dagegen habe sich Österreich zu einem „natürlichen Feind Polens" entwickelt (VIII, 590). Polen als ‚antemurale christianitatis' geriet in einem solchen nicht mehr katholischen Europa in Vergessenheit, während die Philosophen und Despoten der Aufklärung den polnischen Staat mit „besonderem Hass" bedacht hätten (VIII, 592). Die Folge war, dass auch die „in Deutschland herrschende Philosophie" der Gegenwart, und vor Augen stand ihm v.a. Hegel, „ebenfalls keine andere Macht unter den Slawen kennt als Russland", dessen „mongolische Idee" nach dem Westfälischen Frieden nach Europa ausgriff (VIII, 591). Zwischen Hegel und den „katholischen Begriffen" ist in seinen Augen keine Versöhnung möglich. Das Fazit aus seiner national-konfessionellen Betrachtung der Geschichte lautete: „Der politische und philosophische Gang Europas steht im Gegensatz zum politischen und religiösen Gang Polens" (VIII, 595).

In Mickiewiczs ‚politischer Theologie' war, im Gegensatz zu Fichte, Bildung nicht ein Gegengift gegen die unmoralische Überheblichkeit des ‚Auslandes', sondern im Gegenteil dessen Trojanisches Pferd. Lehrer, die aus (dem ‚aufgeklärten', nicht dem ‚katholischen') Frankreich oder aus Deutschland nach Polen kamen, haben den polnischen Adel „entnationalisiert, nicht durch die Sprache, sondern durch ihre Art der Bildungsvermittlung". „Das Böse kam nicht von der fremden Sprache (...), es kam von der Erziehung". Der deutsche Lehrer habe mit Hilfe der deutschen rationalistischen Philosophie im jungen polnischen Adligen „die Vernunft auf Kosten der Seele entwickelt; er modelte diesen Jungen gänzlich in einen Deutschen um". (IX, 219) Der Verlust der polnischen Sprache war die Folge der Öffnung gegenüber ‚fremden' Ideen und politischen Systemen, nicht die Ursache. Die Reinheit der slawisch-polnischen Idee war bei Mickiewicz eben sittlich-religiöser Natur, und war insofern mit der in Philosophie, Sprache und Vernunft basierenden Reinheit der germanisch-deutschen Idee Fichtes inkommensurabel. Allerdings war Bildung auch bei Fichte bei aller Universalität doch Nationalerziehung, das „wesentliche Unterpfand der Fortdauer einer deutschen Nation" (140) unter Bedingungen staatlicher Zersplitterung und fremder Herrschaft.

Insofern ging es sowohl Mickiewicz als auch Fichte um die Frage, was das Lebensprinzip ihrer jeweiligen Nation sei. Sie bedienten sich dabei universaler Kategorien: Christentum und Bildung; und sie nationalisierten diese Kategorien in einer Weise, die die Mühen und die Stolpersteine eines solchen Unternehmens deutlich macht.

---

98 Vgl. Ryszard Zając zkowski, Auf den Wegen der heiligen Revolution: Franz Baader und Adam Mickiewicz, in: Adam Mickiewicz und die Deutschen (wie Anm. 80), S. 127-137.

4. Politische Romantik: Nachtrag

Welches Potenzial paradoxer Deutung des Politischen in der Romantik die „Romantik"
selbst in ihrer Nachwirkung zu bieten hatte, wird deutlich, wenn man die Romantikkritik
von Carl Schmitt (*Die politische Romantik*, 1919) mit der von Roman Dmowski (*Gedanken
des modernen Polen*, 1903) vergleicht. Karl Heinz Bohrer nennt es eine „Ironie der Vernunft", wenn Carl Schmitt als der deutsche Denker, „der seinen Scharfsinn der Begründung
des autoritären, dann faschistischen Staates zur Verfügung stellte, dieses Unterfangen mit
einer strategisch angelegten Attacke gegen die Romantik begann", einer Romantik, die bald
‚positiv' zur Begründung reaktionärer und faschistischer Deutungen herangezogen wurde.[99]
Schmitt war der Auffassung, dass die Schwächen der Romantik sich dort besonders gezeigt hätten, wo sie politisch wurde, denn den Romantikern fehlte in der Übersteigerung
des genialen „Ich" der Bezug zur Realität und die Fähigkeit zur Tat, womit sie sich nur
als Epigonen der Fichteschen Philosophie erwiesen hätten. Die „Übersicht über die Entwicklung politischer Ideen bei Romantikern" – heißt es bei Schmitt – „beweist, dass sich
das romantische Welt- und Lebensgefühl mit den verschiedensten politischen Zuständen
und entgegen gesetzten philosophischen Theorien zu verbinden vermag." Dementsprechend
sei die Romantik je nach aktueller Lage revolutionär, konservativ oder reaktionär gewesen. „Diese Wandelbarkeit des politischen Inhalts ist nicht zufällig, sondern eine Folge
der occasionellen Haltung und tief im Wesen des Romantischen begründet, dessen Kern
Passivität ist."[100] Hinter dem von ihm geprägten „Occasionalismus"-Vorwurf[101] gegenüber
den Romantikern mochte sich aktuelle Liberalismuskritik verborgen haben, jedenfalls taugte
aus dieser Sicht die Romantik wenig für das Freund-Feind-Schema, das er später seinem
„Begriff des Politischen" zugrunde legte. Die Vorstellungen der Romantiker sind ihm als
„feminine Schwärmerei" erschienen. Dies ist nachvollziehbar, wenn man sich der romantischen Überhöhung des „Volkes" bzw. der „Nation" erinnert und sich dann anschließend
über die Realität des Politischen in ihrem zwischennationalen Kontext von Schmitt aufklären
lässt: „Wenn ein Volk die Mühen und das Risiko der politischen Existenz fürchtet, so wird
sich eben ein anderes Volk finden, das ihm diese Mühen abnimmt, indem es seinen ‚Schutz
gegen äußere Feinde' und damit die politische Herrschaft übernimmt; der Schutzherr bestimmt dann den Feind, kraft des ewigen Zusammenhangs von *Schutz* und *Gehorsam*. (...)
Dadurch, dass ein Volk nicht mehr die Kraft oder den Willen hat, sich in der Sphäre des
Politischen zu halten, verschwindet das Politische nicht aus der Welt. Es verschwindet nur
ein schwaches Volk."[102]

---

99 Bohrer, Die Kritik der Romantik (wie Anm. 13), S. 284.
100 Schmitt, Politische Romantik (wie Anm. 9), S. 118 f.
101 Eine Ironie der Geschichte wollte es, dass Jacob Taubes in Carl Schmitt seines „neuen Stil[s]
    in der Philosophie" wegen just einen „Occasionalisten" sehen wollte: „Politik ist kein Gebiet
    für Schmitt, sondern eine Intensität, alles kann politisch werden. (...) Deshalb ist er nicht Po-
    litologe, sondern Geschichtsphilosoph oder Jurist, oder vielmehr beides in einem. Gewiß, er
    ist occasionell, polemisch; Gott hat Systematiker geschaffen und er hat auch Occasionalisten
    geschaffen, Schmitt kann sich nur entzünden an einer Occasio." Jacob Taubes, Ad Carl Schmitt.
    Gegenstrebige Fügung. Berlin 1987, S. 62 f.
102 Carl Schmitt, Der Begriff des Politischen. Text von 1932 mit einem Vorwort und drei Corollarien.
    7. Aufl., 5. Nachdr. der Ausgabe von 1963. Berlin 2002, S. 53 f.; zur „femininen Schwärmerei"
    siehe Schmitt, Politische Romantik (wie Anm. 9), S. 120.

Einer vergleichbaren Logik folgend, hatte der Begründer und Chefideologe der antiliberalen „Nationaldemokratie" Dmowski allen Grund zur Sorge, dass sein Volk, das polnische, verschwinde und sich als zu schwach erweise. Polen, mit oder ohne Staat, standen in der Pflicht nachzuweisen, dass sie die eigene politische Existenz nicht fürchteten. In gleicher Intensität wie Schmitt lehnte Dmowski alle Formen der ‚politischen Romantik' ab, obgleich die polnische Romantik zahlreiche Beispiele des Willens zur Tat (in Schmittscher Terminologie: den ‚Dezisionismus') unter Beweis gestellt hatte. Doch die geringe Reife der „politischen Zivilisiertheit", die Dmowski seinen Landsleuten am Anfang des 20. Jahrhunderts meinte unterstellen zu müssen, verführte nach seiner Auffassung diejenigen, die „gute Polen" sein wollten, dazu, dem romantischen Vorbild zu folgen und „aus Patriotismus Religion" zu machen, statt einer modernen, solidarischen, realistischen, kämpferischen und sozialdarwinistischen Vorstellung von Staat und Nation beizupflichten. Da nützte es nicht viel, dass die polnische romantische Dichtung „tiefer in die national-politischen Fragen reichte als irgendeine andere Dichtung der Welt", denn sie blieb Dichtung einer vergangenen Zeit. Auch für Dmowski war die romantisch-metaphysische Form des politischen Denkens Ausdruck geistiger Passivität: „Nur den verweichlichten Nichtstuern ist das Leben [in der heutigen Welt; A.L.] hart, und es ist gnadenlos für diejenigen, die den Geist der Zeit nicht verstehen."[103] Dmowski hatte daher an anderer Stelle die „Ausrottung der politischen Romantik" zur Hauptaufgabe seiner Partei erklärt, denn die Nation hat sich primär um ihre Interessen zu kümmern. Seine Prämisse lautete, dass es „in den Beziehungen zwischen Nationen nur Stärke und Schwäche gibt".[104] Im Visier der nationaldemokratischen Romantik-Kritik standen vor allem das sozialistische Lager und die Tradition der Legionen Piłsudskis, die sich auf die romantische Tradition berufen hatten. So meinte man dem politischen Gegner am wirksamsten den ‚politischen Verstand' absprechen zu können.

Wenn man Schmitt und Dmowski als Totengräber der politischen Romantik miteinander vergleicht, so muss doch im Auge behalten werden, dass die Romantik im polnischen geistigen und politischen Leben sowohl in der Zeit des Jungen Polen um 1900 als auch in der Zwischenkriegszeit als Freiheitsbewegung und Mythos der Nation ungleich präsenter geblieben ist, als es die deutsche Romantik schon für die Gründung des deutschen Nationalstaats und für spätere neue Formen des Nationalismus sein konnte. Wenn Schmitt im „Glaube[n] an das Recht" und in der „Empörung über das Unrecht" die „wichtigste Quelle politischer Vitalität" sieht, die den deutschen Romantikern gänzlich fehlte,[105] so war es – wollte man dieses Schmittsche Diktum aufgreifen – gerade das zutiefst verletzte Gerechtigkeitsempfinden der polnischen Romantiker, das ihnen „politische Vitalität" verlieh: Angesichts der für die ‚polnische Frage' ausweglosen politischen Machtverhältnisse verfielen die polnischen Romantiker nicht in einen überpolitischen Ästhetizismus, sondern eher in einen

---

103   Roman Dmowski, Myśli nowoczesnego Polaka [Gedanken eines modernen Polen], 4. Aufl., Warszawa 1933, S. 29 f., 217. Vgl. dazu Leszek Kamiński, Romantyzm a ideologia. Główne ugrupowania polityczne Drugiej Rzeczypospolitej wobec tradycji romantycznej [Romantik und Ideologie. Die Haltung der wichtigsten politischen Gruppierungen der Zweiten Republik gegenüber der romantischen Tradition]. Wrocław 1980, S. 62-86.
104   Roman Dmowski, Rosja, Niemcy i kwestia polska [Russland, Deutsche und die polnische Frage]. Lwów 1908, S. 212, 235 f.
105   Schmitt, Politische Romantik (wie Anm. 9), S. 130.

anti-politischen (weil gegen das Politische der Mächte und Parteien gerichteten), mystisch und ethisch verankerten Widerstands- bzw. Revolutionsgeist, aus dem sie die Hoffnung auf eine bessere Zukunft schöpften. Trotz des antiromantischen, „positivistischen" Umschwungs in der polnischen Gesellschaft nach der Niederlage im Januaraufstand von 1863 behielten viele „romantische Werte" ihre Geltung, viele Formen dieses Gerechtigkeitsempfindens und der sakralen sowie moralischen Überhöhung der eigenen Nation konnten mit szientistischen Denkmodellen und Modernisierungsappellen nicht wirklich ausgetrieben werden. Das Bonmot des späten Romantikers Cyprian Kamil Norwid, nach dem Polen „die allerletzte Gesellschaft auf dem ganzen Globus, aber die erste Nation auf dem Planeten" sei,[106] behielt seine Aktualität vielleicht auch deshalb, weil das Bild einer leidenden und ihr Freiheitsideal nie aufgebenden *Nation* letztlich mehr politisches „sexappeal" hatte als die von Rückschlägen geplagte Aufholjagd einer sich modernisierenden *Gesellschaft*.[107]

Die polnische Romantik erwies sich also sowohl in ihrer mystischen, messianistischen und martyrologischen Ausrichtung wie in ihrer Wirkung als ‚politischer' als die deutsche Romantik. Sie hatte sich moralisch konsequenter einem politischen, wenn man so will einem ‚völkerrechtlichen' Ziel untergeordnet: sie machte sich zur Aufgabe, den Untergang der (polnischen) Nation nach dem Untergang des (polnisch-litauischen) Staates zu verhindern.[108] Im deutschen Fall bleibt die Frage, ob sich der deutsche ‚Nationalismus' der napoleonischen Zeit, sofern er von der Selbstfindung in der deutschen Geschichte (germanische Vorzeit und Reichspatriotismus) und von der Abgrenzung gegenüber der französischen Fremdherrschaft gespeist wurde, in seiner Wirkung leicht in eine liberal-progressive und eine romantisch-konservative Seite spalten lässt.[109] Der Blick hinüber zur polnischen Romantik verweist

---

106 Cyprian Kamil Norwid, Brief an Michalina Zaleska vom 14. November 1862, in: Polnische Romantik. Ein literarisches Lesebuch von Hans-Peter Hoelscher-Obermaier. Frankfurt a.M. 1998, S. 332.

107 Vgl. zum Themenkomplex Maciej Janowski, Polen im 19. Jahrhundert: Europa an der Weichsel?, in: Europas Platz in Polen. Polnische Europa-Konzeptionen vom Mittelalter bis zum EU-Beitritt, hrsg. v. Claudia Kraft u. Katrin Steffen. Osnabrück 2007, S. 131-155, und das klassische Werk von Jerzy Jedlicki, Jakiej cywilizacji potrzebują Polacy [Welche Zivilisation brauchen die Polen?]. Warszawa 2002.

108 Zofia Stefanowska, Przyczynek do badań nad kanonem romantycznego patriotyzmu [Beitrag zur Erforschung des Kanons des romantischen Patriotismus], in: Nasze pojedynki o romantyzm [Unsere Duelle mit der Romantik], hrsg. v. Dorota Siwicka, Marek Bieńczyk. Warszawa 1995, S. 143-150; Zofia Stefanowska, Romantic Nationalism, in: Dialogue and Universalism (2000), Nr. 5-6, S. 31-38; vgl. auch Janina Kamionka-Straszakowa, Nasz naród jak lawa. Studia z literatury i obyczaju doby romantyzmu [Unsere Nation ist wie Lava. Studien zur Literatur- und Sittengeschichte in der Epoche der Romantik]. Warszawa 1974; Andrzej Walicki, Philosophy and Romantic Nationalism: The Case of Poland. Notre Dame, Ind. 1994; Joanna Nowak, Naród i narodowość w polskiej myśli romantycznej [Nation und Nationalität im polnischen romantischen Denken], in: Naród – Tożsamość – Kultura. Między koniecznością a wyborem [Nation – Identität – Kultur. Zwischen Notwendigkeit und Wahl], hrsg. v. Wojciech Józef Burszta (u.a.). Warszawa 2005, S. 203-223.

109 Vgl. Jörg Echternkamp, Der Aufstieg des deutschen Nationalismus (1770–1840). Frankfurt a.M. 1998, S. 307. Der von Napoleon 1806 gegründete Rheinbund regte in der Publizistik dieses ‚Dritten Deutschland', das sich neben Österreich und Preußen zu etablieren begann, die Vorstellung, die Deutschen könnten unter der Obhut Napoleons, des Vollstreckers der Revolution, ebendort „sich wieder [als] verbündete Deutsche glauben, ja für die einzigen Deutschen halten"

darauf, dass Individuum, Genie und Kollektiv, ebenso wie Mystizismus, Revolution und Nation aufs engste ineinander verwoben sein konnten, und gleichzeitig ein klarer Bezug zur politischen Realität in eindeutig emanzipatorischer (freilich eher national denn sozial verstandener) Absicht beibehalten wurde. Das Problemfeld ‚Freiheit' verband sie alle in seiner ungeheueren Spannweite zwischen Individuum und Kollektiv, zwischen Religion und Philosophie, zwischen dem Eigenen und dem Fremden. In Bezug auf die ‚politische Romantik' wird sowohl im polnischen wie auch im deutschen Fall also daran zu denken sein, dass sie auch ihre ‚liberale', emanzipatorische Seite hatte. Die unter Romantikern weit verbreitete Abneigung, Freiheitsdenken mit einem konkreten Verfassungsgedanken in Verbindung zu bringen, zeigt freilich auch die Grenzen der romantischen Politik an.

(Christian v. Eggers zitiert ebenda, S. 179). Unter Rückgriff auf die Germania-magna-Theorie schrieb Jean Paul ebenfalls 1808: „Seit den letzten Kriegen teilen wir [Franzosen und Deutsche] wieder gern den gemeinschaftlichen Namen Franken; und erinnern uns aus der Geschichte, dass die Mehrheit in Frankreich nicht Gallier, sondern versetzte Germanen sind." (zitiert ebenda, S. 185).

Tomasz Kizwalter

Die Vorstellungswelt der Romantik und Modernisierungsprozesse in Polen

Meine Thesen zu den Interferenzen von polnischer Romantik und Modernisierungsprozessen können, von einem Historiker kommend, nicht das Ergebnis literaturwissenschaftlicher Auswertungen sein, und ich gehe ihnen daher nicht ohne Bedenken nach. Zum anderen nehme ich an, dass die Beschäftigung mit etwas, was als „struktureller Gesellschaftskontext der Literatur" bezeichnet werden könnte, gelegentlich mit einem nachsichtigen Lächeln als anachronistisch betrachtet wird, ein wenig naiv, nicht wegweisend nach den bisher gemachten Erfahrungen. Ich bin mir dieser Problematik durchaus bewusst und möchte deshalb vorab deutlich sagen, dass meine Ausführungen nur grob skizzierte Anregungen eines Historikers für mögliche Interpretationen sein können, deren Nutzen für die Forschung erst verifiziert werden muss.

Zu Beginn eine grundlegende und, wie es scheint, nicht sehr originelle These zur europäischen Kultur im Allgemeinen: In dem Maße, in dem die Aufklärung das ideelle Fundament der Moderne darstellt, ist die Romantik in gewisser Weise ein Laboratorium, in dem die Moderne konkrete Formen annimmt; einerseits auf individueller und persönlicher, andererseits auf gesellschaftlicher und kollektiver Ebene, wo nun der Begriff der Gemeinschaft zum Tragen kommt. Sowohl in der Aufklärung als auch in der Romantik wurde die Moderne zum Bezugspunkt von Reflexionen. Allerdings gab es, was die Perzeption der durch die Moderne hervorgerufenen Problemfelder angeht, zwischen Aufklärung und Romantik deutliche Unterschiede. Allgemein und etwas vereinfachend dargestellt, ergaben sich für jemanden mit einer durch die Aufklärung geprägten Sichtweise klare Aufgaben, die es zu erfüllen galt, wobei seine Person selbst außerhalb der Sphäre stand, die umgestaltet werden sollte. Die Anhänger der Romantik betrachteten sich dagegen als Teil der sich verändernden Welt, und das, was sie sich zur Aufgabe machten, war wesentlich differenzierter und vieldeutiger.

Unter den polnischen Gegebenheiten ergaben sich für die Verfechter der Aufklärung angemessene Reformen des polnischen Staates und der Gesellschaft mit klaren Zielsetzungen. Angemessen bedeutete hier, Reformen gemäß universaler Grundsätze der Vernunft zu übernehmen, die in Mustern niedergelegt waren und aus den geistigen Zentren stammten, die als fortschrittlich galten. An dieser Stelle muss angemerkt werden, dass die Anhänger der Aufklärung fest in den gesellschaftlichen Strukturen des polnisch-litauischen Staatsverbandes verankert waren. Erstens haben wir es in der Mehrzahl der Fälle mit Personen zu tun, die aus dem Umfeld der adligen Gutsbesitzer stammten oder eng mit dem Landadel verbunden waren. Erst zu Beginn der 1790er Jahre traten infolge der bis dahin beispiellosen Politisierung Politiker und Publizisten in den Vordergrund, die später als unmittelbare Vorläufer der Intelligenz des 19. Jahrhunderts betrachtet wurden. Sie waren gesellschaftlich anders situiert und distanzierten sich deutlich von den gutsherrlichen Eliten.[1] Zweitens war trotz aller Kritik am Sarmatismus, die unter den Aufklärern unterschiedlich stark ausgeprägt war, der intellektuelle Horizont der polnischen Aufklärer in hohem Maße durch die Adelskultur geprägt und damit auch begrenzt. Aus diesem Grund trifft man heute die Auffassung, der Begriff der „Aufklärung", der hier als eine kulturelle Formation verstanden wird, sei den polnischen Realitäten nicht angemessen. So ist Jacek Staszewski nur bereit, hier von Gestaltverschiebungen eines Sarmatismus zu sprechen.[2] Eine solch radikale Auslegung scheint mir nicht angemessen, aber die polnische Kultur muss im Zeitraum vom Ende des 18. bis weit in das 19. Jahrhundert hinein in der Tat als Fortsetzung der lebendig gebliebenen Traditionen der Adelskultur verstanden werden.

Die Zerschlagung der Adelsrepublik hatte zur Folge, dass sowohl die traditionelle Kultur des Adels als auch die neuen Strömungen der Aufklärung ihr natürliches gesellschaftspolitisches Umfeld verloren. Die Folgewirkungen dieses Bruchs sind allerdings viel zu komplex, um sie einer summarischen Bewertung unterziehen zu können. Erwähnenswert ist jedoch die Tatsache, dass auf die Katastrophe des Staatswesens kein Verfallsprozess und keine Deklassierung des kulturellen Erbes der vorausgegangenen Epoche folgte, sondern dass dieses, angefangen mit dem Klassizismus auf dem Gebiet der Literatur, mehrheitlich in spezifischer Form überdauerte. Unterstützt wurde diese Tendenz durch die Auffassung, es sei ein patriotisches Gebot, das Erbe des untergegangenen Vaterlands zu bewahren. Neben solchen konservativen Tendenzen kamen in gleicher Weise modernisierende und aufklärerische Impulse zum Tragen. Während durch die Dritte Teilung die Parole von der „Reform der Adelsrepublik" jeglichen praktischen Sinn verlor, eröffnete die Einrichtung des „Herzogtums Warschau" den polnischen Eliten die Möglichkeit, einen nicht souveränen Staat zu verwalten, der in struktureller Hinsicht nunmehr an neue, westliche Muster anknüpfte. Da das auf Wunsch Zar Alexanders I. geschaffene „Königreich Polen" im Hinblick auf seine politische und verfassungsrechtliche Struktur in hohem Maße eine Fortführung des Herzogtums darstellte, wurden die sich in dieser Konstellation bietenden Möglichkeiten ein Vierteljahrhundert lang ausgeschöpft.

Das Herzogtum Warschau und das Königreich Polen wurden von einem in seiner Zusammensetzung recht stabilen polnischen „Establishment" verwaltet. Die Mitglieder dieser vom Landadel dominierten Gruppe hatten ihre Karriere zumeist noch in der alten Adelsrepublik begonnen.[3] Sie waren geprägt durch die Aufklärung, wie sie sich auf polnischem Boden entwickelt hatte, das heißt in einer durch Einflüsse der Adelskultur modifizierten Form. Ihre Anschauungen bewegten sich zwischen Konservativismus – wobei sie entweder an britische oder strengere kontinentale Muster anknüpften – und Modernisierungsbestrebungen, die mehrheitlich als gemäßigt bezeichnet werden können.[4]

1   Krystyna Zienkowska, O prekursorach inteligencji polskiej uwag kilka [Einige Anmerkungen zu den Vorläufern der polnischen Intelligenz], in: Inteligencja polska XIX i XX wieku. Studia [Die polnische Intelligenz des 19. und 20. Jahrhunderts. Studien]. Bd. 5, Warszawa 1987, S. 9-31.

2   Jacek Staszewski, 1696–1795, in: Polska na przestrzeni wieków [Polen im Zeitraum der Jahrhunderte], hrsg. v. Janusz Tazbir. Warszawa 1995, S. 283-378, hier S. 373 f.

3   Witold Kula, Udział w władce [Beteiligung an der Macht], in: Przemiany społeczne w Królestwie Polskim 1815–1864 [Sozialer Wandel im Königreich Polen 1815–1864], hrsg. v. Witold Kula u. Janina Leszkiewiczowa. Wrocław (u.a.) 1979, S. 405-419.

4   Tomasz Kizwalter, Kryzys Oświecenia a początki konserwatyzmu polskiego [Die Krise der Aufklärung und die Anfänge des polnischen Konservatismus]. Warszawa 1987.

Um die Situation der polnischen Gesellschaft nach der Dritten Teilung in ihren charakteristischen Zügen wiederzugeben, kann Folgendes festgehalten werden: Das Land, in dem seit mehreren hundert Jahren eine Schicht von Landbesitzern das Monopol auf die Macht besessen hatte, die republikanische Traditionen und einen agrarisch geprägten Lebensstil kultiviert hatte, befand sich nun unter der Herrschaft von absoluten Monarchien, die sich in vielerlei Hinsicht deutlich voneinander unterschieden, denen jedoch die Bürokratisierung des Staatsapparates gemein war, was für die polnischen Gegebenheiten einen scharfen Bruch bedeutete. Dass es zu Reibungen zwischen dem adligen Patriotismus und den politischen Forderungen der neuen Behörden, zwischen den autonomen Gewohnheiten des Adels und der Bürokratie kam, war unvermeidlich. In dieses Schema fügen sich auch die Beziehungen zwischen dem Landadel und dem napoleonischen Frankreich, auch wenn ein bedeutender Teil der polnischen öffentlichen Meinung die Abhängigkeit von Paris durchaus als vereinbar mit dem eigenen Patriotismus ansah.

Gegensätze auf der Ebene von Werten und Ideen mussten jedoch nicht zu einem offenen Konflikt führen und führten auch zumeist nicht zu einem solchen. Der Einzelne mochte sich von ideellen Impulsen leiten lassen, aber die politischen Grundsätze waren bei der Mehrheit des Landadels durch Pragmatismus gekennzeichnet. Die Empfehlung des Fürsten Adam Kazimierz Czartoryski, die eigenen Güter (ojcowizna) zu retten, wenn es schon nicht gelungen war, das Vaterland (ojczyzna) zu retten, galt in der damaligen Situation keineswegs als zynisch, und der Fürst war für viele eine der wichtigsten patriotischen Autoritäten.[5]

Nur wenn eine der Großmächte es als nützlich ansah, sich auf die politischen Bestrebungen der Polen zu berufen, eröffnete sich für den Landadel die Perspektive, zumindest einen Teil des einstigen Staatsgebietes – mit einer mehr oder weniger großen Chance einer späteren territorialen Arrondierung – selbst verwalten zu können, und es bestand die Chance, die Spannungen zwischen einheimischen Adelstraditionen und fremder politischer Kultur abzumildern. Im Herzogtum Warschau war diese Spannung, die recht wirkungsvoll in einer Atmosphäre patriotischer Mobilisierung entladen wurde, deutlich spürbar.[6] Im Königreich Polen verminderte sie sich zunächst sowohl aufgrund verfassungsrechtlicher Änderungen als auch infolge der Hoffnungen, die sich an die Person Zar Alexanders I. knüpften; sie wuchs erst in den 1820er Jahren an. Hier komme ich zum eigentlichen Thema meiner Ausführungen.

Eine der am stärksten hervortretenden Züge der Romantik ist deren Bündnis mit der Jugend. Unter den in Polen herrschenden Bedingungen trat dieses Merkmal ganz besonders

---

5   Jarosław Czubaty, Zasada „dwóch sumień". Normy postępowania i granice kompromisu politycznego Polaków w sytuacjach wyboru (1795–1815) [Der Grundsatz „zweier Gewissen". Verhaltensnormen und die Grenzen des politischen Kompromisses der Polen in Entscheidungssituationen (1795–1815)]. Warszawa 2005, S. 187, 372 f., 382 ff.

6   Bogusław Leśnodorski, Jakobini wobec zagadnień wzrostu i wspólnoty politycznej w Księstwie Warszawskim [Die Jakobiner gegenüber den Fragen des Wachstums und der politischen Gemeinschaft im Herzogtum Warschau], in: Studia historyczne. Księga Jubileuszowa z okazji 70 rocznicy urodzin prof. dra Stanisława Arnolda [Historische Studien. Festschrift zum 70. Geburtstag von Prof. Dr. Stanisław Arnold]. Warszawa 1965, S. 260-272; Maciej Mycielski, „Miasto ma mieszkańców, wieś obywateli". Kajetana Koźmiana koncepcje wspólnoty politycznej (do 1830 roku) [„Die Stadt hat Einwohner, das Land dagegen Staatsbürger". Kajetan Koźmians Konzeptionen einer politischen Gemeinschaft (bis 1830)]. Wrocław 2004, S. 324 f.

deutlich zu Tage. In den 1820er Jahren war das Königreich Polen durch einen Generationen-
konflikt gekennzeichnet, der sich unter anderem an Auseinandersetzungen der Romantik mit
künstlerischen und weltanschaulichen Auffassungen entzündete, die nach Ansicht der Romantiker inakzeptabel waren. Die Art und Weise der Selbstbestimmung, welche die Jugend
für sich in Anspruch nahm, gestaltete sich in Opposition zu den Ansichten und Grundsätzen
der älteren Generation, genauer gesagt richtete sich gegen das intellektuelle und politische
Establishment des Königreichs und damit gegen die alten Eliten. Die herrschenden Eliten
des Landes, die auch das kulturelle Leben im Wesentlichen prägten, suchten den status
quo zu erhalten und ließen sich in ihrem Literaturgeschmack von klassizistischen Grundsätzen leiten. Innerhalb dieser Gruppe dominierte stilistisch der Geist der Aufklärung, dessen
kritische Ansätze im Laufe der Zeit jedoch von einem stark akzentuierten Bedürfnis nach
Ordnung verdrängt wurden. Im Gegensatz dazu forderte die Jugend emphatisch „neues blü-
hendes Leben" („nowości potrząsać kwiatem" – so Adam Mickiewicz in *Oda do młodości*
[Ode an die Jugend]). Welche Bedeutung hatte aber in diesem Falle das „Neue"?

Zu der das Land regierenden Gruppe gehörten Stanisław Staszic und Fürst Franciszek
Ksawery Drucki-Lubecki, die Planer und Schöpfer eines Programms zur schnellen Industrialisierung des Landes. Ihre Persönlichkeiten waren in vielerlei Hinsicht sehr unterschiedlich.
Sowohl in Bezug auf ihre gesellschaftliche Herkunft, ihre intellektuelle Prägung wie auch
ihre Karriere standen sie auf entgegengesetzten Flügeln innerhalb der herrschenden Eliten
des Königreiches und begegneten sich dennoch als gemeinsame Sachwalter einer Strategie,
die am wirkungsvollsten einen zivilisatorischen Fortschritt der Polen herbeiführen sollte.
Nach Auffassung beider Politiker bildete das Industrialisierungsprojekt die Garantie für wirt-
schaftliches Wachstum und ging mit der Überzeugung einher, dass eine starke Staatsmacht
und eine rigorose gesellschaftliche Disziplin unerlässlich seien. Obwohl sich die Ansichten von Staszic und Lubecki in diesem Punkt mit Sicherheit nicht vollkommen deckten,
gelangten beide in der Praxis zur Überzeugung, dass das durch die napoleonische Gesetzgebung geschaffene Gesellschaftsmodell eine wertvolle Errungenschaft sei, die es wachsam
vor unterschiedlichsten Bedrohungen zu schützen galt. Beide sprachen sich für eine politische Bindung an das Russische Reich aus und bewerteten polnische Gepflogenheiten des
öffentlichen Lebens in hohem Maße durch das stereotype Prisma der „Anarchie". Über
den einen wie den anderen kann man sagen, dass er bestrebt war, die adlig-bäuerliche, in
mancher Hinsicht apathische Gemeinschaft mit dem nötigen Nachdruck auf den Weg einer
schnellen Entwicklung zu bringen, und beide waren davon überzeugt, dass eine starke Hand
der Regierung unabdingbar für den Erfolg eines solchen Unternehmens sei.[7]

Vor dem Hintergrund einer so verstandenen Modernisierung musste das „Neue", wie es
die Welt der Romantik verstand, durch seine Andersartigkeit provokativ wirken. Müßig wäre
es zu erwarten, dass sich die Wirtschaftspläne eines Staszic oder Lubecki im Mittelpunkt
des Interesses dieser neuen Dichtergeneration befanden. Dies bedeutet keinesfalls, dass die
Romantiker keine Empfindsamkeit gegenüber den Problemen zivilisatorischen Fortschritts
besessen hätten. Als sie sich persönlich mit den Realitäten des westlichen Europa konfrontiert sahen, erwies sich, dass unter den dortigen Bedingungen dieses Thema für sie eine

---

7   Jerzy Jedlicki, A Suburb of Europe. Nineteenth-Century Polish Approaches to Western Civilisa-
     tion. Budapest 1999, S. 81 f.

nicht geringe Bedeutung gewann. In den 1820er Jahren hatte sich jedoch das Königreich Polen infolge der Industrialisierung noch nicht in dem Maße verändert, als dass es für die öffentliche Meinung von größerem Interesse sein konnte. Die in dieser Zeit debütierenden Romantiker hatten es dagegen mit den Ergebnissen einer der Industrialisierung vorangehenden Modernisierung zu tun: mit Tendenzen, deren Ursprung in der Epoche Stanisław August Poniatowskis zu suchen sind, als deren Kulminationspunkt die Verfassung vom 3. Mai 1791 gelten kann, und die schließlich mit der Schaffung des Herzogtums Warschau an Geschwindigkeit gewannen. Die gesellschaftliche Position und die politische Dominanz des Landadels waren unangefochten geblieben, es hatte sich jedoch die rechtlich-institutionelle Sphäre einschneidend verändert, eine schöpferische Elite hatte eine neue Kultur geschaffen, die Mentalitäten der oberen Schichten und die ideelle Atmosphäre, in der Politik gemacht wurde, hatten sich gewandelt. Wenn nun die von den Romantikern geschaffene Fiktion zum Instrument der Kritik wurde, so wandte sich diese mit besonderem Nachdruck gegen ein solches Verständnis von Modernisierung, wie es das Establishment vertrat.

Die Romantik – in ihrer polnischen wie in ihrer allgemein europäischen Ausprägung – wird oft als Zeichen der Feindschaft gegen die moderne Zivilisation gewertet. Man sieht in ihr eine Reaktion auf Max Webers „Entzauberung der Welt", voller Verachtung für alles, was mit Modernisierung zu tun hat. Sie soll durchtränkt sein von der Sehnsucht nach einer Rückkehr in eine idealisierte Vergangenheit. Es fehlt keineswegs an Belegen für diese These, weshalb sie auch nicht unterschätzt werden sollte. Eine Problemstellung, die von einem einfachen Gegensatz von „Tradition" und „Modernität" ausgeht, erscheint unter bestimmten Aspekten in der Tat als nützlich, sie stellt aber keineswegs ein ausreichendes Instrumentarium dar.

Die romantische Abneigung gegen die Modernität nahm verschiedene Formen an und trat in unterschiedlich starker Intensität auf. Die Häufung modernisierungsfeindlicher Motive in den Werken der polnischen Romantiker wurde zweifelsohne durch den unmittelbaren Kontakt mit den westlichen Ländern begünstigt, wodurch eine wachsende Frustration und die Sehnsucht, den niederdrückenden Status armer Verwandter zu überwinden, erkennbar sind. Hieraus resultieren zahlreiche – natürlich nicht in jedem Fall vorherrschende – Meinungen und Vorstellungen deutlich therapeutischen Charakters, die den Wert zivilisatorischer Errungenschaften hinterfragten und auf die Ebene eines die Menschheit erniedrigenden „Tanzes um das goldene Kalb" stellten. Hierdurch entwertete man die Vergleichsebenen, auf denen sich Polen insgesamt ungünstig präsentierte. Die hier interessierende Fragestellung kann jedoch nicht allein auf das Feld der Beziehungen mit den westlichen Ländern reduziert werden. Auch die Erfahrungen, die die Romantiker im Königreich Polen vor dem Aufstand gewannen, besaßen besondere Bedeutung.

Sie kollidierten im Königreich Polen mit einer von den Eliten forcierten Modernisierung, die in Anbetracht der im nachnapoleonischen Europa herrschenden Unruhen ihre Modernisierungsbestrebungen mit einer ebenso pragmatischen wie autoritären Politik verbanden und sich konsequent auf Grundsätze wie Hierarchie und Disziplin beriefen. Die romantische Auflehnung gegen das Establishment konnte unter diesen Umständen die Rückkehr in eine Vergangenheit bedeuten, was auch häufig der Fall war. In welchem Maße führte dies jedoch zu einem Sich-Verschließen in einer Welt traditioneller Werte und Vorstellungen, mündete es in politische Konsequenzen sowohl „traditionalistischen" wie „revolutionären" Charakters? War die Ablehnung von Modernisierungsprojekten, die von Ökonomen und Verfechtern einer „Realpolitik" geschaffen worden waren, gleichbedeutend mit einer Ablehnung jeglicher Modernisierungsvorstellungen?

„Modernisierung" ist, wie mehrfach gezeigt wurde, als Begriff durchaus brauchbar, allerdings sehr wenig eindeutig. Ohne eine angemessene Definition des Begriffes in Angriff zu nehmen, möchte ich an dieser Stelle zum Beginn meiner Ausführungen zurückkehren: zu der These, dass sich die Romantiker im Gegensatz zu den Anhängern der Aufklärung als Teil einer sich verändernden Wirklichkeit betrachten. Kurz gesagt: Staszic war sich im Klaren darüber, wer er war – Mickiewicz dagegen nicht; Staszic hatte das klar umrissene Ziel, sein Land zivilisatorisch nach vorne zu bringen, was in messbaren Kriterien zum Ausdruck gebracht wurde. Das „Neue" in der Welt der Romantiker bezog sich dagegen auf das Individuum, was es schwer machte, hier messbare Kriterien anzuwenden. Es herrschte die tiefe Überzeugung, dass sich der Mensch auf irgendeine Weise erneuern müsse. Den Weg dorthin wies das leuchtende Ideal der Befreiung und der Emanzipation, das Überbordwerfen drückender Bande und die Errichtung einer wahren Gemeinschaft. Die Rückkehr in die Vergangenheit, eines der Merkmale, das für die Welt der Romantik so bezeichnend ist, sollte oftmals Möglichkeiten für eine authentische Erneuerung eröffnen.

Bis heute ist der Begriff des „modernen Menschen" nicht eindeutig. Es bleibt aus diesem Grunde schwer zu beurteilen, in welchem Maß das „Neue" in der Romantik tatsächlich als Ausdruck der Moderne gewertet werden kann. Die Beantwortung dieser Frage bleibt in jedem Falle ein Desiderat der weiteren Romantikforschung.

Aus dem Polnischen von Isabella Such, Lüneburg

Hans-Jürgen Bömelburg

Imaginationskonzepte und Nationskonstrukte zwischen Sarmatismus und Romantik: Jan Paweł Woronicz und Julian Ursyn Niemcewicz

Historiker und insbesondere solche mit nichtpolnischen Wurzeln stehen einer Beschäftigung mit der polnischen Romantik oft mit Reserve gegenüber. Eine Ursache liegt in der romantischen Innenperspektive, die durch ihre Betonung außerzeitlicher Konstruktionen, ihre Selbststilisierung und aufgeladene mythologische Konstruktionen eher den Eindruck des Auratischen und der Überwältigung durch den Mythos weckt. Auch die in Anspruch genommene identitätsstiftende Rolle für die polnische Gesellschaft steht unter Ideologieverdacht, schließlich bedeutet das „Plastikwort" Identität im Deutschen keine analytische Kategorie wie im Polnischen „tożsamość".[1] Die Beschäftigung mit dem literaturwissenschaftlich intensiv bearbeiteten „Olymp der polnischen Literatur" setzt zudem eine Literatur- und Textkenntnis voraus, die nur in intensivem Studium erarbeitet werden kann. Zudem existiert eine fachhistorische Sprachlosigkeit gegenüber „essentialistischen" Interpretationen, die hier *den* Beginn der modernen polnischen Kultur postulieren:

> „Die Romantik wird gemeinhin als Beginn der modernen Kultur in Polen betrachtet, weil man davon ausgeht, daß die polnische Neuzeit mit dem Verlust der Unabhängigkeit Ende des 18. Jahrhunderts angebrochen sei und eben die Romantik diese neue und deprimierende Herausforderung angenommen habe."[2]

Sicher ist der Wechsel kultureller Paradigmen auch für Historiker anschlussfähig, problematisch wird es allerdings dann, wenn Vorgänge als „beispiellos" und „einzigartig" postuliert werden und sich angeblich jeglichem typisierenden Zugriff entziehen sollen:

> „Bei ihrer ‚Rückkehr zur Natur', auf der Suche nach dem Konkreten – wider die dürren Abstraktionen des Verstandes, der eine zum Dogma erstarrte Kultur beherrschte, mußte die Romantik den gesamten kulturellen Nährboden verändern, ein in der europäischen Geschichte beispielloser Vorgang, der bis heute nachwirkt."[3]

---

1 Lutz Niethammer, Kollektive Identität. Heimliche Quellen einer unheimlichen Konjunktur. Reinbek bei Hamburg 2000. Spannend wäre es, in diesem Kontext die alte romantische Diskussion um den „rozum zagraniczny" (die ausländische Vernunft) und den „rozum polski" (die polnische Vernunft) zu reflektieren.
2 Maria Janion, Vorwort zu: Polnische Romantik. Ein literarisches Lesebuch, hrsg. v. Hans-Peter Hoelscher-Obermaier. Frankfurt a.M. 1998 (Polnische Bibliothek), S. 9.
3 Ebenda, S. 19.

Schließlich ist „Romantik" als kulturhistorischer, europaweit auch vergleichend benutzbarer Epochenbegriff nur schwer fruchtbar zu machen, da das Paradigma einerseits jeweils als national kanonisierte Literatur- bzw. Kulturepoche festgeschrieben ist, andererseits als unklarer, weil kaum zu definierender Begriff gilt, der politisch und sozialgeschichtlich schwer fassbar sei.[4] Vielfach wird die These vertreten, die Innovations- und Erklärungskraft des Begriffs leide darunter, dass er als Periodisierungsbegriff international unbrauchbar sei, da er europaweit auf die Epoche der 1790er Jahre bis 1848, aber etwa in Deutschland für den Zeitraum 1795–1820, dagegen in Polen für die Jahre 1822–1863 benutzt werde.[5] Zudem werde er zumeist rein literatur- oder kulturgeschichtlich für kulturelle Höhenwanderungen gebraucht, was in einer Reihe von Versuchen, europäische Literatur-, Musik- oder Kulturgeschichten der Romantik zu schreiben, gipfelte. Die politischen und begriffsgeschichtlichen Aspekte der Romantik werden dagegen kaum diskutiert und falls doch, dann sehr stark auf einen nationalen Identitätsbegriff fokussiert.[6] Eine europaweite politische Geschichte der Romantik gibt es deshalb, im Unterschied zu einzelnen nationalen Kulturgeschichten, nicht. Fachhistorische Periodisierungsmodelle knüpfen an den Romantik-Begriff nur zögerlich an. Im polnischen Fall dominieren politische Periodisierungen, die sich an Staatsverlust und Aufstände anlehnen und literaturhistorischen Modellen, die sich an Stilwenden, an generativen Umbrüchen und der Durchsetzung des Geniekults orientieren, zuwiderlaufen.

1. Romantik als literarisches Konzept europäischer „Übergangsgesellschaften"?

Dabei liegt durchaus ein historisches Deutungsmodell vor, in das die politische Programmatik und (Selbst)Positionierung der europäischen wie polnischen Romantik integrierbar ist: Das bewusst offen gehaltene Konzept von „Übergangsgesellschaften", das zunächst von dem in erster Linie sozialgeschichtlich arbeitenden Darmstädter Historiker Christof Dipper für die Überlappungszone zwischen Frühneuzeit und Moderne entwickelt wurde, geht für die Übergangzeit von einem beschleunigten Elitenwechsel, dem Nebeneinander von kulturellen Paradigmen, der Ungleichzeitigkeit von Modernisierungsprozessen, Pauperisierungsvorgängen und scharfen Konflikten aus, die ihre Wurzeln auch in den harten Fakten der Wirtschafts- und Sozialgeschichte besitzen.[7] Das Konzept wurde in den letzten Jahren aus Anlass eines Kolloquiums zu Ehren des 80. Geburtstags von Reinhart Koselleck politik- und begriffsgeschichtlich erprobt.[8] Die Konzeptbildung knüpft an Kosellecks ältere Definition einer „Sattelzeit" (1750–1850) an, die die tief greifende Veränderung der politisch-sozialen

---

4 Władysław Tatarkiewicz, Romantyzm, czyli rozpacz semantyka [Romantik, das heißt die Verzweiflung der Semantik], in: Pamiętnik Literacki (1971), S. 3-21.

5 Zu den Problemen einer deutsch-polnischen Komparatistik für die Romantik vgl. die Beiträge des Sammelbandes Między oświeceniem i romantyzmem: Kultura polska około 1800 [Zwischen Aufklärung und Romantik: Die polnische Kultur um 1800], hrsg. v. Jakub Zdzisław Lichański. Warszawa 1997 (IV polsko-niemiecka konferencja polonistyczna).

6 Europäische Romantik und nationale Identität. Sandor Petöfi im Spiegel der 1848er Epoche, hrsg. v. Csilla Erdödy-Csorba. Baden-Baden 1999 (Schriften des europäischen Zentrums für Integrationsforschung. 4).

7 Christof Dipper, Übergangsgesellschaft: Die ländliche Sozialordnung in Mitteleuropa um 1800, in: Zeitschrift für historische Forschung 23 (1996), S. 57-87.

8 Übergangsgesellschaften? Europa 1750–1850. Kolloquium 10./11.1.2003. Die Texte des von Lutz Raphael an der Universität Trier organisierten Kolloquiums sind unveröffentlicht geblieben.

Sprache angesichts beschleunigter wirtschaftlicher, sozialer und politischer Umwälzungen zu erfassen suchte.

Zeitlich sind die Zäsuren des Konzepts „Übergangsgesellschaft" um 1780 und 1848, für Russland (und man könnte ergänzen, die östlichen polnisch-litauischen „kresy") bis 1860 gesetzt, wobei im europäischen Vergleich insbesondere zeitliche Verschiebungen zwischen West- und Osteuropa Berücksichtigung fanden. Kosellecks Konzeption ging von einem grundlegenden Strukturwandel von vergangenen zu „modernen" Begriffen aus, insbesondere der Ausprägung von Bewegungsbegriffen durch die Umwandlung älterer disparater Substantive zu Allgemeinbegriffen (Geschichten $\longrightarrow$ Geschichte, Freiheiten $\longrightarrow$ Freiheit), der schichtenübergreifenden Rezeption von Leitbegriffen (Demokratisierung) und dem zunehmenden Einsatz politisch-sozialer Grundbegriffe als polemische Waffe und als affektive, zukunftsweisende Bewegungsbegriffe.

Diskutiert wird unter Fachhistorikern weiterhin, dass in „Übergangsgesellschaften" Konflikte insbesondere in imperialen Kontexten scharf hervortreten konnten, in denen partikulare Eliten an Selbstorganisation und Bildungsgrad den imperialen Zentren gleichwertig, ja sogar überlegen waren und eigene – historisch oder kulturell gefasste – Imaginations- und Emotionalisierungskonzepte nach außen wenden konnten (Spanien in der napoleonischen Zeit, Italien, Belgien). Angewendet werden könnte dieses Konzept auch für das napoleonisch dominierte Deutschland, für Polen oder das habsburgisch dominierte Italien, wobei bisher allerdings keine vergleichenden Studien vorliegen.

Im Folgenden soll versucht werden, dieses Konzept der „Übergangsgesellschaft" auf die polnische Kultur- und Begriffsgeschichte des frühen 19. Jahrhunderts anzuwenden. In der polnischen Literatur- und Kulturgeschichte sind für diesen Zeitabschnitt gegensätzliche Periodisierungsversuche und Zäsursetzungen vorgenommen worden, die allerdings dem grundsätzlichen Phänomen, dem Nebeneinander älterer frühneuzeitlicher, aufgeklärter, klassizistischer und romantischer Konzepte nur teilweise gerecht werden.[9] In den Blick genommen werden sollen dabei Imaginations- und Emotionalisierungskonzepte über die Vergangenheit, die zwischen 1795 und 1825 an der Grenze zwischen Politik, Literatur und Historie entwickelt und rezipiert wurden.[10] Übergangsgesellschaften zeichnen sich grundsätzlich durch einen erhöhten Reflexions- und Selbstvergewisserungsbedarf über Zeitstrukturen und die eigene Herkunft aus. Postuliert wird für Deutschland und Westeuropa, dass in den „Übergangsgesellschaften" semantisch scharf zwischen „alter" und „neuer Zeit" differenziert wird,

---

9 Überblick: Piotr Żbikowski, ...bólem śmiertelnym ściśnione mam serce... Rozpacz oświeconych u źródeł przełomu w poezji polskiej w latach 1793–1805 [...ich habe ein von tödlichem Schmerz bedrücktes Herz... Die Verzweiflung der Aufgeklärten am Beginn der Wende in der polnischen Dichtung 1793–1805]. Wrocław 1998, insbesondere S. 11-97 der Abschnitt „Początki romantyzmu w Polsce w badaniach historycznoliterackich" [Die Anfänge der Romantik in Polen in literaturhistorischen Forschungen], mit dem Resümee, S. 93: „Infolge einer allgemein akzeptierten und spezifischen Forschungsstrategie scheint dieser Zeitabschnitt ein Niemandsland zu sein. Allgemein nimmt man an, dass es sich nicht mehr um die Aufklärung, aber zugleich auch noch nicht um die Romantik handle."

10 Zu dem Begriff vgl. auch Teresa Kostkiewiczowa, Miejsce wyobraźni w polskich poetykach 1800–1830 [Die Rolle der Imagination in polnischen Poetiken 1800–1830], in: Między oświeceniem i romantyzmem (wie Anm. 5), S. 337-346.

wobei die Anknüpfung an die „alte Zeit" und deren Reinterpretation ein mobilisierendes Potenzial besitzen würden.

Gefragt wird, inwieweit in der Reflexion über die eigene Vergangenheit staatliche, nationale, regionale, konfessionelle, sprachliche oder soziale Ordnungskategorien entwickelt sind und welche Begriffe dominant werden. Forschungsmeinung ist, dass in Polen-Litauen von einem allmählichen Übergang von einem älteren Patriotismus einer (oder mehrerer) „politischen Nation(en)" (naród polityczny) Polen-Litauens bzw. der Rzeczpospolita zu einer Akzentuierung einer einheitlich verfassten modernen polnischen Nation (naród) gesprochen werden kann. Dabei sei allerdings im Unterschied zum späteren Nationalismus die Polonität (bycie Polakiem) weiterhin politisch definiert worden.[11] Versuche, bereits die ältere Nationsbildung auch ethnisch-ausgrenzend zu verorten, fanden ein kritisches Echo.[12]

Aus begriffsgeschichtlicher Sicht und auf der Basis der Auswertung eines Samples von vor 1830 verfassten Texten ist gegen dieses Nationsparadigma eingewendet worden, in Texten bis 1830 dominiere quantitativ und inhaltlich nicht „Nation", sondern „Vaterland" (ojczyzna) als Leitbegriff und Referenzpunkt. Zwar nehme die Berufung auf die „Nation" gegenüber der frühen Neuzeit quantitativ deutlich zu, doch dominiere auch als affektiv besetzter Begriff bis 1830 weiterhin „Vaterland". Erst nach dem Novemberaufstand verschiebe sich die Relation zugunsten der „Nation".[13] Argumentativ nachvollziehbar ist, dass „Vaterland" als Leitbegriff eine erheblich größere Vielfalt von lokalen, regionalen und nationalen Wir-Definitionen ermöglicht als die Rede von der „Nation", wofür Mickiewiczs Verwendung von *ojczyzna* nur ein anschauliches Beispiel ist.

Wenn gefragt wird, zu welchem Zeitpunkt und bei wem „Nation" (naród) gegenüber „Vaterländern" und der vielfältig besetzbaren Respublica-Rzeczpospolita in den Vordergrund tritt und ab wann sie mit einer affektiven, zukunftsweisenden Bedeutung aufgeladen wird, geraten die ersten Jahrzehnte des 19. Jahrhunderts in den Blick. Aus der Vielfalt der historisch-literarischen Imaginationskonzepte zwischen 1795 und 1825 (d.h. vor der retrospektiven romantischen Kanonbildung) sollen im Folgenden die zwei wohl am stärksten ausgearbeiteten und folgenreichsten analysiert werden, nämlich Jan Paweł Woroniczs Konzept einer nationalen Rettung durch Christentum und Sprache sowie Julian Ursyn Niemcewiczs Überführung historisch-dynastischer Traditionen in ein memorierbares und affektiv aufgeladenes nationales Liedgut, die *Śpiewy historyczne* [Historischen Gesänge]. Insbesondere

---

11 Analytisch dargestellt bei Tomasz Kizwalter, O nowoczesności narodu. Przypadek Polski [Über die Modernität der Nation. Der Fall Polens]. Warszawa 1999, insbesondere Kapitel 6: „Porozbiorowe refleksje o narodzie" [Reflexionen aus der Nachteilungszeit über die Nation], S. 168-210; Andrzej Walicki, Idea narodu w polskiej myśli oświeceniowej [Die Idee der Nation im polnischen aufklärerischen Denken]. Warszawa 2000.

12 Alix Landgrebe, „Wenn es Polen nicht gäbe, dann müßte es erfunden werden." Die Entwicklung des polnischen Nationalbewußtseins im europäischen Kontext von 1830 bis in die 1880er Jahre. Wiesbaden 2003 (Studien der Forschungsstelle Ostmitteleuropa an der Universität Dortmund. 35); vgl. dazu die Rezension von Michael G. Müller in: Historische Zeitschrift 279 (2004), H. 2, S. 496 ff.

13 David Althoen, That Noble Quest. From True Nobility to Enlightened Society in the Polish-Lithuanian Commonwealth 1550–1830. Diss., Unversity of Michigan 2001, S. 215-242; der Autor wertete ein umfangreiches und definiertes Textkorpus für den Zeitraum bis 1830 quantitativ und qualitativ aus.

bei Woronicz ist auch ein theoretisches Konzept entwickelt, wie eine gezielte Beschwörung der Vergangenheit aufgebaut,[14] die gefährdete Erinnerung auch in einer Fragmentpoetik gerettet[15] und inhaltlich besetzt werden sollte: „Wir sollten uns genauer die Polen ausmalen und vorstellen."[16]

Beide Autoren zählen nicht zum kanonischen Bestand romantischer Literatur, sondern entziehen sich in der polnischen Literaturgeschichte einem klassifikatorischen Zugriff und werden vielfach als an der Grenze zwischen Klassizismus und Romantik angesiedelt beschrieben. Ursache sind in beiden Fällen literarische Frühwerke beider Autoren, die ihren festen Platz im Kanon des polnischen Klassizismus besitzen,[17] sowie schwankende und vermittelnde Positionen in den ästhetischen und politischen Auseinandersetzungen der 1820er Jahre. Zuletzt wurde jedoch versucht, beide Autoren nicht lediglich als „Vorromantiker", sondern als erste namhafte Vertreter einer frühen Phase der polnischen Romantik zu interpretieren.[18] Über diesen Einordnungsvorschlag hinaus kann gefragt werden, ob Woronicz und Niemcewicz nicht auch in ihren politischen Konzepten und ihrer Begrifflichkeit zentrale Inhalte polnischer Romantik vermittelten.

Knapp zu den Biografien Woroniczs und Niemcewiczs: Der Geistliche Jan Paweł Woronicz SJ (1757–1829) nahm als Redenschreiber und Publizist am Vierjährigen Reichstag teil, zählte zum intellektuellen Umfeld des Czartoryski-Hofes in Puławy und spielte seit 1800

---

14   „Oto są dwa pierwsze nasiona, które zrodziły poezję: serce czułe, szlachetne i wyniesione; imaginacja żywa, przenikła, obejmująca" [Dies sind die zwei ersten Samenkörner, die die Dichtung gebären: ein zärtliches, edles und aufstrebendes Herz; eine lebendige, durchdringende und alles umfassende Imagination] (Jan Paweł Woronicz, Rozprawa pierwsza o pieśniach narodowych [Erste Erörterung über die nationalen Lieder (1803)], in: Ders., Pisma wybrane [Ausgewählte Schriften], hrsg. v. Małgorzata Nesteruk u. Zofia Rejman. Warszawa 1993, S. 215).

15   „Pamięć nasza uczciwa, głośna w poprzek świata, / Jak skorupa garncarska o kamień stłuczoną" [Unsere aufrichtige Erinnerung, laut vernehmbar gegenüber der Welt, / Wie eine an einem Stein zerschlagene Töpferscherbe] (Jan Paweł Woronicz, Hymn do Boga o dobrodziejstwach opatrzności dla naszego narodu dziejami wyświadczonych [Hymne an Gott über die durch die Geschichte erwiesenen Wohltätigkeiten der Vorsehung für unser Volk], in: Ders., Pisma wybrane [wie Anm. 14], S. 277-283, hier S. 283). Die hier anklingende Dialektik von Fragment und Ganzheit verweist auf Anregungen durch die deutsche Hochromantik (Friedrich Schlegel), die über preußische Beamte in Warschau vermittelt werden konnten, von Woronicz aber nicht offengelegt wurden.

16   „My szczególniej malować i wyobrażać winniśmy Polaków" (Woronicz, Rozprawa pierwsza [wie Anm. 14], S. 232).

17   Jan Paweł Woronicz, Świątynia Sybilli [Das Heiligtum der Sybilla (1800/01)]; Julian Ursyn Niemcewicz, Powrót posła [Die Rückkehr des Gesandten (1791)].

18   „Die Daten 1793–1805/07 als Grenze der ersten Anfangsphase der Romantik in Polen, also zugleich ihres Beginns, werden ebenfalls aus literaturhistorischer Perspektive bestätigt: Das erste [Datum] markiert die Entstehung der Elegie Wiosna [Frühling] von Julian Ursyn Niemcewicz, (...) das zweite ist gleichbedeutend mit der öffentlichen Deklamation des letzten bedeutenden Werks, das zur Nachteilungsliteratur gehört, nämlich der Hymne an Gott von Jan Paweł Woronicz. (...) Die Verortung der Ursprünge und ersten Anzeichen der Romantik schon am Ende des 18. und zu Beginn des 19. Jahrhunderts verringert nicht die historische Bedeutung der Wandlungen, die in der polnischen Dichtung mit dem Erscheinen von Adam Mickiewicz in den Jahren 1822–1823 einsetzten, und schon gar nicht schließt sie diese aus. (...) Damit stellt sie also die sichtbare Kontinuität thematischer Motive und Gedankenstränge dar, die zuerst eben in der Dichtung der Nachteilungszeit in den Jahren 1793–1805/07 in Erscheinung traten." (Żbikowski, ...bólem [wie Anm. 9], S. 7 f.).

als einer der wichtigsten Beiträger und Redner der Warschauer „Gesellschaft der Freunde der Wissenschaften" [Towarzystwo Przyjaciół Nauk] eine wachsende Rolle im geistigen Leben Warschaus. Woronicz machte in Warschau als Dekan des dortigen Domkapitels eine geistliche Karriere, trat seit 1807 als Redner u.a. auf dem Sejm des Herzogtums Warschau hervor und wurde 1815 zum Bischof von Krakau und 1827 zum Erzbischof von Warschau und polnischen Primas ernannt. In letzterer Eigenschaft krönte er 1829 Zar Nikolaus I. zum polnischen König – ein symbolischer und rückblickend kontrovers beurteilter Vorgang.[19]

Julian Ursyn Niemcewicz (1758–1841) zählte als Landbote auf dem Vierjährigen Reichstag zu den am häufigsten auftretenden Akteuren; nach der Teilnahme am Kościuszko-Aufstand, zuletzt als dessen Adjutant, verbrachte er zwei Jahre in russischer Gefangenschaft und emigrierte 1797 in die Vereinigten Staaten (1797–1802, 1804–1807). Nach der Rückkehr nach Polen nahm er in verschiedenen Ämtern am politischen und insbesondere publizistisch-literarischen Leben des Herzogtums Warschau und Königreichs Polen teil. Noch als alter Mann ließ er sich nach anfänglichem Zögern von den Aufständischen 1830/31 in das Exekutivdirektorium wählen und emigrierte 1831 nach Westeuropa. Als letzter Vorsitzender der Warschauer „Gesellschaft der Freunde der Wissenschaften" und Vorsitzender der Historischen Abteilung der „Literarischen Gesellschaft" [Towarzystwo Literackie] in Paris (1836–1841), ein Amt, in dem ihm Adam Mickiewicz nachfolgte, prägte er die kulturell-politischen Eliten Polens und des Exils.[20]

Gemeinsam ist Woronicz und Niemcewicz, dass sie zu der Generation zählten, die als letzte an den Austragsmechanismen und Vermittlungsforen älterer polnischer Staatlichkeit bewusst und handelnd teilnahm und dieses Wissen den polnischen Eliten der ersten Hälfte des 19. Jahrhunderts weitergeben konnte. Zugleich besaßen beide umfangreiche Kenntnisse über die Funktion und das Selbstverständnis des polnisch-litauischen Staatswesens, sei es aus der Perspektive des gebildeten mittleren Adels (Niemcewicz), sei es aus dem Blickwinkel der Ordensgeistlichkeit und des höheren Klerus.

Gefragt werden soll im Folgenden, welche Bilder der polnischen Vergangenheit von Woronicz und Niemcewicz entworfen wurden. Dominierten traditionale Vorstellungen polnischer Staatlichkeit (Vaterländer und Respublica) oder wurden – in welchem Umfang und auf welchen Wegen? – neue Konzepte entwickelt? Welche Erinnerungskonstruktionen werden von beiden vertreten, welche Konstruktionen von „Vaterland" und „Nation" entworfen? Welches Verhältnis wird implizit und explizit gegenüber den neuen Staatsstrukturen aufgebaut? Inwieweit kann hier von Traditionsbruch und Übergangszeit gesprochen werden?

2. Imaginationskonzepte bei Jan Paweł Woronicz

Woronicz hielt 1803–1807 in der „Gesellschaft der Freunde der Wissenschaften" vier öffentliche Vorträge über polnische Erinnerung und nationale Epen,[21] in denen er das Projekt

---

19 Biografie: Zofia Rejman, Jan Paweł Woronicz, poeta i kapłan [Jan Paweł Woronicz, Dichter und Priester]. Chomotów 1993.

20 Andrzej Wierzbicki, Historiografia polska doby romantyzmu [Die polnische Historiografie der Romantik]. Wrocław 1999, S. 55-61.

21 Woronicz, Pisma wybrane (wie Anm. 14), S. 211-269. Die ersten beiden Vorträge (davon der zweite in gekürzter Form) wurden im „Rocznik Towarzystwa Warszawskiego Przyjaciół Nauk" [Jahrbuch der Gesellschaft der Freunde der Wissenschaften], Bd. 2 (1803) und 6 (1805) publiziert.

eines „nationalen Liederbuchs" (pieśnioksiąg narodowy) lancierte, in dem analog zu den biblischen Psalmenwerken die polnische Geschichte und Erinnerung in nuce enthalten sein sollte. Für dieses Erinnerungswerk, das vom Ideengeber selbst als eine sakral-nationale Herausforderung aufgefasst wurde, verfasste Woronicz in diesem Zeitraum einzelne Teile, die jedoch Fragment blieben. Dieses Konzept war an sich nicht neu, es wurde bereits von katholischen Barockautoren wie Wespazjan Kochowski entwickelt und ausgeführt.[22]

In seinen programmatischen Reden, die vor 1825 nur teilweise und in niedrigen Auflagen gedruckt wurden, zeichnete Woronicz die Zielsetzung dieses nationalen Erinnerungswerkes nach: Es sollte – eine wichtige Abweichung gegenüber älteren Vorlagen – für die slawisch-sprachige Welt in einfacher polnischer Sprache das religiöse, moralische und historische „Erbe der Vorfahren" sowie die wichtigsten „nationalen Taten" überliefern:

> „Werfen wir also einen zärtlichen und nicht gleichgültigen Blick auf diesen Ameisenhau-fen von Menschen in den slawischen Ländern, die mit einer Sprache sprechen, machen wir in ihren Herzen das Erbe unserer Vorfahren, die Regeln der reinen Religion und Moral dauerhaft, verewigen wir in ihren Mündern die wichtigsten nationalen Taten, ver-ankern wir die Hochachtung und die Liebe gegenüber der gemeinsamen Abstammung, sichern wir dies alles mit einem dauerhafteren Wall als Mauern und Erz und stellen es auf einfache und kurze, in jedes Herz und jeden Verstand eindringende Weise vor (...). Zu diesem Ziel wurde der Beschluss gefasst, ein umfangreiches genaues und rei-ches Liederbuch unserer Sprache einzurichten, in dem alles in Liedern und Gesängen gesammelt wird, was einen Christen, Menschen und Polen angehen kann."[23]

Woronicz selbst suchte einen Kanon dieses Erbes festzulegen, wobei er der älteren Geschich-te und den Anfängen der polnischen Geschichte besondere Aufmerksamkeit widmete.[24]

Drei Aspekte fallen in diesem Geschichtsentwurf besonders ins Auge. Erstens wird – für einen katholischen Geistlichen nahe liegend, aber angesichts der Bedeutung aufgeklärten

---

Vgl. auch Andrzej Feliks Grabski, Myśl historyczna polskiego Oświecenia [Das historische Denken der polnischen Aufklärung]. Warszawa 1976, S. 429-459.

22 Hans-Jürgen Bömelburg, Frühneuzeitliche Nationen im östlichen Europa. Das polnische Ge-schichtsdenken und die Reichweite einer humanistischen Nationalgeschichte. Wiesbaden 2006 (Veröffentlichungen des Nordost-Instituts. 4), S. 281-286, 317 ff.

23 „Zwrócić więc czułe i nieobojętne oko na te mrowiska ludów po przestrzeni krajów sławiańskich, jednym językiem przemawiających, utrwalić w ich sercu przekazane dziedzictwem od przodków naszych prawidła czystej religii i moralności, uwiecznić w ich ustach ważniejsze czyny narodowe, a następnie szacunek i miłość wspólnego gniazda zaplenić, obwarować to wszystko trwadszym od muru i spiży ostępem, dokazać tego sposobem łatwym, krótkim, do każdego serca i pojęcia przypadającym (...). W tym celu postanowiło ułożyć stopniami obszerny, dokładny i zamożny pieśnioksiąg języka naszego, w którym zgromadziwszy to wszystko w pieśniach i śpiewach, co tylko chrześcijanina, człowieka i Polaka obchodzić może" (Woronicz, Rozprawa pierwsza [wie Anm. 14], S. 218 f.).

24 „Wreszcie skłonność odwieczna wszystkich narodów do szukania najdalszych swoich początków nie jest próżna i bezużyteczna. Wypływa ona z natury i jestestwa człowieka" [Die ewige Nei-gung aller Nationen zu einer Suche ihrer frühesten Anfänge ist nicht vergeblich und sinnlos. Sie entspringt aus der Natur und dem Sein des Menschen] (Jan Paweł Woronicz, Rozprawa dru-ga o pieśniach narodowych [Zweite Abhandlung über nationale Lieder [1803], in: Ders., Pisma wybrane (wie Anm. 14), S. 259).

Denkens im polnischen Klerus nicht selbstverständlich – der katholischen Konfession eine dominante Rolle zugeschrieben. Allein der Katholizismus und ein in mystische Begriffe gefasstes unauflösliches Bündnis mit der göttlichen Vorsehung sichere der Nation ihr Bestehen.[25] Historisch habe der polnische Staat eine antemurale-Rolle erfüllt – diese Vorstellung des 17. Jahrhunderts wird von Woronicz wiederbelebt. Nur der Katholizismus als „vaterländische Religion" könne den Erhalt der Nation sicherstellen – zugleich komme ihm eine prägende Rolle für die Ausformung der polnischen Staatlichkeit zu.[26] Diese Gedankengänge können als Bewahrung frühneuzeitlich systematisch entwickelter Nationskonstruktionen aufgefasst werden.[27]

Zweitens wird der polnischen Sprache eine herausgehobene Rolle zugewiesen: In den öffentlichen Vorträgen 1803–1806 entwickelt Woronicz die Vorstellung,[28] nur durch sie könne „auf den Lippen des ganzen Volkes und seiner zukünftigen Generationen die Erinnerung an Euer Geschlecht erhalten werden".[29] Die Sprache wird dabei als „lebendes nationales Denkmal" aufgefasst,[30] nur das Volk sterbe auf Dauer, das mit seiner Sprache, seinen (moralischen) Sitten und seiner Geschichte seinen Volksgeist nicht retten, bewahren und deshalb seine Vergangenheit und seine edlen Gefühle nicht mehr in seiner Sprache wiedergeben

---

25 „Lecz niestety, musiała już wtedy między górną a dolną sferą poróżnienia się naszego zawiązać jaka przyczyna: chcieliśmy podobno obejść się bez przymierza z tym wysokim Panem, bez którego ojcowie nasi nic nie zaczynali ani siłom i rozumom swoim ufali. (...) Zniknęło wszystko." [Aber leider musste sich bereits damals eine Ursache unserer Entzweiung zwischen der höheren und der unteren Schicht herausbilden: Wir wollten vermeintlich ohne Bund mit dem höchsten Herren, ohne den unsere Väter nichts unternahmen und weder der eigenen Kraft noch der eigenen Vernunft vertrauten, auskommen. (...) Alles dies verschwand.] (Jan Paweł Woronicz, Kazanie przy pierwszym otwarciu Sejmu Głównego Księstwa Warszawskiego [Predigt zur ersten Eröffnung des Hauptsejms des Herzogtums Warschau (10.3.1809)], in: Ders., Pisma wybrane [wie Anm. 14], S. 439).

26 Vgl. dessen Rede von 1818 vor dem Sejm des Königreichs Polen anlässlich des Projektes eines neuen Eherechts: „Im Voraus lasse ich den ersten Prinzipien dieses Projekts, das die bisher durch Scheidungen gefährdete Ruhe unserer Familien restituierte und eine unsere nationale Religiosität verletzende Ansicht beseitigte. (...) Wenn dieses Projekt jedoch für ein Volk vorbereitet ist, für das die Religion der Vorväter keinerlei Reformen und Wandlungen in den Dogmen und der Lehre untersteht; wenn diese Religion als kardinaler Punkt der Verfassung (...) anerkannt ist (...) gehört es sich, dass alle Keime des Widerspruchs beseitigt werden, welche das Gewissen des rechten Katholiken bedrücken sowie die Diener der Religion in eine quälende Lage zwischen der Lehre der Kirche und dem Zivilgesetz bringen können"; zit. nach: Martyna Deszczyńska, „Historia sacra" i dzieje narodowe. Refleksja historyczna lat 1795–1830 nad rolą religii i Kościoła w przeszłości Polski [„Heilige Geschichte" und Nationalgeschichte. Die historische Reflexion der Jahre 1795–1830 über die Rolle der Religion und der Kirche in der polnischen Vergangenheit]. Warszawa 2003, S. 92.

27 Bömelburg, Frühneuzeitliche Nationen (wie Anm. 22), S. 286-303.

28 Vgl. auch die Definition der Aufgaben der Gesellschaft in Woroniczs erster Rede: „Towarzystwo nasze, w utrzymywaniu przez nauki języka narodowego, tej to ostatniej i niezatartej cechy rodu naszego" [Unsere Gesellschaft, in dem Erhalt der Nationalsprache durch die Wissenschaft, dieses letzten und unverwischbaren Zeichens unseres Geschlechts] (Woronicz, Rozprawa pierwsza [wie Anm. 14], S. 213).

29 „(...) który by w ustach całego ludu i przyszłych jego pokoleń, uwieczniając z językiem rodowitym pamięć rodu waszego" (Woronicz, Rozprawa druga [wie Anm. 24], S. 240).

30 „(...) język nasz, nawet religijny, ma być żyjącym pomnikiem narodowym" (ebenda, S. 247).

könne.[31] In seiner umfangreichen öffentlichen Predigttätigkeit kehrte Woronicz wiederholt zu diesen Thesen zurück – etwa aus Anlass der Eröffnung des Sejms des Herzogtums Warschau, wo weniger Sejm und Verfassung genannt werden, sondern – in der pathetischen Beschwörung der staatenlosen Zeit seit 1795 – der Erhalt der Sprache als nationales Erinnerungsmedium beschworen wird:[32] Nur die Sprache könne das neue Werk des Staatsaufbaus durch ihre geheimnisvollen Kräfte befruchten.[33] In ihr seien die besondere Beziehung der Nation zu Gott, die spezifischen Sitten und die polnische Geschichte aufbewahrt.[34]

Diese Sakralisierung und Mystifizierung der polnischen Sprache und Geschichte – in Sprache gefasste nationale Erinnerung wird als etwas Heiliges angesehen – durchziehen die öffentlichen Reden und politischen Predigten Woroniczs seit 1800. Diese Akzentuierung ist bemerkenswert, denn die Hervorhebung der Sprache als konstitutives nationales Erkennungsmerkmal besitzt in der frühneuzeitlichen polnischen Traditionsbildung keine Vorbilder.

---

31 „(...) ten tylko naród wiecznie umiera, który ducha narodowości swojej ocalić nie umie i czym był, ani szlachetnie uczuć, ani drugim dostojnie opowiedzieć nie zdoła" (Jan Paweł Woronicz, Głos poprzedzający odczytanie drugiej części poematu „Lechiady" [Rede vor der Lesung des zweiten Teils des Epos „Lechiada", 1807], in: Ders., Pisma wybrane [wie Anm. 14], S. 271).

32 „Wspomnijcie, czym przed trzydziestkiem miesięcy byliście! Błędnymi w ojczyźnie własnej bez języka wędrowcami, wzgardzonymi na ojczystej ziemi (...). Roniliście łzy w ponurych zaciszach domowych nad zgasłą pamięci waszej przeszłością (...). Nie sama więc kraina stanowi ojczyznę. Widzialna ta i ulubiona jej posada jest świętym przybytkiem tej wyższej i duchowej istności, która się w duchu i języku narodowym na całą jednorodną familią rozlewa." [Erinnert Euch daran, wer Ihr vor 30 Monaten wart! Im eigenen Vaterland ohne Sprache herumirrende Wanderer, verachtet auf der vaterländischen Erde (...). Ihr vergosset Tränen in der düsteren häuslichen Enge über die verloschene Erinnerung Eurer Vergangenheit (...). Nicht das Land an sich bildet das Vaterland. Seine sichtbaren und geliebten Gegenstände sind ein heiliges Überbleibsel des höheren und geistigen Seins, das sich im Nationalgeist und in der Nationalsprache auf die ganze gleichartige Familie ergießt.] (Jan Paweł Woronicz, Kazanie przy pierwszym otwarciu Sejmu Głównego Księstwa Warszawskiego [Predigt zur ersten Eröffnung des Hauptsejms des Herzogtums Warschau (10.3.1809)], in: Ders., Pisma wybrane [wie Anm. 14], S. 423 f.).

33 „Miejcie rozum i pobaczenie, aby ten język do reszty między wami nie zginął (...) ten język na koniec, który jeden jest w stanie natchnąć czarodziejskie posłuszeństwo owym cegiełkom, w kształcie i naturze równym, aby dla wzniesienia nowej budowy jedne się z nich w rozkopanych wnętrznościach ziemi zagrzebły i cały ogrom ciężaru dźwigały (...). Chcecież, aby trwałą i nieporuszoną była? Obwarujcie wprzódy jej grunt i posadę [Habt Verstand und Aufmerksamkeit, damit diese Sprache nicht zwischen Euch gänzlich untergeht (...) diese Sprache endlich, die allein im Stande ist, jenen in Gestalt und Natur gleichen Ziegeln die geheimnisvolle Gehorsamkeit einzuhauchen, damit sie zur Errichtung eines neuen Bauwerks im aufgerissenen Inneren der Erde versinken und die ganze Last des Gewichts tragen (...). Ihr wollt, dass dies Bauwerk dauerhaft und unberührt bleibt? Sichert vorab seine Fundamente und seinen Besitz] (ebenda, S. 430 f.).

34 „Cóż jest droższego wolnemu człowiekowi, jak być niepodległym swego czucia i przekonania tłumaczem? (...) Odzyskaliście w macierzystym języku pewne i stałe prawidła, na których wszystkie wasze cywilne związki polegają. Nie potrzebujecie już obcych i przepłatnych tłumaczów, aby i rzecznika, i sędziego, i prawo zrozumieć." [Was kann einem freien Menschen teurer sein, als ein unabhängiger Übersetzer seiner Gefühle und Überzeugungen zu sein? (...) Ihr habt in Eurer Muttersprache gewisse und dauerhafte Normen gewonnen, auf denen alle Eure zivilen Verbindungen beruhen. Ihr braucht schon keine fremden und bezahlten Übersetzer mehr, um Verteidiger, Richter und Recht zu verstehen.] (ebenda, S. 431 ff.).

Schließlich sollte drittens das anzustrebende nationale Erinnerungswerk in Form eines Liederbuches von einfachen und verständlichen Liedern bestimmt werden, die „jeder Bauer und Handwerker, ohne lange Mühen und Suchen, allein nach dem Gehör lernen und mit seinen Kindern bei der Arbeit singen kann".[35] Diese angestrebte Volkstümlichkeit, die Suche nach einfachen Inhalten, Rhythmen und Mustern, rückt Woronicz entschieden in den Vordergrund. Auch das dahinter stehende Motiv wird von ihm benannt: Im Unterschied zu Bibliotheken und den Werken der Eliten könne das, was in der mündlichen Überlieferung der Generationen präsent sei, nicht durch „Feuer und Waffen" vernichtet werden.[36]

Sichtbar wird bei Woronicz ein theoretisches nationales Erinnerungskonzept, das in seinen Akzenten (Katholizität, Sprachnationalismus und Ständegrenzen überschreitende Volkstümlichkeit) für das 19. Jahrhundert modern wirkt und ein konkretes Ziel verfolgt: die Rettung der polnischen Nation durch Glauben, Literatur und mündliche Sprache. Die Elemente Sprache und Volkstümlichkeit wichen von den älteren Vorbildern polnischer Nationskonstruktion deutlich ab.

In seinem nur in Bruchstücken vollendeten eigenen literarischen Werk suchte Woronicz dieses Erinnerungskonzept umzusetzen. Programmatische Bedeutung besitzt der Aufbau des „nationalen Liederbuchs": Auf eine Anrufung, in der in barocker Topik, aber in hymnischer Form die Wohltaten der göttlichen Vorsehung für die polnische Nation beschrieben wurden,[37] folgen die traditionelle biblische Ableitung der sarmatischen Nation und die Beschreibung der Anfänge des polnischen Volkes unter Lech. Nur als Entwurfsskizze erhalten ist eine *Jagiellonida* [Jagiellonida], die als Heldenepos die Ereignisse der Jahre 1386–1422 (u.a. die als „Angliederung" Litauens aufgefasste Personalunion Litauens mit Polen und die Schlacht bei Grunwald-Tannenberg) verkürzt auf einen Handlungsraum von einem Jahr verherrlichen sollte.[38] Insbesondere in dem Entwurf sind Inhalte eines nationa-

---

35 „(...) każdy rolnik i rzemieślnik, bez długiego mozołu i szperania, ze słuchu samego nauczyć się i one z dziećmi swymi przy pracy wyśpiewać może" (Woronicz, Rozprawa druga [wie Anm. 24], S. 260; herausgehoben am Ende der zweiten Rede). Vgl. auch ebenda, S. 244 f.: „Dzieło mające być żywą księgarnią w ustach wszystlich ludzi językiem naszym przemawiających nie może mieć postaci ogromnością swoją zrażającej, trudnej do nabycia, a trudniejszej jeszcze do pojęcia i użytku wszystkich, ale przeciwnie, pociągać powinno przetrawionym zbiorem i, że tak powiem, wyciskiem tych wszystkich nasion (...). A że we wszystkim mamy przemawiać językiem ojców naszych, więc i tu żadna nowość i wytworność rozumu ich niegodna miejsca mieć nie może." [Ein Werk, das als lebendige Bibliothek im Mund aller Menschen, die unsere Sprache sprechen, sein soll, darf nicht eine Gestalt aufweisen, die durch ihr gigantisches Ausmaß entmutigt, schwierig zu erwerben und noch schwieriger für das Verständnis und den Gebrauch aller ist, sondern muss im Gegenteil als vollendete Sammlung und sozusagen als Spross all dieser Keime mitreißen (...) Und in allem müssen wir mit der Sprache unserer Väter sprechen, also auch hier ist für keine Innovation oder Manieriertheit der Vernunft, die ihrer unwürdig wäre, Platz].
36 „Więc to pewniejszym, co w ustach niewygubnych pokoleń nie boi się pożaru i oręża" (Woronicz, Rozprawa pierwsza [wie Anm. 14], S. 236).
37 Woronicz, Hymn do Boga (wie Anm. 15), S. 277-283.
38 Folgende Fragmente sind erhalten und wurden publiziert: Jan Paweł Woronicz, Assarmot, syn Jektana, praprawnuk Sema, praszczur Noego, narodów sarmackich patriarcha, przyszłym pokoleniom w duchu wieszczym błogosławi [Asarmoth, der Sohn Jektans, der Urenkel Sems, ein Nachkomme Noahs, Stammvater der sarmatischen Völker, segnet die nachkommenden Generationen in prophetischem Geiste] [Erstdruck 1805], in: Woronicz, Pisma wybrane (wie Anm. 14), S. 284-287; ders., Lech. Poema historyczne w trzech pieśniach [Lech. Historisches Epos in drei Gesängen],

len polnischen Geschichtsbildes unübersehbar: So die Wendung gegen ein als unchristlich aufgefasstes Erbe des Großfürstentums Litauen (die Litauer fliehen vor Grunwald, während der Hl. Stanisław die Polen zum Siege führt) und die Exklusion des geistlichen Deutschen Ordens als „deutsche" Einrichtung,[39] ein frühneuzeitlich nur schwach belegtes Konstrukt. Die Entstehungszeit der Skizze ist unklar (nach 1806, bis 1828);[40] eine Veröffentlichung von Fragmenten erfolgte erst 1883. Zugleich regte Woronicz durch seine in literarischen Kreisen bekannte Tätigkeit andere Autoren zur Beschäftigung mit dem Motiv an.[41]

Auch für andere Schlüsseltexte und Ikonen des polnischen Geschichtsverständnisses im 19. Jahrhundert besitzt Woroniczs literarisches und rhetorisches Werk zentrale Bedeutung. Aufgezeigt werden kann dies beispielsweise anhand der Geschichte der Wiederentdeckung der „Sejmpredigten" von Piotr Skarga und der Neubewertung der Persönlichkeit des Jesuiten und Hofpredigers. Die erste selbständige Ausgabe der „Sejmpredigten" erschien 1792 – im Jahre der Zweiten Teilung Polen-Litauens –, herausgegeben von den Warschauer Piaristen. Im Vorwort wurde Skarga zu einem „prophetischen Seher" erhoben,[42] in dessen Predigten die „vaterländische Sprache" erhalten sei.[43] Woronicz griff dieses Bild Skargas auf und baute es aus: „Unser Skarga" könne als sprachliches Vorbild dienen,[44] zugleich habe er prophetisch ein Bild der (konfessionellen) Ursachen des polnischen Niedergangs gezeichnet.[45]

---

in: Ebenda, S. 288-313 [vorgetragen im TWPN 1807, Erstdruck 1832]; ders., Jagiellonida, in: Ebenda, S. 319-338 [handschriftliches Konzept, Erstdruck 1993].

39 Vgl. die Entwurfsskizze: „Litwa ucieka, Smoleńszczanie placu dotrzymują – Różne wypadki tego zamieszania – Pokazanie się na obłokach św. Stanisława – Zapał nowe do bitwy – Przełamanie Niemców" [Litauen flieht, die Smolensker halten das Feld – verschiedene Ereignisse in der Verwirrung – die Erscheinung des Hl. Stanisław am Himmelsgewölbe – neuer Eifer zum Kampf – die Niederlage der Deutschen] (Woronicz, Jagiellonida [wie Anm. 38], S. 333).

40 Vgl. dazu den Kommentar von Małgorzata Nesteruk und Zofia Rejman, in: Woronicz, Pisma wybrane (wie Anm. 14), S. 705 ff.

41 Insbesondere Dyzma Bończa Tomaszewski, Jagiellonida, czyli Zjednoczenie Litwy z Polską [Jagiellonida, die Vereinigung Litauens mit Polen, 1817].

42 „(...) wieszczym prawie tchną duchem, choć bowiem dwoma wiekami od nas oddalone, służą przecież każdemu czasowi i wszelkim okolicznościom" (Kazania sejmowe X. Piotra Skargi S.J. w obecności Zygmunta III miane [Predigten vor dem Sejm von Piotr Skarga SJ in Gegenwart Zygmunts III.]. Warszawa 1792, k. A2-A2v.).

43 „(...) w kazaniach tych dochowane jest skarb ojczystego języka i ów wzór prawdziwej wymowy, jaka się każdego wiekowi podoba" (ebenda, k. A2).

44 „(...) czystość języka (...) jak gdyby z ust starego naszego Skargi wyjęta" [die Reinheit der Sprache (...) wie den Lippen unseres alten Skarga entsprungen] (Woronicz, Rozprawa druga [wie Anm. 24], S. 242 f.).

45 „Półtrzeciasta lat dobiega, jak w tych samych murach sędziwy i wymowny nasz Skarga zwoływanym na sejmy ojcom waszym (...) zapowiadał to wszystko, co się za dni naszych na obecnym pokoleniu ziściło." [Vor zweieinhalb Jahrhunderten, redete in diesen Gemächern unser altehrwürdiger und beredsamer Skarga, herbeigerufen zum Sejm Euren Vätern (...) ins Gewissen und verkündete das, was sich zu unseren Tagen an der gegenwärtigen Generation rächte], in: Jan Paweł Woronicz, Kazanie przy pierwszym otwarciu Sejmu Głównego Księstwa Warszawskiego [Predigt zur Eröffnung des Hauptsejms des Herzogtums Warschau] [10.3.1809] (Ders., Pisma wybrane [wie Anm. 14], S. 422). Vgl. auch: „Te groźby Boże (...) później roztrąbiał po świątyniach tutejszych Bogiem natchniony Skarga" [Diese Drohungen Gottes (...) verkündigte der von Gott beseelte Skarga, in den hiesigen Heiligtümern] (Ders., Przemowa przy spuszczaniu do grobu śmiertelnych zwłoków śp. Józefa księcia Poniatowskiego [Rede bei der Grablegung der Gebeine

Woroniczs herausgehobener Verweis auf die Bedeutung Skargas als Philosoph und Seher[46] wird später von Mickiewicz kanonisiert.[47] Skarga wird so zum Archetyp des romantischen Propheten und Sehers.

Neben solchen modernistisch gewendeten Interpretationen älterer Autoren stehen auch traditionale Elemente des frühneuzeitlichen polnischen Geschichtsbildes: In seinen Reden und Werken berief sich Woronicz zustimmend auf die kanonischen Autoren des polnischen Humanismus (Marcin Kromer, Stanisław Sarnicki[48]), in der frühen Neuzeit überlieferte Fälschungen (Berosus[49]) und konstruierte in Anknüpfung an den biblischen Pentateuch und den Bund mit dem Volk Israel einen „polnischen Bund" (ähnlich in der zweiten Hälfte des 17. Jahrhunderts bei Wespazjan Kochowski oder Jan Białobłocki). Dieser gelte für einen als autogen aufgefassten sarmatischen Geschichtsraum, der von der oberen Elbe bis zum Don und zur Wolga reiche und in dem ausschließlich sarmatisch-polnische staatsbildende Kräfte tätig

---

des sel. Fürsten Józef Poniatowski, 23.7.1817], in: Ders., Pisma wybrane [wie Anm. 14], S. 496). Die sog. „Sejmpredigten" Skargas wurden niemals im Sejm gehalten.

46 „Chceszli zostać dobrym kaznodzieją? – czytaj Skargę; filozofem – czytaj Skargę; politykiem? – czytaj Skargę; chrześcijaninem? – czytaj Skargę. Skarga prawdziwie jest wszystkim i dla wszystkich" [Du willst ein guter Prediger sein – lies Skarga; ein Philosoph? – lies Skarga; ein Politiker? – lies Skarga; ein Christ? – lies Skarga. Skarga verkörpert all dieses für Alle] (Jan Paweł Woronicz, zit. nach Mirosław Korolko, O prozie „Kazań sejmowych" Piotra Skargi [Über die Prosa der „Sejmpredigten" von Piotr Skarga]. Warszawa 1971, S. 9 f.).

47 „Skarga nie jest przedstawicielem jednego stronnictwa ani jednej epoki; ogarnia on sobą cały kraj, cały naród z jego przeszłością, teraźniejszością, a nawet przyszłością (...) przepowiada przyszłość Polski. Jest w swych kazaniach mówcą, politykiem, kapłanem i prorokiem" [Skarga ist nicht der Vertreter einer Strömung oder einer Epoche, er erfasst in sich das ganze Land, die ganze Nation mit ihrer Vergangenheit, Gegenwart und sogar Zukunft (...) er weissagt die Zukunft Polens. Er ist in seinen Predigten Redner, Politiker, Priester und Prophet] (Adam Mickiewicz, Literatura słowiańska, wykład XL [Slavische Literatur. Vorlesung XL], in: Ders., Dzieła [Werke]. T. 11, Warszawa 1955, S. 208, 210).

48 Woronicz, Pisma wybrane (wie Anm. 14), S. 263 f. Besonders in den Vordergrund gerückt wird der angeblich nationale Auftrag an Sarnicki: „Nie byli obojętnymi ojcowie nasi na to sąsiednie ludokradztwo, a nie przestając na starych naszych kronikarzach (...) obowiązali zleceniem sejmowym Stanisława Sarnickiego (...)" [Unsere Väter waren nicht gleichgültig gegenüber der Ausbeutung des Volkes und, nicht bei den alten Chronisten stehen bleibend (...) verpflichteten sie im Auftrag des Sejms Stanisława Sarnicki]. An die reformierte Konfession Sarnickis wurde dabei nicht erinnert. Hervorgehoben wurde auch „Pomorczyk nasz Krzysztof Hartknoch" (S. 264), wobei hier insbesondere die Umgehung des Preußenbegriffs auffällig ist. Ähnlich wird an anderer Stelle auch Mrongowiusz charakterisiert: „Znalazł się przecie jeden w stolicy Pomorza gorliwy ludu i języka polskiego nauczyciel, Krzysztof Celestyn Mrongowiusz, który (...) zgromadził starożytne pieśni religijne (...) i one ochotnym nakładem obywatelów pomorskich w roku zaprzeszłym w Gdańsku przedrukował" [Es fand sich schließlich einer aus der Hauptstadt Pommerns, ein Freund des Volkes und Lehrer der polnischen Sprache, namens Krzysztof Celestyn Mrongowiusz, (...) der alte religiöse Lieder sammelte (...) und diese mit großzügiger Unterstützung der Bürger Pommerns im vorletzten Jahr in Danzig veröffentlichte] (Ders., Rozprawa druga [wie Anm. 24], S. 242). Diese Ausgrenzung Preußens wurde erst infolge der Verengung des Preußenbegriffs in der Teilungszeit möglich.

49 Woronicz, Pisma wybrane (wie Anm. 14), S. 257 f. Zwar habe Annius von Viterbo die Zeugnisse des Berosus verfälscht, doch sei bewiesen, dass von letzterem die authentische Nachricht über eine skytisch-sarmatisch-polnische Herrschaft bis an den Rhein der Nachwelt übermittelt worden sei.

seien.[50] Deutlich erkennbar sind hier die Ingredienzien des traditionalen frühneuzeitlichen polnischen Geschichtsbildes.

Dieses wird nun allerdings bei Woronicz mit einem prophetisch-geschichtspolitischen Gestus aufgeladen. Bereits 1801 wird die Wiedergeburt Polens in veränderter Gestalt angekündigt.[51] Da alle politischen Ereignisse als göttliche Heilsgeschichte interpretiert werden, liegt insbesondere die bereits frühneuzeitlich bekannte Parallele zwischen dem biblischen „Volk Israel" und der polnischen Nation nahe: Auch das polnische Volk werde nach einer Zeit des selbstverschuldeten Leidens infolge der dann stattfindenden Umkehr und im festen Glauben an Gott auferstehen.[52] Gegenwärtig lebe man in einer Zeit der Verbannung.[53] Dieser voluntaristische Zug bot gerade für romantische Interpretationen zahlreiche Anknüpfungspunkte.

Hinzu treten auf der motivischen Ebene Visionen und Geistererscheinungen,[54] die als weit reichende Symbole[55] ausgelegt werden. Wiederholt klingt das Motiv des Rächers an, der aus den Knochen der Märtyrer der nationalen Sache auferstehe.[56] Sogar die Vorstellung

---

50 „(...) czynach narodowych, których od źródeł Elby aż do brzegów Wołgi i Donu szukać potrzeba" [nationale Taten, die man von den Quellen der Elbe bis zu den Ufern der Wolga und des Don suchen muss], in: Ebenda, S. 236.

51 „Nie zagrzebie waszego rodu ta mogiła! Troja na to upadła, aby Rzym zrodziła!" [Dieser Grabhügel begräbt nicht euer Geschlecht! Troja ging unter, damit Rom geboren wurde] (Jan Paweł Woronicz, Świątynia Sybilli [Das Heiligtum der Sybilla], in: Ders., Pisma wybrane [wie Anm. 14], S. 210).

52 „Los nasz być musi płodem własnej winy. / Łzy nasze są świadkami błędu i poprawy, / A Ty patrzeć nie możesz na łez ludzkich zdroje / Ni się wyprzesz Twych dzieci, rodzicu łaskawy! / Cóż Ci zostaje? Wyrzeć dawne słowa Twoje: / ‚Kości spróchniały, powstańcie z mogiły, / Przywdziejcie ducha i ciało, i siły!'" [Unser Schicksal ist die Frucht unserer Schuld. / Unsere Tränen sind die Zeugen der Fehler und der Besserung / Und Du kannst nicht auf die Quellen menschlicher Tränen schauen / Verleugne nicht Deine Kinder, gnädiger Vater! / Was bleibt Dir übrig? Sage Deine alten Worte: ‚Zerfallene Knochen, steht aus den Gräbern auf / legt euren Geist, euren Körper und eure Kräfte wieder an!'] (Woronicz, Hymn do Boga [wie Anm. 15], S. 283; herausgehoben am Schluss des Werkes). Am Ende des Werkes beruft sich Woronicz auf die Vision des Propheten Ezechiel, in dem die Totengebeine des Volkes Israel wiederbelebt werden.

53 Überhöht gefasst in die Geschichte der Verbannung des Volkes Israel und beschworen im Bild des Psalms „Super flumina Babylonis", vgl. Woronicz, Rozprawa pierwsza (wie Anm. 14), S. 228 f. Zur Geschichte des Motivs siehe Czesław Zgorzelski, Dzieje psalmu „Super flumina Babylonis" w poezji XIX wieku [Geschichte des Psalms „Super flumina Babylonis" in der Dichtung des 19. Jahrhunderts], in: Ders., Zarysy i szkice literackie [Abriss und literarische Skizzen]. Warszawa 1988, S. 55-77.

54 Jan Paweł Woronicz, Zjawienie Emilki [Die Erscheinung Emilkas], in: Ders., Pisma wybrane (wie Anm. 14), S. 122-139.

55 Ebenda, S. 139 taucht ein geheimnisvoller Pilger auf: „Więc i pielgrzym czterykroć w szaty przestrajany, / Prawym okiem i lewym od różnych widziany, / Zjawił się przy zamierzchłej świętych ślubów górze, / Spełnił śluby, sam wylenił w odmłodniałej skórze" [Der Pilger vierfach in Gewänder gehüllt / Mit dem rechten und dem linken Auge von mehreren gesehen, / tauchte am uralten Berg der heiligen Gelübde auf / erfüllte das Gelöbnis, verwandelte sich selbst in verjüngter Gestalt]. Vgl. auch A. Drogoszewski, Interpretacja „Zjawienia Emilki" a mesjanizm Woronicza [Die Interpretation der „Erscheinung der Emilka" und der Messianismus Woroniczs], in: Pamiętnik Literacki (1947), S. 48-65.

56 „Nie zniesie tak tkliwego Ojciec ten widoku, / A uchylając gwichtu swojego wyroku, / Dziś jeszcze z tych spróchniałych kości i piszczelów / Wskrzesi na zbójców świata krzywd naszych

des Leidens für die schließlich folgende Erlösung taucht bei Woronicz auf.[57] Zugleich wird Personen, die sich einer solchen Interpretation nationaler Pflichten verweigern und die etwa den nationalen Kanon der polnischen Sprache verletzen, die nationale Gemeinschaft abgesprochen.[58] Der zeitgenössisch intensiv diskutierte Vorwurf des nationalen Verrats wird hier auch von dem Geistlichen Woronicz bedenkenlos angewandt.

Strukturell ist Woroniczs Gesamtwerk in manchen Motivschichten (Parallele mit dem Volk Israel, Erlösungsgedanke) als Wiederaufnahme und Aktualisierung älterer Muster eines konfessionell aufgeladenen, hochbarocken Messianismus (Kazimierz Rogala Zawadzki, Kochowski), als „hartnäckiges Andauern des Barock" (Jan Błoński) zu interpretieren.[59] Zugleich stehen einige Motive wie etwa die Rächervorstellung und neu entwickelte Elemente wie die alleinige Akzentuierung der Nation (anstelle des Staates), die Mythisierung und Sakralisierung der Sprache sowie der Anspruch auf Volkstümlichkeit in einem modernen, stellenweise romantischen Kontext.

---

mścicielów." [Solch ein fürsorglicher Vater erträgt diesen Anblick nicht / Und schiebt das Gewicht seines Urteils beiseite, / Heute noch aus diesen in Asche versunkenen Knochen und Gebeinen / stehen gegen die Mörder der Welt Rächer unseres Unrechts auf] (Jan Paweł Woronicz, Emilka. Sielanka [Emilka, eine Idylle], in: Ders., Pisma wybrane [wie Anm. 14], S. 116 f.).

57 „O Boże, kiedyż strojniej jak w łzach do Ciebie przystąpić? Wolnoż nam, zlepkom skazitelnym, zajrzeć w księgę wyroków Twoich, czy niniejsze przycierpienia nasze ostatni halerz dawniejszych długów zmazały? Czy te wszystkie środki odrodzenia się naszego, rozumem i siłą ludzką najściślej wyrachowane, pomyślny skutek uwieńczy? Czy jeszcze jaki zarodek kwasu w tym się dzieje nie ukrył? (...) Boże, nie byłbyś Bogiem, gdybyś nie był w ukaraniu sprawiedliwym, w przebaczeniu miłosiernym!" [Herr Gott, wann kann man geziemender als in Tränen zu Dir herantreten? Ist es uns, aus Lehm geformt und verdorben, gestattet, in das Buch Deiner Urteile Einblick zu nehmen, ob diese unsere Leiden den letzten Heller alter Schulden beglichen? Winkt den vielen Versuchen unserer Wiedergeburt, mit Vernunft und menschlichen Kräften berechnet, ein günstiger Ausgang? Oder verbirgt sich noch ein Keim der Bitterkeit in diesem Werk? (...) Gott, Du wärest nicht Gott, wenn Du nicht in der Bestrafung gerecht und beim Verzeihen großmütig wärest] (Jan Paweł Woronicz, Kazanie przy otwarciu Sejmu Nadzwyczajnego Księstwa Warszawskiego [Predigt zur Eröffnung des außerordentlichen Sejms des Herzogtums Warschau, 26.6.1812], in: Ders., Pisma wybrane [wie Anm. 14], S. 475).

58 „Kończę już tę rozprawę krótkim rysem pieśni historycznych narodowych, które jeśli komu mogą być obojętne, ten się już wyzuł z całkowitej istności Polaka albo nim nigdy nie był" [Ich beende die Abhandlung mit einem kurzen Abriss der historischen Nationallieder. Wenn diese jemandem gleichgültig sind, so entledigte sich dieser bereits völlig dem polnischen Sein oder war niemals ein Teil von ihm] (Woronicz, Rozprawa pierwsza [wie Anm. 14], S. 234). Vgl. auch die umfangreiche Literatur zum Verratsvorwurf in Polen: Bo insza jest rzecz zdradzić, insza dać się złudzić. Problem zdrady w Polsce przełomu XVIII i XIX w. [Denn es ist eine Sache, zu verraten und eine andere, in die Irre geführt zu werden. Das Verratsproblem in Polen an der Wende vom 18. zum 19. Jahrhundert], hrsg. v. Anna Grześkowiak-Krwawicz. Warszawa 1995; Jarosław Czubaty, Zasada „dwóch sumień". Normy postępowania i granice kompromisu politycznego Polaków w sytuacjach wyboru (1795–1815) [Der Grundsatz der „zwei Gewissen". Handlungsnormen und Grenzen des politischen Kompromisses für Polen in Entscheidungssituationen (1795–1815)]. Warszawa 2005.

59 Zu biblischen Motivschichten vgl. Ludwik Kamykowski, Do źródeł mesjanizmu J.P. Woronicza [Zu den Ursprüngen des Messianismus von J.P. Woronicz], in: Pamiętnik Literacki 29 (1932), S. 319-348; zum Verhältnis zum romantischen Messianismus: Maria Janion, Maria Żmigrodzka, Romantyzm i historia [Romantik und Geschichte]. 2. Aufl., Danzig 2001, S. 65-69; zur Aufnahme von Motiven aus den Werken Wespazjan Kochowskis fehlt bisher eine Analyse.

3. Poetische Darstellung und pädagogisches Ziel: Niemcewiczs *Historische Gesänge*

Die *Śpiewy historyczne* [Historischen Gesänge] sind als ein Aufgreifen von Woroniczs Konzept eines „nationalen Liederbuchs" zu interpretieren.[60] Niemcewicz erhielt 1807 von der Warschauer „Gesellschaft der Freunde der Wissenschaften" den Auftrag, „die hervorragendsten Taten unserer Könige und Helden" zu verfassen, und lieferte 1808–1810 Gesänge zu den polnischen Herrschern von Piastus bis zu Jan III. Sobieski.[61] Auch hier ist eine unmittelbare Anlehnung an frühneuzeitliche emblematische Herrscherfolgen und die dort dominierenden monarchischen Inhalte und Motive nachweisbar.[62] Aufrechterhalten wurde weiterhin die frühneuzeitlich entwickelte Vision einer geradlinigen Kette polnischer Staatlichkeit von Piastus bis ans Ende des 17. Jahrhunderts, während die sächsischen Könige und die Regierung Stanisław August Poniatowskis nun aus diesem historischen Kontinuum als Verfallszeit ausgeblendet wurden.

Zugleich trat das Werk jedoch mit einem neuen und modernen Anspruch auf Volkstümlichkeit auf. In der Erstausgabe von 1816 hieß es im Vorwort Niemcewiczs, die *Historischen Gesänge* verfolgten das Ziel, „in einfacher Form (...) die herausragendsten Taten der polnischen Nation vorzustellen und soweit möglich ein Bild jedes Jahrhunderts, der Siege, durch die sich das Land erweiterte, der Waffengänge und Rüstungen, die es führte, der Sitten sowie ein Bild desjenigen zu geben, was nationale Züge trägt".[63] Besonderen Nachdruck legte Niemcewicz dabei auf die sagenhafte polnische Frühgeschichte, deren legendenhafte Züge wiederholt erweitert und ausgeschmückt wurden. Nicht erhalten ist der *Piast* (1818/19), von Niemcewicz als Nationaloper geplant, dessen Fertigstellung mehrfach angekündigt wurde.[64]

Tatsächlich erreichten die *Historischen Gesänge* trotz zeitweiser Einschränkungen durch die Zensur im 19. Jahrhundert über 20 Auflagen;[65] die Leseforschung geht bis in die 1860er

---

60 Michał Witkowski, W kręgu „Śpiewów historycznych" Niemcewicza [Im Umfeld der „Historischen Gesänge" Niemcewiczs]. Poznań 1979; Wojciech Kaliszewski, Kilka uwag na temat „Śpiewów historycznych" Juliana Ursyna Niemcewicza [Anmerkungen zu den „Historischen Gesängen" J.U. Niemcewiczs], in: Julian Ursyn Niemcewicz. Pisarz, historyk, świadek epoki [J.U. Niemcewicz. Schriftsteller, Historiker, Zeitzeuge], hrsg. v. Jacek Wójcicki. Warszawa 2002, S. 275-286.

61 „(...) świetniejszych czynów królów i bohatyrów naszych"; vgl. Witkowski, W kręgu (wie Anm. 60), S. 25 ff., 95-190 (mit Abdruck der Textchronologie, -varianten und Änderungsvorschlägen).

62 Vgl. zur Gattungstradition Bömelburg, Frühneuzeitliche Nationen (wie Anm. 22), S. 256-266.

63 „(...) dać poznać w kształcie łatwym (...) znakomitsze narodu polskiego zdarzenia, wystawić, ile można, obraz każdego wieku, zwycięstw, którymi się kraj rozszerzał, szyków oręża i zbroi, jakich używał, obrządków, zwyczajów, wszystkiego na koniec, co nosi narodowości cechę" (Julian Ursyn Niemcewicz, Śpiewy historyczne z muzyką i rycinami [Historische Gesänge mit Musik und Zeichnungen]. Warszawa 1816, Einleitung).

64 Der erste Gesang sollte ursprünglich „Początki Polski. Lech i Piast" [Die Anfänge Polens. Lech und Piast] heißen und gleichberechtigt die Geschichte von „dem ersten polnischen König" Lech („pierwszy król Polaków") und Piast behandeln. Er wurde vom Autor wiederholt verbessert, während das gesamte Werk von zahlreichen Rezensenten bearbeitet wurde; vgl. Witkowski, W kręgu (wie Anm. 60), S. 56-78.

65 Deutsche, auszugsweise Ausgabe: Geschichtliche Gesänge der Polen. Metrisch bearb. v. Franz Gaudy. Leipzig 1833. Zu den Auflagen vgl. Nowy Korbut. Bd. 5, Warszawa 1967, S. 395.

Jahre von 15 000-20 000 Lesern aus.[66] Die Zusammenstellung kann für die erste Hälfte des 19. Jahrhunderts als das erfolgreichste „Lesebuch" zur polnischen Geschichte gelten.

Gegenüber anderen, parallel erschienenen Sammlungen von „nationalen Liedern",[67] die insbesondere barocke und neuere Texte wiedergaben, besaß Niemcewiczs Sammlung eine einheitliche Struktur, eine chronologische Gliederung, in der nur die gänzliche Übergehung des 18. Jahrhunderts aus dem Rahmen fiel, sowie eine gezielte Ansprache des Leserkreises: Durch die familiäre Ansprache der Protagonisten der polnischen Geschichte als „die Unsrigen" (nasi) wurde Nähe und Volkstümlichkeit hergestellt; in der Personifizierung des Heldentums (insbesondere in den eingestreuten Liedern [„dumy"] über Kriegshelden) und der verbreiteten wörtlichen Rede erhielten die Figuren eine fast familiäre Nähe. Der durchgängige Reim ermöglichte eine leichte Memorierbarkeit der Texte.

Neu eingeführt wurde eine Unterlegung der Texte mit eigens zu diesem Zweck komponierten Melodien. Aus dem frühneuzeitlichen Genre der emblematischen Merkverse wurde so eine neue Gattung „historischer Lieder" geschaffen, die ältere Erinnerungsmechanismen (zu wiederholende und auswendig zu lernende Verse) aufgab und durch Lieder ersetzte, in die bewusst einprägsame volkstümliche Elemente eingebaut wurden. Dieser plastisch-populäre Aufbau wie die älteren emblematischen Vorbilder rücken die *Historischen Gesänge* in die Nähe mnemotechnischer Archetypen, die ältere Muster eines Auswendiglernens nun durch neue suggestive Bilder (Einfügung romantischer Liebes- und Heldenmotive) ersetzten.

4. Traditionale Elemente und neue emphatische Imaginationskonzepte

In ihren kulturellen Erinnerungspraktiken wie in ihren Poetiken sind zwischen Niemcewicz und Woronicz deutliche Unterschiede feststellbar: Niemcewicz unterschied zwischen dem „Dichter", der sich nicht an die Wahrheit halten müsse und ein Recht zur inhaltlichen Umarbeitung und „Verschönerung" besitze, sowie dem „Dichter-Geschichtsschreiber" (poeta-dziejopis), der nur schreibe „wie es gewesen sei: Die menschliche Geschichte ist selten poetisch".[68] Deshalb verzichtete Niemcewicz auch auf die Veröffentlichung der bereits fertiggestellten Lieder um den sagenhaften Herrscher Lech, da er unsicher war, ob Lech und dessen Nachkommen authentische Figuren seien. Dagegen rückte Woronicz in der Entwurfsskizze zur *Jagiellonida* die poetische Freiheit in den Mittelpunkt und nahm aus ästhetischen Gründen ein Recht auf Veränderung der Handlungsabläufe in Anspruch:

---

66 Jerzy Maternicki, Kultura i edukacja historyczna społeczeństwa polskiego w XIX w. Zarys problematyki i postulaty badawcze [Kultur und historische Erziehung der polnischen Gesellschaft im 19. Jahrhundert. Problemabriss und Forschungspostulate], in: Edukacja historyczna społeczeństwa polskiego w XIX w. [Die historische Erziehung der polnischen Gesellschaft im 19. Jahrhundert], hrsg. v. dems., Warszawa 1981, S. 51-76.

67 Genannt werden kann: Pieśni narodowe z różnych autorów polskich zebrane przez ks. Stanisława Bielskiego [Nationale Lieder von verschiedenen polnischen Autoren gesammelt von Stanisław Bielski]. Warszawa 1812. Zu Inhalt und Zielsetzung vgl. Henryk Bogdziewicz, Działalność literacka polskiego środowiska pijarskiego w dobie oświecenia [Die literarische Tätigkeit des polnischen Piaristenmilieus der Aufklärung]. Kraków 2005, S. 257-271.

68 „(...) [poeta] omaminiami uczucia i imaginacji (...) rozrzewia, unosi, zachwyca; przeciwnie poeta-dziejopis, [ten] nie głosi, jak tylko to co było: dzieje zaś ludzkie rzadko kiedy są poetycznymi" (Julian Ursyn Niemcewicz, Śpiewy historyczne z muzyką i rycinami. Warszawa 1819, S. 15 f.).

„die weiteren Taten und Episoden, obwohl einige Jahre später, aber aus dem ursprünglichen Impetus hervorgegangen, sind zum gänzlichen Handlungsverlauf notwenig und
geschickt zusammengefügt; sie bilden den löblichen Unterschied zwischen dem Ge-
schichtsschreiber und dem Dichter ab, der nicht Taten nach Jahren zählt, sondern aus
vielen verstreuten Schönheiten eine mit schöpferischem Geist zur Wahrheit führende
Schönheit entwickelt, beseelt, belebt, malt und sie uns dadurch lieblicher und angeneh-
mer macht."[69]

Gemeinsam – und hier liegt ein Zug der Modernität – ist beiden Autoren dagegen eine systematische Ausdehnung ihres nationalen Geschichtsentwurfs auf bisher ausgegrenzte
Gruppen: Erstmals erhielten auch Frauen als „Sarmatinnen" mit Berufung auf den Ama-
zonenmythos eine eigene Geschichte: Bereits die Amazonen seien „sarmatische Frauen"
gewesen und somit als Teil der sarmatisch-polnischen Geschichte zu betrachten.[70] Woronicz sprach die „Sarmatinnen und Slawinnen" in seinen öffentlichen Reden gezielt als Teil
der polnischen Erinnerungsgemeinschaft und als die Mütter der zukünftigen Sarmaten direkt
an. 1803 hieß es herausgehoben am Schluss der Rede:

„Aber was helfen unsere Ermunterungen und Bemühungen, wenn Du, die andere Hälfte
unseres Geschlechts, Ihr ehrenwerte Mütter und zu dieser Würde heranwachsende Jung-
frauen, wenn Ihr nur für einen Moment vergesst, dass Ihr Polinnen seid! Das Schicksal
der Generationen, denen wir uns bemühen den Nationalgeist einzuflößen, ist in Euren
Händen. In welcher Sprache Ihr zu ihnen zuerst sprechen werdet, mit welchem Gefühl
Ihr sie beseelt, welchen Horizont des Ruhmes Ihr ihnen aufzeigt, solche Bürger werden
aus ihnen werden."[71]

In späteren Reden wurde diese direkte Ansprache wiederholt,[72] zugleich jedoch erneut die
Rolle der „Sarmatinnen" ausdrücklich auf die Mutter- und Erziehungspflichten beschränkt.

---

69 „(...) pośrednie zaś czyny, czyli epizody, choć kilko latami późniejsze, ale z głównej akcji zro-
dzone, do całkowitego jej obrotu istnienie potrzebne i zręcznie użyte, stanowią tę chlubną różnicę
między latopiscem a poetą, który nie czyny podane latami przelicza, ale z wielu rozrzuconych
piękności jedną piękność pododną do prawdy twórczym geniuszem wyprowadza, wskrzesza, oży-
wia, kształci, maluje, aby ją milszą i przyjemniejszą uczynił" (Jan Paweł Woronicz, Pierwszy rys
poematu epicznego pod tytułem „Jagiellonida" w XXIV pieśniach [Erste Skizze eines epischen
Poems unter dem Titel „Jagellonida" in 15 Gesängen], in: Ders., Pisma wybrane [wie Anm. 14],
S. 321).
70 Ähnlich auch Hugon Kołłątaj, Rozbiór krytyczny zasad historyi o początkach rodu ludzkiego [Kri-
tische Auswahl der Grundsätze der Geschichte über die Anfänge des Menschengeschlechts], hrsg.
v. Ferdynand Kojsiewicz. 3 Bde., Kraków 1842, hier Bd. 3, S. 114-139: „Cała historia Amazonek"
[Gesamtgeschichte der Amazonen] und „Amazonki nic innego nie były tylko panny sarmackie"
[Die Amazonen waren nichts anderes als sarmatische Jungfrauen].
71 „Ale cóż te zachęty i usiłki nasze pomogą, jeżeli ty, druga rodu naszego połowo, wy, szanowne
matki i do tej godności wzrastające dziewice, jeżeli wy zapomnicie choć na moment, że jesteście
Polkami! Los tych pokoleń, w których ducha narodowego przelać usiłujemy, jest w ręku waszych.
Jakim naprzód do nich językiem przemówicie, jakim je czuciem natchniecie, jaką im granicę
sławy określicie, tacy z nich będą obywatele" (Jan Paweł Woronicz, Rozprawa pierwsza [wie
Anm. 14], S. 238).
72 „I mogąż pokolenia wasze przy tylu ogniskach tającej pamięci narodowej skrzepnąć i obumrzeć,
(...) jeżeli wy, niniejsze i przeszłe matki, (...), jeżeli wy, mówię, przykładem ich tym cnotowlew-

Nicht nachweisbar ist die Ansprache von Frauen als „Staatsbürgerinnen" (obywatelka); sie werden ausschließlich als Mütter zukünftiger Bürger angesprochen.

Analog dazu wurden Frauen aus den adligen Eliten an der Erstellung von Niemcewiczs *Historischen Gesängen* nachrangig beteiligt: Die Kupferstiche und Melodien wurden teilweise von Frauen geschaffen, die auf diese Weise ihre Beteiligung und Unterstützung an dem „nationalen Werk" ausdrücken sollten und wollten. In Niemcewiczs eigener Diktion hieß es dazu:

> „(...) unsere eifrigen Polinnen sammelten Beiträge, machten sich an die Zeichnungen und die Komposition der Musik. Ich muss öffentlich meine Dankbarkeit den ehrbaren Damen aussprechen, die sich daran tatkräftig und freiwillig beteiligten."[73]

Noch zweideutiger entwickelten sich Vorstellungen über das polnisch-jüdische Mit- und Nebeneinander: Als Napoleon nach dem Sieg über Preußen im Dezember 1806 nach Warschau kam, wurde er von der dortigen Synagogengemeinschaft mit einem panegyrischen Gedicht in hebräischer Sprache, das gleichzeitig in französischer Sprache gedruckt wurde, empfangen. In dem Gedicht wurde die Freude über die Wiedergeburt Sarmatiens ausgedrückt.[74] Diese Episode belegt die Ausstrahlung und Übernahme des Sarmatia-Begriffs ins Hebräische sowie ein Eindringen von Erinnerungsmustern zur polnischen Staatlichkeit auch in die jüdische Bevölkerung, deren Eliten sich auch in Ostmitteleuropa zu emanzipieren begannen.

Dagegen formulierte Niemcewicz in seinen Schriften eine deutliche Zurückweisung an jüdische Bürger, die eine Teilhabe an der polnischen Geschichte ohne Aufgabe ihrer jüdischen Identität einforderten.[75] Dies ging – etwa in *Lejbe i Sióra* [Lejbe und Siora, 1821],

---

czym mlekiem niemowląt waszych przy samych kolebkach napawać nie przestaniecie (...). Nie jest to próżna i przesadzona gorliwość wpajać nowym pokoleniom pamięć ich rodu. (...) któż zgadnie dalsze przeznaczenia tych ludów, które niezmienną istność swoją w przyrodnym geniuszu, charakterze języka, przez tyle wieków, wśród tylu przemian, zaburzeń, stale dochowały." [Und es können Eure Generationen bei soviel Brennpunkten des dahinschmelzenden nationalen Gedächtnisses erstarren und absterben, (...) wenn Ihr, jetzige und zukünftige Mütter, (...) wenn ihr, sage ich, nicht weiter nach ihrem Beispiel Eure Säuglinge schon von der Wiege an mit tugendfördernder Milch tränkt (...). Es ist kein eitler und übertriebener Eifer, den neuen Generationen das Gedächtnis ihres Stammes einzugeben. (...) wer erriete denn die weiteren Bestimmungen dieser Völker, welche beständig, durch all die Jahrhunderte, bei all diesen Wechseln und Umstürzen, in ihrem natürlichen Genius und Charakter der Sprache die unveränderliche Identität behaupteten] (Woronicz, Pisma wybrane [wie Anm. 14], S. 266 f.). Diese Ansprache von 1806 ist um so bemerkenswerter, als ältere Verwendungen eines Sarmatinnen-Begriffs nicht nachweisbar sind, vgl. Sophia Kemlein, Frauen- und Männerbildnisse als Repräsentationen der sarmatischen Ideologie in der polnisch-litauischen Adelsrepublik, in: Frau und Bildnis 1600–1750. Barocke Repräsentationskultur an europäischen Fürstenhöfen, hrsg. v. Gabriele Baumbach u. Cordula Bischoff. Kassel 2003, S. 57-79, hier S. 70 ff.

73 „(...) gorliwe Polki nasze wzięły się do zbierania składki, do rysunków, do kompozycji muzyki. Winienem publicznie wyrazić wdzięczność moją zacnym Damom, które czynnie i ochoczo w tej mierze trudzić się raczyły." Zit. nach Witkowski, W kręgu (wie Anm. 60), S. 106, vgl. auch S. 185-189; Mieczysław Porębski, Malowane dzieje [Gemalte Geschichte]. Warszawa 1962, S. 60-63.

74 Raphael Mahler, A History of Modern Jewry 1780–1815. London 1971, S. 350.

75 Jakub Goldberg, Julian Ursyn Niemcewicz wobec polskich Żydów. Krytyka, chasydyzm, zbliżenia

dem ersten literarischen Werk in polnischer Sprache über die polnischen Juden – einher mit einem Interesse an jüdischer Folklore, schloss aber eine Gleichberechtigung jenseits der völligen Assimilation und des Übertritts zum Christentum (cywilni chrześcijanie) aus. Zwar stellte Niemcewicz etwa Berek Joselewicz als „fortschrittlichen Juden" gegenüber den negativ gezeichneten jüdischen Traditionalisten positiv dar,[76] doch übertrug er in der erst aus dem Nachlass publizierten science-fictionhaften Skizze *Moszkopolis* [Moszkopolis] (einer Beschreibung Warschaus im Jahre 3333) den nationalen Verratsvorwurf auf die Juden und entwickelte die Vorstellung einer jüdisch-germanisch-russischen Verschwörung gegen das polnische Volk.[77] Niemcewicz steht so am Anfang des Stereotyps einer „jüdischen Verschwörung" in der polnischen Literatur.[78] Woronicz blendete in seinem Werk die Geschichte der polnischen Juden gänzlich aus.

Insgesamt wird erkennbar, wie von beiden Autoren in fiktionalen wie nichtfiktionalen Texten „Nation" als Konstrukt mit neuen Eigenschaften (Sprache, Volkstümlichkeit, Inklusion von Frauen und Juden nach einer Konversion, Exklusion von „Verrätern") erzeugt und gegenüber älteren Vorbildern (dezentrales Konzept der Vaterländer und supranationale Entwürfe einer Respublica) propagiert wird. Ausgangspunkt bilden die Reaktionen auf den Entzug polnischer Staatlichkeit – sichtbar ist in der Anwendung rigider Exklusionsmechanismen die Spur der Abstoßung und Versuch einer Existenzbehauptung à outrance.

[J.U. Niemcewicz und die polnischen Juden. Kritik, Chassidismus, Annäherung], in: Julian Ursyn Niemcewicz (wie Anm. 60), S. 145-158; Wojciech Piotrowski, Kwestia żydowska w twórczości Juliana Ursyna Niemcewicza [Die jüdische Frage im Werke J.U. Niemcewiczs], in: Ebenda, S. 159-175.

76 Julian Ursyn Niemcewicz, Lejbe i Sióra czyli Listy dwóch kochanków. Romans [Lejbe und Siora, das sind die Briefe zweier Liebender. Eine Romanze]. 2 Bde., Warszawa 1821; jetzt greifbar in der Auflage Kraków 2004 (Übersetzung ins Deutsche als: Levi und Sara. Briefe polnischer Juden. Ein Sittengemälde. Berlin 1825). Vgl. auch allgemein Marcin Wodziński, „Cywilni chrześcijanie": Spory o reformę Żydów w Polsce, 1789–1830 [„Zivile Christen". Auseinandersetzungen über die Reform der Juden in Polen, 1789–1830], in: Kwestia żydowska w XIX wieku. Spory o tożsamość Polaków [Die jüdische Frage im 19. Jahrhundert. Auseinandersetzungen über die Identität der Polen], hrsg. v. Grażyna Borkowska u. Magdalena Rudkowska. Warszawa 2004, S. 9-42.

77 Julian Ursyn Niemcewicz, Moszkopolis. Rok 3333, czyli sen niesłychany [Moszkopolis, das Jahr 3333, oder der unerhörte Traum] [1817]. Erstdruck 1858 in: Przegląd Poznański. Hier wurde diese Ausgabe benutzt: Rok 3333 czyli sen niesłychany. Warszawa 1911. Die Überlieferungsgeschichte der mehrfach nachgedruckten Erzählung ist noch ein Desiderat. – Die Darstellung beeinflusste insbesondere Józef Ignacy Kraszewski (*Żyd*) und Jan Zachariasiewicz (*W Przededniu*, 1863); vgl. Mieczysław Inglot, Postać Żyda w literaturze polskiej lat 1822–1864 [Die Gestalt des Juden in der polnischen Literatur 1822–1864]. Wrocław 1999, S. 44, 175 f., 190.

78 „Nie orężem podbili oni polaków [so im Druck; H.-J.B.], lecz sztuką, podstępami, przekupstwem; nie wiem dokładnie jak to było, lecz gdy raz otrzymali prawo wchodzenia do wszystkich urzędów, nabywania własności ziemskich, nic niezmordowanej przebiegłości ich i wykrętem tamy położyć nie mogło, tak, że z wiekami zgnietli polaków chrześcian, sami opanowali wszystko" [Nicht mit der Waffe besiegten sie die Polen, sondern mit Künsten, Intrigen und Korruption; ich weiß nicht genau, wie es geschah, aber als sie einst das Recht erhielten, in alle Ämter einzutreten und Landgüter zu erwerben, konnte man ihre unermüdliche Tatkraft und ihre Tricksereien nicht mehr eindämmen, so dass sie mit den Jahrhunderten die Polen und Christen zerquetschten und alles beherrschten] (Niemcewicz, Rok 3333 [wie Anm. 77], S. 8 f.). In der Darstellung berichtet dies dem Erzähler, einem Droschkenkutscher, ein verarmter Nachkomme der Zamoyskis.

Zugleich strebte Woronicz eine Popularisierung seines Geschichtsentwurfs auch noch auf anderen Wegen an: 1816–1821 wurde für die Innendekoration des Palasts der Bischöfe in Krakau ein „Historisches Kabinett" im Auftrage von Bischof Woronicz von Michał Stachowicz mit Szenen aus der polnischen Geschichte gemalt, von denen 19 die älteste Geschichte vor Mieszko und noch weitere die slawische Frühgeschichte darstellten.[79] Woronicz wollte in dieser Form die vaterländische Geschichte memorier- und reflektierbar machen.[80] Geplant, jedoch von Michał Stachowicz nur skizzenhaft ausgeführt wurde eine Leinwand mit einem genealogischen Stammbaum der polnischen Literaturgeschichte, der die Entwicklung der nationalen Literatur und Sprache dokumentieren sollte.[81] Der katholischen Kirchenorganisation als verbliebener Wahrerin polnischer Erinnerungskultur und dem im Zeitalter historisierender Malerei entwicklungsfähigen Genre von gemalten Herrscherfolgen und nationalen Heldengalerien als Erinnerungstechnik – man denke an die Herrscherfolgen und Heldengalerien von Antoni Oleszczyński und Aleksander Lesser bis zu Jan Matejko – sollte noch eine Karriere beschieden sein.

5. Rezeption innerhalb der polnischen Romantik und Ausschluss aus der Kanonbildung

Am Schluss dieser Skizze soll gefragt werden, warum 1) das von Woronicz und Niemcewicz entwickelte emphatische Konzept einer nationalen Geschichte trotz vielfältiger Entlehnungen in der Romantik nicht in die romantische Kanonbildung einbezogen wurde, sowie 2) welche Schlüsse aus der Interpretation von Woroniczs und Niemcewiczs Imaginationskonzepten für eine Erweiterung und Neuinterpretation des romantischen Kanons gezogen werden können.

1. Zeitgenössisch boten sich die Entwürfe von Woronicz und Niemcewicz als Projektionsflächen romantisch-sentimentalischer Erinnerungswelten geradezu an. Maurycy Moch-

---

79 Porębski, Malowane dzieje (wie Anm. 73), S. 63-68, 196; Lech Brusewicz, „Gabinet historyczny" Jana Pawła Woronicza tytułem do wiecznej chwały jego imienia [Das „historische Kabinett" von J.P. Woronicz als Ausdruck des ewigen Ruhms seines Namens], in: Sztuka i historia [Kunst und Geschichte], hrsg. v. Monika Bielska-Łach. Warszawa 1992, S. 261-283. Die Dekoration wurde 1850 durch ein Feuer zerstört.

80 „(...) miłe dla Polaka ustronie, gdzie i niniejszy stan polityczny i zbiór chronologiczny dziejów przeżytej ojczyzny w różnym kształcie malowań, jakby w jeden wieniec uwity, przypominać i rozważać można" [eine für einen Polen liebliche Ausschmückung, wo man den jetzigen politischen Zustand und den chronologischen Verlauf der vom Vaterland durchlebten Geschichte in der verschiedenen Form der Malereien, gleichfalls wie zu einem Kranz gestaltet, erinnern und durchdenken kann]. In einer Darstellung von 1822 hieß es über die Innengestaltung: „Polakowi, który przychodzi w te miejsce, zdaje się, jakby Klio otwierała podwoje *świątyni pamięci*. Gdzie spojrzy, widzi współczesność obok przeszłości wiekami przedzieloną; otwiera księgę dziejów, poszanowaniem przejęty dziwi się i rozrzewnia; *skarbiec ten narodowy*" [Hervorh. im Org.]. Pałac Biskupów Krakowskich [Dem Polen, der diesen Ort betritt, erscheint es, als ob Klio ihr *Heiligtum der Erinnerung* geöffnet habe. Wohin er auch schaut, sieht er die Gegenwart neben der in Jahrhunderte aufgeteilten Vergangenheit, öffnet er das Buch der Geschichte, voll Ergriffenheit erwärmt er sich und bewundert diese *nationale Schatzkammer*], in: Pszczółka Krakowska 1 (1822), S. 152. Beide Zitate nach Brusewicz, „Gabinet historyczny" (wie Anm. 79), S. 268, 280.

81 Brusewicz, „Gabinet historyczny" (wie Anm. 79), S. 283.

nackis[82] oder Kazimierz Brodzińskis[83] Nachrufe auf den verstorbenen Woronicz belegen dessen Popularität. Wenn Maurycy Mochnacki 1825 als Gegenstand der romantischen Dichtung verkündete: „Das slawische Altertum, die Mythologie des Nordens und der Geist des Mittelalters, dies sind die Quellen der romantischen Dichtung in Polen, dies ist reichlich Stoff für eine nationale Literatur",[84] so griff er damit dezidiert das von Woronicz im *Liederbuch* und in der *Jagiellonida* entwickelte Imaginationskonzept auf, wobei er sich auf Woronicz wie Niemcewicz als Vorbilder berief.[85] Antoni Malczewski widmete sein Werk *Maria. Eine ukrainische Erzählung* [Maria. Powieść ukraińska] Niemcewicz, darin vergleichbar mit Mickiewicz, der in Niemcewicz eine Vaterfigur sah.[86] Aus Anlass des Begräbnisses des als „polnischer Jeremias" (Kajetan Koźmian) verehrten Woronicz sollen Ringe mit dessen Initialen „P.W." gefertigt worden sein, die zugleich das „freie Polen" (Polska wolna) symbolisieren sollten.[87] Niemcewicz wurde von den aufständischen Eliten 1830 wiederholt in führende Positionen berufen, obwohl er den Aufstand zunächst ablehnte und auch später Kompromisslösungen suchte. Zugleich verdankt die Gawęda-Tradition Niemcewiczs historischen Schriften zahlreiche Anregungen.[88]

Die romantische Textgattung der „Vaterländischen Geschichte für das Volk" [Dzieje ojczyste dla ludu] griff auf die Vorlagen und Motive von Woronicz und Niemcewicz zurück,

---

82 „To najstarszy poeta w kościele pamięci narodowej. (...) On wyliczał dobrodziejstwa Opatrzności dla narodu polskiego wyświadczone; koleją przechodził dzieje nasze od początku do końca, jedną głęboką myślą rozerwanego przymierza Twórcy z miłym jemu ludem, wszystkie swoje farbując utwory. (...) Wtenczas gdy inni szukając chluby z postronnego dowcipu odstrychnęli się od prawdziwej prostoty i piękności, on sam jeden rozmyślał o narodowym pieśnioksięgu" [Dies ist der älteste Dichter in der Kirche der nationalen Erinnerung. (...) Er zählt die Wohltaten, die die Vorsehung der polnischen Nation erwiesen hatte, auf und durchschritt unsere Geschichte vom Anfang bis zum Ende, umgreift mit seinem tiefdringenden Denken das zerrissene Bündnis des Schöpfers mit seinem geliebten Volk, das auf alle seine Werke abfärbt. (...) Zu einer Zeit, als andere Ruhm in einseitigem Witz suchten und sich von der wirklichen Einfachheit und Schönheit abwandten, durchdachte er als einziger das nationale Liederbuch], zit. nach Woronicz, Pisma wybrane (wie Anm. 14), S. 5.

83 „Wychowaniec samej tylko świątyni religii i ojczyzny, z Biblią i kroniką w ręku, nie zwracając uwagi na postęp i zdanie nowego świata, wzniosły w starożytnej prostocie swojej (...). Sam on stoi jak nad gruzami zapomnianego kościołka stary modrzew, wieczną zielonością i szumem swoim wzywający do dumania" [Ein Zögling allein des Heiligtums der Religion und des Vaterlands, mit der Bibel und Geschichtschroniken in der Hand, richtete er keine Aufmerksamkeit auf den Fortschritt und die Meinung der neuen Welt, sondern verharrte in seiner altertümlichen Einfachheit (...). Allein er steht auf den Trümmern des vergessenen Kirchleins wie eine alte Lärche, ewig grün und mit seinem Rauschen zur Versenkung auffordernd] (Kazimierz Brodziński, Żywoty, zit. nach Woronicz, Pisma wybrane [wie Anm. 14], S. 5 f.).

84 Maurycy Mochnacki, Vom Geist und den Quellen der Dichtung in Polen. Zit. nach: Polnische Romantik (wie Anm. 2), S. 310.

85 Maurycy Mochnacki, O literaturze polskiej w wieku dziewiętnastym, in: Ders., Rozprawy literackie [Literarische Abhandlungen], bearb. v. Mirosław Strzyżewski. Wrocław (u.a.) 2000, S. 275 f.

86 Michał Kuziak, Mickiewicz o Niemcewiczu, Figura ojca [Mickiewicz über Niemcewicz, Die Figur des Vaters], in: Julian Ursyn Niemcewicz (wie Anm. 60), S. 347-353.

87 Zenon Jagoda, O literaturze i życiu literackim Wolnego Miasta Krakowa 1816–1846 [Über die Literatur und das literarische Leben der Freien Stadt Krakau 1816–1846]. Kraków 1971, S. 99.

88 Vgl. dazu den Beitrag von Alfred Gall in diesem Band.

zumal das erste Werk der Gattungstradition, der *Pilger in Dobromil* [Pielgrzym w Do-
bromilu] von Izabela Czartoryska, der langjährigen Gönnerin Woroniczs, verfasst wurde.[89]
Zahlreiche Motive und in den volkstümlichen Versionen ausgeschmückte Episoden wurden
den *Historischen Gesängen* entnommen.[90]

Eine Ursache für den Herausfall der frühen romantischen Literatur aus dem Kanon der
polnischen Romantik ist auch in der Schwäche des polnischen Buchmarktes vor 1820, in
Defiziten wie fehlende Verleger, nicht entwickelte Distributionswege, eine schmale Leser-
schaft, niedrige Auflagen und hohe Buchpreise zu suchen.[91] Zwischen 1795 und 1815 lag
die Buchproduktion äußerst niedrig,[92] nur ein Bruchteil von Woroniczs Werken erschien in
niedrigen Auflagen, und selbst die *Historischen Gesänge* Niemcewiczs blieben lange unge-
druckt. Woroniczs Schriften trafen erst um 1830 in Krakau auf den Büchermarkt, zu einem
Zeitpunkt, als sich die politische Situation völlig verändert hatte.[93] Niemcewicz konnte nach
1830 zunächst als Aufständischer und Exilautor nicht gedruckt werden. Diese verspäteten
Drucklegungen erschwerten weniger die mündliche Rezeption der zeitgenössischen Eliten,
sehr wohl aber die spätere Verbreitung und langfristige Rezeption sowohl Woroniczs als
auch Niemcewiczs.

Zugleich trat nach dem gescheiterten Aufstand 1830/31, wohl der schärfsten Zäsur der
polnischen Geschichte im 19. Jahrhundert, die ältere sentimentalisch-romantische Literatur
zurück, da sie den Erfordernissen in einer radikalisierten Situation, unter den Umständen von
Verfolgung, Exil und nationalen Gegenentwürfen, nicht mehr entsprechen konnte. Niemcewiczs in mancher Hinsicht „typisch romantische" Biografie – die Teilnahme an zwei
Aufständen und ein doppeltes Exil – erschien wegen dessen Mäßigung und Suche nach
einem Kompromiss 1830/31 in den Augen romantischer Schriftsteller nicht mehr als „Hel-
denbiografie", sondern als Kompromisslertum, Woronicz als staatstreuer Kleriker: In der
Verschwörungsszene seines *Kordian* (1834) stellte Juliusz Słowacki Niemcewicz und Woronicz mit offen erkennbaren Anspielungen als „Präsident" und „Priester" dar, wobei Niemcewicz als zögerlicher Leiter der Verschwörung taktiert und mit Pilatusgeste seine Hände in
Unschuld wäscht, während Woronicz als salbadernd-obrigkeitshöriger Kleriker erscheint.[94]

---

89 Zur Gattungstradition und Kanonbildung vgl. Bronisława Woźniczka-Paruzel, „Dzieje ojczyste dla
    ludu" doby romantyzmu [Die „Vaterländische Geschichte für das Volk" der Romantik]. Wrocław
    1990, S. 9-15, 49, 62 (Übernahmen von Woronicz), 69 (Anknüpfung an dynastische Gliederungen
    der „Historischen Gesänge"), 100-103 (Übernahme der Heldenfiguren Karol Chodkiewicz, Stefan
    Żółkiewskis und Stefan Czarneckis).
90 Wierzbicki, Historiografia polska (wie Anm. 20), S. 55 ff., 69, 94.
91 Althoen, That Noble Quest (wie Anm. 13), S. 467-498.
92 Elżbieta Słodkowska, Produkcja wydawnicza w Królestwie Polskim w latach 1815–1830 [Die
    Verlagsproduktion im Königreich Polen 1815–1830], in: Instytucje – publiczność – sytuacje lek-
    tury. Studia historii czytelnictwa [Institutionen – Öffentlichkeit – Lektüresituationen. Studien zur
    Geschichte der Leserschaft]. Warszawa 1989, S. 11-14.
93 Jan Paweł Woronicz, Świątynia Sybilli, Poema historyczne w IV pieśniach [Das Heiligtum der
    Sybilla. Historische Dichtungen in vier Liedern]. Kraków 1828 [mit Eingriffen der Zensur]; ders.,
    Poezje patriotyczne [Patriotische Dichtungen]. Kraków 1831; ders., Poezje [Dichtungen], hrsg. v.
    Józef Czech. Kraków 1832; ders., (...) Homilie, nauki i przemowy dotąd drukiem nie ogłoszone
    z własnoręcznych pierwotworów autora zebrane [Bisher nicht gedruckte Predigten, Lehren und
    Reden aus den eigenhändigen Werken des Autors zusammengestellt]. Kraków 1852.
94 Juliusz Słowacki, Dzieła wszystkie [Gesammelte Werke], hrsg. v. Juliusz Kleiner. Bd. 2, Wrocław

Der romantische Geniekult verhinderte zugleich lange Zeit eine wirkliche Analyse der Motive und Inspirationsquellen romantischer Literatur. Zudem schufen postulierte und stilisierte Zäsuren (das Jahr 1822) ein radikal neues Bild einer „romantischen Literatur", das unter den Bedingungen von Verfolgung, Zensur, Repression, Exil und Grenzen der Teilungsgebiete nicht korrigiert werden konnte.

2. Vergleicht man das Imaginationskonzept von Jan Paweł Woronicz und Niemcewiczs Entwurf in den *Historischen Gesängen* mit späteren romantischen Entwürfen, so weisen beide Konzepte so viele Ähnlichkeiten auf, dass aus der Perspektive von Geschichtsbild und Nationalentwurf vieles dafür spricht, Woronicz und den Niemcewicz der *Historischen Gesänge* unter den romantischen Kanon zu subsumieren.[95] In puncto Funktionalisierung und Emotionalisierung der Literatur beschreiten Woronicz und Niemcewicz einen Weg, der mit der Bindung der Literatur an das neuartige Nationskonstrukt deutlich auf das Literaturkonzept der polnischen Romantik verweist. Zudem wird von Niemcewicz eine Vielfalt von Gattungen („duma", Ballade, Märchen, Übersetzungen internationaler romantischer Literatur) praktiziert, die auf die späteren Gattungen hindeutet.

Bemerkenswert erscheinen bei den beiden behandelten Autoren insbesondere das emphatische Sprachkonzept (Sprache als Verkörperung eines Volksgeistes) und die Forderung nach einer volkstümlichen, nationalen Dichtung, die von Woronicz in seltener Geschlossenheit vertreten werden. Er argumentierte hierbei – sicherlich auch mit Blick auf die preußische Zensur bewusst positiv gewendet – mit Mustern der deutschen Romantik um 1800:

„Ich will nicht weit entfernt einen Beweis für diese Wahrheit suchen, sondern blicke auf das alte Volk der Germanen, von dem uns einst die gemeinsame Hochschätzung und die Elbegrenze trennte, und von dem wir heute ein Anhängsel sind. Wodurch hat es bis heute sein Sein aufrechterhalten, obwohl es in so viele getrennte Stände und Regierungen unter verschiedenen Herren zerstückelt und aufgeteilt war? Wodurch ist es dennoch ein Volk, bedeutend und angesehen in Europa? Wodurch verbreitet es sein Wesen und seinen Ruhm? Mit der Sprache und den Sitten der früheren Germanen."[96]

Die hier aufscheinende deutsch-polnische Vergleichsebene verdiente eine ausführlichere Behandlung insbesondere unter der Fragestellung, ob nicht die politischen Muster und Begriffe der Romantik in Deutschland und Polen stärker als bisher verglichen werden können – sei es in der Übernahme der Herderschen Sprachphilosophie bereits vor 1800 durch die litera-

---

1952, S. 93-212, Szene IV S. 156-174, hier S. 168 („Róbcie, jak chcecie... Lecz ja ręce z krwi umywam." [Macht, was ihr wollt... Aber ich wasche meine Hände in Unschuld]), auch S. 157, 164.

95 Vgl. auch Żbikowski, ...bólem (wie Anm. 9), der den Kreis der frühen Romantiker zwischen 1795 und 1806 noch um Autoren wie Józef Morelowski, Franciszek Karpiński und den späten Kołłątaj erweitert.

96 „A nie chodząc daleko po dowód tej prawdy, rzućcie okiem na ten starożytny naród Germanów, od którego nas niegdy wzajemny szacunek Elbą odgraniczał, a którego teraz przyrostkiem jesteśmy. Czymże on dotąd jestestwo swoje utrzymuje, acz na tyle oddzielnych stanów i rządów pod różnymi panami rozdrobniony i podzielony? Skądże przecie jest jednym narodem, znaczącym i poważnym w Europie? Czym rozplenia swą istność i sławę? Językiem i obyczajami dawnych Germanów" (Woronicz, Rozprawa pierwsza [wie Anm. 14], S. 239).

rischen Kreise um die Familie Czartoryski,[97] sei es unter dem Vorwurf des Verrats und der Verzweiflung über den Verlust des „Alten Reichs" und der „Alten Republik",[98] sei es unter dem Paradigma „Fremdherrschaft" und (Re)Konstruktion einer vorgeblichen nationalen Eigenart.

Vergleicht man diachron polnische Erinnerungs- und Imaginationskonzepte zwischen 1795 und 1825 mit älteren Mustern und hochromantischen Nachfolgern, so werden Verschiebungen deutlich erkennbar. Gegenüber älteren Konzepten ist das Verschwinden des Respublica/Rzeczpospolita-Begriffs besonders frappant: Der Begriff, durch den die polnisch-litauische Staatlichkeit über drei Jahrhunderte mehrheitlich bezeichnet wurde, verschwindet zwischen 1795 und 1825 gänzlich aus dem politischen Vokabular. Ersetzt wird er durch den Polen-Begriff sowie die Akzentuierung einer exklusiv als „polnisch" gefassten Nation (naród-lud), die bereits um 1805 bei Woronicz Züge eines modernen ausgrenzenden Sprach- und Konfessionsnationalismus annehmen kann. Vermittelnde und plural nutzbare Begriffe wie „Vaterland" treten ebenfalls zurück. Diese neuartigen Konzepte verbindet – abgesehen von der Detailkritik – viel mit den späteren Entwürfen eines Lelewel. Auch dies deutet auf die Zäsur um 1800 hin.

Zugleich stehen beide Autoren am Übergang zwischen älteren staatlichen und literarischen Modellen und neuen, stärker emotionalisierten, politisierten und mobilisierenden Entwürfen, was auch auf die Tragfähigkeit des Konzepts der „Übergangsgesellschaft" hinweist. Ihr Werkkorpus, bisher in beiden Fällen nicht in Sammelausgaben greifbar, verdiente eine intensivere Beschäftigung insbesondere unter der Fragestellung eines schrittweisen Begriffswandels zwischen Frühneuzeit und Moderne. Sucht man zugleich die Anfänge eines modernen, vielfach exkludierenden polnischen Nationsbegriffs, so führt an den Jahrzehnten um 1800 kein Weg vorbei, was durch die spätere romantische Selbststilisierung vielfach verstellt wurde.

---

97 Plausibel macht dies Hans-Bernd Harder, Herder und die Auflösung des Klassizismus in Polen, in: Między oświeceniem i romantyzmem (wie Anm. 5), S. 23-36.

98 In der deutschen Forschung sind Verlustdiskurse bisher für das erste Drittel des 19. Jahrhunderts unter dem Einfluss der borussischen Historiografie kaum untersucht, vgl. die Hinweise bei Wolfgang Burgdorf, „Das Reich geht mich nichts mehr an". Goethes Götz von Berlichingen, das Reich und die Reichspublizistik, in: Imperium Romanum – Irregulare Corpus – Teutscher Reichs-Staat. Das Alte Reich im Verständnis der Zeitgenossen und der Historiographie, hrsg. v. Matthias Schnettger. Mainz 2002 (Veröffentlichungen des Instituts für Europäische Geschichte Mainz. Beiheft 57), S. 27-52.

Dirk Uffelmann

„Ich würde meine Nation als lebendiges Lied erschaffen". Romantik-Lektüre unter Vorzeichen des Postkolonialismus

> „Das Beste dürfte wohl auch hier sein, es immer ärger zu machen; wenn das Ärgernis die größte Höhe erreicht hat, so reißt es und verschwindet, und kann das Verstehen dann sogleich seinen Anfang nehmen."[1]

Die Rezeptionsgeschichte der polnischen Romantik zerfällt in einen affirmativen Mainstream und isolierte Subversionsversuche. Stellvertretend dafür können zwei Zitate stehen – ein bis zum Überdruss kanonisches und ein bis zum Ärgernis überraschendes. Das erste lautet:

> „Die Dichtung und Literatur der Mickiewicz-Zeit spielte in Marcins Leben eine außerordentlich prägende Rolle. (...) Unter dem Einfluss dieser Lektüre wuchs seine Seele an den eigenen Fehlern, gewann an Kraft und stählte sich – wie ein bis zur Weißglut erhitzter Stahl, der in kaltes Wasser geworfen wird – ein für allemal zu unveränderlicher Gestalt."[2]

Das zweite:

> „It might seem that there are few parallels to the partition of the Poles which was the coincidental environment in which Romanticism developed, for the Poles maintain that their experience was and is unique. (...) A useful parallel might be that of the Somalis, who are divided to this day as a result of the Berlin Conference that parcelled out Africa's territories among the European powers in 1888."[3]

Das erste Zitat stammt aus Stefan Żeromskis *Syzyfowe prace* [Sisyphos-Bemühungen] (1897), das zweite von Donald Pirie aus Roy Porters und Mikuláš Teichs Sammelband *Romanticism in National Context* (1988).

Żeromskis Roman schildert die Russifizierungsbestrebungen im Schulsystem der vom Zarenreich besetzten polnischen Gebiete, wie sie Żeromski selbst in seiner Kielcer Jugend erlebte. In einer Situation, als die Lektüre der polnischen Romantiker verboten und Russisch verpflichtende Unterrichtssprache war, beschwört Żeromski gegen allen äußeren Druck die

---

1   Friedrich Schlegel, Über die Unverständlichkeit, in: Kritische Ausgabe, hrsg. v. Ernst Behler (u.a.). München (u.a.). 1958 ff., Bd. II, S. 362-372, hier S. 367.
2   Stefan Żeromski, Syzyfowe prace. Powieść współczesna [Sisyphos-Bemühungen. Ein zeitgenössischer Roman]. Warszawa 1967, S. 203.
3   Donald Pirie, The Agony in the Garden: Polish Romanticism, in: Romanticism in National Context, hrsg. v. Roy Porter u. Mikuláš Teich. Cambridge 1988, S. 317-344, hier S. 338.

Festigkeit („unveränderliche Gestalt") der polnischen nationalen Seele – dank deren romantischer, literarischer Imprägnierung. Die Hoffnung, dass seine fiktionale Beschwörung seine Zeitgenossinnen und -genossen mit polnischer Muttersprache als kulturelle Nation zusammenschweißen möge, lässt Żeromski maschinistische Metaphern („stählen") verwenden; die Mickiewicz-Lektüre fungiere, so formuliert Żeromski damit normativ, als nationales Erziehungswerkzeug.

Donald Pirie nimmt 90 Jahre später dieselbe sprach- und bildungspolitische Repression von Polen im 19. Jahrhundert in den Blick, offeriert aber von einer distanzierten Warte (aus der Perspektive eines in Glasgow lehrenden Niederländers) eine typologische Parallele: mit Somalia. So sehr sich das geteilte Polen *innerhalb* Europas als präzedenzloses Opfer (als Christus der Völker; siehe Mickiewiczs *Księgi narodu polskiego i pielgrzymstwa polskiego* [Bücher des polnischen Volkes und der polnischen Pilgerschaft][4]) begreifen konnte, so vertraut erscheine diese historische Unterdrückungserfahrung, betrachte man sie *von außen*, von der kolonialen Vergangenheit der Länder Afrikas her: Es handle sich, so Pirie, um das durchaus typische Befreiungsstreben einer – europäischen – „Kolonie".[5]

So kanonisch Żeromskis Zitat, so provokativ Piries Rede von der „europäischen Kolonie", die mit den afrikanischen Kolonien parallelisiert werden könne. Damit versündigt sich Pirie gezielt gegen festgefahrene Wertassoziationen von Heterostereotypen: Welcher neuzeitliche Europäer möchte mit einem Afrikaner verglichen werden? Wobei die Provokation, die daraus resultiert, wenn jemand diesen Vergleich trotzdem wagt, die Triftigkeit eines Perspektivwechsels belegt – eines Perspektivwechsels, wie ihn die *postcolonial studies* vollziehen.

Im polnischen Kontext sind – bei isolierten früheren Hinweisen[6] – erst jüngst Ansätze zu einem solchen Perspektivwechsel zu beobachten; die Debatte über den Postkolonialismus beginnt gerade erst: So rechnet die polnischstämmige amerikanische Slawistin Ewa Thompson in ihrer Monografie über den russischen Kolonialismus von 2000 Polen zum kolonialen Herrschaftsbereich Russlands hinzu: „(...) Central and Eastern Europe have been subjected to Russian colonialism (...)".[7] In „Europa", der intellektuellen Beilage zur Tageszeitung „Fakt", wird sie noch deutlicher: „Polen war nicht kürzer als die afrikanischen Länder Kolonie (...)".[8]

Nicht dass der Kolonie-Terminus im Polnischen nicht eingebürgert wäre, doch im Sprechen *über Polen* wirkt er – weil er einen afrikanisch-europäischen Vergleich insinuiert – als

---

4   Die literarischen Beispiele werden hier aus Platzgründen auf Żeromskis Zeugen Mickiewicz beschränkt.
5   „[E]xperience of inner-European colonialism" (Pirie, Agony [wie Anm. 3], S. 339).
6   Beispielsweise Tomasz Szkudlarek, Miejsce / przemieszczenie / tożsamość. Place / displacement / identity, in: Magazyn Sztuki 19 (1998), S. 50-60; Krzysztof Kowalczyk-Twarowski, Imperialne przestworza, spolegliwi tubylcy: Polska, Rosja, RPA [Imperiale Räume, fügsame Einheimische: Polen, Russland, Republik Südafrika], in: Postkolonializm i okolice [Postkolonialismus und Naheliegendes], hrsg. v. Zbigniew Białas. Katowice/Warszawa 2004 (Teoria Literatura Kultura. 8), S. 173-186.
7   Ewa Thompson, Imperial Knowledge, Russian Literature and Colonialism. Westport, CT/London 2000 (Contributions to the Study of World Literature. 99), S. 1.
8   Ewa Thompson, Said a sprawa polska. Przeciwko kulturowej bezsilności peryferii [Said und die Sache Polens. Wider die kulturelle Ohnmacht der Peripherie], in: Europa. Tygodnik idei, 29.06.2005, S. 11 ff., hier S. 13.

Ärgernis; daraus resultiert eine verbreitete Reserve gegen die postkoloniale Terminologie.[9] Entsprechend wendet Najder gegen Thompson ein: „In kultureller Hinsicht war Polen nie eine Kolonie."[10] Obwohl – das gesteht Najder ein – in Russland noch heute ein kolonialistischer Blick auf Polen fortbestehe. Zur Provokation eines Vergleichs des geteilten Polens mit einer afrikanischen Kolonie kommt also noch das Ärgernis der Ausweitung ins 20. Jahrhundert und auf die postsozialistische Situation, wie sie Szkudlarek und Thompson vornehmen. Thompson erklärt die postkolonialen Züge der polnischen Gegenwartsgesellschaft für gar noch offensichtlicher als den Koloniestatus der Teilungsgebiete:

> „Der Kolonialismus datiert in Polen nicht erst von der sowjetischen Unterdrückung her. Er begann größtenteils schon im 18. Jahrhundert und wurde – Stein für Stein und gescheiterten Aufstand für gescheiterten Aufstand – das gesamte 19. Jahrhundert hindurch weiter ausgebaut."[11]

Für die historisch ausgerichtete Literaturwissenschaft kann die in dieser Debatte aufgeworfene Frage unbeantwortet bleiben, ob der Kolonialismus-Begriff[12] wirklich der beste ist zur Beschreibung der sozialen Realität im 18. und 19. Jahrhundert und/oder der sowjetischen Hegemonie im Warschauer Pakt, ob folglich das Epitheton „postkolonial" für die kulturelle Situation nach 1918 und/oder die postsozialistische Mentalität angemessen ist. Für die Forschung zur literarischen Romantik hat dagegen zu interessieren, ob die Beschreibungsangebote der *postcolonial studies* produktiv sein könnten, um *positive kulturelle Leistungen* der Unterdrückungsabwehr wie subversive Rede- und Schreibstrategien besser zu verstehen:[13] Wie schlägt sich die Unterdrückungsabwehr in „Adam Mickiewiczs and Juliusz Słowackis writings on Russian colonialism"[14] nieder? Wäre vielleicht auch Żeromskis Mickiewicz-Rezeption mit dem Werkzeug der *postcolonial studies* beizukommen? Und könnten Żeromskis und Piries Perspektiven nicht gerade zusammen genommen der Betrachtung der nationsbildenden Rolle der Romantik einen neuen Impuls geben?

Die romantischen ‚Nationaldichter' der unterworfenen ostmitteleuropäischen Völker setzen sich, wie Żeromskis Diktum zeigt, eine performative Aufgabe: durch die Kraft des dichterischen Wortes die Leser gleicher Muttersprache dazu zu bewegen, sich als Einheit zu begreifen und so – gegen die politische Fremdbestimmung und auch gegen eine Bildungs- und Sprachpolitik der Russifizierung und Germanisierung – zur kulturellen und schlussendlich auch wieder zur politischen Nation zu werden.[15] Sie taten dies gegen den Widerstand

---

9 Ebenda, S. 11.
10 Vgl. Zdzisław Najder, Kultura i imperalizm, Czy Polacy są „postkolonialni" [Kultur und Imperialismus. Sind die Polen „postkolonial"?], in: Europa. Tygodnik idei, 29.06.2005, S. 14 f., hier S. 15.
11 Thompson, Said (wie Anm. 8), S. 12. Vgl. auch Szkularek, Miejsce (wie Anm. 6), S. 57 f.
12 Vgl. Bill Ashcroft, Gareth Griffiths, Helen Tiffin, Post-Colonial Studies. The Key Concepts. London/New York 2000, S. 45-51.
13 „Sie [die *postcolonial studies*] sind nicht frei von Schwächen und Fehlern, bieten aber nichtsdestotrotz sehr geeignete Begriffe für kolonisierte Völker – sowohl weiße wie farbige." (Thompson, Said [wie Anm. 8], S. 11).
14 Thompson, Knowledge (wie Anm. 7), S. 7.
15 Damit ist das Epitheton des „Nationaldichters" selbst paradox, denn die nationale Dimension kommt dem Dichter erst im Futur II zu.

der Besatzer, mit Schwierigkeiten, ihre Werke auf heimischem Territorium drucken und verbreiten zu lassen, oftmals in der Emigration. Sie benutzten als Anregung zur nationalen ‚Selbstbildung' nicht nur fremdsprachige Vorlagen (etwa Byron), sondern zu einem wesentlichem Teil Quellen, geschrieben in den Sprachen der Besatzer (z.B. Goethe), ja sahen sich gezwungen, in dieser zu schreiben (so u.a. Cieszkowski). Das, was sie ‚herbeischreiben' wollten – einen polnischen Nationalstaat –, gab es vorderhand nicht; es musste den Besatzerstaaten entrissen werden (siehe den *Ustęp* [Exkurs] zu Mickiewiczs *Dziady* [Ahnenfeier][16]), mit einer neuen, polnischen Stimme unterlegt werden.

Die Schaffung einer eigenen Stimme in Absetzung von den Unterdrückern aber ist einer der Punkte, für welche die *postcolonial studies* (insbesondere Henry Louis Gates Jr.) Modelle vorgelegt haben. Piries Diagnose von einem „kolonialen" Hintergrund, vor dem die polnische Romantik zu verstehen sei, gilt es also, selbst wenn sie begrifflich über das Ziel hinausgeschossen sein sollte, im Geiste der *postcolonial studies* literatur- und kulturtheoretisch weiterzudenken. Dabei sind Unterschiede in den historischen und sozialen Konstellationen zwischen den außereuropäischen Kolonien und den vermeintlichen „europäischen Kolonien" gegenüber möglichen Analogien in literarischen Strategien abzuwägen.

Innovation kommt von der Peripherie her. Das ist jüngst im postkolonialistischen Weiterdenken poststrukturalistischer Inspirationen durch Migranten aus der so genannten Dritten Welt nicht anders, als es einst in der polnischen Romantik war: Für diese war ja etwa die litauisch-weißrussische Peripherie (für Mickiewicz: Nowogródek) nicht weniger wichtig als das französische, italienische oder Schweizer Exil. Von der methodischen (poststruktural-postkolonialen) Peripherie her ließe sich eine fünffache Inspiration für die Erforschung polnischen romantischen Schreibens vorschlagen:

1) Die polnische Romantik lässt sich mit ihren nationsbildenden Aspirationen unter neuen literatur- wie kulturtheoretischen Vorzeichen durch die Theorie performativer Sprechakte (Austin, Butler) in Anwendung auf die neuere Nationalismusforschung (Anderson u.a.) beschreiben.

2) Dazu käme die Theorie eines (post)kolonialen Umgangs mit Zeichen – als eines in sich paradoxen, doppelstimmigen, bruchstückhaften Sprechens und Schreibens, das das Eigene je erst noch erfinden muss, indem es sich aus den kulturellen Reservoirs der Unterdrücker bedient. Den oktroyierten Vorschriften der Besatzer wird eine polnische *Stimme* entgegengesetzt (siehe die Rolle der Mündlichkeit in Mickiewiczs Improvisationen). In der Abstoßung, im Differieren vom anderen, von den Besatzern wird ein Eigenes „erfunden" – literarische, kulturelle, nationale Identität –, das gleichermaßen utopisch auf die Vergangenheit wie auf eine befreite Zukunft projiziert wird, ohne jemals eingefangen werden zu können (siehe den Schluss des III. Akts der *Ahnenfeier*). Die Tätigkeit der romantischen „Nationaldichter" lässt sich demnach als performatives und paradoxes *Signifying ,nation'* kennzeichnen.[17]

---

16 Wobei die Abstoßung vom Regime mit der Aneignung bestimmter kultureller Traditionen der Besatzerkultur einhergeht; schließlich ist es der Dekabrist Bestužev, den Mickiewicz in der 8. Szene des III. Teils der *Ahnenfeier* zur taktischen Besonnenheit im Befreiungskampf aufrufen lässt.

17 Angelehnt ist dies an eine der Kernformeln der postkolonialen Literaturtheorie, *signifying ethnical and national identity*.

3)   Wie sich die postkoloniale Theorie ihre Anregungen beim französischen Poststrukturalismus (Derrida) holte, so ist es geboten, sich bei der Betrachtung dieser signifikativen
Paradoxien der Romantik der Kategorien der Dekonstruktion zu versichern, insbesondere was Kernbegriffe des „Noch-Nicht"[18] und Nicht-Ganz wie *différance* oder
supplément angeht.

4)   Die häufig beschworene typologische Verwandtschaft von Romantik und Postmoderne
ist ein Topos, den es literaturtheoretisch mit Inhalt zu füllen gilt: Die dekonstruk-
tive Fokussierung des Aporetischen, Unvollständigen und Aufgeschobenen wurde in
entscheidender Weise vorbereitet durch eine philosophische Tradition, die ihren bedeutendsten Vertreter in der Jenenser Frühromantik bei Friedrich Schlegel hat: Die
in der polonistischen Forschung über weite Strecken vernachlässigte frühromantische
Philosophie des Fragments[19] und des Wechselspiels zwischen Bruchstück und utopischer Totalität kann, wo sie nicht direkt als intertextuelle Inspiration nachweisbar
ist, da zumindest als heuristisches Werkzeug herhalten, um die Schreibstrategien der
polnischen Romantiker zu konzeptualisieren, die ihrerseits zwischen fragmentarischer
Form (*Die Ahnenfeier*) und erhabener Vision der nationalen Zukunft (*Die Bücher des
polnischen Volkes und der polnischen Pilgerschaft*) oszillieren.

5)   Die fragmentarisierte polnische Nation ist die Basis, die es hinzuzulesen gilt, will
man normative Aussagen über Verstehen romantischer Literatur wie die Żeromskis
von einer „Seelenstählung" verstehen: Ohne den Kontext des Fragmentarisierten bleibt
auch das Erhabene, auf das angespielt wird, lediglich Bruchstück, „Fragment aus der
Zukunft".[20] Die fragmentarischen Suggestionen brauchen die Konkretisierung durch
den Rezipienten, um zur Affirmation zu werden.[21] So wie die unvollendeten und
logisch sprunghaften Dramen von Mickiewicz, aber auch von Słowacki und Krasiński
um fehlende Glieder supplementiert werden wollen, damit ein utopisches nationales
Ganzes ersteht, so bedarf umgekehrt die Rhetorik des Erhabenen, wie wir sie bei
Żeromski über Mickiewicz oder bei Mickiewicz selbst (siehe die Visionen der Dresdner
Ahnenfeier) am Werk sehen, des Hinzudenkens des Unvollständigen, der historischen
Misere.

---

18 Vgl. Eberhard Ostermann, Das Fragment, Geschichte einer ästhetischen Idee. München 1991,
S. 113.

19 Abgesehen von der Norwid-Forschung und der an Norwid anschließenden Theorie des Verschwei-
gens (*przemilczenie*) bildet die Analyse der Bandbreite von romantischen Realisierungen des Fragmentarischen in der Polonistik weiterhin ein Desiderat. In der dekonstruktiven Norwid-Lektüre
ist auch eine Anknüpfung an Schlegel versucht worden (Wiesław Rzońca, Norwid, Poeta pisma,
Próba dekonstrukcji dzieła [Norwid, Dichter der Schrift, Versuch einer Dekonstruktion seines
Werks]. Warszawa 1995, S. 155 f. et passim).

20 Schlegel, Kritische Ausgabe (wie Anm. 1), Bd. II, S. 168 (A 22). Dieser zukunftsbezogene Einsatz
unterscheidet sich grundlegend von der rückwärtsgewandten, postutopischen Variante des romantischen Fragments, wie sie etwa bei Rzewuski im Vordergrund steht (siehe den Beitrag von Alfred
Gall in diesem Band).

21 Vgl. Dirk Uffelmann, Hermetik, Politik, Analogie. Zu einer spezifischen Hermeneutik der Visionen
in Mickiewiczs ‚Dresdner' Dziady, in: Adam Mickiewicz. Kontext und Wirkung, Contexte et
rayonnement, hrsg. v. Rolf Fieguth. Fribourg 1999, S. 73-101.

ad 1) Was Żeromski in Bezug auf Mickiewiczs Texte und ihre vorgeblich „stählende" Wirkung auf die Leser in den Teilungsgebieten imaginiert, ist ein Sprechakt, der Wirkung aus sich selbst heraus, kraft seiner eigenen Handlungsmächtigkeit erreicht. Dafür hat die Sprechakttheorie den Terminus *Perlokution* geprägt.[22] Anders als illokutionär-performative Sprechakte bedürfen perlokutionäre der Anschlusshandlung eines Anderen.[23] Damit ist die Performanz durch den perlokutionären Sprechakt *allein* wieder eingeschränkt; Sprechakte können zwar als perlokutionär ausgegeben werden (*zur Umkehr bewegen, überzeugen*) – was Żeromski in Bezug auf Mickiewicz tut –, sind aber auf die Akzeptanz in einem Sozium angewiesen, das entsprechend handeln muss: Die nationale Gesinnung – und umso mehr die politischen Strukturen des ersehnten polnischen Nationalstaats – sind erst durch die Rezipienten zu realisieren. Der suggestive Effekt von Żeromskis Imagination aber ist, dass die national-aufrüttelnde Wirkung von Mickiewiczs Texten als bereits erfolgreich hingestellt wird. Dabei wird jeder perlokutionäre Akt durch drei Erfolgsbedingungen – 1) die Akzeptanz durch ein Sozium, 2) eine Anschlusshandlung und 3) der ja noch keineswegs ausgemachte Erfolg dieser Anschlusshandlung – bedroht.[24]

Die nationale Gesinnung fiel entsprechend keineswegs so konstant „stählern" aus, wie Żeromski das beschwor, sondern war räumlich wie zeitlich sehr verschieden – gerade unter dem Eindruck gescheiterter Aufstände. Über weite Strecken des 19. Jahrhunderts war polnisches kulturelles Nationalbewusstsein ein bloßes Elitenphänomen und keine sozial umfassende Realität; Bauern wurden von den Adligen lange nicht eingeschlossen und definierten sich selbst ebenso wenig als Polen.[25] Und auch die Teilungspolitik hatte kulturpsychologische Folgen; die Bewohner der einzelnen Teilungsgebiete belegten einander mit negativen Heterostereotypen wie *Rusek [Russ]* oder *Galileusze [Galiläer]*.[26] Von Erfolg gekrönt wurde das Befreiungsbestreben schließlich erst infolge der kriegerischen Konfrontation zwischen den Besatzermächten 1914–18.[27] Mag auch die literarische Beschwörung von Nationalbewusstsein etwa ab Mitte des 19. Jahrhunderts Früchte getragen haben und allmählich schichtenübergreifend zur kulturellen Nation zusammengeschweißt haben[28] – in eine *erfolgreiche* politisch-militärische Handlung mündete dies nicht. Angesichts des Fehlens einer erfolgreichen Anschlusshandlung (Bedingung 3) waren die perlokutionär nationsbildenden Sprechakte also gescheitert.

---

22 John L. Austin, How to Do Things with Words. The William James Lectures Delivered at Harvard University in 1955. Cambridge, MA 1962, S. 101.
23 Austin zeigt diese Dimension der nötigen Anschlusshandlung durch die notwendige Transitivität des perlokutionären Aktes im Gegensatz zum lokutionären und illokutionären auf: „We can (...) distinguish the locutionary act ‚he said that...' from the illocutionary act ‚he argued that...' and the perlocutionary act ‚he convinced me that...'." (Austin, How to do Things [wie Anm. 22], S. 102).
24 Die berühmten Austinschen „infecilities" (ebenda, S. 21 et passim).
25 Stanisław Eile, Literature and Nationalism in Partitioned Poland, 1795–1918. Basingstoke (u.a.). 2000 (Studies in Russia and East Europe), S. 4-7; Andrzej Chwalba, Historia Polski 1795–1918 [Geschichte Polens 1795–1918]. Kraków 2001, S. 154-160.
26 Chwalba, Historia (wie Anm. 25), S. 158; Eile, Literature (wie Anm. 25), S. 17.
27 Norman Davies, Heart of Europe. A Short History of Poland, dt. zit. nach: Ders., Im Herzen Europas, Geschichte Polens, aus dem Englischen v. Friedrich Griese. München 2000, S. 105.
28 Tadeusz Łepkowski, Polska – narodziny nowoczesnego narodu 1764–1870 [Polen – die Geburt einer modernen Nation 1764–1870]. 2. Aufl., Poznań 2003 (Poznańskie Towarzystwo Przyjaciół Nauk, Wznowienia. 13), S. 250-253.

Nachdem Ende des 18. Jahrhunderts Ansätze zu einem bürgerschaftlichen, nicht aber ethnisch definierten Nationsbewusstsein, das über die Gruppe des Adels hinausging,[29] durch die dritte Teilung abgebrochen waren, datiert das kulturelle *nation-building* erst auf das 19. Jahrhundert. Es setzt die mediale Basis der modernen „print-languages"[30] voraus. Die „imagined community" war eine Aporie, insofern die beschworene nationale Gemeinschaft allein aufgrund der Unüberschaubarkeit des Soziums für den Einzelnen nie erlebbar wird,[31] was im polnischen Fall verschärft wurde dadurch, dass die Gemeinschaftlichkeit der Polen von den Besatzungsmächten bestritten und zerschnitten wurde, nationaler Zusammenhalt also kontrafaktisch behauptet werden musste. Zur Kommunikation über die zerschneidenden Grenzen hinweg brauchte es wiederum das Printmedium.

Erst die unaufhörliche Beschwörung der Nation im Printmedium führte – nach Jahrzehnten – zur Herausbildung von kulturellem Nationalbewusstsein und schlug eine Brücke von lokalen und regionalen Identitäten (vgl. *Die Ahnenfeier II, Pan Tadeusz czyli ostatni zajazd na Litwie* [Pan Tadeusz oder die letzte Fehde in Litauen]) zum Totum einer polnischen Kulturnation. So behielt Żeromski schließlich doch Recht: Die romantische Literatur hatte den Verlust der politischen Nation durch einen Prozess soziokultureller Selbstorganisation kompensiert und ein Kulturnationsbewusstsein angebahnt.[32]

Entsprechend symptomatisch ist es, dass Żeromski nicht einen der fiktionalen Helden seiner *Sisyphos-Bemühungen* mit perlokutionärer Sprachmacht ausstattet, sondern diese dem Text des 40 Jahre zuvor verstorbenen Mickiewicz attestiert. Um die perlokutionäre Wucht der nationsbildenden Texte zu veranschaulichen, greift Żeromski zu erheblichem rhetorischen Aufwand, der „Stählungs"-Metapher; der rhetorische Überaufwand dekonstruiert sich selbst. Wie Żeromskis *locus classicus* belegt, ist die Literatur der polnischen Romantik durch den nationalpolitischen Zeitkontext auf eine Lektüreroutine festgelegt worden, die den nationalen und kulturellen Visionen eine perlokutionäre Macht zuschrieb, darüber aber die in den Texten selbst schon geleistete Dekonstruktion von performativen Sprechakten übersah.

Auch die romantischen Texte selbst thematisieren geradezu obsessiv, wie perlokutionäre Sprechakte dazu neigen, überanstrengt auszufallen: Bei Mickiewicz ist das berühmteste Exempel Konrads Gottesherausforderung in der zweiten Szene des dritten Teils der *Ahnenfeier*: „Gottes, der Natur ist würdig, so zu singen!/ Großes Lied und große Schöpfung darzubringen./ Solch ein Lied ist Kraft, ist Wirksamkeit,/ Solch ein Lied – es ist Unsterblichkeit!"[33] Mickiewiczs *Bücher des polnischen Volkes* gipfeln in der Gewissheit eines normativen Futur Perfekt: „Und am dritten Tage kehrt die Seele [der polnischen Nation] zurück zu ihrem

---

29 Vgl. Andrzej Walicki, Idea narodu w polskiej myśli oświeceniowej [Die Idee der Nation im polnischen aufklärerischen Denken]. Warszawa 2000 (Renesans i Reformacja. Studia z historii filozofii i idei. 21), S. 107-112.
30 Benedict Anderson, Imagined Communities, Reflections on the Origin and Spread of Nationalism. London/New York 1991, S. 44.
31 Ebenda, S. 5.
32 „While not successful as an active insurrectionary tactic, Romantic subversion consolidated national identity and outlived the colonial structures of repression and subjection" (Pirie, Agony [wie Anm. 3], S. 337); vgl. auch Eile, Literature (wie Anm. 25), S. 1.
33 Adam Mickiewicz, Die Ahnenfeier, Ein Poem, Zweisprachige Ausgabe, übers. u. hrsg. v. Walter Schamschula. Köln (u.a.). 1991, S. 249.

Körper, und die Nation wird auferstehen und alle europäischen Völker von der Sklaverei befreien."[34] Das resonanzlose Sprechen Konrads in der *Wielka Improwizacja* [Große Improvisation] (anstelle einer Antwort Gottes herrscht Schweigen) stellt jedoch aus, dass Konrad eben nicht über perlokutionäre Macht verfügt.[35] Sowohl die Macht, die Nation zu erzeugen, als auch diese selbst fehlen noch, denn es heißt im Irrealis: „Ich würde meine Nation als lebendiges Lied erschaffen (...)".[36]

Stellt die *Wielka Improwizacja* somit eine Dekonstruktion perlokutionärer Ansprüche dar, so lieferte Mickiewicz in den Vorlesungen am Collège de France selbst eine Proto-Theorie von Sprechakten. Er widmete die Vorlesung vom 7. Februar 1844 der Frage „Was ist das Wort (le Verbe)?"[37] Das emphatisch verstandene „Wort" soll den Menschen als ganzen betreffen,[38] ihn als Sprechenden und Handelnden zugleich erfassen: „(...) sei es, daß sie wirken oder daß sie sprechen, so trachten sie vollständige Menschen zu sein." (90) Dann werde Sprechen zur „schöpferischen Kraft" (ebenda). Allerdings sei ein solches religiös-magisches bzw. performatives Verständnis von Sprechen in der Moderne verloren gegangen. Bewahrt hätten es lediglich die Slawen:

> „Bei uns werden die außerordentlichen Wirkungen des Worts, so oft sie sich für die Menschheit heilsam erweisen, für Beweise der Gegenwart des heiligen Geistes gehalten." (88)

Doch auch das einfache französische Volk konserviere diese Weisheit noch in seinen Phraseologismen:

> „Sich auf sein Wort verpflichten, will in der Sprache der Volksmänner so viel sagen, als sich selbst verpflichten. Das französische Volk setzt die polnische Theorie instinktmäßig ins Werk." (Ebenda)

Mickiewicz diagnostiziert den slawischen, polnischen Glauben an ein wirkungsmächtiges Wort also richtig als kulturelles Spezifikum und projiziert dieses nur in die Vergangenheit zurück, statt es aus der gegenwärtigen Misere herzuleiten: Wer im Argen lebt, drängt zur Aktion (so Cieszkowski gegen Hegel); und wenn es mit dem praktischen Handeln schwierig ist (weil der Gegner übermächtig ist), dann verschiebt sich die Hoffnung auf das perlokutionäre Wort. Doch dieses kann – wie Mickiewicz in der *Großen Improvisation* ausweist – durchaus auch scheitern. So thematisiert Mickiewicz an anderer Stelle der Vorlesungen (am 1. Juli 1842) – wie in der *Großen Improvisation* – auch eine ganz nüchterne Sicht von möglichem Scheitern perlokutionärer Sprechakte wie etwa von Befehlen: „Dieselben Worte, die

---

34 Adam Mickiewicz, Die Bücher des Polnischen Volkes und der Polnischen Pilgerschaft. Aus dem Polnischen des Mickiewicz übersetzt von P.-J. B.-G. G.R. o.O. 1833, S. 24 (Übersetzung korrigiert). Darin deutet sich eine über-nationale Stoßrichtung von Mickiewiczs Anliegen an (vgl. bes. auch ebenda, S. 52 ff.), die hier aber nicht eingehender betrachtet werden kann.

35 Vgl. Ryszard Przybylski, Słowo i milczenie bohatera Polaków [Wort und Schweigen des Helden der Polen]. Warszawa 1993, S. 138.

36 Mickiewicz, Die Ahnenfeier (wie Anm. 33), S. 257 [Übersetzung verändert; D. U.].

37 Adam Mickiewicz, Vorlesungen über slawische Literatur und Zustände, Gehalten im Collège de France. Leipzig/Paris 1843–1845, Bd. 4, S. 84-103.

38 Ebenda, S. 88: „(...) das Wort und der ganze Mann (ist) eins und dasselbe."

vom Feldherrn an das Heer gesprochen hoch aufgenommen wurden, erscheinen lächerlich im Munde eines Kindes."[39]

ad 2) Inwieweit sind die perlokutionären Versuche, die polnische Nation aus dem Nicht-Sein zu erwecken, mit den Sprech- und Schreibstrategien anderer Gruppen vergleichbar, die sich aus einem Zustand, in dem ihnen Existenz abgesprochen wird, selbst durch ihr Sprechen und Schreiben konstituieren? Wenn der Vergleich mit außereuropäischen Analogien fruchtbar sein soll, dann darf Polen auch innereuropäisch nicht isoliert betrachtet werden. Eine weitere Perspektive ist sowohl geboten im Hinblick auf einen typologischen Vergleich mit anderen mitteleuropäischen besetzten Kulturen (Mickiewicz selbst macht in den Vorlesungen am Collège de France typologische Aussagen)[40] als auch auf die Solidarisierung der polnischen Romantiker mit anderen unterdrückten Völkern (Mickiewiczs *Sonety krymskie* [Krim-Sonette]). Weitet man auf diese Weise die Perspektive zu einer typologischen, dann wird die Festlegung der ostmitteleuropäischen unterdrückten Kulturen auf den Status von „Kolonien" endgültig zu eng: Statt „Kolonisierung" bietet es sich dann an, dort, wo eine Kultur als höherwertig gesetzt und eine andere unterdrückt wird, von Dominanz, Repression und Marginalisierung zu sprechen (ein geläufiger Sammelbegriff in der postkolonialen Diskussion ist „subaltern"[41]). Es braucht dann keine wertende Außenposition, ob denn diese zivilisatorische Hierarchisierung wenigstens partiell den Verhältnissen entspricht (wie bei weißen Farmern und schreib- und leseunkundigen schwarzen Landarbeitern in den Südstaaten der USA im 19. Jahrhundert) oder gar nicht (wie zur gleichen Zeit bei Russland und Polen): Entscheidend ist, dass die unterdrückende Seite sich der unterdrückten überordnet und dieser die Eigenständigkeit abspricht. Das *tertium comparationis* sind zum einen der Entzug von Gleichwertigkeit und zum anderen subversive Strategien von Seiten der Unterdrückten, diese Hegemonie zu unterlaufen.

Henry Louis Gates Jr. ist unter den Theoretikern der *postcolonial studies* vielleicht derjenige, der sich solchen Subversionsstrategien qua Sprache und Literatur am intensivsten gewidmet hat.[42] Er hat diese unter den Kernbegriff des *Signifying* subsumiert.[43] Der

39 Mickiewicz, Vorlesungen (wie Anm. 37), Bd. 2, S. 438.
40 Die Schreibverfahren der polnischen Romantik ließen sich dann parallelisieren mit ähnlichen Verfahren in anderen ostmitteleuropäischen Kulturen, die im 19. Jahrhundert zwischen russischer, habsburgischer oder osmanischer Herrschaft eingezwängt waren (siehe: History of the Literary Cultures of East-Central Europe, Junctures and Disjunctures in the 19th and 20th Centuries. Bd. 1, Amsterdam/Philadelphia 2004 [A Comparative History of Literature in European Languages. 19]) – und *mutatis mutandis* eben auch mit den Literaturen der früheren außereuropäischen Kolonien. Die gebotene vergleichende Perspektive kann hier nicht geleistet werden, musste sie doch selbst in einem Kollektivprojekt wie dem von Cornis und Neubauer Stückwerk bleiben.
41 Der seinerseits umkämpft ist (siehe Gayatri Chakravorty Spivak, Can the Subaltern Speak?, in: Marxism and the Interpretation of Culture, hrsg. v. Cary Nelson u. Lawrence Grossberg. Basingstoke/London 1988, S. 271-313, hier S. 284 f.).
42 Neben Gates' Konzept des *Signifying* wären auch andere wie beispielsweise ein strategisches *Mimikry* seitens der (einst) Unterdrückten zu nennen (vgl. Leela Gandhi, Postcolonial Theory, A Critical Introduction. New York/Chichester 1998, S. 150). Eine Diskussion der anderen Ansätze ist hier nicht zu leisten; es kann allein an Gates' Theorie stellvertretend die Eignung postkolonialer Ansätze für die Beschreibung der Strategien der polnischen Romantik aufgezeigt werden.
43 *Signifying* wird zur Unterscheidung vom gemeinsprachlichen englischen Wort mit großem An-

Signifikations-Begriff wird von Gates zwischen Saussure,[44] Bachtin[45] und dem mehrdeutigen afro-amerikanischem Wort *signifyin(g)*[46] angesetzt. Entscheidend ist, dass Gates das Signifizieren zwischen „two parallel discursive universes" verortet, zwischen denen es oszillierte, die es abwechselnd und gleichzeitig bezeichnete.[47] Die Afroamerikaner – als Sklaven ohne Stimme und Schrift – hätten sich in einer subversiven Strategie von *Signifying* die fremden Zeichen der Weißen angeeignet („black people colonized a white sign"), um ihrer „historically nameless community" Selbstbewusstsein zu geben.[48]

Der kulturgeschichtliche Unterschied zu Polen zwischen 1795 und 1918 ist offensichtlich: Es hat in dieser Zeit immerhin verschiedene polnische politische Institutionen gegeben, wenn diese auch gegängelt und ferngesteuert wurden und das Polnische in den Gebiets- und Institutionennamen unter Regionalbegriffen versteckt wurde (*Księstwo Warszawskie* [Herzogtum Warschau]*, Kraj Nadwiślański* [Weichsel-Land]).[49] Polen nahmen hohe Positionen in Wien ein, in geringerem Maße auch in Petersburg und Berlin. Vor 1795 hatte es mit der Adelsnation eine politische Nation *par excellence* gegeben.[50] Und wenn es vor 1795 auch keine ethnisch-kulturell umfassende polnische Nation gegeben hatte, so konnte das geteilte Polen doch zurückgreifen auf die kulturelle Reserve einer Hochkultur mit elaborierter, polyvalenter Literatursprache und die kollektive Erinnerung an das Goldene Zeitalter beschwören. Nachdem die politische Nation verloren war, wurde – auch wenn die Akteure das so vielleicht nicht wollten – im Laufe des 19. Jahrhunderts die Kulturnation zu dem bestimmenden Ziel, das aus der Nicht-Existenz hervorgebracht werden sollte.[51]

Die Besatzer markierten die Polnisch sprechenden Menschen nicht rassistisch (‚race', ‚monkey', ‚black'), sondern erstrebten deren sprachliche und kulturelle Entmarkierung. In beiden Fällen – dem afroamerikanischen wie dem polnischen – geht das Moment eines Entzugs der Selbstbestimmung der Unterdrückten voraus – der Entzug von Menschenwürde im Falle der amerikanischen Sklaven, der von Eigenstaatlichkeit und Eigenidentität bei den Polen des 19. Jahrhunderts. Von diesem Defizit her ist beiden ein Streben nach kultureller

---

fangsbuchstaben oder mit fehlendem oder in Klammern hinzugesetztem Schlussbuchstaben *signifyin(g)* geschrieben, was die grafische Markierung eines nicht-hörbaren Unterschieds bedeutet (wie bei Derridas *différance*; Henry Louis Gates Jr., The Signifying Monkey, A Theory of African-American Literary Criticism. New York/Oxford 1988, S. 45 f.).

44 Die Relation zwischen Bezeichnendem und Bezeichnetem (ebenda, S. 46).

45 Die Doppelstimmigkeit jedes Bezeichnenden (ebenda, S. 50 f.).

46 Siehe ebenda, S. 54.

47 Bei Gates sind dies weiße und afroamerikanische Kultur und Literatur. Der als a-semiotisch diffamierte Nicht-Mensch Sklave konstituiert sich zum sprechenden und schreibenden Subjekt, indem er die Negativschablone der Weißen über ihn annimmt und sie unterläuft, indem er als *Signifying Monkey* auftritt. Es handelt sich also um eine oxymorale Geste (ebenda, S. 52).

48 Ebenda, S. 47.

49 Vgl. dazu Davies, Heart (wie Anm. 27), S. 144.

50 Vgl. Andrzej Walicki, Philosophy and Romantic Nationalism, The Case of Poland. Oxford 1982, S. 68 f. Ebenso Walicki, Idea (wie Anm. 29), S. 10. Walicki unterläuft damit die Kohnsche Polarisierung von westlichem, gutem, staatsbürgerlichem und östlichem, schlechtem, kulturell-ethnischem Nationalismus.

51 „The real historical process – history as it really was – led to the victory of the linguistic and ethnic (and in this sense ‚cultural') conception of the Polish nation, although the generation of 1831–48 did not desire this." (Walicki, Philosophy [wie Anm. 50], S. 73).

Selbstdefinition gemeinsam, das Berührungen in den Subversions- und Selbstschöpfungs-
strategien nach sich zieht.

Wie ging man sprachlich und literarisch um mit Entzug und Selbsterschaffungsnot-
wendigkeit? Nach Gates läuft die afroamerikanische Selbsterschaffungsstrategie über die
Annahme und das Unterlaufen des Negativstereotyps: Der ‚race'-Begriff wird in Anführungszeichen gesetzt, um zu markieren, dass es sich hier um ein Konstrukt handelt, das
von außen aufgepfropft wird.[52] In Anführungszeichen aber wird er weiter verwendet, und
im *Signifying ethnical and cultural identity* erlangt die subversive Strategie schließlich eine
konstruktive Dimension.

Ein subversiv-konstruktives *Signifying ‚race'* und *Signifying ethnical and cultural identity* konstituiert die kulturelle Identität der Afroamerikaner in der Abgrenzung von dehu-
manisierenden Negativetiketten wie *black, nigger, monkey* etc. Wenn diese Formel auf den
ostmitteleuropäischen Kontext des 19. Jahrhunderts als *Signifying ‚nation'* übertragen wird,
so ist damit eine Reaktion auf den Entzug von polnischer Staatlichkeit und die versuchte
Auslöschung kultureller Identität gemeint. Die Anführungszeichen bei ‚nation' zeigen in
diesem Fall nicht (wie bei ‚race'), dass die ‚polnische Nation' ein den Polen oktroyiertes
Konstrukt der anderen wäre, sondern dass die polnische Nationshaftigkeit 1795 mit der
Staatlichkeit entzogen und nach diesem Entzug Nation im kulturellen Sinne performativ als
eigenes Konstrukt neu erzeugt wurde. Das *tertium* ist also erneut die Erzeugung aus einem
gewissen Nichts.[53] Wobei die Erzeugung von kultureller, nationaler Identität gerade über
das literarische Schreiben gelingt. Das gilt für die afroamerikanische Literatur („We black
people tried to write ourselves out of slavery (...)", sagt Gates[54]) wie für die polnische
Nationalromantik.

Wenn man die polnische romantische Literatur unter dem Blickwinkel eines *Signifying ‚nation'* beschreibt, dann ist das auf den Entzug der Staatlichkeit reagierende Sprechen
keine generelle Subversionsrhetorik in der Sprache der Unterdrücker wie das Black Ame-
rican English, insofern eine ‚eigene' polnische Literatursprache vorhanden ist, sondern auf
das *Sprechen von der Nation* fokussiert. Wie *Signifying ‚race'* mehrere Begriffe von ‚race'
gleichzeitig adressiert und Identität ‚herbeischreibt', ist auch *Signifying ‚nation'* polyva-
lent: „Polen", „Nation" etc. fungieren als Doppelzeichen zum einen für das aktuell Nicht-
Existente, zum anderen für das künftig Erstrebte. Die Rede vom Polentum und von der
Nation gerät also im 19. Jahrhundert politisch subversiv.[55] Diese politisch subversive Strategie funktioniert über die Abstoßung vom Anderen, Fremden, von den Besatzermächten
(siehe die Senatorszenen und den *Exkurs* zu Mickiewiczs *Ahnenfeier*). Konzeptuell ist sie
auf die Anleihen bei der romantischen Nationentheorie Herders[56] angewiesen. Literarisch

---

52 Siehe Henry Louis Gates Jr., Talkin' That Talk, in: „Race", Writing, and Difference, hrsg. v.
    Henry Louis Gates Jr. Chicago/London 1986, S. 402-409, hier S. 403.
53 Vgl.: „(...) Anglo-African writing arose as a response to allegations of its absence" (Gates Henry
    Louis Gates Jr., Introduction: Writing ‚Race' and the Difference It Makes, in: „Race", Writing,
    and Difference [wie Anm. 52], S. 1-20, hier S. 11).
54 Ebenda, S. 12.
55 „[A] subversive strategy of Polishness was adopted (national Romanticism)" (Pirie, Agony [wie
    Anm. 3], S. 339).
56 Anderson, Communities (wie Anm. 30), S. 68 f.

geht sie über Momente intertextueller Absetzung und Überbietung[57] von außerpolnischen romantischen Prätexten (man denke etwa an Mickiewczs Dialog mit der Übersetzungsszene aus Goethes Faust[58]) bzw. über das partielle Verschweigen dieser Inspirationen (dazu unten mehr mit Blick auf Schlegel). Die Anregungen aus anderen Literaturen wurden in eine nationale Themenwahl überführt (*Ballady i romanse* [Balladen und Romanzen], *Grażyna, powieść litewska* [Grażyna, eine litauische Erzählung] und *Konrad Wallenrod*).[59]

Medial schließlich definiert sich die polnische romantische Subversionsstrategie über die Betonung von Mündlichkeit (als Authentischem, Eigenem) gegenüber dem Schriftdiktat der Besatzer (siehe Mickiewczs Improvisationen).[60] Insofern die polnische Sprache insbesondere im russischen Besatzungsgebiet auf Mündlichkeit zurückgeworfen wurde, wendet Mickiewicz in seinen Improvisationen diese Reduktion auf die Mündlichkeit zur kreativen Strategie um.

Ein Sprechen, das über aneignende Abgrenzung läuft, kann *als Rede* oder *als Schrift* zu keinem Abschluss kommen;[61] die herbeigesehnte und ‚herbeigeschriebene‘ ‚Nation‘ muss bis zur politischen Realisierung (durch Handlung, nicht durch Sprache) ein ephemeres Konstrukt bleiben, weil sie erst künftig in Erscheinung treten kann. Also gilt es, die Rede von der Nation in der polnischen Romantik als doppelsinnig zu lesen: Wo die Besatzer faktisch die Nicht-Existenz einer polnischen Nation statuieren, da behaupten die romantischen ‚Nationaldichter‘ kontrafaktisch deren Existenz. Wo Mickiewicz die „Nation" anspricht, da heißt es eben im Futur Perfekt, sie „wird auferstehen". Was sie aber gerade noch nicht ist. Diesen normativen Behauptungen im Futur Perfekt bleibt also das Wissen, dass das Behauptete kontrafaktisch ist, eingeschrieben.

ad 3) Eine solche Kontamination von Da und Nicht-Da, wie sie das Sprechen von Menschen in einer marginalisierten, unterdrückten Lage kennzeichnen, ist Menschen unter glücklicheren politischen Umständen nicht etwa prinzipiell fremd. Auch was die *postcolonial studies* machen, ist bekanntlich eine Spezifizierung sprachphilosophischer und anthropologischer Annahmen des Poststrukturalismus:[62] Derridas *Grammatologie* zufolge herrscht im abend-

---

57 Zum Zusammenhang von doppelstimmigem *Signifying* und Intertextualität siehe Gates, Monkey (wie Anm. 43), S. 60.

58 Vgl. Hans Rothe, Goethe und die sog. „Große Improvisation" im dritten Teil der „Dziady" von Mickiewicz. Der „prince des poètes" und der Herausforderer, in: Gedenkschrift für Reinhold Olesch, hrsg. v. Hans Rothe, Roderich Schmidt u. Dieter Stellmacher. Köln 1990, S. 337-373. Cieszkowski setzt das fort, wenn er Goethe vorsätzlich falsch zitiert: „(...) *am Ende wird die That!*" (August Cieszkowski, Prolegomena zur Historiosophie. Nendeln 1976, S. 78). Schon früher beobachtete Phänomene wie eine rivalisierende, agonale Intertextualität werden also durch den postkolonialen Fokus lediglich neu gesichtet und in einen strategischen Gesamtkontext gestellt.

59 Vgl. Pirie, Agony (wie Anm. 3), S. 324.

60 Es gehört zu den konstitutiven Momenten von *Black Signifying*, dass Mündlichkeit gegen fremde Schriftlichkeit gesetzt wird (siehe Gates, Monkey [wie Anm. 47], S. 22) – Gogol's сказ [skaz] vergleichbar. Zum Moment des Improvisierens siehe das Motto von Kimberly W. Benston, das Gates dem *Signifying Monkey* voranstellt: „Improvisation is the play of black differences." Insofern Konrad im Kerker improvisiert, kann Mündlichkeit also ein Mittel von Subversion sein.

61 Siehe Gates' Rede vom „never-ending" (Gates, Monkey [wie Anm. 43], S. 21).

62 Auch Derrida rekurriert in einem späteren Werk (Le monolinguisme de l'autre ou la prothèse d'origine. Paris 1996) auf seine Herkunft aus der algerischen Peripherie.

ländischen Logozentrismus ein *horror vacui*, der sich in binären Gegenüberstellungen von Präsenz und Absenz niederschlägt, wobei das Absente, das jeweils auszutreiben versucht werde, das dagegen gesetzte Präsente unausweichlich mit affiziere und es aufschiebe.[63]

„Die Dekonstruktion verfolgt die Fragmentierung eines Textes, um ihn als das Fragment erfahrbar zu machen, das er insofern ist, als er sich als Ganzheit behauptet."[64]

Wenn das Eigentliche auf die Zukunft projiziert wird – als Geschichts*télos*, als National-staatsutopie –, ist das materielle Zeichen das einzige jetzt schon greifbare „Fragment aus der Zukunft". Diesem fragmentarischen Jetzigen gegenüber gerät dasjenige, was sich in der jeweiligen Gegenwart nur visionär, utopisch andeuten lässt, in die Position des Absenten, des Supplements. Erst die Supplementierung macht aus dem fragmentarischen Zeichen einen Verweis auf das Ganze. Die Kluft zwischen fragmentarischem Verweis auf die Zukunft und utopischer Ganzheit erzeugt den Effekt des Erhabenen. Gerade *durch* seine Mangelhaftigkeit bezeichnet das Partielle (Gegenwärtige, Zeichenhafte) das Ganze (Künftige, Nationalstaat-liche).

Gleich in einer der ersten Vorlesungen am Collège de France vom 5. Januar 1841 definiert Mickiewicz die polnische Nation in diesem Sinne als noch zu schaffendes, niemals gänzlich realisiertes Ideal:

„Nach den Meinungen vieler heutiger Reformatoren besteht das Vaterland in der zu-künftigen gesellinen Ordnung, welche erst zu erschaffen ist. (...) Nicht zu verwundern ist, wenn eine ähnliche Idee in die Wirklichkeit weder gänzlich eingeführt wurde, noch eingeführt werden konnte, daß nie der gesellige Zustand Polens alle ihre Bedingungen umfaßte."[65]

Gegen Schluss von Mickiewiczs *Ahnenfeier* kann Konrad – die Personifikation des künftigen selbstbestimmten Polens – nur aus der Ferne evoziert werden, und dann auch nicht als freier Mann, sondern als Gefangener. Und selbst um zu dieser paradoxen Fernvision von Befreiung durch Darstellung eines Gefangenen zu gelangen, muss der Dramentext eine Serie von Brü-chen durchlaufen, die bis zu Phönixmotivik, Auferstehungsfigur und Metempsychose gehen.

Während die bisherige Forschung solche Brüche vor allem als Absetzung von der her-kömmlichen Logik thematisiert hat,[66] die einer superioren romantischen Logik Raum geben

---

63 Die behauptete Präsenz der Stimme sei je schon durch die Absenz ihres Supplements, der Schrift, in Mitleidenschaft gezogen (Jacques Derrida, De la grammatologie, dt. zit. nach: Grammatologie, aus dem Französischen v. Hans-Jörg Rheinberger u. Hanns Zischler. Frankfurt a.M. 1974, S. 249). Der Logozentrismus erkläre das Handgreifliche, das materielle Zeichen zum Sekundären, um einen Durchblick zu schaffen auf ein Primäres, den Sinn, den Gedanken, die Stimme, den Logos oder auch einen Schöpfergott. Dieses als primär Gesetzte werde dann sowohl als ontologisches *prius* als auch zeitlich Früheres gedacht.

64 Ostermann, Fragment (wie Anm. 18), S. 209.

65 Mickiewicz, Vorlesungen (wie Anm. 37), Bd. 1, S. 26.

66 Zofia Stefanowska, Próba zdrowego rozumu [Herausforderung des gesunden Menschenverstands], in: Dies., Próba zdrowego rozumu. Studia o Mickiewiczu. Warszawa 1976, S. 26-41; Dirk Uffel-mann, Teleologia i antyprzyczynowość w „Dziadach" Mickiewicza [Teleologie und Antikausalität in Mickiewiczs „Dziady"], in: Rocznik Towarzystwa Literackiego imienia Adama Mickiewicza 29 (1994), S. 129-144.

sollen, ist die Fülle der verschiedenen literarischen Repräsentationen des Nicht-Erfüllten in der polonistischen Forschung noch kaum in den Blick genommen worden. In der westeuropäischen Romantik ist dagegen das Nicht-Erfüllte vor allem anhand von Fragment und Ironie[67] ausgiebig thematisiert worden. Da jeder dieser beiden Begriffe für sich allein ein weites Feld eröffnet, gilt der Fokus nachfolgend ausschließlich dem Fragment als dem allgemeinsten Strukturbegriff des Defizitären.[68] Für den dekonstruktiven Blick auf das Defizitäre und das Absente untergräbt das Fragment jede Präsenz: „Der subversive Aspekt des Fragments beruht in seiner Macht, jede Wahrheitsaussage auszuhöhlen (...)".[69] Dabei ist sich die jüngste Fragment-Theorie wohl bewusst, welchem Ahnherrn sie viel zu verdanken hat: Friedrich Schlegel, dessen Igel-Emblem Derrida sich in *Qu'est ce que la poésie?* [Was ist Dichtung?][70] für das fragmentarische Kunstwerk aneignet.

ad 4) Friedrich Schlegels berühmtes 116. Athenäum-Fragment beginnt zunächst mit einem Synthese-Ziel: „Sie [die romantische Universalpoesie] will, und soll Poesie und Prosa, Genialität und Kritik, Kunstpoesie und Naturpoesie bald mischen, bald verschmelzen (...)", um sofort einzuräumen: „(...) und doch gibt es noch keine Form, die so dazu gemacht wäre, den Geist des Autors vollständig auszudrücken (...)".[71] Also sei Poesie ein unabgeschlossener, ja *unabschließbarer* Prozess:

> „Die romantische Dichtart ist noch im Werden; ja das ist ihr eigentliches Wesen, daß sie ewig nur werden, nie vollendet sein kann." (183)

Die Tatsache des Unvollendet-Seins erzeugt für Schlegel einen paradoxen Mehrwert – das Erhabene:

> „Unvollendung gibt dem Erhabenen für mich einen neuen höhern Reiz. Seine Würde erscheint mir dadurch unmittelbarer, reiner. Es ist, als ob es seiner ursprünglichen Majestät treuer bliebe, wenn es die Fülle und den Schmuck der ausbildenden Natur wie aus heiligem Stolze verschmäht."[72]

---

67 Vgl. Włodzimierz Szturc, Ironia romantyczna, Pojęcie, granice i poetyka [Romantische Ironie, Begriff, Grenzen und Poetik]. Warszawa 1992.

68 Das Fragment wurde unter poststrukturalistischem Blickwinkel weidlich ausgeschlachtet (man sehe nur Fragment und Totalität, hrsg. v. Lucien Dällenbach, Christiaan L. Hart Nibbrig. Frankfurt a.M. 1984).

69 Alain Montandon, Les différentes sortes de fragment, in: Über das Fragment / Du fragment, Band IV der Kolloquien der Universitäten Orléans und Siegen / Tome IV des colloques des universités d'Orléans et de Siegen, hrsg. v. Arlette Camion, Wolfgang Drost, Geraldi Leroy u. Volker Roloff. Heidelberg 1999 (Reihe Siegen. Beiträge zur Literatur-, Sprach- und Medienwissenschaft. 140), S. 1-12, hier S. 12.

70 Jacques Derrida, Qu'est ce que la poésie? / Che chos'è la poesia? / What is poetry? / Was ist Dichtung?, ital. v. Maurizio Ferraris, engl. v. Peggy Kamuf, dt. v. Alexander García Güttmann. Berlin 1990. „Ein Fragment muß gleich einem kleinen Kunstwerke von der umgebenden Welt ganz abgesondert und in sich vollendet sein wie ein Igel" (A 206; Schlegel, Kritische Ausgabe [wie Anm. 1], Bd. II, S. 197).

71 Ebenda, Bd. II, S. 182.

72 Ebenda, Bd. VIII, S. 53.

Später erklärt er noch pointierter: „Die Unvollendung d[er] Poesie ist nothwendig. *Ihre Vollendung ist = d[as] Erscheinen des Messias (...)*".[73] So wird das Defiziente bei Schlegel in einer apophatischen Geste[74] selbst noch zum Heilsbeweis, steht „auch und gerade das Fragment im Dienst einer neuen Totalität".[75] Das Verhältnis von Fragment und Ganzem entspricht für Schlegel dem von „Realem" und „Idealem";[76] die Kluft dazwischen überbrückt ein Verfahren der Supplementierung: „Das Wesentliche ist die Fähigkeit, Gegenstände unmittelbar zugleich zu idealisieren, und zu realisieren, zu *ergänzen*, und teilweise in sich auszuführen."[77]

Wenngleich die germanistische Emphase vom Rang der Schlegelschen Fragmente als einer veritablen Fragmentphilosophie[78] singulär sein dürfte, hat das Fragment in Westeuropa seinen Siegeszug fortgesetzt.[79] Und in Polen? Erscheint nicht gerade auch bei Mickiewicz „der [nationale] Messias" aus der „Unvollendung" poetischer Werke?

In der polonistischen Literaturwissenschaft wurde das Fragment dagegen meist stiefmütterlich behandelt, und wenn, dann als ein genuin deutsches Phänomen,[80] das die polnische Literatur so recht nie erreicht habe: „Die deutsche Fragement-Tradition drang nicht nach Polen vor."[81] Kurska konzediert, die einzige Ausnahme von der polnischen romantischen Enthaltung von einer Fragment-Theorie finde sich bei Mickiewicz in den Pariser Vorlesungen, wo er eine slawische Prädisposition zum Fragment behauptete, die sich erst in der Zukunft voll entfalten würde.[82] Wo Mickiewicz selbst in theoretischer Hinsicht so einschlägig ist und eine typologische Nähe nicht mehr abzustreiten ist, beeilt sich Kurska wieder, die Genese der polnischen Fragment-Poetik als selbstständig hinzustellen: „Des Dichters [Mickiewiczs] Ansichten in Sachen Fragment entstanden unabhängig von der Theorie des deutschen Fragments von Schlegel oder Novalis."[83]

---

73 Ebenda, Bd. XVI, S. 320.
74 „Viele Lobredner beweisen die Größe ihres Abgottes antithetisch, durch die Darlegung ihrer eignen Kleinheit" (ebenda, Bd. II, S. 174 [A 65]).
75 Manfred Frank, Das ,fragmentarische Universum' der Romantik, in: Fragment und Totalität (wie Anm. 68), S. 212-224, hier S. 222.
76 Schlegel, Kritische Ausgabe (wie Anm. 1), Bd. II, S. 169 (A 22).
77 Ebenda [Hervorhebung D. U.]
78 Siehe bspw. Heinz Gockel, Friedrich Schlegels Theorie des Fragments, in: Romantik, Ein literaturwissenschaftliches Studienbuch, hrsg. v. Ernst Ribbat. Königstein i.Ts. 1979, S. 23-37.
79 Zumindest in der englischen Romantik und in der französischen Moderne (von Mallarmé und Valéry bis Rodin; siehe Justus Fetscher, Fragment, in: Ästhetische Grundbegriffe, Historisches Wörterbuch in sieben Bänden, hrsg. v. Karlheinz Barck [u.a.]. Stuttgart/Weimar 2001, Bd. 2, S. 551-588, hier S. 569-576), um im 20. Jahrhundert wieder durch die sozialistisch orientierte deutsche Philosophie (von Benjamin über Bloch bis zu Adorno; vgl. ebenda, S. 582-585) reanimiert und schließlich durch den französischen Poststrukturalismus vereinnahmt zu werden (s. Ostermann, Fragment [wie Anm. 18]).
80 Anna Kurska, Fragment romantyczny [Das romantische Fragment]. Wrocław et al. 1989 (Rozprawy Literackie 63), S. 10.
81 Anna Kurska, Fragment, in: Słownik literatury polskiej XIX wieku [Wörterbuch der polnischen Literatur des 19. Jahrhunderts], hrsg. v. Józef Bachórz u. Alina Kowalczykowa. Wrocław (u.a.). 1994, S. 302 ff., hier S. 303.
82 Kurska, Fragment, 1989 (wie Anm. 80), S. 18, 129.
83 Ebenda, S. 131.

Gibt es aber nicht doch Belege für eine Rezeption der einschlägigen Schriften von Friedrich Schlegel? Bei Mickiewicz findet sich die erste Erwähnung eines „Schlegel" 1822 im Theorieaufsatz *O poezji romantycznej* [Über die romantische Dichtung] im Zusammenhang der Gegenüberstellung „Klassisches" vs. „Romantisches".[84] Bekannt ist weiter, dass Mickiewicz Friedrichs Bruder August Wilhelm am 6. September 1829 (etwas über ein halbes Jahr nach Friedrichs Tod) zusammen mit Antoni Edward Odyniec in Bonn besuchte. In den Vorlesungen am Collège de France zitiert Mickiewicz einen Schlegel am 3. März 1843.[85]

Im unveröffentlichten Entwurf eines Vorwortes zur französischen Teilübersetzung der *Dziady* [Ahnenfeier] argumentiert Mickiewicz 1834 zudem frappierend ähnlich wie Friedrich Schlegel im Sinne einer Dialektik von Fragment und Ganzheit. „(...) dieses Werk aber, weit von der Vollendung entfernt, scheint weitere Entwicklungen vorherzusagen, die diese Fragmente verbinden und aus ihnen ein organisches Ganzes schaffen sollen."[86] Dieses an sich schon fragmentarische Werk werde in französischer Übersetzung nochmals fragmentarisiert, könne aber künftig supplementiert werden: „Wenn dieser Versuch bei den französischen Lesern überhaupt auf irgendwelches Interesse stößt, versprechen wir, diese unsere Übersetzung zu vervollständigen."[87]

In der Vorlesung vom 9. Mai 1843 spielt der späte Friedrich Schlegel dann gar eine Hauptrolle. Mickiewiczs Hinführung zeigt, dass er auch mit dessen früher (Jenenser) Phase – aus der die Fragmenttheorie stammt – vertraut ist. Er stellt Schlegel in den Kontext der nationalen Frage[88] und referiert seine Subjektphilosophie so, dass aus Fragment Fortschritt folgt:

„Dieses *Ich*, sich vervollkommnend, seine Kräfte und sein Wissen ausbildend, erkennt endlich seine Unzulänglichkeit an. Das Gelangen bis zu diesem Punkte ist für den Fortschritt nothwendig; hat das menschliche *Ich* sich selbst verneint, sich selbst vernichtet, so beginnt erst im Menschen der Keim des göttlichen *Ichs* sich zu entfalten; der Mensch vereint sich alsdann mit Gott."[89]

---

84 Wobei der Kommentar zu den *Dzieła* [Werken] von 1955 dies etwas vorschnell auf August Wilhelm Schlegel festlegt (Adam Mickiewicz, Dzieła [Werke], hrsg. v. Julian Krzyżanowski. Warszawa 1955, Bd. V, S. 435).

85 Mickiewicz dürfte sich an dieser Stelle auf Friedrich Schlegels Schrift *Über die Sprache und die Weisheit der Indier. Ein Beitrag zur Begründung der Alterthumskunde* von 1808 beziehen (Mickiewicz, Vorlesungen [wie Anm. 37], Bd. 3, S. 163).

86 Mickiewicz, Dzieła (wie Anm. 84), Bd. V, S. 283.

87 Ebenda, S. 285.

88 „Schlegel hat lange und bitter der Erniedrigung Deutschlands wegen gelitten (...)" (Mickiewicz, Vorlesungen [wie Anm. 37], Bd. 3, S. 247). Schlegels Fragmentpoetik könnte damit – Mickiewiczs Hinweis zufolge – gleichfalls mit einem zersplitterten Vaterland zusammenhängen: Schlegel verfolgte nicht erst nach 1806 politische Einheitsvisionen, genauso wenig wie er um 1798 (vor dem Reichsdeputationshauptschluss 1803) allein ästhetischen und gesellschaftsphilosophischen Vorstellungen anhing (vgl. Hans Eichner, Friedrich Schlegel. New York 1970, S. 61, 113; Frank, Universum [wie Anm. 75], S. 220). Nach Mickiewiczs Suggestion kann die Fragmentpoetik des jungen Schlegel auch mit der deutschen Kleinstaaterei in Verbindung gebracht werden. Die mit der postkolonialen Inspiration am polnischen Fall gewonnene Einsicht erweist sich also als gleichfalls aufschlussreich für die deutsche Romantik.

89 Mickiewicz, Vorlesungen (wie Anm. 37), Bd. 3, S. 241.

Mickiewicz bedauert die mangelnde Schlegel-Rezeption in Deutschland[90] und vermutet gar einen Einfluss von Saint-Martin und de Maistre auf Schlegel,[91] zeigt sich also als profunder Kenner. Nur zur Fragmentpoetologie schweigt der Dichter beredt.

Wie beim afroamerikanischen *Signifying* die Prätexte aus der Unterdrückerkultur verdrängt werden (Gates rekurriert auf Harold Bloom),[92] so ist offenbar auch die polnische romantische Rezeption deutscher Fragmentpoetologie von einer apotreptischen Strategie geprägt: Die poetologisch-philosophische Inspiration aus der Unterdrückerkultur wird seinerseits in die Nicht-Existenz verbannt. Die polnische Forschungsgeschichte setzt diese apotreptische Bewegung ihres Nationaldichters fort.

Dass dabei eine vergleichbare Fragmentpraxis auch in der polnischen romantischen Literatur bestand, belegt schon eine kursorische Zusammenstellung von Werktiteln, welche „ułamek", „fragment" oder „ustęp" heißen oder diese Wörter enthalten;[93] Mickiewiczs *Zdania i uwagi z dzieł Jakuba Bema, Anioła Ślązaka (Angelus Silesius) i Sę-Martena* [Sätze und Bemerkungen aus Werken von Jakob Böhme, Angelus Silesius und Saint-Martin] sind der Gattung der mit dem deutschen frühromantischen Fragment eng verschwisterten Aphorismen zuzurechnen. Manche Improvisationen fallen ihrerseits noch fragmentarisch aus (etwa *O! lube siostry...* [O! liebe Schwestern...]).

Daran könnte eine Phänomenologie der polnischen romantischen Gattungen anknüpfen: Der Schwäche des Großgenres Roman entspricht die Stärke des Kurzgenres Lyrik; und wenn es größere Formen sind, dann die des fragmentarischen Dramas oder Zyklus. Signalhaft ist die Fragmentierung auch innerhalb des Textaufbaus von Mickiewiczs *Ahnenfeier*, die durch die Nummerierung weitere Teile erwarten lassen. Mickiewicz kommentiert sich selbst:

> „Die Uneinheitlichkeit der Idee des Dichters beeinflusste die Form und den Stil der *Ahnenfeier*. Wir finden hier Erzählungen im althergebrachten biblischen Stil, lyrische Hymnen, Trinklieder, Volksgesänge und böse Epigramme gegen den Moskauer Zaren, kurz gesagt, Ton und Rhythmus wechseln ständig."[94]

Der von den meisten Forschern geteilte Konsens über die Reihung der Teile der *Ahnenfeier* stellt den dritten Teil bekanntlich hinter den zweiten und vierten und lässt dies einrahmen von den Bruchstücken zu einem angenommenen ersten Teil und dem *Exkurs* zum dritten Teil der *Ahnenfeier*. Einen metapoetischen Rang darf man wohl schließlich Motiven des Fragmentarischen zusprechen, wenn sie im Bildsymbol begegnen. Aus den von Ewa gepflückten (also vom Stängel gerissenen und neu zusammengefügten – „heimatlichem Grund (...) entrissen") Rosen etwa öffnen sich in der Vision in der vierten Szene des dritten Teils der *Ahnenfeier* „Lippen von Korallen", die Funken sprühen.[95]

ad 5) Die Fragmentpoetik ist in Polen natürlich nicht auf einen verdrängten Einfluss der Theorie von Friedrich Schlegel allein zurückzuführen; dazu kamen andere westeuropäische

---

90 „Seine (Schlegels) Werke fanden jedoch wenig Anhang in Deutschland" (ebenda, S. 242).
91 Ebenda.
92 Gates, Monkey (wie Anm. 43), S. 87.
93 Siehe Kurska, Fragment, 1994 (wie Anm. 81), S. 303.
94 Mickiewicz, Dzieła (wie Anm. 84), Bd. V, S. 285.
95 Mickiewicz, Ahnenfeier (wie Anm. 33), S. 295.

schreibpraktische Inspirationen von Macpherson über Sterne bis Byron[96] sowie die Möglichkeit indirekter Rezeption, z.B. auf dem Umweg über Mme de Staël.[97] Und die das Bewusstsein dominierende historische Realität Polens war derart durch Teilung, Zersplitterung, Desintegration geprägt, dass sie eine Poetik des Fragments beförderte.

Weil die historische Realität im Argen lag – um eine Schlegelsche Formel[98] zu benutzen: weil das politische Glas halb leer war –, konnte sich die Literatur nicht in einen imaginierten Raum der Fülle retten, sondern musste sich mit „Fragmenten aus der Zukunft" begnügen. Das Moment der Fülle kam in einem zweiten Schritt ins Spiel – wie bei Schlegel das Fragmentarische ins Erhabene kippt: Fülle wurde *ex negativo* evoziert, sodass das nationale Glas – durch Umstellung der Linse ohne Änderung des Sachverhalts – halb voll sein sollte. So jedenfalls wollte es, wie Żeromskis normative Darstellung dokumentiert, eine mächtige Lektüreroutine.

Damit rückt der Rezipient in den Mittelpunkt der literarischen Tätigkeit. Als Supplementator ist er es, der aus den „*fermenta cognitionis*",[99] welche die romantischen Nationaldichter liefern, eine visionäre Totalität macht. An ein Ende kommt der supplementierende Leser aber nicht; auch für die Rezeption der polnischen romantischen Fragmentpoetik gilt die von Schlegel beschworene Unvollendbarkeit: „Rezeptionsästhetisch entspricht dem, daß die Fragmente auf einen grundsätzlich unabschließbaren Lektüreprozeß ausgerichtet sind."[100]

Damit zeigen sich die romantischen Texte abhängig von ihrer Rezeptionssituation: Der affirmative Geist ist weniger Teil der romantischen Literatur selbst (deren Gläser im Prinzip gleichermaßen als halb voll wie auch als halb leer betrachtet werden können) als ihrer Rezeption während der Zeit der Teilungen und noch lange darüber hinaus. Aus diesem Supplementierungsreflex heraus wurde über Jahrzehnte vernachlässigt, dass ein gutes Stück der Komplexität der romantischen Texte darin besteht, dass sie das nationale Glas *zugleich* halb voll *und* halb leer zeigen und sich eben nicht festlegen. Daraus ist nicht etwa zu schlussfolgern, jetzt mal wieder das Pendel in die andere Richtung ausschlagen zu lassen und alles halb leer zu finden, sondern die Komplexität und Untrennbarkeit von Halbleere und Halbfülle als zwei Gesichter *eines* Janus zu würdigen. Fragment und Erhabenes gehören zusammen.

---

96 Siehe Kurska, Fragment, 1994 (wie Anm. 81), S. 303.

97 Brigitte Schultze, Zwischen Inspiration und Schieflagen. Mme de Staël in der polnischen ‚Kulturnation', in: Madame de Staël und die Internationalität der europäischen Romantik. Fallstudien zur interkulturellen Vernetzung, hrsg. v. Udo Schöning u. Frank Seemann. Göttingen 2003 (Göttinger Beiträge zur Nationalität, Internationalität und Intermedialität von Literatur und Film. 2), S. 229-255.

98 „Auch in der Poesie mag wohl alles Ganze halb, und alles Halbe doch eigentlich ganz sein" (Schlegel, Kritische Ausgabe [wie Anm. 1], Bd. II, S. 148 [L 14]).

99 Ebenda, S. 209 (A 259).

100 Eberhard Ostermann, Fragment/Aphorismus, in: Romantik-Handbuch, hrsg. v. Helmut Schanze. Stuttgart 1994, S. 276-288, hier S. 286.

Alfred Gall

Die *gawęda* als literarisches Medium der Gedächtnispolitik: Die *Pamiątki Soplicy* von Henryk Rzewuski

Einleitung

Nachstehend soll der Versuch unternommen werden, am Beispiel der *Pamiątki Soplicy*[1] [Memorabilien Soplicas] von Henryk Rzewuski neben hier nur beiläufig erörterten gattungsspezifischen Fragen der *gawęda szlachecka* (deutsch etwa: Adelsplauderei) die Art und Weise der in diesem Text geleisteten Vergegenwärtigung der Vergangenheit zu untersuchen. Dabei ist das Augenmerk auf die erinnerungspolitischen Aspekte der *Pamiątki Soplicy* gerichtet. Damit wird ein Text fokussiert, der schon von den Zeitgenossen als gelungene literarische Modellierung historischer Verhältnisse gelobt und auch von denen als ästhetische Meisterleistung gewürdigt wurde, welche die politischen und geschichtsphilosophischen Ansichten Rzewuskis nicht teilten.[2] Rzewuskis Text verdient eine besondere Aufmerksamkeit aber auch wegen seiner Relevanz für die Ausformung des romantischen Sarmatismus als einer über Literatur und Ästhetik hinausweisenden kulturellen Option mit deutlich konservativem Anstrich.[3]

Für die Gattungsentwicklung der *gawęda*, vor allem für die in Prosa verfassten *gawęda*-Texte, sind die *Pamiątki Soplicy* ein Meilenstein. Die Gattung selbst gilt als spezifisch

---

1   Henryk Rzewuski, Pamiątki Soplicy [Die Memorabilien Soplicas], opracował Zygmunt Szweykowski. Wrocław 2004 (Skarby Biblioteki Narodowej). Der vollständige Titel lautet: „Pamiątki Jaśnie Pana Seweryna Soplica; cześnika parnawskiego", also „Die Memorabilien des Herrn Soplica, des Mundschenks von Parnau". Wenn nichts vermerkt wird, stammen die Übersetzungen von mir. Eine ältere deutsche Übersetzung ist greifbar, so die Übersetzungsvariante: Henryk Rzewuski, Denkwürdigkeiten des Herrn Soplica, übertragen von Philipp Löbenstein, mit einem Nachwort von André de Vincenz. Frankfurt a.M. 1986 (Polnische Bibliothek).

2   Dies trifft unter anderem auf Seweryn Goszczyński oder Józef Ignacy Kraszewski zu, wohingegen zum Beispiel Mickiewicz Begeisterung ausdrückte, als er die *Pamiątki Soplicy* las; vgl. Marian Maciejewski, Poetyka – gatunek – obraz. W kręgu poezji romantycznej [Poetik – Gattung – Bild. Im Bereich der romantischen Dichtung]. Wrocław (u.a.) 1977 (Z Dziejów Form Artystycznych w Literaturze Polskiej. XLVIII), S. 32-50; speziell zu Goszczyńskis ambivalenter Haltung, die zwischen Wertschätzung der ästhetischen Qualität und prinzipieller Ablehnung der politischen Implikationen (nämlich der für die Gegenwart anachronistischen Beschwörung der Vergangenheit der Adelsrepublik) schwankt: Andrzej Waśko, Romantyczny sarmatyzm. Tradycja szlachecka w literaturze polskiej lat 1831–1863 [Der romantische Sarmatismus. Die Tradition der Szlachta in der polnischen Literatur 1831–1863]. Kraków 2001 (Arcana Literatury), S. 84-87.

3   Zum Stellenwert der *Pamiątki Soplicy*: Maria Janion, Maria Żmigrodzka, Romantyzm i historia [Romantik und Geschichte]. Warszawa 1978, S. 85 ff. Zum „romantischen Sarmatismus" bzw. zum „Neosarmatismus": Waśko, Sarmatyzm (wie Anm. 2), bes. S. 7-16 zur Genese des „romantischen Sarmatismus" und S. 67-93 zur diesbezüglichen Rolle Henryk Rzewuskis.

polnische Erscheinung,[4] die am ehesten mit der russischen Erzähltradition des *skaz* verglichen werden kann. *skaz*[5] und *gawęda* rekurrieren als Erzählformen auf Mündlichkeit.[6] Die Mündlichkeit erscheint aber nicht als dominantes Merkmal des *gawęda*-Stils, sondern vielmehr als Strukturmoment einer narrativen Praxis, die auf die Ausformung und Präsentation einer spezifischen Habitusform bezogen ist, die sich in der Rekonstruktion geschichtlicher Verhältnisse abzeichnet und auf die *szlachta* bezogen ist.[7] Mündlichkeit ist dann ein Moment der Modellierung einer auf die *szlachta* bezogenen Kulturformation, also vermittelt, nicht jedoch als alleinige Basis oder als Telos der Erzählweise definiert.

Angesichts der politischen Ansichten des Legitimisten Rzewuski, der in seiner Publizistik der 1840er Jahre die polnische Geschichte mit dem Untergang der Rzeczpospolita für beendet erklärt, drängt sich die Frage auf, aus welchen Gründen der Autor sich der polnischen Geschichte zuwendet und welche Ziele in den *Pamiątki Soplicy* verfolgt werden.[8] Relevant ist hier der nicht definierte Standort des Herausgebers Rzewuski, der in den sei-

---

4   Józef Bachórz, Poszukiwanie realizmu. Studium o polskich obrazkach prozą w okresie między-powstaniowym 1831–1863 [Die Suche nach dem Realismus. Eine Studie über die polnischen Prosabilder in der Zeit zwischen den Aufständen 1831–1863]. Gdańsk 1972, S. 228. Diese Einschätzung wird z.B. in der russischen Forschung geteilt: Dina Serafimovna Prokof'eva, Osobennosti žanra gavendy v pol'skoj literature XIX v. [Die Besonderheiten der Gattung der gawęda in der polnischen Literatur des 19. Jahrhunderts], in: Razvitie prozaičeskich žanrov v literaturach stran Central'noj i Jugo-Vostočnoj Evropy [Die Entwicklung der Prosagattungen in den Literaturen Mittel- und Südosteuropas], hrsg. v. Igor Ivanovič Kaliganov, Anna Petrovna Solov'eva, Boris Fedorovič Stacheev. Moskva 1991, S. 85-99, hier S. 85 ff.
5   Von russ. skazat' [sagen], rasskazyvat' [erzählen], rasskaz [Erzählung], skazka [Märchen]; als Stil- und Gattungskennzeichnung ist der Begriff *skaz* in der russischen Literatur und Literaturgeschichtsschreibung mit einer spezifischen Bedeutung versehen und wird zumeist nicht übersetzt: Jurij Striedter, Zur formalistischen Theorie der Prosa und der literarischen Evolution, in: Russischer Formalismus, Texte zur allgemeinen Literaturtheorie und zur Theorie der Prosa, hrsg. u. eingel. v. Jurij Striedter. 3. Aufl., München 1981 (UTB. 40), S. XLIV.
6   Zur Diskussion der Mündlichkeit als Funktionsvoraussetzung der gawęda und zu deren Vergleich mit dem russischen skaz: Maciejewski, Poetyka (wie Anm. 2), S. 30-66; Janion, Żmigrodzka, Romantyzm (wie Anm. 3), S. 83-87. Speziell zum skaz: Fryderyk Listwan, Poetyka skaza a polska gawęda [Die Poetik des skaz und die polnische gawęda], in: Ruch Literacki 32 (1991), S. 489-499. Allg. zur Poetik der gawęda: Zofia Szmydtowa, Studia i portrety [Studien und Portraits]. Warszawa 1969, S. 337-358; Antonia Bartoszewicz, Z dziejów polskiej terminologii literackiej pierwszej połowy XIX wieku [Zur Geschichte der polnischen literarischen Terminologie der ersten Hälfte des 19. Jahrhunderts], in: Pamiętnik Literacki 54 (1963), H. 3, S. 133-180, bes. S. 159-168 zur gawęda. Zur sprachlichen Realisierung der Mündlichkeit: Barbara Bartnicka, Sposoby zwracania się do rozmówców w „Pamiątkach Soplicy" Henryka Rzewuskiego: Szkic z pragmatyki historycznej [Anredeformen in den „Pamiątki Soplicy" von Henryk Rzewuski: Skizze zur historischen Pragmatik], in: Poradnik Językowy (1989), H. 5, S. 276-284.
7   Der Begriff Habitus wird hier im Anschluss an Pierre Bourdieu (und Erwin Panofsky) übernommen: Pierre Bourdieu, Der Habitus als Vermittlung zwischen Struktur und Praxis, in: Ders., Zur Soziologie der symbolischen Formen. Frankfurt a.M. 1994, S. 125-158, bes. S. 143: „In der Terminologie der generativen Grammatik Noam Chomskys ließe sich der Habitus als ein System verinnerlichter Muster definieren, die es erlauben, alle typischen Gedanken, Wahrnehmungen und Handlungen einer Kultur zu erzeugen." Vgl. ausführlicher zum Begriff „Habitus": Ders., Sozialer Sinn, Kritik der theoretischen Vernunft. Frankfurt a.M. 1993, S. 100-104.
8   Zu den politischen Ansichten Rzewuskis und seiner radikalen Schlussfolgerung, dass mit dem Untergang der Adelsrepublik 1795 auch die polnische Geschichte in ihrer Eigenständigkeit zu

nerzeit unveröffentlichten *Uwagi o dawnej Polsce* [Anmerkungen über das frühere Polen][9] ohne vorgeschobene Erzählstimme und ohne Zugriff auf verfremdende narrative Verfahren seine Sicht auf die Geschichte der Rzeczpospolita darlegt.

Das Erscheinungsbild der *gawęda szlachecka* lässt in seiner Heterogenität eine stringente und abschließende Definition kaum zu.[10] Zu den in der Forschung registrierten Merkmalen gehört ein Erzähler, der als Angehöriger der *szlachta* bestimmt ist und in seinem Habitus deren Normen und Werte in idealtypischer Weise repräsentiert, dabei unterscheidet er sich deutlich vom Autor. Der Autor tritt hinter die Instanz des Erzählers zurück. Im Falle der *Pamiątki Soplicy* gilt diese Distanzierung für die Position, die Rzewuski gegenüber dem Erzähler Seweryn Soplica einnimmt. Die Distanz äußert sich auch in der Handhabung der Sprache, die in bewusster Stilisierung in Lexik und Syntax der Vergegenwärtigung einer vergangenen Epoche dient.[11] Sie ist als „repräsentiertes Wort" (Słowo przedstawione), das im Text vorliegende Zeugnis der Vergangenheit und ist in dieser Form vergegenständlichte Sprache, die ihren eigenen historischen Charakter anzeigt.[12] Diese Form der Sprachverwendung lässt sich auch als metasprachliches Verfahren und damit in formalistischem Sinne als Selbstanzeige der Artifizialität des literarischen Textes auffassen. Kraszewski bezeichnete in einem 1856 verfassten Artikel die *Pamiątki Soplicy* als „Pastiche" und meinte damit die hybride Sprachstruktur, die sich vor allem dem Einbau historischer Stilschichten verdankt.[13] Damit ist sie auch deutlich als Ausdruck der Stimme des Erzählers bestimmt und vom Autor abgelöst. Zudem ist auf die Oralität der Sprache hinzuweisen.

Neben Erzählerfigur und der auf Wiedergabe authentischer Historizität zielenden Sprach-arbeit ist die Offenheit der Komposition zu nennen. Ihr amorpher Charakter weist kaum sich durchhaltende Strukturierungsprinzipien wie Chronologie, zyklische Komposition oder eine abgeschlossene Repräsentation auf.[14] Die literaturgeschichtlichen Einbindungen von

---

Ende gegangen sei: Wojciech Karpiński, Polska a Rosja. Z dziejów słowiańskiego sporu [Polen und Russland. Aus der Geschichte einer slawischen Auseinandersetzung]. Lublin 1999, S. 9-52.

9 Henryk Rzewuski, Uwagi o dawnej Polsce przez starego Szlachcica Seweryna Soplicę Cześnika Parnawskiego napisane 1832 roku [Anmerkungen über das frühere Polen des alten Schlachtschit-zen Seweryn Soplica, Mundschenk von Parnau], hrsg. v. Paweł Dudziak u. Bartłomiej Szleszyński. Warszawa 2003 (Inedita z II połowy XIX wieku).

10 Szmydtowa, Studia (wie Anm. 6), S. 337-358, bes. S. 337 auch mit der Etymologie des Worts *gawęda*; Bartoszewicz, Z dziejów polskiej terminologii (wie Anm. 6), S. 159-168.

11 Eine systematische Übersicht über die historische Lexik bietet Barbara Bartnicka, O języku Hen-ryka Rzewuskiego [Über die Sprache Henryk Rzewuskis]. Kielce/Warszawa 1996.

12 So im Anschluss an Bachtin: Maciejewski, Poetyka (wie Anm. 2), S. 40-44 sowie S. 51-66, bes. S. 56.

13 Józef Ignacy Kraszewski, Obrazy przeszłości [Bilder der Vergangenheit], in: Kraszewski o po-wieściopisarzach i powieści. Zbiór wypowiedzi teoretycznych i krytycznych [Kraszewski über Romanautoren und Romane], hrsg. v. Stanisław Burkot. Warszawa 1962, S. 126-142, hier S. 130: „Z natury swej ‚Pamiątki Soplicy' (...) były rodzajem podrobienia (pastiche)" [Ihrer Natur nach waren die „Memorabilien Soplicas" (...) eine Art Nachahmung (pastiche)]. Zu Kraszewskis Re-zeption der *Pamiątki Soplicy* siehe: Józef Bachórz, Twórczość gawędowa Kraszewskiego [Das Gawęda-Werk Kraszewskis], in: Pamiętnik Literacki 80 (1987), H. 4, S. 27-54, bes. S. 32-36 zum genannten Artikel „Obrazy przeszłości" [Bilder der Vergangenheit].

14 Zur kompositorischen Offenheit, Unabgeschlossenheit sowie zur fehlenden Verklammerung der einzelnen Memorabilia in Rzewuskis Text: Bachórz, Poszukiwanie (wie Anm. 5), S. 226–265; Ka-zimierz Bartoszyński, O amorfizmie gawędy. Uwagi na marginesie „Pamiątki Soplicy" [Über die

Rzewuskis Text interessieren hier nur am Rande.[15] Stattdessen wird hier eine Neukontextualisierung der *Pamiątki Soplicy* auf dem Hintergrund erinnerungspolitischer Aspekte angestrebt. Ihre methodische Ausrichtung erhalten die nachfolgenden Ausführungen durch Ansätze der Gedächtnisforschung und Denkanstößen der *postcolonial studies*. Erinnerungsstruktur und Geschichtsdeutung in Rzewuskis Text sollen im Rückgriff auf diese theoretischen Modelle in einen Zusammenhang gebracht werden.

Rzewuskis *Pamiątki Soplicy* sind unseres Erachtens ein Text, der auf intensive Weise die Problematik narrativer Selbstpositionierung gegenüber einer Geschichtserfahrung dokumentiert, die eine Revision und womöglich eine gründliche Neuorganisation derjenigen kulturellen Semantik erfordert, mit deren Hilfe die Vergangenheit wahrgenommen, erschlossen und narrativ präsentiert wird. Die *Pamiątki Soplicy* erweisen sich dann nicht einfach als nostalgischer Reflex einer konservativen Geschichtsdeutung, sie sind Ausdruck des strukturellen Problems kultureller Selbstbeschreibung unter den Bedingungen einer prinzipiellen Geschichtszäsur und verweisen mit dem bewusst offenen, amorphen und bruchstückhaften Aufbau auf eine auch in außerliterarischer Perspektivierung prekäre Konstellation, in die das Erzählen eingelassen ist.

Die *Pamiątki Soplicy*: Erzählte Geschichte – Ausrichtung des Textes

Der Erzähler Seweryn Soplica, der an einer Stelle in den *Pamiątki Soplicy* sein Geburtsjahr 1735 verrät,[16] berichtet in einer Fülle nur lose miteinander verknüpfter „Plaudereien" aus seinem Leben. Die Erinnerungen stellen einen lebensgeschichtlich verbürgten Rückblick auf historische Begebenheiten und Persönlichkeiten dar. Rzewuski selbst ist der Herausgeber dieser Erinnerungen. Dabei besteht eine direkte Generationenfolge zwischen Erzähler und Herausgeber, da der Erzähler Spolica kurze Zeit vor der Entdeckung des Manuskripts verstorben sei, also eine fast unmittelbare Verbindung zwischen Verfasser und Herausgeber existiert. Dies geht aus dem Nachwort Rzewuskis hervor, der sich als Herausgeber eines zufällig entdeckten Manuskripts zu erkennen gibt.

Im deutlich nach der Pariser Ausgabe der *Pamiątki* von 1839 entstandenen Vorwort – das dafür in die Edition von 1855, die in Lwów erschien, aufgenommen wurde[17] – beschreibt

---

Amorphie der gawęda. Randbemerkungen zu den „Memorabilien Soplicas"], in: Prace o literaturze i teatrze ofiarowane Zygmuntowi Szweykowskiemu [Arbeiten über Literatur und Theater, Zygmunt Szweykowski dargereicht], hrsg. v. Stanisław Furmanik u. Jarosław Maciejewski. Wrocław 1966, S. 91-116.

15 Dies betrifft den hier nicht weiter erörterten Einfluss von Adam Mickiewicz, der Rzewuski zur Veröffentlichung seiner zunächst nur mündlich vorgetragenen Erzählungen anhielt. Zudem wäre auf Mickiewiczs *Popas w Upicie* [Rast in Upita] (1825) hinzuweisen und natürlich auch auf *Pan Tadeusz*, dessen Protagonist Tadeusz Soplica der Namensvetter des Erzählers in Rzewuskis *Pamiątki Soplicy* ist. Des weiteren müssen die 1836 veröffentlichen *Pamiętniki* [Denkwürdigkeiten] von Jan Chryzostom Pasek, die für die Gattungsentwicklung großes Gewicht haben, genannt werden; vgl.: Waśko, Sarmatyzm (wie Anm. 2), S. 25 ff. und S. 37-44 zu Mickiewicz, S. 119 f. zu Paseks *Pamiętniki*.

16 Rzewuski, Pamiątki (wie Anm. 1), S. 221.

17 So Szweykowski im Kommentar: Rzewuski, Pamiątki (wie Anm. 1), S. LI-LV; hier mit der Feststellung, dass dieses Vorwort bereits für die 1844 in Wilna erscheinende Ausgabe der *Pamiątki Soplicy* vorgesehen war.

Rzewuski, wie er 1835 auf der Durchreise durch Litauen erkrankt sei und sich einige Tage in
Nieśwież aufgehalten habe. Um während der Genesung die Zeit totzuschlagen, habe er von
einem Buchhändler einige Bücher erworben; unter diesen habe er auch ein Manuskript mit
dem Titel „Pamiątki pana Seweryna Soplicy cześnika parnawskiego" gefunden. Seweryn
Soplica ist der Verfasser dieser Erinnerungen und dem Wirt, der Rzewuski beherbergt,
bekannt. Noch in der Zeit, als Rzewuski Litauen bereist, übernachtet er regelmäßig in der
Gaststätte:

> „Ale w pierwszej przyjemności, jaką mnie sprawiła rzecz zupelnie dla mnie nowa, tylem
> się zajął, że zacząłem się wypytywać gospodarza mojego, czyby on nie znał kiedy
> jakiego pana Soplicy. – O, dla Boga – odwiedział mnie Żyd – pan Cześnik zawsze tu
> do mnie zajeżdżał, i zawsze u niego wódkę i braźne woły kupowałem. To był wielki
> gospodarz i sprawiedliwy pan; (...) On był bardzo łaskaw na mnie: kiedy mnie dom
> się spalił, mnie trzysta rubli pożyczył na wypłat. Choć dużo stary, to co tydzień tu
> przyjeżdża do kościoła i u mnie perenocuje. On czetwerty rok jak pomar."[18]

> [„Und vor lauter Vergnügen, das mir die für mich völlig neuartige Sache bereitete, war
> ich so sehr fasziniert, dass ich den Wirt auszufragen begann, ob er denn nicht den Herrn
> Soplica gekannt habe. – ‚Jawohl, bei Gott', entgegnete der Jude, ‚der Herr Mundschenk
> kehrte immer bei mir ein, und immer habe ich von ihm Wodka und Mastochsen gekauft.
> Das war ein großer Hausherr und ein gerechter Herr; (...) Er war zu mir sehr gütig; als
> mein Haus abbrannte, lieh er mir 300 Rubel. Trotz seines Alters kommt er jede Woche
> hierher in die Kirche und übernachtet bei mir. S'ist das vierte Jahr, dass er tot ist.'"]

Die im Manuskript geschilderten Begebenheiten scheinen Rzewuski so wichtig zu sein, dass
er sich entscheidet, es zu veröffentlichen. Das Vorhaben rechtfertigt er mit einem Seitenblick
auf Julian Ursyn Niemcewicz, der in den Jahren zwischen 1822 und 1830 eine mehrbändige
Zusammenstellung historischer Zeugnisse edierte.[19] Im Unterschied zu Niemcewicz hebt er
allerdings hervor, dass sein Manuskript nicht in eine ferne Vergangenheit führe, sondern
die unmittelbar der Gegenwart vorangehende Epoche betreffe:

> „Że pan Niemcewicz z różnych dzieł zebrał rzeczy, dawnej Polski tyczące się, i głosił
> je drukiem, pomyślałem sobie, że i to może się zda komu, a jeżeli ludzie światli go
> odrzucą, może to się podoba jakiemu staremu domatorowi, [co] rad sobie przypomnieć
> dawnych rzeczy, na które patrzył, albo których mu ojciec powtarzał. Z tego powodu
> wydałem go tak, jak jest, żadnej poprawy nie robiąc i nie tając przed sobą wad tych
> pamiątek, [nie] uważając ich za dzieło."[20]

> [„Da Herr Niemcewicz aus verschiedenen Werken mancherlei sammelte, was das alte
> Polen betrifft, und dies veröffentlichte, dachte ich mir, dass auch dies hier jemandem
> Nutzen bringen mag, sollten aber die aufgeklärten Leute es verschmähen, so gefällt es
> möglicherweise irgendeinem alten Stubenhocker, der sich gerne vergangene Begeben-

---

18 Rzewuski, Pamiątki (wie Anm. 1), S. 444.
19 Zbiór pamiętników historycznych o dawnej Polszcze [Sammlung historischer Erinnerungen über
    das alte Polen], T. I-V, hrsg. v. Julian Ursyn Niemcewicz. Warszawa 1822–1830.
20 Rzewuski, Pamiątki (wie Anm. 1), S. 444 f.

heiten in Erinnerung ruft, die er mit eigenen Augen gesehen hat, oder über die ihm der Vater berichtet hat. Aus diesem Grund gebe ich es so heraus, wie es ist, ohne die geringste Korrektur und ohne mir die Mängel dieser Denkwürdigkeiten zu verbergen, die für mich kein Kunstwerk darstellen."]

Im Begleitkommentar setzt sich Rzewuski vom national-pädagogischen Impetus Niemcewiczs ab und fokussiert stattdessen die private, im Rückzugsraum persönlicher Entspannung gegebene Möglichkeit der Lektüre des Textes: Auch dem Stubenhocker mag es, wenn er auch sonst kein Interesse für die Geschichte zeigt, Vergnügen bereiten, wenn er von Erlebnissen und Begebenheiten hört, die ihm auch vom eigenen Vater erzählt worden sein können. Diese Erinnerungsform ist dem Ansinnen Niemcewiczs diametral entgegengesetzt. Niemcewicz verfolgte unter anderem das Ziel, durch die Erinnerungskultur eine Geschichtstradition aufrechtzuerhalten, die der Selbstbehauptung der polnischen Nation auch im Zeitalter der Teilungen und der Staatenlosigkeit eine sichere Grundlage bot. Im Geschichtsbewusstsein sah er ein Unterpfand für die nationale Identität. Dies hält Niemcewicz 1809 fest, wenn er davon spricht, dass nach den Teilungen und dem Verlust der Eigenstaatlichkeit die Sprache und das Geschichtsbewusstsein als historisches Gedächtnisses die Klammer bilden würden, welche die polnische Nation zusammenhält:

„(...) w powszechnym ojczyzny rozbiciu mowa jedna została się na wierzchu powodzi, która nas zalała, a z mową została się pamięć dawnego jestestwa naszego."[21]

[„(...) in der allgemeinen Zerstörung des Vaterlandes ragt allein die Sprache aus der Überschwemmung, die uns überflutete, und mit der Sprache blieb auch die Erinnerung an unser früheres Wesen."]

Diese Abgrenzung ist nicht nur auf die explizit genannte Sammlung historischer Zeugnisse zu beziehen, die Niemcewicz herausgab, sondern auch auf die *Śpiewy historyczne* [Historischen Gesänge] aus dem Jahr 1816. In ihnen setzte Niemcewicz auf Anraten des Towarzystwo Przyjaciół Nauk [Gesellschaft der Freunde der Wissenschaften] verdienstvollen Persönlichkeiten der Geschichte Polens ein poetisches Denkmal und entwarf ein historisches Panorama, das den Zeitraum vom Mittelalter bis zum 17. Jahrhundert abdeckt und in der Klage auf den Tod Józef Poniatowskis die eigene Gegenwart berührt.[22] Von dieser nationalpatriotischen Programmatik, die in das vom Towarzystwo Przyjaciół Nauk getragene Vorhaben der Behauptung der polnischen Nation integriert war, distanziert sich Rzewuski. Im ironischen Kontrapunkt unterbietet er Niemcewiczs Großprojekt *Zbiór pamiętników historycznych o dawnej Polszcze* [Sammlung historischer Erinnerungen über das alte Polen]

---

21 Julian Ursyn Niemcewicz, Odezwa w sprawie synonimów polskich [Aufruf in der Sache polnischer Synonyme] (1809), in: Aleksander Kraushar, Towarzystwo Warszawskie Przyjaciół Nauk 1800–1832 [Warschauer Gesellschaft der Freunde der Wissenschaften]. Księgi 1-4, Kraków/Warszawa 1900–1906, hier Księga 2, T. II, S. 229. Zur Einordnung der Aussage in den Epochenkontext: Jerzy Jedlicki, Jakiej cywilizacji Polacy potrzebują. Studia z dziejów idei i wyobraźni XIX wieku [Welche Zivilisation die Polen brauchen. Studien zur Ideengeschichte des 19. Jahrhunderts]. 2. Aufl., Warszawa 2002, S. 61-64.
22 Julian Ursyn Niemcewicz, Śpiewy historyczne [Historische Gesänge]. Warszawa 1816. Dazu Ilse Kunert, Julian Ursyn Niemcewicz: Śpiewy historyczne. Geschichtsauffassung und -darstellung. München 1968 (Slavistische Beiträge. 28).

durch die Evokation der selbstironisch gebrochenen, fast schon biedermeierlichen Figur des Stubenhockers. Eine solche Freisetzung der Erinnerung von gegenwartsbezogenen Implikationen fehlt bei Niemcewicz, der im Roman *Dwaj panowie Sieciechowie* [Die zwei Herren Siciech] (1815) eine kritische und mit aufklärerischer Intention erfolgende Präsentation der sarmatischen Kultur leistet. Der Roman, später auch als Muster und Prototyp der *gawęda szlachecka* bezeichnet, besteht aus zwei Tagebüchern, welche der Ich-Erzähler findet. Während das Tagebuch von Wacław Sieciech den Zeitraum von 1710 bis 1717 umfasst und in idealtypischer Stilisierung sowie mit unüberhörbarer satirischer Zuspitzung den Habitus eines Sarmaten aus der Sachsenzeit demonstriert, führt das zweite Tagebuch – es stammt aus der Feder von Wacławs Urenkel Stanisław Sieciech und bezieht sich auf die Jahre 1808 bis 1812 – die Habitusformen eines aufgeklärten, sich für die Nation engagierenden Polen vor Augen. Der Ich-Erzähler, hier deutlich dem Autor angenähert, folgt einem integrativen Ansatz und entwirft das Telos einer Synthese von sarmatisch-polnischer Kultur mit der westeuropäischen Aufklärung. Manifest wird das Ideal der Überwindung eines polaren Gegensatzes zwischen Aufklärung und Sarmatismus im Schlusswort des Erzählers, der die Wahrung polnischer Kultur, ein breit gebildetes Geschichtsbewusstsein sowie die Pflege der polnischen Sprache als Voraussetzungen sowohl für die Wiedererlangung der Eigenstaatlichkeit als auch für das Gelingen der Modernisierung Polens betrachtet:

„Przez noc całą przepisywałem Dziennik ten wraz z sługą moim, który wyborną miał rękę, ani mi żal pracy mojej, dość bowiem rzetelny można w nim widzieć obraz odmiany obyczajów, czasów i sposobów myślenia ziomków naszych przeszłego i dzisiejszego wieku. Że przy odrodzeniu naszym dzisiejszym zdaią się jedni zbyt uświęcać wszystko co było za ojców naszych, drudzy zbyt może nowościami zajmować się, sądziłem, że uważne przeczytanie dwóch powyższych Dzienników wskaże, że obadwa wieki miały swoje zakały i wady, że jeżeli przy niektórych cnotach ojców naszych, rozpusta ich, próżniactwo, posłuszeństwo nie prawom, nie rządzącemu, lecz możnym, stały się przyczyny słabości i nakoniec spadku naszego, tak też i w dzisiejszym wieku okazały się namiętności nieznane przodkom naszym: ubieganie się za tym wszyskiem co jest obcym, zaniechanie mowy ojczystej, pogarda nieraz moralności, wstydu nawet, byle dogodzić żądzy zbogacenia się i znaczenia. (...) Strzeżmy się cienia tego wszystkiego, co by u nas podobne wady przedłużyć mogło, zachowajmy narodowość, naśladujmy Polaków czasów Piastów i Jagiełłów, lecz do cnót ich, przydajmy te wszystkie skarby umiejętności i dobrego rządu, przez które słabsze, niższe niegdyś od nas narody przyszły do potęgi i pomyślności. Bądźmy Polakami, cnotą, mową, szatą nawet; wpośród tylu wprowadzonych obcych zdrożności, zaniedbanie w celniejszych towarzystwach ojczystej mowy, jest niebezpiecznym. Gorliwi i zazdrośni tej mowy byli Polacy za czasów Jagiełłów."[23]

[„Die ganze Nacht durch schrieb ich das Tagebuch zusammen mit meinem Diener, der äußerst flink war, aber ich bereue meine Arbeit nicht, denn man kann in ihm ein zuverlässiges Abbild des Wechsels der Sitten, Zeiten und Denkgewohnheiten unserer Landsleute im vergangenen und in diesem Jahrhundert sehen. Da bei unserer gegenwärtigen Wie-

---

23 Julian Ursyn Niemcewicz, Dwaj panowie Sieciechowie. Powieść [Die zwei Herren Sieciech. Roman]. Wrocław 1950 (Biblioteka Narodowa. Seria I. 135), S. 51 f.

dergeburt die einen, so scheint es, zuviel von unseren Vätern preisgeben, die anderen möglicherweise zu sehr von Neuheiten fasziniert sind, dachte ich mir, dass die aufmerksame Lektüre der obigen Tagebücher zeigen wird, dass beide Zeitalter ihre Schande und ihre Fehler haben, denn wenn bei allen Tugenden unserer Vorfahren deren Ausschweifungen, Faulenzerei und Gehorsam nicht dem Gesetz oder dem Regierenden, sondern den Mächtigen gegenüber Ursachen unserer Schwäche und schließlich unseres Zusammenbruchs wurden, so sind auch in diesem Jahrhundert Leidenschaften aufgekommen, die unseren Vorfahren noch unbekannt waren: Das Nachrennen allem Fremden, die Vernachlässigung der Muttersprache, des öfteren die Verachtung der Moral, ja der Scham, nur um es der Gier, sich zu bereichern und an Bedeutung zu gewinnen, recht zu machen. (...) Hüten wir uns vor dem Schatten all dessen, was bei uns solche Fehler verlängern könnte, bewahren wir unsere Nationalität, eifern wir den Polen aus der Zeit der Piasten und Jagiellonen nach, aber fügen wir zu deren Tugenden auch all die Gaben der Fertigkeiten und der guten Regierung hinzu, mit deren Hilfe schwächere Völker als wir zu Macht und Erfolg gekommen sind. Seien wir Polen, mit Tugend, Sprache und gar Kleidung; unter all den von außen kommenden Verwerflichkeiten ist es die Vernachlässigung der Muttersprache in der gehobenen Gesellschaft, die gefährlich ist. Eifrig und eifersüchtig folgten die Polen zu Zeiten der Jagiellonen dieser Sprache."]

Rzewuski wischt mit seinem ironischen Kommentar zu den *Pamiątki Soplicy* eine ähnlich gelagerte Selbstpositionierung angesichts historischer Verhältnisse nonchalant beiseite. Den Kniff des vorgefundenen Manuskripts greift er freilich auf, entleert ihn aber der bei Niemcewicz beobachtbaren nationalpädagogischen Substanz.

Kommunikatives Gedächtnis: Zur Erinnerungsform der *gawęda*

In dieser Ausformung entwerfen die *Pamiątki* keineswegs eine aus sarmatischer Perspektive erschlossene Gesamtschau der polnischen Geschichte. Unter dem Gesichtspunkt aktueller Debatten über Form und Funktion des kulturellen Gedächtnisses lassen sich die erinnerungspolitischen Implikationen von Rzewuskis Text eruieren.

Die *Pamiątki* können nämlich als exemplarische Verkörperung einer narrativen Synthese von zwei Gedächtnisformen, die Jan Assmann thematisiert, gedeutet werden. Jan Assmann unterscheidet zwischen „kommunikativem Gedächtnis" und „kulturellem Gedächtnis".[24] Kommunikatives und kulturelles Gedächtnis sind beides Formen gesellschaftlicher Erinnerung, das kommunikative Gedächtnis ist jedoch an soziale Interaktion gebunden und tritt in konkreten Akten der Kommunikation in Erscheinung. Es ist daher an die Generationenfolge gebunden und verfügt, im Gegensatz zum „kulturellen Gedächtnis", über keine generationenüberschreitende Dauerhaftigkeit. Die Bindung des kommunikativen Gedächtnisses an soziale Interaktion führt dazu, dass die betroffenen Gedächtnisinhalte zeitlich

---

24 Jan Assmann, Das kulturelle Gedächtnis. Schrift, Erinnerung und politische Identität in frühen Hochkulturen. München 1992, S. 48-56; oder auch ders., Religion und kulturelles Gedächtnis. Zehn Studien. München 2000, S. 13, 15, 19, 37 f. Dazu auch Aleida Assmann, Zeit und Tradition, Kulturelle Strategien der Dauer. Köln (u.a.) 1999, S. 64 mit der Unterscheidung zwischen Kommunikation und Tradition; auch hier geht es explizit um die Differenz zwischen kommunikativem und kulturellem Gedächtnis.

limitiert sind und zudem in abweichender Präzision erinnert werden, darüber hinaus sind diese Inhalte in besonders starker Weise an die Erfahrungs- sowie Erlebnishorizonte der erinnernden Personen gebunden.[25] Die kommunikative Erinnerung ist als Prozess der laufenden Vernetzung zu begreifen, wobei Relevanzkriterien sowie Bewertungsnormen historisch variieren, wodurch das Erinnerungsgefüge labil wird. Das wegen seiner Labilität auch als „Kurzzeitgedächtnis" der Gesellschaft bezeichnete kommunikative Gedächtnis ist in Erinnerungsstrukturen sozialer Gruppen eingebettet. Das Gedächtnis sozialer Gruppen ist in übergreifenden Zusammenhängen situiert, also in kommunalen Identitäten, Generationen oder auch schichtspezifischen Kontexten, die allesamt interaktiv funktionieren. Die Verankerung in sozialen Gruppen stabilisiert die Erinnerung für einen längeren Zeitraum als das rein individuelle Gedächtnis, garantiert aber noch keine Nachhaltigkeit.

Erst aus der generationenübergreifenden Vermittlung von Erinnerungen im kulturellen Gedächtnis entsteht ein Traditionszusammenhang, der stabiler ist sowie von persönlich-affektiven Perspektivierungen stärker abstrahiert und auch den Zeithorizont rezenter Erinnerungen übersteigt.[26] Das kulturelle Gedächtnis überwölbt das kommunikative Gedächtnis und stellt das „Langzeitgedächtnis" der Gesellschaft dar. Das kulturelle Gedächtnis ist als operative Verklammerung zweier unterschiedlicher Gedächtnisformen konzipiert: Die Gesamtheit des Überlieferungsbestandes (Texte, Bilder, Feste, Rituale, Bauten, institutionalisierte Erinnerungsformen etc.) bildet einen Grundbestand, der im Speichergedächtnis abgelegt ist und in verschiedenen Zeiten und Kontexten mit jeweils neuer Ausrichtung vom Funktionsgedächtnis aufgerufen sowie aktualisiert wird.[27]

Das Speichergedächtnis ist prinzipiell uneinholbar sowie unabschließbar, enthält in seiner Unausschöpfbarkeit also auch „unbewusste" – d.h. in einer konkreten Gesellschaft nicht vergegenwärtigte – Inhalte und bildet das „Archiv", aus dem das Funktionsgedächtnis eine sinnhaft aufgebaute Erinnerung formt.[28] Das Archiv ist somit weniger ein Ort der Aufbewahrung stabiler Erinnerungselemente als vielmehr das Medium, mit dem durch akti-

---

25 Assmann betont die Rolle von Affekten und die Funktion von Selektionsprozessen, die neben bewussten Leistungen des Erinnerns auch unbewusste Akte des Vergessens umfassen: Assmann, Religion (wie Anm. 24), S. 13 f. Aus dem Zusammenspiel von Erinnern und Vergessen ergeben sich individuelle Erinnerungen, die in der Kommunikation miteinander in Kontakt treten.

26 Vgl. Assmann, Religion (wie Anm. 24), S. 37-44; ders., Gedächtnis (wie Anm. 24), S. 52 ff.

27 Zur Unterteilung und prozesshaften Verzahnung von Speicher- und Funktionsgedächtnis: Aleida Assmann, Erinnerungsräume. Formen und Wandlungen des kulturellen Gedächtnisses. München 1999, S. 130-145. Jan Assmann thematisiert mit seinem Begriff des „kulturellen Gedächtnisses" vor allem dasjenige Gedächtnis, das Aleida Assmann als „Speichergedächtnis" bezeichnet.

28 Der dynamische Begriff des Archivs lehnt sich an Derrida an: Jacques Derrida, Mal d'Archive. Une impression freudienne. Paris 1995, S. 11 ff. und S. 34 ff.; mit der Berücksichtigung unbewusster Erinnerungsspuren (Trauma, Abwehr, Verdrängung, Latenz). Zugleich betont Derrida, dass es zwischen automatischer, genetischer Vererbung einerseits und bewusster Überlieferung ein drittes gebe, nämlich die unaufhebbare Spannung zwischen bewusster Erinnerungsleistung und abgeschatteten Erinnerungsspuren, die nachwirken und zu Brüchen und Dissoziationen führen können. Erinnern ist dann nicht der passive Vorgang der Enthüllung von Vergangenheit, sondern ein aktiver Prozess der Aktualisierung von Archivbeständen, die freilich nicht vollständig oder adäquat wiedergegeben werden und vielmehr das Material zur Gewinnung konkreter Erinnerungen bilden. Das Archiv ist nicht einfach das amorphe Material, das beliebig aktualisiert werden kann, es ist an der konkreten Ausformung von Erinnerung beteiligt.

ve Erinnerungsarbeit konkrete Erfahrungen der Vergangenheit modelliert werden. Das Archiv mit seinem Bestand an Wissen und Traditionsformen, aber auch Erinnerungsprozessen und Weisen der Aneignung von Geschichte bildet als Speichergedächtnis so das Korrelat zur Erzeugung von Erinnerung im permanenten Prozess der Aktualisierung, die durch das Funktionsgedächtnis geleistet wird. Das kulturelle Gedächtnis ist aus dieser Perspektive der dialektische Prozess zwischen Speicher- und Funktionsgedächtnis: Die unruhige, stets bewegliche Basis des Speichergedächtnisses, die in ihrer medialen und materiellen Beschaffenheit eine Bezugsfülle konstituiert, gerinnt durch die vom Funktionsgedächtnis vollzogene Auswahl und Ordnung der Archivbestände zu einer bestimmten Form. Erinnern als Vorgang der Aktualisierung des Archivs ist gesellschaftlich verankerte Praxis kultureller Kohärenzbildung und verläuft als deutende und erneuernde Applikation der Archivinhalte. Eine konkrete Vollzugsweise dieser Vergegenwärtigung des kulturellen Gedächtnisses ist zum Beispiel die narrative Erinnerung.

Aus der Zusammenstellung der verschiedenen Gedächtnisformen, dem kommunikativen Gedächtnis und dem kulturellen Gedächtnis, kann die in Rzewuskis Text beobachtbare Erinnerungskultur erfasst werden. Die *gawęda* entpuppt sich am Beispiel der *Pamiątki Soplicy* als spezifisches Medium der Erinnerungspolitik und vereint in ihrer Funktionsweise unterschiedliche Gedächtnisformen: Das auf sozialer Interaktion beruhende „kommunikative Gedächtnis" wird zum „kulturellen Gedächtnis" erweitert. Die in den Plaudereien erinnerten Vorkommnisse werden in das generationenübergreifende Archiv des kulturellen Gedächtnis integriert und somit für Neuaktualisierungen verfügbar gehalten. In den *Pamiątki Soplicy* wird somit der Prozess der Verlängerung des kommunikativen Gedächtnisses, das sich in den einzelnen Plaudereien offenbart, in das kulturelle Gedächtnis, also den generationsübergreifenden Traditionszusammenhang, inszeniert.

Zunächst sticht ins Auge, dass durch die Einführung eines Erzählers, der noch in der Gegenwart des Herausgebers lebt, die Gegenwart mit der nahen Vergangenheit verklammert ist und die Form des kommunikativen Gedächtnisses gewählt wird. Erinnert wird vom Erzähler die erlebte Geschichte, diese wird an die nachfolgende Generation, vertreten durch den Herausgeber, überliefert. Untermauert wird dies durch die auch im Vollzug kommunikativ verfahrende Erinnerung – die betont mündliche Rede verweist auch in ihrer stark stilisierten Weise auf die soziale Interaktion im persönlichen Gespräch. Die *Pamiątki Soplicy* sprechen den Leser direkt an und sind in ihrer Grundstruktur stilisierte Mündlichkeit, basieren also auf der Vorstellung einer Vermittlung von Geschichtserfahrungen in sozialer Interaktion. Gleichzeitig wird jedoch dieses kommunikative Gedächtnis in einen generationenübergreifenden Bezugshorizont eingebaut, denn schließlich sollen die Erlebnisse über den zeitlichen Rahmen der Einzelgeneration hinaus zum überlieferungswürdigen Bestand gehören.[29] Es geht mithin um die Einschreibung der Erlebnisse und Begebenheiten aus den *Pamiątki Soplicy* in das Archiv des kulturellen Gedächtnisses.

Erinnerungspolitisch verfolgen die *Pamiątki Soplicy* das Ziel, die im Rückblick entworfenen Zusammenhänge und Erfahrungen sarmatischer Lebenswelten aus dem 18. Jahrhundert so im Speichergedächtnis einzubinden, dass sie jederzeit vom Funktionsgedächtnis aufge-

---

29 Beispiele solcher Transformationen kommunikativer Erinnerung in kulturelle Erinnerung bespricht Assmann, Gedächtnis (wie Anm. 25), S. 222.

griffen und aktualisiert werden können und damit zum festen Bestandteil der Erinnerungs-praxis zählen. Der Text erzeugt einen Vorrat an gemeinsamen Überzeugungen und geteil-tem Wissen. Es geht weniger um die Bestätigung einer schon gegebenen und garantierten Übereinstimmung zwischen Erzähler und Leser (z.B. durch die vorausgesetzte sarmatische Grundhaltung) als vielmehr um die Konstruktion einer Bezugsdimension, die im Text als gemeinsam geteiltes Wissen, als gemeinsam akzeptierte und praktizierte Zusammenstellung von Normen und Werten imaginiert wird: Gemeinsame Voraussetzungen und Wertehori-zonte werden also erst erzeugt und nicht nur bestätigt. Die bisherigen gattungsorientierten Diskussionen heben zu stark hervor, dass die *gawęda* einen gemeinsamen Wertehorizont zwischen Erzähler und Leser voraussetze, und beachten dabei zu wenig, dass ein solcher gemeinsamer Wertekontext auch erzeugt und bekräftigt wird.[30] Die *Pamiątki Soplicy* sind dann Ausdruck einer spezifischen – gewissermaßen sentimentalischen – Mnemotechnik, die durch Inszenierung kommunikativer Erinnerungsprozesse die Strukturierung des kulturellen Gedächtnisses beabsichtigt.[31] Dabei ist die narrative Erinnerungsarbeit nicht eindimensional nostalgisch oder affirmativ-idealisierend aufgebaut. Rzewuski verzichtet auf eine Wiederer-langung der geschichtlichen Welt, deren Bezug zur Gegenwart, in welcher der Herausgeber steht, eigentümlich offen bleibt.

Wegmarken der Erinnerung: Themenfelder in den *Pamiątki Soplicy*

Die vielfältigen Motive und Themen, die in den *Pamiątki Soplicy* erwähnt werden, decken ein breites Spektrum ab. Dabei wird in der Forschung betont, dass Soplica ein idealtypi-scher Vertreter aus dem Milieu der *szlachta* sei, die in den *Pamiątki Soplicy* als kollektiver Held in Erscheinung trete.[32] Die Lebenswelt und der Habitus der *szlachta* werden in einer losen Aneinanderreihung einzelner Erzählungen rekonstruiert und in ihrer Eigentümlichkeit imaginiert.[33] Die Erinnerung erfolgt dabei im Bewusstsein des Verlustes und strebt nicht die Wiederherstellung einer unmittelbaren Verbindung zur Vergangenheit an. Die einzelnen „Plaudereien" sind stark personalistisch geprägte Schilderungen vergangener Begebenheiten,

---

30 Zu dieser Problematik: Kazimierz Bartoszyński, Gawęda prozą [Plauderei in Prosa], in: Słownik literatury polskiej XIX wieku [Wörterbuch der polnischen Literatur des 19. Jahrhunderts], hrsg. v. Józef Bachórz u. Alina Kowalczykowa. Wrocław (u.a.) 2002, S. 313-317, hier S. 313; ders., O amorfizmie gawędy (wie Anm. 15), S. 109. Vgl. auch Szmydtowa, Studia (wie Anm. 6), S. 357 f. zum als gemeinsam vorausgesetzten Wertehorizont.

31 Peter Szondi, Das Naive ist das Sentimentalische. Zur Begriffsdialektik in Schillers Abhandlung, in: Ders., Schriften. Bd. 2, Frankfurt a.M. 1978, S. 59-105, bes. S. 95 f. zur Unerreichbarkeit der ursprünglichen Naivität aus der Lage des sentimentalischen Bewusstseins. Das moderne senti-mentalische Bewusstsein markiert das Zeitalter der geschichtsphilosophischen Unmöglichkeit der Wiedergewinnung einer primordialen Naivität; vgl. ebenda: „Aber *sentimentalisch* ist nicht das *Ideal*, sondern das Streben danach. Wäre einmal jenes Ziel, von dem ausdrücklich gesagt wird, dass es *niemals erreicht* werden kann, erreicht, die Entzweiung, welche die Kultur nicht nur be-wirkt hat, sondern auch heilen soll, würde zur Vergangenheit, an die Stelle von Kultur träte wieder Natur, der *sentimentalische* Dichter hörte auf, ein *sentimentalischer* zu sein" [Hervorhebung im Original].

32 So von Zygmunt Szweykowski im einleitenden Kommentar zur Ausgabe der *Pamiątki Soplicy*: Rzewuski, Pamiątki (wie Anm. 1), S. XII und auch X-XI allg. zur Szlachta.

33 Simulation und Konstruktion nennt als Hauptmerkmale der Erinnerungsarbeit in den *Pamiątki Soplicy*: Szmydtowa, Studia (wie Anm. 6), S. 351.

was schon in der Titelgebung bei den einzelnen Texten zum Ausdruck kommt. Die Mehrzahl der 25 Erzählungen[34] enthält im Titel den Namen eines Protagonisten („Pan Dzierżanowski" [Herr Dzierżanowski], „Pan Bielecki" [Herr Bielecki] u.a.) oder einer Protagonistin („Błogosławiona Anna z Omiecińskich" [Die Selige Anna Omiecińska]), was die personalistische Ausrichtung der Erinnerung unterstreicht. Die thematischen Schwerpunkte der Erlebnisse, die Soplica erwähnt, bilden die Konföderation von Bar, aber auch die altpolnische Rechtspraxis (vgl. z.B. „Trybunał Lubelski" [Das Tribunal zu Lublin]), die in der Lebenswelt der *szlachta* verankerten Habitusformen, die einen verbindlichen Kern von sozialintegrativen Werten ausmachen (vgl. z.B. „Pan Leszczyc").

In den Plaudereien, in denen sich die Fabulierkunst Soplicas frei entfaltet, werden wichtige politische und nationale Fragen im Vollzug vorgeführt und nicht etwa in trockener diskursiver Rede abgehandelt. Dabei gibt Soplica deutlich zu erkennen, dass er den nachkommenden Generationen mitteilen möchte, wie sie sich die alte Rzeczpospolita vorstellen müssen, wobei er bereits suggeriert, dass der Untergang der Rzeczpospolita unwiderruflich sei:

> „Chodem starzec, nie zazdroszczę biednej młodzieży naszej, że mnie przeżyje, bo nigdy widzieć nie będzie tego, na cośmy patrzali. Doczekają się oni zapewne czegoś dobrego, ale tak to nie będzie, co było."[35]

[„Bin ich auch ein Greis, ich beneide unsere arme Jugend nicht, dass sie mich überlebt, denn sie wird nie das sehen, was unsere Augen erblickten. Sie werden sicher etwas Gutes miterleben können, aber es wird nicht so sein wie früher."]

Bestärkt wird diese Ausrichtung der eigenen Erinnerungsarbeit durch die kulturpessimistische Wendung, dass eine Nation, die sich von ihren eigenen Wurzeln, also ihren eigenen Traditionen entferne, sich selber den Untergang bereite; diese Formulierung wählt Herr Bohusz, der, im Kreise der Anhänger des Fürsten Radziwiłł einigermaßen überraschend, für eine bereitwillige Zusammenarbeit mit König Stanisław Poniatowski plädiert und darin die Treue zur Tradition, zugleich aber auch das Unterpfand für die Sicherstellung polnischer Souveränität sieht. Genau diese nationalpatriotische Verpflichtung zur Überwindung innenpolitischer Spannungen brennt sich dem Erzähler Soplica ins Gedächtnis:

> „(...) bo już to jest oznaka oczewista, że naród nie wart bytu, że nawet żyć nie może, ponieważ już się oderwał od korzenia, z którego żywot swój czerpał."[36]

[„(...) aber schon dies ist ein sicheres Anzeichen, dass ein Volk seiner Existenz nicht würdig ist, dass es sogar nicht existieren kann, weil es sich schon vom Ursprung ablöste, aus dem es sein Leben bezog."]

Dabei verzichtet Soplica explizit auf einen klar ausformulierten Ausblick in die Zukunft und beschränkt sich voll und ganz auf die Wiedergabe dessen, was ihm selbst widerfuhr,

---

34 Gemäß der Ausgabe, die 1852 in Lemberg erschien; die Pariser Ausgabe von 1839 umfasste 19, die Wilnaer von 1844 24 Erzählungen; vgl. zur Editionsgeschichte die Angaben von Zygmunt Szweykowski: Rzewuski, Pamiątki (wie Anm. 1), S. LI–LV.

35 Rzewuski, Pamiątki (wie Anm. 1), S. 99.

36 Ebenda, S. 391 [*Król Stanisław* (König Stanisław)].

ohne dass er diese persönliche Perspektive je überschreiten und ein breiteres, auch durch die Lektüre anderer Zeugnisse oder historiografischer Werke beeinflusstes Epochenbild malen würde:

> „Teraźniejszy świat czegoś niby chce, do czegoś dąży, ale sam nie wie, do czego, i dojdzie tam, gdzie się nie spodziewa. Ale porzućmy o tym! Nie jestem prorokiem, by rozprawiać o przyszłości, a wolę o tym pisać, na co patrzałem."[37]

> [„Die heutige Welt erstrebt etwas, als ob sie etwas wolle, aber sie weiß selbst nicht, was, und sie wird dorthin kommen, wo sie es nicht erwartet. Aber lassen wir das! Ich bin kein Prophet, der sich über die Zukunft auslassen könnte, und ich will lieber über das, was ich gesehen habe, schreiben."]

Die programmatisch vorgetragene Selbstbeschränkung auf den eigenen Erlebnishorizont sorgt zwar für eine Aura der Authentizität, wird aber mit dem Verzicht auf eine umfassende Schau auf die Geschichte teuer erkauft. Der Erzähler gesteht, dass er keineswegs ein historisches Panorama zeichne. Hingegen beabsichtige er eine narrative Präsentation von Begebenheiten, die er selbst bezeugen könne; erst in der Zukunft sei zu erwarten, dass jemand aus den Erinnerungsfragmenten eine historiografische Darstellung verfasse. Die Skepsis gegenüber einer Gesamtdarstellung der Geschichte, die dem Verzicht auf epische Totalität in der Anlage des Textes gleichkommt, wird nicht durch einen korrigierenden oder zumindest kommentierenden Eingriff des Herausgebers – Rzewuskis – relativiert:

> „Cieszę się, że nie mamy historii ostatnich naszych czasów, bo niezawodnie byłaby nic do rzeczy. Niech każdy stary sumiennie pisze to, czego sam był świadkiem, niech pisze po swojemu rzeczy uważając, z własnego, a nie uczonego stanowiska, a dopiero, jak będzie potrzeba, znajdzie się taki, którego Opatrzność wzbudzi, aby z tego wszystkiego pożyteczną ułożył historię."[38]

> [„Ich freue mich, dass wir über keine Geschichte unserer jüngsten Vergangenheit verfügen, denn sie wäre zweifellos nichts wert. Ein jeder Alte möge gewissenhaft das aufzeichnen, wovon er selber Zeuge war, schreibe er auf seine Weise die Begebenheiten auf, von seinem und nicht einem gelehrten Standpunkt aus urteilend, und erst dann, wenn es nötig sein wird, wird sich jemand finden, den die Vorsehung erweckt, damit er aus all dem eine sinnvolle Geschichte zusammenstelle."]

Aus den munter vorgetragenen Erlebnisberichten kristallisiert sich kein eindeutiges Urteil über eine mögliche Wiedergewinnung polnischer Eigenstaatlichkeit heraus. Für die eigene Gegenwart konstatiert Soplica zunächst den Untergang polnischer Staatlichkeit, postuliert aber dessen ungeachtet, dass die Polen auch ohne Staat existieren und ihre Identität im Geschichtsbewusstsein und vor allem in der Erinnerung an die Ahnen finden können. Die Polen, so scheint es, finden ihre Zukunft in der Nostalgie. In der Geschichtsbetrachtung wird die konkrete Gestalt des polnischen Gemeinwesens nach dem Verlust der Eigenstaatlichkeit

---

37 Ebenda, S. 355 (*Pan Ryś* [Herr Ryś]).
38 Ebenda, S. 385 („Król Stanisław" [König Stanisław]).

bezeichnenderweise nicht thematisiert. Dabei korrigiert Soplica Józef Wybickis *Mazurek Dąbrowskiego* [Masurka Dąbrowskis], indem er die berühmten Anfangszeilen umschreibt:

> „Choć Polska zginęła, Polacy żyją i żyć będą, póki sami się nie zabiją; a nie zabiją się nigdy, jeżeli zechcą zrozumieć, co jest duchem narodu i jaka była myśl ich przodków."[39]

> [„Ist Polen auch verloren, die Polen leben noch und werden solange leben, als sie sich selbst nicht töten; und sie töten sich nie, sofern sie zu verstehen geruhen, was der Geist der Nation ist und was das Denken ihrer Vorfahren war."]

Daneben suggeriert Soplica die zu erwartende Restitution polnischer Eigenstaatlichkeit, wenn er vom „momentanen Zusammenbruch" der Rzeczpospolita oder von der „Aussetzung" der staatlichen Existenz spricht, ja von einer vorübergehenden Ohnmacht – und explizit nicht vom endgültigen Untergang:

> „Widać, że nasz upadek tylko chwilowy, że to jest zawieszenie bytu, ale nie zagładzenie, omdlenie, a nie śmierć; po czym życie silniejsze i świetniejsze wrócić się koniecznie musi, jako ziarno w ziemię rzucone przegniwa i zamiera, aby ożywić potem dziesięć razy na sób obfitszy plon."[40]

> [„Unser Zusammenbruch ist offensichtlich nur vorübergehend, es handelt sich um eine momentane Unterbrechung unseres Daseins, nicht um Auslöschung, um eine Ohnmacht, nicht um Tod; nachher muss ein stärkeres und besseres Leben notwendigerweise wiederkehren, so wie ein Korn, das auf die Erde geworfen wird, fault und abstirbt, um mit verzehnfachter Frucht aufzuleben."]

Die Widersprüche, die zwischen solchen Passagen und jenen, die ein Ende der Rzeczpospolita verzeichnen, liegen, werden nicht aufgelöst und auch nicht reflektiert. Sie sind mit dafür verantwortlich, dass die narrative Kohärenz aufgebrochen und die einzelnen „Plaudereien" teilweise unvermittelt nebeneinander stehen. Diese Ambivalenzen des literarischen Textes können auch nicht durch den Rückgriff auf publizistische Äußerungen Rzewuskis aufgehoben werden. Wenn Rzewuski in den *Uwagi o dawnej Polsce*[41] eine mit der oben zitierten Formulierung übereinstimmende Einschätzung des Verlustes der polnischen Eigenstaatlichkeit vornimmt, hilft das kaum bei der Untersuchung der Erzählposition Soplicas weiter.[42] Denn die Erzählstimme behält ihre Autonomie und kann nicht in selektiver Zuspitzung bei der Auswertung einzelner Aussagen zum Sprachrohr des Autors reduziert werden, der in den *Uwagi o dawnej Polsce* die Einschätzung Soplicas zu teilen scheint:

> „Szlachetne źródła naszego bytu zwiastują wysokie przeznaczenie, które w części tylko uzupełnione zostało, nie mogę oprzeć się wynurzeniu myśli mojej względem przy-

---

39 Ebenda, S. 33 („Pan Azulewicz" [Herr Azulewicz]).
40 Ebenda, S. 256 (*Tadeusz Rejten*).
41 Rzewuski, Uwagi (wie Anm. 9).
42 Es erscheint ebensowenig zweckmäßig, in der obigen Formulierung ein messianistisches Element zu sehen; vgl. etwa Waśko, Sarmatyzm (wie Anm. 2), S. 84; Vorsicht geboten ist vor der wohl voreiligen Gleichsetzung der *Uwagi o dawnej Polsce* mit einem diskursiven Ausdruck des ideologischen Fundaments der *Pamiątki Soplicy;* siehe ebenda, S. 84 oder S. 69.

czyn, które sprawiły przerwę istnienia naszego (...). Przyczyny upadku naszego, a raczej zawieszenia bytu narodowego, były zewnętrzne (...)."[43]

[„Die edlen Quellen unseres Seins künden von unserer hohen Bestimmung, die lediglich bruchstückhaft verwirklicht wurde, ich kann mich nicht der Ausbreitung meines Gedanken über die Ursachen, welche die Unterbrechung unserer Existenz bewirkten, erwehren (...) Die Ursachen unseres Zusammenbruchs, oder vielmehr der Unterbrechung unseres nationalen Daseins, waren äußerer Natur (...)."]

Die bewusste Preisgabe einer ordnenden Sicht auf die historischen Ereignisse führt freilich nicht zu einer völlig ungeordneten Vielfalt bunt gemischter Ereignisse, die in nahezu beliebiger Weise berichtet werden.[44] Die Fülle des ausgebreiteten Erinnerungsmaterials ist um einige Pole zentriert, die dem munter fabulierten Material eine gewisse Ordnung aufprägen. Zu diesen Knotenpunkten, die den einzelnen Erzählungen ungeachtet der vielfältigen Digressionen des Erzählers und den mannigfaltigen chronologischen Brüchen eine gewisse Kohärenz verleihen, zählen die in fast jeder Erzählung erwähnte oder zumindest angedeutete Konföderation von Bar[45] (als negativ bewertetes Gegenstück wird mitunter auf die Konföderation von Targowica verwiesen).[46] Bar wird jedoch keineswegs mythisiert und stellt lediglich den ereignisgeschichtlichen Dreh- und Angelpunkt der meisten Plaudereien dar. Hinzu kommt als zentrale Größe des Selbstverständnisses, dem Soplica Ausdruck verleiht, die brüderliche Gleichheit der *szlachta*. Bei allem Respekt vor Würdenträgern und Angehörigen der Hocharistokratie ist auch unter dem geringsten Angehörigen der *szlachta* das Bewusstsein verbreitet, allen Unterschieden zum Trotz gleichberechtigtes Glied des polnischen Adels zu sein. Dieses Adelsbewusstsein äußert Soplica direkt:

„Bo choć my, niżsi, umieli czuć powagę urzędu i wieku, znaliśmy, że jako szlachta, wszyscy my równi byli między sobą. Otóż ja, co tylko susceptantem byłem natenczas, to kiedy mnie wielmożny sędzia, tak majętny i dostojny obywatel, w sieniach witał i nisko się kłaniał, i przed sobą do pokoju wprowadzał, umiałem przyjąć jego grzeczność i w kolanom go pocałował; a przecie, gdyby mnie inaczej przyjął, czułbym siebie być ukrzywdzonym."[47]

[„Auch wenn wir, die Niedrigeren, die Autorität des Amtes und des Alters zu würdigen wussten, waren wir uns doch im Klaren darüber, dass wir als szlachta alle untereinander

---

43 Rzewuski, Uwagi (wie Anm. 9), S. 13.
44 Die Amorphie wird zu Recht als Gattungsmerkmal der gawęda bezeichnet: Bartoszyński, O amorfizmie gawędy (wie Anm. 15), S. 91-116.
45 Rzewuski, Pamiątki (wie Anm. 1), S. 3-11 (*Kazanie konfederackie* [Konföderationspredigt]), 12 ff., 19-25 (*Pan Bielecki* [Herr Bielecki]), 39 f., 96, 99 f., 127 ff., 155 ff., 269 f., 284-295 (*Ksiądz Marek* [Priester Marek]), u. 331-353.
46 Ebenda, S. 392; vgl. auch den Kommentar Soplicas in der Erzählung *Pan Rewieński*; ebenda, S. 39: „Rejten i Korsak nasi byli ziemianie, i Bohusz, sekretarz i dusza konfederacji barskiej. A później w tak rozrodzonym obywatelstwie ani jeden się nie znalazł, który by do obrzydłej Targowicy przystąpił." [Rejten und Korsak waren unsere Landsleute, und Bohusz der Sekretär und die Seele der Konföderation von Bar. Und auch später hat sich in der weit verzweigten Bürgerschaft nicht ein einziger gefunden, der der abstoßenden Konföderation von Targowica beigetreten wäre].
47 Ebenda, S. 36; vgl. auch S. 44, 192 ff., 310 f.

gleich waren. So habe ich, der ich damals nur ein Gerichtsdiener war, die Höflich-
keit angenommen, wenn der hochgeborene Richter, ein so wohlhabender und würdiger
Staatsbürger, mich im Flur empfing, sich tief vor mir verneigte und zum Gemach ge-
leitete, und ich habe ihm die Knie geküsst; doch hätte er mich anders empfangen, hätte
ich mich verletzt gefühlt.“]

Zu dieser idealisierten Stilisierung einer auf Gleichheit und Brüderlichkeit basierenden Gemeinschaft der *szlachta* gehört auch die Würdigung der integrativen Funktion der *szlachta*, die einen auf die Rzeczpospolita bezogenen Verbund personaler Beziehungen ausprägt
und Moslems (*Pan Azulewicz*[48]) ebenso wie Vertreter des Kosakentums (*Sawa*,[49] *Pawlik*[50])
umfassen kann, keineswegs also einen abgeschlossenen Stand bzw. eine einzelne Ethnie
verkörpert. Aufgebrochen wird die Solidarität und das Gleichheitsideal durch das bei Soplica sichtbar zwischen kritischer Skepsis[51] und unbedingter Loyalität schwankende Verhalten
gegenüber den Magnaten. Die hierarchiebewusste Loyalität zeigt sich bei Soplica in der fast
schon kultischen Verehrung, die er Fürst Radziwiłł[52] („Panie Kochanku“ [Ihro Liebden])
entgegenbringt, die aber auch von den anderen Mitgliedern der sogenannten „Albaner Bande“[53] geteilt wird. Die starke Bindung an den Magnaten, zu dessen Gefolgschaft Soplica
gehört, manifestiert sich auch als moralisch zwielichtige Bedingungslosigkeit der Unterstützung, die dem Fürsten vor Gericht auch dann gewährt wird, wenn die Rechtslage eigentlich
deutlich zu dessen Ungunsten steht, wobei der wider besseren Wissens dann doch geleistete
Rechtsdienst von Soplica als legitimer Ausdruck der Loyalität verbrämt wird. Die Habitus-
logik überbietet die Ordnung des Rechts. Dabei erscheint die sentenziöse Rechtfertigung
des eigenen Verhaltens als unfreiwillig satirische Selbstentblößung Soplicas:

> „Kiedy przyszło do sprawy, musiałem atentować od księcia i przed strukczaszym samym
> łzami się zalałem, błagając go, że tak powiem, aby mnie odpuścił, iż z obowiązku muszę
> o jego krzywdę się starać, bo znałem dobrze, że nasza sprawa była brzydka. Ale cóż?
> Czyj się chleb je, tego bronić trzeba.“[54]

> [„Als es zur Verhandlung kam, musste ich den Fürsten vertreten und den Truchsess
> unter Tränen anflehen, mir sozusagen zu vergeben, dass ich der Verbindlichkeit wegen
> seinen Schaden betreiben müsse, denn ich wusste gut, dass an unserer Sache etwas faul
> war. Aber was soll's? Wessen Brot ich esse, dessen Interessen vertrete ich.“]

Der Text beruht auf einer Doppelcodierung, die neben der Sinnperspektive des Schlaumeiers
Soplica – für den Leser gut ersichtlich – eine deutlich ironisch markierte Darstellung der
Rechtspraxis in der alten Rzeczpospolita offen legt und darin auch satirische Schärfe zeigt.
Neben diesen sozial- und mentalitätsgeschichtlichen Habitusformen dokumentiert Soplica
in seinen Erinnerungen zum altpolnischen Rechtswesen auch das ausgeprägte Rechtsbe-

---

48 Ebenda, S. 26-33.
49 Ebenda, S. 192-210, bes. S. 202.
50 Ebenda, S. 326-353, bes. S. 349 f.
51 Ebenda, S. 3-11 (*Kazanie konfederackie* [Konföderationspredigt]).
52 Ebenda, S. 49 ff., 61-84 (*Książę Radziwiłł, Panie Kochanku* [Ihro Liebden, Fürst Radziwiłł]).
53 Ebenda, S. 160 ff., 171 ff.
54 Ebenda, S. 65.

wusstsein sowie das dazugehörende juristische Fachwissen.[55] Rechtskenntnisse sind keine beruflichen Spezialkompetenzen, sondern gehören zum notwendigen Rüstzeug des Staatsbürgers. Das Recht ist dabei laut Soplica Offenbarung einer nationalen Eigenart, die sich in der Geschichte offenbart; das Recht ist nicht einfach eine von Menschenhand geschaffene Ordnung, sondern gründet in Gott und offenbart sich nicht nur in den positiven Gesetzen, sondern auch in Haltung und moralischer Ordnung: „Prawo jest historią narodu, i taką, która zaprzeczeniu nie podpada" [Das Recht ist die Geschichte eines Volkes, und zwar eine, die keinem Widerspruch unterliegt].[56] Daher sind Rechts- und Geschichtskenntnisse untrennbar miteinander verwoben und verweisen auf Gott als transzendente Legitimationsinstanz. Auch bei solchen erhabenen Dingen erzielt Soplica unbeabsichtigte – wohl aber von Rzewuski als Autor bewusst gesetzte – ironische Effekte, spricht er doch salopp davon, dass man in Fragen der Gesetzgebung „ohne etwas göttliche Inspiration nicht auskomme", ganz so, als handle es sich bei der Rechtsprechung um ein Küchenrezept und als ob man über göttliche Wirkkräfte selbstbestimmt verfügen könne. Die Lockerheit von Soplicas Formulierung konterkariert den Sinnaufbau der Argumentation, die Rechtsprechung nicht als Menschenwerk, sondern als Ausfluss einer göttlichen Ordnung begreift:

> „I dlatego prawodawca nie tyle mądrym, ile świętobliwym być powinien, bo prawdziwe prawo nie jest rzeczą jedynie ludzką, ale boską, i bez jakiegoś boskiego natchnienia obejść się nie może."[57]

> [„Und deshalb muss der Gesetzgeber nicht so sehr weise, als vielmehr fromm sein, denn das wahrhaftige Recht ist nicht eine rein menschliche Angelegenheit, sondern eine Sache Gottes, und ohne eine gewisse göttliche Inspiration kommt man nicht aus."]

Einen zivilisationsgeschichtlichen Kontext erreicht Soplica mit der Betonung der Eigenständigkeit der polnischen Kultur, die keineswegs mit westeuropäischen Maßstäben zu messen sei – Soplica unterscheidet an einer anderen Stelle sogar zwischen einem „rozum zagraniczny" [ausländische Vernunft] und einem „rozum polski" [polnische Vernunft][58] – und leider durch die Verwestlichung der Bildung und Kultur gefährdet sei, da ein durch die eigene Geschichte vorgezeichneter Weg verlassen werde:

> „(...) nic nie mogło przekonać pana Kwileckiego, który sam był dobrym żołnierzem, w wojsku francuskim w młodości swojej służył, ale na nieszczęście więcej wierzył w naukowe zagraniczne prawidła wojskowości niżeli w instynkta polskie, tym więcej że popierał go w zdaniu inżynier francuski przy nim będący, a któremu mocno wierzył."[59]

---

55 Ebenda, S. 99-125 (*Trybunał Lubelski* [Das Tribunal von Lublin]), S. 231-244 (*Palestra staropolska* [Der Altpolnische Anwaltsstand]), zur unbedingten Bindung an das altpolnische Recht, dem sich z.B. Herr Leszczyc beugt, auch wenn es ihn das Leben kostet; vgl. ebenda, S. 211-219, hier auch zur strukturellen Kopplung von Recht – bzw. Rechtsbewusstsein, Rechtstradition – und Nation.

56 Ebenda, S. 415.

57 Ebenda, S. 211.

58 Ebenda, S. 156, vgl. auch S. 328 zum „zagraniczny rozum".

59 Ebenda, S. 200.

[„(...) nichts konnte Herrn Kwilecki überzeugen, der selbst ein guter Soldat war, in seiner Jugend im französischen Heer diente, aber zu allem Unglück stärker den wissenschaftlichen ausländischen Regeln als den polnischen Instinkten vertraute, umso mehr, als ihn ein französischer Ingenieur in dieser Meinung unterstützte, der bei ihm weilte, und dem er großen Glauben schenkte."]

Diese Knotenpunkte der narrativen Erschließung der jüngeren Vergangenheit sind Bausteine eines Habitus, der als „romantischer Sarmatismus" bzw. als „romantischer Neosarmatismus" bezeichnet wird.[60] In unserem Zusammenhang interessiert weniger die Analyse von Rzewuskis politischem Denken[61] und auch nicht so sehr der direkte Vergleich der *Pamiątki Soplicy* mit dem seinerzeit unveröffentlichten publizistischen Text *Uwagi o dawnej Polsce*, in welchem Rzewuski die Grundlagen und die Spezifik der Adelsrepublik erschloss (das in dieser historischen Studie gesammelte Material bildete die Basis für die daran anknüpfende literarische Sujetkonstruktion in den *Pamiątki Soplicy*, die in literarischer Verfremdung und deutlicher Distanzierung von der Position Rzewuskis das historische Material in eigenständiger Sujetfügung präsentieren). Ebensowenig wollen wir die späteren Arbeiten Rzewuskis – die berühmt-berüchtigten, unter Pseudonym publizierten *Mieszaniny obyczajowe* [Sittengemengsel][62] oder die *Wędrówki umysłowe* [Gedanklichen Wanderungen][63] berücksichtigen, in welchen Rzewuskis Diagnose, dass die Geschichte Polens an ihr Ende gekommen sei, sowie die nicht minder provokative Absage an die Möglichkeit einer Restitution der polnischen Eigenstaatlichkeit eine Lawine von Protesten und kritischen Einwürfen auslösten.[64]

Stattdessen konzentrieren wir uns auf die Frage, wie die Position Rzewuskis als Autor, genauer als Herausgeber der *Pamiątki Soplicy* konturiert werden kann. Schließlich manifestiert sich die Distanzierung Rzewuskis vom Erzähler nicht als selbst im literarischen Text deutlich markierte Absetzung, die etwa in digressiven Passagen einen zusätzlichen Bezugshorizont aufbauen würde, von dem aus die Sichtweise Soplicas klar ersichtlich als Binnenperspektive bestimmt und in einen breiteren narrativen Kontext eingebunden wäre. Der Standort des Autors bleibt verborgen und bildet gleichsam den blinden Fleck bei der durch Soplica vermittelten Sicht auf die Vergangenheit. Diese Unsichtbarkeit des Autors wurde bereits von Kraszewski in der kritischen Auseinandersetzung mit der Gattungsspezifik der *gawęda*, die er am Beispiel Rzewuskis und des als epigonal apostrophierten Zygmunt

---

60 Waśko, Sarmatyzm (wie Anm. 2), S. 8-13.

61 Dazu: Andrzej Ślisz, Henryk Rzewuski. Życie i poglądy [Henryk Rzewuski. Leben und Ansichten]. Warszawa 1986, bes. S. 88 ff. zu den *Uwagi o dawnej Polsce*. Zum konservativen Denken Rzewuskis: Józef Urbaniak, Konserwatyzm w poglądach społeczno-filozoficznych Henryka Rzewuskiego [Der Konservativismus in den sozialphilosophischen Ansichten Henryk Rzewuskis]. Poznań 1979 (Uniwersytet im. Adama Mickiewicza w Poznaniu, Seria Filozofia i Logika. 21).

62 [Henryk Rzewuski,] Mieszaniny obyczajowe przez Jarosza Bejłę [Sittengemengsel von Jarosza Beiła]. T. 1-2, Wilno 1841–1843.

63 Henryk Rzewuski, Wędrówki umysłowe [Gedankliche Wanderungen]. T. 1-2, Petersburg 1851.

64 Zur Evolution der politischen Ideen Rzewuskis vgl. Karpiński, Polska (wie Anm. 8), S. 9-53. Ślisz, Rzewuski (wie Anmerkung 61), S. 88 ff. zu den politischen und ideologischen Facetten der *Uwagi*. Neben dieser Leben und Werk unter ausschließlich politischen Gesichtspunkten erörternden Perspektive ist zu berücksichtigen: Urbaniak, Konserwatyzm (wie Anm. 61). Ebenfalls zum politischen Profil Rzewuskis: Waśko, Sarmatyzm (wie Anm. 2), S. 67-93; hier auch mit der Feststellung, dass Rzewuski ein wichtiger Vertreter des romantischen Konservativismus in Polen gewesen sei.

Kaczkowski erörtert, moniert.[65] Kraszewski rügt den Mangel an einer klar erkenntlichen Autorschaft und vermisst eine klare Definition der Position, von der aus die Vergangenheit erschlossen wird – die Erinnerung verlaufe bei Rzewuski als antiquarische Liebhaberei und detailverliebter Historismus und nicht als von der Gegenwart ausgehende Auseinandersetzung mit der Vergangenheit:[66]

> "'Soplica' jest prostym w duchu przeszłości powtórzeniem jej podania, jej pojęć i przedstawia nam świat ów, widziany nie z naszego, ale z własnego jego stanowiska. (...) Chcąc odgadnąć byt wczorajszy, usiłowano stanąć nie na stanowisku dzisiejszym, ale na wyjątkowym, dawnym, przenosząc się niby w przeszłość dla lepszego jej osądzenia: tym właśnie pozbawiono się władzy wszelkiego sądu. (...) Przez utwór, mający odtwarzać bodajby najwierniej przeszłość, musi mówić ten, co kreśli, musi być widać autora i człowieka (...)."[67]

> [",Soplica' ist eine einfache im Geist der Vergangenheit gehaltene Wiederholung ihrer Überlieferung und ihrer Begriffe und stellt uns diese Welt nicht von unserem, sondern vom eigenen Standpunkt aus dar. (...) Im Versuch, das gestrige Dasein zu ergründen, ist man nicht bemüht, einen heutigen Standpunkt einzunehmen, sondern nimmt einen ungewöhnlichen, vergangenen ein, als ob man sich zur besseren Beurteilung in die Vergangenheit versetzen würde: gerade dadurch entledigt man sich jedweder Urteilskraft. (...) Durch das Werk, das angeblich die Vergangenheit am getreuesten wiedergibt, muss derjenige sprechen, der darstellt, man muss den Autor und Menschen erkennen (...)."]

Die unbestimmte Position des Autors hängt unseres Erachtens mit einem strukturellen Problem im Rahmen der durch die *gawęda* geleisteten Erinnerungsarbeit zusammen und überwölbt als politisches Problem die rein literaturgeschichtliche oder textanalytisch verfahrende Beschreibung der erinnerungspolitischen Implikationen in Rzewuskis Text.

Der unsichtbare Ort: Der Standort des Herausgebers – Individuum und Imperium

In den *Pamiątki Soplicy* verbirgt sich der Autor hinter dem vorgeschobenen Erzähler Soplica und geht ganz in seiner Funktion der Herausgeberschaft auf. Mit dem wohlbekannten Trick, als Herausgeber eines gefundenen Manuskripts in Erscheinung zu treten, erzeugt Rzewuski diejenige Authentizitätsfiktion, die für die Beglaubigung der erwähnten historischen Vorkommnisse notwendig ist. Gleichzeitig ist sichergestellt, dass die von Soplica geschilderten Erlebnisse und Vorkommnisse nicht nur im Text verifiziert sind, sondern auch deren Vergangenheitscharakter deutlich wird: Erzählt wird eine aus der Gegenwart des Herausgebers nicht mehr als unmittelbar wirksam erfasste oder als bekannt vorausgesetzte Vergangenheit, die es wert ist, erinnert zu werden, auch wenn für Soplica noch keine Möglichkeit eines umfassenden Rückblicks auf die Geschichte möglich ist.

---

65 Kraszewski, Obrazy (wie Anm. 13), S. 126-142.
66 Und weist so einige Funktionsparallelen zu der Geschichtsbetrachtung auf, die Nietzsche als „antiquarische Art der Historie" kritisierte: Friedrich Nietzsche, Unzeitgemäße Betrachtungen. Zweites Stück: Vom Nutzen und Nachtheil der Historie für das Leben. München 1999 (Sämtliche Werke, Kritische Studienausgabe in 15 Bänden. 1), S. 243-334, hier bes. S. 258 ff.
67 Kraszewski, Obrazy (wie Anm. 13), S. 129 und S. 136.

Bemerkenswert ist freilich auch das Verstummen des Herausgebers, der in keiner Weise offen und direkt kommentiert, was Seweryn Soplica berichtet. Soplica ist dabei nicht als *porte parole* Rzewuskis, sondern als historistische Verkörperung einer Habitusform zu begreifen, die in ihrer Eigenart eine Binnenperspektive zieht, aus der sämtliche angesprochenen Motive und Themen erfasst werden, ohne dass eine darüber hinausgehende oder zumindest abweichende Instanz eine reflexive Durchbrechung dieser Perspektive vollzöge; auch der Herausgeber hält sich bedeckt. Der Standort des Herausgebers bleibt selbst im Vorwort, das Rzewuski nachträglich verfasste, unterbestimmt, neben der Ortsangabe und dem Hinweis auf das Jahr 1835 fehlen Angaben, die eine klare Positionierung des Herausgebers zu der vom Erzähler evozierten historischen Realität erkennen lassen würden.

Rzewuskis Position bleibt so bewusst offen. Dies scheint nicht nur eine aus ästhetischen Gründen nachvollziehbare und legitime Entscheidung zu sein, die mit dem Willen nach unverstellter Repräsentation des Vollzugs der Vergegenwärtigung der Geschichte zusammenhängt, sondern auch auf Ursachen hinzuweisen, die erinnerungspolitischer Natur sind. Rzewuski verzichtet auf eine Erklärung, wie die in Soplicas „Plaudereien" entworfene Vergangenheit mit der Gegenwart zusammenhängt. Es ist somit unklar, in welchem Verhältnis die Vergangenheit zur Gegenwart steht und welche Bedeutung die Erinnerung haben kann – außer, dass sie auch einem Stubenhocker vor Augen führen kann, was er selbst oder seine Vorfahren erlebt haben. Die fehlende Reflexion auf das Verhältnis der geschilderten Vergangenheit zur unmittelbaren Gegenwart situiert den Herausgeber in einer leeren Zeit und einem leeren Ort, die beide nicht hinreichend umrissen und so quasitranszendental sind in Bezug zur erzählten geschichtlichen Lebenswelt. Der Autor scheint also mit einer Geschichte konfrontiert zu sein, in der man mittendrin steckt und aus der man sich nicht, Münchhausen gleich, am eigenen Haarschopf herausziehen kann.

Eine vergleichbare quasitranszendentale Position, die nicht begrifflich konturiert wird, nimmt Rzewuski auch in den *Uwagi o dawnej Polsce* ein, in welchen er die rechtsgeschichtlichen, sozialhistorischen, herrschaftspolitischen und ideengeschichtlichen Grundlagen der Adelsrepublik erörtert und versucht, die für die Geschichte Polens charakteristischen Leitideen herauszuarbeiten. Auch hier ist nicht völlig ersichtlich, von welcher Position aus der Autor argumentiert und in welchem Verhältnis seine Gegenwart zur evozierten Vergangenheit der Rzeczpospolita steht. Mit der mehrdeutigen Formulierung, dass die Existenz des polnischen Staats unterbrochen sei, wird zumindest suggeriert, dass die polnische Staatlichkeit sowie die in und durch sie wirkenden Ideenzusammenhänge Bestand haben und sich in Zukunft wieder manifestieren werden.[68] Aber genau die Ausarbeitung einer solchen auf die Zukunft gerichteten Perspektive unterbleibt in den *Uwagi*. Die Vergangenheit erscheint zwar in prachtvoller Darbietung, ist aber abgekoppelt von einer in die Zukunft weisenden Perspektive und somit auch nicht mit einer Gegenwart vermittelt, von der aus die Zukunft vorbereitet würde.

In Rzewuskis Text fehlt eine finalisierende Perspektive, die einen prozesshaften Zusammenhang zwischen Vergangenheit und Zukunft aufbauen und mit einer konkreten Gegenwart verknoten würde: Die thematisierte historische Vergangenheit wirkt als abgeschlossene Epoche, der keine Zukunft und damit auch keine weitere Geschichte beschieden ist. Diese

---

68 Rzewuski, Uwagi (wie Anm. 9), S. 13.

Ambivalenz aus den *Uwagi*, in welchen eine stillgelegte Vergangenheit aufgerufen wird, scheint unseres Erachtens auch in den *Pamiątki Soplicy* beobachtbar zu sein, nur zeigt sich dieses Problem hier in der forcierten Zurückhaltung des Herausgebers. Der Herausgeber verzichtet auf eine Motivierung der Beschäftigung mit der Vergangenheit, weder verfügt er über einen umfassenden Blick auf die Geschichte – worin er Soplica recht nahe kommt[69] – noch verfügt er über ein ausformuliertes Programm, das den eigenen Zugang zur Geschichte definieren würde und ein historiografisches oder geschichtsphilosophisches Konzept erkennen ließe: Die Erinnerung verläuft als weitgehend ästhetisierend-konservierende Betrachtung der Geschichte.

Dies im Unterschied etwa zu dem von Rzewuski selbst im Vorwort genannten geschichtlichen Großprojekt von Julian Ursyn Niemcewicz, der auch in den *Śpiewy historyczne* die Beschäftigung mit zentralen historischen Persönlichkeiten auf Anforderungen und Zielsetzungen der unmittelbaren Gegenwart zu beziehen scheint und auf der Grundlage eines klaren politischen Rahmens die Geschichte aus einer handlungsstrategischen Perspektive repräsentiert. Daneben zeigt sich auch ein fundamentaler Gegensatz zu den finalisierten Bezugnahmen auf die Geschichte der Adelsrepublik in den messianistischen Texten von Adam Mickiewicz oder Juliusz Słowacki, deren idealisierender Blick – zumal auf die Konföderation von Bar – eine ästhetisierende Vergegenwärtigung der Geschichte transzendiert und klar in die Zukunft weisende politische und gesellschaftliche Dimensionen umreißt.[70]

Allerdings erklärt der Hinweis auf die ästhetische Betrachtung der Vergangenheit den Sachverhalt nicht erschöpfend. Viel eher scheint ein systematisches Problem vorzuliegen, das mit der prekären Zwischenlage des Autors zusammenhängt, nämlich der tatsächlich nicht einfach auf den Punkt zu bringenden Situation nach dem Zusammenbruch der Rzeczpospolita und einer nur unklar konturierten Zukunft mit der vage angedeuteten, aber nicht ausgearbeiteten Möglichkeit einer Aufhebung der Unterbrechung staatlicher Existenz. Dieses Dilemma übersteigt eine rein ästhetisierende Geschichtsdeutung und verweist auf die Problematik kultureller Selbstbeschreibung und Selbstdeutung unter imperialen Bedingungen, die dazu zwingen, sich mit der Frage auseinanderzusetzen, welche Semantik man für die Beschreibung des eigenen Ortes im Imperium verwenden soll. Diese Ortsbestimmung und die damit verknüpfte Frage nach der adäquaten Semantik zur Selbstbeschreibung betreffen in besonderer Weise auch die Deutung und Repräsentation der polnischen Geschichte nach den Teilungen und dem Verlust der Eigenstaatlichkeit. Die Ambivalenzen und Aporien dieser permanenten Zwischenposition eines historischen Subjekts im Rahmen imperialer Herrschaft hat Homi Bhabha im Kontext der *postcolonial studies* thematisiert. Gewisse strukturelle Parallelen zu den von Bhabha erörterten Fragen, wie unter imperialen Bedingungen kulturelle Identitäten beschrieben werden können, zeichnen sich in der skizzierten unklaren Selbstverortung Rzewuskis gegenüber der Kunstfigur Soplica ab.

---

69 Rzewuski, Pamiątki (wie Anm. 1), S. 385.
70 Zur Frage der Ästhetisierung der Vergangenheit der Rzeczpospolita und zur finalisierten Aktualisierung der Geschichte der Rzeczpospolita in den Messianismen von Mickiewicz oder Słowacki: Waśko, Sarmatyzm (wie Anm. 2), S. 69-77, zu Mickiewicz siehe S. 37-44, zu Słowacki siehe S. 47-51. Zur Konstruktion dieser finalisierten Geschichtsdeutung in messianistischen Ideen: Andrzej Walicki, Philosophy and Romantic Nationalism. The Case of Poland. Oxford 1982, S. 237-288.

Homi Bhabha reflektiert in *Die Frage der Identität* die gebrochene Subjektivität eines Individuums, das unter imperialen oder postimperialen Bedingungen schreibt und dabei über keinen stabilen Ort verfügt, von dem aus geschrieben werden könnte.[71] Die Selbstbeschreibung des Subjekts findet unter diesen Umständen ohne tradierte oder etablierte Semantik statt, ebenso wenig kann auf eine anerkannte Repräsentationsform zurückgegriffen werden. In dieser offenen Situation, die nicht begrifflich gerahmt und definiert wäre, müssen Formen und Semantiken der Selbstbeschreibung erst entwickelt, intersubjektiv validiert und beglaubigt werden, sie stehen nicht einfach bereit. Die Position, die unter diesen Bedingungen eingenommen wird, entspricht einer historisch und ontologisch schwachen Zwischenstellung, die in ihrer prekären Konstitution eine vollständige Selbsttransparenz des Subjekts sich selber gegenüber, aber auch eine abschließende sowie umfassende Totalerfassung des Beschreibungsobjekts verunmöglicht: Man ist in der Mitte und überblickt weder sich selbst noch den Gegenstand der eigenen Betrachtung.[72] Der Ort, von dem aus man schreibt, ist so paradoxerweise ein Nicht-Ort, dessen Instabilität feste Sinnzuschreibungen unterminiert oder zumindest nicht zum Abschluss kommen lässt.[73] Diese Unübersichtlichkeit ist in einem Problemfeld situiert, in welchem die Identität weder in ganzheitlicher Totalität gegeben ist, noch in restaurativem Sinne einfach gesucht und nach Möglichkeit wiedergewonnen werden kann, denn sie ist zutiefst erschüttert, ja zersplittert, und kann auch nicht in nostalgischen Rückblick zurückgeholt werden.[74]

In einer vergleichbaren prekären Zwischenposition, in der eine dritte Instanz, eine dritte Blickrichtung zwischen Subjekt und Objekt in Erscheinung tritt, befindet sich Rzewuski, der sich sehr wohl Rechenschaft ablegt über die Zäsur, die mit den Teilungen und dem Verlust polnischer Eigenstaatlichkeit erfolgte, also nicht einfach restaurativ argumentiert. Zugleich sieht er sich außerstande, den unterbestimmten eigenen Ort durch den Aufbau einer neuen Semantik geschichtlich klarer zu verorten, worin er sich von messianistischen Konzepten der Finalisierung polnischer Geschichtserfahrungen unterscheidet, in welchen gerade eine neue Semantik mit einer entsprechenden Verortung Polens im Prozess der Geschichte erfolgt.[75]

Rzewuski lässt in den *Pamiątki Soplicy* und in den eng damit verbundenen *Uwagi o dawnej Polsce* den eigenen Standort bewusst offen und strebt in diesen Schriften auch noch keine Definition dieser Position an, die man vielleicht am besten als prekäre Zwischenlage nach dem Ende der Rzeczpospolita begreift und in diesem Sinne als „posthistorisch" umreißen

---

71 Homi K. Bhabha, Die Frage der Identität, in: Hybride Kulturen. Beiträge zur anglo-amerikanischen Multikulturalismusdebatte, hrsg. v. Elisabeth Bronfen u. Benjamin Marius, Therese Steffen. Tübingen 1997, S. 97-122; vgl. S. 99 zur „Spaltung des Subjekts am historischen Ort seines Sprechens". Zur Gespaltenheit des Subjekts, auch der Nation als historisches Subjekt vgl.: Ders., DissemiNation: Zeit, narrative Geschichte und die Ränder der modernen Nation, in: Ders., Die Verortung der Kultur. Tübingen 2000 (Stauffenburg discussion. 5), S. 207-253.
72 Zur Intransparenz: Bhabha, Frage (wie Anm. 71), S. 99 ff., bes. S. 99 mit der These, „dass es unmöglich ist, für das Selbst (oder den Anderen) einen Ursprung einzufordern im Rahmen jener tradierten Repräsentationskonzeption, die Identität als die Seinsform ansieht, bei der ein totalisierendes, vollständig erfassbares Betrachtungsobjekt gegeben ist."
73 Ebenda, S. 104: „das Selbst als Ort der Identität und Autonomie" wird dabei „entleert".
74 Ebenda, S. 107 ff.
75 Damit ist eine funktionale Erklärung messianistischer Ideen möglich, die eine rein kompensationstheoretische Interpretation des Phänomens überschreitet.

kann: die geschichtliche Formation, in der die in den beiden Texten genannte historische Identität Bestand hatte, ist zerfallen, damit auch die Identität, ohne dass bereits ersichtlich wäre, welche neue historische Formation mit ihrer entsprechenden neuen historischen Identität an die Stelle der alten tritt. Diese Zwischenlage entspricht dem Übergang von einer auktorial und autoritativ gerahmten Repräsentation der Geschichte zu einer entrahmten Geschichtsbetrachtung, in der an die Stelle eines klar konturierten historischen Subjekts, das eine ebenso klar gegebene Geschichte als Objekt wiedergibt, ein Subjekt tritt, das über keine feste Identität verfügt und einer Fülle von historischem Bezugsmaterial gegenübersteht, ja ihm ausgesetzt ist, ohne dass diese Fülle bereits zu einer sinnhaften Geschichte verdichtet wäre und einfach erzählt zu werden bräuchte.

Erst in den späteren publizistischen Schriften wird Rzewuski diesen Ort besetzen und diese Zwischenposition in das Imperium einschreiben. Die Offenheit, der quasitranszendentale Ort, der im prekären Zwischenzustand des „nicht mehr" und „noch nicht" gefangen ist, weicht der überaus klaren Selbstverortung im Imperium und kassiert die auch ästhetisch fruchtbare Offenheit und Unbestimmtheit des dritten Blicks. In den skandalträchtigen *Mieszaniny obyczajowe* heißt es dazu lapidar:

„Człowiek pojedynczy, rodzi się, wzrasta, dojrzewa, słabnie, a na koniec umiera. Naród, będący człowiekiem zbiorowym, temu samemu prawu podlega. Człowiek zbiorowy ma duszę jak człowiek pojedynczy, a tą duszą jest duch narodu. Naród żyje, póki ten duch go nie opuści, i żyje pomimo wszelkich pozorów; a jego ciałem są te jednostki, w które rozdziela się zewnętrznie. Jak człowiek pojedynczy umrze, natychmiast dusza jego przenosi się do krain wieczności, by stanąć przed sądem Stwórcy i Odkupiciela; a ciało opuszczone, już bez siły skupiającej, rozkładać się zaczyna: mnóstwo robaków coraz bardziej obrzydliwych dopełnia zniszczenia kształtów, a te znikając sprzed oczu, rzeczywiście wchodzą w skład nowych jestestw organicznych, i ta scena pełna tajemnic znika po zniszczeniu ostatniego atomu zmarłego męża: zasłona spada, zostaje tylko garść popiołu. (...) Ale skoro śmierć rzeczywista przyjdzie na to ciało zbiorowe, wtedy dusza narodu nie przenosi się do wieczności, jak dusza człowieka pojedynczego, bo dla narodów nie ma wieczności; ale ulatniając się z ciała społecznego, uświetni swój zgon ostatnim zjawiskiem, lecz już oderwanym od życia społecznego."[76]

[„Der einzelne Mensch, er wird geboren, wächst, reift, wird schwächer und am Ende stirbt er. Ein Volk, das ein kollektiver Mensch ist, untersteht dem gleichen Gesetz. Der kollektive Mensch hat eine Seele wie das Individuum, und diese Seele ist der Geist des Volkes. Das Volk lebt, solange dieser Geist es nicht verlässt, und lebt auch allem Anschein zum Trotz, und sein Körper sind diejenigen Individuen, in die er sich nach außen hin aufteilt. Wenn der einzelne Mensch stirbt, steigt die Seele ins Reich der Ewigkeit empor, um vor das Gericht des Schöpfers und Erlösers zu treten; der verlassene Körper aber, nun ohne zentrierende Kraft, beginnt zu zerfallen: Eine Vielzahl von zunehmend widerwärtigeren Würmern erledigt die Vernichtung der Formen, und diese, vor den Augen entschwindend, gehen tatsächlich über in die Zusammensetzung neuer organischer Wesenheiten, und diese Szene, mit all ihren Geheimnissen, verschwindet, nachdem das

---

76 Rzewuski, Mieszaniny (wie Anm. 62), T. 1, S. 20 ff. (aus dem Artikel „Przyszłość" [Zukunft]).

letzte Atom des Verstorbenen vernichtet ist: Der Vorhang fällt, es bleibt nur ein Haufen Asche übrig. (...) Aber wenn der wirkliche Tod den kollektiven Körper trifft, dann erhebt sich die Seele des Volkes nicht in die Ewigkeit, wie die Seele des Einzelnen, denn für Nationen gibt es keine Ewigkeit; aber, indem sie sich aus dem gesellschaftlichen Körper verflüchtigt, verleiht sie ihrem Vergehen mit einer letzten Erscheinung Glanz, die aber bereits vom gesellschaftlichen Leben isoliert ist."]

Auf der Grundlage der Diagnose, dass mit dem Untergang der Rzeczpospolita auch die Geschichte Polens an ihr Ende gekommen sei, ist die sowohl in den *Pamiątki Soplicy* als auch den *Uwagi o dawnej Polsce* beobachtbare Unbestimmtheit der eigenen Position aufgehoben. Rzewuski schreibt Polen in das Imperium ein:

> „Przekonany jestem, że każdy naród, chociażby nawet ukształcony, skoro doczeka się ulotnienia żywiołów niezbędnych swego bytu do tego stopnia, że już istnieć nie może politycznie, niezawodnie przeszedłby do stanu najohydniejszej dzikości, gdyby nie został łupem podboju jakiegoś innego żywotnego społeczeństwa, które bądź ożywia jego żywioły, bądź swoje własne w nim wszczepia, aby te rozwijały się w czasie."[77]

[„Ich bin davon überzeugt, dass jedes Volk, sogar ein aufgeklärtes, sobald es die Verflüchtigung der für das eigene Dasein unerlässlichen Elemente bis zu dem Ausmaß erlebt, dass es schon nicht mehr politisch existieren kann, unweigerlich den Zustand abstoßendster Barbarei erreichen würde, wenn es nicht die Beute der Eroberung durch eine andere lebensfähige Gesellschaft würde, welche es mit seinen Elementen ernährt, oder ihm seine eigenen einimpft, damit diese sich mit der Zeit entwickeln werden."]

Dabei findet eine folgenreiche Integration in den imperialen Referenzrahmen statt, in welchem Polen sowie der polnischen Kultur und Literatur lediglich der Rang einer provinziellen Erscheinung zugebilligt wird, die zwar für die nötige Auffrischung der russischen Literatur sorgen kann, ansonsten aber vollständig in die Kultur des Imperiums integriert ist.[78] Diese Einschreibung in den imperialen Bezugsrahmen, in das russische Reich, ist keineswegs durch die in den *Pamiątki Soplicy* oder den *Uwagi o dawnej Polsce* noch offenen Standort des historischen Subjekts determiniert, setzt diese Offenheit und Unbestimmtheit (bzw. Unterbestimmtheit) als Indiz eines fundamentalen Traditionsbruchs freilich voraus. Es ist diese Leerstelle, die, wie aus den aufgeführten Zitaten hervorgeht, Rzewuski in seiner späteren Publizistik mit skandalträchtigen Zuordnungen auffüllen wird.

Fazit: Die *gawęda* – der unbestimmte Standort des Autors – Einschreiben ins Imperium

Rzewuski setzt die Gattung der *gawęda* gezielt ein, um eine nahe Vergangenheit in ihrer Eigenart zu repräsentieren, und wählt dabei eine Authentizitätsfiktion, die es ihm erlaubt, die eigene Stimme hinter derjenigen einer konstruierten Erzählerfigur verschwinden zu lassen. Das Erinnerungsmodell, das dabei zum Zuge kommt, beruht auf der kommunikativen Traditionsbildung und ist als kommunikative Erinnerung auf soziale Interaktion angewiesen. Die *Pamiątki Soplicy* inszenieren diese soziale Interaktion und sorgen dafür, dass eine Nah-

---

77 Ebenda, S. 136.
78 Ebenda, S. 234 f.

vergangenheit, die noch nicht historiografisch erschlossen ist und noch nicht als historische Epoche wahrgenommen wird,[79] als erinnerungswürdige Erscheinung in das generationen-übergreifende kulturelle Gedächtnis aufgenommen wird und für weitere Aktualisierungen zur Verfügung steht. Die *Pamiątki Soplicy* funktionieren unter diesem Gesichtspunkt als Medium der Verkopplung von kommunikativem und kulturellem Gedächtnis. Die Plaudereien entwerfen in historistischer Genauigkeit das geschichtliche Bild einer eben erst vergangenen Epoche, speisen also eine als historische Formation reflektierte Epoche in das kulturelle Gedächtnis ein. Dabei wird der erzeugte sarmatische Blickpunkt zur alles dominierenden Binnenperspektive, hinter der die Gegenwart des Herausgebers Rzewuski nahezu vollständig verschwindet.

Dieses Erinnerungsmodell ist politisch noch weitgehend indifferent. Die Unterbestimmtheit der politischen Position offenbart sich im Problem des unsichtbaren Ortes, von dem aus der Herausgeber, also Rzewuski, die erzählte Geschichte betrachtet. Der Herausgeber steht an einem nicht definierten, nicht hinreichend spezifizierten Ort, den man in seiner Unbestimmtheit als transzendental begreifen kann, da er jede konkrete empirische Analyse der Geschichte als nicht eigens reflektierter Konstitutionshintergrund trägt und ermöglicht, selbst jedoch nicht in den Blick rückt und vom Autor auch nicht reflektiert wird. Das Problem der Unterbestimmtheit kann auf die Grundproblematik einer auf Geschichte bezogenen Selbstbeschreibung unter Bedingungen eines Imperiums bezogen und damit als Beleg für eine koloniale Verortung des Erzählens von Geschichte begriffen werden. Die Leerstelle indiziert die Delegitimierung etablierter Semantiken der kulturellen Selbstbeschreibung, die unter den Bedingungen der Teilungen, der Staatenlosigkeit sowie des Scheiterns des Novemberaufstandes von 1830/31 neu definiert werden muss.

Erst in der späteren Publizistik wird Rzewuski diesen zunächst noch offenen Ort aufheben und in das Imperium einschreiben. Literarisch geht für Rzewuski mit der Integration der polnischen Geschichte und Kultur in den imperialen Referenzrahmen auch der Abschied von der *gawęda* einher. Durch die konsequente Entfaltung einer ungebrochenen Binnenperspektive, die zeitweise in ironischem, ja auch satirischem Licht erscheint, werden in den *Pamiątki Soplicy* geschichtliche Erfahrungen und historische Lebenswelten betrachtet. Diese Weise der Strukturierung und Perspektivierung der narrativen Vermittlung von Geschichte eignet sich nicht für die Einschreibung in den imperialen Rahmen, da dazu eine autoritative Um- sowie Neuschreibung historischer Zusammenhänge erforderlich ist. Es geht in dieser Neuschreibung um eine narrative und argumentative Praxis, welche die binnenperspektivisch verfahrene Erschließung von Geschichte umgreift und erweitert. Rzewuski wählt den Weg der Aufhebung dieser Zwischenposition, arbeitet aber nicht mehr mit der Gattung der *gawęda*, deren binnenperspektivische Ausschließlichkeit keine Anschlussmöglichkeiten für eine

---

79 Vgl. dazu den Kommentar Soplicas: Rzewuski, Pamiątki (wie Anm. 1), S. 385. Dass das 18. Jahrhundert, vor allem seine letzten Dezennien, im ersten Drittel des 19. Jahrhunderts zuweilen nicht als Gegenstand der Historiografie wahrgenommen wurde, beschreibt Zygmunt Kaczkowski am Beispiel Joachim Lelewels: Zygmunt Kaczkowski, Od autora, O wartości źródeł rękopiśmiennych i ustnych tradycji do historii drugiej połowy XVIII wieku [Vom Autor, über den Wert handschriftlicher Quellen und mündlicher Traditionen für die Geschichte der zweiten Hälfte des 18. Jahrhunderts], in: Ders. Dzieła [Werke]. Poprawione i przejrzane przez autora. T. I–II, Warszawa 1874/75, T. I, S. 1–44, hier S. 26.

breitere epische Erfassung geschichtlicher Prozesse bietet, sondern mit der politischen sowie kulturgeschichtlichen Publizistik, die als Medium fungiert, mit dessen Hilfe die Selbstverortung im Rahmen des russischen Imperiums erfolgt. Die Selbstverortung überschreibt die geschichts- sowie kulturphilosophische Unterbestimmtheit der *Pamiątki Soplicy*.

Die *Pamiątki Soplicy* bleiben ein bruchstückhaftes Erinnerungswerk, dessen literarische Konstruktion mit dem Entwurf einer auf die *szlachta* bezogenen historischen Vergangenheit einhergeht, ohne dass aber eine imaginäre Totalität die einzelnen Denkwürdigkeiten umfassen würde. Die einzelnen Erzählungen sind als Bruchstücke nicht sichtbare Manifestationen einer imaginären Ganzheit, also nicht Fragmente, sofern mit dem Fragment noch die Idee einer imaginären oder latenten Totalität verbunden ist.[80] Herausgelöst aus einer solchen Dialektik zwischen Teil und Ganzem sind die Erzählungen in ihrer Zusammenstellung Indiz einer historischen Epoche, die in einem bunten Fresko erscheint, aber in keiner – unmittelbaren oder mittelbaren – Verbindung zur Gegenwart steht. Als Text gewordene „antiquarische" Geschichtsbetrachtung exemplifizieren sie vielmehr die prüfende und sichtlich verlegene Suche nach einer Semantik der kulturellen Selbstbeschreibung, die in der Geschichte zwar das bunte Material für die literarische Praxis findet, jedoch nicht mehr über konzeptuelle Grundlagen verfügt, die den Geschichtsbezug immer auch als dynamischen auf die Gegenwart gerichteten Prozess begreifen lassen. Bei aller Historizität sind die *Pamiątki Soplicy* unter diesem Gesichtspunkt Ausdruck einer posthistorischen Lage, in der die Geschichte zum Stillstand zu kommen droht. In den *Pamiątki Soplicy* wird die stillgelegte Geschichte für einen Moment der ästhetischen – interesselosen – Betrachtung dargeboten, die in der historistischen Epochenschau Bruchstücke aus der zertrümmerten polnischen Geschichte sammelt und in der literarischen Imagination verdichtet, in diesem Prozess aber auch die funktionalen Anwendungskontexte von Geschichte entleert. Die fragmentarische Fülle ist nicht nostalgisch oder utopisch gepolt. Sie ist Ausdruck einer posthistorischen Konstellation, in der die ausgestreuten disiecta membra der zersprengten Geschichte in keinen auf Totalität zielenden Zusammenhang gebracht werden können und lediglich narrativ in unterschiedlichen Momentaufnahmen zueinander in Beziehung gesetzt sind. Das zerrissene Band der Geschichte wird nicht zusammengefügt. Rzewuskis Text entbehrt also der Verklammerung von Geschichtsbewusstsein und nationaler Selbstbehauptung.[81]

---

80 Zum Fragment als Reflexionsform defizienter Ganzheit vgl. Jochen Hörisch, Die fröhliche Wissenschaft von der Poesie. Der Universalitätsanspruch von Dichtung in der frühromantischen Poetologie. Frankfurt a.M. 1976, S. 180-206; Eberhard Ostermann, Fragment/Aphorismus, in: Romantik-Handbuch, hrsg. v. Helmut Schanze. Stuttgart 1994, S. 276-288.
81 Zu diesem Problemkomplex Janion, Żmigrodzka, Romantyzm (wie Anm. 3).

Rolf Fieguth

Zwei unterschätzte Romane der romantischen Epoche.
Zygmunt Krasińskis *Agaj-Han* (1834)
und Henryk Rzewuskis *Listopad* (1846)[1]

Die polnische Prosa der ersten zwei Drittel des 19. Jahrhunderts ist im Allgemeinen in der polnischen Polonistik wissenschaftlich weniger gut erschlossen als andere Gattungen.[2] Dies wirkt sich verstärkt auf unser auslandspolonistisches Bild von der literarhistorischen Entwicklung im Bereich der erzählenden Literatur aus. Der vorliegende Beitrag zu zwei sehr unterschiedlichen Romanen der weit verstandenen romantischen Epoche will vor allem auf einen gewissen Nachholbedarf auf unserer Seite aufmerksam machen. Die beiden „kurzen Forschungsberichte" zu den Romanen erheben keinen Anspruch auf Vollständigkeit.

Agaj-Han [Agaj-Han] und *Listopad* [November] stammen von wichtigen Protagonisten der polnischen Literaturgeschichte und näherhin sogar der Stilgeschichte der polnischen Prosa. Zygmunt Krasiński steht mit seinen Prosadramen *Nie-Boska Komedia* [Die ungöttliche Komödie] und *Irydion*, mit seinem umfangreichen epistolarischen Werk sowie mit seinen weniger bekannten theologischen und philosophischen Traktaten im Zentrum der im engeren Sinne romantischen Prosa. Henryk Rzewuski hat mit seinen *Pamiątki Soplicy* [Memorabilien Soplicas] die Karriere des *gawęda*-Stils in der polnischen Prosa des ganzen nachfolgenden 19. Jahrhunderts entscheidend in Gang gesetzt. Indessen wird Krasińskis *Agaj-Han* fast regelmäßig als juveniles Anfängerwerk unterschätzt, Rzewuskis *Listopad* als noch erträgliches Produkt eines aristokratischen Hyperkonservativen, Provokateurs und Nationalverräters marginalisiert. Es ist mehr als wahrscheinlich, dass Henryk Sienkiewicz beide eingehend studiert, ihren beträchtlichen literarischen Reiz erkannt und in seiner eigenen historischen Romanschriftstellerei gewissermaßen eine überzeugende stilistische Synthese aus beiden sehr konträren „Modellen" hergestellt hat.

---

1   Ich beziehe mich auf die Ausgaben: Zygmunt Krasiński, Władysław Herman, Agaj-Han. Kraków/Warszawa 1912 (Pisma Zygmunta Krasińskiego. Wydanie jubileuszowe. 2); und [Henryk Rzewuski], Listopad. Romans historyczny z drugiej połowy XVIII wieku, przez autora „Pamiątek starego szlachcica" [November. Ein historischer Roman aus der zweiten Hälfte des 18. Jahrhunderts, vom Autor der „Erinnerungen eines alten Schlachtschitzen"]. Bde 1-3, Sankt-Petersburg 1846. Es existieren deutsche Übersetzungen bzw. „Nachdichtungen", die mir aber nicht zugänglich waren: Agay-Han. Roman nach dem Polnischen des A. K., Emil Brachvogel. Leipzig 1840; W. Bachmann, Der Fürst „Mein Liebchen" und seine Parteigänger. Historischer Roman aus der letzten Hälfte des XVIII. Jahrhunderts. Berlin 1856. Die Übersetzungen aller polnischen Zitate stammen von mir.
2   Vgl. Kazimierz Bartoszyński, Proza okresu romantyzmu – proza zapomniana? [Die Prosa der Romantik – eine vergessene Prosa?], in: Zapomniane wielkości romantyzmu [Vergessene Größen der Romantik], hrsg v. Zofia Trojanowiczowa u. Zbigniew Przychodniak. Poznań 1995, S. 37-66.

Wie schon angedeutet, können Krasiński und Rzewuski als Repräsentanten zweier großer Traditionslinien der polnischen Prosa angesehen werden, die in ihrer Konfrontation und Supplementarität ein differenziertes Gesamtbild der polnischen Prosa der Epoche der Romantik ergeben, wobei der Terminus „Prosa" hier alle denkbaren literarischen und außerliterarischen Gattungen umfassen sollte: Krasiński steht ab seinem Roman *Agaj-Han* für die im engeren Sinne romantische Prosa, die er danach in anderen Gattungen (Dramen, Traktate, Briefe) ausbauen sollte.[3] Rzewuski dagegen vertritt die machtvolle und sehr variantenreiche Traditionslinie der Aufklärungsprosa,[4] die ihren Anfang bei Ignacy Krasicki nimmt, sich im spätsentimentalistischen Roman des frühen 19. Jahrhunderts fortsetzt und schließlich in den 1840er Jahren quasi an der Romantik vorbei allmählich in die Romanprosa des frühen Realismus übergeht.[5] Auch der *gawęda*-Stil entstammt dieser Traditionslinie (man kann ihn bereits in Krasickis Roman *Pan Podstoli* identifizieren), obwohl er gerade auch die Romantiker entzückt und inspiriert hat. Selbstverständlich gibt es zwischen den beiden Traditionslinien zahlreiche Berührungspunkte, Neutralisierungseffekte und Überschneidungen, insbesondere im Bereich des *gawęda*-Stils. Dieser entsteht zwar im Bereich der „Aufklärungsprosa", wird aber auch von den Romantikern sofort aufgegriffen. Andrzej Waśkos Konzeption einer „neosarmatischen Epik" in der polnischen Romantik ist darum nicht falsch, verdeckt aber die Rolle, die der „Neosarmatismus" auch in der nicht-romantischen Prosa der Epoche spielt.[6]

Wichtig ist auch noch die Beobachtung, dass Ende der 1830er/Anfang der 1840er Jahre die Roman- und Novellenproduktion deutlich stärker als in den vorigen Jahrzehnten in Gang kommt,[7] wobei frührealistische und romantische Tendenzen sich wechselseitig dynamisie-

---

3 Die rhythmisierte Prosa des Romans ist in einen stilgeschichtlichen Zusammenhang mit Mickiewiczs *Księgi narodu polskiego i pielgrzymstwa polskiego* [Bücher des polnischen Volkes und der polnischen Pilgerschaft] und Słowackis *Anhelli* [Anhelli] zu setzen. Maria Janion lancierte den „Stil eines romantischen Expressionismus" (Dominik Magnuszewski und Krasińskis *Agaj-Han*), für den u.a. Chateaubriand, Victor Hugo, Jules Janin und Charles Nodier das Vorbild abgegeben hätten – siehe Maria Janion, Zygmunt Krasiński. Debiut i dojrzałość [Zygmunt Krasiński. Debüt und Reife]. Warszawa 1961, S.186-190. Es wäre ferner näher zu untersuchen, in welchem Verhältnis Krasińskis „Traktat-Stil" zu Maurycy Mochnacki und weiter zum Stil der „Nationalphilosophen" (August Cieszkowski, Bronisław Trentowski) steht.

4 „Aufklärungsprosa" ist hier rein stilgeschichtlich gemeint, nicht ideengeschichtlich. Genetisch gehört auch die Linie des „Sternismus" zur „Aufklärungsprosa"; seine Anverwandlung innerhalb romantischer Romanprosa steht auf einem anderen Blatt. Die mächtige Position des ganzen Komplexes der „Aufklärungsprosa" auch in der Epoche der Romantik hängt unter anderem mit ihrer Verankerung im gängigen Stil der Geschichts- und anderen Wissenschaften zusammen.

5 Józef Korzeniowski, Fryderyk Skarbek, Józef Ignacy Kraszewski. Ein vergleichbares „Vorbeigehen an der Romantik" ist bei dem Dramatiker Aleksander Fredro zu verzeichnen, dessen sehr eigenwillige und „sarmatisch" angehauchte Prosa (*Trzy po trzy. Pamiętniki z epoki napoleońskiej* [Plaudereien. Memoiren aus der napoleonischen Epoche] – entstanden vor 1848, Erstdruck 1917) ebenfalls dem nicht-romantischen Stilkomplex zuzuordnen ist.

6 Andrzej Waśko, Romantyczna epika neosarmacka [Romantische neosarmatische Epik], in: Historia literatury polskiej w dziesięciu tomach [Geschichte der polnischen Literatur in zehn Bänden]. Bd. 5: Romantyzm [Romantik], część druga [Teil zwei]. Bochnia (u.a.) [2003], S.195-222.

7 Vgl. hierzu die Bemerkung über die quantitative Entwicklung der polnischen Romanproduktion in Józef Bachórz, Powieść [Roman], in: Słownik literatury polskiej XIX wieku [Wörterbuch der polnischen Literatur des 19. Jahrhunderts]. Wrocław (u.a.) 1991, S.735.

ren. Seweryn Goszczyńskis und Narcyza Żmichowskas romantische Erzählwerke reagieren auf frührealistische Tendenzen namentlich bei Kraszewski und Korzeniowski. Die Erstauflage von Krasińskis *Agaj-Han* von 1833[8] bildet danach den zunächst noch einsamen Beginn einer bestimmten Linie der Stilisierung und Rhythmisierung einer ausgeprägt romantischen narrativen Prosa, während Rzewuskis Roman *Listopad* (1845/46) trotz seiner teilweise archaischen Züge vollauf in der gattungs- und stilgeschichtlichen Entwicklungsbewegung von der „Aufklärungsprosa" über den Spätsentimentalismus zum Frührealismus liegt, die für seine Entstehungszeit charakteristisch ist.[9]

Zygmunt Krasiński

Literaturlehrer des späteren Großromantikers Zygmunt Krasiński (1812–1859) war paradoxerweise Józef Korzeniowski (1797–1863), ein Repräsentant der zuletzt genannten Entwicklungsbewegung – zunächst war er mit dem Warschauer Klassizismus eng verbunden, später wurde er in Komödie und Roman zu einem der wichtigsten Vertreter des polnischen Frührealismus. 1830 publiziert Krasiński 18-jährig seinen ersten historischen Roman, *Władysław Herman i dwór jego* [Władysław Herman und sein Hof] (1830). Thema ist die politische und charakterliche Schwäche eines polnischen Königs (1079–1102). Dieser war der Nachfolger einer großen, wenngleich problematischen Herrschergestalt, Bolesław Śmiały (reg. 1058–1079), und der Vorgänger einer ebenfalls problematischen und starken Herrschergestalt, Bolesław Krzywousty (1102–1138). Der schwache Herrscher, der durch seine Unentschiedenheit Unglück über sein Land bringt, und der starke Herrscher, der ein unmoralischer Tyrann ist – das war ein zentrales Thema der klassizistischen Literatur der ersten drei Jahrzehnte des 19. Jahrhunderts, an das dann auch die „große Romantik" anknüpfen wird, insbesondere Słowacki und Krasiński.[10] *Władysław Herman* erzählt von einem flagranten Rechtsbruch, den der älteste Sohn des polnischen Herrschers Władysław Herman im Jahre 1089 im masowischen Płock begeht: Der Königsbastard Zbigniew raubt aus Liebe und Machtanmaßung die Aristokratentochter Hanna, die dem Königsneffen Mieczysław zugedacht war, heiratet sie heimlich und versteckt sie zunächst auf seiner Burg in Płock. Der König versucht auf vielerlei Weise, bewaffnete Sanktionen gegen seinen Sohn zu hintertreiben, was nicht gelingt. Beim Endkampf gegen die Belagerer seiner Burg opfert Zbigniew seine treuesten Anhänger, flieht auf sein Schloss im fernen Pommern und

---

8 Agay-Han. Powieść historyczna oryginalnie napisana przez A. K. [Agay-Han. Historischer Roman im Original verfasst von A.K.]. Wrocław 1834 [recte 1833]; die 2. Auflage ist leicht verändert ebendort erschienen.

9 Willkürlich eingefügte Briefe, Tagebuchauszüge, Fußnoten zum Erzählermonolog und anderes mehr verleihen diesem Roman der 1840er Jahre eine mimikryartige Stilisierung auf Erzählmethoden des 18. Jahrhunderts. Dem widerspricht nicht die Gestaltung mehrerer Kapitel im Geist der zur Entstehungszeit modernen „physiologischen Skizze".

10 Im Warschauer Klassizismus sind hier die „Nationaltragödien" von Alojzy Feliński, Antoni Hoffman, Franciszek Wężyk, aber auch Niemcewiczs Tragödie *Zbigniew* [Zbigniew] zu nennen, die denselben Stoff verarbeiten wie Krasińskis Roman (siehe Janion, Zygmunt Krasiński [wie Anm. 3], S. 69). Słowacki kritisiert die Schwäche der polnischen Führungspersonen in *Kordian* [Kordian] und in *Lilla Weneda* [Lilla Weneda] (dem schwachen Wenederkönig Derwid wird die grausam entschlossene Roza Weneda gegenübergestellt); Krasińskis Graf Henryk in der *Ungöttlichen Komödie* wird als grausamer und harter Führer ebenso verurteilt wie verklärt.

zieht sich deprimiert zurück. Die Schwäche des Königs Władysław Hermans hat persönliche Gründe, hat aber auch mit der Labilität des politischen Systems zu tun; dagegen ist
sein verbrecherischer Bastard Zbigniew heimlich als eine unausgeschöpfte Möglichkeit der
polnischen Geschichte konzipiert. Dieser stilistisch noch sehr ungeschickte und in vielem
auch noch reichlich knabenhafte Roman des knapp 18-jährigen Verfassers hat sicherlich
auf die negative Einschätzung des zwei Jahre später angefertigten Romans *Agaj-Han* in der
akademischen Polonistik abgefärbt.

Józef Kallenbach gibt 1904 den Ton an für die negative Einschätzung dieses Jugend-
werks:

> „Der Roman ist von Beschreibungen überladen, und weil jegliche Abwechslung fehlt
> und dem Leser ständig Schlachtfelder, Brände, Blut, Leichen, menschliche Grausamkeit
> vorgeführt werden, weil die Hauptpersonen Maryna, Zarucki und Agay-Han nicht die
> geringste Sympathie im Leser erwecken können, erlahmt das Interesse beim Lesen."[11]

Insgesamt erkennt Kallenbach darin aber die erstaunlich schnelle künstlerische Reifung
des Autors. Juliusz Kleiner widmet 1912 dem Roman nur einige wenige Sätze, nimmt
aber das Thema der Todesfaszination von Marek Bieńczyk (s.u.) voraus.[12] Knapp oder
gar nicht erwähnen die Literaturgeschichten den Roman, was erstaunlicherweise sogar für
Zygmunt Szweykowskis „Rozwój powieści w Polsce: III. Powieść w latach 1776–1930" [Die
Entwicklung des Romans in Polen: III. Der Roman in den Jahren 1776– 1930] von 1936 gilt;
hier bezeichnet er den Roman als „Poem" und scheidet ihn daher aus der Betrachtung aus.[13]

Eine Wende in der Bewertung des Werks versuchte in den 1960er Jahren Maria Janion
herbeizuführen.[14] Den rhythmisierten, poetischen Stil bringt sie überzeugend in Zusammenhang mit der romantischen Verserzählung, deren wichtigste Verfahren hier auf die Romanprosa übertragen werden (S. 50); sie verweist dabei auf das Vorbild von Chateaubriand
(50 f.). Janion spricht von einer „Revolution in der Prosa" (51 ff.). Dafür stehen der – sehr
heterogene – Orientalismus, die blühenden Metaphern im Munde Agaj-Hans, die Poesie
der fremden geografischen und Eigennamen (54 ff.), die Lexik der Ritter und ihrer Waffen
(56 ff.), die zahlreichen Archaismen (58), einige Ukrainismen und sonstige Ostslavismen
(58 f.), der dynamisierende Einsatz von Verben und der Gebrauch des praesens historicum
(59), dem man den stilisierenden und expressiven Gebrauch der perfektiven Präsensform
hinzufügen sollte; ferner Effekte des Lichts und der Farben (60), leitmotivische Makabris-
men (60 f.), fließende Übergänge zwischen der Rede der Figuren und des Erzählers (61
u.ö.), schließlich die Wirkung einer emotionalisierten Syntax mit ihren frappant asyndeti-
schen Satzverknüpfungen (62 f.). Janion sieht Maryna als Verkörperung weiblicher Majestät

---

11 Józef Kallenbach, Zygmunt Krasiński. Życie i twórczość lat młodych (1812–1838) [Zygmunt
   Krasiński. Leben und Werk in den Jugendjahren (1812–1838)]. Lwów 1904, Bd. II, S. 43.
12 Juliusz Kleiner, Zygmunt Krasiński. Dzieje myśli [Zygmunt Krasiński. Geschichte des Denkens].
   Lwów 1912, Bd. I, S. 78 ff.
13 In: Dzieje literatury pięknej w Polsce [Geschichte der schönen Literatur in Polen]. 2. Aufl., Teil
   II, Kraków 1936, S. 559-648.
14 Maria Janion, Agaj-Han jako romantyczna powieść historyczna [Agaj-Han als romantischer historischer Roman], in: Dies., Romantyzm, studia o ideach i stylu [Romantik, Studien zu Ideen
   und Stil]. Warszawa 1969, S. 49-79, woraus im Folgenden zitiert wird. Siehe auch dies., Zygmunt
   Krasiński (wie Anm. 3), S. 180 ff.

und Erhabenheit auch im Unglück (69 ff.), Zarucki als Verkörperung einer „untergehenden Welt", Agaj-Han als „Kind der Phantasie". Wichtig ist der Übersprung vom walterscottschen „Realismus" zu einer romantischen „Poesie der Geschichte" (77).

Nur kurz, aber voller Begeisterung für den Roman und seine „thanatischen Extasen" äußert sich ca. 1990 Janions Schüler Marek Bieńczyk.[15] Die großen literarhistorischen Romantikdarstellungen sind knapp und eher reserviert in der Präsentation des Romans.[16] Sehr viel ausführlicher als in seinem Beitrag zum Krakauer Romantikband äußert Andrzej Waśko sich in seiner selbstständigen Krasiński-Monografie.[17] Gegen die sonst üblichen Töne und Einschätzungen knüpft er in allen wesentlichen Punkten an Maria Janions Neubewertung an. Nach längerer Pause erfolgte 2002 eine Neuauflage des Romans, und zwar bezeichnenderweise in der Serie „weniger bekannte Klassik".[18]

Zwischen der Fertigstellung von *Władysław Herman* im Jahre 1829 und dem Beginn der Arbeit an *Agaj-Han* im Herbst 1831 vergehen knapp zwei Jahre außergewöhnlich intensiver Arbeit des Autors an seinen sprachlichen und narrativen Mitteln.[19] Verglichen mit *Władysław Herman* nimmt *Agaj-Han* sich als historischer Roman von großer Eigenart und wirklich bemerkenswertem Format aus.

Agaj-Han erzählt in einer hochinspirierten poetischen Prosa die Geschichte vom Ende einer außergewöhnlichen historischen Gestalt, der Maryna Mniszchówna (1588/89–1614), die für einige Monate den Titel einer Zarin von Russland trug, und zwar als Gemahlin des sog. Pseudodemetrius. Der Roman setzt in dem Moment ein, als ihr zweiter pseudokaiserlicher Ehemann, der zweite falsche Demetrius, umgebracht worden ist und sie den letzten von drei Versuchen unternimmt, das Glück noch einmal zu wenden und den Zarenthron für sich und ihren kleinen Sohn zurückzugewinnen. Sie verbindet sich mit dem Kosakenführer Zarucki, einer historischen Gestalt, und muss sich zugleich der Liebe und des Hasses des jungen und feurigen Tataren Agaj-Han erwehren, einer von Krasiński nach Walter Scottschem Rezept erfundenen Pagen- und Kriegerfigur. Die Abenteuer, die Maryna in ihren letzten Lebensjahren zu bestehen hat, finden in einer ordinären Umgebung von wilden Soldaten, Tataren, Kosaken und Polen statt. Doch statt der Geschichte einer Verwilderung und Verrohung erhalten wir die Geschichte einer paradoxen Wahrung der hohen weiblichen und monarchischen Würde, die diese Maryna gleichsam im Blut trägt. Krasińskis Maryna wird zum literarischen Inbegriff einer romantischen weiblichen Ausnahmeperson, die ihre kai-

---

15 Marek Bieńczyk, Czarny człowiek, Krasiński wobec śmierci [Der schwarze Mensch, Krasiński angesichts des Todes]. Warszawa 1989.

16 Alina Witkowska, Ryszard Przybylski, Romantyzm [Romantik]. Warszawa 1997, S. 384 f.; sowie Andrzej Waśko, Zygmunt Krasiński, in: Historia literatury polskiej [Geschichte der polnischen Literatur] (wie Anm. 6), S. 35-56.

17 Andrzej Waśko, Zygmunt Krasiński, oblicza poety [Zygmunt Krasiński, Gesichter des Dichters]. Kraków 2001, S. 90-108.

18 Zygmunt Krasiński, Agaj-Han. Powieść historyczna [Agaj-Han. Historischer Roman]. Kraków 2002 (Klasyka mniej znana).

19 Erwähnenswert ist die – sehr narrative – Darstellung von Krasińskis Werdegang in Józef Kallenbach, Zygmunt Krasiński. Życie i twórczość lat młodych (1812–1838) [Zygmunt Krasiński. Leben und Werk in der Jugendzeit (1812–1838)]. Lwów 1904. Eine hohe Bedeutung für den Stil dieses Romans kommt Krasińskis intensiver Auseinandersetzung mit der englischen und insbesondere mit der französischen Sprache und Literatur zu. Kleiner, Zygmunt Krasiński (wie Anm. 12), Bd. II, S. 265, erwähnt Victor Hugo, Lamartine und Balzac.

serliche Würde auch unter erniedrigendsten Umständen durchzuhalten weiß. Der Roman ist in seiner ganzen Machart romantisch zu nennen, aber man sieht auch noch, wie die schon erwähnte Thematik der starken Herrschergestalt hier auch in einen romantischen Kontext überführt wird.[20]

Die Anfang des 17. Jahrhunderts spielende Geschichte der polnischen Maryna, die mit ihren immer weniger werdenden Getreuen im tiefsten Russland von ihren Gegnern immer mehr in die Enge getrieben und schließlich zur Strecke gebracht wird, sollte die zeitgenössischen Leser wohl zumindest unbewusst an die verzweifelten Heldentaten polnischer Freiheitskämpfer erinnern, die im Aufstand von 1830/31 von den russischen Einheiten schließlich geschlagen wurden. Insofern symbolisiert Maryna also auch die polnische Nation der Gegenwart. Russophobe Züge gehen dem Roman dennoch ab. Mit expliziter Zustimmung erzählt er vom Ende der polnischen Invasion im Russland des *smutnoe vremja*. Aber er verallgemeinert dieses Ende einer Invasion auf andere weltgeschichtliche Vorgänge, darunter die spanische Invasion Mexikos. Die Absicht ist deutlich: an einer Fallstudie soll der zyklisch wiederkehrende Verlauf der geschichtlichen Abläufe dargestellt werden, und zwar in folgendem Sinne: Die polnische Invasion im Russland des frühen 17. Jahrhunderts war ein moralisches Verbrechen, und sie musste daher scheitern. Dies aber gilt für jede Invasion eines fremden Landes und einer fremden Kultur – es gilt auch für die russische Invasion des gegenwärtigen Polen des 19. Jahrhunderts, und diese Invasion wird eines Tages ebenso enden wie seinerzeit die polnische Invasion Russlands im *smutnoe vremja*.

Krasińskis Erzählton und Erzählweise kennt in diesem Roman eine Vielfalt von Registern, Tönen und Techniken. Eine davon ist der Ton des epischen Geschichtsdichters. Dieser vermag Landschaften und Städte, Nationen und Völkerschaften, große historische Zusammenhänge und historische Kleinereignisse wie in einem großen Panorama aufzurollen, zu gliedern und zu vergegenwärtigen. Hierzu als Leseprobe der Beginn des Kapitels VI:

> „Nicht wenig Zeit ist verflossen seit jener Mondesnacht, als die Sandomirer Wojewodentochter aus dem Gefängnis entwich und im Kosakenboot von dannen fuhr.
>
> Der große Moskauer Staat brennt noch immer und raucht durch die Brandschatzungen der Polen. Die Husaren sind auseinander gelaufen und fliegen nun flügelschlagend wie wütende Adler über den Trümmern und den dichten Leichenhaufen dahin. Wo sie am Kaukasus nicht zum Stehen gebracht wurden, haben sich die Desperados in die asiatischen Weiten vorgewagt, jeder strebt durch Plünderung nach Reichtum und durch ritterliche Tat nach Ruhm; eine Stadt zerstören, ein Dorf in Brand setzen ist ihr täglich Brot. Mit ihren Beutefrauen tanzen sie auf den Aschenhaufen, wärmen sich im Frost auf den Palasttrümmern, streichen sich Wein und Honig in den Bart, das klebt dann besser an den Lippen der Asiatinnen.
>
> So wie ein Jahrhundert zuvor am anderen Ende der Welt die Spanier durch die entdeckte Welt stürmten, so ergießen sich heute die Polen in die Weiten der Moskau. Siehe: Cortez zieht Montezuma von seinem Thron, Żółkiewski führt die Šujskijs am Gängelband; Mexiko brennt Fackeln in seinen schwarzen Teerseen und schreit nach Rache für

---

20 Thema und Problem der starken Herrscher- oder Führergestalt wirken auch noch im Zentrum der polnischen Romantik nach, in Krasińskis *Ungöttlicher Komödie*, aber auch in mehreren Dramen Juliusz Słowackis, namentlich in *Lilla Weneda* [Lilla Weneda].

seine beleidigten Götter, Moskau mit seinen tausend Kuppeln empört sich wegen seiner Heiligen und seiner geschändeten Kirchen.

Dies war den Polen ihre neue Welt, östlich, weit, offen für hämmernde Pferdehufe. Was in Polen an harten Seelen und wilden Herzen schlief, das kam in die Gefilde von Moskau nach Astrachan, um aufzuwachen und gierig zu leben."[21]

Vieles an Krasińskis Erzählmanier in *Agaj-Han* erinnert in starkem Maße an die Erzähltechniken und stilistischen Verfahrensweisen der romantischen sog. byronistischen Verserzählung. Dazu gehören in erster Linie die Arten und Weisen, wie sich der Erzähler sowohl den Figuren als auch den Lesern annähert. Dies geschieht durch sehr nuancierte und differenzierte Übergänge zwischen Erzählerrede und Figurenrede. Die orientalisch-geblümten Reden Agaj-Hans stehen jedenfalls in enger Nachbarschaft zur Rede des epischen Dichters selbst. Im ersten Kapitel ist Agaj-Han auf weite Strecken selbst der Erzähler, der durch seine Berichte und Schilderungen sowohl die geliebte Maryna als auch uns Leser für sich zu gewinnen versucht. In einer Szene wird geschildert, wie die verführerisch schöne Maryna vor ihre Soldaten tritt, um später ganz im Stil einer Theaterheroine eine Rede vor ihnen zu halten:

„Und die Zarin sah in dieser Nacht gerade so aus, wie es sich zur Aufreizung des Männerherzens gehört: Ihr Gewand hat sich durch das heftige Wallen ihres Busens gelöst, und nur noch ein Saum ist geblieben, weiß und durchsichtig, ein schwaches Hemmnis für entfesselte Augen. Und ihre Haare fließen auch langsam nach unten auf die Arme, die Schultern. Oh, wer sie anschaut, der wird diese Nacht lange in Erinnerung behalten."[22]

Dieser zuletzt zitierte Ausruf des Erzählers wendet sich in einem sog. Appell unmittelbar an den Leser; zugleich aber ist er auch im leidenschaftlichen Tonfall dessen gesprochen, der diese Frau bewundert und begehrt – Agaj Han. Diese Passage antwortet überdies noch auf einen fremden Text, nämlich die Darstellung derselben Szene durch den Historiker Julian Ursyn Niemcewicz, die Krasiński seinem Roman als Motto voranstellt:

„Indessen begibt sich Maryna auf die Nachricht von dem Mord hin, der sie zuerst keinen Glauben schenken will, selbst an die Stelle, findet dort nur zerhauene Gewänder und Glieder ohne Kopf, und kehrt gram- und verzweiflungsvoll in der Nacht nach Kaluga zurück. Im Tumult läuft sie mit der Fackel in der Hand, mit zerzausten Haaren, mit entblößtem Schoß die Reihen ihrer Soldaten ab, setzt sich das Schwert an die Brust und ruft mit markdurchdringendem Schrei nach Rache."[23]

---

21 Krasiński, Agaj-Han (wie Anm. 1), S. 461 f. – Ausführlich schildert Julian Ursyn Niemcewicz, Dzieje panowania Zygmunta III [Die Geschichte der Herrschaft Sigismunds III.]. Warszawa/Kraków, Bde. I-III [1. Aufl. 1819], die wirren Auseinandersetzungen zwischen den Kriegs- und Bürgerkriegsparteien in Russland, den polnischen Truppen, den Verbänden des Moskowiter Zaren Vasilij Šujskij und seinen schwedischen Alliierten. Was bei Niemcewicz als leicht durchschaubares Spiel der verschiedenen politischen und nationalen Interessen dargestellt wird, erscheint bei Krasiński als das Chaos wild gewordener, zügelloser Massen, die sich in den Weiten des europäischen und asiatischen Russlands rücksichtslos gegen sich selbst und gegen andere austoben.
22 Krasiński, Agaj-Han (wie Anm. 1), S. 412 f.
23 Niemcewicz, Dzieje (wie Anm. 21), Bd. II, S. 264.

Wie man sieht, wird diese drastische Darstellung des Historikers von dem jungen Romantiker Krasiński stark veredelt und poetisiert.

Im zweiten Kapitel sucht Maryna das Zimmer ihres kürzlich ermordeten zweiten Mannes Dmitrij auf und ist entsetzt über das, was sie dort sieht: Neben der Bibel liegen dort der Talmud und jüdische Gebetsriemen; der zweite falsche Demetrius ist also Jude gewesen. Im Moment, da Maryna diese „schreckliche" Entdeckung macht, wendet sich der Erzähler an den Leser:

> „Schau sie jetzt an, und du wirst nicht die stolze Königin sehen, nicht die harte Herrin, sondern eine in Tränen aufgelöste Frau, die an ihre Jugend denkt, an das Haus ihrer Väter, an ihr edles Geschlecht, an die Gefilde Polens, an ihre erste Liebe inmitten dieser stummen Zeugen ihrer Schande und Erniedrigung."[24]

Gleich anschließend geht der Erzählmonolog in die erlebte Rede über, das heißt, der Erzähler ahmt den Stil und die Gedankenwelt der erzählten Figur Maryna selbst nach:

> „Es haben sich also die Gerüchte der Leute bestätigt, Agaj Hans Worte haben sich bestätigt. ... Tausend Erinnerungen bedrängen ihr Herz...: an den ersten Mann, tapfer, freigebig, dem die Krone der Zaren so schön stand, ... und die Hochzeit und die erste Hochzeitsnacht mit dem jungen, ritterlichen Bräutigam, dem Herrn eines weiten Landes, – und danach Verschwörungen und Morde! Ach, das war noch gar nichts – Gefängnis und Verbannung – ach, das war noch gar nichts – aber die zweite Heirat, der zweite Mann! Ach, diese Erinnerung zerschnitt ihr das Herz mit ihrer Schärfe."[25]

Zusammenfassend lässt sich sagen: In *Agaj-Han* verbindet sich der hohe Ton des epischen Prosa-Dichters mit der Fähigkeit, die Gefühls- und Gedankenwelt der erzählten Figuren auch sprachlich in den Erzählbericht einfließen zu lassen. Im episch-poetischen Fluss des Erzählens werden die vielen anderen Stimmen der dargestellten Figuren hörbar und spürbar gemacht; auch kommen die Figuren im geeigneten Moment in ganz dramatischer Manier direkt zu Wort. Viel zu sagen wäre in diesem Zusammenhang über die Art, wie sich in diesem Roman das Dramatische in die epische Erzählung mischt. Es liegt auf der Hand, dass der Roman *Agaj-Han* gerade im stilistischen Bereich eine wesentliche Vorarbeit zu dem Prosa-Drama *Nie-Boska Komedia* darstellt.

Die geschilderte Erzähltechnik verbindet sich auf das engste mit der besonderen Komposition des Romans. Die Geschichte vom Ende der Maryna Mniszchówna ist in verschiedene Zeiträume und Stationen auf diesem letzten Lebensweg zerlegt, in Stücke, zwischen denen vieles ausgespart und ausgelassen ist. Jedes Kapitel schildert eine Station, jedes Kapitel ist durch markierten Anfang und markiertes Ende in sich abgeschlossen und erinnert dadurch mehr an die Strophen einer langen epischen Verserzählung als an die Handlungsstationen eines Romans oder an die Akte eines Dramas. Fast in jedem Kapitel haben wir auch den „rhythmischen" Wechsel zwischen raffender und dehnender Erzählung. Aus alledem ergibt sich eine Art musikalisch-symphonischer Komposition des ganzen Romans.

---

24 Krasiński, Agaj-Han (wie Anm. 1), S. 418.
25 Ebenda, S. 419.

Krasińskis wichtigste historiografische Quelle war, wie schon angedeutet, Julian Ursyn Niemcewiczs historische Darstellung der Epoche Sigismunds III., ein Werk übrigens, das einem späteren frührealistischen Romanstil entgegenkommt: Es ist in der nuancenreichen und flexiblen Prosa aufgeklärter Geschichtswissenschaft geschrieben, schließt dabei aber subjektive Standpunkte und Wertungen nicht aus. Bei seiner nicht unkritischen Darstellung der Epoche und der Person Sigismunds III. Vasa (1589–1632) verteilt der Historiker Licht und Schatten der polnischen Geschichte hier auf eine Weise, an der die verletzte patriotische Seele nicht übermäßig zu leiden braucht:

> „Das Schicksal (das uns leider heute nicht günstig ist), bescherte den damals lebenden Polen Triumphe, wie sie nur die alten Römer gekannt hatten [...]. Diese Erinnerungen trösten die von späterem Unglück betrübten Herzen der Polen und lassen uns sagen: *Nos quoque floruimus.*"[26]

Kritik war allerdings angebracht: Sigismunds schwedische Thronansprüche lösen die polnisch-schwedischen Kriege aus, die zur wesentlichen Ursache für den Untergang des alten Polen werden sollten; indem er den Kurfürsten von Brandenburg als Herzog seines ostpreußischen Lehens akzeptiert, eröffnet er Brandenburg den Aufstieg zur Großmacht Preußen, die zu einem der drei Totengräber der *Rzeczpospolita* werden sollte; überdies hat der König im sog. „Moskauer Krieg"[27] durch die Beanspruchung des Moskauer Throns zuerst für seinen Sohn und dann für sich selbst die Erbfeindschaft mit Russland herbeigeführt.

Bei der Darstellung der Maryna Mniszchówna und ihres ersten kaiserlichen Gatten Dmitrij (regiert 1605/06) vermeidet Niemcewicz auf weite Strecken schnelle moralische Verurteilungen. Er hält es für durchaus möglich und sogar für eher wahrscheinlich, dass „Demetrius" tatsächlich der jüngste Sohn Ivans IV. (des Schrecklichen) war, sammelt dafür Indizien, wo er kann, und kritisiert die zeitgenössischen Quellen, die vom *falschen* Dmitrij sprechen, als antipolnische schwedische Propaganda. Maryna hatte nach Niemcewiczs Einschätzung und Formulierung Charaktereigenschaften, die ihr unter günstigeren Umständen die Herzen ihrer russischen Untertanen hätten gewinnen können: Sie war schön, zuvorkommend gegen Hoch und Niedrig (II, 144). Krasiński verstärkt die positiven Aspekte in Niemcewiczs Darstellung. In der erstaunlich moralfreien Optik seines Romans stellt er Maryna als eine Frau dar, die die Männer dazu benützt, auf den moskowitischen Zarenthron zu gelangen bzw. ihn wiederzugewinnen – zuerst den jungen und schönen Dmitrij, dann den ekligen kosakischen Dmitrij, und zuguterletzt den Kosakenhauptmann Zarucki sowie den verliebten Tataren Agaj-Han – und bei alledem bleibt sie eine großartige Ausnahmegestalt.

---

26 Niemcewicz, Dzieje (wie Anm. 21), Bd. III, S. 299 f.
27 Niemcewicz führt seine Darstellung des „Moskauer Krieges" wie folgt ein (ebenda, Bd. II, S. 117 f.): „Wir gehen heute zu einem Krieg über, durch den Hochmut einiger Mächtiger unternommen, von König Sigismund läppischermaßen und darüber hinaus ungerechterweise unterstützt; in dem die polnische Waffenherrlichkeit durch die Schwäche des Königs, die Uneinigkeit der Feldherren und die entfesselte Willkür unserer Ritterschaft verdunkelt ward; in dem zwar Unentschlossenheiten und das Fehlen tapferer Stärke die großartigsten Absichten vernichteten und unserem Lande Verwüstungen und Niederlagen eintrugen, uns aber dennoch bedeutenden Nutzen einbrachten. Smolensk, eine Menge bewaffneter Burgen, fruchtbare Provinzen von 100 Meilen Ausdehnung, schließlich unsterblicher Ruhm, dies war der Lohn für das in diesem Feldzuge vergossene polnische Blut."

Krasińskis Tendenz zur Veredelung Marynas im Vergleich mit der Darstellung bei Niemcewicz ist auch im Finale des Romans zu sehen. Der Historiker schildert in dürren Worten, wie Zarucki, Maryna und ihr kleiner Sohn von den Verfolgern auf dem Jaik-Fluss (Ural-Fluss) eingeholt und auf unterschiedliche Weise ums Leben gebracht werden: Zarucki wird gepfählt, Maryna wird unter dem Eis im Fluss ersäuft und der kleine Dmitrij erwürgt (III, 34 f.). Krasiński überhöht Marynas Ende zu einer Art schaurig verklärtem Liebestod. Maryna wird von ihrem verräterischen früheren Liebhaber Agaj-Han den anderen moskowitischen Soldaten entrissen und in einer deutlich erotisch gefärbten Szene ins Wasser geworfen; Agaj-Han selbst treibt anschließend auf einer Eisscholle dem Tod entgegen. Das Ganze findet vor einer erhabenen Naturkulisse statt. Am Ende spricht der Dichter Krasiński seine Figur Agaj-Han an: „Sei mir gegrüßt auf ewig, du Kind meiner Phantasie...“. Anschließend wendet er sich an die Gottesmutter mit einem kurzen Gebet für Maryna:

> „Königin Polens, lass sie niedersitzen zu deinen Füßen, denn die Krone der Zaren war ihr eine Dornenkrone, ihr ganzes Leben eine lange Pilgerschaft, fern der Heimat, unter Fremden und Neidern! Königin Polens, erbarme dich deiner Tochter.“[28]

Die Zarenkrone war für Krasińskis Maryna freilich keine Dornenkrone, sondern ihr allerhöchstes Begehren, der Zweck ihres Lebens gewesen; und ihr Leben war keine demütige Pilgerschaft, sondern ein leidenschaftliches und stolzes Ringen um die Macht. Sie lebte nicht unter Fremden und Neidern, sondern unter lauter Menschen, die sie für ihre Zwecke benutzte. Hier liegt also ein offensichtlicher Bruch vor. In eben diesem Bruch steckt indessen ein Signal für ein *auf die Gegenwart* gerichtetes symbolisches Verständnis der ganzen Geschichte, die Krasiński uns in diesem Roman erzählt hat. Maryna wird von vornherein veredelt, weil sie hier von allem Anfang ein eigentümliches Symbol polnischen Geistes und polnischen Stolzes sein sollte. Die Bitte um die Fürsorge der Gottesmutter für die Maryna-Figur bezieht sich demnach auf den Symbolgehalt, den diese Figur impliziert: mitgemeint ist das *heutige* Polen, das noch im Sterben stolz ist und das mit der Dornenkrone des Messias ausgestattet wird (in der Gestalt der *Frau* Maryna!).

Krasiński selbst hat seinen Roman übrigens auch nach der Fertigstellung von *Nie-Boska Komedia* und *Irydion* keineswegs als schmähliche Jugendsünde betrachtet, sondern ihn 1838 einer zweiten Auflage für wert gehalten. *Agaj-Han* sollte in der Polonistik und namentlich in jeder Geschichte der polnischen Prosa als erstes „geniales“ Werk des Autors der *Nie-Boska Komedia* gewürdigt und im Entwicklungsgang der Gattung gebührend positioniert werden.

Henryk Rzewuski

Henryk Rzewuski (1791–1866) ist nur als Autor der *Pamiątki Soplicy* [Denkwürdigkeiten des Herrn Severin Soplica, 1839] ruhmreich in die polnische Literaturgeschichte eingegangen. Die *Denkwürdigkeiten* gelten als das prominenteste fiktionale Prosawerk der polnischen Literatur in der weit gefassten romantischen Epoche. Sie sind allerdings keineswegs zur romantischen Prosa im engeren Sinne zu zählen, vielmehr schreiben sie die aufklärerisch-satirische Prosatradition fort. Der Gesamtkonzeption der *Pamiątki Soplicy* ist freilich ein

---

28 Krasiński, Agaj-Han (wie Anm. 1), S. 554.

romantischer Grundzug nicht abzusprechen. Rzewuskis witzige Provinzgeschichten fallen in die Periode 1760–1790, die mit der fatalen Schlussepoche der polnischen Staatsgeschichte koinzidiert – und eben darin liegt eine besonders bittere Ironie. Bei Rzewuski ist diese Endzeit des polnischen Staates zur Tragik gar nicht fähig – die vermeintlich heroische Geschichte zerfällt zu einem Durcheinander scheinbar zusammenhangloser und scheinbar harmloser Provinz-Geschichten. Tatsächlich aber reflektieren sie, wenn man genauer hinschaut, unsägliche Zustände vor allem im Rechtswesen des alten Polen. Der Held Soplica ist nicht nur ein rechter Dummkopf, sondern auch keineswegs immer sehr charakterfest. Insbesondere bildet das anekdotische Chaos dieser Geschichten auf eine überhaupt nicht harmlose Weise den Zerfall des polnischen Geschichtskontinuums ab. Diese durch rein kompositorisch-literarische Mittel getragene Gesamtdiagnose polnischer Geschichte verleiht dem Werk eine Tiefendimension, die weit über den beschränkten Horizont des Erzählers Soplica hinausgeht.

Dieses Werk, auf dem der Segen des großen Adam Mickiewicz ruhte und das am Anfang einer ganzen Welle von *gawęda*-Prosa (und -Poesie!) steht, hat Rzewuskis *Listopad* [November] (1845/46) in der Wahrnehmung der Nachwelt verdunkelt. In diesem groß angelegten Roman wird am Schicksal der beiden ungleichen Brüder Michał und Ludwik Strawiński der Widerspruch zwischen „sarmatischer" und „aufgeklärter" Kultur im Polen der frühen Ära Stanisław Augusts abgehandelt. Aus dem Episodensammelsurium der *Denkwürdigkeiten* wird hier eine überzeugende große Romanform (in der die einzelnen Episoden und Skizzen immer eine kompositorisch sinnvolle Rolle spielen); die *gawęda*-Manier wird durch einen kunstvoll gehandhabten, variationsreichen Schriftstil ersetzt.

Die bisher ausführlichste Darstellung zu *Listopad* stammt von Zygmunt Szweykowski (1922).[29] Er charakterisiert zunächst die nach Rzewuskis *Pamiątki* laut gewordenen Gattungserwartungen (Forderung nach der nationalen Geschichtsepopöe, Ablehnung der „frenetischen" [szalona] französischen Literatur; Rousseau, Walter Scott und Homer als empfohlene Vorbilder [120-129]). Mehrfach verweist er auf Rousseau-Anmutungen in *Listopad*.[30] Als polnische Vorläufer werden Ignacy Krasickis *Mikołaja Doświadczyńskiego przypadki* [Die Abenteuer des Mikołaj Doświadczyński], und *Pan Podstoli* [Der Herr Untertruchsess], Maria Wirtemberskas *Malwina* und Elżbieta Jaraczewskas *Zofia i Emilia* [Sophie und Emilia] (1827) erwähnt.[31] Den dritten Teil des Romans beurteilt er trotz des Lobes für vorzügliche Milieu- und Sozialporträtstudien kritisch: Er zeige zu wenig Integration von Milieustudien und „Abenteuerhandlung", die Komposition zerfalle (143 ff.). Ludwiks Seelenkampf um seine Liebe interpretiert Szweykowski als Darstellung der Willenlosigkeit gegenüber den emotionalen Trieben, so sei auch Stanisław August geschildert: edle Anlagen würden durch Willensschwäche, Genuss- und Herrschsucht verdeckt (157). Szweykowski unterstellt Rzewuski eine moralistische Verurteilung der Liebe Zofias und Ludwiks (162 ff.), Michał bleibe aber abstrakter Pedant, der kein überzeugender Liebender Zofias hätte sein können (164 ff.). Rzewuskis angeblicher Didaktismus führe zu ständigen Widersprüchen.

---

29 Zygmunt Szweykowski, Powieści historyczne Henryka Rzewuskiego [Die historischen Romane Henryk Rzewuskis]. Warszawa 1922, S. 118-192.
30 Ebenda, S. 138, Anm. 2; S. 141 f.
31 Ebenda, S. 134 f.

Relativ knapp fällt die Charakteristik von Rzewuskis „ehrgeizigstem Roman" *Listopad* in Witkowska/Przybylski aus;[32] Andrzej Waśko bleibt in Bezug auf *Listopad* ebenfalls kurz, vergleicht aber immerhin dessen Bedeutung als Porträtierung der polnischen Gesellschaft des 18. Jahrhunderts mit Bolesław Prus' Schilderung der polnischen Gesellschaft nach 1863 in *Lalka* [Die Puppe].[33]

Der bekannte Historiker Janusz Tazbir kämpft in seinem ausführlichen Vorwort zu der ersten Nachkriegsausgabe von Rzewuskis Roman (2000) gegen dessen Verdrängung aus dem allgemeinen literarischen Bewusstsein an.[34]

Rzewuskis Roman gehört eigentlich in eine Reihe mit Krasickis *Mikołaja Doświadczyń-skiego przypadki* (1778) und Klementyna z Tańskich Hoffmanowas *Dziennik Franciszki Krasińskiej* [Das Tagebuch der Franziska Krasińska] (1825). Alle drei schildern das 18. Jahrhundert unter dem Aspekt des Gegensatzes zwischen Aufklärungswelt und Sarmatismus. In Krasickis *Mikołaja Doświadczyńskiego przypadki* wird der Sarmatismus durch einen auktorialen Ich-Erzähler sehr kritisch, wenngleich mitunter nicht ohne humoristisches Augenzwinkern dargestellt. Hofmannowas *Dziennik Franciszki Krasińskiej* stellt den Gegensatz anhand einer nuancierenden Schilderung des Schicksals zweier ungleicher Schwestern dar und baut dabei die früher übliche einseitige Kritik am Sarmatismus und an der vermeintlich unaufgeklärten Sachsenzeit ab. Rzewuski lenkt die Schicksale der Brüder Michał und Ludwik so, dass es zu einer moralischen Verteidigung des Sarmatismus gegen die Vertreter der vollkommen amoralischen und prinzipienlosen Aufklärung kommt. Insofern hält Rzewuskis Roman, trotz seines unzweideutig un-romantischen stilistischen Profils, auch durchaus Kontakt mit der Romantik, denn es war ja gerade die Romantik in Europa überhaupt und in Polen insbesondere, die die Aufklärung kritisierte und die Feinde der Aufklärung aufwertete.

Es handelt sich um ein ausladend umfangreiches Werk, in der Originalausgabe drei Bände à ca. 250 Seiten. Es wird darin ein panoramatisches Bild der Epoche des letzten polnischen Königs Stanisław August gezeichnet, und zwar in der Form des durchkomponierten Romans. Bindeglied der oftmals sehr unterschiedlichen und disparaten Episoden des Romans ist eine durchgehende Handlung mit zahlreichen abenteuerlichen Verwicklungen. Tragende Elemente dieser Handlung sind die geheime Mission, die den französisch erzogenen königstreuen Bruder Ludwik als Spion und verdeckten Unterhändler in das litauische Oppositionsmilieu seines Bruders Michał führt, und die geheime Mission, die den Königsgegner Michał in der Endphase des Romans in die königliche Hauptstadt Warschau bringt. Bei Rzewuskis *Listopad* kommt der Roman als spannender, abenteuerlicher Roman gattungsmäßig auf einem beträchtlichen literarischen Niveau zu sich selbst.

Die Brüder sind beide tief in der Sachsenzeit geboren (1740er Jahre). Ihr Vater Wojciech Strawiński, ein konservativer reicher litauischer Hochadliger von altem Schrot und Korn, war mit einer schönen Frau verheiratet, die sich wegen eines eleganten und „europäischen" anderen Mannes von ihrem Gatten trennte und den jüngeren der beiden Söhne mitnahm. Der Vater verschärft seinen Widerstand gegen alle fremden Einflüsse und europäischen Neuerungen und lässt den unter seiner Obhut verbleibenden Sohn Michał stockkonserva-

---

32 Witkowska, Przybylski, Romantyzm (wie Anm. 16), S. 522 f.
33 Waśko, Epika (wie Anm. 6), S. 199-202.
34 Janusz Tazbir, Wstęp [Einführung], in: Henryk Rzewuski, Listopad [November]. Vorwort und Bearb. v. Janusz Tazbir. Kraków 2000 (Biblioteka Polska).

tiv erziehen, während der bei der Mutter verbliebene Sohn Ludwik ganz und gar unter französischen Kultureinfluss kommt. Es scheint Rzewuskis Absicht gewesen zu sein, seine Parteinahme für die konservative polnische Adelskultur nicht allzu früh deutlich werden zu lassen, ja er behauptet sogar explizit im Vorwort, dass es ihm auf eine objektive Darstellung beider Arten von Kultur ankomme. Das klingt zwar grotesk angesichts der massiven Parteinahme des Autors für die konservativen Rebellen gegen den König. Dennoch wendet er zahlreiche andere Mittel an, die eine gleichsam poetische Überparteilichkeit herstellen; eines davon ist die Darstellung der Erziehung beider Brüder als eine Fehlerziehung.

In folgender Romanpassage wird die unsägliche Kindheit des positiven Helden Michał nach der Trennung seiner Eltern dargestellt:

> „Herr Strawiński brach seine Amtsgeschäfte ab, zog sich beleidigt aufs Land zurück, und verfluchte den Fürstbischof mitsamt seinem ganzen Konsistorium, und noch mehr all diejenigen, die französisch sprechen und sich französisch kleiden. Jedoch ward er in seinem Unglück vom Fürsten Feldhauptmann getröstet und erhielt auf dessen Fürsprache hin vom König sogar die Würde eines Grenzwächters von Słonim. Er hatte sich kaum auf dem Lande niedergelassen, da ließ er als erstes seinem Sohne Michaś, der gerade vier Jahre alt geworden war und nach dem Willen der Mutter lange, ringförmig fallende Haare trug, den Kopf scheren, und zwar so, dass ihm nur noch ein paar Haare auf dem kleinen Scheitel übrig blieben, auf dass er ein wahres Polenkerlchen sei, ohne diese ausländischen Erfindungen, die zu nichts Gutem führen, und er verdingte einen Hofmeister, für 60 polnische Silbergroschen im Jahr, der sollte den Junker im Katechismus unterweisen, ihm das Lesen, das Schreiben und die Anfänge des Latein beibringen und dabei die Rute nicht sparen...“[35]

Die konservative Erziehung des Sohnes Michał hat auch aus der Sicht des konservativen Erzählers (und Autors) sehr negative Seiten. Der Vater Strawiński ist ein Mensch ohne jedes Herz und ohne jeden Takt gegenüber dem Sohn, der ihm geblieben ist (die tiefe Verehrung, die der Sohn dem Vater gleichwohl entgegenbringt, gehört zu den weniger glaubhaften Momenten des Romans). Die Folge davon ist, wie mehrfach betont wird, dass Michał sein ganzes Leben lang unglücklich bleibt. Als kleiner Knabe schmerzt ihn die Trennung von der Mutter und von dem Bruder; als er nach einigen Jahren dem Bruder im Warschauer Collegium Nobilium wieder begegnet, geht ihm das Herz auf, denn die beiden verstehen sich prächtig. Als aber der Vater dahinter kommt, nimmt er Michał aus dem Collegium fort und lässt ihn in der litauischen Provinz ohne jeden Kompromiss mit der neuen Zeit erziehen. Michał wächst also erschreckend lieblos auf, und das ist vermutlich auch der Grund, warum er später die Frau, die er liebt, nicht an sich binden kann – es handelt sich um die schöne Nachbarstochter Zofia Kunicka, mit der er einige Zeit verlobt ist. Zofia fürchtet sich explizit vor einer Ehe mit ihm und zieht ihm schließlich Ludwik vor. Im Lauf der Jahre bildet Michał zwei Eigenschaften besonders aus: eine große juristische Geschicklichkeit und Kühnheit, die er viele Jahre zugunsten des Vaters und des gemeinsamen Vermögens einsetzt, ohne dafür viel Anerkennung vom Vater zu erhalten, und eine große, traditionelle Frömmigkeit.

---

35 Rzewuski, Listopad (wie Anm. 1), Bd. I, S. 9, aus dem Kapitel „Altpolnische Erziehung“; vgl. dazu das Kontrastkapitel (I, 5) „Ausländische Erziehung“, ebenda, S. 33 ff.

Rzewuski erhebt ihn am Schluss zu einem veritablen Heiligen, als er wegen Hochverrats gegen den König Stanisław August hingerichtet wird.

Der Bruder Ludwik dagegen gelangt nach Lothringen an den Hof des dort residierenden ehemaligen polnischen Königs Stanisław Leszczyński und wird in Lunéville wie im Versailles Ludwigs XV. zum Modegecken und typisch französischen Offizier erzogen. Wegen seiner männlichen Schönheit ist er der Abgott der adligen Damen. Überhaupt wird uns Ludwik zunächst nur als seelenloser Boudoir-, Pistolen- und Degenvirtuose und später als skrupelloser Intrigant im Dienste eines charakterlosen Königs dargestellt. Aber obwohl Ludwik sich schließlich an seinem Bruder versündigt, indem er ihm die schöne Zofia ausspannt, entwickelt er mit der Zeit dennoch ein Bedürfnis nach moralischen Lebensgrundsätzen (nicht zuletzt unter dem Einfluss seiner hochmoralischen Frau). Zwar stirbt er am Ende als Selbstmörder, aber aus Motiven, die ihm aus der Sicht des Autors Ehre machen: Er hat im Dienst für den König seinen hochverräterischen Bruder festgesetzt; es gelingt ihm jedoch nicht, den König zu einer Begnadigung Michals zu bewegen. Damit hat er nach eigenem Verständnis seine Ehre verloren und nicht zuletzt auch den Glauben an die moralische Berechtigung der Sache seines aufgeklärten Königs.

Eines der „Geheimnisse" dieses Romans ist die komplexe Art der Darstellung des negativen Helden, des jüngeren Bruders Ludwik, die auch die Erzählkonstruktion betrifft. Einen ersten Eindruck davon gibt Kapitel I, 9, bestehend aus einem Brief Ludwiks, neuerdings Starost von Wieluń, an den Fürstgeneral der podolischen Lande (offenbar Adam Jerzy Czartoryski). Nach jahrzehntelanger Abwesenheit in Lothringen und Frankreich sowie im kosmopolitischen Warschau ist Ludwik wieder nach Litauen geraten und schildert seine gemischten Gefühle folgendermaßen:

„Unter dem Strohdach des Hauses meiner Familie, wo sich ohne jeden Abstand an den Geist der Zeit die sarmatischen Sitten erhalten haben, schreibe ich Eurer Fürstlichen Durchlaucht. Auf Befehl seiner Majestät des Königs nach Litauen gereist, bin ich bei meinem Bruder zu Gast, dem Wojski von Słonim, seit langer Zeit begnadeter Jurist, eine Zeitlang bewaffneter Parteigänger der Sache des Fürsten Herr Lieberchen,[36] jetzt aber musterhafter Landwirt, Kornsäer, Groschenjäger, zwar ein Litauer, wie er im Buche steht, aber *summa summarum* ein höchst biederer Mensch. Man sage, was man will, es muss ein Reiz in der Tugend liegen, dass ich, von klein auf an das Denken und die Eleganz der aufgeklärten Welt gewöhnt, ich Sybarit in allen meinen Lastern, in einer lehmverstunkenen oder litauisch teerberäucherten Hütte wohne, jede Nacht durch das Heulen aus dem Hundezwinger meines Bruders geweckt werde, mich vom Barszcz und einer Tatarenmahlzeit ernähre, welche hier ‚wereszczaka' genannt wird;[37] kein anderes französisches Wort höre als nur das, was aus dem Munde meines Lafler kommt, – und bei alledem verspüre ich einen unwillkürlichen Neid auf meinen Bruder und darauf, dass eine innere Einrichtung ihn zu einer solchen Lebensweise befähigt."[38]

---

36 „Panie Kochanku" – wäre auch mit dem ostpreußisch und deutschbaltisch klingenden „Herr Trautester" übersetzbar.

37 „Wereszczaka" – frischer Speck, an einer Zwiebelsoße gebraten.

38 Rzewuski, Listopad (wie Anm. 1), Bd. I, S. 81 ff.

Der laut den bisherigen romanesken Auskünften völlig französisierte Ludwik schildert hier und im weiteren Verlauf des Briefes mit nicht geringer Selbstironie, wie die litauische Lebensweise und die konservativ katholische Moral seines Bruders ihn zu seinem tiefen eigenen Erstaunen anzieht und anheimelt. In diesem Brief ist er sich noch nicht bewusst, dass hier nicht nur die immer wieder bestätigte wechselseitige Sympathie zum Bruder aus ihm spricht, sondern auch bereits die Liebe zu Michałs Verlobter Zofia Kunicka in ihm wirkt. Dass er dies alles im kräftigen, ganz leicht „sarmatisch" angehauchten Polnisch des Erzählers schildert, könnte dem Autor Rzewuski als Mangel an stilistischer Nuancierungsfähigkeit angekreidet werden. Sehr viel mehr spricht dafür, dass gerade dies einer wohldurchdachten auktorialen Strategie folgt. Sobald nämlich Ludwik selbst auf den Plan tritt, d.h. selbst das Wort erhält, erweist er sich zumindest in seiner polnischen Ausdrucksweise als der gleiche litauische Edelmann, wie der Erzähler und sein Bruder Michał einer ist. Aber während Michał, der positive Held, unter den Unglücksschlägen, die ihn treffen, seelisch mehr oder weniger erstarrt, erlebt der negative Held Ludwik eine psychische und moralische Neubelebung, die das Interesse des Lesers wach hält. Diese Metamorphose vollzieht sich zunächst unter dem Einfluss seiner authentischen, großen und erwiderten Liebe zur Verlobten seines Bruders und seiner späteren Ehefrau; Jahre später setzt sie sich dann fort unter dem Druck seiner Schuldgefühle als moralisch Verantwortlicher für die Exekutierung seines Bruders, die er nicht abzuwenden vermag.

Etwa in der Mitte des Romans (Band II, Kap. 8) werden Auszüge aus Ludwiks Tagebuch eingeschoben, die er während seiner Genesung nach einem Duell mit Zofia Kunickas Bruder niederschrieb:

> „Auf dem Lager meiner Schmerzen, die ich nicht mehr fühle, da ich nur dafür Gefühl bewahre, was irgendeinen Bezug auf den Gegenstand meiner Liebe hat, rufe ich mir manchmal jene seligen Momente in Erinnerung, die wir gemeinsam am Cembalo verbrachten, als unsere Seelen sich im Gesang ergossen. Die Musik ist das einzige sinnliche Zeichen, in dem wahre Liebe sich aussprechen kann. Wer die Musik nicht fühlt, dessen Herz wird für die Liebe immer verschlossen sein. Es ist dies eine besondere Sprache, aber auch ein Meister in der Kunst wird sie nicht verstehen, wenn er beim Vernehmen ihrer Laute nicht von heftiger Leidenschaft geschüttelt wird. Wenn aber zwei Liebende ihre Seelen im Gesang verbinden, wird dieser Gesang zum wirklichen Gespräch zweier Herzen; sie werden einander verstehen, durchdringen und dennoch in Worten nichts davon auszudrücken vermögen. Es ist dies eine geheimnisvolle Zauberkunst; und es nimmt nicht Wunder, dass das Christentum sie als einzige unter allen anderen in seinen Himmel versetzt hat."[39]

Diese sicherlich sentimentalste Passage des ganzen Romans wird sofort relativiert durch die von Ludwik in selbstironischer Absicht angeführte Anekdote von der Versailler Hofdame Comtesse de Jarnac, die in völlig haltloser Liebe zu dem Sänger Geliot entbrannte und dafür von ihrer Familie ins Kloster verbannt wurde. Dennoch ist hier eine Tür zu Ludwiks emotionalem Leben und damit auch zu einem beträchtlichen menschlichen Wert dieses negativen Helden geöffnet. Michał wird dagegen so gut wie immer rein von außen betrachtet und charakterisiert.

---

39 Ebenda, Bd. II, S. 110.

Gerade in dieser Hinsicht kommt nun aber den Briefen und Tagebucheintragungen eine ganz besondere Funktion zu – der negative Held Ludwik wird zum durchaus glaubwürdigen Neben- und Miterzähler: Ludwik charakterisiert nämlich das Leben und Verhalten seines Bruders in einer Mischung aus Kritik und großer sympathischer Anteilnahme. Seine Brief- und Tagebuchtexte (Kapitel I, 9, 10 und 15; II, 8) bieten bemerkenswerterweise nicht das Zerrbild einer „aufgeklärten" Mentalität und Gesinnung wie die eingeschobenen Briefe anderer Personen (die Kasztelanowa und Gintowt in II, 6 und II, 9). Vielmehr sind sie Zeugnisse des unbewussten oder auch bewussten emotionalen und moralischen Potenzials, das bei aller französischen und aufgeklärten Witzigkeit in dieser Person steckt.

Der positive Held Michał spielt zwar nie die Rolle eines Neben-Erzählers, aber auch ihm wird eine emotionale Aura verliehen. Sie ist durch eine Verdüsterung seiner Gefühls-welt bestimmt. Er leidet unter dem persönlichen Unglück, das ihn von Kindesbeinen an systematisch befällt, und der Roman heißt Listopad, „November", weil Michał als Privat-mensch oder als polnischer Staatsbürger immer im November von großem Unglück befallen wird. Offenbar rettet ihn nur seine tiefe Religiosität vor seinen Depressionen. Zu Beginn der Schlussphase des Romans (III, 1: „Wjazd do Warszawy" [Ankunft in Warschau]) ver-hält er sich sentimental: Der auf geheimer Mission befindliche verkleidete Konföderierte Michał erlebt in einer Warschauer Kirche seine frühere Verlobte und hat selbstverständlich melancholische Gefühle; er gefährdet seine Aktion, indem er Zofia ihren Verlobungsring überbringen und den seinen zurückfordern lässt.[40]

Rzewuskis Roman hat beträchtliche Qualitäten. Es gibt hier zwei Episoden, die auch kompositorisch aufeinander bezogen sind und die dem Autor Gelegenheit geben, sein glän-zendes Talent als Charakterschilderer und Erfinder spannender Episoden auszuspielen: Das eine ist die Geschichte der Befreiung Michałs aus kurzfristiger Gefangenschaft bei den kö-niglichen Truppen[41] – diese Geschichte mit all ihren Tricks und Umständen ist zugleich auch die Geschichte eines analphabetischen, aber ungeheuer umsichtigen und listigen Alt-adligen namens Skołuba, der die Befreiung mit List und Tücke durchführt. Die andere Episode ist die kurzfristige Gefangenschaft von König Stanisław August bei den Aufstän-dischen und die Umstände seiner Befreiung – hieran sind einige Nebenfiguren beteiligt, darunter eine Prostituierte und ihr Geliebter, ein Schwerverbrecher. Das sind spannende Geschichten und zugleich prachtvolle Milieustudien aus der damals nahen Vergangenheit. Listopad ist nämlich – und das ist nicht seine geringste Tugend – eine sehr gelungene Mi-schung aus historischem Roman und Gesellschaftsroman. Insbesondere die Milieustudien zur Großstadt Warschau, in der zwei Kneipen und ihre Besitzer samt Umfeld sowie das Warschauer Hof- und Palais-Milieu geschildert werden, stehen in offenkundigem Kontakt zum modernen Sozialroman der 1840er Jahre.

Listopad überragt die meisten anderen polnischen Romane seiner Zeit insbesondere durch die souveräne stilistische Handhabung der Sprache und der weit gespannten Roman-komposition. Was die Stilistik des Romans betrifft, so ist ihr die Verwandtschaft zu den Pamiątki Soplicy zwar anzumerken, aber Rzewuski vermag hier auch andere, weniger „sti-lisierte" Sprachregister anzuschlagen, von denen einige auch auf Rousseau, Sophie Cottin

---

40 Ebenda, Kapitel III, 2 „Wielki świat" [Die große Welt].
41 Ebenda, Kapitel II, 14 „Uwolnienie" [Die Befreiung].

und Richardson verweisen. Die bemerkenswerte künstlerische Leistung liegt hier darin, dass die unterschiedlichen Stilregister nicht auseinander fallen, sondern eine sinnvolle, kohärente Stilkomposition ergeben.

Hier kam es in allererster Linie auf die Konstruktion des auktorialen Erzählers an. Dieser geriert sich sprachlich als galliger, witzig-scharfzüngiger und sprachmächtiger Aristokrat. Mit selbstsicherer Willkür schiebt er Briefe und Tagebuchauszüge handelnder Personen ein, lässt narrative Passagen in dramatische Episoden übergehen,[42] arbeitet mit Parallelgeschichten, kontrastiven Charakterstudien und ausführlichen Kommentaren (in der Rolle des Psychologen, des Geschichtsforschers, des konservativen „soziologischen" Gesellschaftsschilderers und -kritikers und des konservativen Geschichtsphilosophen), er bewegt sich in Rückblenden und Vorausdeutungen zielstrebig im weiten zeitlichen Raum der Romanhandlung. Solche Souveränität und Stilkompetenz der Erzählerinstanz vermisst man in den meisten anderen polnischen Romanen jener Zeit (Goszczyński, Kraszewski, Korzeniowski). Dieses positive Bild des Erzählers wird indessen gelegentlich von den zahlreichen, nicht immer lakonischen Fußnoten gestört, mit denen der Erzählmonolog garniert wird. Sie irritieren und intrigieren gleichermaßen. Wollte der Autor seinem „fiktionalen Erzähler" systematisch ins Wort fallen, weil er ihm in seinen Wertungen und Einschätzungen nicht eindeutig konservativ genug ist? Oder wollte er als Reflex der Erzählweisen Laurence Sternes und Denis Diderots die Fiktionalität seines Erzählers hervorkehren? Aber trotz dieses Schönheitsfehlers muss die ungewöhnliche stilistische Souveränität des Romans hervorgehoben werden, die erst wieder von den reiferen Werken der Positivisten Bolesław Prus und Henryk Sienkiewicz erreicht wird.

In Stil und Gesamtzuschnitt ist *Listopad*, wie eingangs gesagt, Teil eines Komplexes der „Aufklärungsprosa", die sich in den 1840er Jahren mit frührealistischen Tendenzen amalgamiert. Mit der Romantik verbindet ihn gleichwohl manches – die Polemik gegen die Aufklärung, die Wahl der Konfederacja Barska [Konföderation von Bar] als wichtigster Stoff der „Gegenwartshandlung" (vgl. Słowacki und auch Mickiewicz), und schließlich ein depressiver Fatalismus, der bei aller Polemik gleichwohl den ganzen, melancholisch gefärbten Roman durchzieht.

Listopad beginnt mit einer knappen philosophischen (von Hegel inspirierten) Abhandlung über die Grundidee des Romans. Der Autor will die polnische Gesellschaft für ein antinationalistisches Denken gewinnen, im Interesse einer konstruktiven Zusammenarbeit mit dem großen Protektor Russland, und zugleich für ein polnisches Geschichtsbewusstsein werben, in dem die Kultur und Moral des altpolnischen Adels nicht nur – wie im Gefolge der Aufklärung üblich geworden – als Karikatur wahrgenommen, sondern als wesentlicher Punkt des polnischen Nationalcharakters akzeptiert wird. Die Menschheit, so Rzewuski, ist als solche Subjekt der Geschichte; das Allgemeinmenschliche an der Menschheit ist die Synthese aus dem Widerstreit der nationalen Unterschiede zwischen den Menschen, die in der Allmenschlichkeitssynthese dialektisch aufgehoben sind: Die nationalen Unterschiede sind politisch nicht mehr relevant und dürfen keinen Grund für nationalen Hass unter den Völkern mehr liefern, sie sind aber auch aufbewahrt, und sie bleiben dem betreffenden Volk unter allen Umständen als Zeichen seiner nationalen Individualität erhalten. In diesem Sinn

---

42 Ganz szenisch ist Kapitel II, 1; ferner eine Passage in III, 7.

sei jede Verunstaltung der nationalen Physiognomie eines Volkes ein Anschlag auf seine Existenz. Grundlage des Romans sei, so das Vorwort, die Geschichte zweier Kulturen, der europäischen Aufklärungskultur und der eigenen polnischen sarmatischen Adelskultur, wobei die Aufklärungskultur die sarmatische Kultur förmlich verschlungen habe. Hier wird nun, so soll man den Autor verstehen, poetische Gerechtigkeit geübt, indem die unterlegene polnische Adelskultur in ihrer moralischen Überlegenheit dargestellt wird. Der Roman idealisiert also die unterlegene Kultur, deren Andenken es poetisch zu retten gilt – obwohl oder weil, so muss man ergänzen, eben diese sarmatische Adelskultur in den 1840er Jahren ihre reale Autorität in der polnischen Gesellschaft bereits unwiederbringlich eingebüßt hatte.

Ich denke, der entscheidende Grund für die allseits gestörte Wahrnehmung dieses Romans ist das Profil seines Autors als eines unerträglichen, bei allen Parteien geradezu verhassten Publizisten, das er sich redlich verdient hat. Rzewuskis zahlreiche hyperkonservative Provokationen der patriotischen *political correctness* seiner Zeit lassen in Polen offenbar bis heute nicht genügend Raum für eine empathische Lektüre seines bedeutendsten literarischen Werks. Es ist aber vorstellbar, dass einige polnische Autoren anders gelesen haben. Stefan Żeromski als Autor des historischen Romans *Popioły* [Asche] war vermutlich empfänglich für Rzewuskis Werk; Stanisław Brzozowski als Autor seines bitteren Romans *Sam wśród ludzi* [Allein unter Leuten] (und als Opfer der öffentlichen Meinung in Polen) hat vermutlich die verkappte Melancholie erkannt, die Rzewuskis Roman prägt. *Listopad* gehört zu den wenigen überragenden Romanwerken der ersten polnischen Jahrhunderthälfte wegen seiner hohen Stilisierungs- und Kompositionskunst, aber auch dank der Tatsache, dass er aus seiner Melancholie kein weinerliches Lamento macht.

Das Wesentliche über die Bedeutung der beiden hier vorgestellten Romane als modellartige Vertreter zweier verschiedener Stiltraditionen und Stillinien der polnischen Prosa ist eingangs bereits gesagt worden. Die wichtigste These dieser Studie ist aber die, dass es sich entgegen weit verbreiteten Anschauungen bei diesen Romanen um ganz vorzügliche, weit über den Durchschnitt der sonstigen polnischen Romanproduktion jener Jahre herausragende Exemplare ihrer Gattung handelt. Es besteht Grund zu der Annahme, dass manche späteren polnischen Autoren, darunter Henryk Sienkiewicz, Stanisław Brzozowski, Stefan Żeromski und Wacław Berent, mit dieser Tatsache leichter umgehen konnten als viele Literarhistoriker.

Mikołaj Sokołowski

Unorthodoxe Motive im Werk Adam Mickiewiczs, Andrzej Towiańskis und ihrer italienischen Anhänger

Die Religiosität Andrzej Towiańskis sowie Adam Mickiewiczs in der Phase seiner Zusammenarbeit mit dem Meister ist immer wieder als Häresie bezeichnet worden. Diese Position verfocht zum Beispiel der Geistliche Piotr Semenenko als Repräsentant und Verteidiger der offiziellen Lehre der Kirche; eine ähnliche Ansicht brachten Stefan Witwicki und Józef Komierowski vor, wenn auch vor allem in ihrem eigenen Namen. Urteile dieser Art brachten ohne Zweifel die Überzeugung des größten Teils der polnischen Emigranten zum Ausdruck.

In seiner Arbeit *Towiański et sa doctrine jugés par l'enseignement de l'Église* zog Semenenko einen Vergleich zwischen der Lehre Towiańskis und den Dogmen der katholischen Kirche. Dabei bezog er sich vor allem auf die *Biesiada* [Gastmahl], die er im Anhang mit abdruckte. Er kam zu dem Schluss, dass die Anschauungen Towiańskis als Gründer des Zirkels für die Sache Gottes von der offenbarten Wahrheit, wie sie die Kirche zugrunde legte, abwichen, und stufte sie als Häresie ein – und zwar aus mehreren Gründen: Unvereinbar mit den von den Kirchenoberen vertretenen Auffassungen war Semenenko zufolge Towiańskis Glaube an die Palingenese und den Aufstieg der Seinsformen von den primitivsten und schlichtesten zu komplizierten und hoch entwickelten.[1] Jener ursprüngliche Zustand der Unvollkommenheit der Seinsformen stehe im Widerspruch zu der von der Kirche verkündeten Schöpfungslehre.[2]

In der von Towiański formulierten Theorie des Seins, das sich vervollkommnet, sah Semenenko einen klaren Verstoß gegen die offenbarte Wahrheit. Nach dieser Theorie sei es nicht Gott, der kraft seiner Freiheit Gnade gewähre, vielmehr strebe der Mensch seiner Natur gemäß unablässig nach der Vereinigung mit dem höchsten Wesen.[3] Nach Ansicht des Geistlichen führte Towiańskis Lehre unweigerlich zur Verneinung der Göttlichkeit Jesu Christi, ja sogar zu seiner Ignorierung im Werk der Erlösung des Menschen.[4] Semenenko kam zu der Schlussfolgerung:

„Towiańskis Lehre zufolge ist Jesus Christus nicht Gott – oder wenn er es ist, dann ist es auch jeder andere Mensch in demselben Maße wie er."[5]

---

1   Piotr Semenenko, Towiański et sa doctrine jugés par l'enseignement de l'Église. Paris 1850.
2   Ebenda, S. 9.
3   Ebenda, S. 12.
4   Zur Figur Christi bei Towiański vgl. Stanisław Pigoń, Chrystologia A. Towiańskiego [Die Christologie A. Towiańskis], in: Wileński Kwartalnik Teologiczny (1923), H. 3-4; wiederabgedruckt in: Ders., Studja historyczno-literackie [Literarhistorische Studien]. Kraków 1936.
5   Semenenko, Towiański (wie Anm. 1), S. 38.

Der Theologe spielte unmissverständlich auf die während der Reformation geführten Diskussionen über die Göttlichkeit, Unsterblichkeit und Unendlichkeit des Sohnes an; er ordnete die Lehre des Meisters dieser religiösen Strömung zu und verurteilte sie auf das Entschiedenste.

Eine solche Verurteilung formulierten auch andere Emigranten. Ihre Aussagen sind von einem Ton des Privaten und Bekenntnishaften geprägt. Dies gilt für Witwickis Arbeit *Towiańszczyzna wystawiona i annexami objaśniona* [Das Towiańskiwesen, dargestellt und mit Hilfe von Anhängen erläutert] ebenso wie für Komierowskis Schrift *Moje stosunki z Towiańskim i z towiańczykami* [Meine Beziehungen zu Towiański und seinen Anhängern]. Beide Autoren kamen – aus unterschiedlichen Gründen – zu derselben Schlussfolgerung: Der Meister war ein Ketzer und seine Lehre Häresie. Witwicki verkündete das als rechtgläubiger Katholik, Komierowski als zum Katholizismus bekehrter Towiańskianhänger.

Dem Verfasser der *Towiańszczyzna wystawiona* schwebte das Ziel vor, die Emigranten vor dem Einfluss der verderblichen Lehre zu bewahren. Er schrieb:

> „Ich kann nicht ohne Abscheu und Beklemmung des Herzens von dieser Sache sprechen – so fatal ist sie in sich und so verderblich in ihren Folgen, und so sehr bemitleide ich die Menschen, die da hineingeraten sind, die Gefährten des Exils und der Irrfahrt in der Fremde, unter denen ich sogar persönliche Freunde sehe.“[6]

Nach Witwickis Auffassung war das Vorgehen Towiańskis raffiniert, denn der Meister bekenne sich zum Katholizismus – und trete zugleich gegen die Kirche auf und versuche, ihr die Scharen der Gläubigen abspenstig zu machen.[7] Er sei eine Gefahr für die Einheit der Kirche, denn er verstehe es, durch seinen Glauben auch bei anderen Glauben zu wecken.

> „Meiner Ansicht nach ist er ein *Träumer* in der vollen Bedeutung dieses Wortes, ein Mensch von feuriger, kühner und dem Mystischen zugewandter Vorstellungskraft, dem die merkwürdigsten Dinge im Kopf herumgehen – verliebt in seine Wachträume, in sein Schweben in den höchsten Sphären, in seine *unwirklichen Phantasien*, weidet er sich an seinen Gesichten, vertieft sich gern in seine Gedanken und Bilder von Geistern – ein Einzelgänger von außergewöhnlicher Geisteskraft, voll poetischen Feuers, mit der Gabe zur flüssigen und blumigen Rede, der in ein krankhaftes Seher- und Eiferertum verfallen ist und in gewisser Weise das Bewusstsein verloren hat – der unseren heiligen Glauben, wie ihn die Apostolische Kirche verkündet, nicht im Herzen trägt, sondern sich einen anderen, seinen eigenen Glauben gesponnen und aus den verschiedensten Irrtümern der alten und der neuen Welt zusammengesetzt hat, wie das heute allerorts so viele andere Erfinder und Unternehmer neuer Religionen tun. Nie hat er sich selbst eindeutig Rechenschaft über seinen Glauben abgelegt, mal nennt er sich einen Katholiken, mal tritt er gleich mit der offensichtlichsten Ketzerei auf; er verführt andere, weil er selbst der erste Verführte war; er entfacht in gewissen Enthusiasten Glauben, weil er selbst glaubt.“[8]

---

6 Stefan Witwicki, Towiańczyzna wystawiona i annexami objaśniona [Das Towiańskiwesen, dargestellt und mit Hilfe von Anhängen erläutert]. Paris 1844, S. 5.
7 Ebenda, S. 11.
8 Ebenda, S. 17.

Nach Witwickis Auffassung war ohne weiteres nachweisbar, dass das religiöse Denken des Meisters Häresie war: erstens weil es von den rechtgläubigen Katholiken verworfen wurde, zweitens weil auch die Kirche dies tat.[9] Towiańskis Haltung musste seinen Ausschluss aus der Gemeinschaft der Christen nach sich ziehen.

Komierowski, der „von seinen Irrwegen in den Schoß der Kirche zurückgekehrt war",[10] verspürte das Bedürfnis, eine öffentliche Beichte abzulegen und sich von seinen Sünden reinzuwaschen. Er bekannte, dass er mit dem Zirkel für die Sache Gottes erst gebrochen habe, als er begriffen hatte, dass „Christus das Alpha und das Omega des Lebens ist und dass jede zentrifugale Bewegung der Religion, die von ihm wegführt, *Häresie* ist."[11] Bei seiner Bestimmung der häretischen Dimension der Religiosität, wie sie Towiański und die um ihn gescharten Anhänger – darunter auch Mickiewicz – vertraten, legte Komierowski den Schwerpunkt auf die Haltung des Meisters, der Jesus Christus nachahme, also vorgebe, Jesus zu sein. Den Anschauungen des Gründers des Zirkels hielt er die Wahrheit entgegen, die ihm dank einer Offenbarung auf dem Berg Einsiedel aufgegangen sei. Er habe begriffen, dass „Christus (...) sich selbst zur Kirche gemacht hat, so sehr wünscht er in den Herzen der Mitglieder seiner Kirche die Reform unserer Natur – nicht unserer Riten, Gesetze oder Steinmauern."[12] Infolge dieser Offenbarung hätten ihn, Komierowski, große Zweifel und schwere Gewissensbisse wegen seiner Zugehörigkeit zu Towiańskis Sekte erschüttert. Schließlich habe er gespürt, dass der Meister seine Macht über ihn verloren hatte und dass er nun imstande war, jene „Unfreiheit", wie er den Zirkel für die Sache Gottes nannte, hinter sich zu lassen:

> „Als ich die Kirche erreicht hatte, die an einem dem Auge höchst angenehmen Orte gelegen war, erfreute ich mich eine Weile an ihrer mächtigen Gestalt und an den bezaubernden Bildern der Umgebung; dann begab ich mich zur Vesper, und es dauerte nicht lange, da verspürte ich ein unbeschreibliches Verlangen nach einem Gottesdienst. – Ich kam nicht zur Ruhe, (...) verließ die Kirche – doch irgendetwas zog mich wieder zurück. (...) Anderentags beichtete ich auf Deutsch; da mir der Geistliche eine strenge Buße auferlegte, vermutete ich, dass er mich nicht verstanden hatte. Ich suchte mir einen französischen Beichtvater, doch der trug mir eine fast noch schwerere Buße auf, was mich sehr kränkte, da ich glaubte, Gott gegenüber reinen Herzens zu sein. Mein apostolisches Unterfangen begann mich zu beunruhigen. – Ich war hin- und hergerissen zwischen den verschiedensten Überzeugungen. (...) Ich verspürte den starken Einfluss verschiedener Geister, die mich in entgegengesetzte Richtungen zerrten, und dann eine Seelenqual, wie ich sie nie zuvor erlebt hatte. – Es kam mir so vor, als habe Christus im Garten Gethsemane genau denselben Kampf gegen die mosaischen Geister geführt. Schließlich begann ich inbrünstig zu beten und flehte sogar um die Hölle, also um die schlimmsten Qualen, wenn ich die Menschen nicht zum Glück führen sollte; doch auch dieses Gebet brachte mir keine Beruhigung. (...) Ich spürte, dass die Welt in meinem

9 Ebenda, S. 26 f.
10 Józef Komierowski, Moje stosunki z Towiańskim i z towiańczykami [Meine Beziehungen zu Towiański und seinen Anhängern]. Paris 1856, S. 3.
11 Ebenda, S. 7.
12 Ebenda, S. 14.

Ringen mit mir selbst ihre Macht über mich zu verlieren begann, dass ihre Verlockungen meine Seele nicht mehr beherrschen würden. Ich spürte auch, dass Towiański ebenfalls seinen Zauber über mich eingebüßt hatte – nur die Geister der Kirchenväter schienen mir zu herrschen."[13]

Sowohl Witwicki als auch Komierowski lieferten gewissermaßen eine Innensicht des Towianismus – aus der Perspektive eines gläubigen Katholiken, der mit diesem Phänomen in Berührung gekommen war (Witwicki) bzw. daran teilgehabt hatte (Komierowski). Ihre Zeugenschaft sollte die Emigranten davon überzeugen, dass Towiańskis Lehre im Widerspruch zu den Dogmen der Kirche stand.

Die Towiańskianhänger wiesen den Vorwurf der Häresie immer wieder zurück. In seiner Rede an die Wächter der Siebenergruppen vom 14. April 1844 sagte Mickiewicz: „Häresie verwirft das von der Kirche, was ihr selbst unbequem ist – wir bilden einen Extrakt."[14] Der Dichter verwahrte sich gegen den Vorwurf, er habe einige wesentliche Elemente der katholischen Dogmatik übergangen. Er betonte, dass es keine Wahrheiten gebe, die die Towiańskianhänger zu beseitigen oder zu missachten wagten. Die Lehre Towiańskis sei ein „Extrakt", also eine Synthese aus kirchlicherseits anerkannten Dogmen, die die wesentlichsten und erhabensten Fragen umfasse.

Während seiner Rede vor der Historischen Abteilung der Polnischen Literarischen Gesellschaft am 6. März 1844 kam es zu einem Meinungsaustausch zwischen Mickiewicz, dem Vorsitzenden der Abteilung, und Witwicki. Auf den Vorwurf, er arbeite gegen die katholische Religion, entgegnete der Dichter, dass „nur derjenige, der die Sache im Herzen trägt, ihre Offenbarung verstehen kann". Dann zitierte er aus dem Gedächtnis Passagen aus dem Johannesevangelium (u.a. 2,18; 6,28-30), die die Auffassung belegen sollten, dass die „Pharisäer und Schriftgelehrten Christus auch ständig fragten, wer er sei und wozu er gekommen sei, und mit welcher Macht er das tue – und niemals erhielten sie eine Antwort darauf; denn sie fragten, um ihn bei seinem Wort zu packen".[15] Auf Witwickis Bemerkung, dass „es nur einen Christus gibt", erwiderte Mickiewicz: „Es gibt nur einen Christus, aber Pharisäer gibt es unendlich viele, und ihr Werk ist immer dasselbe: den Geist zu töten, überall dort, wo er sich offenbart. Und den Geist zu töten, das heißt Christus zu kreuzigen. Christus wird nicht von Zeit zu Zeit, sondern unablässig von den Menschen gekreuzigt."[16] Anschließend verließ Mickiewicz die Versammlung. Witwickis Einwurf zielte darauf ab nachzuweisen, dass Towiański, aber auch Mickiewicz sich eine Mission anmaßten, die allein der Gottessohn erfüllen konnte. Mickiewiczs Berufung auf das Evangelium und sein Verweis auf Christus sollten dagegen den Vorwurf entkräften, dass die Lehre Towiańskis Häresie sei, da sie die Vermittlerrolle des Sohnes auf dem Weg des Menschen zum Vater leugne.

---

13 Ebenda, S. 13 f.
14 Adam Mickiewicz, Przemówienie do stróżów siódemek, 14 kwietnia 1844 [Rede an die Wächter der Siebenergruppen, 14. April 1844], in: Dzieła [Werke], t. 13: Pisma towianistyczne, Przemówienia, Szkice filozoficzne [Towianistische Schriften. Reden. Philosophische Skizzen], hrsg. v. Zofia Trojanowiczowa. Warszawa 2001, S. 131 f., hier S. 131.
15 Adam Mickiewicz, Przemówienie w Wydziale Historycznym, 6 marca 1844 [Rede vor der Historischen Abteilung, 6. März 1844], in: Dzieła (wie Anm. 14), S. 314-317, hier S. 316 f.
16 Ebenda, S. 317.

Berücksichtigt man bei der Erforschung der Religiosität der Towiańskianhänger die Position, die die italienischen Anhänger von Towiański und Mickiewicz – Luigi da Carmagnola (Giovanni Miletto), Giovanni Battista Scovazzi, Giacinto Forni, vor allem aber Tancredi Canonico und Attilio Begey – dieser Konzeption gegenüber bezogen, so wird eine andere Erklärung dieses Phänomens möglich. Man könnte es mit Hilfe einer Formulierung, die im 20. Jahrhundert der Spezialist für die religiösen Bewegungen der Renaissance Delio Cantimori gefunden hat, als Häresie im Sinne eines Widerspruchs „gegen jede Form der kirchlichen Gemeinschaft"[17] bezeichnen. Der Terminus „Häresie" wird hier in einer ganz anderen Bedeutung verwendet als in den Schriften Witwickis und Komierowskis. Während die polnischen Emigranten den Begriff auf jene Phänomene bezogen, die ihrer Ansicht nach verdammenswert waren, versteht Cantimori die „Häresie" des 16. Jahrhunderts als Keim einer modernen Religiosität, die sich jenseits des Einflussbereichs der Kirche und der von den Kirchenoberen festgesetzten Dogmen entwickelt.

Die italienischen Towiański-Forscher (Alessandro Zussini) gehen davon aus, dass Scovazzi aus S. Stefano al Mare der erste Anhänger Towiańskis in Italien war. Scovazzi hatte 1831 das Studium der Rechte an der Universität Turin abgeschlossen. Er war ein Anhänger Giuseppe Mazzinis und Mitglied des „Giovane Italia". Von der Existenz Towiańskis erfuhr er vermutlich von Mickiewicz, als dieser im Exil in Lausanne weilte.[18] Forni war Arzt, er stammte aus Cuneo. Bevor er mit Towiańskis Lehre in Berührung kam, stand er unter dem Einfluss des Spiritualismus, der in der zweiten Hälfte des 19. Jahrhunderts in Turin sehr populär war.[19] Mit Cuneo (nämlich mit dem Konvent Santa Maria degli Angeli) war auch der Franziskaner Luigi da Carmagnola verbunden, der als Märtyrer galt, da er nach einem langen Prozess, den die Inquisition gegen ihn führte, 1859 im Alter von fünfundzwanzig Jahren starb. Nach seinem Tode wurde verkündet, er habe sich von seinen towianistischen Überzeugungen distanziert – ein Urteilsspruch, der von den Mitgliedern des Zirkels für die Sache Gottes nicht zur Kenntnis genommen wurde.[20]

Canonico wurde am 14. Mai 1828 geboren. 1847 schloss er das Studium der Rechte an der Universität Turin ab; 1861 wurde er Professor. Ab 1875 bekleidete er die Funktion eines Consigliere di Cassazione, ab 1881 war er Senator und ab 1904 Senatspräsident. Er starb am 15. September 1908 in Sarteano. Aufgrund der Bedeutung, die ihm im öffentlichen Leben zukam, ist seine Rolle bei der Verbreitung des Towianismus gar nicht hoch genug einzuschätzen. 1860 versuchte er Giuseppe Garibaldi, 1861 Camillo Cavour für den Zirkel zu gewinnen. Auch wenn Cavour später bekannte, einigen von Mickiewiczs Pariser Vorlesungen beigewohnt zu haben, so schloss er sich doch der „Sache" nicht an.[21]

Begey schließlich wurde am 4. Januar 1843 geboren und starb am 25. Oktober 1928. In ihrem Nachruf auf ihn hat Walentyna Horoszkiewiczówna daran erinnert, dass er unter besonderen Umständen mit Polen in Berührung kam: Als Brescia besetzt wurde, sei ein

---

17 Delio Cantimori, Eretici italiani del Cinquecento, Ricerche storiche. Firenze 1939 [ohne Paginierung].
18 Alessandro Zussini, Andrzej Towianski, Un riformatore polacco in Italia. Bologna 1970, S. 60.
19 Ebenda, S. 62 f.
20 Vgl. Fra Luigi da Carmagnola (1857–1859), Appendice al volume di Tancredi Canonico „Testimonianze di Italiani su Andrea Towiański". Torino 1910.
21 Zussini, Andrzej Towianski (wie Anm. 18), S. 93.

österreichischer Offizier mit dem Ruf in die Wohnung der Familie Begey eingedrungen: „Habt keine Angst, ich bin Pole, euch wird nichts Böses geschehen."[22] Dem Kreis der Turiner Towiańskianhänger schloss sich Begey vermutlich auf Anraten Scovazzis an. Es kursiert die Legende, dass er zu Fuß nach Zürich gewandert sei, um Towiański zu treffen. Begey war Mitbegründer der Lega Democratica Nazionale sowie nach 1913 der Lega Democratica Cristiana Italiana, aus der jene breite Bewegung entstand, die heute als Democrazia Cristiana bezeichnet wird. Er war aktives Mitglied des Comitato Pro Polonia, das die polnischen Unabhängigkeitsbestrebungen unterstützte.

Die angeführten Fakten belegen, dass Towiański und Mickiewicz noch bis zum Zweiten Weltkrieg in Turin und Umgebung sehr populär waren. Dank der verlegerischen Tätigkeit u.a. von Canonico und Begey waren auch die Schriften des Meisters bekannt.

Die Zeugnisse, die die Piemontesen hinterlassen haben, erlauben eine Antwort auf die Frage, was die Italiener eigentlich am Zirkel für die Sache Gottes angezogen hat. Die Aussagen, die Forni, Scovazzi und Canonico 1855 im Erzbistum Turin machten, stehen nicht im Widerspruch zu den späteren Äußerungen von Attilio Begey und Maria Bersano Begey.

Forni, Scovazzi und Canonico machten ihre Aussagen vor einer Kommission, die sich zusammensetzte aus: dem Kanoniker Generalvikar Revina als Vorsitzendem; dem Kanoniker Fissore als stellvertretendem Vorsitzenden; den Kanonikern Tempo und Fantolini sowie einem Mann namens Giraud. Die Kommission war zu dem Zweck berufen worden, dem in Turin um sich greifenden Einfluss des Zirkels für die Sache Gottes auf den Grund zu gehen. Allen Aussagen ist der Glaube an eine grundlegende geistige Erneuerung des Individuums gemeinsam, die der Towianismus mit sich bringe. Forni zum Beispiel schrieb:

> „Auch damals empfand ich sehr wohl, dass das Gute, dass jeglicher wahre Fortschritt – des einzelnen Menschen wie der Gesellschaft – nur aus der Anwendung und Erfüllung der christlichen Wahrheit, des Gesetzes Christi erwachsen kann; doch einen *praktischen Weg*, diese Wahrheit auf dem vielgestaltigen und schwierigen Felde des gesellschaftlichen Lebens zu verwirklichen, sah ich nicht; die Kraft zu einem aktiven und kämpferischen Leben inmitten der zahlreichen und so überaus mächtigen Kräfte der Erde fand ich weder in mir noch sonst in irgendjemandem. In meiner Liebe zu Christus, in der Erwartung Seines Reiches, in der Sehnsucht nach Erlösung meiner Seele und der meiner Brüder durch die Gnade Gottes war mein Herz voller Empfindungen; – doch nur jener große Mann gab mir die Kraft, die Stütze und den praktischen Fingerzeig, das, was ich in dieser Hinsicht fühlte, wenigstens zu einem ganz kleinen Teil zu verwirklichen."[23]

Nach Fornis Auffassung lag das Wesen des Towianismus in einem sehr starken inneren Erleben des Sacrum. Towiański, so unterstrich sein Anhänger, habe eine Religiosität gefordert, die sich nicht der Macht der Vernunft und des Willens unterordnen lässt. Wer an dem

---

22 Walentyna Horoszkiewiczówna, Śp. Attilio Begey [In memoriam Attilio Begey], Sonderdruck aus „Słowo", S. 2.
23 Świadectwo Hyacynta Forniego, Doktora medycyny [Die Aussage von Giacinto Forni, Doktor der Medizin], in: Kilka aktów i dokumentów odnoszących się do działalności Andrzeja Towiańskiego [Einige Akten und Dokumente betreffend das Wirken von Andrzej Towiański]. Cz. 2, Rom 1899, S. 28.

Ereignis des Kontakts mit einer höheren Wirklichkeit teil hatte, gewann Kraft zu weiterem aktiven Handeln. Es ging hier nicht um rationale und abstrakte Regeln, sondern um praktische Fingerzeige und Handlungsmotivationen. Dies bestätigen die Worte Canonicos: „Ich verdanke diesem großen Manne die Auferstehung meiner Seele"[24] sowie die Ausführungen Scovazzis:

> „Er forderte sie auf, Gott und den Nächsten zu lieben, selbst dem Unterdrücker des Vaterlandes eine christliche Liebe entgegenzubringen, alles auf Gott zu beziehen, jegliche Macht zu achten, ob sie nun von Gottes Gnaden oder von Gottes Heimsuchung herrühre; er sagte ihnen immer wieder, dass der heimatlose polnische Pilger nicht eher ein Ende seines Leidens und Unglücks erleben werde, als bis er den Weg und das Gesetz Christi annehme, das sich heute klarer abzeichne und auf die Bedürfnisse des Menschen Anwendung finde."[25]

Die Verfasser der zitierten Aussagen betonten außerdem, dass die von Towiański unternommenen Aktivitäten nicht gegen die Autorität der Kirche gerichtet seien. Dabei war ihre Position nicht von Vorsicht oder dem Wunsch geprägt, die Kirchenoberen in Turin von der Rechtgläubigkeit des Meisters zu überzeugen. Sie ergab sich vielmehr folgerichtig aus ihrer Lehre und ihren Ausgangsprämissen. Die Sache Gottes war ein Weg für die Gläubigen, den verlorenen Geist wiederzugewinnen, und bot auch die Chance zur Erneuerung der Kirche. „Er legte mir dar, was ich tun sollte, um die Hindernisse auf dem Weg zu meiner Erlösung zu überwinden; er erläuterte mir im christlichen Licht meine Pflichten gegenüber Gott, dem Nächstem, dem Vaterland und der Kirche Christi sowie hinsichtlich meiner geistlichen und weltlichen Ämter",[26] schrieb Scovazzi über Towiański.

In den Schriften Towiańskis und Mickiewiczs lassen sich Argumente finden, die die Position der Piemontesen untermauern. Denn der Meister führte die Erfahrung des Sacrum auf die innere Erschütterung des Geistes zurück. In *Biesiada* schrieb er:

> „Heute, da wir berufen sind, ein aktives Opfer zu bringen, inmitten der Widrigkeiten, die das Böse der Ausbreitung von Christi Reich auf Erden entgegenstellt, wollen wir uns im Kloster unseres Inneren einschließen und uns mit der christlichen Kraft der Liebe und des Opfers – unserer einzigen Waffe – zur Wehr setzen, damit das Böse nicht durch die Gitter unseres Klosters dringe, uns nicht von der Gnade Gottes entferne und in unseren Herzen nicht seine finsteren Säulen errichte."[27]

Und an anderer Stelle riet er:

> „Wenn du deinen ganzen Geist dem zugewandt hast, was du hörst, so bemühe dich, mit der Bewegung deines Geistes, mit deinem Fühlen das, was du hörst, zu fühlen, es in

---

24 Świadectwo profesora Tankreda Canonico [Die Aussage von Professor Tancredi Canonico], in: Kilka aktów (wie Anm. 23), S. 37.

25 [Giovanni] Scovazzi, O Sprawie Bożej, którą czyni Andrzej Towiański, Świadectwo złożone w Arcybiskupstwie Turyńskim [Von der Sache Gottes, die Andrzej Towiański betreibt, Zeugenaussage, getätigt im Erzbistum Turin]. Kraków 1890, S. 9.

26 Ebenda, S. 18.

27 Andrzej Towiański, Biesiada z Janem Skrzyneckim [Gastmahl mit Jan Skrzynecki], in: Pisma [Schriften]. T. 1, Turin 1883, S. 16.

deinem Geist zu sehen, und sobald du es fühlst und siehst, wird es dir leicht fallen, es um deiner inneren Reinheit willen zu lieben und die christliche Sehnsucht in dir zu wecken, es zu erfüllen."[28]

Der Meister forderte, man solle sein Inneres für Gott öffnen und ihn in sich aufnehmen. Der Kontakt mit ihm stelle sich nicht im Zuge des Rituals ein, sondern während der ruhigen Versenkung in all das, was in jenes Innere einströme. Ähnliche Feststellungen finden sich in den Schriften Mickiewiczs; denn in diesem Sinne dürfen wohl Äußerungen über die „Erhebung des Geistes" und dessen „Erschütterungen" verstanden werden.[29]

Unter Rückgriff auf die Kategorie des Ichs wie auch des Leidens schufen die Piemontesen ein spezifisches Modell der Towiański-Biografie. Präsentiert wurde es in Canonicos Buch über den Meister, aber auch in Maria Bersano Begeys biografischer Arbeit *Vita e pensiero di Andrea Towiański (1799–1878)*. Gemeinsam ist diesen Abhandlungen die Beschreibung des inneren Lebens des Helden sowie die Aufzählung von Ereignissen, die von seinem unbeugsamen Charakter zeugen sollten, der ihn dazu prädestiniert habe, in der geistigen Entwicklung Europas eine wichtige Rolle zu spielen.

Canonico erwähnt eine von Towiański selbst gehörte Erzählung über dessen geistigen Wendepunkt, als der Meister „plötzlich spürte, dass er auf ungewöhnliche Weise zum inneren Leben berufen war."[30] Der Autor zitiert dann direkt die Erzählung des Meisters:

„Niemals (so sagte er mir) hat mir Gott erlaubt, auch nur ein einziges Buch ganz durchzulesen. Ich versuchte zu verstehen, wovon die Lehrer sprachen, doch ich verstand überhaupt nichts, und das quälte mich sehr. Doch als ich erst meinen Geist zu Gott emporgehoben hatte und ihn anflehte, mich seinen Willen erkennen und erfüllen zu lassen, wurde alles für mich klar: Ich wusste alles, was ich wissen musste, auch wenn ich nicht hätte sagen können, wie ich dazu gekommen war. Damals spürte ich plötzlich, dass es einen Weg zur Erkenntnis der Dinge gibt, der viel höher ist als die irdischen Wege: die Gemeinschaft mit einer höheren Welt auf dem Wege, den Christus, unser Herr, uns gewiesen hat."[31]

Die von Canonico zitierte Erzählung von der inneren Verwandlung Towiańskis sollte von einer Reihe von Ereignissen bestätigt werden, an denen der Meister teil hatte. Nach Ende seiner Ausbildung in Wilna, so erfahren wir von Canonico, wurde er Assessor am Obergericht von Wilna. Seine Haltung bei der Ausübung seiner Pflichten belege, dass er schon damals geistige Belange höher erachtete als irdische Güter. So soll er nicht davor zurückgeschreckt sein, eine Wunde mit einem heißen Eisen auszubrennen, um rechtzeitig im Gericht zu sein und einen Prozess gegen eine Witwe zu verhindern, der man unrechtmäßigerweise ihren Besitz abnehmen wollte.[32]

---

28 Andrzej Towiański, Noty zebrane przez Adama Towiańskiego z kilku rozmów jego z ojcem [Notizen Adam Towiańskis von einigen Gesprächen mit seinem Vater], in: Pisma (wie Anm. 27), S. 27.
29 Adam Mickiewicz, Przemówienie w Kole, 14 października 1842 [Rede im Zirkel, 14. Oktober 1842], in: Dzieła (wie Anm. 14), S. 9; ders., Notaty z tego, co brat Adam mówił. 14 października 1842 [Notizen über das, was Bruder Adam gesagt hat], in: Ebenda, S. 11.
30 Tancredi Canonico, Andrzej Towiański. Turin 1897, S. 5.
31 Ebenda.
32 Ebenda, S. 6.

Diese Geschichte findet sich auch bei Maria Bersano Bergey, die außerdem auf die besondere Fürsorge hinweist, die Towiański seinen Leibeigenen in Antoszwińcie habe angedeihen lassen. Die Autorin vertritt die Auffassung, dass Towiański in jener Zeit Mitleid für die leibeigenen Bauern und das Bedürfnis verspürt habe, ihr Schicksal zu bessern. In den darauf folgenden Jahren habe Towiański viele unterdrückte Völker Europas mit dem Begriff „Sklave" bezeichnet und Aktivitäten ergriffen, die auf ihre geistige und materielle Befreiung abzielten.[33] Bersano Begey meint, dass er aus diesem Grunde sein Elternhaus verlassen und sich auf die Reise nach Westeuropa gemacht habe.[34]

In den hier besprochenen Towiański-Biografien tritt die Gestalt Mickiewiczs nicht besonders hervor. Canonico fasst die Haltung des Dichters in den Worten von Stanisław Falkowski zusammen:

„Mickiewicz glaubte an dieses Geheimnis einer glücklichen Zukunft für Polen und die Welt, und mit diesem Glauben, der ihm selbst noch nicht klar sein mochte, hielt er jahrelang seinen eigenen Mut und den seiner Landsleute am Leben und bestärkte ihn; bis er schließlich, getroffen vom Wahnsinn seiner Frau, mit seinem ganzen Leiden für uns zum Organ einer deutlichen Offenbarung wurde."[35]

Bersano Begey konzentriert sich hingegen auf die Anfangsphase der Bekanntschaft zwischen Mickiewicz und Towiański in Paris. Sie betont die Rolle, die der Dichter bei der Verbreitung des Towianismus unter den Emigranten gespielt habe.[36] Mit dieser Interpretationstradition brach Attilio Begey als Verfasser der Arbeit *L'incontro di due grandi. Adamo Mickiewicz Andrea Towiański*, in der er die These verwarf, Mickiewicz habe dauerhaft unter dem Einfluss der Persönlichkeit des Meisters gestanden. Nach Begeys Ansicht war ihre Begegnung das Zusammentreffen zweier gleichrangiger Geister.[37]

In den Towiański-Biografien werden die Grundlagen seiner Lehre sehr detailliert dargestellt. Der Vergleich dieser Texte mit dem Korpus von Towiańskis Arbeiten, die 1883 in Form der vierbändigen Ausgabe *Pisma* [Schriften] veröffentlicht wurden, lässt folgende Schlussfolgerungen zu: Sowohl die Biografie von Canonico als auch die von Bersano Begey nehmen auf diejenigen Schriften des Gründers des Zirkels für die Sache Gottes Bezug, die keinen historiosophischen Charakter haben (auch wenn es Ausnahmen von dieser Regel gibt). In den Biografien, die eine Auswahl von Texten des Meisters sowie Kommentare zu diesen Texten enthalten, wurden in erster Linie Notizen veröffentlicht, die eine innere religiöse Erfahrung betreffen.

Canonico greift auf Äußerungen Towiańskis, aber auch auf Stellungnahmen seiner engsten Mitarbeiter zurück. Besondere Bedeutung kommt in seiner Arbeit den Reden des Meisters sowie privaten Briefen zu. Der Biograf berücksichtigt auch diverse Aufzeichnungen seines Helden. Ähnlich geht Bersano Begey vor, die den Teil über Towiańskis Anschauungen nach Themen gliedert: „Die Sache Gottes", „Opfer", „Das Leben des Christenmenschen", „Irrwege" etc. Das Kriterium, dessen sich die Autorin bedient, ist von Giovanni Amendola

---

33　Maria Bersano Begey, Vita e pensiero di Andrea Towiański (1799–1878). Milano 1918, S. 10.
34　Ebenda, S. 26.
35　Canonico, Towiański (wie Anm. 30), S. 10.
36　Bersano Begey, Vita (wie Anm. 33), S. 36 ff.
37　Attilio Begey, L'incontro di due grandi, Adamo Mickiewicz Andrea Towiański. Bergamo 1900, S. 5.

in der Einleitung zu ihrer Arbeit treffend beschrieben worden: „Dieses Buch ist ein historisches Werk, eine ‚Biografie‘ im höchsten Sinne dieses Wortes, denn hier sind Leben und
Taten eines Menschen mit der notwendigen Sicherheit dargestellt und beurteilt worden.“[38]
Bersano Begeys Biografie stelle die Prämissen der Towiańskischen Mission dar und doku-
mentiere ihren Verlauf. Bruder Andrzej war, so Amendola, „ein Meister des Lebens, ein
zuverlässiger Führer auf den Pfaden der inneren Erfahrung“.[39] Der Rückgriff auf Towiańskis
inoffizielle Notizen brachte es mit sich, dass jene Motive seiner Theorie deutlicher hervor-
traten, die nicht in ein System zu fassen sind. Relevant wurde vor allem das, was den Inhalt
der inneren, religiösen Erfahrung ausmacht: Zeugnisse, Gedanken, Gefühle, Erinnerungen
und persönliche Meinungen.

Towiańskis Ideen fanden im Werk der Piemontesen ihre Widerspiegelung. Doch kann
man Towiańskis Anschauungen keineswegs mit den Überzeugungen Canonicos oder Attilio
Begeys in eins setzen. Die Parallelen lassen jedoch einen Vergleich dieser Konzeptionen zu.
Möglich ist er dank den verlegerischen Bemühungen von Maria Bersano Begey, der Heraus-
geberin von Attilio Begeys gesammelten Erinnerungen (*Memorie raccolte*), aber auch dank
der Tätigkeit von Begey selbst, der Canonicos intime Aufzeichnungen druckfertig machte
und veröffentlichte. Schon die Form als solche, der Ton des Privaten, Persönlichen, der
nichts von der Systematik eines philosophischen oder theologischen Traktats hat, deutet
auf die Verwandtschaft mit Towiańskis Werk hin. In Canonicos und Begeys Texten klingen
dieselben Themen an, die der Gründer des Zirkels für die Sache Gottes berührt: geistige Erneuerung, das Problem des Leidens, der Gewalt und der Beziehungen mit anderen
Menschen.

Unter dem Einfluss von Towiańskis Konzeption empfahl Canonico, „die Bewegung des
Geistes, das innere Leben zu wecken“.[40] Die Belebung des Geistes soll die Form der Tat
annehmen. Canonico war der Auffassung, dass diese Belebung unter besonderen Umständen
einsetzen kann: wenn der Mensch leidet, Böses erfährt oder sich opfert. Sich selbst zu opfern
heißt hier, Gutes zu tun.

In seiner Towiański-Biografie zitiert Canonico die folgenden Worte des Meisters: „Eine solche Aufrichtigkeit und Offenheit, wie sie von einem Polen erwartet werden können,
habe ich der Regierung 1842 durch die Vermittlung der russischen Gesandtschaft in Paris
bekundet, und in meiner Lage eines heimatlosen Pilgers höre ich nicht auf, in meiner Seele
die Aufrichtigkeit und die christlichen Gefühle zu hegen, die ein Untertan der Regierung,
der Gott ihn unterstellt hat, schuldet“.[41] Diese Äußerung kann man als Verrat an den nationalen Idealen interpretieren – oder als eine von christlichen Idealen diktierte Erklärung der
Nächstenliebe. Berücksichtigt man den Brief des Meisters an Zar Nikolaus I. sowie seine
Schrift *Powody, dla których amnestia przyjętą być nie może* [Gründe, warum eine Amnestie
nicht akzeptiert werden kann], so wäre die hier formulierte Auffassung als Ankündigung
der Absage an den bewaffneten Kampf zu verstehen.[42] Towiański sowie Canonico fassten

---

38 Giovanni Amendola, Prefazione, in: Begey, Vita (wie Anm. 33), S. VIII.
39 Ebenda, S. VI.
40 Tancredi Canonico, Note intime, Abozzo postumo. Città di Castello 1910, S. 12.
41 Canonico, Towiański (wie Anm. 30), S. 137.
42 Vgl. Alina Witkowska, Towiańczycy [Die Towiańskianhänger]. Warszawa 1989, Kap. III: „Miejsce
    Polski“ [Der Ort Polens].

diese Frage in den Kategorien ihrer Zeit auf und stellten sich auf den Standpunkt, dass religiöse Erfahrung nie und nimmer mit Gewalt einhergehen dürfe.

In der Konzeption des Meisters hängt Opfer mit Liebe zusammen. Es verknüpft sich mit der Gabe des Lebens, nicht mit Gewalt. Die Verbindung dieser beiden Phänomene ist häufig und nicht zufällig. Es geht dabei nicht nur um den Vergleich dieser beiden Gefühle, sondern darum zu unterstreichen, dass sie unauflöslich miteinander verbunden, ja sogar fast identisch sind. In *Biesiada* schreibt Towiański:

> „Nach diesem obersten Gesetz kann der Mensch auf keine andere Weise handeln und Erlösung finden, als indem er sich seinem Schöpfer zuwendet und sich für ihn zu Liebe und Opfer bereit findet."[43]

Und in den *Noty* heißt es:

> „Es gibt Menschen, die das christliche Opfer in allen seinen Teilen ablehnen; das sind keine Christen, denn das Wesen des Christentums heißt: Liebe und Opfer."[44]

Die kompromisslose Verknüpfung von Opfer und Liebe machte die von Towiański postulierte Religion gewissermaßen zu einer wehrlosen, pazifistischen Religion. Die Anwendung militärischer Mittel zur Propagierung und Verbreitung seiner Überzeugungen war vom Meister nicht vorgesehen.

Auch in Attilio Begeys Konzeption ist das Opfer in gewisser Weise mit der Absage an den Kampf verbunden, selbst dort, wo der Wille, das eigene Leben zu verteidigen, einen solchen Kampf nahelegt. Begey ist in seinen Anschauungen freilich nicht ganz konsequent. In zahlreichen Schriften über den bewaffneten Kampf billigt er die Losung „Krieg dem Kriege" – so etwa 1913 in einem Kommentar für *Coenobium*. In den Artikeln *Il Cristianesimo e il dovere delle armi*, *Il misticismo e la guerra* sowie *La preghiera e la guerra* äußert er die Auffassung, dass der Krieg ein Ergebnis des Handelns von Nationen ist, die die Verwirklichung von Werten wie Freiheit und Brüderlichkeit fordern, die es jedoch nicht verstehen, Opfer zu bringen und Demut zu üben. Begey billigt jedoch die Opferung des eigenen Lebens im Namen hehrer Ideale.[45] Die zitierten Anschauungen deuten darauf hin, dass es in Begeys Konzeption eine gewisse Verbindung zwischen dem Sacrum und der Gewalt gibt.

In den Texten der Piemontesen kommen Haltungen zum anderen Menschen zum Ausdruck, die von Mickiewiczs[46] und Towiańskis Anschauungen beeinflusst sind. In den Gedankengängen der italienischen Towiańskianhänger spielen sowohl die jüdische Frage als auch die Emanzipation der Frau eine wichtige Rolle.

---

43 Towiański, Biesiada (wie Anm. 27), S. 6.
44 Towiański, Noty (wie Anm. 28), S. 13.
45 Maria Bersano Begey, La su vita 1843–1928, in: Attilio Begey, Memorie raccolte da Maria Bersano Begey. Torino 1938, S. 27 f.
46 Vgl. Maria Janion, Mickiewicz: nowożytny myśliciel religijny, Z Prof. Marią Janion rozmawiają Tomasz Fiałkowski i Marian Stala [Mickiewicz als religiöser Denker der Neuzeit, Prof. Maria Janion im Gespräch mit Tomasz Fiałkowski und Marian Stala], in: Tygodnik Powszechny. Apokryf Nr. 14, Dezember 1998; wiederabgedruckt in Maria Janion, Do Europy tak, ale razem z naszymi umarłymi [Nach Europa ja, aber zusammen mit unseren Toten]. Warszawa 2000, S. 53-71.

1912 erschien in französischer Sprache Attilio Begeys Arbeit *André Towiański et Israël*. Vorangestellt ist ihr ein Brief Władysław Mickiewiczs an den Autor vom 4. März 1912. Der Sohn des Dichters äußert die Auffassung, dass „das Erstarken des Antisemitismus das Ergebnis einer Abschwächung des Christentums ist".[47] Das Wirken Towiańskis und seiner italienischen Anhänger sollte diesen Tendenzen entgegenwirken.

Begeys Buch enthält eine Sammlung von Dokumenten, die die Haltung des Meisters gegenüber den Juden sowie das Wirken von Jan Andrzej Ram illustrieren; außerdem kurz gefasste Biografien Towiańskis und Rams sowie eine Auswahl aus den Briefen Towiańskis, Adam Mickiewiczs und Romuald Januszkiewiczs. Der Lebensweg Rams, eines Juden, der sich taufen ließ und dem Zirkel für die Sache Gottes anschloss, zeuge von der Seelenverwandtschaft zwischen dem jüdischen Geist und dem Geist des Towianismus. Sowohl die Juden als auch die Towiańskianhänger hätten sich das Gefühl für ihre Berufung bewahrt. Davon könnte die Mission eines Apostels Judäas zeugen, die Ram auf sich nahm.[48] Begeys Arbeit macht deutlich, dass die Religiosität der Towiańskianhänger von Offenheit geprägt und nicht mit Gewalt gegen andere verbunden war.

Neben der jüdischen Frage war das Problem der Emanzipation ein weiteres Schlüsselproblem für die Weltanschauung der Piemontesen. Ihre Haltung kommt entsprechenden Stellungnahmen Mickiewiczs nahe. Der Dichter lehnte die in der Kirche verkündeten Urteile über die Frau entschieden ab und vertrat den Standpunkt, dass „die Unfreiheit der Frau daher rührt, dass die Kirche die Gabe verloren hat, Eigenschaften voneinander zu unterscheiden".[49] Der von der Kirche der Frau zugewiesenen Rolle der „tüchtigen Hausfrau" stand er kritisch gegenüber und forderte vielmehr, dass die Frau zur Priesterin, das heißt zum weiblichen Propheten werde. Seiner Auffassung nach sollte sie sich nicht nur mit alltäglichen und gewöhnlichen Tätigkeiten beschäftigen, sondern den Geist entfachen und sich hehren Aufgaben widmen. Er rief die Frau sogar zum Ungehorsam und zum Protest gegen ungerechte gesellschaftliche Verhältnisse auf: „Ihr Polinnen müsst wissen, dass die gegenwärtige Epoche für euch sehr wichtig ist. Es ist die Epoche der Befreiung der Frauen."[50] Diese Worte lassen den Einfluss der Anschauungen von Frauen wie Mary Wollstonecraft erkennen, die ihre Rechte einforderten.

Auch in den Schriften des Meisters wurden diese Fragen berührt; man kann jedoch nicht mit voller Überzeugung behaupten, dass er hier konsequent gewesen wäre. Neben Formulierungen, die von Verständnis für die Lage der Frau in der Gesellschaft der zweiten Hälfte des 19. Jahrhunderts zeugen, ist seine Konzeption voller Stereotype und sogar Vorurteile. In einem Gespräch versuchte Towiański die Frauen zur Aktivität und zum Bruch mit der ihnen zugewiesenen gesellschaftlichen Rolle zu bewegen:

---

47 Attilio Begey, André Towiański et Israël, Actes et documents (1842–1864) avec une lettre de Mr Ladislas Mickiewicz à l'Auteur. Rome 1912, S. 1.

48 Franciszek Rawita Gawroński, Andrzej Towiański i Jan Andrzej Ram, Kartka z historii mistycyzmu religijnego w Polsce, w pierwszej połowie XIX wieku [Andrzej Towiański und Jan Andrzej Ram, Blätter aus der Geschichte des religiösen Mystizismus in Polen in der ersten Hälfte des 19. Jahrhunderts]. Lwów 1911.

49 Adam Mickiewicz, Przemówienie do braci, 4 marca 1847 [Rede an die Brüder, 4. März 1847], in: Dzieła (wie Anm. 14), S. 271-277, hier S. 274.

50 Adam Mickiewicz, Przemówienie dla Koła Leonarda Rettla, 5 marca 1847 [Rede für den Zirkel Leonard Rettels, 5. März 1847], in: Dzieła (wie Anm. 14), S. 278-284, hier S. 283.

„Eine Frau ohne geistige Beweglichkeit, ohne inneres Leben, die sich mit allem abfindet und in ihrem Inneren vom Bösen beherrscht wird, stellt für den Mann die stärkste verführerische Kraft dar; denn der Mann, der ihre scheinbare Schwäche und Passivität für Reinheit und Unschuld hält, empfindet keinen Widerwillen gegen sie und hat keinen Antrieb, sich vor ihr zu schützen; doch infolge des Bösen, das unsichtbar durch sie wirkt, ist eine große Macht in ihr, der sich auch der tapferste Mann nicht zu widersetzen vermag, wenn ihm nicht ein höheres Licht leuchtet, aus dem er einen Widerwillen gegen das Böse schöpft."[51]

Die an die Frauen anfangs gerichtete Aufforderung, sich nicht mit allem abzufinden, wird im Weiteren durch Äußerungen über das Böse ergänzt, das heißt über den äußerlichen Zauber der Frau, den Towiański auch als Magnetismus zu bezeichnen pflegte. Diese Anschauungen gipfeln in der Behauptung, die Frau sei stets „körperlich schwächer und stärker den Gesetzen der Welt unterworfen".[52]

Die „emanzipatorischen" Anschauungen Towiańskis in der Frauenfrage werden von Maria Bersano Begey in ihrer Arbeit *Vita e pensiero di Andrea Towiański* besonders betont. Sie vertritt die These, Towiański habe den Begriff der Brüderlichkeit (sic) auch auf die Frauen bezogen, was von der Gleichstellung beider Geschlechter zeuge. In der Konzeption des Meisters sei die Frau ein „unsterblicher Geist", der durch die vom Manne herrührende Sünde verdorben sei.[53]

Mickiewiczs offenes und unorthodoxes Modell der Religiosität fand in Italien viele Anhänger. Durch die Vermittlung der Piemontesen konnte es auf zwei zeitgenössische philosophische Strömungen einwirken, die sich in Turin entwickelten: Bei der einen handelt es sich um die Schule von Luigi Pareyson, Ausgangspunkt der anderen sind die Arbeiten Francesco Ruffinis.

Pareyson gilt als Begründer einer der Varianten der postmodernen Philosophie in Italien[54] – jener Variante, deren führender Vertreter heute Gianni Vattimo ist. In dieser „Schule" wurde eine neue ontologische und ästhetische Theorie ausgearbeitet; ihr Gegenstand war auch das religiöse Denken. Es gibt Belege dafür, dass beide mit Piemont verbundene Philosophen – sowohl der in Piasco (Cuneo) geborene Pareyson (1918–1991) als auch Vattimo (geb. 1936 in Turin) – mit Andrzej Towiańskis Lehre in Berührung gekommen sein und bestimmte Ideen von ihr übernommen haben können.

Die von Pareyson ausgearbeitete Konzeption der religiösen Erfahrung fand ihren Niederschlag in dem Werk *Ontologia della libertà. Il male e la sofferenza*. Es enthält Schriften aus der letzten Phase seines Schaffens und stellt das Vermächtnis des Philosophen dar; herausgegeben wurde es 1995, vier Jahre nach dem Tod des Autors, von Giuseppe Riconda und Gianni Vattimo.

---

51 Andrzej Towiański, Wyjątek z rozmowy z Wiktorem B. [Auszug aus einem Gespräch mit Wiktor B.], in: Pisma (wie Anm. 27), t. 4, S. 5.
52 Ebenda, S. 4.
53 Bersano Begey, Vita (wie Anm. 33), S. 213.
54 Man sollte die Vielschichtigkeit von Pareysons Philosophie sowie die Tatsache im Auge behalten, dass er der Begründer des christlichen Existenzialismus in Italien war. Mit dieser philosophischen Strömung werden auch seine Spätwerke in Zusammenhang gebracht.

Die von Pareyson vertretene Hauptthese lautet, das Wesen des Menschlichen offenbare sich in der religiösen Erfahrung.[55] Diese beruhe auf dem individuellen Erleben der paradoxen Gegenwart Gottes. Dieses Paradox geht zugleich von der Existenz und der Nichtexistenz eines Höchsten Wesens aus. Beeinflusst von der Theorie Friedrich Wilhelm Joseph von Schellings, fasst der Philosoph diese Ambivalenz in den Begriff eines „Gottes, der Gott vorausgeht". Er führt aus, Gott habe sich selbst dank einer ursprünglichen, das heißt absoluten Freiheit zur Existenz berufen. Diese Art von Freiheit wird in der Spätphase des Pareysonschen Philosophierens zur Schlüsselfrage und zur Grundlage seiner ontologischen Konzeption. Die Freiheit Gottes, so Pareyson, ist willkürlich und unumschränkt. Diese These führt in der Konsequenz zu der Annahme, dass sich Gott kraft seiner außergewöhnlichen Freiheit auch *nicht* zum Sein hätte berufen können. Er hat jedoch anders gehandelt – und das bedeutet, dass er anfangs (da er nun ja ist) nicht existieren konnte und gleichzeitig doch schon existieren musste (denn nur Gott konnte frei und unbehindert genug sein, um sich zur Existenz zu berufen). Diese göttliche Existenz ist auf ewig mit einem gewissen Mangel behaftet: der Möglichkeit der Nichtexistenz. Pareyson bezeichnet diese Möglichkeit, die Existenz auszuschlagen, als Teilhabe am Nichts. Dieses Nichts setzt er in eins mit dem (erfahrenen) Bösen und mit dem Leiden.

Nach Ansicht des Philosophen beruht die religiöse Erfahrung auf der Begegnung mit jenem Bösen, das Gott ein für allemal ausgeschlagen hat. Die Folge des Kontakts mit dem Nichts sei ein unvorstellbares Leiden, das den Menschen zuteil werde.

Pareysons Konzeption wurzelt in Reflexionen über den Sinn des Leidens. In der Hierarchie der menschlichen Sinneseindrücke weist der Autor dem Leiden den obersten Rang zu. Die Lektüre der Romane Fjodor Dostojevskijs führte den Philosophen zu der Überzeugung, dass der Mensch Gott nur dann erfahre, wenn er leide.

In der Philosophie Vattimos ist die Faszination, die die Pareysonsche Konzeption des Nichts ausübte, unübersehbar. Unter Rückgriff auf Motive, die er der Philosophie Friedrich Nietzsches und Martin Heideggers entnimmt, führt Vattimo das Wesen der religiösen Erfahrung auf den Nihilismus zurück. Dieser wird nicht im üblichen Sinne als Ablehnung sämtlicher Werte verstanden, sondern stellt ein verhaltensregulierendes Prinzip des Menschen dar, der sich vor den von falschen Dogmen und Totalitarismen ausgehenden Bedrohungen schützen will. Dank des Nihilismus – das heißt in dem Augenblick, in dem offenbar wird, dass die aufgezwungenen Regeln keinerlei metaphysische Sanktion besitzen – kann sich das christliche Prinzip der Nächstenliebe erfüllen. Dieses muss durch die Absage an jegliche Gewalt und durch die Öffnung zum Anderen hin gekennzeichnet sein.

Vattimo interpretiert den von René Girard beschriebenen Zusammenhang zwischen Gewalt und Sacrum. Auf dem von Girard gewiesenen Weg weitergehend, argumentiert der italienische Philosoph, dass das Opfer Jesu Christi nicht das Musterbeispiel eines sogenannten „Sündenbocks" sei. Christus habe nicht gelitten, um die adamitische Erbsünde auf sich zu nehmen, sondern um den bisherigen Zusammenhang zwischen der Gewalt und dem Heiligen aufzuzeigen und aufzubrechen. Die Geste Christi habe das Ziel verfolgt, die Religion von der Gewalt zu reinigen.

---

55 Luigi Pareyson, Ontologia della libertà, Il male e la sofferenza. Torino 1995 (v.a. das Kapitel „L'esperienza religiosa e la filosofia"). Vgl. Francesco Tomatis, Ontologia del male, L'ermeneutica di Pareyson. Roma 1995.

Die hier referierte Interpretation des Christentums kombiniert Vattimo mit der von ihm postulierten „schwachen Ontologie". Nach seiner Auffassung ist eine solche Metaphysik die Konsequenz aus der Entwicklung des Christentums – und dessen Erfüllung. Eine Ontologie, die die Gewalt verwirft und jede Existenz legitimiert, ist für den Philosophen die Verwirklichung der von den Christen verkündeten Grundsätze.

Trotz offensichtlicher Unterschiede gibt es zwischen den beiden Positionen auch frappierende Übereinstimmungen. Sowohl Pareyson als auch Vattimo betonen die aktive Rolle des individuellen Ichs in der Begegnung mit dem Heiligen. Diese Haltung wird durch den subjektiven, persönlichen, fast bekenntnishaften Ton ihrer Ausführungen noch unterstrichen. „Lange Zeit stand ich morgens früh auf, um die Messe zu hören, bevor ich in die Schule, ins Büro oder in die Vorlesungen ging",[56] gesteht Vattimo und fügt hinzu, dass nur ein intimer Ton es heute möglich mache, Urteile über religiöse Erfahrungen zu formulieren. Diese hingen mit individuellen, unwiederholbaren inneren Erlebnissen zusammen und könnten nicht mit Hilfe eines systematischen und konzeptualisierten Diskurses zum Ausdruck gebracht werden.

Was beide Theoretiker der religiösen Erfahrung, Pareyson und Vattimo, außer ihrer Abneigung gegen systemhaftes Denken noch verbindet, ist ihre Haltung zur Hermeneutik sowie zur Kirche.

Sowohl Pareysons Bibel-Lektüre als auch Vattimos Lesart berufen sich auf die Hermeneutik. Der Rückgriff auf die hermeneutische Methode geht einher mit der Absage an eine Philosophie, die von der Existenz der *einen* und vollständig erkennbaren Wahrheit ausgeht.

Nach Pareysons Auffassung ist die religiöse Erfahrung ein Interpretationsfeld. Ein Symbol, das das Wesen Gottes zum Ausdruck bringen solle, könne nie restlos aufgehellt werden, denn Gott sei fähig zur Selbsttranszendenz, das heißt zur Überschreitung der selbstgesetzten Regeln. Symbole seien im Grunde unerschöpflich.[57] Dasselbe gelte für die Wahrheit. Die Erfahrung des Heiligen beruhe also auf der unablässigen Interpretation der göttlichen Wahrheiten, die unerschöpflich seien.

Vattimo formuliert dieses Problem etwas anders. Seiner Auffassung nach ist es die Aufgabe der heutigen Gesellschaft, den Prozess der Säkularisierung, der in der Neuzeit eingesetzt hat, bis zur letzten Konsequenz weiterzuführen. Im Ergebnis müsse dieser Prozess dazu führen, dass man alle Positionen (das heißt Interpretationen) als im gesellschaftlichen Sinne gleichberechtigt und im metaphysischen Sinne indeterminiert anerkennt. Der Idealzustand, in dem die Erwartungen der Anhänger der christlichen Religion zum Ausdruck kämen, wäre dann durch ein Gleichgewicht zwischen den unterschiedlichen Interpretationen gekennzeichnet.[58] Nächstenliebe äußere sich mithin in einer Geste, die die abweichenden Anschauungen anderer Menschen anerkennt.

Gemeinsam ist beiden Autoren auch ihre Haltung zur Kirche. Ihre Entwürfe sind nicht gegen die Kirchenhierarchie gerichtet. Diese Haltung kommt am deutlichsten in der Formulierung zum Ausdruck: „Kann man Christ sein trotz [nonostante] der Kirche?" Die Set-

---

56 Gianni Vattimo, Credere di credere. Milano 1996, S. 7. Vgl. Jacques Derrida, Gianni Vattimo (u.a.), Religia [Religion]. Warszawa 1999.
57 Pareyson, Ontologia (wie Anm. 55), S. 108 ff.
58 Vattimo, Credere (wie Anm. 56), S. 44 ff.

zungen der Philosophen dienten dem Entwurf einer religiösen Erfahrung, die den Umgang mit einem nicht in Dogmen gefassten Heiligen ermöglichen sollte.

In Pareysons und Vattimos Konzeptionen gibt es (wie übrigens auch bei vielen anderen religiösen Denkern) Motive, die sich auch in den Schriften der italienischen Towiańskianhänger finden. In den Mittelpunkt des Forschungsinteresses sollten folgende Fragen rücken: a) das Ich, dass sich infolge eines intimen, inneren Erlebens des Sacrum erneuert und verwandelt, b) das Leiden als Wesen des Christentums; c) die Gewalt; d) die Öffnung auf den Anderen hin.

Es gibt zwei Wege, auf denen diese Ideen die zeitgenössischen italienischen Philosophen erreicht haben können. Nicht unerheblich ist der Umstand, dass ihr Wirken mit Piemont verbunden ist. In dieser Region war der Einfluss von Towiańskis Denken am größten.

Eine zweite Quelle, aus der die italienischen Gegenwartsphilosophen die Ideen Towiańskis geschöpft haben können, ist (neben den zahlreichen Schriften der Piemontesen) Gentiles Arbeit *Andrea Towiański*. Gentiles Bedeutung für die Geschichte der italienischen Philosophie ist zu groß, als dass diese Arbeit übergangen werden könnte. Es ist undenkbar, das Pareyson oder Vattimo sie nicht gekannt haben. Es handelt sich um eine der wichtigsten Arbeiten zum katholischen Modernismus; sie enthält die Urteile des Philosophen nicht nur über den polnischen Denker, sondern auch allgemeinere Feststellungen zum Modernismus, insbesondere zu den modernistischen Konzeptionen von Religiosität.

Gentiles Vorwurf an William James, Luigi Valle und Towiański lautete, sie hätten versucht, die beiden Gebiete Religion und Philosophie voneinander zu trennen. Ihr Vorgehen endete in einem Fiasko, denn – so Gentile – es sei ihnen nicht gelungen, die Religion zu definieren, ohne auf rationale Kategorien zurückzugreifen. In Gentiles Methode kann man die Keime eines Philosophierens erkennen, das heute mit dem Begriff der Dekonstruktion bezeichnet wird. Dieses Vorgehen, das eher an eine traditionelle Widerlegung der Thesen der Gegenseite erinnert, hatte zum Ziel, die Modernisten zu diskreditieren und die Trennung von Religion und Philosophie als zwei Formen menschlicher Aktivität aufrecht zu erhalten.

Nach Gentiles Auffassung ist Towiańskis Lehre nicht originell; das Wertvollste an ihr sei die Konzeption des Geistes. Ähnlich wie die Piemontesen würde der Philosoph von Towiańskis ganzer Konzeption ebendiesen Glauben an die Notwendigkeit einer geistigen Erneuerung sowie den Wunsch beibehalten, den Menschen zum Leben zu erwecken.[59]

Als eine der zahlreichen Quellen, aus denen Pareysons philosophische „Schule" schöpfte, kann man neben Schelling, Plotin und Martin Heidegger auch Towiański nennen. Seine Ideen können auf Pareysons – wie auch Vattimos – Konzeptionen durch die Vermittlung sowohl der Werke modernistischer Autoren, die Anhänger des Meisters waren (Canonico, Begey, Bersano Begey), als auch der gegen die Modernisten gerichteten Schriften Gentiles eingewirkt haben. Es geht hier nicht um einen Beweis für die These, dass die italienischen Postmodernen die Setzungen der Modernisten verworfen hätten. Hinzuweisen ist eher auf bereits im modernistischen Denken angelegte Motive, die von den zeitgenössischen Philosophen weiterentwickelt wurden. Zu nennen wären hier die Konzeption der inneren Erfahrung,

---

59 Giovanni Gentile, Andrea Towiański, in: Il Modernismo e i rapporti fra religione e filosofia. Firenze 1962 (Opere complete. 35), S. 255.

die Auflösung des Nexus zwischen Sacrum und Gewalt sowie die Frage des und der Anderen als diejenigen Elemente, die beide Richtungen miteinander verbinden.

Man sollte auch die bedeutenden Unterschiede zwischen diesen Weltanschauungen im Auge behalten. Der Glaube an den progressiven Charakter des Seins oder des historischen Prozesses konnte in Pareysons und Vattimos Denken nicht Fuß fassen. Für Pareyson steht der Mensch in einem ständigen Kontakt mit dem Nichts; und Vattimo geht davon aus, dass sich das Sein niemals in seiner Ganzheit offenbart, sondern immer nur in Bruchstücken – und dass es somit an Ruinen erinnert.

Auch Mickiewiczs Geschichte der Reformation, wie sie in seinen Pariser Vorlesungen dargelegt ist, mag ihre Fortsetzer in Italien gefunden haben. Der Jurist und Experte für Kirchenrecht Ruffini (1863–1943) hat zahlreiche Arbeiten zur Religiosität im 16. und 19. Jahrhundert verfasst, darunter *Libertà religiosa e separazione fra Stato e Chiesa* (1913), *Corso di diritto ecclesiastico italiano. La libertà religiosa come diritto pubblico Subbiettivo* (1924) und *La vita religiosa di A. Manzoni* (1931).

In der nach Ruffinis Tod herausgegebenen Aufsatzsammlung *Studi sui riformatori italiani* wird die Konzeption einer religiösen Freiheit dargelegt, die auf einer „geistigen Befreiung" beruht. Dieser Begriff ist eindeutig als die Erlangung einer Freiheit zu verstehen, die dem Individuum bei seiner Entscheidung für eine religiöse und weltanschauliche Haltung zustehen soll. Ein bedeutender Anteil an der Herausbildung dieser Idee kommt den italienischen religiösen Reformatoren (wie etwa Fausto Socino) zu.[60]

In der Idee der religiösen Freiheit sah der Autor das Ziel des Wirkens aller Reformatoren sowie das Fundament der modernen Gesellschaft. Diese Idee ist für Ruffini gewissermaßen die Quelle weiterer bürgerlicher Rechte wie etwa der Redefreiheit. Ruffini griff dieses Thema in der Überzeugung auf, dass entgegen landläufiger Auffassungen die Religiosität der Italiener keineswegs oberflächlich oder nur vorgespielt sei.

Ruffinis Arbeiten waren von Forschungen zum religiösen Denken beeinflusst, wie sie unter anderem von Ernst Troeltsch betrieben wurden. Zwischen der von Ruffini dargelegten Theorie und Mickiewiczs Auffassung der Reformation bestehen jedoch gewisse Übereinstimmungen. In seinen Pariser Vorlesungen verurteilt Mickiewicz die aus der deutschen Kultur hervorgegangene Reformation. In der 32. Vorlesung des ersten Kurses weist er darauf hin, dass die Popularität der „Sektierer" in Polen mit einer Zunahme des deutschen Einflusses einhergegangen sei und eine Bedrohung nicht nur für die polnische Staatlichkeit, sondern auch für die slawische Identität dargestellt habe. In der 40. Vorlesung desselben Kurses verweist er auf Piotr Skarga als Verteidiger der Kirche gegenüber der von den Andersgläubigen verbreiteten Verwirrung.

Anders beurteilt er die von Jan Hus ausgehende, mithin slawische Häresie. In der 29. Vorlesung unterstreicht er, dass „der religiöse Aufruhr, der in Böhmen unzählige Feuer entfacht hatte, das Denken der Menschen erregte und seine Funken weithin umher schleuderte".[61] Er habe zu einer Blüte der Literatur wie auch zur Entwicklung theologischer Studien geführt. Nach Ansicht des Dichters „haben die slawischen Länder, Polen und selbst

---

60 Francesco Ruffini, La parte dell'Italia nella formazione della libertà religiosa moderna, in: Studi sui riformatori italiani. Torino 1955, S. 34.
61 Adam Mickiewicz, Literatura słowiańska, kurs pierwszy [Slawische Literatur, Erster Kurs], in: Dzieła [Werke]: T. 8, hrsg. v. Julian Maślanka, Warszawa 1997, S. 406.

Europa Böhmen viel zu verdanken".[62] In der 24. Vorlesung stellt Mickiewicz die These auf, der Kampf der Hussiten gegen die Kirche sei im Grunde ein Ringen des slawischen Geistes mit dem deutschen Element gewesen:

> „Der ganze slawische Geist suchte in jener Epoche Zuflucht bei dem vom Volke ausgehenden Widerstand, der die Herrschenden und den Adel gegen sich hatte. Auf diese Weise wird der Kampf der Hussiten gegen die Kirche – genauer gesagt: gegen den deutschen Klerus – erklärt."[63]

Auch wenn das Wirken der religiösen Reformatoren in Mickiewiczs Interpretation nicht unmittelbar mit der Idee der religiösen Freiheit zusammenhängt, so treten in seiner Argumentation doch Feststellungen auf, die den Schluss zulassen, dass der Dichter die als Erneuerung der Kirche verstandene Häresie mit dem Begriff der Freiheit assoziierte. Dabei handelte es sich nicht nur um religiöse, sondern auch um politische Freiheit.

Eine Lektüre von Mickiewiczs und Towiańskis Schriften, die sich auf die Erfahrungen der italienischen Anhänger des Towianismus beruft, eröffnet die Möglichkeit, die bisherigen ungerechten Urteile zu revidieren und den Vorwurf der Nichtbeachtung der Dogmen zurückzuweisen. Denn die Häresie des Towianismus bestand im Entwurf eines neuen, unorthodoxen Modells der Religiosität, das später von den Modernisten aufgegriffen wurde und in gewisser Weise das religiöse Bewusstsein der zeitgenössischen Philosophen geprägt hat.

---

62 Ebenda.
63 Ebenda, S. 340.

Programmatik
zwischen Individualisierung und Totalisierung

Michał Kuziak

Brodziński, Mickiewicz, Mochnacki: Der Alteritätsdiskurs der polnischen romantischen Kritik. Ein Erkundungsversuch

Ich beginne willkürlich, denn der Diskurs über den polnischen romantischen Diskurs gegenüber dem Anderen hat noch keinen Anfang oder steckt allenfalls in sehr bescheidenen Anfängen.[1] Die Fragen überwiegen hier zweifellos die Antworten – und letztere haben notgedrungen noch vorläufigen Charakter. Der erste Punkt, der in diesem Erkundungsversuch angesprochen werden muss, ist die Kategorie des Anderen als solche – schließlich ist sie mit der Sprache der modernen Geisteswissenschaften assoziiert und stellt darüber hinaus (wie übrigens auch kaum anders zu erwarten) eine Metapher von eher geringer Präzision dar. Wenn man also über das Andere (die Alterität) spricht, kann man diese Kategorien erstens in dem Sinne verstehen, wie sie etwa im Rahmen der Derridaschen Dekonstruktion auftreten (die u.a. vom Dialog mit Lévinas inspiriert ist und deren Haltung gegenüber der Alterität sich im Übrigen wandelt). Derrida spricht von der Vorbereitung auf das Kommen des Anderen, die eine unablässige Hinterfragung des Selbst darstellt. Eine so verstandene Alterität ist eine radikale Alterität.[2]

Ein solcher Ansatz soll mir in der Tat (was könnte er auch sonst sein?) den Verständnishorizont für die Kategorie des Anderen liefern. Auf diese Weise gebe ich eine Antwort auf die Frage, ob die Verwendung dieser Kategorie in Bezug auf die Romantik nicht einen Missbrauch, einen Vorgang ungerechtfertigter Modernisierung darstellt. Dies ist nicht der Fall – besonders dann nicht, wenn wir die moderne Kategorie der Alterität methodologisch auffassen, so dass sie die Redeskription eines bestimmten Problemzusammenhangs ermöglicht und diesem neue Aspekte abgewinnt. Darüber hinaus ist es meines Erachtens legitim, eine Parallele zwischen der Situation des romantischen und des postmodernen Umbruchs zu ziehen – wobei selbstverständlich zugleich die Unterschiede zwischen diesen beiden Situationen zu beachten sind. Der romantische Geist und der Geist der Post- oder Spätmoderne scheinen jedoch viel gemeinsam zu haben.[3]

Das ist jedoch nicht alles. In einem bestimmten Sinne verstanden – und das ist die zweite hier zugrunde gelegte Bedeutung dieser Kategorie –, stellt das Andere ein immanentes Element der romantischen Gedankenwelt dar, in der es sich nach meinem Dafürhalten mit der Kategorie der Differenz – im individuellen wie im kulturellen Sinne – verbindet.

---

1 Vgl. hierzu die Arbeiten in dem Sammelband: Inny, Inna, Inne. O inności w kulturze [Der Andere, die Andere, das Andere. Über die Alterität in der Kultur], hrsg. v. Maria Janion, Claudia Snochowska-Gonzales u. Kazimiera Szczuka. Warszawa 2004.
2 Jacques Derrida, Psyché. Inventions de l'autre. Paris 1987, S. 11-61.
3 Anderer Auffassung ist Dorota Siwicka, O obcości duchów: romantycznego i ponowoczesnego [Von der Fremdheit des romantischen und des postmodernen Geistes], in: Teksty Drugie (1996), Nr. 1, S. 9-19.

Eingeführt werden diese Kategorien von Rousseau und Herder, den Urvätern der romantischen Anthropologie wie auch der kulturwissenschaftlichen Reflexion. Die Romantik macht in umfassender Weise die Entdeckung, dass jeder einzelne und jede Gemeinschaft anders sind.

Das Auftreten dieser Kategorien im anthropologischen und kulturellen Diskurs der Romantik hängt mit dem Prozess des Zerfalls der modernen Subjektivität zusammen (die in jener Epoche ihre Universalität, Transparenz und Kohärenz einbüßt); einem Vorgang, mit dem der Zerfall einer gemeinsamen kulturellen Welt einhergeht, wie sie noch vom Klassizismus des 18. Jahrhunderts aufrechterhalten wurde.[4] Die Erfahrung der Dezentrierung von Ich und Welt, der Entdeckung des Anderen im Menschen und in der Kultur – eine Erfahrung, die einen Begriff von Entwicklung als unaufhörlicher Ausdifferenzierung hervorbringt –, führt zur unvermeidlichen Konfrontation mit der Alterität; zu einer Konfrontation, die für die Identität von Individuum und Gemeinschaft zugleich als Chance und als Bedrohung verstanden wird. Dieses Phänomen wird – natürlich in einer anderen Sprache – u.a. von Arthur O. Lovejoy in seiner klassischen Arbeit über die Geschichte der Vorstellung von der „großen Kette der Wesen" behandelt. Lovejoy weist auf die mit dem Historismus zusammenhängende Heterogenität und Vielfalt als Grundeigenschaft des romantischen Denkens hin.[5]

Der Historismus des 18. Jahrhunderts führte zur Entstehung einer stark antikartesianisch ausgerichteten Hermeneutik, die auf die Erfahrung, auf den emotionalen Kontakt zum Erkenntnisobjekt, das in seinen eigenen Kategorien erfasst werden soll, abstellt. Diese Hermeneutik basiert zudem auf kontextuellen Prinzipien des Verstehens und führt die Kategorie natürlicher und zivilisatorischer Milieus ein, die eine Ausdifferenzierung der Kultur bewirken. Eine solche Ausrichtung ermöglicht die Betrachtung kultureller Formationen sowie einzelner Künstler unter Berücksichtigung dessen, was für sie charakteristisch ist. Friedrich Schlegel konstatiert: „Aus diesem Mangel an Allgemeingültigkeit, aus dieser Herrschaft des Manierirten, Charakteristischen und Individuellen, erklärt sich von selbst die durchgängige Richtung der Poesie, ja der ganzen aesthetischen Bildung der Modernen aufs Interessante."[6]

Im vorliegenden Text will ich nach dem romantischen Diskurs und danach fragen, wie er mit dem Anderen (mit der Alterität) fertig wird. Ich frage also nach dem im Rahmen dieses Diskurses sich eröffnenden Raum von Möglichkeiten und Begrenzungen, die mit dem Auftreten des Anderen zusammenhängen. Das Wort „fertig werden" kann dabei eine doppelte Bedeutung haben: Einerseits ginge es um die Fähigkeit, Alterität so zu erfahren, dass man sie nicht der Macht des eigenen Diskurses unterwirft.[7] Das Problem lautet, ob

---

4   Vgl. Leo Spitzer, Classical and Christian Ideas of World Harmony. Prolegomena to an Interpretation of the Word „Stimmung". Baltimore 1963. – Dasselbe Problem streift auch Stanisław Balbus, Między stylami [Zwischen den Stilen]. Kraków 1993.
5   Vgl. Arthur O. Lovejoy, Die große Kette der Wesen. Übers. v. Dieter Turck. Frankfurt a.M. 1985.
6   Friedrich Schlegel, Prosaische Jugendschriften, hrsg. v. Jakob Minor. Bd. 1, Wien 1882, S. 109; zit. nach Meyer H. Abrams, Spiegel und Lampe. Romantische Theorie und die Tradition der Kritik. Übersetzt und eingeleitet v. Lore Iser. München 1978, S. 299.
7   Sofern das überhaupt möglich ist – ich neige nämlich dazu, mich der Skepsis E. Saids anzuschließen, was das europäische Interesse am Orient angeht (vgl. Edward W. Said, Orientalismus. Übersetzt von Liliane Weissberg. Frankfurt a.M. [u.a.] 1981). In ähnlichem Sinne wurde für T. Todorov die Erzählung von der Eroberung Amerikas zur Erzählung von der Entdeckung des Anderen:

es möglich ist, aus der eigenen Perspektive, um die das Zentrum des Sinns konstruiert wird, herauszutreten. Erst wenn man die Ansprüche der Alterität zu Wort kommen lässt, kann ihnen eine verantwortungsbewusste Antwort erteilt werden. Andererseits kann „fertig werden" den Versuch bezeichnen, Alterität mit Hilfe des eigenen Diskurses und seiner Macht der Repräsentation anzueignen und zu okkupieren.

Gleich zu Anfang möchte ich erklären, dass nach meiner Überzeugung der romantische Diskurs – von bestimmten Ausnahmen und Grenzfällen abgesehen – mit dem Anderen nicht fertig wird, gerade weil er mit ihm „fertig wird" und es auf das Selbe zurückführt. Er erweist sich also als Diskurs, der Unterschied in Ähnlichkeit verwandelt; als ein unweigerlich dialektischer Diskurs, für den Alterität eine Etappe auf dem Weg zum Selbst darstellt (als Beispiel kann das Hegelsche Denken genannt werden). Auf diese Weise wehren die Romantiker die Gefahr des kulturellen Relativismus ab (F. Schlegel etwa sah darin eine Bedrohung und polemisierte gegen Herder, der sich übrigens selbst auf die Vision des Universalismus zubewegte);[8] vielleicht sollte man richtiger sagen: Sie versuchen, diese Gefahr abzuwehren.

Wie Wolfgang Welsch[9] in Anknüpfung an Lyotard feststellt, ist das romantische Denken – was z.B. in der Eigenart der damaligen Komparatistik zum Ausdruck kommt, die u.a. den Diskurs der Literaturkritik prägte – auf die Suche nach Universalität ausgerichtet, die die Diversität in sich einschließen soll. Es zeigt kulturelle Unterschiede und Ähnlichkeiten auf (als Beispiel mögen Mickiewiczs Ausführungen über Griechenland in seinem Vorwort zu *Ballady i romanse* dienen, wo die Griechen anderen Völkern zugleich ähnlich und von ihnen verschieden sind – und diese Verschiedenheit wird zur Grundlage ihres Charakterbildes) und geht dabei vom Bestehen einer tieferen Einheit aus oder sucht diese unter der Oberfläche der Phänomene. Brodziński formuliert es so: „Alles in der Natur ist einander ähnlich, und nichts ist nur von sich selbst abhängig" (22).

So einfach ist die Sache jedoch nicht. Denn aus einem bestimmten Blickwinkel ist die vom romantischen kulturellen Diskurs verwendete Kategorie des Nationalen eine Kategorie, die zu einer Pluralisierung des Weltbildes und zur Öffnung auf das Andere hin führt (dies gilt, wenn wir das Denken der Romantiker mit dem der Aufklärer vergleichen); aus einem anderen Blickwinkel kann sie sich als Kategorie der Totalisierung erweisen.[10]

Tzvetan Todorov, Die Eroberung Amerikas. Das Problem des Anderen. Aus dem Französischen v. Wilfried Böhringer. Frankfurt a.M. 1985. In den von den Forschern untersuchten Diskursen leistet schließlich nicht nur eine verfremdend wirkende erkenntnismäßige Distanz, sondern auch die Gewalt der Epistemologie, ja sogar der Liebe, der Aneignung des Forschungsgegenstands offensichtlich Vorschub.

8 Vgl. René Wellek, A History of Modern Criticism. 1750–1950. Bd. 2: The Romantic Age, London 1955, S. 7 f.

9 Vgl. Wolfgang Welsch, Unsere postmoderne Moderne. Weinheim 1987.

10 Vgl. zu diesem Thema Grażyna Królikiewicz, Z dziejów romantycznej idei narodu [Zur Geschichte der romantischen Idee der Nation], in: Rocznik Komisji Historycznoliterackiej 28 (1991), S. 67-89. Mit demselben Problem beschäftigt sich Królikiewicz auch in den folgenden Arbeiten: Tajemniczy jeździec czyli... O retoryce narodowości i uniwersalności w polskiej publicystyce doby romantyzmu [Der geheimnisvolle Reiter oder über die Rhetorik von Nationalität und Universalität in der polnischen Publizistik der Romantik], in: Narodowy i ponadnarodowy charakter literatury [Nationaler und übernationaler Charakter der Literatur], hrsg. v. Maria Cieśla-Korytowska. Kraków 1996, S. 115-136; Niektóre aspekty retoryki narodowości w polskiej krytyce literackiej wczesnego romantyzmu [Einige Aspekte der Rhetorik der Nationalität in der polnischen Literaturkritik

In den Mittelpunkt des Interesses möchte ich den Diskurs der polnischen romantischen Kritik stellen, genauer gesagt: ein bestimmtes Segment desselben. Ich konzentriere mich auf die folgenden Texte, die aus der Frühphase der Kritikertätigkeit ihrer Autoren stammen: *O klasyczności i romantyczności tudzież o duchu poezji polskiej* [Über Klassik und Romantik sowie über den Geist der polnischen Poesie, 1818] von Kazimierz Brodziński; *O poezji romantycznej* [Über die romantische Poesie, 1822] von Adam Mickiewicz; und *O duchu i źródłach poezji w Polszcze* [Über Geist und Quellen der Poesie in Polen, 1825] von Maurycy Mochnacki.[11] Meine Wahl ist aus mehreren Gründen auf diese drei Kritiker gefallen: erstens wegen der Bedeutung, die ihren Entwürfen in der Romantik zukam (und weil sie darüber hinaus repräsentativ und von den Anschauungen ihrer Zeit beeinflusst sind); zweitens wegen der Unterschiedlichkeit dieser Entwürfe, die einen Einblick in die Regularitäten der damaligen Kritik, aber auch und gerade in ihre Vielstimmigkeit gestattet, die die Vielstimmigkeit der Romantik ist; drittens schließlich bringen die genannten Texte das Bewusstsein der Frühromantik, ihre einleitenden kulturellen Explorationen zum Ausdruck, und ihre Spezifika können einen Ausgangspunkt für Überlegungen zu der Dynamik liefern, die die polnische Romantik in ihrem Verhältnis zur Alterität entwickelt. Da diese Texte allgemein bekannt sind, darf ich direkt zu der mich interessierenden Fragestellung übergehen.[12]

Allgemein betrachtet ist festzustellen, dass Brodzińskis, Mickiewiczs und Mochnackis Diskurs dem Anderen zugewandt ist. Er entsteht in einer Situation, in der die monolithische Einheit der Kultur in Frage gestellt wird (natürlich ist das eine gewisse Simplifizierung – diese Einheit bestand zweifellos schon lange nicht mehr, wenn es sie überhaupt je gegeben hat), und im Rahmen einer Reaktion auf die Herrschaft des von Aufklärung und Klassizismus als allein gültig propagierten kulturellen Paradigmas. Die gegen dieses Paradigma gerichtete polemische Einstellung der Kritiker ist unverkennbar. Alterität wird relational, durch die Beziehung zu ihm definiert und assoziiert sich mit einer Hinwendung zu einer Vielzahl nationaler Kulturen. Es sollte gleich klargestellt werden, dass sich Brodzińskis, Mickiewiczs und Mochnackis kulturelle Explorationen eher auf der Ebene kultureller Interessen vollziehen, als dass sie mit einem anthropologischen Individualismus zusammenhingen (unmittelbar deutlich wird das bei Brodziński, der in seinen Schriften gegen die Kategorie des Genies Stellung bezieht). Anders formuliert: Sie verlaufen im Zeichen des

der Frühromantik], in: Między oświeceniem i romantyzmem. Kultura polska około 1800 roku (Czwarta polsko-niemiecka konferencja polonistyczna) [Zwischen Aufklärung und Romantik. Die polnische Kultur um 1800 (Vierte polnisch-deutsche polonistische Konferenz)], hrsg. v. Jakub Zdzisław Lichański unter Mitwirkung von Brigitte Schultze und Hans Rothe. Warszawa 1997, S. 243-253. – Vgl. außerdem Andrzej Zieliński, Naród i narodowość w polskiej literaturze i publicystyce lat 1815–1831 [Nation und Nationalität in der polnischen Literatur und Publizistik der Jahre 1815–1831]. Wrocław 1969.

11 Die Texte der Kritiker werden nach den folgenden Ausgaben zitiert: Kazimierz Brodziński, Pisma estetyczno-krytyczne [Ästhetisch-kritische Schriften], hrsg. v. Aleksander Łucki. Bd. 1, Warszawa 1934. – Adam Mickiewicz, Dzieła [Werke], hrsg. v. Julian Krzyżanowski. Bd. 5, Warszawa 1955. – Maurycy Mochnacki, Rozprawy literackie [Literarische Aufsätze], hrsg. v. Mirosław Strzyżewski. Wrocław 2000.

12 Vgl. Mirosław Strzyżewski, Mickiewicz wśród krytyków. Studia o przemianach i formach romantycznej krytyki w Polsce [Mickiewicz unter den Kritikern. Studien zu Wandel und Formen der romantischen Kritik in Polen]. Toruń 2001.

Historismus, also unter der Schirmherrschaft Herders – wenngleich die beiden erwähnten Ordnungen meines Erachtens nur schwer voneinander zu trennen sind.

Die Folge einer solchen Ausrichtung ist, dass Alterität in den Kategorien differenter nationaler Charaktere erfasst (und eventuell mit der Folklore in Zusammenhang gebracht) wird. Brodziński etwa schreibt: „Alle Epochen und Nationen unterschieden sich in ihrer Poesie" (20). Infolgedessen wird Europa von den zitierten Kritikern als Raum einer in sich differenten Kultur und vieler voneinander geschiedener nationalkultureller Zentren dargestellt, die sich im Laufe der Geschichte verschoben, einen Dialog miteinander führten oder miteinander im Wettstreit standen.

Die Hinwendung des Diskurses der erwähnten Kritiker zum Anderen – zu anderen Kulturen und zum Anderen in der Kultur – ergibt sich aus einer spezifischen gegenkulturellen Situation, aus der Opposition gegenüber der mediterranen Kultur, in der jener Diskurs entsteht, aus der Diagnose einer Kulturkrise, die einerseits mit den Prozessen der Formierung der Moderne,[13] andererseits mit der erfahrenen Bedrohung der polnischen Nationalität zusammenhängt.

Als basale Kategorie soll die Alterität zum Heilmittel gegen die Krankheit der Modernisierung und der Teilungen werden, die eigene Kultur erweitern und umformulieren –und paradoxerweise deren Hervorbringung erst ermöglichen, wie insbesondere Brodziński und Mochnacki betonen; ihre Texte sind ganz von einem programmatischen Anspruch geprägt, während Mickiewiczs Aufsatz eher eine hermeneutische Intention verfolgt und darüber hinaus bestrebt ist, ästhetische Entscheidungen zu „rechtfertigen". Gleichzeitig jedoch führen diese Kritiker Beschränkungen ein, die sich gegen jene Kulturen oder deren Segmente richten, die in dem entworfenen Bild der Tradition keinen Platz finden. Die rhetorische Konstruktion ihrer Texte soll den Leser davon überzeugen, dass das hier offerierte Bild der Tradition das Bild einer nationalen Tradition ist. „Wir sollen nicht das Echo der Ausländer sein" (91), fordert Brodziński, und Mochnacki kritisiert die Literatur der Aufklärung wegen ihrer Nachgiebigkeit gegenüber fremden Vorbildern.

Alle erwähnten Kritiker sprechen von einer Situation, in der eine Tradition aus einer Fülle von Möglichkeiten ausgewählt wird, und erkennen den historischen, mithin wandelbaren und vielfältigen Charakter der Literatur an. Mickiewicz etwa konstatiert: „Um nun aber überzeugend darzulegen, wie jene Art der Poesie, die romantisch genannt wird, entstanden ist, sich allmählich vervollkommnet und schließlich zu einer eigenständigen, in sich abgeschlossenen Gattung herausgebildet hat, muss man die Umstände, die sie und nur sie beeinflusst oder hervorgebracht haben, auffinden und von zahlreichen anderen Umständen

---

13 Es geht um die „Entzauberung" der Welt und deren Konsequenzen – davon sprechen vor allem Mochnacki und Brodziński, der feststellt: „Die Philosophie des vorigen Jahrhunderts hat uns von allem entfernt, was das religiöse Gefühl bezaubern konnte, die Wissenschaften haben uns auf die bloße Wirklichkeit und auf die Berechnung zurückgeführt, in deren Mitte die Freiheit der Imagination unterdrückt werden musste; das alles hat in uns die Sehnsucht nach der Unschuld, der Freiheit und dem Naturzustand von einst geweckt, und wir verspüren das Bedürfnis, dass die Philosophie religiöser, die Poesie philosophischer, die Schönheit wahrer und die Wahrheit schöner sein möge" (23). Vgl. Ireneusz Bittner, Brodziński – historiozof [Brodziński als Historiosoph]. Wrocław 1981; Krystyna Krzemień-Ojak, Maurycy Mochnacki. Program kulturalny i myśl krytycznoliteracka [Maurycy Mochnacki. Kulturelles Programm und literaturkritisches Denken]. Warszawa 1975.

unterscheiden, die andere Gattungen der Poesie hervorbrachten" (186). Bezeichnenderweise unterstreichen Brodziński und Mochnacki, dass gerade die Literatur die Domäne der Differenzierung ist – im Gegensatz zu Wissenschaft und Philosophie, die ihrer Ansicht nach (dies hängt mit ihrem Glauben an die Universalität der Vernunft zusammen) universeller Natur sind. Mochnacki beharrt außerdem darauf, dass das Historische (das Politische und Gesellschaftliche), das „Greifbare" die Grundlage der Homogenität darstelle, während die Differenzierung „in der Sphäre der Gefühle und der Imagination" (3) entstehe.[14]

Welchen Terrains der Kultur wenden sich die erwähnten Kritiker auf ihrer Suche nach einer Tradition zu? Wir haben es mit sehr verschiedenartigen Entwürfen zu tun. Und wenngleich sie sich alle durch einen synkretistischen Charakter auszeichnen, so versucht doch jeder dieser Entwürfe – wenn auch in unterschiedlichem Maße – das konstruierte Bild um ein bestimmtes Zentrum herum zu integrieren, das die Möglichkeit bietet, das „Fremde" als Eigenes aufzufassen.

Zur Erinnerung: Das Zentrum von Brodzińskis Reflexion über die zeitgenössische Kultur bildet die Konzeption des Idyllismus, deren Konstruktion auf dem slawischen Mythos sowie auf dem Erbe „unserer Ahnen", auf dem Bild des Landadels beruht; diese Konzeption wird Brodziński u.a. in der Arbeit *O idylli* [Über die Idylle] weiter ausbauen. Unverkennbar ist dabei seine positive Haltung gegenüber den Kulturen des Südens. Mochnacki hingegen wendet sich dem Norden, dem Mittelalter, der skandinavischen Mythologie und den slawischen Altertümern zu und spricht auch vom „heimatlichen Charakter, den heimatlichen Sitten und Überlieferungen"; er schätzt die deutsche und englische Kultur. Mickiewiczs Entwurf scheint der komplexeste zu sein: Er zeigt eine Fülle von Traditionen auf, verbindet Süden und Norden (später sollte er noch den Orient hinzufügen, was er dann übrigens wieder zurücknahm) und ist ein Gegner simplifizierender Einteilungen in klassische und romantische Poesie oder nach nationalen Kriterien. In jedem der erwähnten Fälle haben wir es mit dem Auftreten kultureller Alterität zu tun – jedenfalls, das sei wiederholt, im Vergleich zum klassizistischen bzw. neoklassizistischen Bild von der Kultur.

Die Motivation dieser Entscheidungen hängt bei Brodziński und Mochnacki mit ihrer Vorstellung vom Nationalen (vom Nationalcharakter) zusammen, bei Mickiewicz wohl mit dem ästhetischen Aspekt. Bei Brodziński tritt darüber hinaus ein Denken in der aufklärerischen Kategorie des Fortschritts zutage. Mochnacki weist auf die geistige Tiefe der ausgewählten Traditionen hin. Mickiewicz äußert sich in seinem Text nicht zur polnischen Nationalität. Die Nationalliteratur ist für den Dichter ein Schaffen, das mit dem Leben der Gemeinschaft und mit deren Geschichte verbunden ist; er kritisiert aristokratisch geprägte Literaturen. Mickiewicz – bei dem das Wort „verschieden" mitsamt seinen Synonymen wohl am häufigsten vorkommt – erweist sich als kosmopolitischer Liberaler. Er scheint sa-

---

14 Der Kritiker ist in dieser Auffassung allerdings nicht konsequent, denn er stellt die Geschichte zugleich als differenzierende Kraft dar. Dieselbe Inkonsequenz zeigt sich beim Problem der Literatur als dem Differenzierten. Mochnacki konstatiert nämlich gleichzeitig, dass die Poesie „kein Werk der Vernunft ist und daher nicht vielfältig sein kann". Auch Gefühl und Imagination werden als Mächte dargestellt, die den Menschen in der Einheit des Universums verwurzeln. Diese Inkonsequenzen offenbaren, wie mir scheint, die ambivalente Haltung des Kritikers zur Vielfalt. Man kann es jedoch auch so verstehen – so ist es im Falle der Poesie –, dass Mochnacki von innerer Einheit und oberflächlicher Differenzierung spricht. Die Widersprüche sind damit freilich nicht aufgelöst.

gen zu wollen, das man jede Poesie schaffen kann, wenn sie nur den Herausforderungen der Gegenwart entspricht; andererseits hält er freilich an der Vorstellung einer universell gültigen ästhetischen Norm fest, das neben historischen Werten existiert: „auch in der Welt der Imagination gibt es wesentliche und naturgegebene Regeln, die der poetische Instinkt in mustergültigen Werken welcher Gattung auch immer bewahren kann und muss" (202). Mickiewiczs Ansatz lässt auch die Vorstellung vom Fortschritt der Kultur erkennen. Erst nach 1831 wird der Dichter sein Verständnis von Nationalität präzisieren und auf dem Christentum beruhende historiosophische Konzeptionen einführen, die die Entwicklung der Kultur strukturieren.

Demgegenüber scheint Brodziński dem Phänomen kultureller Diversität mit einer gewissen Vorsicht gegenüberzutreten: Er sieht darin eine Bedrohung für seine Vorstellung einer nationalen Tradition (der in dem Aufsatz entworfene romantische Weg erweist sich als gefährlich, Differenzierung birgt die Gefahr des Chaos), bekennt sich aber gleichzeitig zu dem Wunsch, das Andere zu erkennen: „Wir werden über die deutschen Dichter niemals gerecht urteilen können, wenn wir sie an unserem Geschmack, unseren Sitten und unserer Gemütsart messen" (36). Für Mochnacki ist Vielfalt ein ambivalenter Wert. Einerseits zeugt sie von der Entwicklung der Kultur,[15] andererseits von deren Krise: von der Zerschlagung eines Zustandes der Einheit, der die Verwurzelung des Menschen in einem geistigen Universum garantiert, ebenso wie von Nachgiebigkeit gegenüber fremden Vorbildern. Mochnacki beschreibt z.B. die Kultur der polnischen Aufklärung als eklektisch, das heißt anational: „Ihre vitalen Teile sind aus so vielen verschiedenartigen Elementen zusammengesetzt, wie es Nationen gibt" (5). Bei diesem Kritiker tritt (z.B. in seinem Bild vom Mittelalter) der Traum von einer Wiederherstellung der Einheit zutage, doch zugleich spricht er sich gegen die Einheitsvorstellung der Aufklärung aus, die auf einem alle Unterschiede übergehenden Universalismus beruht. Von den erwähnten Kritikern ist Mochnacki wohl derjenige, der die Folklore am radikalsten als Dimension der Alterität auffasst[16] – einer Alterität, die von der modernen Zivilisation weit entfernt ist. Brodziński und Mickiewicz scheinen die Unterschiede zwischen diesen Kategorien zu verwischen. Dabei stellt letzterer das kulturelle Erbe konsequent als differenzierten Raum möglicher Inspirationen dar; die von ihm zugrunde gelegte Formel des Romantischen erweist sich als äußerst umfassend – paradoxerweise verwischt sie den Unterschied zwischen Klassizismus und Romantik und ermöglicht so die Berücksichtigung kultureller Diversität.[17]

In jedem der zitierten kritischen Texte wird die Tradition durch den Ausschluss bestimmter Segmente des Erbes konzipiert. Besonders deutlich wird dieser Ausschluss bei Brodziński (der die Kultur des Nordens verwirft und in dieser Hinsicht mit Mochnacki polemisiert, auch gegen die Nachahmung der französischen Kultur auftritt und die Eigenständigkeit der slawischen und polnischen Tradition stark betont, auch wenn er deren Beziehungen zu an-

---

15 In einer späteren Phase wird sie Mochnackis Wertschätzung erfahren, wenn er zu dem Schluss kommt, dass Identität aus der Konfrontation mit dem Anderen entsteht.

16 „Die Traditionen und Legenden dieses einfachen Volks sind so ungezügelt, unlogisch, voller Wunder und Zauberei" (14).

17 Ausführlicher hierzu Michał Kuziak, Mickiewicz o romantyzmie („Talent indiwidualny" czy tradycja?) [Mickiewicz über die Romantik („Individuelles Talent" oder Tradition?)], in: Ruch Literacki 39 (1998), H. 3, S. 383-402.

deren Traditionen, z.B. zur griechischen Antike, sieht) und bei Mochnacki, der den Einfluss der französischen Kultur, aber auch des antiken Griechenlands und Roms ablehnt. Auch Mickiewicz bewertet die Nachahmung der französischen Kultur negativ.

Wie arbeitet das hermeneutische Denken Brodzińskis, Mochnackis und Mickiewczs? Wie schon erwähnt, basiert es auf der Kategorie des Nationalen. Die Kritiker verhalten sich wie Verwalter des Erbes (diese Metapher tritt insbesondere bei Brodziński auf), die für das ihrer Meinung nach „Eigene" und „Fremde" sensibilisiert sind. Bei Mickiewicz ist ein solches Vorgehen nicht zu beobachten. Die Einführung der Dichotomie „Eigenes" vs. „Fremdes" in den Diskurs führt zur Sensibilisierung für die Kategorie der kulturellen Fremdheit.[18] Bei Brodziński nimmt der Umgang mit der Tradition einen auf „Konsum" ausgerichteten Charakter an – der Kritiker spricht von einer Synthese der Kulturen, die vom Prinzip der goldenen Mitte geleitet sein soll: „Aus jeder [Poesie; M. K.] können wir nach unserem Geschmack etwas übernehmen oder müssen es verwerfen, um aus allen Reizen *ein* Schönes zu erschaffen – so wie jene Statue der Venus bei den Griechen" (37). Man kann sagen, dass die erwähnten Kritiker ein mehr oder weniger offener Ethnozentrismus auszeichnet.[19]

Die Hermeneutik der erwähnten Kritiker kann (im Gegensatz zu einer satirischen) als allegorisch bezeichnet werden;[20] sie sucht nach einem kohärenten Sinn und ist auf eine Erfahrung der Vergangenheit ausgerichtet, die zur Konstruktion einer Tradition für die Zwecke der Gegenwart führt – dabei allerdings den natürlichen Prozess der Herausbildung von Traditionen imitiert (deutlich wird das an der in den zitierten Texten zugrunde gelegten Konzeption der Genealogie).

Nach den Worten von Vincent Descombes kann die Dialektik dem Anderen auf zwei Weisen begegnen: Entweder verwandelt sie es in das Selbst, oder sie lässt sich in das Andere verwandeln und unterwirft sich seiner Herrschaft.[21] Die angeführten Kritiker entscheiden sich für die erste Möglichkeit: Sie integrieren die Alterität, konstruieren ein Bild der Tradition als Synthese, als Fülle, als Zusammentragen des Wertvollsten. Ein solches Vorgehen ist etwa im Zusammenhang mit der von Brodziński und Mochnacki eingeführten Kategorie der kulturellen Verwandtschaft zu beobachten, welche die Slawen beim ersteren z.B. mit den alten Griechen, beim letzteren mit den Skandinaviern verbindet. In Mickiewiczs Text fehlt es noch an einer Kategorie, die die Fülle des Erbes integrieren könnte – er spricht, wie erwähnt, von einem – recht abstrakt verstandenen – nationalen Schaffen, das mit der Geschichte der jeweiligen Gemeinschaft in Verbindung steht.

Jenes integrierende Vorgehen tritt auch in der Polemik gegen die Kategorie der Nachahmung fremder Vorbilder zutage – einer Polemik, die im Namen der Bewahrung des eigenen Nationalgeistes und dessen organischer Entwicklung geführt wird. Die hier besprochenen

---

18 Im Zusammenhang mit Mickiewicz behandelt diese Frage Zofia Stefanowska, Mickiewicz „Śród żywiołów obcych" [Mickiewicz „inmitten fremder Elemente"], in: Próba zdrowego rozumu. Studia o Mickiewiczu [Versuch gesunden Menschenverstandes. Studien zu Mickiewicz]. Warszawa 2001, S. 304-334.

19 Vgl. zu dieser Frage die Ausführungen von Andrzej Szahaj, E pluribus unum? Dylematy wielokulturowości i politycznej poprawności [E pluribus unum? Dilemmata der Multikulturalität und der politischen Korrektheit]. Kraków 2004.

20 Vgl. Gerald Lucien Bruns, Hermeneutics Ancient and Modern. New York/London 1992, S. 159 ff.

21 Vincent Descombes, Le même et l'autre. Quarante-cinq ans de philosophie française (1933–1978). Cambridge/Paris 1979, S. 25.

Kritiker gehen davon aus, dass man sich vom Anderen inspirieren lassen kann, insbesondere von dem, was der eigenen Kultur nahe steht, wenn man dies nicht oberflächlich tut und aus der Position einer starken Kultur heraus auftritt.[22] Für Brodziński z.B. ist Kochanowski ein Dichter der harmonischen Synthese vieler verschiedener Kulturen – und zugleich ein nationaler Dichter. Wie schon erwähnt, ist Mickiewicz derjenige, der in seiner Offenheit für derlei Inspirationen am weitesten geht; deutlich wird das in seiner affirmativen Darstellung der deutschen Literatur, die originell und eigenständig sei und zugleich eine Synthese aus anderen Kulturen vornehme.

Den Diskurs der Kritiker formen rhetorische Mechanismen der sprachlichen Kohärenz (z.B. die natürliche Komposition) und Mechanismen der Metaphorisierung sowie der Ideologie. Wenden wir uns den zweiten zu: Die zentrale Metapher, deren sich die zitierten Kritiker bedienen, ist, wie bereits erwähnt, eine organizistische;[23] sie soll u.a. den natürlichen Charakter der dargestellten Phänomene plausibel machen. Brodziński schreibt: „So ist der Lauf der Dinge bei Mensch und Natur, dieser Weg scheint den Völkern und der Poesie abgesteckt, denn alles in der Natur ist einander ähnlich, und nichts ist nur von sich selbst abhängig" (22). Diese Metapher ermöglicht die Zusammenführung unterschiedlicher Segmente des Erbes zu *einer* Tradition.

Was folgt aus der Hinwendung der zitierten Kritiker zu anderen Terrains der Kultur? Historismus und Hermeneutik ermöglichten es den Romantikern, das Andere zu entdecken und es zugleich zu verdecken. Das Lokalkolorit ordneten sie ihrer Historiosophie des Nationalen unter (nach 1831 wird diese Unterordnung auch bei Mickiewicz sichtbar werden).[24] Die romantische Hinwendung zu anderen Kulturen und zum Anderen in der Kultur offenbart zweifellos den Wunsch, eine neue Mythologie zu erschaffen (wobei dieser Wunsch nicht unbedingt von deutschen Konzeptionen beeinflusst sein musste).[25]

Indem sie Alterität wahrnehmen, können die Romantiker ihre Kritik an der ihrer Meinung nach oberflächlichen Universalität des aufklärerischen Zivilisations-Konzepts entwickeln. Mochnacki konstatiert missbilligend: „Im heutigen Zustand der Zivilisation schwindet die Individualität des Menschen in der Gleichförmigkeit der Institutionen, Gesetze und Sitten. (...) wir sind alle Europäer" (26); Brodziński bedient sich zur Bezeichnung des französischen Klassizismus der Metapher vom französischen Garten. Die Wahrnehmung von Alterität ermöglicht es den Romantikern darüber hinaus, das Konzept einer unter der Oberfläche verborgenen Universalität einzuführen, die auf der Kategorie des Geistes basiert und das Verschiedene integriert. Eine solche Perspektive skizzierte bereits Herder, wenn er von der musikalischen Harmonie der Nationen sprach, aus denen die Menschheit bestehe.[26]

---

22 Vgl. in diesem Zusammenhang Marek Stanisz, Wczesnoromantyczne spory o poezję [Frühromantische Debatten über die Poesie]. Kraków 1998.

23 Zu dieser Metapher im Diskurs Coleridges vgl. Abrams, Spiegel und Lampe (wie Anm. 6), S. 213 ff.

24 Zu den beiden Historismen – des Lokalkolorits und der Historiosophie – vgl. Maria Janion, Estetyka średniowiecznej Północy [Die Ästhetik des mittelalterlichen Nordens], in: Czas formy otwartej. Tematy i media romantyczne [Die Zeit der offenen Form. Romantische Themen und Medien]. Warszawa 1984, S. 7-81.

25 Vgl. hierzu Agata Bielik-Robson, Duch powierzchni. Rewizja romantyczna i filozofia [Der Geist der Oberfläche. Die Revision der Romantik und die Philosophie]. Kraków 2004, S. 96 ff.

26 Vgl. hierzu die Ausführungen von Tadeusz Namowicz, Johann Gottfried Herder. Z zagadnień

Doch wie mir scheint, zeigt sich bei den Romantikern – trotz jenes Willens zur Zusammenführung und Integration – ein Bewusstsein dafür,[27] dass das romantische Ich und
seine Kultur den Charakter eines Palimpsests haben. Nicht von ungefähr zeigen die zitierten Kritiker auf, wie die verschiedenen kulturellen Formationen aus Ablagerungen von
Alterität, aus unterschiedlichen Traditionen aufgebaut sind; so verhält es sich z.B. mit der
polnischen Literatur bei Brodziński. Mickiewicz etwa schreibt zur Entstehung der Neuzeit:
„Die endgültige Verschmelzung der germanischen und skandinavischen Völker mit dem
alten Stamm der Römer, der Zusammenstoß der Vorstellungen und Gefühle der neuen Welt
mit den Vorstellungen und Gefühlen der alten musste wiederum einen Einfluss auf den
Charakter der Menschheit und somit auch auf den Charakter der Poesie ausüben" (191).
Das große Ganze der Kultur birgt auch das Andere in sich, und dieses ist unverzichtbar,
um sich des Eigenen bewusst zu werden. Mickiewicz konstatiert: „Auf diese Weise führt
uns die Absicht, nur die romantische Poesie zu beschreiben, unwillentlich zu Bemerkungen
über andere Arten der Dichtung" (186).

Dieser Palimpsestcharakter führt zur Problematisierung der Kategorie der romantischen
Identität, die nicht aus sich selbst heraus entsteht, sondern im Dialog mit dem Anderen,
von dem sie sich unterscheidet.[28] Mickiewicz spricht vom historischen Menschen, den verschiedene Gattungen der Literatur zum Ausdruck bringen: „(...) sie alle sind Geschöpfe der
Menschen, an ihnen allen können wir den Charakter des auf mannigfaltige Weise geformten
menschlichen Geistes ablesen" (202). Die unterschiedlichen Arten von Literatur zeugen von
der Diversität der Menschen; sie bringen eine Wahrheit über die Menschen zum Ausdruck
und eröffnen so einen Weg zur Selbsterkenntnis. In eine ähnliche Richtung geht Mochnackis
Bemerkung, dass die „Wunder und Zauberei" der Folklore ihren Ursprung im Inneren des
Menschen hätten, der nicht nur ein rationales Wesen ist und der sich mit Hilfe einer Literatur, der aus der Folkloretradition schöpft, als ein solches Wesen selbst erkennen kann.
Das Phänomen der Palimpsesthaftigkeit findet ihren Niederschlag auch in der heterogenen
Poetik romantischer Texte.

Die Entscheidung der Romantik für die Geschichte als grundlegende Kategorie der Hervorbringung von Kultur hat zur Folge, dass die damaligen kulturellen Projekte (sofern sie
sich nicht radikal dem Mythos zuwenden, wie etwa im Falle der Konzeption Zorian Dołęga-
Chodakowskis) in besonderer Weise den Mechanismen der Selbstdekonstruktion unterworfen sind: Das, was aus der Vergangenheit stammt, ist auch das Andere – davon spricht
Brodziński, der ein im Schillerschen Sinne sentimentales Bewusstsein an den Tag legt.
Sichtbar wird das in den zitierten Texten Brodzińskis und Mochnackis, die die Kategorie des Mythos mit der der Geschichte und die Nostalgie für die Vergangenheit mit dem

---

przełomu oświecenia w Niemczech w drugiej połowie XVIII wieku [Johann Gottfried Herder. Zu
    Problemen der Wende der Aufklärung in Deutschland in der zweiten Hälfte des 18. Jahrhunderts].
    Olsztyn 1995.

27 Vielleicht ist es auch nur eine leise Ahnung; denn Brodziński z.B. differenziert – bei gleichzeitigem
    Verweis auf bestehende Verwandtschaftsbeziehungen – ausdrücklich zwischen der polnischen und
    anderen Kulturen.

28 Vgl. Charles Taylor, Sources of the Self. The Making of the Modern Identity. Cambridge 1989.
    R. Girard spricht davon, dass das romantische Bewusstsein nichtsdestotrotz die „romantische
    Lüge" von der autonomen Genese der Subjektivität akzeptiert (René Girard, Mensonge romantique
    et vérité romanesque. Paris 1961).

Bewusstsein von der Historizität der Existenz zu verbinden suchen. Auch die Organismus-Metapher, die die Kohärenz des Diskurses und des Bildes von der Tradition gewährleisten soll, bringt aufgrund der Heterogenität des entstehenden Organismus, der sich von einer Vielzahl von Traditionen nährt, die Möglichkeit der Dekonstruktion mit sich.

Die erwähnten Autoren[29] zeigen sich offen für Veränderungen ihrer Konzeptionen, die sie umgestalten und ergänzen. Mochnacki z.B. gab die Vorstellung einer von der Kultur des Nordens inspirierten nationalen Tradition später auf. Darüber hinaus wertete er, wie schon erwähnt, die Kategorie des kulturellen Unterschieds mehr und mehr auf und schrieb schließlich: „Um sich selbst gut zu verstehen, muss man die anderen kennen und ständige Beziehungen zu ihnen unterhalten. Nur dann, *wenn sich das eine dem anderen entgegenstellt*, kann sich das eine wie das andere verstehen."[30] Besonders deutlich scheint diese Wandlungsfähigkeit bei Mickiewicz zu sein: Er sucht seine Quellen in vielen Segmenten der Kultur, die im Laufe des künstlerischen Werdegangs dieses Dichters auf unterschiedliche Weise reinterpretiert werden. Andererseits scheint der Autor des *Pan Tadeusz* immer deutlicher auf die Vorstellung einer universalen Kultur zuzusteuern, die ihre Erfüllung im Messianismus findet – wobei sich dieser als eine in besonderer Weise auf „Konsum" ausgerichteten Hermeneutik und Prophetie erweist, die das Andere absorbiert und ausbeutet.

Abschließend möchte ich auf das Problem des Alteritätsbegriffs und die beiden damit verbundenen Fragen zurückkommen. Erstens sollte betont werden, dass diese Kategorie in der Romantik nicht auf das Problem des Nationalen (oder Volkstümlichen) begrenzt ist, von dem ich hier gesprochen habe. So stoßen wir zum Beispiel auch auf die Wahrnehmung einer Alterität, die mit der Sexualität zusammenhängt. Und im Zusammenhang mit dem, was ich zum Alteritätsbegriff – zum aporetischen der Moderne und zum dialektischen der Romantik – gesagt habe, möchte ich hinzufügen, dass ich diese Begriffe nicht werte, sondern in jedem von ihnen Chancen wie Beschränkungen für die Erfahrung des Anderen sehe.

Aus dem Polnischen übersetzt von Jan Conrad, Rostock

---

29 Am wenigsten gilt dies für Brodziński, obwohl auch sein Diskurs nicht stabil ist – doch das ist eine generelle Eigenschaft des romantischen kritischen Diskurses, der vielen semantischen Ökonomien unterliegt; hiervon zu trennen ist der grundlegende Wandel im Denken des Kritikers, der sich im Jahre 1830 vollzog.

30 Maurycy Mochnacki, O literaturze polskiej w wieku dziewiętnastym [Über die polnische Literatur im 19. Jahrhundert], hrsg. v. Ziemowit Skibiński. Łódź 1985, S. 75.

Michał Masłowski

Der polnische romantische Held

In der Zeit der Romantik hat sich in Polen – nach dem der Renaissance – ein zweites
kulturelles Paradigma herauskristallisiert, dessen wichtigste Züge in der Figur des Helden
verkörpert sind. Im Westen war dies die „heroische" Zeit der nachnapoleonischen Ära,
die Zeit „großer Männer" und der Geburt des modernen Individualismus; eine Zeit, die
von einem Gefühl innerer Zerrissenheit begleitet war.[1] In der Situation einer Nation ohne Staat, einer auf ihre vergangene Größe stolzen, historisch gesehen multiethnischen und
multikonfessionellen Nation sollten die politischen Institutionen durch die „Kultur" – durch
Werke der Literatur, der bildenden und Theaterkunst – und das diskursive Denken durch
einen symbolischen Kode ersetzt werden. Anstatt also in der heraufziehenden Epoche des
Immanenzdenkens zu verschwinden, durchlief das Bild des Helden eine Art Mutation und
fand eine neue, nämlich literarische Verkörperung. Die Romantik schuf eine neue heroische
Mythologie, ein neues Verhaltensmodell und eine neue moralische Norm. Es ging dabei um
einen bewussten Schaffensprozess, um die Konstruktion der kollektiven Phantasie (Norwid).
Als solche gehört diese Mythologie der Moderne an, da sie dem Menschen die Herrschaft
über die Welt erleichtert. Auf die Phase einer rationalen Modernität, wie sie im Zeitalter der
Aufklärung ausgearbeitet wurde, folgt somit eine Phase, in der die Macht der Vorstellungen (des *imaginaire*), des Traums, also des individuellen und kollektiven Unbewussten, des
Irrationalen entdeckt wird. Dies ermöglicht der Nation ohne Staat die Ausarbeitung eines
symbolischen und rituellen Kodes, der einen unmittelbaren kulturellen Zusammenhalt jenseits der Institutionen garantieren sollte; einen Zusammenhalt, der stärker war als der legale
Diskurs – dieser wurde verworfen, denn für ihn stand der Besatzer, der das Land geteilt
und die Teilungen gerechtfertigt hatte und der nicht die Interessen der Völker, sondern die
der Despoten im Rahmen der Heiligen Allianz vertrat.

Dennoch entspricht das neue Bild des Helden – genauer gesagt, dessen hinter einer
Konstellation aus fiktiven und realen Gestalten verborgener neuer Idealtypus – nicht genau
dem Begriff des „Nationalhelden"; denn wenn es die Einheit und kulturelle Identität seiner
Gemeinschaft repräsentiert, so formt es diese doch zugleich – und übersteigt sie durch
seine universalistischen Ambitionen. Der neue Held entspricht also ebenso der Definition
des „großen Mannes", der sich in den Dienst der Menschheit und ihres Strebens nach
letztgültigen Zielen stellt.

Das romantische Paradigma, das sich in der Situation politischer Abhängigkeit heraus-
kristallisierte, blieb mindestens bis 1989 in Kraft und wird trotz der aktuellen Veränderungen noch lange wirkungsmächtig bleiben. Allgemeiner betrachtet fügt es sich auch in

---

1 Daniel Fabre, L'atelier des héros, in: La Fabrique des héros, hrsg. v. Pierre Centlivres, Daniel
Fabre u. Françoise Zonabend. Paris 1998, S. 233-318.

das Paradigma des Kriegers ein (Leszek Kołakowski) – sicherlich aufgrund der adeligen und aufständischen Traditionen der Gutsbesitzerschicht und später der Intelligenz, der die Aufgabe zukam, in einer Zeit bedrohter Identität das Überleben der Kultur sicherzustellen. Charakteristisch für das Paradigma des Kriegers, das den meisten Ländern Mittel- und Osteuropas (vielleicht mit Ausnahme des heutigen Tschechien) eigen ist, ist das Gebot des Kampfes mit dem Gegner – eines Kampfes, der mit Waffen, mit dem Geist oder mit Geld ausgetragen wird und der nur Sieg oder Niederlage kennt. Ein Kompromiss ist nur aus taktischen Gründen denkbar. Im Westen dagegen dominiert seit der Zeit der Revolution das Paradigma des Kaufmanns, für das der Tausch und die Suche nach einem Kompromiss kennzeichnend sind. (Dieser Unterschied erklärt einen Teil der Schwierigkeiten, die die Länder Mitteleuropas in der gegenwärtigen Phase demokratischer Veränderungen durchmachen. Der heroische Mythos wird aus dieser Situation also mit Sicherheit stark gewandelt hervorgehen. Doch vielleicht wird er nicht gänzlich verworfen, denn er beinhaltet in symbolischer Form ein kulturelles Persönlichkeitsmodell, das sich historisch bewährt hat und einen wesentlichen Bezugspunkt kultureller Identität darstellt. Es wird eher um eine Reinterpretation und diskursive Entfaltung der symbolischen Inhalte gehen, um jenes Modell an neue historische Rahmenbedingungen anzupassen.)

Wenngleich nach dem Vorbild des Kriegers modelliert, ist der neue Held kein Sieger, sondern verkörpert eher das an Christus orientierte Modell eines postumen, geistigen Sieges, einer moralischen Auferstehung – die zu einer politischen Auferstehung führen soll, denn Politik und Religion sind in diesem Schema eng mit der Kultur verknüpft, besonders in der Spätphase des Messianismus.

Eine weitere Vorbemerkung ist notwendig. Dominiert etwa in der französischen Tradition des Nationalstaats das klassische Modell des heroischen Königs, des politischen Führers, der das Institutionenprinzip verkörpert, so werden im romantischen Paradigma die heldenhaften Führer und Könige gewissermaßen „ersetzt" durch charismatische Figuren, die kollektive Bestrebungen zum Ausdruck bringen, oder gar durch die großen Dichter-Propheten (Wieszcze), die Figur des „Nationalkünstlers" als Kristallisationspunkt eines kollektiven Bewusstseins. So sind die alten heroischen Figuren eines Władysław Jagiełło, der die Ritter des Deutschen Ordens bei Tannenberg/Grunwald geschlagen hat, eines Stefan Báthory, der den Moskauer Staat Ivans des Schrecklichen von der Ostseeküste zurückgedrängt hat, oder auch eines Jan Sobieski, des Siegers über die Türken vor Wien, in der historischen Erinnerung in den Hintergrund getreten; erst später, in der zweiten Hälfte des 19. Jahrhunderts sollte ihr Bild rekonstruiert, vergeistigt und zu Sinnbildern der nationalen Vergangenheit umgewandelt werden.[2]

Zu Vorlagen für symbolische Konstruktionen wurden bei den Romantikern heroische Figuren jüngeren Datums. Dies betrifft in erster Linie Józef Poniatowski, der – wie ein neuer Roland – ums Leben kam, als er den Rückzug Napoleons deckte; Tadeusz Kościuszko, den Führer des nationalen Aufstandes – charismatische Persönlichkeit und Staatsoberhaupt zugleich; und paradoxerweise Napoleon, der ebenfalls ein Held der polnischen Phantasie ist –

---

2 Vgl. Magdalena Micińska, Między Królem Duchem a mieszczaninem. Obraz bohatera narowodego w piśmiennictwie polskim przełomu XIX i XX wieku (1890–1914) [Zwischen König-Geist und Bürger. Das Bild des Nationalhelden im polnischen Schrifttum an der Wende vom 19. zum 20. Jahrhundert (1890–1914)]. Wrocław 1995.

nicht als Staatschef, sondern als derjenige, der das Freiheitsstreben der Polen und anderer Völker verkörperte. Alle diese Helden waren historisch betrachtet Verlierer; sie wurden daher auch nach dem Christus-Modell des geistigen, postumen Sieges neu interpretiert.

Nichtsdestotrotz verkörpern sie alle die neuen Werte der Aufopferung, des Patriotismus und des Engagements für historische Veränderungen in der Welt, was einer nach der Französischen Revolution aufgekommenen neuen Problemstellung entsprach: der Frage großer Kollektive (wie Nationen oder soziale Klassen), des Wandels der Geschichte und des Bösen als eines dialektischen Moments, das im historischen Prozess unverzichtbar ist – in der Entwicklung von Individuen ebenso wie von Völkern. Diese Problematik deckte sich auch mit den von den Dichtern der Epoche verkündeten Idealen – der Freiheit (Friedrich Schiller) und der Suche nach dem Sinn des Lebens, der schließlich in der zusammen mit anderen unternommenen, gemeinschaftlichen Anstrengung (Goethes Faust) und in der Aufopferung für eine große Sache zu finden sei. Der letztere Fall – der durch das Beispiel Byrons, der im Kampf um die Freiheit der Griechen sein Leben ließ, bestätigt wurde – beeinflusste auch die Herausbildung des Modells des *Wieszcz* – des Sehers und geistigen Führers, der zum „Nationaldichter" wird. In der polnischen Tradition gibt es bekanntlich drei Dichter, die als *Wieszcze* anerkannt wurden: Adam Mickiewicz (1798–1855), Juliusz Słowacki (1809–1849) und Zygmunt Krasiński (1812–1859); kürzlich ist Cyprian Norwid (1821–1893) offiziell dazugekommen, nachdem Erde von seinem Grab auf den Wawel überführt wurde; hinzufügen muss man ganz sicher auch Frédéric Chopin (1810–1849), der ebenfalls den Status eines „Nationalkünstlers" genießt und stolz darauf war, den Geist der polnischen Kultur zu verkörpern.

Die Figur des neuen romantischen Helden hat sich vor allem in literarischen Werken wie *Konrad Wallenrod* und *Dziady* [Ahnenfeier] von Mickiewicz, *Kordian* und *Król-Duch* [König-Geist] von Słowacki sowie *Nie-Boska komedia* [Ungöttliche Komödie] von Krasiński herauskristallisiert. Hier wurden eine symbolische Synthese kollektiver Erfahrung und zugleich ein Verhaltensmodell in einer ausweglosen historischen Situation entworfen. Zu Recht hat man diesen Helden einen „Helden der Verwandlung" genannt (Konrad Górski), denn Individuation und Wandel der Persönlichkeit wurden zur Grundlage des neuen heroischen Schemas. Dieses Modell der Persönlichkeitsentwicklung umfasst gewissermaßen drei Etappen, die in *Dziady* durch einen Wechsel des Namens markiert werden: Der narzisstische, unglücklich verliebte Gustaw verwandelt sich in den patriotischen Rächer Konrad, um schließlich als anonymer Pilger für die universale Sache einer Ethisierung der Beziehungen zwischen den Nationen aufzutreten. August Cieszkowski, ein Philosoph jener Epoche, hat versucht, diese drei Etappen auf den Begriff zu bringen: den der egoistischen Persönlichkeit „in sich", der reflexiven Persönlichkeit „für sich" und in der letzten Phase – die der Vergöttlichung entspricht, bei der die Kraft ausschließlich aus dem eigenen Inneren geschöpft wird – der Persönlichkeit „aus sich heraus". Dieses Schema erinnert in vielerlei Hinsicht an das von Carl G. Jung entworfene Modell der Persönlichkeitsentwicklung, der Individuation – mit dem Unterschied, dass sich im polnischen Schema die „transzendente" Entwicklung der Persönlichkeit nicht durch die Verwirklichung eines angeborenen, in den Archetypen kodierten Programms vollzieht (Jung), sondern durch die Übernahme von Verantwortung für andere, für die menschliche Gemeinschaft; anders gesagt: dank einer *Ethik der Verantwortung* für andere, für die Entwicklung der Welt. Es geht also um einen Mechanismus geistiger Entwicklung durch Sozialisation und Übernahme von Verantwortung für die Welt. Auf religiöser Ebene bezieht sich dieses Schema auf einen neuen – analogen – Modus der Nachahmung Christi: nicht seiner historischen Askese, sondern seiner Hingabe für sein Volk, seiner Übernahme von Verantwortung für die Erlösung der Menschen. Erlösung bedeutete anfänglich Befreiung; die Nachahmung Christi sollte also von nun an auf dem Handeln oder dem Kampf für die Befreiung des eigenen Volkes, ja aller Völker beruhen. Wie Mickiewicz es formulieren wird:

„Tam Ojczyzna, gdzie źle; bo gdzie tylko w Europie jest ucisk Wolności i walka o nię, tam jest walka o Ojczyznę (...).“

[„Das Vaterland ist dort, wo es schlecht steht; denn wo immer es in Europa eine Unterdrückung der Freiheit und den Kampf um sie gibt, dort gibt es den Kampf um das Vaterland.“][3]

Mit diesem Prinzip der Solidarität unter den Völkern geht bei ihm ein Mechanismus der Internalisierung transzendenter Werte einher:

„O ile powiększycie i polepszycie duszę Waszą, o tyle polepszycie prawa Wasze i powiększycie granice.“

[„Um so viel, wie Ihr Eure Seele erweitert und verbessert, um so viel verbessert Ihr Eure Rechte und erweitert die Grenzen.“][4]

Beschäftigen wir uns noch einen Moment mit den Etappen der Individuation. Die romantische Liebe, die absolute Leidenschaft (erste Etappe) führt zum Tode, zum Abschluss, zur Versteinerung – wie in der Ballade über Poraj;[5] doch zugleich ermöglicht sie die Entdeckung des Absoluten im Anderen, in der Beziehung, jenseits der Religion; in religiöser Sprache formuliert, ermöglicht sie die Entdeckung Gottes im Menschen, zwischen den Menschen. Der Tod der egoistischen Persönlichkeit in dieser ersten Phase ist also eine Form des Todes des modernen Individualismus – er öffnet auf das Leiden der Anderen hin. Die zweite Etappe, bei der sich der Held mit der Gemeinschaft identifiziert, kennt zwei Varianten. Die erste, die in *Konrad Wallenrod* ausgeführt ist, besteht im Modell eines Patriotismus, der so verabsolutiert ist, dass er jedes Mittel rechtfertigt: Der Held des Poems, ein litauischer Fürst, schwört dem Glauben der Väter ab, empfängt die Taufe, gibt sich als Deutscher aus und lässt sich zum Hochmeister des Deutschen Ordens wählen – nur um die Deutschordensritter, seine neuen Glaubensbrüder, in eine endgültige Niederlage zu führen, die sein wahres Vaterland retten wird. Dies ist die Tragödie der doppelten Identität, des zum Sieg notwendigen Bösen. Dieses Modell des Helden als Verräter sollte in Polen und in der Ukraine als Bezugspunkt eines verabsolutierten Patriotismus dienen. Eine zweite Variante des Helden als Rächer wird im III. Teil der *Dziady* entworfen. Dort verwandelt sich der wertherhafte Gustaw in Konrad, den Helden und Rächer, der die Kraft seines Hasses verkündet: „Zemsta,

---

3 Adam Mickiewicz, Księgi narodu polskiego i pielgrzymstwa polskiego [Bücher des polnischen Volkes und der polnischen Pilgerschaft], in: Dzieła. Wydanie rocznicowe [Werke. Jubiläumsausgabe], hrsg. v. Zbigniew Jerzy Nowak. T. 5: Proza artystyczna i pisma krytyczne [Künstlerische Prosa und kritische Schriften]. 2. Aufl., Warszawa 1997, S. 9–62, hier S. 55.
4 Ebenda.
5 In Mickiewiczs *Dziady*, Teil I [Anm. d. Übers.].

zemsta, zemsta na wroga, / Z Bogiem a choćby mimo Boga!" [„Rache, Rache, Rache am
Feind, / Mit Gott oder auch gegen Gott!"] Sein Hass führt ihn bald dazu, den Gott der
Despoten der fehlenden Liebe und des fehlenden Erbarmens für die Leiden der Menschen
zu bezichtigen. Seine prometheische Rebellion erweist sich jedoch als fruchtbar; denn Gott
antwortet einer anderen Figur: dem Priester Piotr, dem er in der mystischen *Vision*[6] die
Herrschaft der Freiheit auf der Erde und das Kommen der messianischen Persönlichkeit
des „Vier und Vierzig" [„czterdzieści i cztery"], des „sichtbaren Statthalters der Freiheit
auf der Erde" [„namiestnika wolności na ziemi widomego"] verspricht. Nichtsdestotrotz
wird die Rebellion an sich als Frucht des Hasses und der Hybris verdammt – als Frucht
eines Patriotismus, der so verabsolutiert ist, dass er leicht in eine Tyrannei totalitären Typs
umschlagen könnte: „Niech ludzie będą dla mnie jak myśli i jak słowa..." [„Die Menschen
sollen für mich sein wie Gedanken und wie Worte..."]. Konrad muss noch eine weitere
Verwandlung durchmachen, um in eine universale ethische Dimension vorzustoßen. In der
dritten Phase nennt ihn der Autor schlicht Pilger, und wir dürfen annehmen, dass es um
den Pilger als Emissär geht, der für die in der *Vision* symbolisch angekündigte neue Sache
wirkt: die Sache der Ethisierung der Beziehungen zwischen den Nationen, die alle an Würde
und Rechten gleich sein sollen. Gemeint ist die Solidarität unter den Völkern im Gegensatz zur Solidarität der Regierungen der Heiligen Allianz. Die Figur des Helden aber, eben
jener Gustaw/Konrad/Pilger, wird von nun an zum Bezugspunkt für jeglichen historischen
Heroismus universalen Charakters, denn es geht um die Verteidigung ethischer Universalia
wie die Freiheit der Nationen oder die Ethik der Verantwortung.

Dieses Grundschema wird im Werk Słowackis und Krasińskis um die Problematik des
modernen Werterelativismus erweitert, der durch die Mobilisierung des kollektiven Willens
überwunden werden kann (Kordian); des Weiteren um die Problematik des Bösen – sei
es eines Bösen, das mit dem historischen Wandel einhergeht, das für den geistigen Fortschritt der Welt unerlässlich ist (Słowacki und seine Konzeption des „Geistes als ewiger
Revolutionär"), sei es des fruchtlosen Bösen der Revolution (Krasińskis *Nie-boska komedia*). Die Synthese geschieht durch Internalisierung, durch die Absorption der Widersprüche
der Welt (Konrads Ausruf „Ich heiße Million" in *Dziady*) und deren anschließende innere
Überwindung. Es kommt zu einer heroischen Personalisierung der historischen Dynamis-
men (Kordian).

Wenn der Typ des „Nationalhelden" den Anthropologen zufolge den „Charakter eines
Volkes", den *Volksgeist*[7] verkörpern soll,[8] so überschreitet die heroische Figur, von der
hier die Rede ist, diese Dimension aufgrund des Anspruchs auf Universalität. Tatsächlich
zeichnet sich die letzte Etappe in der Entwicklung der heroischen Persönlichkeit hier durch
die Verwirklichung einer „Mission" universalen Charakters aus, was unmittelbar auf das
Prinzip der nationalen Missionen verweist, die ihre Popularität in der damaligen Zeit den
Konzepten Herders und den aufkommenden Messianismen verdankten. Das bekannteste und
geheimnisvollste Bild jenes universalen Heroismus ist die Vision des „Vier und Vierzig"
aus *Dziady* – einer Messiasgestalt, die das Wollen der Völker verkörpert („a tytuł jego lud

---

6   *Dziady*, Teil III, Szene 5 [Anm. d. Übers.].
7   Im Original deutsch [Anm. d. Übers.].
8   Jean-Pierre Albert, Du martyr à la star. Les métamorphoses des héros nationaux, in: La Fabrique
    des héros (wie Anm. 1), S. 11-32.

ludów" [„und sein Titel heißt Volk der Völker"]) und vielleicht eine Art Synthese aus der weltlichen Wirkungsmächtigkeit Napoleons und dem ethischen Universalismus des messianischen Werks Christi darstellt. Es ist jedoch unklar, ob es um eine Person geht oder um eine Figur der gemeinschaftlichen Anstrengung. Und da der Held das Streben der Gemeinschaft verkörpert, ist es nicht immer möglich, zwischen seiner persönlichen Mission und der der Nation zu unterscheiden. Die eine verweist auf und definiert sich durch die andere. Wichtig ist dennoch die Präzisierung, dass der charismatische Held Bestrebungen verwirklicht, die mit einem allgemeinen ethischen Konsens in Einklang stehen, und gegenüber seiner Gemeinschaft die Rolle eines fordernden Propheten spielt.

Dieses heroische Modell, in dem die Entwicklung der Persönlichkeit von der Verkörperung gemeinschaftlicher Bestrebungen abhängig ist, führt eine starke Solidarität zwischen dem individuellen und dem kollektiven Schicksal ein, denn ersteres kann nicht ohne letzteres existieren: Das Individuum trägt die Gemeinschaft, und zugleich existiert es durch diese, dank der kollektiven Wahrnehmung. Dies gibt der Gesellschaft eine weitgehende Autonomie gegenüber der institutionalisierten Macht, sei es des Staates oder der Kirche, denn die Beurteilung des Sinns hängt von dem im Helden verkörperten Konsens ab. Er ist es nämlich, der die „normative Kultur" (*la culture légitime*) repräsentiert. In großen Augenblicken der Geschichte verleiht das der Gesellschaft eine wunderbare Kohärenz – erinnert sei nur an den Widerstand gegen den Besatzer im Zweiten Weltkrieg oder an die „Parallelgesellschaft" während des Kriegszustandes in den 80er Jahren. Doch in Friedenszeiten, im gewöhnlichen Alltag hält es das Individuum in einer Art Abhängigkeit von der Gemeinschaft gefangen und verhindert überdies ein effektives Funktionieren der politischen Institutionen. In diesem Persönlichkeitsmodell verweisen Individuum und nationale Gemeinschaft unablässig aufeinander. Innerhalb des Schemas wurden außerdem eine spezifische Ethik der Rollen (Słowacki) und eine Ethik der Beziehungen zwischen den Nationen ausgearbeitet. Das Prinzip der *Ethisierung der Politik* scheint der Leitgedanke der Epoche zu sein, und auf religiöser Ebene brachten die neuen Haltungen zur Frage des Engagements für die Geschichte eine Art christlichen Prometheismus hervor.

Es ist wichtig, sich klar zu machen, dass der Typus des heroischen Dichters, wie er in den Texten der *Wieszcze* – die Nationalhelden und reale große Persönlichkeiten waren – entworfen wurde, eine andere Art von Machtlegitimierung impliziert als die in den westlichen Nationalstaaten vorherrschende. Da seine Rolle in der Befreiung des Vaterlandes vom fremden Joch (Słowackis *Kordian*) oder in der Sicherung der kulturellen Autonomie für die Nation (Mickiewicz in *Dziady*) liegt, muss er Wege zur Herausbildung eines kollektiven Willens, eines ethischen Konsenses sowie einer Haltung des allgemeinen *non possumus* finden, das den ethischen Bezugspunkt für eine legitime Rebellion liefern kann. Moderne Legitimität wird in diesem Falle nicht durch die parlamentarischen Mechanismen der Demokratie geschaffen, sondern durch den kulturellen Befund über Gut und Böse, unter anderem eben auch in Literatur, Kunst und Theater. Die symbolische Kraft der in Rede stehenden Werke ist kaum zu überschätzen, und auch die Teilungsmächte waren sich dessen bewusst: Schon der Besitz eines Exemplars der *Dziady* konnte im 19. Jahrhundert theoretisch Sibirien oder den Tod nach sich ziehen. Die Überführung der sterblichen Überreste von Mickiewicz (1898), Słowacki (1927) und zuletzt der Erde vom Grabe Norwids (2001) in die Krypta auf dem Wawel, wo sich die Grabstätten der polnischen Könige befinden, gehört zu den Verfahren, die der Heroisierung der Dichter selbst dienen. Ihre Werke besaßen Sprengkraft. „Kordian" wurde in den verschiedenen Aufständen immer wieder von jungen Männern als Pseudonym genutzt, das Verbot der *Dziady*-Inszenierung 1968 war der Zündfunke für die Demonstrationen der Intellektuellen und Studenten im ganzen Land und führte schließlich zur Herausbildung einer demokratischen Opposition; es trug also zum Ende des Kommunismus bei. Die Beispiele ließen sich vermehren.

Der heroische Mythos der polnischen Romantik wurde im Folgenden auf drei Feldern weiter entfaltet: auf dem Felde der Literatur, des historischen Handelns und der Kultur.

In der Literatur wurden das Motiv der heroischen Persönlichkeit und ein spezifischer Messianismus – als universale ethische Mission der Polen – zu einem Grundmotiv, und sie sind es bis heute geblieben, sei es in immer neuen Reaktualisierungen, sei es als Gegenstand des Spotts. Cyprian Kamil Norwid, ein Spätromantiker, war zweifellos der erste, der die romantischen Symbole zu einer Art Messianismus der Arbeit weiterentwickelte. Die düstere Symbolik der charismatischen Gestalt aus der *Vision* des Priesters Piotr in *Dziady* interpretierte er als Werk der kollektiven Arbeit mehrerer Generationen von Menschen, denen dank ihrer Anstrengung die Auferstehung zuteil wird – einer Anstrengung, die den kollektiven Menschen humanisiert oder gar vergöttlicht (*Promethidion*). Die bekannteste literarische Figur in der zweiten Hälfte des 19. Jahrhunderts, in der Epoche des Positivismus, ist Wokulski aus Bolesław Prus' Roman *Lalka* [Die Puppe]. Hin- und hergerissen zwischen leidenschaftlicher Liebe und den kapitalistischen Verpflichtungen, die sich aus seinem Vermögen ergeben, schwankt er zwischen Selbstmord und dem Dienst an einem wissenschaftlichen Messianismus, das heißt der Erforschung eines Metalls, das leichter ist als Luft und allen Kriegen ein Ende setzen würde. Bezeichnenderweise trägt der Wissenschaftler, der an dieser Erfindung arbeitet, den deutschen Namen Geist. Stefan Żeromski, ein Schriftsteller der nächsten Generation, sollte wiederum zum „Gewissen der Nation" werden. Seine Helden sind gesellschaftlich engagierte Aktivisten, weltliche Heilige im Dienste der Armen – auf dem Felde der Gesundheitsfürsorge, der Erziehung oder auch bei unverzichtbaren Reformen. Es geht dem Autor ganz offensichtlich um die „Übersetzung" des romantischen Heroismus in die Wirklichkeit des 20. Jahrhunderts. Żeromskis Helden sollten auf das Gewissen der besten Vertreter vieler Generationen – bis in die ersten Jahrzehnte der volksrepublikanischen Zeit hinein – einen prägenden Einfluss ausüben.

Die Figur des romantischen Helden wurde auch in grotesker Form aufgegriffen. Doch angefangen mit Wyspiańskis Dramen *Wesele* [Die Hochzeit] und *Wyzwolenie* [Befreiung] sind die am häufigsten auftretenden Motive in der Tat eine Form der Reaktualisierung. Paradoxerweise zeigt Witold Gombrowicz, der große Spötter gegenüber der romantischen Tradition, in *Ślub* [Die Trauung] die metaphysische Dimension der heroischen Haltung auf. Sein Held, der (wie die Hauptfigur in Krasińskis *Nie-boska komedia*) den Namen Henryk trägt, versucht zunächst, gegenüber dem Trinker, einem Priester der „niederen Kirche", der eine „mensch-menschliche"[9] Messe zelebriert, „höhere Werte" zu verteidigen. Dann erfasst ihn – wie Konrad in der *Improvisation*[10] – das Verlangen nach der Herrschaft über die Seelen, und er wird zum blutigen Tyrannen. Am Ende fügt er sich der gültigen gesell-

---

9 Witold Gombrowicz, Ślub [Die Trauung], in: Dzieła [Werke], hrsg. v. Jan Błoński. T. VI: Dramaty [Dramen]. 2. Aufl., Kraków 1988, S. 89-224, hier S. 155.
10 *Dziady*, Teil III, Szene 2. [Anm. d. Übers.].

schaftlichen Form, die an die Stelle der Transzendenz tritt.[11] Die Konzeption des von den anderen konstruierten Menschen, des Menschen im Dienste der Form, der Gemeinschaft, ist als solche eine Art Reaktualisierung von Mickiewiczs christlichem Prometheismus und der Konzeption der *horizontalen Transzendenz*, die sich aus seinen Werken ableiten lässt. Die Helden sind also zu guter Letzt die anderen, die Gesellschaft, die Menschen (man könnte sagen: „das Paradies, das sind die anderen"), und es existiert keine andere Realität als die zwischenmenschliche, relationale. Die Verantwortung für diese Realität konstituiert die Persönlichkeit.

In anderen bekannten Werken tritt der romantische Held auch als Negativbild auf, etwa in *Kartoteka* [Die Karthotek] von Tadeusz Różewicz. Die Hauptfigur dieses Stückes trägt den Rollennamen „Bohater" (Held) und ist Direktor der Nationaloperette. Der Held hat nichts zu tun und verbringt daher die ganze Zeit mit seiner Sekretärin im Bett – in einem Zimmer, das gleichzeitig Straße ist: Das Persönliche und Private ist beim Helden mit dem Öffentlichen vermischt... In *Mała Apokalipsa* [Kleine Apokalypse] von Tadeusz Konwicki, einem Roman, der das Ende des Kommunismus vorhersagte, wird der Held – ein Schriftsteller – von seinen Kollegen dazu verpflichtet, sich für das Vaterland zu opfern und vor den Fernsehkameras der Welt zu verbrennen... Der Spott mindert hier nicht den Ernst der Selbstopferung auf dem Altar des Vaterlandes. In Sławomir Mrożeks Drama *Ambasador* [Der Botschafter] lässt sich die Hauptfigur im Namen des Rechts auf politisches Asyl töten, obwohl sie zugleich den idealistischen Dissidenten, der bei ihr Zuflucht gesucht hat, verachtet; dadurch gibt sie dem eigenen Leben einen Sinn, schafft überhaupt erst die Möglichkeit eines Sinns in einer absurden Welt. Das Voluntaristische der Tat wie auch die metaphysische Dimension der Rebellion des Helden erinnern an den romantischen Prometheismus.

Alle diese Beispiele zeigen, dass das romantische Modell offenbar ein nach wie vor aktueller Bezugspunkt ist oder es zumindest bis 1989 war. Historische Beispiele können diese Beobachtung nur bestätigen. Das bekannteste von ihnen ist zweifellos Józef Piłsudski (1867–1935), der Begründer der polnischen Staatlichkeit nach 123 Jahren der Teilung, anfangs Staatschef, später – seit dem Staatsstreich von 1926 und praktisch bis zu seinem Tod 1935 – informeller Diktator. Er liebte die romantische Dichtung, insbesondere Słowacki, und schöpfte aus ihr Vorbilder für Größe und aktive Teilnahme an der Gestaltung der Geschichte, aber auch für die Übernahme von Verantwortung für das Böse, das für das Überleben des Landes notwendig war. Als charismatische Heldenfigur hatte er einen Widerwillen gegen institutionalisierte Macht, und da er nicht Präsident werden wollte, führte er das Land mittels seiner persönlichen Autorität (und der ihm absolut ergebenen Armee). Er träumte von der Wiederherstellung einer Konföderation mit Litauen und der Ukraine, unterlag jedoch seinen politischen Gegnern und wurde gezwungen, seinen Namen für eine repressive Politik gegenüber den nationalen Minderheiten herzugeben. Wahrscheinlich hielt er sich für den „König-Geist" der Nation; jedenfalls versuchte er – übrigens nicht immer erfolgreich –, deren vitale Bedürfnisse zu erfassen. Er gilt als wichtigste politische Gestalt Polens im 20. Jahrhundert. Doch gibt es noch weitere Beispiele für Helden, die dem Bild literarischer Figuren der Romantik folgen.

---

11 Ausführlicher hierzu Michał Masłowski, „Kościół międzyludzki" w *Ślubie* Witolda Gombrowicza [Die „zwischenmenschliche Kirche" in Witold Gombrowiczs „Trauung"], in: Teksty drugie (1999), Nr. 1-2, S. 175-187.

Chronologisch gesehen wäre zuerst an Janusz Korczak zu erinnern, den Gelehrten und Schriftsteller jüdischer Herkunft, der im Namen des Dienstes an seinen Kindern freiwillig mit ihnen in die Gaskammer ging, damit sie sich nicht alleingelassen fühlten. Der Regisseur Andrzej Wajda hat diese Figur im Sinne des romantischen Heroismus interpretiert. Paradoxerweise wurde sein Film in Frankreich als antisemitisch verstanden, da er allzu sehr von einer christlichen Ethik der Aufopferung durchdrungen ist. Gleichzeitig wurde dieser Film jedoch vom israelischen Erziehungsministerium zur Vorführung in Schulen empfohlen.

Die jungen Männer der Widerstandsbewegung (der Heimatarmee) ahmten während des Krieges ebenfalls das Modell heroischer Haltungen nach und nahmen häufig das Pseudonym „Kordian" an. Nach dem Krieg entbrannte eine wichtige ideologische Kontroverse um die Bücher Joseph Conrads, eines englischen Schriftstellers polnischer Herkunft, dessen Helden eine Aktualisierung des polnischen Kulturmodells darstellen und mit dem sich die jungen Aufständischen identifizierten – es ging um die Bewahrung der Ehre unabhängig von den Aussichten auf einen Sieg.

Diese Tradition wurde dann von der demokratischen Opposition und von Gestalten wie dem Priester Popiełuszko, der vom Geheimdienst ermordet wurde, oder Lech Wałęsa, dem Vorsitzenden der ersten „Solidarność", aufgegriffen. Letzterer büßte freilich sein Charisma in dem Moment ein, als er Präsident werden wollte – der charismatische Held kann nicht „König" werden.

Und schließlich wird das romantische heroische Modell in den Augen der Polen auf evidente Weise von Johannes Paul II. verkörpert, insbesondere in den ersten Jahren seines Pontifikats. In manchen öffentlichen Äußerungen oder Enzykliken des Verehrers von Mickiewicz und den *Dziady* werden die romantischen Dichter – v.a. Mickiewicz und Norwid – paraphrasiert oder sogar wörtlich zitiert. Jedenfalls hat sich Johannes Paul II. ganz offensichtlich bemüht, Mickiewiczs Traum von einem Papst seiner Zeit zu verwirklichen, der sich an die Spitze der nationalen Befreiungsbewegung der Völker gestellt hätte; und er hat geistig auch maßgeblich zum Untergang des Kommunismus und zur Befreiung Mitteleuropas beigetragen.

Am wichtigsten für die Kultur ist wohl eine andere Version des heroischen Mythos: die des *Nationaldichters*, des Künstlers als Gewissen der Nation. Nach den drei *Wieszcze*, nach Norwid und Chopin haben die Künstler der nachfolgenden Generationen dieses Muster mehr oder weniger erfolgreich aufgegriffen: Henryk Sienkiewicz als Autor historischer Romane, die er „zur Stärkung der Herzen" schrieb; Jan Matejko als Maler, der die wichtigsten Momente alter polnischer Größe ins Bild gefasst hat; Stanisław Wyspiański, der Maler und geniale Dramatiker, der die romantischen Mythen mit der Realität des frühen 20. Jahrhunderts verknüpfte; Stefan Żeromski, das „Gewissen der Nation" für mehrere Generationen von Polen. Eine vergleichbare Rolle spielen in letzter Zeit – bisweilen gegen ihren Willen – ganz eindeutig u.a. Czesław Miłosz (Nobelpreis 1981), Gustaw Herling-Grudziński, der die Wahrheit über die stalinistischen Lager enthüllt hat, oder auch Andrzej Wajda, der die jüngste Geschichte durch das Prisma der romantischen Symbolik deutet – man denke etwa an Filme wie *Asche und Diamant*, *Der Mann aus Marmor* oder *Der Mann aus Eisen* (Goldene Palme in Cannes 1981). Zu erinnern wäre aber auch an Intellektuelle, die mit ihrem Denken der Gesellschaft als geistige Führer gedient haben, zum Beispiel Stanisław Brzozowski oder Marian Zdziechowski zu Beginn des 20. Jahrhunderts oder in jüngerer Zeit Leszek Kołakowski, der die Aporien des Marxismus-Kommunismus aufdeckte, oder

Jerzy Giedroyc, der Herausgeber der Pariser Zeitschrift *Kultura*, der die strategischen Ziele der polnischen Politik für die nächsten Generationen formulierte – genau seine Linie wird gegenwärtig umgesetzt. Juliusz Mieroszewski, einer seiner wichtigsten Mitarbeiter, hat eine prägnante Formulierung des Themas gefunden: Wenn es die Romantiker und ihre Träume nicht gäbe, wüssten die Realisten nicht, was realisiert werden muss...

In dem romantischen Mythos, wie er von den Dichtern jener Epoche als symbolische Synthese der Erfahrungen ihrer Generation formuliert wurde, ist das Potenzial zu einem philosophischen System angelegt, das diskursiv zu entwickeln wäre. Man kann sagen – und das war unser Ausgangspunkt –, dass dieser Mythos ein Paradigma der polnischen Kultur darstellt – der Kultur im Sinne einer Ganzheit, die auch politisches und religiöses Denken umfasst. Seine letzte Manifestation erlebte dieses Paradigmas wohl in der „Solidarność" der 80er Jahre – die gesellschaftliche, nationale und religiöse Bewegung zugleich war und als unblutiger Aufstand erlebt wurde. Während dieser Zeit war in den gesellschaftlichen Einstellungen ganz deutlich das Streben nach einer Ethik der Verantwortung für alle Belange der Gesellschaft und nach einer aktiven Teilhabe an den historischen Veränderungen – als Zeugnis der nationalen Identität – zu beobachten.

In philosophischer Hinsicht scheint dieser Mythos einen neuen Typus von Universalität zu transportieren – nicht jene rationalistische, die das Erbe der Aufklärung ist, sondern eine, die sich auf ein ethisches Projekt des Gemeinschaftslebens, auf ethische Universalia und die spezifische Erinnerung jeder Kultur bezieht. Die neuen religiösen Haltungen, die sich daraus ergeben, können als eine Art christlicher Prometheismus beschrieben werden, wo sozusagen jeder für die Erlösung der Welt, das heißt für die Würde des Menschen und den Sinn des Lebens verantwortlich ist. Dieses Prinzip einer *horizontalen Transzendenz* kommt heute dem dialogischen Denken etwa von Emmanuel Lévinas nahe, für den die Transzendenz in der Verantwortung für den Anderen liegt.

Diese neue Religiosität der Haltungen und Verhaltensweisen beruft sich – stärker als die diskursive Theologie – auf das Bild transzendenter Werte, die vom Menschen in einem Prozess der Individuation verinnerlicht werden – auf das Bild Gottes im Anderen, „zwischen uns", das Bild des Bruder-Gottes. Entscheidend für die neue Form der Transzendenz, die wir als horizontal bezeichnet haben, ist ein allgemeiner ethischer Konsens. In der Praxis stellt sich diese Transzendenz einer übertriebenen Institutionalisierung der Religion und der Erstarrung des Glaubens zu dogmatischen Formeln entgegen – denn es geht ihr um eine lebendige Verantwortung für den Anderen, für andere; eine Verantwortung, die naturgemäß immer neue Formen annehmen muss. Dies führt zu einer spezifischen Form weltlicher Spiritualität, für die – anders als im Westen nach der Französischen Revolution – nicht der Preis einer verabsolutierten Immanenz gezahlt werden muss, da die Transzendenz hier entweder in internalisierter Form oder als Projektion eines universalen ethischen Konsenses überdauert hat.

Aus dieser Perspektive wird die geistige Entwicklung des Individuums – das für die Welt verantwortlich ist – zur neuen Achse eines Sinnes, der sich durch den Prozess der Globalisierung ebenso wenig relativieren lässt wie durch die Perspektive einer multikonfessionellen und multikulturellen Realität (wie sie der alten polnischen Adelsrepublik schließlich wohlbekannt war). Diese Art Individualismus nähert sich in vielerlei Hinsicht dem personalistischen Denken und stellt sich dem bürgerlichen Individualismus juristischen Typs in den kapitalistischen Gesellschaften entgegen. Der Kern dieses Unterschieds liegt vielleicht in der Öffnung für die kollektive Dimension des Lebens – das Individuum konstituiert sich dank der Anderen und durch die Anderen. Freiheit aber ist die Voraussetzung für die Entwicklung einer Persönlichkeit, die sich nicht ohne die Solidarität großer Gemeinschaften verwirklichen kann, eine Solidarität, die für den Sinn ebenso wichtig ist wie die persönliche Freiheit.

Das aus literarischen Werken geborene Bild des romantischen Helden – des Dichter-Helden, des Intellektuellen, der für das Schicksal der Gemeinschaft Verantwortung übernimmt – ist geschichtliche Wirklichkeit geworden und hat ein neues Paradigma der mitteleuropäischen Kultur hervorgebracht. Es hat sich historisch bewährt und gehalten, was es versprach. Ganz ohne Zweifel stellt es die Antwort auf eine Problemstellung dar, die nach der Französischen Revolution aufkam – das Problem großer Gemeinschaften, des historischen Wandels und des notwendigen Bösen; eine Antwort, die davor schützt, sich der Relativierung der Werte, der Atomisierung der Persönlichkeit und der Krise des Sinnes, also der Bezugssysteme, zu überlassen. Gleichzeitig muss sie sich an die neue Wirklichkeit anpassen: die Globalisierung, den transnationalen Kapitalismus, den hedonistischen, konsumorientierten Individualismus... Sie muss sich anpassen – oder verschwinden; auf jeden Fall ist sie ein wichtiger Teil des gemeinsamen europäischen Erbes, in gewisser Weise eine „zweite Lunge" des lange geteilten Europas.

Aus dem Polnischen übersetzt von Jan Conrad, Rostock

Stefan Chwin

Die Romantik und das Recht auf den eigenen Tod

1. Der Selbstmord „zum Wohl der anderen"

Die Kultur kann als ein Netz von Zeichen verstanden werden, durch welches das Kollektiv mehr oder weniger wirkungsvoll das Individuum kontrolliert, dessen geistiges Leben gestaltet und ihm bestimmte Verhaltensweisen auferlegt. Sollte tatsächlich das Hauptziel der Zivilisation – wie bisweilen geltend gemacht wird – in der möglichst langen Erhaltung der menschlichen Gattung liegen, bestünde eine wesentliche Funktion dieses Netzes vor allem darin, den Menschen vom Tod abzuhalten. Das Kollektiv – so könnte man dieses Gesetz formulieren – bindet den Einzelnen in ein Netz symbolischer Bedeutungen ein, die ihm die freie Wahl zwischen Leben und Tod nehmen und seinen Willen und die Kraft zum Überleben stärken. In diesem Sinne weist uns die Kultur immer einen Platz auf der Seite des Lebens zu, denn selbst wenn sie in gewissen Situationen den Tod des Einzelnen akzeptiert oder gar glorifiziert, wacht sie ihrem innersten Wesen nach doch über die weitere Existenz der menschlichen Gattung, der Gesellschaft, des Volkes, der Gemeinschaft.

Mit welchen Mitteln das Kollektiv gegen die Neigungen Einzelner zum Selbstmord vorgeht und in welcher Weise es auf den Einzelnen mit seiner symbolischen Macht einwirkt, um die Verlockung des Selbstmordes zu schwächen oder zu neutralisieren, ist im Wesentlichen vom jeweiligen Gruppen- und Kulturtyp abhängig. Eine Einflussnahme solcher Art erfolgt nicht nur durch klare Verbote und Gebote, sondern auch durch unterschwellige Anreize, die auf das Unterbewusstsein und die Phantasie einwirken.[1] Das Bild der Gesellschaft als eines kollektiven Subjekts, das den Einzelnen vor der Verlockung des Selbstmordes schützt, ist jedoch nur teilweise zutreffend. Nicht selten haben sich Gruppen, Völker, religiöse Organisationen, Parteien und Staaten die Bereitschaft des Individuums zu verschiedenen selbstmörderischen Verhaltensweisen zunutze gemacht. Der Selbstmord zum Wohl der anderen wurde oft zu einer besonders ehrenhaften Haltung aufgewertet, und Kollektive verstanden es, auf

---

[1] Die rechtlichen und symbolischen Restriktionen, die das Individuum in der europäischen Kultur vom Selbstmord abhalten sollten, sowie die Rituale der Herabwürdigung des Körpers von Selbstmördern nach deren Tod und der Schändung ihres Andenkens beschreibt Alfred Alvarez in seinem Buch: Bóg Bestia, Studium samobójstwa, übers. v. Łukasz Sommer, Warszawa 1997 (dt. Der grausame Gott. Eine Studie über den Selbstmord, aus d. Engl. übers. v. Maria Dessauer. Hamburg 1974). Die letzte belegte öffentliche Schändung des Leichnams eines Selbstmörders zur Zeit der Romantik fand in Chelsea im Jahre 1823 statt, ein Jahr nach dem Erscheinen von Mickiewiczs *Ballady i romanse* [Balladen und Romanzen]. Zu Beginn des 19. Jahrhunderts wurden Selbstmörder an Wegkreuzungen bestattet, ähnlich wie Menschen, die des Vampirismus verdächtigt wurden. Noch 1860 wurde in England ein Mensch wegen eines missglückten Selbstmordes gehängt; er hatte sich die Kehle durchgeschnitten und wurde gerettet. Bis 1961 konnte man in England für einen Selbstmordversuch mit Gefängnis bestraft werden.

vielfältige Weise die Menschen schon von Kind an auf einen derart legitimierten Selbstmord
vorzubereiten. Die Gemeinschaft übt ihre symbolische Macht über den Einzelnen sogar in
dessen höchst intimer Sphäre aus – oder sie versucht es zumindest.

In der Kultur jedes Kollektivs zeigen sich folglich zwei diametral entgegen gesetzte
Tendenzen: Die erste liegt darin, den Menschen von der Verlockung des Selbstmordes fern-
zuhalten und in ihm den Lebenswillen zu stärken. Die zweite liegt darin, die Selbstmord-
bereitschaft zu nähren, etwa zu dem Selbstmord, den Durkheim ,altruistisch' nennt.[2] In der
polnischen Kultur waren beide Tendenzen deutlich vertreten, und es ist manchmal tatsächlich schwer zu sagen, welche von beiden dominierte. Es weist jedoch vieles darauf hin, dass
die polnische Kultur, vor allem in der Romantik, die Polen auf verschiedene Weise auf den
altruistischen Selbstmord, das heißt auf einen Selbstmord anstelle anderer oder für andere
vorbereitete.[3]

Wenn dabei der altruistische Selbstmord glorifiziert wurde, dann gewöhnlich in Abhe-
bung vom „privaten", „egoistischen" Selbstmord, demjenigen aus ausschließlich persönlichen und nicht politisch-moralischen Gründen. Auf diese Weise, so können wir annehmen,
nahm die Kultur den Polen das Recht auf den „eigenen" Tod, das Recht auf den Selbstmord
aus – wie suggeriert wurde – „nichtigen" oder „zweitrangigen" existentiellen Gründen. Bei
der Herausbildung einer solchen Haltung kam der polnischen Kunst und Literatur eine wesentliche Rolle zu, schufen sie doch ein System symbolischer Anreize und Restriktionen, die
dem Selbstmord zum Nutzen der Gemeinschaft eine ganz besondere Bedeutung verliehen.[4]
Mickiewicz hatte wesentlichen Anteil an der Ausarbeitung eines solchen Systems, obwohl
seine ersten Werke dies noch nicht vermuten ließen.

---

2   Siehe Emile Durkheim, Wybór pism [Ausgewählte Werke]. Warszawa 1964, Kapitel: Typy sa-
    mobójstw [Typen des Selbstmordes]. Die Gruppe kann das Individuum auch dazu bringen, als
    Sündenbock Selbstmord zu begehen, wie dies René Girard beschreibt.
3   Es gibt in der Forschung weder unter Psychologen noch unter Juristen eine einheitliche Bestim-
    mung des Selbstmordes (oder des „altruistischen" Selbstmordes). Als Selbstmord wurden und
    werden ganz unterschiedliche menschliche Verhaltensweisen bezeichnet. Die Diskussionen zu
    dieser Frage behandelt Bruno Hołyst, Samobójstwo. Przypadek czy konieczność [Der Selbstmord.
    Zufall oder Notwendigkeit]. Warszawa 1983; er erörtert unter anderem Definitionen von Durk-
    heim, Erwin Stengel, J.D. Douglas, A. Weismann, Karl August Menninger, W.E. Kilpatrick und
    J.A. Merloo. Für die Literaturgeschichte scheint eine weiter gefasste Definition von Selbstmord
    sinnvoller als eine enge, obwohl alle Begriffe dieser Art, was stets zu bedenken ist, diskus-
    sionswürdig bleiben und in ethische Auseinandersetzungen verwickelt sind (so etwa die ,weite'
    Definition Weismanns, die unter den Selbstmord sämtliche „Verhaltensweisen, die ein Leben be-
    drohen und mit dem Tod enden" fasst, oder diejenige von E.S. Scheidmann, die als Selbstmord
    jede Tat bezeichnet, die den natürlichen Prozess des Sterbens beschleunigt; ähnlich die Definition
    Stengels, die den Selbstmord als „Akt einer Selbstschädigung, die die Sicherheit des Überlebens
    ausschließt", bestimmt, oder sogar die klassische Definition Durkheims: „On appelle suicide tout
    cas de mort qui résulte directement ou indirectement d'un acte positif ou négatif, accompli par
    la victime elle-même et qu'elle savait devoir produire ce résultat" (Emile Durkheim, Le suici-
    de. Paris 1976, S. 5). Eine ebenso umstrittene Frage wie die Definition des Selbstmordes ist die
    ethische und psychologische Unterscheidung des Selbstmordes vom Selbstopfer oder unterschied-
    lichen Formen von Selbstzerstörung. Alle Lösungen sind hier arbiträr und mit ethisch-religiösen
    Auseinandersetzungen verbunden.
4   Zur Haltung romantischer Schriftsteller gegenüber dem Selbstmord siehe Alvarez, Bóg (wie
    Anm. 1), S. 168-175.

Der junge Mickiewicz war ein Dichter des Selbstmordes, der Selbstmord trieb ihn um und er schrieb offen darüber. Es genügt, auf seinen *Żeglarz* [Der Segler] aus dem Jahr 1821 zu verweisen, in dem neben der Frage „A więc porzucić korab żywota?" (Soll man das Schiff des Lebens verlassen?) noch eine weitaus drastischere Frage gestellt wird:

Czyli kto raz wrzucony do bytu otchłani,
Nie zdoła z niej wylecieć ani zginąć na dnie?

[„Und kann der, der in den Abgrund des Seins geworfen ist, / nicht aus ihm emporfliegen, noch auf dem Grunde umkommen?"][5]

Auf diese Weise kommt in Mickiewiczs Werk das Grauen über den bloßen Gedanken zur Sprache, dass wir, da unsere Seele unsterblich ist, unfähig sind, uns gänzlich das Leben zu nehmen, auch wenn wir dies wollten. Der junge Mickiewicz fürchtete nicht so sehr das Nichts nach dem Tod, als dass wir, eingeschlossen in die „Abgründe des Seins", zum ewigen Leben verdammt sein könnten. Die Konsequenz dieser Erkenntnis war die Sehnsucht nach dem Selbstmord als völliger Annihilation, als Tötung nicht nur des Körpers, sondern auch der eigenen Seele. Dieser Wunsch war jedoch begleitet von der Angst, ein solcher Selbstmord könne möglicherweise unausführbar sein, denn nach den Lehren der Kirche lässt sich die Seele nicht töten. Im Jahr 1821, in einer existentiellen Krise, sehnte sich Mickiewicz – wie er schrieb – danach, in seinem Herzen den religiösen Glauben an die Unsterblichkeit der Seele „abzukühlen", da ihm dieser Glaube die Hoffnung auf das Nichts nach dem Tod nahm, das ihm endgültig den Schmerz des Daseins hätte nehmen können. Sagen nicht die Naturwissenschaften, so fragt er im *Żeglarz*, dass „Was lebt, vergeht" („Co żyje, niknie")? Weshalb also will der innere Glaube „sich nicht abkühlen, / Dass der Stern

---

5   Siehe das Gedicht *Żeglarz* [Der Segler], in: Adam Mickiewicz, Wiersze [Gedichte]. Dzieła, Bd. 1, Warszawa 1993, S. 128. Zuvor, am 2. März 1820, schrieb Mickiewicz im Gedicht *Któż nad ciebie... (Do Czeczota)* [Wer denn mehr als du... (An Czeczot)], in: Ebenda, S. 453: „Angielska bierze ochota, / Bym nudne ciało zawiesił" [Mich erfasste Engelslust, / Den langweiligen Körper aufzuhängen]. Als Rettung vor seinen Selbstmordgedanken betrachtete er, wie er bekannte, die Freundschaft der „Filomaten", die ihn „zum Leben verführten" (ebenda, S. 453). Wie zahlreiche Jugendschriften belegen, flüchtete der junge Mickiewicz in Momenten innerer Trostlosigkeit oft in die Freundschaft der Filomaten. In *Żeglarz* zeigt sich jedoch, dass es Momente im Leben gab, in denen diese Freundschaft nicht ausreichte. – Bezüglich des *Żeglarz* sollte man erwähnen, dass Mickiewicz zwischen 1812 und 1824 nicht zufällig Byrons Gedicht *Euthanasia* übersetzte, das mit dem Satz endet: „wyznasz człowieku, / Czymkolwiek byłeś, że lepiej być niczem" („bekenne Mensch, / Was immer Du warst, dass es besser wäre, ein Nichts zu sein" (ebenda, S. 169); in diesem Vers wird das Nichts, ja das Nicht-Geborensein, als eine für den Menschen weitaus attraktivere Alternative zur Existenz dargestellt. Bereits in *Zając i żaba* [Der Hase und der Frosch, 1829] jedoch wird der Selbstmord aus steter Lebensangst ironisch abgetan und als Folge fehlenden gesunden Menschenverstandes abgelehnt. – Der späte Mickiewicz sah die Dinge völlig anders. Er betrachtete die Unsterblichkeit als Geschenk Gottes, das die menschliche Natur der Natur Gottes annähere. Die Perspektive einer unsterblichen Seele weckte nun keinen Unwillen und kein Grauen mehr, im Gegenteil, sie war für den Menschen ein Grund zum Stolz: „Chcesz zyskać nieśmiertelność przez jaki czyn dzielny? / Głupiś! Czy chcesz, czy nie chcesz, będziesz nieśmiertelny" [„Du willst die Unsterblichkeit durch tapfere Tat verdienen: Dummkopf! Ob Du willst oder nicht, Du bist unsterblich"] (*Żądza nieśmiertelności* [Verlangen nach Unsterblichkeit] in: *Zdania i uwagi* [Sätze und Bemerkungen], abgedruckt in: Ebenda, S. 388).

des Geistes nicht erlöschen kann / Und, auf die Bahn geworfen, durch die unendliche Tiefe kreist, / Solange er ewig seine Kreise zieht" („Za cóż głos ten wewnętrznej wiary nie wyziębi, / Że gwiazda ducha zagasnąć nie zdoła / I raz rzucona krąży po niezmiernej głębi, / Póki czas wieczne toczyć będzie koła")? Gerade dies weckte das Grauen: dass der Selbstmord ein unvollkommener Tod sein könnte, da wir sogar dann, wenn wir uns das Leben nehmen, nach dem Tod weiterhin den Qualen des Seins ausgesetzt sein werden.

Dies hat sich später geändert. Die Ursachen für diesen Wandel bleiben rätselhaft und lassen sich nicht auf die einfache Gegenüberstellung einer Romantik vor und einer nach dem Novemberaufstand zurückführen. War Mickiewicz zunächst ein Dichter des „existentiellen" Selbstmordes, dann durchlief er später eine Phase der starken Faszination durch den altruistischen Selbstmord, und schließlich, in seiner messianistischen Phase, versuchte er sogar den altruistisch motivierten Selbstmord energisch aus dem geistigen Leben Polens zu exorzieren. Wir können die Hypothese formulieren, dass diese Exorzismen einen Kanon symbolischer Restriktionen bezüglich des Selbstmordes schufen, der von der polnischen Kultur des 19. und 20. Jahrhunderts aufgenommen, ja sogar noch verstärkt wurde. Dieser symbolische Kanon war es, mit dem die polnischen Dichter des Selbstmordes konfrontiert waren.

In Kulturen, in denen das Kollektiv dem Einzelnen das Recht auf Selbstmord aus rein persönlichen Gründen nimmt oder einschränkt, gilt der Selbstmord, außer als Tod „für andere" oder „anstelle anderer", als kriminelles oder religiöses Vergehen. In solchen Kulturen muss der Einzelne, will er das Recht auf den „eigenen" Tod zurückerlangen, das symbolische Netz lösen, das „zu seinem eigenen und dem Wohl anderer" geknüpft wurde, sich aus den Bedeutungen befreien, die seine Gefühle und Gedanken auf einen Raum restriktiver Sinngebungen begrenzen, das Gefühl abschwächen, „Eigentum" des Kollektivs zu sein; er muss in einem Prozess symbolischer Individualisierung den eigenen Tod in einen privaten Raum überführen, zu dem die Gesellschaft nur mittelbar Zutritt hat.

Diese innere Umgestaltung erfolgt durch eine „Dekolonialisierung" der symbolischen Sphäre, durch die Reinigung der eigenen Phantasie von jenen Ikonen, die den altruistischen Selbstmord verherrlichen und den „egoistischen" Selbstmord entwerten, sowie durch den Aufbau eines eigenen, individuellen Raums für den Tod, der dem Einzelnen erst einen dunklen Raum der Wahl eröffnet.[6] Diesen Prozess kann man unter anderem in der Literatur beobachten, wenn ein Held – oder der Autor selbst – in einem dramatischen Konflikt mit der Sphäre stark verinnerlichter repressiver Phantasmen eine symbolische Wandlung vollzieht.

2. Christus und Samson

Seit Jahrhunderten ist das wichtigste Gegenbild zum Selbstmörder, das die Menschen von „schlechten Gedanken" abbringen soll, Christus, genauer: die in der symbolischen Tradition des Christentums geformte Ikone des leidenden Gott-Menschen, die tief im Unterbewusst-

---

6 Zum Begriff der „Dekolonialisierung der Erfahrung" siehe Ronald David Laing, The Politics of Experience and the Bird of Paradise. New York 1967. Diesem Thema sind zahlreiche Studien in der Serie „Transgresje" [Transgressionen] gewidmet, die, von einer Gruppe unter der Leitung von Maria Janion (Stanisław Rosiek, Zbigniew Majchrowski, Stefan Chwin) redigiert, erschienen; siehe u.a.: Galernicy wrażliwości [Galeerensklaven der Feinfühligkeit]. Gdańsk 1982.

sein vieler Europäer verwurzelt ist. In der polnischen Literatur, zumindest in ihrer postromantischen Strömung, kommt der Christus-Figur eine ähnliche Rolle zu. Für viele Polen war und bleibt der Selbstmörder ein Anti-Christus, ja gar ein Antichrist. Dies nicht nur, weil er das biblische Gebot „Du sollst nicht töten" verletzt, sondern weil er das axiologische Fundament des Christentums trifft. Das Bild des Galiläers als altruistischer Selbstmörder, wie es zum Beispiel Tertullian entwirft, ging nachhaltig weder in die kollektive Vorstellungswelt der europäischen Gesellschaften noch in diejenige Polens ein.[7] Die Ikone des in Demut leidenden, gegeißelten und gekreuzigten Christus ist in der europäischen Kunst allgegenwärtig; sie besaß viele Jahrhunderte lang eine ungewöhnlich starke Überzeugungskraft, und auch polnische Schriftsteller setzten sie ein. Das bis zum Äußersten getriebene geduldige Leiden „anstelle von uns" und „für uns", das der egoistischen Selbstbefreiung von den Leiden durch die Flucht aus dieser Welt entgegengehalten wird, wurde – unter anderem durch Krasicki und Woronicz – zum Ende des 18. Jahrhunderts für die Polen zum Archetyp einer vorbildhaften moralischen Haltung. Mickiewicz festigte diesen Archetyp noch, indem er ihm in den *Dziady* [Ahnen] eine messianistische Bedeutung verlieh.[8] Vom Selbstmörder Gustaw führt über den rebellischen Konrad ein Weg zur „christusgleichen Geduld im Leiden" des Priesters Piotr, die jegliche Form des Selbstmords vollständig aus dem polnischen symbolischen Raum ausschloss.

In der polnischen Vorstellungswelt zumindest des 19. und 20. Jahrhunderts setzte sich jedoch das eindeutige und definitive Verbot des Selbstmordes nicht durch, obwohl die polnische Haltung gegenüber dem Selbstmord in hohem Maße von den moralischen Normen des Christentums geprägt war. Im europäischen und polnischen Imaginarium existierte neben dem Bild des gegeißelten und gekreuzigten Christus über viele Jahrzehnte als Alternative auch dasjenige Samsons, des biblischen Helden, der sich selbstmörderisch „in die Luft sprengte" und die Feinde Israels unter den Trümmern seines Gefängnisses begrub.

Die in der polnischen Kultur positiv gewertete Tat Samsons relativierte die moralische Botschaft des Christentums, denn sie stellte die Unbedingtheit des Gebotes „Du sollst nicht töten" in Frage. Neben dem Bild sakraler Passivität in Gestalt des gegeißelten und gekreuzigten Christus, das durch den Messianismus Mickiewiczs zum Leitbild vieler Generationen von Polen wurde, regte der Archetyp von Samsons Selbstmord in der polnischen Kultur zu extremen Verhaltensweisen an, die mit der Christus-Ethik des demütigen Leidens in Konflikt standen.

Es gibt in der polnischen Literatur des 19. Jahrhunderts kaum Bilder von Selbstmord, die nicht in altruistische Sinngebungen eingebunden wären und nur eine abgeschwächte politisch-nationale Motivierung aufweisen, und wenn, dann waren nicht sie es, die am stärk-

---

7   Die „Schwierigkeiten der Kirche mit einer rationalen Begründung für das Selbstmordverbot" charakterisiert Alvarez im zitierten Buch (Bóg [wie Anm. 1], S. 53): „Einer der eifrigsten Kirchenväter, Tertullian, sah sogar Jesus' Tod als eine Art Selbstmord an. Er zeigte, und Origenes stimmte mit ihm überein, dass Jesus sein Leben freiwillig hingab, denn es wäre undenkbar, dass Gott der Willkür eines Körpers ausgeliefert gewesen sei." John Donne (1572–1631) schreibt in seiner ersten offiziellen Verteidigung des Selbstmordes (in *Biathanatos*), dass Jesus selbst „sein Blut vergoss".

8   Siehe Ryszard Przybylski, Klasycyzm czyli Prawdziwy koniec Królestwa Polskiego [Der Klassizismus, oder das wahre Ende des Königreichs Polen]. Warszawa 1983; Abschnitt „Krytyka idei samozagłady" [Kritik der Idee der Selbstvernichtung], S. 125-135.

sten auf die kollektive Vorstellungswelt der Polen einwirkten: Gustaw aus Mickiewiczs *Dziady*, Spitznagel in Słowackis *Godzina myśli* [Stunde des Denkens], Kordian, Wacław im Drama von Stefan Garczyński, Edmund im Gedicht von Stefan Witwicki... Sogar wenn in der geistigen Biografie dieser Figuren die Erfahrung eines Selbstmords aus existenziellen Gründen erkennbar ist, so ist der Selbstmord aus der Sicht der Autoren gewöhnlich die „Erfahrung eines Übergangs" auf dem geistigen Weg oder aber eine moralische Fehlhandlung. Es war für die Polen ebenso unmöglich, Werther zu adaptieren, wie Manfred.[9] Im polnischen Imaginarium – ich meine damit die Vorstellungen, die am stärksten auf das kollektive Bewusstsein der Polen im 19. Jahrhundert wirkten – wurde der Selbstmord als Abrechnung mit der Existenz ersetzt durch den heroischen Selbstmord „für andere" – ein Zeichen engster Verbundenheit des Einzelnen mit der in ihrer Existenz bedrohten Gruppe. Der Tod Ordons, Winkelrieds und Wołodyjowskis, nicht der von Werther, wurde für einige Generationen zum archetypischen Modell für das symbolische Ende der Biografie eines polnischen Helden, und er war es, der die Schriftsteller faszinierte. Wir waren über einige Generationen den „Selbstmordattentätern" entschieden näher als Goethe.

Schon beim frühen Mickiewicz vernichtet Wallenrod in der Art Samsons den Deutschen Orden, indem er unter dessen Trümmern sich selbst und die Feinde begräbt. Der Selbstmörder Wallenrod verliert keinen Moment den mentalen Kontakt zur nationalen Gemeinschaft, deren Geist ihn stets in der Gestalt Halbans begleitet. Seine Taten werden von einem kollektiven Über-Ich, einem moralischen Imperativ der Treue geleitet, obwohl er einiges an individualistischem Stolz und Bitterkeit in sich trägt. Der Tod Wallenrods wird in Mickiewiczs Poem nicht als Rekapitulation eines wirklich persönlichen Lebens dargestellt. Im Schluss legt Mickiewiczs Selbstmörder im Angesicht des Feindes seine Maske ab, aber die Freiheit im Angesicht des Todes, die er erlebt, ist keine Freiheit für sich selbst, nicht einmal die Freiheit für die Liebesgefühle zu der Frau, die ihn aus der Ferne im Sterben begleitet. Nach Mickiewiczs Willen muss Wallenrod im Licht patriotischer Scheinwerfer sterben und in der opernhaften Pose eines „Helden, der seine Feinde herausfordert", erstarren, so dass seine symbolischen Gesten zum Vorbild patriotischer Entschlossenheit werden konnten. Er stirbt eher als literarischer Archetyp eines verwegenen Patriotismus denn als lebendiger Mensch, der sich einfach von seinem Leben trennen will.[10]

Mickiewiczs Ordon, der Samson des Novemberaufstands, sprengt sich wie ein Attentäter mit am Körper festgebundenen Dynamitladungen in die Luft und begräbt unter den Ruinen der Festung sich selbst und Hunderte von Feinden – obwohl der wirkliche Ordon diese selbstmörderische Explosion, die die siegreichen Russen an der Befestigungsanlage

---

9 Byrons *Manfred* hatte ähnlich wie Goethes *Werther* kaum Einfluss auf die kollektive Vorstellungswelt der Polen, obwohl viele literarische Werke der polnischen Romantik durch diese Werke inspiriert waren. Als bester Nachahmungsversuch *Manfreds* gilt *Lesław* von Roman Zmorski (1847), aber auch in diesem Werk wird das Bild eines existenziellen Selbstmordes mit einem revolutionär-altruistischen Sinn versehen, vgl. Stanisław Windakiewicz, Walter Scott i Lord Byron w odniesieniu do polskiej tradycji romantycznej [Walter Scott und Lord Byron und die polnische romantische Tradition]. Kraków 1914; Konstanty Wojciechowski, Werter w Polsce [Werther in Polen]. Lwów 1925.

10 Den Selbstmord Wallenrods behandle ich ausführlich in der Einleitung der Neuausgabe: Adam Mickiewicz, Konrad Wallenrod, bearb. v. Stefan Chwin. Wrocław (u.a.) 1998 (Biblioteka Narodowa. I, 72), S. XCIII-CVIII.

von Warschau aufhalten sollte, unversehrt überstand, was Mickiewicz jedoch nie öffentlich
richtig stellte.[11] Ordons ‚postume' Biografie scheint symptomatisch für die polnische Kultur
des 19. Jahrhunderts. Der alte Ordon nahm sich vermutlich aus rein persönlichen Gründen
im Exil in Florenz das Leben, aber viele glaubten und glauben bis heute, er habe dies
unter der Last des Mythos getan und mit seinem Selbstmord seine – unvollständige – Sam-
sonbiografie mit dem letzten noch fehlenden Glied ergänzen wollen.[12] In der kollektiven
Phantasie gab es einen weiteren katholischen „Selbstmordattentäter", Sienkiewiczs „sarmatischen Samson" Wołodyjowski, der sich zusammen mit der Festungsanlage in Kamieniec
Podolski in die Luft sprengte.

3. Ordon, durch das Fernrohr gesehen

In Wahrheit ist ein Selbstmord dieser Art, anders als Mickiewicz dies darstellte, nie nur
ein Akt des politisch-moralischen Fanatismus mit einer ausschließlich gesellschaftlichen
Bedeutung. In der komplizierten Psychologie jeder selbstmörderischen Tat verbinden sich
widersprüchliche Elemente, unter denen die Arbeit der Phantasie an der symbolischen Vorbereitung (auch des Körpers) auf den Tod eine wesentliche Rolle spielt. Zweifellos wird
Samson von Rachedurst und ideologischem Enthusiasmus (oder Fatalismus) geleitet, denn
die vielen, die sich in die Luft sprengen, um andere zu töten, haben – wie etwa Konrad Wallenrod – das Trauma des Verlusts einer nahe stehenden Person erlitten, haben den Willen,
ihren religiös-patriotischen Prinzipien treu zu bleiben, und ein ungebrochenes Gefühl einer
tödlichen Verpflichtung gegenüber ihren getöteten Mitstreitern. Aber ebenso wichtig für das
Bild einer solchen Tat sind die phantasmatischen, zutiefst intimen Transformationen des eigenen Ichs, die ihr vorangehen. Schriftsteller, die die geistige Verfassung des altruistischen
polnischen Selbstmörders und dabei die Gefühle und Vorstellungen, die dieser unmittelbar
vor seinem Tod durchlebt, beschreiben, sind sich dessen bewusst und zeichnen gelegentlich – wie etwa Strug in seinen Erzählungen über die Kämpfer von 1905 – suggestive
Bilder der komplexen inneren Struktur solcher Empfindungen. Dennoch wird auch noch in
der Literatur um die Wende zum 20. Jahrhundert, die viel komplexere Bilder des psycho-
physischen Zustands vor dem Akt des Selbstmords zu zeichnen begann, der altruistische Tod
des Selbstmörders als ein spektakuläres archetypisches Zeichen für die außergewöhnliche
Treue des Einzelnen gegenüber der Gruppe vorgestellt. Dieses Bild des Menschen, der sich

---

11 Zum Treffen Mickiewiczs mit Ordon in Burgas siehe: List J.K. Ordona do Władysła Mickie-
    wicza z przesłaniem opisu wysadzenia Reduty [Brief von J.K. Ordon an Władysław Mickie-
    wicz mit einer Beschreibung über die Sprengung der Festung], Biblioteka Polska w Paryżu, Rps.
    772. Die unterschiedlichen Überlieferungen zur Sprengung der Warschauer Festung behandelt Ta-
    deusz Januszewski, Reduta nr 54 [Redoute Nr. 54], in: Blok-Notes Muzeum Literatury im. Adama
    Mickiewicza (1975), S. 99-105.
12 Siehe die Materialien über Ordon, die nach seinem Tode veröffentlicht wurden, sowie die Briefe in
    dieser Sache in: Tygodnik Ilustrowany (1887), Nr. 228, S. 335; Gazeta Narodowa (1887), Nr. 106.
    Den Selbstmord von Ordon hat Teofil Lenartowicz in einer Ansprache von 1887 als „Tod des
    polnischen Cato" bezeichnet (Gazeta Narodowa [1887], Nr. 111). Andere Autoren geben als Motiv
    für Ordons Selbstmord die Angst vor einem zivilen Tod im Krankenhaus eines Soldaten an, der
    keine Gelegenheit hatte, in der Schlacht zu sterben, und der den „soldatischen Tod durch die
    Kugel" suchte, weshalb er sich selbst mit einer Pistole erschossen habe (Gazeta Narodowa [1887],
    Nr. 108).

in einen explodierenden und mörderischen Feuerball verwandelt, ein Symbol des höchsten Opfers des eigenen Lebens für das Kollektiv, leuchtete mehr als einmal über der geistigen Landschaft der polnischen Kunst auf.

Es ist jedoch charakteristisch, dass in den kanonisierten Texten der polnischen Kultur, die einen übermächtigen Einfluss auf das kollektive Bewusstsein der Polen hatten, die polnischen Schriftsteller der inneren, aus einer Innenperspektive gesehenen Gefühls- und Gedankenstruktur eines Selbstmörders vor seiner Tat nur wenig Beachtung schenkten, und dies obwohl die literarische Psychoanalyse der Seelenverfassung von „Sprengstoffattentätern" wie Ordon oder Wołodyjowski in diesem Moment für den Autor, wie man meinen könnte, eine ausgesprochen reizvolle Aufgabe darstellen könnte. Was fühlten der polnische Leutnant und der kleine Ritter unmittelbar vor der Explosion? Wie nahmen sie ihren eigenen Körper wahr? Woran denkt man tatsächlich in einem solchen Moment? Was geht im Kopf, im Herzen und in der Leber vor, wenn schon im nächsten Augenblick einem die explosive Ladung den Körper in Stücke reißen und dabei auch die Feinde töten wird? Die polnischen Schriftsteller stellten „Selbstmordattentate" bevorzugt aus der Distanz dar, als bloßes Faktum, das mit einer ideologischen Bedeutung versehen wird, als militärische Handlung aus einer einfachen, ausschließlich moralisch-patriotischen Motivation, gereinigt von den „verworrenen" Verwicklungen der individuellen Psychologie. In der polnischen Literatur wurde dem „selbstmörderischen Sprengstoffattentäter" das Recht auf die Introspektion vor dem Tod genommen. Er sollte in die Luft fliegen und sich nicht in die Feinheiten seiner inneren Befindlichkeiten vertiefen. Während er in eine explodierende Ikone des kollektiven Lebens verwandelt wurde, vermied man die Subtilitäten der Psychologie des Selbstmörders als übermäßige Komplizierung des Bildes, das vor allem gut verständliche ideologische und pädagogische Sinngebungen aufweisen sollte.

Im berühmten Gedicht Mickiewiczs berichtet ein Adjutant, der alles aus der Ferne beobachtet, von der Explosion, die Ordon in den Ruinen der Festung in Wola in Stücke reißt – und nicht der allwissende Erzähler, der den Helden begleitet und in dessen Seele blickt, und auch nicht Ordon selbst, obwohl der Monolog eines Selbstmörders vor dem Tod eine literarische Konvention wie jede andere ist und Mickiewicz diese Konvention hätte aufgreifen können. Dass Mickiewicz nicht Augenzeuge dieses Ereignisses war und es nur aus zweiter Hand kannte, ist nicht der einzige Grund, weshalb er auf diese literarische Erzählform verzichtete; Gründe allgemeinerer Art spielten hier hinein. Im Hinblick auf die spezifischen Bedürfnisse der polnischen Kultur musste der Tod Ordons „distanziert", „unkörperlich", „unpsychologisch" und „schmerzlos" sein, frei von subjektiven Gedanken und intimen Bekenntnissen, von Angst, Schrecken und vom grauenvollen Schmerz eines zerrissenen Körpers, reduziert auf eine militärische Aufgabe, die von einem „politisch korrekten" Soldaten ausgeführt wird, der – wie wir erahnen können – durch seinen Tod krampfartige patriotisch-religiöse Gefühle durchlebt, die ihn zusammen mit den zerrissenen Körpern seiner Feinde in den Himmel tragen. Ordon und ihm ähnliche Figuren sollten nicht aus der Nähe und nicht von innen gezeigt werden. Man musste sie aus der Ferne zeigen, am besten durch ein Fernrohr.

Der Selbstmord durch Sprengstoff wird in *Reduta Ordona* [Ordons Redoute, 1832] als eine zutiefst christliche Tat dargestellt, obwohl es zweifelhaft ist, dass Christus eine solche Tat gutgeheißen hätte. In Mickiewiczs Gedicht erscheint Gott selbst als Verbündeter des Selbstmordattentäters. Mehr noch: Mickiewicz kanonisiert den polnischen Offizier auf eigentümliche Weise, indem er ihn nicht nur zum „Festungspatron" macht, sondern zum Vorbild für den Schöpfer selbst. Wenn die Welt, heißt es, in Schlechtigkeit versinkt, verhält sich Gott genauso wie der polnische Leutnant – er sprengt sie in die Luft wie Ordon die von den Russen eingenommene Festung in Wola. Ob allerdings Gott, wenn er die Erde in die Luft sprengt wie Ordon die Festung, bei dieser zerstörerischen Explosion wie der polnische Held stirbt, darüber hat sich Mickiewicz in seinem Gedicht nicht geäußert.

Ordon, der die Festung mitsamt den angreifenden russischen Soldaten in die Luft sprengt, erscheint in Mickiewiczs Vision als mythischer, patriotisch-religiöser Held, der durch seine Tat die Welt vom Bösen befreit. Der von ihm ausgelösten Explosion verleiht Mickiewicz geradezu die Bedeutung der Vertilgung von Ungeziefer. Denn der polnische Offizier brennt mit den Flammen der Explosion, in denen er selbst zu Tode kommt, das „Ungeziefer", den „Schlamm", den „Ameisenhaufen" aus – Mickiewicz benutzt zur Beschreibung der russischen Soldaten, die Polen erobern, entomologische Metaphern. Ordons Körper erfährt in Mickiewiczs Vision noch vor der sakralen Explosion eine eigentümliche „Entkörperlichung". Bereits im Blick des Adjutanten, der aus der Ferne die Taten des Helden beobachtet, wird er zu einem Teil kumulierter kosmischer Energie, zu einer zerstörerischen elektrischen Ladung, deren Entladung die Welt von „Ungeziefer" reinigen soll. Ordons Hand, die im poetischen Bild Mickiewiczs *pars pro toto* für seinen Körper steht, ist ein „Blitz". Das Bild des „blitzhaften" Körpers, das Mickiewicz hier entwirft, geht eng mit dem metaphorischen Bild der Festung als eines glänzenden „Schmetterlings" zusammen, der von schwarzem Ungeziefer aufgefressen wird. Der „leuchtende" Körper Ordons, bei Mickiewicz symbolisch gleichgesetzt mit der Festung, ist kein Körper aus Fleisch und Blut mehr. Er erhält Ähnlichkeit mit einem „Funken", mit dem Teilchen einer stürmischen, zerstörerisch-schöpferischen Energie, das eine kosmische Explosion auslöst. Dieses symbolische Bild eines „blitzenden", „leuchtenden" und „entkörperlichten" Körpers sorgte dafür, dass in Mickiewiczs Vision der polnische Held bereits zu Lebzeiten dem Himmel nahe kam. Es ist bezeichnend, dass der Erzähler in Mickiewiczs Gedicht nicht weiß, wohin die Seelen der getöteten polnischen und russischen Soldaten nach der zerstörerischen Explosion gelangen, sich aber absolut sicher ist, dass die selbstmörderische Explosion die Seele Ordons direkt zu Gott trägt.[13]

So stellt Mickiewicz den altruistischen „Sprengstoff-Selbstmord" als eine Art flammende Himmelfahrt des polnischen Helden dar, der sich in eine zerstörerisch-schöpferische Wolke aus Feuer und Rauch verwandelt, die die Feinde vernichtet, und direkt in das Pantheon der Heiligen eingeht. „Denn das Werk der Zerstörung für eine gute Sache", so lesen wir in *Reduta Ordona*, „ist heilig wie das Werk der Schöpfung". Dies alles kam einer Gotteslästerung nah, aber dank der poetischen Meisterschaft Mickiewiczs wurde die Vision dieser „Himmelfahrt" des sich in die Luft sprengenden polnischen Samson, mochte sie im Licht der kirchlichen Morallehre auch noch so zweifelhaft wirken, von vielen polnischen Katholiken ohne den geringsten Vorbehalt akzeptiert.

Doch schon lange vor *Reduta Ordona* und *Konrad Wallenrod* taucht in Mickiewiczs Werk der berühmte Topos des „zerstörerischen Selbstmordes in einer Festung, die der Vernichtung preisgegeben ist" auf. In *Świteź* [Der Świteź-See] verhalten sich die Frauen, denen

---

13 Siehe Nils Ake Nilsson, „Reduta Ordona". Kilka uwag o stylu batalistycznym. [„Ordons Redoute". Einige Anmerkungen zu dem Schlachtfeldstil], in: Pamiętnik Literacki 59 (1968), Nr. 4, S. 157-163.

durch die die Stadt belagernden Feinde Schändung und Tod droht, ähnlich wie die Besatzung der Festung Masada in Flavius Josephus' *Jüdischem Krieg*, als sie die letzte Festung des scheiternden Aufstandes der Juden gegen Rom und für die Unabhängigkeit Israels verteidigten.[14] Sie wollen kollektiv Selbstmord verüben, um der Schande zu entgehen. Bei Mickiewicz lässt es Gott scheinbar nicht zu diesem kollektiven Selbstmord kommen, in Wirklichkeit geht er den potenziellen Selbstmörderinnen jedoch gleichsam zur Hand, indem er ihnen selbst das Leben nimmt, um ihre Körper in Kräuter zu verwandeln, die den Feind vergiften. Die Symbolik eines todesmutigen „Festungspatriotismus", wie ihn Mickiewicz schon in seinem frühen Gedicht schuf, „entkörperlicht" den Körper der Selbstmörderinnen und verwandelt ihn in eine pharmazeutische Waffe, die den Tod bringen kann. Der menschliche Körper als Werkzeug, um den Feind zu töten – von hier aus ist es nur ein Schritt zur Tat des Almanzor, der die Pest in sich trägt und als „lebendes Gift" in Granada den Tod verbreitet, oder natürlich zur selbstmörderischen Mission Wallenrods, der durch seine „vergiftende" Anwesenheit den Deutschen Orden von innen heraus vernichtet, wie auch zu Ordon, dem polnischen Offizier, der in den Ruinen Warschaus umkommt, indem er mit dem „Funken" seines „blitzhaften" Körpers die den Feind vernichtende Explosion entfacht.

4. Der Körper des polnischen Selbstmörders

Die komplexe Struktur von Gedanken, Gefühlen und körperlichen Empfindungen eines altruistischen Selbstmörders, der unmittelbar vor dem Tod „zum Wohl anderer" steht, zog nicht die Aufmerksamkeit der Schriftsteller auf sich; dies hätte zu sehr das mythische Bild kompliziert, das vor allem der patriotischen Erziehung der Nation dienen und die patriotische Entschlossenheit stärken sollte.

In diesem Sinne wurde den Polen das Recht auf den „eigenen" Tod genommen. Diese Haltung entwickelte sich über viele Jahre in der polnischen Literatur, zumindest in ihrer patriotisch pathetischen Richtung, deren geistiges Fundament in der Bestimmung des Menschen als vollkommenes „Eigentum" der Gruppe lag. Dem diente auch die Umgestaltung des „polnischen Körpers" in Kunst und Literatur, die zum Ziele hatte, dass die zutiefst intime somatische Selbstidentifikation des Einzelnen einen bestimmten Verhaltenstyp hervorbrachte – sie begünstigte den altruistischen Selbstmord und blockierte die Möglichkeit des „egoistischen" Selbstmordes. Auf der einen Seite konstruierten die polnischen Dichter das Bild eines Helden mit einem „nicht-körperlichen", allegorischen Körper, der bereit war, sich im selbstmörderischen Angriff auf den Feind zum Wohl der Gruppe zu vernichten. Auf der anderen Seite entstand das Bild eines individuellen Körpers, der gänzlich mit dem „Körper" des Vaterlandes verwachsen war, was suggerierte, dass jeder Selbstmord seinem Wesen nach ein egoistischer Schlag gegen Volk und Vaterland wäre. Ein Selbstmörder wurde in diesem Verständnis zum Mörder am Vaterland.

Dieser symbolische Wandel wurde bereits von der frühen Romantik vorbereitet.[15] Mickiewiczs Gustaw kann sich nicht töten, obwohl er es mehrfach versucht. Zu einem der ein-

---

14 Flavius Josephus, Geschichte des jüdischen Krieges, übers. v. Heinrich Clementz. Wiesbaden 1993, hier Buch VII, Kapitel VIII-IX.
15 Zur Interpretation des Selbstmordes von Gustaw als eines symbolischen Wandels eines vom Wahnsinn besessenen Individualisten in einen verantwortungsbewussten Patrioten siehe Tadeusz Sivert,

dringlichsten Phantasmen der polnischen Vorstellungswelt wurde das Bild des Menschen, der sich ohne Erfolg mehrfach selbst das Messer in die Brust stößt. Dieses Bild war vieldeutig, wir wissen nicht, ob Gustaw eine Erscheinung, ein lebendiger Mensch oder Gott weiß was ist, aber dies ändert nichts an der Tatsache, dass die Unmöglichkeit, seinem Leben ein Ende zu setzen, in Mickiewiczs Sicht etwas wahrhaftig Albtraumhaftes hat.[16] Werther zerschmettert mit einem Schuss seinen Kopf, aber obwohl er noch längere Zeit röchelt, endet er definitiv im Grab. Bei Goethe ist der Selbstmord eine blutige Arbeit, bei der der Körper einer verunstaltenden Destruktion unterzogen wird.[17] Der Pole Gustaw, wie Mickiewicz ihn darstellt, kann in diesem Punkt kein Werther sein, obwohl er in ähnlichen Nöten ist. Sogar wenn er sich selbst ins Jenseits schicken möchte, ist er dazu nicht imstande – auf ihn warten wichtigere Aufgaben. Er irrt an der Grenze zwischen Leben und Tod umher, als Symbol einer geheimnisvollen Verpflichtung gefangen in einem trüben und schmerzvollen Reich. Im vor dem Novemberaufstand entstandenen Teil der *Dziady* nahm Mickiewicz den Polen ihren Körper – den Körper aus Fleisch und Blut –, um ihnen einen Phantomkörper zu geben, den man weder töten kann noch darf. Gustaw sticht mit dem Messer auf sich ein, aber aus seinem Körper fließt kein Tropfen Blut. Der Körper des polnischen altruistischen Selbstmörders – und nicht nur des polnischen – wird ebenso blutleer sein; so weist das körperlose und phantomhafte Bild aus dem vierten Teil der *Dziady*, entstanden 1820–1823, den Weg in den dritten Teil von 1832, auch wenn es noch keine patriotische Bedeutung hat. Es kündigte die romantischen Rituale am Körper an, an deren Ende die vollkommene körperliche Identifikation des Einzelnen mit dem Kollektiv steht, die ein Selbstmordanschlag als Schlag gegen den Körper, das „Heiligtum" des nationalen Geistes, ausschließt.

Die Arbeit der romantischen Phantasie am Körper war Teil des großen polnischen Kampfes gegen den Selbstmord, eine rituelle Exorzierung des „egoistischen" Selbstmordes, dessen Ursachen über Politik und Geschichte hinausreichten. Wer einen phantomhaften, blutleeren und schmerzunempfindlichen Körper besitzt, wer in sich ein symbolhaftes Bild von ihm trägt, für den ist es einfacher, sich der Selbstzerstörung zum Wohl anderer hinzugeben. Jemandem, der hypnotisiert ist von der vermeintlichen eigenen Unkörperlichkeit, die das wirkliche Schmerzempfinden vor dem Tod abschwächt, fällt es leichter, sich in die Luft zu sprengen oder sich mit der Brust vor die Lanzen der Feinde zu werfen, als jemandem,

---

Motyw samobójstwa w „Dziadach" wileńsko-kowieńskich na tle ścierania się prądów społecznoliterackich [Das Selbstmordmotiv in den „Ahnen" Teil II & IV vor dem Hintergrund der Auseinandersetzung gesellschaftlich-literarischer Strömungen], in: Prace polonistyczne 6 (1948), S. 65-79.

16 Die Gestaltung der Gustaw-Figur ließ bei Mickiewicz wieder Ängste und Zweifel aufkommen, die er unter anderem bereits 1821 im *Żeglarz* zum Ausdruck gebracht hatte.

17 „Als der Medikus zu dem Unglücklichen kam, fand er ihn an der Erde ohne Rettung, der Puls schlug, die Glieder waren alle gelähmt. Über dem rechten Auge hatte er sich durch den Kopf geschossen, das Gehirn war herausgetrieben. Man ließ ihm zum Überfluss eine Ader am Arme, das Blut lief, er holte noch immer Atem. / Aus dem Blut auf der Lehne des Sessels konnte man schließen, er habe sitzend vor dem Schreibtische die Tat vollbracht, dann ist er herunter gesunken, hat sich konvulsivisch um den Stuhl herumgewälzt. Er lag gegen das Fenster entkräftet auf dem Rücken, war in völliger Kleidung, gestiefelt, im blauen Frack mit gelber Weste. (...) Werthern hatte man auf das Bette gelegt, die Stirn verbunden, sein Gesicht schon wie eines Toten, er rührte kein Glied. Die Lunge röchelte noch fürchterlich, bald schwach, bald stärker; man erwartete sein Ende." (Johann Wolfgang Goethe, Romane, Novellen, Epen. Goethes Werke in zehn Bänden. Bd. 7, Zürich 1962, S. 137).

der empfänglich ist für die sensible Körperlichkeit von Haut und Nerven. Diese romantische „Anästhesiologie", die rituelle „Betäubung" des Körpers gegenüber dem patriotischen Schmerz, besaß weit verzweigte Bedeutungen und durchdrang tief das intime Leben der Polen.

Der altruistische Selbstmörder der polnischen Literatur wurde seines Körpers beraubt.[18] Die körperliche Konkretheit des „eigenen Todes" verschwand aus dem Beobachtungsfeld der Schriftsteller. Die polnischen Selbstmörder starben in ihren Festungen nicht so blutig wie Werther. Die eigentümliche Flüssigkeit verschwand aus dem Gesichtsfeld. Das Blut aus Hämoglobin und Leukozyten wurde durch das allegorische „Blut der Nation", durch das „für die Nation vergossene Blut" und das „Blut des nationalen Geistes" ersetzt. Die Rhetorik des allegorischen Blutes verdrängte die Symbolik des Blutes des einzelnen Menschen, der sich in einer roten Lache vor Schmerzen krümmt. Ein Pole sollte in seinen Adern das allegorische „Blut Polens" spüren, das von einer mystischen Farbe ist, und nicht das eigene Blut. Sein Körper ist auch nicht sein Körper. Er ist vielmehr Beiwerk der patriotischen Seele. Wenn wir die Werke polnischer Schriftsteller lesen, wissen wir nicht, was mit den Körpern der altruistischen Selbstmörder geschieht, weder im Augenblick ihres selbstmörderischen Anschlags noch nach ihrem Tod. Wie sahen diese Körper nach der patriotischen Explosion aus, nachdem die Fanfaren des nationalen Ruhmes verstummten und man die menschlichen Überreste auf dem Schlachtfeld zusammensuchen musste? Mickiewicz kümmert sich nicht um Einzelheiten wie die Frage, was von Ordon nach der Explosion übrig geblieben war. Über solche Dinge war es nicht wert zu schreiben. Auch Sienkiewicz zerbrach sich darüber nicht den Kopf und versetzte den in die Luft gesprengten Wołodyjowski sofort in das erhabene Elysium sarmatischer Beerdigungsbräuche. Der Tod durch Selbstmord „für andere" sollte ein reines Zeichen von Patriotismus sein, ohne das Beiwerk blutiger körperlicher Details. Bei der patriotischen Explosion auf der Festung wurde der Körper ins Nichts „verweht". Er ging auf in Feuer, Flammen und einer Rauchwolke.

5. Die messianistische Kolonisation des Körpers

Aber nicht nur die symbolische „Körperlosigkeit" des altruistischen Selbstmordes sollte die Polen zu einem Tod „für andere" verlocken. Die Romantik kannte noch weitere symbolische Strategien, die Haltung des Einzelnen zu einem solchen Selbstmord zu formen, was keineswegs die Befürwortung des „egoistischen" Selbstmordes bedeutete. Die messianische Kolonisation des Körpers verwandelte den Körper eines einzelnen Polen in den symbolischen Körper des „schwangeren Menschen" und blockierte damit jeglichen Gedanken an Selbstmord bereits auf der Ebene unterschwelliger Gefühle. Ein solches Bild führte Mickiewicz im dritten Teil der „Totenfeier" ein, indem er den Körper eines jeden Polen mit einer patriotischen „anti-abortiven" Symbolik belegte.

„Ja kocham cały naród! (...) jak przyjaciel, kochanek, małżonek, jak ojciec" [„Was ich liebe, ist ein Volk! (...) als Freund, Geliebter, Gatte, Vater!"] ruft Konrad in der „Großen

---

18 Die symbolische „Entkörperlichung" des Körpers eines altruistischen Selbstmörders ist nicht ausschließlich ein Merkmal der polnischen Literatur; sie ist in vielen Literaturen zu beobachten. Die Ausprägung in der patriotischen polnischen Romantik ist eine historische Variante einer weit universelleren Tendenz.

Improvisation" aus.[19] Die äußerste Identifikation des Individuums mit dem Volk wird mit den Gefühlen eines Geliebten, Ehemannes und Vaters verglichen, also mit den unterschiedlichsten Schattierungen männlicher Liebe. Aber auf dem Höhepunkt des Monologes führt Mickiewicz eine bedeutende Erweiterung der Perspektive ein:

Teraz duszą jam w moje ojczyznę wcielony
Ciałem połknąłem jej duszę, (...)
Patrzę na ojczyznę biedną,
Jak syn na ojca wplecionego w koło;
Czuję całego cierpienia narodu,
Jak matka czuje w łonie bole swego płodu.

[„Aber jetzt bin ich des Vaterlandes Sohn; / Ganz ist es hineinversunken mit der Seele, / (...) Sehe ich's dort, so arm, geschunden, / Wie der Sohn den Vater sieht ins Rad gespannt, / Fühl ich meines Volkes Leiden also groß, / Wie die Mutter fühlt das Leiden ihrer Frucht im Schoß."][20]

Der Vergleich der Liebe, die einen Menschen mit seiner Nation verbindet, mit den Gefühlen eines Geliebten, Ehemannes und Vaters wird ergänzt durch eine identifizierende körperliche Metapher, in der die Grenze zwischen den Geschlechtern verwischt.

Der Pole war in dieser symbolischen Interpretation patriotischer Gefühle ein Mann, der „schwanger" ist. Der Embryo, der in seinem Bauch lebt – ein Hostien-Embryo, denn wir haben es mit einer Metapher der Eucharistie zu tun – ist das Vaterland, das Volk, das sich unter der Leber eingenistet hat. Konrad spürt in sich das Vaterland wie eine Frau die Bewegungen ihres Kindes. Mehr noch, wie wir bei Mickiewicz lesen können: Er spürt in sich den Schmerz des Vaterlandes wie eine Frau den Schmerz ihrer Leibesfrucht, was zwar unmöglich ist, aber die Hyperbel im Dienste des Patriotismus modelliert die Wirklichkeit nach radikalen Phantasmen. Dieses Phantasma, das den Körper des Vaters mit dem Körper der Mutter identifiziert, entzog dem Individuum den letzten Rest von Körperlichkeit. Der von der romantischen Phantasie umgestaltete Körper wurde zum Leben spendenden „Futteral", zur „Plazenta", in der jeder Pole das Kind „Vaterland" in sich trug. Wer einen solchen Körper töten wollte, würde in sich den Embryo Vaterland töten. Innerhalb einer solchermaßen repressiven Symbolik wäre ein Selbstmord einer niederträchtigen „Abtreibung" gleichgekommen, denn eine schwangere Frau, die sich das Leben nimmt, tötet auch das Kind in ihrem Schoß. Es galt, geduldig in Ketten gelegt zu leiden, wie eine Frau leidet, die in ihrem Schoß das Kind austrägt, und auf das Kommen des wiedergeborenen Vaterlandes nach der langen Zeit der Unfreiheit der Schwangerschaft zu warten. Diese Feminisierung des männlichen polnischen Körpers bildete eines der symbolischen Fundamente des Messianismus. Das Bild der Frau, die heldenhaft in einer ungünstigen Umgebung die Qualen der Schwangerschaft erträgt, wurde zum Vorbild für den polnischen Patriotismus erklärt und allen Varianten von Versuchung zum Selbstmord gegenübergestellt. Nach den *Dziady* waren gleichsam alle Polen schwanger – Männer ebenso wie Frauen. Der patriotische Selbstmord

---

19 *Dziady* III, 2. Szene, Verse 108, 109, 112; zitiert nach: Adam Mickiewicz, Die Ahnenfeier. Poem. Zweisprachige Ausgabe, übers. v. Walter Schamschula. Köln (u.a.) 1991, S. 253.
20 Ebenda, S. 261; polnisch Verse 357-358, 361-366.

gehörte im System des Messianismus zu den großen Ausnahmen.[21] Niemand glorifiziert in
den *Dziady* die Tat Rollinsons, der sich aus dem Fenster stürzt. Rollinson ist in Mickiewiczs
Drama das Opfer böser Mächte, aber kein Held, der sich positiv durch eine souveräne Geste
auszeichnen würde.[22]

Słowacki, der dem Messianismus Mickiewiczs ablehnend gegenüberstand, wies dies alles
von sich und schuf eine der stärksten Ikonen des altruistischen Selbstmordes der polnischen
Romantik. In seinen mystischen Phantasmagorien stellte er Mickiewiczs Bild des polnischen
„schwangeren Mannes" die eigene Vorstellung vom Körper als einer „Schale" entgegen,
die sehr schnell schmerzhaft zerspringen oder zerschlagen werden könnte. Der polnische
Körper ist in dieser Sicht nicht wie in den *Dziady* ein unantastbares „Futteral", in dem das
Volk als Hostien-Embryo geduldig in der Dunkelheit der Unfreiheit bis zur Niederkunft und
Wiedergeburt heranreifen sollte. Der Körper des Polen ist das einstweilige Gefängnis für den
Geist des Ewigen Revolutionärs, der mit seiner blutigen Arbeit in himmlische Höhen strebt.
Symbolischer Ausdruck dieser moralischen Philosophie ist das Bild des Körpers als eines
alabasterfarbenen Sarkophags, einer halbdurchsichtigen steinernen Schale, durch welche
die im Inneren glühende Lampe der Seele durchschimmert.[23] Aus dieser Körperschale
muss der Mensch in blutiger Arbeit dieses Licht des Geistes befreien, das nach ständiger
Metamorphose strebt.

Der altruistische Selbstmord findet in dieser Philosophie ohne weiteres Platz. Es ist nicht
verwunderlich, dass die Phantasie Słowackis in *Kordian* von der phantasmatischen Vision
des selbstmörderischen Angriffs Winkelrieds beherrscht war, der in seine mit einer stähler-
nen Hülle gepanzerte Brust die Speere der Feinde stieß, um mit seinem sterbenden Körper
seinen Kampfgenossen den Weg zu bahnen. Ebenso bedeutsam war im symbolischen Imaginarium Słowackis das Bild des polnischen Zentauren – des Polen, der mit dem Ulanenpferd
verwachsen ist und über die Bajonette hinwegspringt, die Pferd und Reiter jeden Augenblick aufzuspießen drohen. Gombrowicz zielte in seinem spöttischen Roman *Transatlantyk*
ins Zentrum dieses Phantasmas: Auf das Bild Kordians über den Bajonettspitzen antworte-

---

21 Gegen das Ethos des altruistischen Selbstmordes gerichtet war auch das berühmte Gedicht *Do
    matki Polki* (Einer polnischen Mutter, 1830), in dem Mickiewicz an die Idee der Nachfolge Christi
    anknüpft. Im Ton tragischer Ironie wird den polnischen Frauen erklärt, dass die „Pflege des Kreu-
    zes" durch das Kind das psychologische Modell einer polnischen Erziehung sei, somit die mentale
    Vorbereitung auf die zukünftige „Kreuzigung" für Polen. Die Abneigung gegenüber Selbstmör-
    dern scheint im Bewusstsein Mickiewiczs im Laufe der Zeit zu wachsen. Im Gedicht *Z bramy
    więzienia, Część IV powieści Garczyńskiego „Zdrajca"* [Aus dem Tor des Verlieses. Der vierte
    Teil von Garczyńskis Erzählung „Der Verräter"] aus dem Jahr 1833 wird der Selbstmörder, der
    sich im Gefängnis das Leben nahm, schlicht als „gottloser Mensch" (bezbożnik) bezeichnet. Die
    Figur weckt nur Verachtung und Abneigung, denn es handelt sich zudem um einen Vaterlands-
    verräter, der Landsleute den Folterungen durch die Russen auslieferte (Mickiewicz, Wiersze [wie
    Anm. 5], S. 421).
22 Der Selbstmord Rollinsons wird mit blutigen Details beschrieben, aber er ist kein altruistischer
    Selbstmörder. Sein Blut ist ein Zeichen der russischen Brutalität.
23 Ein Alabastersarkophag mit einem Kerzenständer, den er in einem Londoner Museum gesehen
    hatte, diente Słowacki als symbolisches Bild der „Schale" des menschlichen Körpers, die in sich
    das Licht des Geistes birgt; siehe Juliusz Słowacki, List do Aleksandra H. (pisany na Łódce
    Nilowej) [Brief an Aleksander H., geschrieben auf einem Nilschiff], in: Ders., Dzieła wszystkie
    [Gesammelte Werke], Red. J. Kleiner. Bd. IV, Wrocław 1953, S. 394.

te er mit demjenigen einer geisterhaften Schar polnischer Zentauren, der Sporenritter. Die Metaphorik des Aufstandes als altruistische Selbstzerstörung des „polnischen Körpers", als eines schmerzhaften Aktes, ohne den der polnische Geist sich nicht erheben kann, die weit entfernt ist von den existenziellen Bildern des „Schwalbentodes" Spitznagels in *Godzina myśli* [Stunde des Gedankens], wurde zu einer der zentralen Ikonen in Słowackis mystischer Bilderwelt. Sie diente auch Piłsudski, dem Bewunderer von Słowackis *Król duch* [König Geist], auf seinem verwegenen Zug nach Königreich Polen und bei der Konstruktion der Legende von den Legionen am Ende des Ersten Weltkriegs, erst recht bei der Erfindung der Desperado-Legende über den Januaraufstand von 1863.

Die Dominanz der Vorstellung über den altruistischen Selbstmord, die dessen „unkörperlichen" und unpsychologischen Charakter akzentuierte, wurde im Positivismus keineswegs abgeschwächt. Dies ist unter anderem Sienkiewicz zu verdanken: Der Selbstmord Wołodyjowskis in den Ruinen der Festung von Kamieniec wurde von körperlichen Details „gereinigt" und mit Sinngebungen versehen, die weit in den symbolischen Raum der romantischen Mythologie zurückgreifen, auch auf die *Reduta Ordona* und die *Dziady*.[24] Nicht zufällig wurde auch der Tod Wokulskis in Bolesław Prus' *Lalka* [Die Puppe] aus dem Rahmen der Erzählung herausgelöst und in die bildlich nicht gezeigte Sphäre von Vermutungen verlagert.

6. Wołodyjowskis Redoute: Der Selbstmord und die Beschmutzung des „polnischen Herzens"

In *Pan Wołodyjowski* suggeriert Sienkiewicz, dass der in einem Doppelsarg ruhende Körper des Helden, der sich auf der letzten Festung der Rzeczpospolita in die Luft gesprengt hatte, nach seinem freiwilligen Tod „integral", unversehrt geblieben sei, obwohl dieser Hektor von Kamieniec bei einer gewaltigen Explosion ums Leben kam, die mit ihm die halbe Stadt zerstörte. Die bildhafte Darstellung dessen, was von Wołodyjowski übrig geblieben war, hätte zweifelsohne die Struktur der mythischen Vorstellung zerstört und alles auf eine Ebene makabrer physiologischer Einzelheiten überführt.

Aus diesem Grunde wurde der Körper Wołodyjowskis in der Beerdigungsszene in ein doppeltes patriotisches „Futteral" gehüllt, in einen Sarg aus Blei und Holz eingeschlossen, vor den Augen der Leser verborgen, in ein patriotisches Schaustück verwandelt, ein symbolischer Sarkophag „inmitten von Kerzen" – dies, obwohl Sienkiewicz in seinem Roman mehrfach mit deutlichem Gefallen sogar äußerst drastische und detaillierte Bilder von verstümmelten, gefolterten, verletzten oder verbrannten Körpern zeichnete. Der Selbstmörder Wołodyjowski sollte diese Welt jedoch als „integraler", unversehrter, schmerzfreier Körper verlassen.

Wie die Helden der Ilias verfügte Sienkiewiczs Held übrigens nicht nur im Augenblick des Selbstmordes über einen „unversehrbaren" und schmerzunempfindlichen Körper, sondern im Grunde sein ganzes Leben lang. Der Körper, der weiter vorne im Roman mit einer „Flamme" verglichen wurde, welche die polnischen Ritter mit dem Feuer des patriotischen Eifers ansteckte, war weniger aus Fleisch und Blut „gemacht" als aus einer flammenden

---

24 Henryk Sienkiewicz, Pan Wołodyjowski [Herr Wołodyjowski], in: Ders., Pisma wybrane [Ausgewählte Werke]. Bd. 10, Warszawa 1977, S. 466-496.

Materie, die im Finale des Romans zur gigantischen „Flamme" der Explosion wird, zu einem zerstörerischen Feuer über der Stadt, ebenso wie der „blitzhafte" Körper Ordons sich in ein Feuer verwandelte, das die von russischen Soldaten eingenommene Festung in Wola zerstörte.

Der „entkörperlichte" Wołodyjowski wurde bei Sienkiewicz zu einer allegorischen Figur, zu einem Zeichen der eisernen Bande eines Polen mit Gott und dem Vaterland, zum Symbol des katholischen Polens als „Redoute", die die Christenheit vor der Beschmutzung schützt, sei es durch den Islam oder auch – mutmaßlich – durch die Orthodoxie. Dieser barocke, fanatische Katholizismus Wołodyjowskis erlaubte ihm, den Tod als Sprung in ein besseres Leben vollständig zu ignorieren.

Doch nicht nur wie der eigentliche Moment von Wołodyjowskis Tod aussah, sondern auch weshalb Wołodyjowski im Roman überhaupt einen patriotischen Selbstmord begehen musste, erklärte Sienkiewicz in Kategorien mythischen Denkens. Solange wir leben, sagen Wołodyjowski und sein patriotischer Schatten Ketling über sich selbst, liefern wir die Stadt nicht den Feinden aus, und wenn die Stadt kapituliert hat, müssen wir sterben. Auf paradoxe Weise ist Wołodyjowski, der patriotische Führer der Polen, in Sienkiewiczs Roman mit seiner Handlungsweise zwar Polen treu, nicht aber *den* Polen, nicht den lebendigen, konkreten polnischen Soldaten aus Fleisch und Blut, mit denen er in Kamieniec kämpft und die später, nach der Kapitulation, Kamieniec verlassen. Der Führer der Polen hielt tief in seinem Inneren das polnische Kollektiv, das sich in Kamieniec ergeben hatte, für eine feige Herde, die durch ihr Verhalten die letzte Festung Polens entweihte. Indem er die Stadt in die Luft sprengt, macht er sich als Soldat eines eigenmächtigen Verhaltens schuldig, denn einen entsprechenden Befehl hatte er nicht erhalten.

In einer normalen Armee könnte jeder Offizier für das, was Wołodyjowski tat, vor ein Kriegsgericht gebracht werden, aber Sienkiewicz verbindet in seiner mythologischen Erzählung sich widersprechende Realien, Symbole und Archetypen zu einem Ganzen. Als das polnische Troja unterging, musste der polnische Hektor mit ihm untergehen. Die patriotische Identifikation Wołodyjowskis mit der Festung Vaterland ist vollkommen. „Ich und das Vaterland sind eins", rief Mickiewiczs Konrad. In Sienkiewiczs Roman wird Kamieniec zum „Herzen Polens" erklärt, obwohl es in Wirklichkeit eine Festung an der Peripherie war. Die physiologische Metapher, in der die von Feinden belagerte Festung zum Herzen des Vaterlandes wird, ist von mannigfaltiger Bedeutung und bezieht sich auf den dritten Teil der *Dziady*. Wird das Herz des Vaterlandes geschändet, kann Wołodyjowski nicht weiterleben, denn das beschmutzte Herz des Vaterlandes kann ebensowenig wie er selbst ehrlos leben. In der Welt Sienkiewiczs führt diese symbolisch-physiologische Verbindung, die ihre Bedeutung aus der Romantik schöpft, unweigerlich zum altruistischen Selbstmord, dessen tiefster Sinn in der moralischen Reinigung des heiligen Ortes liegt.

Dabei stellte Sienkiewicz, ähnlich wie Mickiewicz in *Ordons Redoute*, den Selbstmord Wołodyjowskis so dar, als stünde er mit den moralischen Normen des Christentums vollkommen im Einklang. Obwohl sich Wołodyjowski in die Luft sprengt, wird er keineswegs wie ein Selbstmörder beerdigt. Er erhält ein katholisches Begräbnis. Zu Sienkiewiczs Zeiten hatten Selbstmörder kein Recht auf eine katholische Beerdigung, sowenig wie in der polnischen Adelsrepublik. Zum Ende des Romans verhalten sich indes alle so, als sei der Hektor von Kamieniec im Kampf gefallen, was jedoch nicht der Fall war. In Wirklichkeit sprengten zwei polnische Offiziere, Wołodyjowski und Ketling, eigenmächtig und entgegen ihren Befehlen die halbe Stadt und sich selbst nach Beendigung der Kampfhandlungen in die Luft, und sie taten dies zudem während der Evakuierung der Besatzung und der Zivilbevölkerung. Hätte Sienkiewicz diese Tatsache in den Vordergrund gerückt, wäre die gesamte prachtvolle Szene der Beerdigungszeremonie am Ende des Romans zu Schutt zerfallen.

Den Sprengstofftod Wołodyjowskis stellte Sienkiewicz, ähnlich wie Mickiewicz den Tod Ordons, als Zustimmung eines gehorsamen Katholiken zum unergründlichen Ratschluss Gottes dar. War Wołodyjowski ein großer Patriot, so war er in Sienkiewiczs Augen ebenso ein guter Katholik, auch wenn er sich in die Luft jagte. Sienkiewiczs „Religion des Patriotismus" sah nicht den geringsten Widerspruch in der Christus-Ethik des Leidens und der Tat Samsons.

Bei Mickiewiczs Wallenrod kam es aufgrund einer solchen moralischen Kollision zwischen Zielen und Methoden patriotischen Handelns noch zu einem tragischen Konflikt. Wallenrod war sich bewusst, dass ihn nach dem Tod durch Selbstmord die Hölle erwartet. Ordon musste bereits keine solche Befürchtungen mehr haben. Mickiewicz garantierte ihm im Himmel einen Platz als „Festungspatron". Sienkiewicz machte Wołodyjowski bereits zu Lebzeiten zu einem Heiligen, indem er ihn der Figur des Heiligen Michael nachbildete, der die Heerscharen Satans besiegte. Auf diese Weise verlor das Bild des altruistischen Selbstmordes jene Tragik, die in Bildern analoger Handlungen in der Literatur vor dem Novemberaufstand noch eine wesentliche Rolle gespielt hatte.[25]

Wołodyjowski riet Ketling, er solle die Ladung erst dann zünden, wenn die Festung vollkommen geräumt sei, das heißt nach dem Abzug der Soldaten und der Zivilbevölkerung. Aber die Explosion – Sienkiewicz erwähnt dies nur beiläufig – erfolgte vorzeitig, weil, wie zu lesen ist:

„Ach!... Ketling pośpieszył się nie czekając nawet na wyjście regimentów.[26] (...) w tej chwili zakołysały się bastiony, huk prawdziwy targnął powietrzem: blanki, wieże, ściany, ludzie, ludzie, konie, działa, żywi i umarli, masy ziemi – wszystko to porwane w górę płomieniem, pomieszane, zbite jakby w jeden straszliwy ładunek, wyleciało w powietrze...

Tak zginął Wołodyjowski, Hektor kamieniecki, pierwszy żołnierz Rzeczypospolitej."[27]

[„Ach! ... Ketling hatte sich beeilt und nicht einmal den völligen Abzug der Regimenter abgewartet. (...) nun gerieten plötzlich die Bastionen ins Schwanken, ein furchtbares Krachen ertönte, und Zinnen, Türme, Mauern, Menschen, Menschen, Pferde, Kanonen, Lebende und Tote, Erdmassen, all das von Flammen umgeben und in einem wirren

---

25 Noch in *Świteź* distanzierte sich Mickiewicz von heidnischen Moralvorstellungen, indem er den blinden Patriotismus der erfolglosen Selbstmörderinnen aus der belagerten Stadt als heidnisch bezeichnete (der Selbstmord als „Verbrechen" und „gottloser Mord") und zu verstehen gab, dass er auf Seiten der Morallehre der Kirche stehe (Mickiewicz, Wiersze [wie Anm. 5], S. 63). Später anerkannte er jedoch, dass die Tat Ordons selbst für Gott als vorbildlich gelten könne. Sienkiewicz hatte diesbezüglich bereits keinerlei Zweifel mehr; er suggerierte, dass der Samson aus Kamieniec in keiner Weise die moralischen Normen des Christentums verletzt hatte.
26 Henryk Sienkiewicz, Pan Wołodyjowski (wie Anm. 24), S. 492.
27 Ebenda, S. 493.

Chaos, wie zu einer grauenhaften Ladung zusammengepreßt, flog in die Luft... In solcher Weise endete Wołodyjowski, der Hektor von Kamieniec, der erste Krieger der Republik.")[28]

„Ketling hatte sich beeilt!" Es gibt in der polnischen Literatur kaum ein stärker ideologisiertes – und moralisch zweideutigeres – Bild eines altruistischen Selbstmordes. Hier sprengen zwei patriotische Selbstmörder eine Festung, die ein Teil der sich ergebenden Besatzung noch nicht verlassen hat; sie treffen mit der von ihnen herbeigeführten Explosion unabsichtlich einen Teil der Verteidiger der aufgegebenen „letzten" Festung Polens. Was den Türken nicht ganz gelungen war, schaffte schließlich Ketling. Denn indem Wołodyjowski – oder eher seine rechte Hand Ketling, der sich so beeilte, die Lunten zu zünden – die halbe Stadt in die Luft sprengte, tötete er unabsichtlich auch kapitulierende Polen, denen es noch nicht gelungen war, die Festung zu verlassen. Die Gründe für diese Eile bleiben unklar. Die friedliche Evakuierung der Festung war im Gange, es gab also keinen militärischen Anlass zur Eile. Wenn Sienkiewicz schon entschied, dass Ketling die Stadt sprengt, so hätte er, ähnlich wie Ordon, sich in den Gewölben der leeren Festung verstecken und auf den Einzug der Türken warten können, um sich dann mit den Feinden in die Luft zu sprengen – so hätte er Mickiewiczs Bild des Todes in der Festung wiederholt. Nicht zufällig wählte Sienkiewicz jedoch nicht diese Lösung.

Bei der wirklichen Explosion auf der Festungsanlage in Wola, die Ordon verursachte, kamen nicht nur russische, sondern auch polnische Soldaten ums Leben sowie Verletzte beider Seiten, die am Ort der Kampfhandlung zurückgeblieben waren; dies erwähnte Mickiewicz in seinem Gedicht nicht, als er das mythische Bild des Samson im Novemberaufstand entwarf und auf den Helden nicht der Hauch eines Schattens fallen lässt. Auch das blutige „Versehen" des mit dem Zünden voreiligen Ketling, das polnische kapitulierende Soldaten das Leben kostete, warf nicht den geringsten postumen Schatten auf die Reputation Wołodyjowskis. Niemand erinnerte während dessen prunkvoller Beisetzung an diese Geschehnisse. Sienkiewicz scheint andeuten zu wollen, dass der Preis für die Ehre ein notwendiges Opfer ist, und er scheint ein wenig mit den beiden rücksichtslosen Patrioten mit dem „Herzen einer Taube" zu sympathisieren, die bei der Sprengung der letzten Festung zufällig einige „Verräter" des Vaterlandes bestraften, die feige den heiligen Ort verließen.

Dieses „Versehen" eines altruistischen Selbstmörders trägt geradezu Freudsche Züge. Als Wołodyjowski sich mit der kapitulierenden Festung in die Luft sprengt, trifft er beiläufig seine Mitstreiter, ebenso wie Ordon, der die Welt von allem Nichtswürdigen reinigen wollte. Die von ihm entfachte „Flamme" zerstörte „alles". Die Explosion ist als kosmische Katastrophe gestaltet, als zerstörender Feuerschlag, der die ganze Welt verzehrt. Natürlich hatte die Sprengung der Festung von Kamieniec ihren militärischen Sinn: die Befestigung fiel nicht vollständig in die Hände der Türken. Doch für Sienkiewicz war die ideologische Bedeutung dieses altruistischen Todes um vieles wichtiger. Die selbstmörderische „Flamme", in der seine Helden aufgingen, bewahrte das Vaterland vor der Beschmutzung durch den Feind und ... die eigenen Leute.

---

28 Heinrich Sienkiewicz, Pan Wolodyjowski, der kleine Ritter. Historischer Roman. Einsiedeln 1902, S. 670 f.

Sienkiewiczs Faszination für Bilder des altruistischen Selbstmords führte ihn zu so radikalen Schöpfungen wie dem Bild Pan Jarockis, eines Soldaten, der, obwohl auf beiden Augen blind, in den Krieg gegen die Türken zog, in der Hoffnung, „im Kampfe zu fallen, dem Vaterland Dienste zu leisten und Ruhm zu erwerben."[29] Es ist schwer zu begreifen, welchen Nutzen die polnische Armee auf dem Schlachtfeld aus einem blinden Soldaten ziehen sollte, der sich an der Front selbstmörderisch dem sicheren Tod auslieferte. Doch Sienkiewicz dachte wiederum nicht an den militärischen Nutzen eines solchen Selbstmords (anders als Mickiewicz, den offensichtlich das „Gewimmel" der von Ordon getöteten Feinde und die Wirkung dieser selbstmörderischen Aktion faszinierte). So wird auch in diesem Bild, wie in demjenigen Wołodyjowskis, das Individuum zu einem mythischen Zeichen der vollständigen Identifikation mit dem Kollektiv, zu einer Allegorie für höchste Aufopferung, zu einem moralischen Vorbild für die jungen Polen. Pan Jarocki ist in der Romanwelt Sienkiewiczs eine von vielen mythischen Allegorien für einen todesmutigen Patriotismus, der in der militärischen Entschlossenheit bis zum Äußersten getrieben wird. Ein solches Bild sollte die gebrochenen Herzen der in Unfreiheit lebenden Polen stärken.

In der Zeit des Modernismus wurde unter anderem dank Strug und Daniłowski, deren besonderes Interesse den terroristischen Selbstmordattentaten zur Zeit der Revolution von 1905 galt, die Psychologie des altruistischen Selbstmörders etwas reicher und weniger allegorisch, aber auch hier noch zeigte die polnische Literatur diese Art von Selbstmord lieber aus der Ferne und nicht aus der Innenperspektive.[30] Auf diese Weise zieht sich diese Linie, nennen wir sie die symbolische Ideologisierung des polnischen Selbstmords, durch die polnische Kultur, von den Festungen Wallenrods und Ordons über diejenige des Grafen Henryk aus Krasińskis *Nie-Boska Komedia* [Die ungöttliche Komödie], die Festung Wołodyjowskis und die Festung Westerplatte, die durch Gałczyński zu einem Symbol wurde, bis zur mythologisierten städtischen Festung des „Brandopfers" des Warschauer Aufstandes, und sie endet schließlich in der Festung Ordons, die von Mrożek im Stück *Śmierć porucznika* [Tod eines Leutnants] parodiert wird, sowie in der ironischen, unvollendeten Selbstverbrennung eines Patrioten in Konwickis *Mała Apokalipsa* [Die kleine Apokalypse].[31] Ich kann mich noch an meine Enttäuschung erinnern, als man mir in meiner Kindheit im Vertrauen erzählte, dass auf der Festung Westerplatte „nur" ein gutes Dutzend polnische Soldaten ums Leben gekommen seien. Viele waren der Meinung, dass alle wie Ordon hätten sterben „müssen".

7. Die Festung Kocmołuchowiczs. Witkacy und der „schöne Tod"

Einige polnische Selbstmord-Autoren der nachromantischen Epoche versuchten, sich aus diesem symbolischen Netz zu befreien. In ihrem Werk lässt sich verfolgen, wie die symbolischen Bande des romantischen Mythos vom „Selbstmord in der Festung", in einem weiteren Sinne das System symbolischer Restriktionen, das sich gegen den Selbstmord aus

29 Ebenda, S. 678.
30 Hier handelt es sich im Wesentlichen um *Dzieje jednego pocisku* [Die Geschichte einer Bombe] und *Portret* [Das Porträt] von Andrzej Strug sowie die Erzählung *W miłości i w boju* [In der Liebe und im Kampfe] von Gustaw Daniłowski über die terroristischen Selbstmordattentate zur Zeit der Revolution 1905–1907.
31 In diesem Zusammenhang ist auch insbesondere auf das Drama von Jerzy Andrzejewski und Jerzy Zagórski *Święto Winkelrida* [Winkelrieds Feiertag] von 1944 (erschienen 1946) hinzuweisen.

„nichtigen" existenziellen Gründen richtete, aufgerissen wurden, um eine Lücke zu schaffen, in welcher der Tod auf eigene Verantwortung möglich werden sollte.

Dies versuchte etwa Witkacy bereits in seinen ersten Romanen und Dramen. In seinen *622 upadki Bunga* [Die 622 Stürze des Bung] wurde der Selbstmord in einem ersten Schritt vom Pathos des Vergehens gegen das Kollektiv befreit, dann in einen Raum existenzieller Experimente und schließlich in einen des „metaphysischen Erlebnisses" transponiert. Der eigentliche Tod des Selbstmörders vermochte Witkacy nicht zu fesseln. Viel mehr beschäftigte ihn die vertiefte Psychologie des Zustandes vor dem Selbstmord. Witkacy sah in diesem Zustand einen der intensivsten Momente des menschlichen Lebens, verwandt mit dem Erlebnis eines mystischen oder erotischen Orgasmus. Für den Helden der *Szalona lokomotywa* [Die verrückte Lokomotive] etwa ist die ständige Berührung mit dem Selbstmord ein Weg der Steigerung der Intensivität des individuellen Daseins. Der Selbstmord ist bei Witkacy ein Moment des monströsen Anschwellens des Ich, ein Augenblick der radikalen Selbstbestätigung des Einzelnen, der der mechanisierten, krampfhaft am Leben festhaltenden Masse gegenübergestellt wird.

Es ist nicht erstaunlich, dass es früher oder später zur Abrechnung mit der Romantik, mit Mickiewicz und auch Sienkiewicz kommen musste. Der wohl schockierendste, ironischste Schlag gegen die romantische Ideologisierung des altruistischen Selbstmordes war das, was Witkacy aus dem durch die Romantik glorifizierten „Selbstmord in der Festung" am Ende von *Nienasycenie* [Unersättlichkeit] macht, wenn er gegen die Festung Ordons die verrückte „Festung" des Generalquartiermeisters Kocmołuchowicz stellt.[32] In seinem Roman sprengte Witkacy mit Schwung nahezu alle Topoi romantischer Provenienz, wobei er deutlich auf *Reduta Ordona* und *Pan Wołodyjowski*, aber auch auf die *Nie-Boska Komedia* zielte, auch wenn diese natürlich nicht die einzigen Bezugspunkte seines Spiels mit der Tradition waren.

In seiner Demontage romantischer Archetypen zerstörte Witkacy vor allem das Bild der körperlichen Unversehrbarkeit und der Reinheit des Führers, das von Sienkiewicz und Mickiewicz in antiker und romantischer Tradition so stark akzentuiert worden war. Der tierisch-metaphysische Erotismus und die fleischliche Physis von Kocmołuchowicz sind die genaue Umkehrung der „reinen", „flammenden" Körperlichkeit Wołodyjowskis und der „blitzhaften" Körperlichkeit Ordons, die zum Fundament der romantischen Mythologie eines altruistischen Selbstmords gehörten.

Witkacys Polemik mit Sienkiewiczs und Mickiewiczs Mythologie des altruistischen Selbstmordes fand ihr zentrales Feld in der romantischen Definition der Selbstverwirklichung des Menschen. Gerade hier parodierte Witkacy den Diskurs Sienkiewiczs, der nach dem Vorbild von Mickiewiczs *Dziady* und seiner *Reduta Ordona* die Selbstverwirklichung des einzelnen eng an das Schicksal des Kollektivs gebunden hatte. Bei Sienkiewicz waren der altruistische „Selbstmord auf der Festung" und der patriotische Tod Samsons, des „lebendigen Geschosses", das sich und seine Feinde in die Luft sprengte, die beispielhafte Erfüllung dieser Verbindung.

Bei Witkacy zerbröckelt diese axiologische Sicht, ja sie wird mit Verve parodiert. Witkacys Helden sind bemüht, den Sinn des Lebens jenseits des Ideals der „kollektiven Selbst-

---

32 S.I. Witkiewicz, Nienasycenie [Unersättlichkeit]. Warszawa 1957, Część Druga: Obłęd [Teil II: Der Wahnsinn], Kap. Ostatni podryg [Die letzte Zuckung], S. 319-355.

verwirklichung", in einem vollkommen privaten Raum zu finden. Kocmołuchowicz will im Heldentod die Erfüllung seiner persönlichen Mission „auf diesem Planeten" sehen. Diese Mission formuliert er zunächst in national-religiösen Kategorien. Doch gleichzeitig sucht er ihre Begründung außerhalb der patriotischen und religiösen Sprache. Witkacy entwirft ein Bild unvereinbarer Widersprüchlichkeiten, das die Situation des Menschen in einer Epoche der tiefen Kulturkrise kennzeichnet. Denn in den Kategorien einer nur mehr individuellen, „metaphysischen" Vorbestimmung des Menschen, die weder in einer religiösen noch in einer Sprache der nationalen Verpflichtung bestimmt werden kann, lässt sich die Unausweichlichkeit eines Todes „in der Festung" nicht mehr begründen.

In *Nienasycenie* spürt Kocmołuchowicz, der Führer der Polen – wie schon Wołodyjowski –, zunächst die Kraft „aller Heerführer Polens in sich, die jemals mit mongolischen ‚Lawinen' gekämpft hatten";[33] er befindet sich vollkommen in der Gewalt der romantischen Mythologie, will einen „schönen" Tod, „wie die Träume eines Mädchens aus dem Geschlecht der Heerführer vom idealen Tod des erträumten Ritters",[34] unausweichlich „wie der Ausgang einer griechischen Tragödie". Er identifiziert sich mit der polnischen und universalen Heldentradition, bis ihn plötzlich die „Langeweile der absoluten Sinnlosigkeit selbst der heiligsten Taten mit unvorstellbarer Kraft erfasste",[35] und dem Führer der Polen, der in der Festung auf den letzten Sturm der Feinde wartet, alle früheren patriotischen Vorhaben schlicht lächerlich vorkommen.

In seinem Roman enthüllt Witkacy auf ironische Weise die Widersprüchlichkeit der nationalen Mythologie von „Gott, Ehre und Vaterland". Im Schluss von *Nienasycenie* entledigt sich der Führer der Polen, der den Ruhm sucht, heroisch der polnischen Offizierswürde – wie Witkacy spottet: zum Wohle Polens und der Menschheit! Er vollbringt ein „geradezu ungeheuerliches Opfer, als er seinen eigenen Ehrgeiz dem Wohle der Menschheit hingab – ein größeres Opfer als dasjenige Napoleons bei Waterloo" („potwornego wprost poświęcenia własnej ambicji na rzecz ludzkości, większego niż Napoleon pod Waterloo"):[36]

„(...) poddajemy się w imię ludzkości. Niepotrzebny rozlew krwi."

[„(...) wir ergeben uns im Namen der Menschheit. Blutvergießen unnötig."][37]

Was bei Sienkiewicz und Mickiewicz ein Symbol der Ehre und heroischen Treue bis zum bitteren Ende gegenüber dem Vaterland war – verbunden mit einem unvermeidlichen Blutvergießen –, unterliegt hier einer paradoxen Umkehrung im Namen der Rettung Polens und der Welt vor einem unnötigen Blutbad. Gerade die heroische Untreue gegenüber dem Vaterland, das heißt die Übergabe der Festung in die Hände der Feinde, erweist sich als höchste Form der Treue gegenüber dem Vaterland, denn dies könnte seine Rettung am Vorabend der Weltrevolution sein. Der paradoxe Heroismus einer Kapitulation ist, so ironisiert Witkacy, entgegen romantischen Stereotypen manchmal viel schwieriger – und künstlerisch

---

33 Ebenda, S. 328.
34 Ebenda, S. 325.
35 Ebenda, S. 338.
36 Ebenda, S. 337.
37 Ebenda, S. 335.

reizvoller! – als das gedankenlose „starre" Heldentum des romantischen Durchhaltens in der „Festung".

In *Nienasycenie* befiehlt der Führer der Polen in der Uniform eines polnischen Kavalleristen, mit Maschinenpistolen auf polnische Kavalleristen zu schießen, die wie Wołodyjowski darauf brennen, todesmutig das Vaterland zu verteidigen, um im letzten Kampf unter einem von Kocmołuchowicz ernannten Führer zu sterben – einem ‚Moskowiter'. Die Wiederholung der selbstmörderischen Geste Ordons und des Helden von Kamieniec in der „Festung", die vom chinesischen Heer angegriffen wird, ist schon deswegen unmöglich, weil – wie Witkacy suggeriert – die Unterschiede zwischen patriotischer Verpflichtung und Verrat in der Struktur der polnischen Kultur nicht klar abgegrenzt sind. Wołodyjowski hatte in dieser Hinsicht nicht die geringsten Zweifel, weshalb er bei der patriotischen Sprengung seiner selbst keinen Augenblick zögerte. Bei Witkacy wissen wir nicht, wer ein patriotischer Held und wer ein verräterischer Dummkopf ist. Derjenige, der im Angesicht der unabwendbaren nationalen Niederlage heroisch wie ein Kavallerist eine selbstmörderische Attacke gegen die Feinde Polens reiten möchte, oder eher derjenige, der heroisch den polnischen Offiziersstolz in sich überwindet und den Befehl erteilt, auf patriotisch gesinnte polnische Soldaten zu schießen, die unter der Führung eines Moskauers in einen hoffnungslosen Kampf um Polen ziehen wollen. Kocmołuchowicz möchte, eingetaucht in diese Widersprüchlichkeiten, einmal der Hektor von Kamieniec, einmal ein Wielopolski[38] zur Zeit der bolschewistischen Revolution sein – aber das wahre Motiv seines Handelns ist, wie Witkacy zeigt, in Wirklichkeit völlig anderer Natur und hat weder mit Politik noch mit der polnischen Geschichte zu tun.

Denn es ist eine existenziell-ästhetische Motivierung, die hinter dem „Selbstmord" Kocmołuchowiczs und dem weltanschaulichen Kontext der Polemik Witkacys gegen die postromantische Mythologie des altruistischen Selbstmordes steht. In Wahrheit basiert der „Selbstmord" des polnischen Führers in *Nienasycenie* auf der individuellen Philosophie eines surrealistischen *acte gratuit*. Der Führer will in der bedrohten Festung den „hysterischen Augenblick der absoluten Willkür des Handelns" erleben. Der „geflügelte Stier" auf dem polnischen Thron legt, auch wenn er selbst brutal und „widerwärtig" ist, großen Wert auf einen ästhetischen „Entwurf" seines Lebens, er will „schön" leben und sterben wie der Dandy bei Oscar Wilde, der sich ein Leben lang im Spiegel beobachtet und die ästhetische Qualität seines Verhaltens prüft.

In seinem Werk hat Witkacy immer wieder die These vertreten, dass in der modernen Welt der einheitliche und allgemeingültige Kanon von Schönheit und Moral zerbrochen sei, und damit auch der Kanon des Schönen der heroischen sarmatischen Moral, der ungebrochen die Romane Sienkiewiczs beherrscht. In *Nienasycenie* erschüttern verschiedene Avantgarden, die panisch neue Formeln für das Schöne suchen, die Welt, doch am Vorabend der Revolution weiß niemand, was das wirklich Schöne und was Kunst ist. In dieser ästhetisch-existenziellen Verwirrung will der letzte Führer der Polen auf seiner „Festung" an dem von Mickiewicz und Sienkiewicz geschaffenen Vorbild für das moralische Schöne festhalten, im Geiste der patriotischen Romantik[39] leben und sterben. Der monolithische romantische Kanon des sarmatischen Schönen, auf dessen Grund die patriotische „Kano-

---

38 Graf Aleksander Wielopolski (1803–1877), polnischer Politiker in der Teilungszeit, steht für Politik der Zusammenarbeit mit Russland.
39 Vgl. Anm. 18.

nisierung" Ordons in Mickiewiczs Gedicht entstand und der durch Sienkiewicz gefestigt wurde, erweist sich jedoch für den Helden von *Nienasycenie* (und für Witkacy selbst) als anachronistisch. In der Zeit der großen Kulturkrise umgeben den polnischen Hektor aus *Nienasycenie* widersprüchliche Vorstellungen von Schönheit, die in der Semiosphäre einer von der Katastrophe bedrohten Welt aufeinanderprallen. Es lockt ihn aber nicht nur das Schöne des polnischen Hektors, sondern auch das dekadente Schöne des Lebensstils eines zaristischen Offiziers vor der Revolution, der jederzeit bereit ist, sich mit Phantasie eine Kugel in den Kopf zu jagen, ist doch gemäß der dekadenten Ästhetik ein „gut entworfenes" Leben ein Leben mit einem tragikomischen, nonchalanten Selbstmord am Ende.

Hätte sich Kocmołuchowicz in der „Festung" des untergehenden Polens erschossen, wäre er höchstens im Glorienschein eines patriotischen Cato der polnischen Niederlage aus dieser Welt geschieden. Nach der Kapitulation versichert er dem Führer der Chinesen, dass er sich auch dann das Leben nehmen werde, wenn man es ihm schenken sollte. Er könnte sich jederzeit umbringen, tut es aber nicht. Seine Waffe für den Selbstmord legt er in die Hand des Feindes. Er sagt zu seinem Gegner:

> „Ale nawet gdybyś teraz, mandarynie Wang darował mi życie, nie podjąłbym tego daru i wpakowałbym sobie karmelek w łeb z tego to browninga, który dostałem od cara Kiryła i który składam w Twoje ręce."[40]

> [„Aber sogar wenn du mir, Mandarin Wang, jetzt das Leben schenken wolltest, würde ich dieses Geschenk nicht annehmen, sondern mir eine Karamelle in den Kopf pfeffern, hier aus dieser Browning, die ich vom Zaren Kyrill erhalten habe und die ich jetzt in Deine Hände lege."]

So kommt es in Witkacys Roman zu einem grotesken Rollentausch und zur endgültigen Abkehr von der gesamten romantischen Mythologie des altruistischen „Selbstmordes in der Festung". Das Todesurteil über den letzten Individualisten aus dem Mund der Feinde wird von Kocmołuchowicz wagemutig in eine freie Wahl und in einen Befehl umgewandelt. Es ist nicht verwunderlich, dass die Chinesen selbst nach der Kapitulation panische Angst vor dem Führer der Polen haben. Denn obwohl besiegt, erlangt Kocmołuchowicz noch einmal die Souveränität über sein Schicksal. In Übereinstimmung mit dem ästhetischen Vorbild des dekadenten Dandytums, als wäre er ein ‚unrechtmäßiger' Leser von Huysmans' *Gegen den Strich*, verwandelt er paradox seine Exekution in einen „Selbstmord". Er, der unheilbare Individualist, der einen Moment lang ein Automat sein wollte, der mit der Geschichte versöhnt ist, tötet sich selbst durch die Hand eines chinesischen Henkers. Er verliert alles, aber er lässt sich nicht den „eigenen", den „gut entworfenen" Tod nehmen, was Witkacy am Ende des Romans mit schwarzem Humor und mit der bitteren Ironie einer katastrophischen Prophetie quittiert. Denn der Triumph Kocmołuchowiczs ist nur ein scheinbarer.

Aus dem Polnischen übersetzt von Isabella Such, Lüneburg

---

40 Witkiewicz, Nienasycenie (wie Anm. 32), S. 349.

Agata Bielik-Robson

Das romantische Syndrom.
Stanisław Brzozowski und die Revision der Romantik

Die Romantik ist diejenige Formation, die von der Philosophie am wenigsten gewürdigt wird. Im Spannungsfeld zwischen materialistischer Aufklärung und idealistischem Transzendentalismus situiert, gilt sie im Allgemeinen als Periode der Unklarheit und Verwirrung, in der eine vom Zynismus der Aufklärung abgestoßene Empfindsamkeit dem deutschen Idealismus stürmend und drängend den Weg bahnt. Der Sturm und Drang ist also romantisch geprägt – echte und ernstzunehmende Systeme jedoch entstehen gewissermaßen daneben, und wenngleich sie indirekt vom romantischen Gefühl inspiriert sind, so stellen sie doch eine gesonderte philosophische Qualität dar.

Stanisław Brzozowski scheint – nicht nur in Polen, sondern weltweit – der erste Philosoph gewesen zu sein, der die Existenz einer ganz eigenen *romantischen Philosophie* wahrnahm. Brzozowski ist in erster Linie als erbitterter Kritiker der Romantik in die Geschichte eingegangen – dabei bleibt fast unbemerkt, dass diese Kritik ein gewaltiges revisionistisches Potenzial birgt: den Willen zu einer neuen Sicht der romantischen Formation, aus dem Blickwinkel der gerade erst entstandenen kritischen Sprachen des Nietzscheanismus, des Marxismus und der Psychoanalyse. Nur scheinbar wird die naiv-romantische Vorstellung von der Autonomie des individuellen Ichs erbarmungslos zerpflückt, wenn man diese Sprachen auf sie anwendet: Das Idiom des Verdachts wurde nicht ausschließlich zu dem Zweck geschaffen, mit dem romantischen Ideal des souveränen Ichs abzurechnen. Es wurde vielmehr geschaffen, um zu erkunden, ob und wie individuelle Subjektivität noch möglich ist – und zwar nicht nur in der Sphäre der frommen Fiktion, sondern auch unter den widrigen Bedingungen einer entzauberten Wirklichkeit. Daher stellt sich bei genauerer Betrachtung von Brzozowskis Analysen heraus, dass sie nicht bei der Zerstörung des naiven Glaubens an die Autonomie des einzelnen Ichs stehen bleiben, sondern das Bild einer neuen, nicht länger naiven Subjektphilosophie offerieren, die von der Romantik inspiriert ist, zugleich aber die *via negativa* der Kritik hinter sich hat; ein Bild, das für uns Heutige nach wie vor von großer existenzieller Bedeutung ist.

Kleine philosophische Prolegomena

Beim Entwurf dieser neuen, postromantischen Anthropologie stützt sich Brzozowski nicht auf das traditionelle, postkartesianische Paradigma des Bewusstseins, sondern auf ein konkurrierendes Modell, das Hegel in seiner *Enzyklopädie der philosophischen Wissenschaften* die „fühlende Seele" genannt hat. Auch wenn dieser Terminus in Brzozowskis Schriften nicht explizit auftritt, so steht doch außer Frage, dass in seinem Kampf gegen das idealistische Subjekt-Modell, das das *cogito* über Fühlen und Empfinden stellt, eben jene Hegelsche „fühlende Seele" die wichtigste Inspiration darstellt.

Brzozowski zeigt, auf welche Schwierigkeiten begrifflicher Natur diese ganz und gar „unzeitige" Konzeption stieß; wie sie für einen kurzen, ungewissen Moment geboren wurde, um sich fast sofort von dem ihm fremden Idiom der Transzendentalphilosophie, das zur Bewusstseinsphilosophie zurückkehrte, absorbieren zu lassen. Er zeigt auch, wie man sie paradoxerweise retten kann, wenn man sich der kritischen Sprachen von Nietzsche, Freud und Marx bedient, dank deren die wertvollste Entdeckung der Romantiker sichtbar wird, eine Entdeckung, deren sich diese selbst nicht vollends bewusst waren: nämlich dass ihre eigene Konzeption des menschlichen Subjekts keineswegs idealistisch ist, sondern gewissermaßen das genaue Gegenteil: *auf subtile Weise materialistisch.*

Was ist die fühlende Seele? Sie ist nicht identisch mit dem *cogito* der neuzeitlichen Philosophie, wenngleich sie über Eigenschaften wie Selbstreflexivität und ein Gefühl für die eigene Existenz verfügt. In Hegels teleologischem Ansatz, in der Ausrichtung auf das Ziel des vollen Selbstbewusstseins des absoluten Geistes ist die fühlende Seele nicht mehr als ein Protobewusstsein, eine noch halb animalische Etappe in der Evolution des Geistes, der noch nicht ganz aus der Vorherrschaft der natürlichen Welt heraustreten kann: Obwohl sie bereits den Keim zu einem „Bewusstsein ihrer selbst" aufweist, hat die „fühlende Seele" immer noch nicht das volle Gefühl der Freiheit in sich entwickelt, sie lebt nach wie vor in der Verstrickung in den Körper und die sie umgebende Wirklichkeit.[1] Charakteristisch für ein voll entwickeltes philosophisches Bewusstsein ist die „unendliche Negativität", das heißt die Fähigkeit, jegliches Sein als solches zu negieren – die körperliche Existenz des eigenen Ichs nicht ausgenommen.[2] Die fühlende Seele ist zu einer solchen „Anstrengung" der Reflexion noch nicht fähig und unterscheidet ihr eigenes Sein nicht vom Sein der Welt: Sie ist-in-der-Welt, die ihr ebenso real erscheint wie sie selbst, wie Heidegger sagen würde; oder, wie es Freud formuliert hätte: Sie lebt unter dem ständigen, unhinterfragten Druck des Realitätsprinzips. Hegel schreibt:

„[D]ie Seele ist an sich reflektierte Totalität desselben [des Empfindens; A. B.-R.] – Empfinden der totalen Substantialität, die sie *an sich* ist, *in sich*, – fühlende Seele. (...) [M]an kann daher dafür halten, dass die Empfindung mehr die Seite der Passivität, des *Findens*, d. h. der Unmittelbarkeit der Bestimmtheit im Fühlen, hervorhebt, das Gefühl zugleich mehr auf die Selbstischkeit, die darin ist, geht. (...) Die fühlende Totalität ist als Individualität wesentlich dies, sich in sich selbst zu unterscheiden und *zum Urteil in sich* zu erwachen, nach welchem sie *besondere* Gefühle hat und als *Subjekt* in Beziehung auf diese ihre Bestimmungen ist. Das Subjekt als solches setzt dieselben als *seine* Gefühle *in sich*. Es ist in diese *Besonderheit* der Empfindungen versenkt, und zugleich schließt es

---

1 „Die Seele", schreibt Hegel im Abschnitt zur Anthropologie, „ist zuerst a. in ihrer unmittelbaren *Naturbestimmtheit*, – die nur *seiende, natürliche* Seele; b. tritt sie als *individuell* in das Verhältnis zu diesem ihrem unmittelbaren Sein und ist in dessen Bestimmtheiten abstrakt *für sich – fühlende* Seele; c. ist dasselbe als ihre Leiblichkeit in sie eingebildet und sie darin als *wirkliche* Seele" (Georg Wilhelm Friedrich Hegel, Werke. Bd. 10: Enzyklopädie der philosophischen Wissenschaften im Grundrisse. 1830. Dritter Teil: Die Philosophie des Geistes. Mit den mündlichen Zusätzen. Frankfurt a.M. 1986, S. 49).

2 „Das *Wesen* des Geistes ist deswegen formell die *Freiheit*, die absolute Negativität des Begriffes als Identität mit sich. Nach dieser formellen Bestimmung *kann* er von allem Äußerlichen und seiner eigenen Äußerlichkeit, seinem Dasein selbst abstrahieren" (ebenda, S. 25 f.).

durch die Idealität des Besonderen sich darin mit sich als subjektivem Eins zusammen. Es ist auf diese Weise *Selbstgefühl* – und ist dies zugleich nur im *besonderen Gefühl*. (...) [D]as (...) Subjekt [ist] noch der *Krankheit* fähig, dass es in einer *Besonderheit* seines Selbstgefühls beharren bleibt, welche es nicht zur Idealität zu verarbeiten und zu überwinden vermag."[3]

Hegels Definition der fühlenden Seele als ‚reflektierte Totalität des Empfindens' ist für uns wegen ihrer spezifischen „Krümmung" hier zusätzlich interessant: Die in ihre fühlende Besonderheit versenkte Seele ist dem Element der *pathe* ausgeliefert und befindet sich somit im Zustand des Pathologischen, der „Krankheit". Erst der Übergang der fühlenden Seele in den Zustand der „wirklichen Seele", die bereits der Beginn eines universalen, philosophischen Bewusstseins ist, bedeutet daher Befreiung und Gesundheit; erst der Aufschwung auf das Niveau der „unendlichen Negativität", in der die Freiheit des Ichs zum Ausdruck kommt, alles außerhalb seiner selbst Liegende zu negieren, eröffnet den Weg zur eigentlichen „Phänomenologie des Geistes". Die philosophische Besonderheit der Romantik, deren Rekonstruktion Brzozowski auf bahnbrechende Weise unternimmt, beruht demgegenüber auf der eigenständig vorgenommenen Aufwertung der „fühlenden Seele" zur einzigen, unhintergehbaren Realität der menschlichen Existenz.

Das falsche Bewusstsein der Romantiker

Diese Rekonstruktion stößt freilich auf zahlreiche Schwierigkeiten – die ihr keineswegs nur von Denkern in den Weg gelegt werden, die der Romantik ablehnend gegenüberstehen; leider haben sie ihren Ursprung überwiegend bei den Begründern der romantischen Bewegung. Die Romantiker selbst sind verantwortlich für die Verwirrung, die das Verständnis ihres eigenen, originellen Beitrags zur Geschichte der Philosophie erschwert. Die gängige Auffassung, nach der die Romantik die Konzeption des Ichs als unendlich freie, spontane, kreative, außerhalb der Ordnung der empirischen Welt stehende Kraft entwickelt habe, kommt nicht von ungefähr, sondern stützt sich auf programmatische Aussagen der bedeutendsten Vertreter der Romantik wie Friedrich Schlegel, Friedrich Schelling, Samuel Coleridge oder Percy Bysshe Shelley. Es mag genügen, die wohl bekannteste Definition der romantischen Bewegung zu zitieren. Sie stammt von Friedrich Schlegel und stellt die Romantik in einen Zusammenhang mit den drei wichtigsten Ereignissen der Epoche: der Französischen Revolution, der Geburt der Transzendentalphilosophie und dem Erscheinen des *Wilhelm Meister*. Im 216. *Athenäum*-Fragment schreibt Schlegel: „Die Französische Revoluzion, Fichte's Wissenschaftslehre, und Goethe's Meister sind die größten Tendenzen des Zeitalters."[4]

Brzozowski ist wohl der Erste, der es auf sich genommen hat aufzuzeigen, dass diese Definition zu zwei Dritteln unzutreffend ist (davon ausgenommen ist Goethes Roman, in dem die Grundlagen einer romantischen Konzeption von Bildung geschaffen wurden) – oder, um es genauer und in einer stärker dialektisch geprägten Sprache zu sagen: dass diese Definition

---

3   Ebenda, S. 117, 160 f.
4   Friedrich Schlegel, Fragmente, in: Athenaeum. Eine Zeitschrift von August Wilhelm Schlegel und Friedrich Schlegel. Ersten Bandes Zweytes Stück, Berlin 1798 [Reprint: Darmstadt 1992], S. 179-354, hier S. 232.

nur insofern zutrifft, als sie das *romantische falsche Bewusstsein* korrekt beschreibt. Diese Zusammenstellung ist also nicht so sehr „Anstoß" erregend (wie Schlegel, den Spott der zeitgenössischen Kritiker vorwegnehmend, weiter ausführt), sondern bekräftigt eher das unglückliche Klischee, in dem sich die Rezeption der Romantik verfangen hat, wenn diese unbeirrbar mit dem philosophischen Idealismus einerseits, mit jeglicher Form von *holy madness* – mit dem „romantischen Fieber", mit revolutionärem Feuereifer, Byronschem Rebellentum etc. – andererseits assoziiert wird. Alle diese Erscheinungen scheinen doch eher zur Klasse der romantischen Epiphänomene zu gehören: So spektakulär und geräuschvoll sie auch sein mögen – für das Wesen des Romantischen sind sie nicht ausschlaggebend.

Die Analyse des *romantischen falschen Bewusstseins* ist der zentrale Gegenstand eines Denkens, das sich als Revision der Romantik versteht. Sein Ehrgeiz ist es aufzuzeigen, dass alle jene Definitionen des romantischen Ichs, die dieses zu einer dichterischen Variation über Motive der deutschen Transzendentalphilosophie erklären, nicht nur nicht wörtlich zu nehmen, sondern im Grunde genau umgekehrt zu verstehen sind und dass sie auch damit zum vortrefflichen Ausdruck der Lieblingstrope der Moderne, nämlich der Ironie werden. Als implizite Grundlage jener irreführenden programmatischen Erklärungen erweist sich also eine Konzeption, für die die Romantik noch nicht die richtigen philosophischen Begriffe findet und mit der sie nur auf der Ebene nebulöser Intuitionen arbeitet: ebenjene Idee von der fühlenden Seele, von einem auf subtile Weise materiellen Bewusstsein, das in der Welt ist und äußeren Einflüssen unterliegt.

Ein solches merkwürdig gespaltenes Bild des romantischen Ichs tritt in den Schriften Stanisław Brzozowskis zutage, insbesondere in seinem weniger bekannten Werk *Głosy wśród nocy* [Stimmen in der Nacht].[5] Ihm möchte ich etwas mehr Aufmerksamkeit widmen, da es ein interessantes Pendant zu den weitaus weniger wohlwollenden Ausführungen Brzozowskis zur polnischen Romantik darstellt, wie sie vor allem in *Idee* [Ideen][6] und *Legenda Młodej Polski* [Die Legende des Jungen Polens][7] enthalten sind: Den zahlreichen Spötteleien und Spitzen gegen die Anhängerschar Przybyszewskis ebenso wie Sienkiewiczs, jener Figuren, die für die beiden Pole – den hohen und den niedrigen – der polnischen romantischen Bewegung stehen, setzt Brzozowski in *Głosy wśród nocy* seine offensichtliche Faszination für das romantische Denken in seiner britischen Variante entgegen.[8] Das Kriterium, das

5   Stanisław Brzozowski, Głosy wśród nocy. Studya nad przesileniem romantycznem kultury euro-
    pejskiej [Stimmen in der Nacht. Studien zur romantischen Krise der europäischen Kultur], hrsg.
    v. Ostap Ortwin. Lwów 1912.
6   Stanisław Brzozowski, Idee. Wstęp do filozofii dojrzałości dziejowej [Ideen. Einführung in die
    Philosophie der historischen Reife]. Warszawa 1990.
7   Stanisław Brzozowski, Legenda Młodej Polski. Studya o strukturze duszy kulturalnej [Die Legende
    des Jungen Polens. Studien zur Struktur der kulturellen Seele]. Lwów 1910.
8   Niemand in der polnischen Kultur hat so flammende Anklagen gegen Sienkiewicz gerichtet wie
    Stanisław Brzozowski. Der Essay *Henryk Sienkiewicz i jego stanowisko w literaturze współczesnej*
    [Henryk Sienkiewicz und seine Position in der modernen Literatur] geißelt den Autor der *Trilogie*
    für all das, was einem frisch gebackenen, jungen Intellektuellen, der die Werke der westlichen
    Philosophie verschlungen hatte, missfallen musste – für seine Provinzialität und Engstirnigkeit,
    für das Fehlen jeder vertieften Reflexion über das Leben, für das Schablonenhafte seiner Plots
    und die peinliche Naivität der existenziellen Rezepte, die Sienkiewicz von den zweifelhaften
    Höhen seiner „bourgeoisen" Weisheit erteilt: „Wofür soll man leben?, fragen Nietzsche, Ibsen,
    Maeterlinck und Przybyszewski. Sienkiewicz antwortet: Für die Liebe zu einer Frau, mit dem

über den Unterschied in der Herangehensweise entscheidet, ist – wie stets bei Brzozowski – völlig klar und konstant: Es ist der „Grad der Teilhabe an der Wirklichkeit". Während die polnische Romantik Brzozowski nur wie ein armseliges Mittel zur Flucht vor den Unbilden der damaligen lokalen Umstände vorkommt, nehme die britische Romantik – von Blake über Byron bis hin zu Lamb – an der universellen Welt der aufkommenden Moderne teil, wenn auch in paradoxer Form: durch Rebellion und Negation. Obwohl sie die entzauberte Welt nicht akzeptiere, sie mit Blake *the universe of death* nenne, breche sie die Verbindung zu ihr nicht ab: Indem sie gegen sie kämpfe, bewahre sie ihre aktive Teilhabe an ihr; indem sie ihr Widerstand leiste, erkenne sie ihre Existenz an. Die polnische Romantik dagegen, so Brzozowski, entarte zu einem banalen Pseudo-Idealismus, der mit einer einzigen schlichten Geste seine Abhängigkeit von der grausamen Realität der modernen *Entzauberung*[9] aufhebe und damit deren Einfluss für nichtig erkläre. Die polnische Romantik werde zu einer schönen Blume, die – ganz in geistige Selbstbetrachtung versunken – ihre hässlichen realen Wurzeln vergesse.

Das Stöhnen der kranken Seele

In seinen Überlegungen zur Romantik der Briten nimmt Brzozowski eine Bewegung vorweg, die zum charakteristischen Motiv aller nachfolgenden Revisionisten der Romantik werden sollte und die in der Aufhebung der Grenze zwischen Romantik und Modernismus besteht. Im Sinne dieser klassischen Grenzziehung ist die Romantik noch nicht „modern": Ihr optimistischer Glaube an die Macht der kreativen Kräfte des Ichs erweist sie als einer Epoche zugehörig, der der typisch modernistische Zweifel am Grad der Kontrolle, die das Ich über Welt und Sprache ausübt, noch fremd ist. Die Revision der Romantik legt dagegen den Keim zu dieser Enttäuschung schon bei den Frühromantikern bloß und sieht die gesamte romantische Bewegung als Teil der Moderne – einer Epoche großer Hoffnungen und großen Zweifels. Für Brzozowski ist sich das romantische Ich seiner selbst und seiner inneren Kräfte keineswegs so sicher – im Gegenteil, seine forsche Rhetorik ist im Grunde eine Rhetorik der Unruhe, der halbbewussten Wahrnehmung dunkler Strömungen, die die Autonomie des einzelnen Subjekts unterspülen und seine Selbstbestimmtheit unablässig bedrohen (Harold Bloom, ein späterer Revisionist der Romantik, der ganz offen die Psychoanalyse des romantischen Ichs betreibt, würde von einer Rhetorik sprechen, hinter der sich eine übermächtige Angst vor dem Einfluss – *anxiety of influence* – verbirgt). Das

---

Bewusstsein, dass die Messe stattfindet, und für Perkalstoff" (Stanisław Brzozowski, Wczesne prace krytyczne [Frühe kritische Arbeiten]. Warszawa 1988, S. 138). Dabei ist seine Verbitterung über die Beschränktheit des polnischen Schriftstellers so groß, dass sie zu stark übertriebenen Vorwürfen führt: „Die Liebe", klagt Brzozowski, „führt diesen Künstler nie über die Grenze des *principium individuationis* hinaus. Dionysische Raserei ist ihm vollkommen fremd, das *tat twam asi* der Hindus ganz und gar unverständlich" (ebenda, S. 143). In zahlreichen späteren Essays wiederum skizziert Brzozowski voller Spottlust das Porträt eines charismatischen Gurus mit absoluter Gewalt über eine Herde von Jüngern, die auf diese Weise jeglicher Individualität und Kritikfähigkeit beraubt sind. Dieses Porträt zielte ursprünglich auf Towiański, es bezieht sich jedoch ebenso sehr auf Przybyszewski, dessen zweifelhafte Magie ihre Wirkung auf Brzozowski schließlich einbüßte – dieser erwartete von der Romantik trotz allem doch ein Minimum an Rationalität.

9 Im Original deutsch. [Anm. d. Übers.]

romantische Ich ist in Brzozowskis Ansatz das Syndrom einer Krankheit, die die fühlende Seele auszehrt: jener Hegelschen „Krankheit" des reinen *Selbstgefühls*, dessen Streben nach geistiger Autonomie ständig von den mechanischen Einflüssen der Welt untergraben wird. Die romantische Seele, so Brzozowski, ist eine kranke Seele.

Deshalb hat das romantische Bewusstsein für Brzozowski auch nicht so sehr deskriptiven Wert als vielmehr den Wert eines Syndroms. Es eignet sich hervorragend zur Diagnose der modernen *conditio humana*, da es unwissentlich das schlechte Befinden des Individuums zum Ausdruck bringt, das dem Strom des Lebens entfremdet ist – einem Strom, der in der Epoche der Moderne eine restlos entzauberte Form annimmt. Die „romantische Krise" besteht in dem Bewusstsein der ständigen Bedingtheit des Ichs durch die „unmenschliche Welt", die es umgibt – und zugleich in der Rebellion gegen dieses unerträgliche Selbstwissen, die geradewegs zu einer „Romantik der Negation" führt. Wenn es auf dem Niveau dieses Konflikts *gehalten* wird, ist das romantische Bewusstsein außerordentlich wertvoll – Elemente dieses doppelten, dialektischen Bewusstseins findet Brzozowski insbesondere in den Schriften der britischen Romantiker; löst es diesen Konflikt jedoch zugunsten des „reinen Bewusstseins", wie das vor allem in der deutschen Transzendentalphilosophie der Fall ist, so führt dies zu Selbstbetrug und zu einem fruchtlosen „Aufstand der Blume gegen ihre Wurzeln". Denn anstatt den Grad der Entfremdung des Bewusstseins von der umgebenden Welt zu diagnostizieren, vertieft es diese Entfremdung noch, indem es auf die unmögliche, eskapistische Vision von der *reinen Ichheit* und ihrer negativen Freiheit setzt. Die Romantik der Negation ist demnach ein wichtiges *Zeugnis* existenzieller Natur – sie zeugt nämlich von der schwierigen Lage der modernen, in die Abhängigkeit von einer nicht akzeptierten Welt verstrickten Subjektivität, der gequälten fühlenden Seele, die als unerträglich empfundenen äußeren Einflüssen ausgesetzt ist; sie verliert diesen Wert jedoch in dem Moment, in dem sie in den philosophischen Strudel von Pseudo-Lösungen und Quasi-Versöhnungen gerät, die diese aporetische Situation ungeduldig annulieren. In *Głosy wśród nocy* schreibt Brzozowski:

„Punktem wyjścia romantyzmu jest założenie, że świat, w którym nie ma miejsca dla danej indywidualnej treści, nie jest światem skończonym i zamkniętym, że ład wykluczający tę treść, odmawiający jej wartości istnienia, nie jest ładem niewzruszonym: że ostatnie słowo należy zawsze do twórczej psychiki ludzkiej i gdy jest ona wykluczona z istniejącego, sięga ona głębiej niż istnienie. (...) *sądzę, że jest to rys bezwzględnie wartościowy w romantyzmie.*"

[„Ausgangspunkt der Romantik ist die Annahme, dass eine Welt, in der für einen bestimmten individuellen Inhalt kein Platz ist, keine vollendete und geschlossene Welt ist, dass die Ordnung, die diesen Inhalt ausschließt und ihm den Wert der Existenz abspricht, keine unerschütterliche Ordnung ist: dass die kreative menschliche Psyche stets das letzte Wort hat und, wenn sie vom Existierenden ausgeschlossen ist, tiefer reicht als die Existenz. (...) *ich denke, dies ist ein uneingeschränkt wertvoller Zug an der Romantik.*"][10]

---

10 Brzozowski, Głosy (wie Anm. 5), S. 14 f. [Hervorhebung d. Verfasserin]

Und an anderer Stelle heißt es:

> „Można powiedzieć, że dlatego właśnie romantyzm jest czymś więcej niż kierunkiem literackim, *że odbija on rozdarcia w psychice*, nie umiejącej wyrzec się rezultatów działania, którego nie może uznać za swoje."

> [„Man kann sagen, dass die Romantik gerade deswegen mehr ist als eine literarische Richtung, weil sie *die Zerrissenheiten in einer Psyche widerspiegelt*, die es nicht vermag, die Ergebnisse eines Handeln zu verleugnen, das sie nicht als das eigene akzeptieren kann."][11]

Die Romantik enthält also ein gesundes Element der Rebellion – einer geradezu ontologischen Rebellion, die sich gegen die Gesetze und die Logik des Seins selbst richtet und das letzte Wort für das einzelne menschliche Ich einfordert. In einer Welt, in der normative Religionen untergehen und ehemals mächtige Götter sterben, bewahrt sich allein die Romantik das Moment einer hartnäckigen, eschatologischen Negativität, die sich dem Prinzip der Realität in ihrer entzauberten, mechanischen und jegliche Individualität einebnenden Form widersetzt. So betrachtet ringt die Romantik mit dem vorgefundenen Sein im Namen eines besseren Seins; indem sie gegen die Wirklichkeit in ihrer gegenwärtigen Gestalt kämpft, stellt sie sich mitten ins Herz der Existenz und erklärt den Prinzipien des Seins den Krieg. Die messianische Kraft, die früher den religiösen Geist belebte, geht in der Neuzeit in das romantische Denken ein. Brzozowski, der dieser Kraft nie gleichgültig gegenüberstand (sei es in Form des Marxismus, sei es, später, in Form seines modernistisch reinterpretierten Christentums), hat ein exzellentes Gespür für die eschatologische Dimension dessen, was er selbst die „Romantik der Negation" nennt: Das *credo quia absurdum* wird nun von dem einzelnen Ich gegen die es bedrohende, entzauberte Wahrheit einer mechanisierten, ‚urizenhaften'[12] Wirklichkeit ausgesprochen.

Doch kaum ein Romantiker, so Brzozowski etwas weiter, könne diese aporetische Situation aushalten, die ihn zu einem ununterbrochenen Agon zwinge, und meistens erleichtere er sich seine Aufgabe, indem er das „letzte Wort" – das Wort, das dem kreativen Ich zukommt – auch zum ersten Wort mache. Damit schalte er jeden Einfluss aus und hebe die dem bewussten Ich zugrunde liegende Fremdheit auf, indem er das Prinzip der Wirklichkeit als bedrohliche Gegnerin annulliere. Die romantische fühlende Seele höre auf zu „fühlen" und zu „leiden" (im Sinne der Fichteschen Doppeldeutigkeit des Wortes „Leiden") und beginne in rein idealistischem Geiste zu räsonieren. Auf ebendiese Weise, also unter einem unerträglichen existenziellen ‚Druck' entwickle sich das romantische falsche Bewusstsein:

> „Romantyzm wierzył, że każda treść psychiczna posiada w sobie pierwotną moc twórczą, która nie może być unicestwiona przez to, że w obrębie pozornie rzekomo jedynej rzeczywistości nie znajduje się dla niej miejsca. *Ale sam romantyzm jednocześnie nazbyt łatwo wierzył, nazbyt szybko odnajdywał swą źródłowość.* Stawiał on sprawę tak: choć wykluczony przez waszą rzeczywistość, jestem i mam prawo, jak się zdaje do tego

---

11 Brzozowski, Głosy (wie Anm. 5), S. 69.
12 D.h. unpoetischen, rein am Verstand orientierten (nach dem epischen Gedicht *The Book of Urizen* von William Blake). [Anm. d. Übers.]

powiedzenia ‚jam jest, który jest', ale stwierdziwszy to, romantyzm nie był skłonny sprawdzać, czy i w jakiej mierze istnieje on niezależnie i poza obrębem zaprzeczającej i zaprzeczanej rzeczywistości."

[„Die Romantik glaubte, dass jeder psychische Inhalt eine ursprüngliche schöpferische Kraft in sich trägt, die nicht dadurch zerstört werden kann, dass sich innerhalb der scheinbar und angeblich einzigen Wirklichkeit kein Platz für sie findet. *Doch zugleich war die Romantik selbst allzu leichtgläubig und meinte allzu schnell auf ihre Ursprünglichkeit gestoßen zu sein.* Sie fasste die Frage so auf: Auch wenn ich von eurer Wirklichkeit ausgeschlossen bin, so bin ich doch und habe wohl das Recht auf den Satz ‚Ich bin, der ich bin'; doch nach dieser Feststellung war die Romantik nicht gewillt zu überprüfen, ob und in welchem Maße sie unabhängig und außerhalb der verneinenden und verneinten Wirklichkeit existiere."][13]

An diesem Punkt seines Gedankengangs wählt Brzozowski nunmehr eine unverhohlen kritische Perspektive und spricht fortan nur noch von den destruktiven gesellschaftlichen Konsequenzen der Romantik als Doktrin, die zu therapeutischen Zwecken vor dem modernen Realitätsprinzip fliehe. Die Schuld der Romantik bestehe darin, dass sie sich zwar ein Element messianischen Kampfes bewahrt habe, dieses jedoch allzu leicht realisiert zu haben glaubte, indem sie sich in einen (mit Kierkegaard gesprochen) transzendentalen *Hokuspokus* flüchtete. Sie sei nicht mehr gewillt gewesen zu prüfen, ob sich ihr Recht auf Autonomie nicht einen Platz in der feindlichen Wirklichkeit *erkämpfen* könnte: Sie habe es vorgezogen, die Situation des Agon aufzuheben, in der Annahme, dass die Wirklichkeit im Grunde bloß eine Illusion sei, unfähig, einen Kampf von Gleich zu Gleich mit dem Ich aufzunehmen. Die ursprüngliche Angst vor dem Einfluss einer entzauberten Welt wich damit einer vollständigen rhetorischen Kompensation in Gestalt einer idealistischen Sprache des triumphierenden Subjekts. Die Romantik – ursprünglich ein schmerzhaftes Krankheitssyndrom – heilte sich selbst; die Arznei dazu fand sie in der Hybris einer transzendentalen Subjektivität.[14]

In Brzozowskis Verachtung für eine „Romantik", die den bequemen Weg der Weltflucht gewählt hat, klingt jenes berühmte Verdammungsurteil an, das Max Weber ungefähr zeitgleich gegen den Kult eines eskapistischen Irrationalismus aussprach: „Denn Schwäche ist es: dem Schicksal der Zeit nicht in sein ernstes Antlitz blicken zu können."[15] Derselben

---

13 Brzozowski, Głosy (wie Anm. 5), S. 15. [Hervorhebung d. Verfasserin]

14 Brzozowski weiß auch, dass dieser Versuchung des Transzendentalismus im Grunde nur wenige (und zwar – keineswegs zufällig – britische) Romantiker zu widerstehen vermochten: Der Vorzug, den er Wordsworth gegenüber Coleridge gibt, der die transzendentale Doktrin auf den Britischen Inseln eingeführt hat, klingt sehr modern und passt sehr gut zum Ton der Revision der Romantik, wie sie etwa von M.H. Abrams oder Geoffrey Hartman vorgenommen wurde. Die britischen Romantiker, so Brzozowski, kämpfen und hören nicht auf, jene gequälten fühlenden Seelen zu sein, die für sich einen Platz im entzauberten *universe of death* suchen – und nicht, wie so viele ihrer deutschen (und polnischen) Zeitgenossen, außerhalb desselben, in einem idealistischen Jenseits.

15 Max Weber, Wissenschaft als Beruf, in: Wissenschaft als Beruf. 1917/1919. Politik als Beruf. 1919, hrsg. v. Wolfgang J. Mommsen u. Wolfgang Schluchter in Zusammenarbeit mit Birgitt Morgenbrod. Tübingen 1992 (Gesamtausgabe. 17), S. 71-111, hier S. 101.

Auffassung dieser Frage folgt Brzozowski in *Legenda Młodej Polski*, wo er auf die beiden Autoren gemeinsame Hegelsche Metaphorik der „schönen Seele" (mit anderen Worten: der degenerierten fühlenden Seele) zurückgreift:

„Bunt psychiki przeciwko społeczeństwu, które ją wytworzyło – oto jest romantyzm. (...) Romantyzm to bunt kwiatu przeciwko swym korzeniom. (...) Romantyk pragnie, aby jego piękne ja mogło dzięki swym właściwościom psychicznym istnieć w społeczeństwie, jak w stanie natury, t.j. żyć na tle potężnego organizmu cudzej pracy, nie biorąc w niej udziału, pojmując życie jedynie jako rozwijanie, wyrażanie, potęgowanie swych psychicznych właściwości."

[„Der Aufstand der Psyche gegen die Gesellschaft, von der sie hervorgebracht wurde – das ist Romantik. (...) Romantik ist der Aufstand der Blume gegen ihre Wurzeln. (...) Der Romantiker wünscht sich, dass sein schönes Ich dank seiner psychischen Eigenheiten in der Gesellschaft existieren kann wie im Naturzustand, dass es also auf dem Boden des mächtigen Organismus fremder Arbeit leben kann, ohne an dieser Arbeit teilzunehmen, indem es das Leben nur als Entwicklung, Ausdruck und Steigerung seiner psychischen Eigenheiten auffasst."][16]

Die fühlende Seele weiß, dass sie von Anfang an Teil eines mächtigen Organismus ist und nicht unabhängig von diesem existiert: Auch darin liegt das Wesen ihres Leidens als Zustand der Abhängigkeit von einer Welt, die ihr nicht mehr als ungefährlich „geistige" entgegentritt, sondern als feindlich, fremd und entzaubert, widerhallend vom Rattern der *satanic mills*. Die schöne Seele hingegen, zu der die fühlende Seele degeneriert, empfindet sich nicht länger als vom Ganzen genetisch abhängig, und ihre Beziehung zur sie umgebenden Wirklichkeit wird rein instrumentell: Sie ist nicht mehr von dieser Welt, benutzt sie aber gemäß ihren ästhetisierenden Absichten. Die fühlende Seele ist Krankheit und Syndrom, die schöne dagegen Arznei, freilich die falsche. Deshalb ist jene kranke Seele an der ganzen romantischen Dialektik das einzige wirklich Interessante; die schöne Seele ist nur noch ein „jungpolnischer" Parasit, der sich zu rein ästhetischen Zwecken von den Spannungen des ursprünglichen romantischen Leidens nährt.

Der Sprung ins Leben

Brzozowski war Wegbereiter einer Revision der Romantik, die in ihr vor allem einen von Pathos (und das heißt mit Hegel auch: von Leiden und Krankheit) erfüllten *Beleg für die aporetische* conditio humana *der Moderne* sieht – und darin auch ihre philosophische Originalität erkennt. Daher ist Brzozowski zugleich ein unversöhnlicher Kritiker der transzendental gefärbten Philosophie, die aus der romantischen „Krankheit zum Tode" als deren

---

16 Brzozowski, Legenda (wie Anm. 7), S. 34. – In *Idee* heißt es: „Es herrscht heute eine Stimmung, als sei das allgemeinste Ergebnis der Arbeit des Jahrhunderts die Überzeugung, dass es keine direkte Verbindung zwischen dem, was wir denken, und dem, was wir sind, gibt und geben kann; dass Existenz und Mensch einander nicht verstehen. Hier liegt der Herd der Krankheit: Sie tritt auf als Dilettantismus, Skeptizismus, Ästhetizismus, Pragmatismus, Vulgärmarxismus, Historismus und Ironismus": Brzozowski, Idee (wie Anm. 6), S. 255.

falsche Arznei erwächst. Die philosophische Fortsetzung der ersten, „fühlend-leidenden" Romantik sieht er also nicht im Idealismus, sondern in einem heroischen Vitalismus und einem marxistisch gefärbten Kulturalismus: in Theorien, die die Bedingtheit des individuellen Ichs durch die Wirklichkeit vorbehaltlos anerkennen. Ihren Wert hat die Romantik für ihn als existenzielle Formation, die das Problem der Entfremdung des fühlenden, lebendigen Ichs von einer fühllosen, mechanischen, reifizierenden Welt des Todes, die von entfremdeter Arbeit und empirischer Wissenschaft beherrscht wird, in seiner ganzen Dramatik aufgezeigt hat. Heute jedoch, so Brzozowski, habe es keinen Sinn mehr, jene Opposition hervorzuheben, die die Neurose der modernen Subjektivität nur noch verstärke: Das menschliche Ich müsse sich im dunklen Strom der Existenz wiederfinden, wenn es wirklich – und nicht nur, wie die schöne Seele, zum Schein – *existieren* wolle. Das bedeute, dass es vor einer schwierigeren Aufgabe stehe als das Subjekt in den vormodernen Epochen: vor der Aufgabe der Selbsterkenntnis im ungünstigen Spiegel der *Entzauberung*.[17] Der einzige Weg, um in einer Welt des entzauberten Einflusses zu überleben, ist für Brzozowski folglich der nietzscheanische Sprung in den energetischen Strom fremder Mächte, die durch diesen Akt eines nachdrücklichen *Ja-Sagens* nicht länger fremd wirken. Nach wie vor die emanzipatorischen Reflexe einer Romantik der Negation im Blick, schreibt er:

„Od tego tylko się wyzwalamy, co umiemy zastąpić, *wyzwolenie przez zaprzeczenie jest fikcją*."

[„Wir befreien uns nur von dem, was wir zu ersetzen vermögen; *Befreiung durch Verneinung ist eine Fiktion*."][18]

Diese Substitution negiert nicht die uns bedrückende Wirklichkeit, sondern stellt eine Form akzeptierender Diagnose dar: Wir ersetzen eine fremde, einengende Bedingtheit durch eine erkannte und damit angeeignete Bedingtheit; wir begreifen uns selbst als Produkt nichtsubjektiver, chaotischer Energien der uns umgebenden Wirklichkeit, und auf diese Diagnose gründen wir unsere Freiheit – nicht etwa auf die Fiktion eines subjektiven Freiseins, das uns durch schlichte Verneinung, also virtuelle Zerstörung von der Welt befreit hat.[19] Der Nietzscheanismus mit seiner Bereitschaft zum Sprung in den Strom des Lebens, das im nächsten Moment nicht mehr fremd erscheint, sowie der Marxismus mit seinem kraftvollen Idiom der Aufhebung von Entfremdung, das dazu anhält, jedes metaphysische Geheimnis zu lüften, um dahinter ein menschlich-allzumenschliches Werk zu entdecken, sind für Brzozowski die natürliche Korrektur der romantischen Diagnose: Ihnen ist es zu verdanken,

---

17 Im Original deutsch. [Anm. d. Übers.] – Dabei ist Brzozowski davon überzeugt, dass es die fortlebende romantische Neurose der schönen Seele ist, die eine Sicht der Welt als entzaubert und entfremdet aufrecht erhält. „Unser Atmen und Leben beruht auf den Ergebnissen des Werks der Romantiker, und die wissenschaftliche Konzeption der Welt ist ganz und gar ein Produkt der romantischen Emotionalität." Und weiter: „Die naturwissenschaftlich aufgefasste gesellschaftliche Wirklichkeit ist die Hypostase des Gefühls der Fremdheit, das vom isolierten romantischen Bewusstsein in das kollektive Leben eingebracht wurde." Stanisław Brzozowski, Aforyzmy [Aphorismen], hrsg. v. Andrzej Mencwel. Warszawa 1970, S. 70.
18 Brzozowski, Aforyzmy (wie Anm. 17), S. 45. [Hervorhebung d. Verfasserin]
19 „Freiheit ist immer die Freiheit *über etwas*; frei zu sein *von etwas* heißt, zu verzichten und zu verleugnen – die heuchlerischste Form der Abhängigkeit" (ebenda).

dass der moderne Mensch die Kälte der Fremdheit besiegen wird, die zwischen ihm und seiner Welt eingetreten ist. Freilich – und das ist sehr wichtig – nicht zugunsten der Welt, sondern *zugunsten des Menschen*; nicht zugunsten der anonymen Gesetze der Geschichte, sondern zugunsten des kreativen Potenzials des Individuums. Diesen „absolut wertvollen Zug" (um noch einmal die Formulierung aus *Głosy* zu wiederholen) verdankt Brzozowski der Romantik. In jeder von ihm vorgebrachten Apologie Marx' oder Nietzsches tritt stets das konkrete menschliche Ich auf, dem diese Sprachen dienen sollen:

> „Idzie wciąż o to, aby zrozumieć, że zapanować nad życiem, stać się swobodnymi, możemy jedynie przez zrozumienie i opanowanie tych sił, które stworzyły naszą psychikę. Idzie o całkowite przeniknięcie się tą myślą, że historia nie jest czymś, co stoi na zewnątrz nas, względem czego możemy zajmować dowolne stanowiska. *Psychika związana jest z bytem jedynie i wyłącznie przez ten proces życiowy, który ją wytworzył*: gdy uważa samą siebie za istnienie niezawisłe od tego procesu, traci możność zapanowania nad nim. Sen o swobodzie staje się istotną niewolą. Gdy dumnie zamykamy się w granicach naszego ja, poddajemy się ślepo tym siłom, które je stworzyły i przekształcają. (...) Ja nasze pełne jest czarów i zaklęć: *to, co uważamy za naszą własność, jest darem potęg przekształcających nasze istnienie*. Rzeka historii europejskiej przecieka przez nasze wnętrze. (...) Kto che istotnie być panem swoich losów, świadomie przeżyć i tworzyć swoje życie, musi sięgnąć aż do tych głębin, w których rodzą się siły, określające bieg i kierunek wielkiej dziejowej rzeki."

> [„Es geht immer darum zu verstehen, dass wir nur dann die Herrschaft über unser Leben erringen und frei werden können, wenn wir jene Kräfte verstehen und beherrschen, die unsere Psyche hervorgebracht haben. Es geht darum, sich ganz und gar von dem Gedanken durchdringen zu lassen, dass die Geschichte nicht etwas ist, das außerhalb von uns selbst steht, dem gegenüber wir jede beliebige Position einnehmen können. *Die Psyche ist mit dem Sein einzig und allein durch jenen Lebensprozess verbunden, der sie hervorgebracht hat:* Wenn sie sich selbst als eine von diesem Prozess unabhängige Existenz auffasst, verliert sie die Möglichkeit, ihn zu beherrschen. Der Traum von der Freiheit wird zur eigentlichen Unfreiheit. Wenn wir uns stolz in den Grenzen unseres Ichs einschließen, dann unterwerfen wir uns blind jenen Kräften, die es geschaffen haben und umgestalten. (...) Unser Ich ist voll von Zauberei und Beschwörungsformeln: *Was wir für unseren Besitz erachten, ist eine Gabe der Mächte, die unsere Existenz umgestalten.* Der Fluss der europäischen Geschichte strömt durch unser Inneres. (...) Wer wirklich Herr über sein Schicksal sein und sein Leben bewusst leben und erschaffen will, der muss bis in jene Tiefen greifen, in denen die Kräfte geboren werden, die Lauf und Richtung des großen geschichtlichen Stromes bestimmen."][20]

---

20 Brzozowski, Legenda (wie Anm. 7), S. 13 [Hervorhebung d. Verfasserin]. – Doch ist Brzozowski, wenn er diesen neuen Ausgleich zwischen Mensch und Wirklichkeit skizziert, wirklich so weit von der romantischen Idee der *Versöhnung* [im Original deutsch; Anm. d. Übers.] entfernt, die ebenfalls den Graben zwischen Ich und Welt zuschütten und nicht im Stadium einer „Romantik der Negation" verharren wollte? Auch wenn Brzozowski auf Novalis' Forderung nach einer „Romantisierung" der Wirklichkeit verzichtet, so ist doch die Sehnsucht nach Versöhnung – und sei es nach einer teilweise entzauberten – als solche durch und durch romantisch. In *Idee* schreibt er:

Die Rolle, die die Romantik bei Brzozowski spielt, ist also stets zweideutig. Denn so zutreffend sie die schwierige Situation der ursprünglichen Verstrickung des Ichs in die Welt diagnostiziert und so unschätzbar ihr Widerstand sein mag, den sie der Welt im Namen des Individuums entgegensetzt, so begeht sie doch trotz allem einen Fehler, wenn sie „Freiheit von etwas" fordert und damit von vornherein auf die Möglichkeit verzichtet, sich die Ausgangsbedingungen zu eigen zu machen und sie zu akzeptieren: Mit ihrem neurotischen Beharren auf dem ewigen byronschen NEIN begibt sie sich *a priori* der Chance auf das nietzscheanische JA gegenüber unseren ursprünglichen, lebensweltlichen Abhängigkeiten. Sie ist eine Diagnose, die, philosophisch gesehen, der Selbstaufhebung unterliegt. Als Stöhnen der kranken, in eine für sie unerträgliche Situation verstrickten Seele ist sie wahrhaftig und wertvoll – als nach Kohärenz strebende Philosophie dagegen, die sich unweigerlich in idealistische Lösungen verstrickt, ist sie zum Scheitern verurteilt.

Und doch ist gerade die Romantik entscheidend für die idiomatische Überformung der von Brzozowski bevorzugten Philosophien: des Nietzscheanismus, des Marxismus, aber auch eines spezifischen Neothomismus – eine Überformung, ohne die diese vorbehaltlos für das Sein und seine jegliche Individualität einebnenden allgemeinen Gesetze Partei ergreifen würden. Die Romantik ist es, die als „humanisierender" Kern in diesen Philosophien steckt und den Autor der *Idee* wirkungsvoll vor jeder Form von wissenschaftlichem

---

„Die metaphysischen Theorien wollten uns zeigen, wie sich unter den Menschen Kunst, Religion, Recht etc. herausbilden. Diese Gebiete waren Ausdruck höherer Mächte, die sich der Menschheit bedienten wie eines Organs; der historische Materialismus zeigt, wie die Menschheit selbst ihre Geschichte und Kultur schafft" (Brzozowski, Idee [wie Anm. 6], S. 81). Auch das Subjekt ist im Grunde eine Art *causa sui*, die von selbst aus dem Strom des Lebens auftaucht: Es ist „ein vielseitiges und lebendiges Werkzeug, jenes merkwürdige Etwas, das man durch eigene Anstrengung in der Seele erschaffen muss, als Organ des Denkens, das imstande ist, über das Leben nachzudenken, ohne es zu beschädigen" (ebenda, S. 257). Der historische Materialismus ermöglicht es also der Menschheit, sich als „*eigenes, bewusstes* Werk" zu offenbaren (ebenda, S. 85), und „zeigt, dass die Menschheit selbst jene Knoten geknüpft hat, mit deren Lösung sie sich abmüht; schon heute ist sie ihr eigenes Werk – jedoch ein Werk ihrer Unbewusstheit und ihrer Unfreiheit. Ein Werk ihrer Freiheit und ihres Selbstwissens aber soll sie werden" (ebenda). Interessanterweise steht auch die Phase von Brzozowskis Bekehrung zum Katholizismus im Zeichen der Sehnsucht nach romantischer Versöhnung. In seinem Tagebuch fordert er uns auf: „Bete. Beten heißt Gegenwart im Bereich der Gesetze und Ziele, Eintauchen in jene Sphären, wo Gesetze und Ziele existieren. Dort ist die Grenze. Von dort aus kannst du an Gott denken, ohne Götzendienst zu leisten. *Bemühe dich, im Gebet zu leben, nicht in Polemik und Konfrontation*": Stanisław Brzozowski, Pamiętnik [Tagebuch]. Kraków 1913, S. 7. Und weiter: „Bete: Lerne, denkend in der rauhen Welt zu leben – ein für allemal ohne Umkehr, ohne sich mühevoll hineindrängen zu müssen" (ebenda, S. 15 f.). Und schließlich: „Leide also und bete – das heißt: *denke in Ruhe über die Gesetze nach*. Über die Gesetze, die – einmal ruhig erfasst – schon unter dir sind – und dann wird die Welt tatsächlich zu deinem großen Körper, zum Organismus deines Lebens, und deine Seele – wenn sie nur lernt, jenseits des Typischen und mutig aktiv zu sein – wird die Dinge des Globus in Bewegung setzen" (ebenda, S. 33). Im Tagebuch findet sich auch die gewichtige theologische Anregung, jenen Sprung ins Leben, den die Moderne verlangt, nach dem Muster der christlichen *kenosis* aufzufassen, d.h. der Selbsterniedrigung Gottes, der einen gewöhnlichen menschlichen Körper annahm: Die Verkörperung des Geistes in einem realen, lebenden Subjekt historischen Handelns sieht Brzozowski als Wiederholung jener heiligen Geste, also als Selbsterniedrigung des Geistes, der sich auf diese Weise von der Hybris der romantischen „schönen Seele" reinigt.

Marxismus, vor neonietzscheanischer Zerstörung der Menschlichkeit oder thomistischer Systemverliebtheit bewahrt. Unvermeidlich ambivalent, innerlich zerrissen, umfassend wie ein Mikrokosmos, erweist sich die Romantik als konstanter Hintergrund aller Bestrebungen Brzozowskis, als unhörbare und doch allgegenwärtige Disharmonie der Sphären, von der seine geliebte Epoche widerhallt: die *modernitas*.

Aus dem Polnischen übersetzt von Jan Conrad, Rostock

Brigitte Schultze

Textbezogenheit in Zeiten der Kulturnation:
Fredros *Pan Jowialski* (1832) und Słowackis *Balladyna* (1834)

I.

Aleksander Fredros im Juni 1832 uraufgeführte und 1834 erstmals gedruckte Komödie *Pan Jowialski*[1] [Herr Jowialski] und Juliusz Słowackis 1834 entstandene Tragödie *Balladyna*[2] zählen zu denjenigen Bühnenwerken der polnischen Romantik, die – soweit erkennbar – bislang kaum im Horizont einer gesamteuropäischen Romantik betrachtet worden sind. Hier ist zu bedenken, dass gerade für *Balladyna* auffallend ungünstige Rezeptionsbedingungen bestehen. Es existiert offensichtlich nur eine einzige, niemals inszenierte deutsche Übersetzung von Ludomil German.[3] Von *Pan Jowialski* hat es im 19. Jahrhundert mindestens eine, u.a. in Budapest gespielte deutsche Übersetzung gegeben; Viktor Mikas im 20. Jahrhundert erstellte deutsche Stückwiedergabe war lange Zeit in einer Reclam-Ausgabe verfügbar; 1971 ist diese Übersetzung erstmals in der DDR gespielt worden.[4] *Pan Jowialski* ist mit seinen vielen Elementen kultureller Fremdheit für deutschsprachige Länder dennoch entschieden seltener zur Aufführung gelangt als Fredros kulturell unspezifisches Stück *Mąż i żona* [Mann und Frau].[5] Insgesamt ist somit bei *Balladyna* von fehlender, bei *Pan Jowialski* hingegen von zeitversetzter und eingeschränkter Rezeption zu sprechen. Von der ausgeprägten und vor allem in *Balladyna* wohl singulären Form der Textbezogenheit dürfte somit in der Außenperspektive des deutschsprachigen Raumes und weiterer Länder wenig Kenntnis verfügbar sein. Insbesondere in *Balladyna* ist diese Textbezogenheit derartig dicht und komplex, durch die lockeren Verweisformen der Allusion und der Reminiszenz teilweise auch besonders offen,[6]

---

1 Aleksander Fredro, Pan Jowialski. Komedia w czterech aktach [Herr Jowialski. Komödie in vier Akten], in: Pisma wszystkie. Wydanie krytyczne [Gesammelte Werke. Kritische Ausgabe]. 5: Komedie. Warszawa 1956, S. 119-282. Diese Ausgabe wird im Folgenden als Fredro zitiert.
2 Juliusz Słowacki, Balladyna. Tragedia w pięciu aktach [Balladyna. Tragödie in fünf Akten]. 6. Aufl., Wrocław (u.a.) 1984 (Biblioteka Narodowa. I/51). Diese Ausgabe wird im Folgenden als Słowacki zitiert.
3 Polnisch-deutsche Dramenübersetzung 1830–1988. Grundzüge und Bibliographie, hrsg. v. Doris Lemmermeier u. Brigitte Schultze, bearb. v. Doris Lemmermeier, Janusz Mallek, Antje-Susann Gühlke u. Brigitte Schultze. Mainz 1990 (Mainzer Slavistische Veröffentlichungen. 14), S. 93.
4 Vgl. ebenda, S. 63.
5 Vgl. ebenda, S. 62; Peter Langemeyer, Über Gott und die Welt. Polnisches Theater in Deutschland, in: Ansichten. Jahrbuch des Deutschen Polen-Instituts Darmstadt 10. Wiesbaden 1999, S. 207-221, hier S. 215 f.
6 Vgl. Brigitte Schultze, Paul Fritz, Zitat, Allusion und andere redegestützte und nichtverbale Referenzen in Dramenübersetzungen. Dargestellt an polnisch-deutschen und polnisch-englischen Übersetzungsfällen des 20. Jahrhunderts, in: Literatur und Theater. Konventionen und Traditionen als

dass immer nur eine Annäherung an dieses Verfahren der Darbietung und Bedeutungsbildung erreicht werden kann.[7]

Hier sei zunächst in Erinnerung gebracht, wie die Textbezogenheit in beiden Stücken angelegt ist: Fredros Titelfigur, die sich fast nur in vorgeprägten Texten, d.h. in Wortmaterial aus Sprichwörtern, Fabeln bzw. Tiermärchen und Scherzgedichten (*fraszki*) äußert, wobei auch neue Texte gemäß einem der Textmuster geschaffen werden, gilt im Hinblick auf diese Form der Textbezogenheit ohnehin als singulärer Fall der Weltliteratur.[8] Hinzu kommen eine in das Stück eingelagerte Modellierung des Stoffes vom *König für einen Tag* bzw. *Bauernfürsten* (gemäß dem polnischen Stoffnamen *Z chłopa król*),[9] Bezüge zu Maria Wirtemberskas sentimentalistischem Roman *Malwina* sowie zum ‚Frauenroman‘ der 1820er und 1830er Jahre als einem thematisch-strukturellen Typus,[10] Referenzen auf das Inventar der Schauergothik als einem Text- und Bildsystem,[11] zum Legendenstoff vom ungarischen Räuber Szandor Roza,[12] zu Bogusławskis Komödie *Krakowiacy i górale*[13] [Krakauer und Bergbauern] und Werken von Autoren wie Sterne, Cervantes, Byron, Grillparzer u.a.[14] Es ließen sich vor allem weitere Bezüge zu polnischen Texten nennen, oft in den lockeren Formen von Allusion und Reminiszenz.

In *Balladyna* ist die kaum zu überbietende Textbezogenheit auf Volks- und auf Individualdichtung, auf Stoffe der Weltliteratur und zahlreiche gattungspoetische Systeme, schließlich auch auf konkrete einzelne Texte gestützt. So erfolgt z.B. die „Arbeit" am Stoff des *Bauernfürsten* sowohl im Rekurs auf das charakteristische Grundmuster[15] als auch unter Bezugnahme auf vier verschiedene Modellierungen des Stoffes aus dem 16. bis 19. Jahrhundert.[16] Zu den gattungspoetischen Systemen gehören die Ballade,[17] das Märchen,[18] die Legende,[19] die Féerie[20] u.a.m. Ähnlich dem Stoff vom *Bauernfürsten* sind diese gattungspoetischen Systeme stets auch in Einzeltextreferenzen aufgerufen. Allein durch Bezüge

―――――――――

   Problem der Dramenübersetzung, hrsg. v. Brigitte Schultze. Tübingen 1990 (Forum Modernes Theater. Schriftenreihe. 4), S. 161-210, hier S. 166 ff.

7 Brigitte Schultze, Der polnische „Bauernfürst": Vom Bauern zum König. Arbeit am Stoff in vier Jahrhunderten. Frankfurt a.M. (u.a.) 2003 (Studien zur Deutschen und Europäischen Literatur des 19. und 20. Jahrhunderts 51), S. 177-203, hier S. 177 f. Die Ausführungen zur Textbezogenheit in *Balladyna* gehen von dieser Studie aus.

8 Tadeusz Peiper, Ludzie Jowialówki. *Pan Jowialski* w Teatrze Polskim [Die Menschen der Jowialówka. *Pan Jowialski* im Teatr Polski], in: Wśród ludzi na scenach i na ekranie 1 [Unter den Menschen und auf der Leinwand 1]. Kraków 2000, S. 45-69, hier S. 47.

9 Schultze, Bauernfürst (wie Anm. 7), S. 203-227. Die Ausführungen zur Textbezogenheit in *Pan Jowialski* gehen von diesem Kapitel aus.

10 Ebenda, S. 205, 210 passim.

11 Vgl. Fredro (wie Anm. 1), „Objaśnienia" [Erläuterungen], S. 405-449, hier S. 407, 414 f. passim.

12 Ebenda, S. 411 f.

13 Ebenda, S. 407 f.

14 Ebenda, S. 407, 411, 415, 438 passim.

15 Schultze, Bauernfürst (wie Anm. 7), S. 13 f., vgl. S. 25 f.

16 Ebenda, S. 177.

17 Ebenda, S. 178f.; Brigitte Schultze, Die Ballade in Słowackis Balladyna, in: Zeitschrift für Slawistik 50 (2005), Nr. 4, S. 444-461.

18 Schultze, Bauernfürst (wie Anm. 7), S. 189f., 195 f. passim; dies., Ballade (wie Anm. 17).

19 Schultze, Bauernfürst (wie Anm. 7), S. 180 f.

20 Ebenda, S. 179, 187 passim.

zu Shakespeares Tragödien, *King Lear*, *Macbeth* u.a.,[21] sowie zu Komödien, die ihrerseits syntagmatische und paradigmatische Elemente des *Bauernfürsten* enthalten, *The Taming of the Shrew* und *A Midsummer Night's Dream*,[22] ist die Vielfalt gattungspoetischer Systeme und Traditionen noch einmal vermehrt und gestärkt. In einigen Fällen bringt eine ironisierende Bezugnahme auf dieses oder jenes gattungspoetische Muster, etwa auf die Ballade, deutsche Bühnenwerke in der Art von Büchners *Leonce und Lena* in Erinnerung, in denen „ironisch und desillusionierend auf Werke der europäischen Romantik Bezug [genommen wird]".[23] Hier geht es also um eine transkulturell genutzte Spielart der Textbezogenheit. Das Entscheidende ist jedoch etwas anderes: Einzelne Rollenfiguren, und zwar in erster Linie die zentralen Gestalten – Jowialski, der Schriftsteller Ludmir und Jowialskis Enkelin Helena sowie Balladyna, der ‚Bauernfürst' Grabiec, die Feenkönigin Goplana u.a. –, verhalten sich gemäß gattungspoetischen Mustern, verfügen über diese Muster, lassen sich teilweise auch von ihnen führen oder lehnen umgekehrt ein Verhalten nach bestimmten Mustern ab, setzen den Mustern Widerstand entgegen. Eine spezifische Form der Bedeutungsbildung liegt somit dort vor, wo Rollenfiguren gewissermaßen mit einem Bewusstsein von dieser oder jener Textfolie ausgestattet sind und ihr Verhalten danach ausrichten – oder auch nicht. Ebenso kann es geschehen, dass Rollenfiguren sich völlig ‚naiv' einem Textmuster gegenüber verhalten und damit zum Opfer eines solchen Programms werden. Diese bislang von der Forschung kaum erschlossene Teilmenge der Textbezogenheit soll hier im Zentrum des Interesses stehen. Der Stoff vom *Bauernfürsten* ist, wie gesagt, die beiden Stücken gemeinsame Folie, gegenüber der sich einzelne Rollenfiguren kompetent oder aber inkompetent verhalten. Bei beiden Modellierungen des *Bauernfürsten* gibt es aber auch Unterschiede. In *Balladyna* sind mehrere zentrale Figuren durch ihr Rollenprofil auf Texte und Texttraditionen bezogen; in *Pan Jowialski* benutzen die Rollenfiguren dieses oder jenes Textmuster, sie finden oder holen sich Orientierung bei Texten. In beiden Stücken werden Textmuster und -traditionen grundsätzlich oder in einem bestimmten Augenblick des dargestellten Geschehens abgelehnt, wird die Orientierung an einer solchen Folie gleichsam fallengelassen. Diese Orientierung gerade der zentralen Rollenfiguren an Texten, die in *Pan Jowialski* um ein Interesse an der Herstellung neuer Texte erweitert ist, lässt nach einem Zusammenhang zwischen der politischen Situation Polens und dieser Textbezogenheit fragen: danach, ob die Ausrichtung der Rollenfiguren an Texten damit in Verbindung gebracht werden kann, dass eine politische Wirklichkeit, in welcher die Kulturträger der Adelsnation aktiv mitwirken konnten, nicht mehr existierte. Dann wäre diese Textbezogenheit – neben vielem anderen – auch ein Indiz für die Befindlichkeit vieler Polen in Zeiten der „Kulturnation":[24] Angesichts der fehlenden staatlichen Existenz bleiben nurmehr Texte als Bezugs- und Aktionsraum. Selbstverständlich kann es sich hier nicht um eine simple

---

21 Wiktor Weintraub, *Balladyna* czyli zabawa w Szekspira [*Balladyna* oder Spiel mit Shakespeare], in: Pamiętnik Literacki 61 (1970), Nr. 4, S. 45-89.

22 Schultze, Bauernfürst (wie Anm. 7), S. 177, 179.

23 Dieter Barber, Leonce und Lena, in: Kindlers Literatur Lexikon. Bd. 4, Darmstadt 1972, S. 5599 ff., hier S. 5600.

24 Brigitte Schultze, Prometheus in Polen. Nationalisierung und Internationalisierung des Mythos um 1990, in: Internationalität nationaler Literaturen. Beiträge zum ersten Symposion des Göttinger Sonderforschungsbereichs 529, hrsg. v. Udo Schöning. Göttingen 2000 (Veröffentlichungen aus dem Göttinger Sonderforschungsbereich 529. Sonderband), S. 239-265, hier S. 240 ff.

Kausalbeziehung handeln. Falls aber in diesen Beziehungen von Rollenfiguren zu Texten spezifische Verfahren der Einbindung von Lebenswelt und -wirklichkeit, z.B. auch eine spezifische Gestaltung von Rollenbildern erfolgt, dann kann diese Textbezogenheit etwas wie ein Distinktionsmerkmal der polnischen Hochromantik sein.

In diesem Beitrag soll es also in erster Linie darum gehen, das bewusste oder unbewusste Verhalten einiger zentraler Rollenfiguren in und zu bestimmten Textmustern und -traditionen eingehender zu betrachten. In dem gegebenen Rahmen werden nur einige exemplarische Konstellationen betrachtet. Bei *Balladyna* und *Pan Jowialski* handelt es sich bekanntlich um Bühnenwerke, die als extrem komplex und schwierig angesehen werden und die sich bislang allen Versuchen, kohärente Textdeutungen oder gar griffige Formeln der Interpretation zu finden, entzogen haben. Es wird sich zeigen, dass es für die Charakterisierung von *Balladyna* als „politischem Märchen" („baśń polityczna")[25] zwar punktuelle Anhaltspunkte gibt, dabei jedoch nur eine relativ begrenzte Teilmenge des Deutungsangebots erfasst ist. Gerade wenn man die rollengebundene Textbezogenheit als Beobachtungsort wählt, kommen weitere, bislang weniger beachtete Teilmengen in den Blick. Ähnliches gilt für *Pan Jowialski*. Den ausführlichsten Bericht über gänzlich verschiedene Interpretationsvorschläge zu der Titelfigur seit dem 19. Jahrhundert gibt Henryk Markiewicz. Dass zwischen Jowialskis Versessenheit auf Sprichwörter und Fabeln, der gemeinsamen Aufführung des *Bauernfürsten*, Helenas Orientierung an Romanen und weiteren Formen von Textbezogenheit eine Verbindung hergestellt werden kann, zieht Markiewicz allerdings nicht in Erwägung. Er stellt den vielen Auslegungen des Stücks auch keine eigene Deutung gegenüber. Vielmehr rät er im Hinblick auf die Rollenfigur Jowialski zu besonderer „hermeneutischer Zurückhaltung".[26]

Im Folgenden ist weder für *Balladyna* noch für *Pan Jowialski* ein weiterer umfassender Interpretationsvorschlag angestrebt. Vielmehr wird die Tatsache, dass die Rollenfiguren sich – statt auf die Lebenswelt – vor allem auf Texttraditionen beziehen, im Hinblick auf das dabei entstehende Deutungsangebot sondiert. Dabei wird u.a. interessieren, welche gattungspoetischen und stofflichen Programme einander ablösen, sich überlagern usf. und welche Folgen dies für den Dramenvorgang hat. Ein zentrales Interesse liegt überdies bei den Rollenbildern, u.a. bei der Frage nach Rollenidentität oder aber Nichtidentität. In diesem Zusammenhang hat dem Doppelcharakter von Bühnenwerken besondere Aufmerksamkeit zu gelten: der Tatsache, dass sie zwei Deutungsangebote bereithalten, ein literarisches und ein szenisches. Vieles spricht dafür, dass manche Deutungen von *Balladyna* und *Pan Jowialski* ausschließlich vom Deutungsangebot des Dramen*textes* ausgehen.[27] Ein weiterer Beobachtungsort ist die Einarbeitung von Lebenswirklichkeit, vor allem von sozialer und

---

25 Wacław Kubacki, *Balladyna*. Baśń polityczna [Balladyna. Ein politisches Märchen], in: Juliusz Słowacki, Balladyna. Warszawa 1955, S. 37-227; Mieczysław Inglot, Wstęp [Einleitung], in: Słowacki (wie Anm. 2), S. XII.

26 Henryk Markiewicz, Lekcje Pana Jowialskiego [Die Lektionen des Herrn Jowialski], in: Przygody dzieł literackich [Die Abenteuer literarischer Werke]. Gdańsk 2004, S. 32-55, hier S. 55.

27 Gegen ein Festhalten an den tradierten Auslegungen der romantischen Dramen hat sich Ludwik Flaszen bereits zu Beginn der 1960er Jahre gewandt. Vgl. Ludwik Flaszen, Teatr w oczach polonisty [Das Theater in den Augen eines Polonisten, „Gespräch am Runden Tisch"], in: Teatr skazany na magię [Das Theater, zur Magie verurteilt], hrsg. v. Henryk Chłystowski. Kraków/Wrocław 1983, S. 184-193. Flaszen wirft Kubacki vor, dass dem Drama der Hochromantik nur ein „Zelebrieren des Wortes" (ebenda, S. 185) abgewonnen wird.

politischer Befindlichkeit, in die jeweils genutzten Texttraditionen. Dabei geht es u.a. darum, ob eher rückwärtsgewandte Sichtweisen oder aber Zukunftsentwürfe angezeigt sind. Damit wäre dem in diesen beiden Stücken installierten Verhältnis von Romantik und Modernisierung nachgegangen. Auch hier ist selbstverständlich – und damit ist ein transkulturell wirksames Phänomen der europäischen Romantik greifbar – zu erwarten, dass Haltungen der Rollenfiguren ironisch unterlaufen werden.

So soll zunächst die Textbezogenheit in Fredros *Pan Jowialski* (Abschnitt II), danach diejenige in Słowackis *Balladyna* (III) betrachtet werden. Im Sinne eines Ausblicks wird der Frage nachgegangen, welche spezifischen Formen ästhetischer Bedeutungsbildung das polnische Dramenschaffen und die polnische Literatur überhaupt aus dieser romantischen Schlüsseltradition gewonnen haben kann (Abschnitt IV).

II.

Die Textbezogenheit in Fredros *Pan Jowialski* soll ganz knapp an den Rollenfiguren des Schriftstellers Ludmir, des etwa 75 Jahre alten Jowialski und der 20-jährigen Helena sondiert werden. Die wesentlichen Textprogramme, auf die Bezug genommen wird, sind damit der Stoff vom *Bauernfürsten*, Sprichwörter und Fabeln sowie der zeitgenössische Liebesroman. Die Orientierung an Texten und die Herstellung von Texten werden bereits am Stückeingang hervorgehoben. Der Schriftsteller Ludmir und dessen Freund Wiktor, ein Maler, befinden sich auf einer Wanderung durch das von Österreich besetzte Galizien. Ludmir will das Material für ein bereits begonnenes Buch, eine Art polnische Typengalerie, vervollständigen. Sowohl der Schriftsteller als auch der Maler sind also vorwiegend auf ein Beobachten der Lebenswelt, nicht aber auf ein Mitwirken in der Gesellschaft eingestellt. Wiktor gibt bereits in seiner zweiten Replik zu erkennen, dass Ludmir ihn nicht in natürlicher Rede, sondern anhand von Texten, nämlich der *zitierten Natur* der Präromantik, auf die Fertigstellung des Buches eingestimmt hat: „Chmury! Góry! Księżyc! Gwiazdy!" (Fredro, 121 [„Wolken! Berge! Mond! Sterne!"]). In der gleichen Replik lenkt er die Aufmerksamkeit auf den Unterschied zwischen einer Orientierung an Texten oder an der Lebenswelt: „Co inszego papier, co inszego świat. (*po krótkim milczeniu*) Śpiewaj sobie, śpiewaj!" (ebenda [„Papier ist was anderes, Leben ist was anderes. *Nach kurzem Schweigen.* Sing du nur, sing!"]).[28] Hier erhalten Leser und Theaterbesucher eine Anleitung für die weitere Lektüre bzw. das Theaterspiel. Sie sind aufgefordert, darauf zu achten, wie in diesem Stück mit dem fundamentalen Unterschied zwischen Text und Lebenswelt umgegangen wird. Wiktors „kurzes Schweigen" müsste in einer Inszenierung so markiert ausgebracht sein, dass auch Rezipienten sich diesen Hinweis zu eigen machen können. In dem letzten Satz dieser Replik („Śpiewaj sobie, śpiewaj!") ist Poetik der Grammatik genutzt. Die umgangssprachliche Wendung mit dem Dativ des Reflexivpronomens enthält die Bedeutung eines selbstzufriedenen Vor-sich-hin-Singens, bei dem die Außenwelt gleichsam ausgeblendet ist.[29] Wenn der Autor Ludmir selbstzufrieden vor sich hin singt, besteht also die Gefahr, dass er die

---

28 Die Arbeitsübersetzungen sind, wenn nicht anders angezeigt, von der Verfasserin.

29 Vgl. Brigitte Schultze, Herbert Matuschek, Sprachliche Asymmetrien als Beobachtungsort polnisch-deutscher literarischer Übersetzungen, in: Zeitschrift für Slawistik 51 (2006) Nr. 2, S. 212-239, hier S. 223-227.

Lebenswelt nicht so wahrnimmt, wie sie tatsächlich ist. Eine Übersetzung ins Deutsche kann diese Konnotationen kaum wiedergeben.[30] Welche Deutungshorizonte die Hinweise zur Textbezogenheit insgesamt mit sich führen, lässt sich erst im Rückblick auf den ganzen Text ermessen. Eine szenische Umsetzung kann diesem Fixiertsein auf Texte eher komische oder aber Momente der Verstörung abgewinnen.

In der zweiten Szene beschließt Ludmir in einem kurzen Monolog, sich „schlafend zu stellen" (Fredro, 130 [„Udam śpiącego"]), um als verdeckter Beobachter noch einige Kapitel für sein Buch zu gewinnen. Soweit erkennbar, ist dies in der Geschichte polnischer Modellierungen des *Bauernfürsten* der einzige Fall, bei dem die Stofftradition nachdrücklich zur Herstellung eines weiteren Textes benutzt wird. So sei zunächst anhand einiger Mikrosequenzen aufgezeigt, wie Ludmir die Rolle eines Eintagsfürsten zu verdeckter Beobachtung und Textherstellung nutzt. Dazu sind die syntagmatische und die paradigmatische Anlage des Stoffes in Erinnerung zu bringen:

Ein Vertreter des sozialen Unten wird – im Schlaf, im Zustand der Trunkenheit, unter den Bedingungen des Karnevals, auf Wunsch eines Höherstehenden – in den Repräsentanten des sozialen Oben verwandelt. Nachdem er sich, nach Rückfragen, Wirklichkeitsproben usw., in seiner neuen Umgebung zurechtgefunden hat, genießt er ein Gelage, Huldigungen, Musik- und Tanzdarbietungen; er belobigt und bestraft seine ‚Untertanen'. Die eigentlichen Herrschaften aber beobachten den ‚Verwandelten', spielen teilweise in neuen Rollen mit. Nochmals betrunken gemacht oder auf andere Art in seiner Weltorientierung eingeschränkt, wird der ‚Bauer' dann in seine ursprüngliche Position und an seinen ursprünglichen Ort zurückbefördert.

Neben den vielfältig repräsentierten und variierten Grundordnungen von Oben/Unten und Leben/Traum enthält der Stoff Vorgangsmotive wie die Auffindung des Schlafenden, ggf. dessen Überführung in das herrschaftliche Haus, das feierliche Gelage, die Musik- und Tanzdarbietung; der Verwandelte kann sich als Prahlhans oder als Despot verhalten. Die Rückverwandlung in seine ursprüngliche Lage geht von ihm selbst oder von den Herrschaften aus, erfolgt bisweilen auch auf beiderseitigen Wunsch.

Bei Fredro ist dieser Stoff weder vollständig noch als Vorgangsnexus dargeboten. Vielmehr wechseln einzelne Sequenzen oder auch Mikrosequenzen aus dem *Bauernfürsten* mit Vorführungen der Lebenswelt des Gutshofes Jowialówka ab. Nachdem der Schriftsteller Ludmir in der zweiten Szene die Voraussetzungen dafür geschaffen hat, dass man ihn als „träumenden Bauern"[31] verkennt, beschließt in der dritten Szene der bislang vergeblich um die Hand von Jowialskis Enkelin Helena werbende Gutsbesitzer Janusz, den Schlafenden ins Haus tragen zu lassen. Ein gemeinsames Theaterspiel soll ihm sowohl die romanverliebte Helena als auch den auf Texte versessenen Jowialski geneigt machen. Ehe im II. Akt – nach der Verwandlung des ‚Bauern' in einen Rang des sozialen Oben – das eigentliche Spiel vom *Bauernfürsten* einsetzt, lernt der Rezipient auch Helenas Orientierung an Liebesromanen kennen: „Biada, biada tej (...), której serce nie uderza radośnie do chwili, gdzie będzie

---

30 Wiktor Mika (Aleksander Fredro, Familie Jowialski. Lustspiel in vier Akten, in: Herr Genialski. Familie Jowialski. Leipzig 1973 [Reclams Universal-Bibliothek. 536], S. 5-97, hier S. 7) wählt die Wiedergabe: „Sing nur, sing!"

31 Elisabeth Frenzel, Der träumende Bauer, in: Stoffe der Weltliteratur. Ein Lexikon dichtungsgeschichtlicher Längsschnitte. 9. Aufl., Stuttgart 1998 (Kröners Taschenausgabe. 300), S. 83-86.

mogło powiedzieć duszą ukochanemu: jestem twoją, twoją na zawsze!" (I/5, Fredro, 136 [„Wehe, wehe derjenigen (...), deren Herz nicht freudig dem Augenblick entgegenschlägt, da sie dem Geliebten aus voller Seele sagen kann: Ich bin dein, dein für immer!"]) Für Rezipienten, die mit der Stofftradition des *Bauernfürsten* vertraut sind, dürfte bereits hier deutlich werden, dass die von Anfang an exponierte Textbezogenheit eher im Zeichen von Disharmonie denn im Zeichen von Gleichklang stehen wird: Der Code bzw. die Sprachmaske dieser Liebesromane und die Sprachmaske des aus dem sozialen Unten aufgestiegenen „träumenden Bauern" gestatten keinen stilistischen Ausgleich.

Ludmirs Selbstinszenierung in der Rolle des „träumenden Bauern" (II/1) geht überdies im I. Akt eine Einkleidung des Gutsbesitzers Janusz in einen „türkischen Kaftan" (I/10, Fredro, 153) voraus. Im Kostüm der nachfolgenden Spielsituation – und sich als Regisseur wähnend – stiftet der Gutsbesitzer die Familie Jowialski zu einem Spiel vom *Bauernfürsten* an, bei dem der schlafende Fremde, d.h. Ludmir, in die Rolle des Sultans eines „unbekannten Landes" (Fredro, 154) versetzt werden soll. Dieser Rückgriff auf die orientalische Mode der Zeit des sarmatischen Barocks[32] ruft ein Phänomen der polnischen Selbstwahrnehmung und Selbstdarstellung auf, das Gegenstand aktueller Forschungen ist.[33] Darin, dass die türkischen Gewänder die Theaterkostümierung schlechthin sind („unsere Theaterkleider"; Fredro, 135), ist eine rückwärtsgewandte Selbstwahrnehmung der Gesellschaft von Jowialówka signalisiert. Die vom Gutsbesitzer Janusz vorweggenommene Einkleidung für das Spiel im Spiel führt ein charakteristisches Merkmal der Textbezogenheit in diesem Stück vor Augen. Während die Verwandlung des ‚Bauern' in anderen Modellierungen des Stoffes eine deutliche Zäsur darstellt, sind hier die Grenzen zwischen Lebenswelt und Theaterspiel perforiert, teilweise völlig aufgehoben. Diese Entgrenzung zwischen Lebenswelt und Theaterspiel bzw. zwischen gelebtem Alltag und nachgespieltem Text findet mehrfach statt. Während z.B. die Spielsituation für den gesamten II. Akt gilt, bis der Gutsherr Jowialski einen Abbruch der „Possen" erlaubt (Fredro, 204), werden nur in vier Szenen einzelne Vorgangsmotive des *Bauernfürsten* ausagiert (II/1-2, 4 und 12). Dazwischen kehren die meisten Rollenfiguren – von dem einen Schustergesellen vorstellenden und in einen Sultan verwandelten Ludmir vom Spielort verjagt – in orientalischen Kostümen zu ihren Alltagsbeschäftigungen und -sorgen zurück. So wird augenfällig, dass hier weder ein zweckfreies Spiel noch ein spielfreier Lebensalltag möglich sind. Das Theaterspiel ist fragmentarisiert, und das Alltagsdasein ist fragmentarisiert. Die Lebenswelt ist teilweise verdrängt.

Eine solche Verdrängung der Lebenswelt durch verschiedene Formen der Textbezogenheit liegt z.B. auch darin, dass Ludmir der romanversessenen Helena gegenüber zwar die Masken eines trinkfreudigen Schustergesellen und eines despotischen Sultans ablegt, damit aber nur die Form der Textbezogenheit ändert, nicht die Textbezogenheit als solche auf-

---

32 Vgl. Władysław Tomkiewicz, Sarmatyzm [Sarmatismus], in: Wielka Encyklopedia Powszechna [Große Allgemeine Enzyklopädie]. Bd. 10, Warszawa 1967, S. 362 f.

33 Im Jahre 2006 wurde im Leipziger Geisteswissenschaftlichen Zentrum Ostmitteleuropa eine Forschung zur Orientrezeption („Osmanischer Orient und Ostmitteleuropa. Vergleichende Studien zu Perzeptionen und Interaktionen in den Grenzzonen [16.–18. Jahrhundert]") aufgenommen. Neben der bei Fredro parodierten Selbstdarstellung im Gewande der gefürchteten Feinde wird vor allem die in historischen Quellen belegte gegenseitige Perzeption von Osmanischem Reich und europäischen Grenzräumen zu erforschen sein.

gibt: Er kommt nun dem von Helena bevorzugten Code des Romans entgegen („To odlanie cieniów duszy...“; Fredro, 176 [„Dieses Abstrahlen von Schatten der Seele“]). Bei dieser Spielart von Textbezogenheit sind wiederum unterschiedliche theatrale Realisierungen möglich. Die Rollenfigur des Ludmir kann die unnatürliche Rede ausspielen, den Text mit leiser Ironie unterlaufen usw.

In ähnlicher Weise bieten auch viele zitierte Texte des Gutsbesitzers Jowialski mehrere Möglichkeiten der szenischen Umsetzung. Diese Rollenfigur kann ihre Textverliebtheit als freundlicher, zeitweilig etwas debiler Alter, aber auch als Beobachter mit einer scharfen Zunge ausspielen. Die zitierten oder anzitierten Texte, zu denen dreizehn Fabeln bzw. Scherzgedichte gehören,[34] lassen überdies wechselnde Schärfe oder auch wechselnde Formen interessierter oder aber unbeteiligter Kommentierung zu. Ähnlich wie einzelne Repliken des in einen Sultan verwandelten Ludmir als Kontaktstelle für politische Anspielungen, d.h. als Verweis auf die Situation des besetzten Landes genutzt sind bzw. verstanden werden können,[35] legen manche von Jowialskis Sprichwörtern und Fabeln – neben anderen Interpretationen – auch eine politische Deutung nahe. Hierfür mag ein Beispiel genügen. Als Ludmir sich in der Rolle des Sultans – anders als andere *Bauernfürsten* – bedingungslosen Gehorsam versprechen lässt, gibt Jowialski diesen Kommentar: *„Ale kto źle rozkazuje, niedługo panuje* – uczy przysłowie.“ (Fredro, 163 [*„Aber wer schlecht befiehlt, regiert nicht lange* – lehrt das Sprichwort.“]) Dieser Kommentar aus vorgefertigtem Material wird, ähnlich einer Reihe weiterer ‚textbezogener Reden‘, nicht als Gesprächsangebot genutzt. Er funktioniert allein als Angebot für Rezipienten, somit in der externen Kommunikation: Er kann in jeder Situation politischer Bevormundung und Unfreiheit – sei es von innen, sei es von außen – aktualisiert werden. Die Tatsache, dass die übrigen Rollenfiguren geradezu autistisch auf manche von Jowialskis Texten reagieren, lässt mehrere Deutungen zu: dass diese Mikrogesellschaft sich dem politischen Kontext gegenüber abkapselt, dass sie stumpf geworden ist gegenüber Jowialskis Texten u.a.m. Der Rezipient erhält also weder für die zentralen ‚textbezogenen‘ Gestalten noch für die übrigen Figuren eindeutige Rollenbilder.

Die Textbezogenheit der hier betrachteten zentralen Rollenfiguren lässt sich jedoch genauer bestimmen: Die junge Adlige Helena erwartet, ähnlich Puškins Gutsbesitzerstochter Tat'jana, eine Liebesgeschichte gemäß ihrer Romanlektüre. Anders als in Puškins *Evgenij Onegin* gibt das Geschehen ihr Recht. Ihre Liebe zu Ludmir wird erwidert, und Wirtemberskas Roman *Malwina, czyli Domyślność serca* [Malwina oder Scharfblick des Herzens, 1816] folgend, wird Ludmir als standesgemäßer Partner identifiziert. Während Helena sich im Wesentlichen an *einer* Textsorte orientiert, bezieht Jowialski sich auf *eine Gruppe verwandter Texte*, deren gemeinsames Merkmal Pointen bzw. pointenhafte Akzentsetzungen sind. Der Schriftsteller Ludmir verfügt nicht nur beim Roman, dem Stoff des *Bauernfürsten* und Jowialskis bevorzugten Texten über professionelle Kompetenz, er macht auch von seiner Kompetenz Gebrauch. Am Ende reiht er sich in den konventionellen Komödienschluss ein. Er wird ein Mitglied derjenigen Gesellschaft, die er als kritischer Beobachter hatte darstellen wollen. Indem sich der Schriftsteller Ludmir – als Bräutigam – in die Textkonvention der Genrekomödie einordnet, gibt er die für seinen Reisebericht vorgesehene satirische Di-

---

34 Vgl. den Eintrag „Aleksander Fredro“ in: Nowy Korbut [Der neue Korbut]. Bd. 7: Romantyzm [Romantik]. A-J. Warszawa 1968, S. 329-376, hier S. 335.
35 Vgl. Schultze, Bauernfürst (wie Anm. 7), S. 221 f.

stanz auf. In gewisser Hinsicht unterwirft er sich einem auf Spannungsabbau, Versöhnung, vielleicht sogar Verdrängung eingestellten Textprogramm. Den einleitenden Hinweis des Malers Wiktor aufnehmend, lässt sich konstatieren, dass der Schriftsteller Ludmir sich für das „Papier", den Text, nicht aber für das gelebte Leben entschieden hat. Dass der mittellose Autor Ludmir, ein Vertreter des in Polen extrem begrenzten mittleren Standes, sich ohne zu zögern zum Adeligen ‚umdefinieren' lässt, ist eine ähnliche Signalsetzung der Rückwärtsgerichtetheit bzw. Fortschrittsverweigerung wie das Spiel in orientalischen Kostümen. Die Tatsache, dass der Schriftsteller Ludmir gegen Stückende immer weniger hörbar ist und überdies als Rollenfigur der Genrekomödie, d.h. ohne erkennbar eigenen Text spricht („Und Helena wird die Meine sein"; Fredro, 279), wohingegen der Gutsherr Jowialski sich nochmals als Rezitator zum Mittelpunkt des dargestellten Geschehens macht, unterstreicht erneut den Weg vom Text zum Text. Es ergeben sich Kreisformen der Texterstellung: Der Schriftsteller Ludmir regt eine Modellierung des *Bauernfürsten* an und gewinnt zwei Kapitel für sein Buch; Jowialski sucht Anlässe zur Produktion und Artikulation von Texten und prägt mit dieser textbezogenen Daseinsweise das Schlussbild der Komödie. Ludmirs Textprojekt ist von Jowialskis Textpraxis verdrängt worden.

Es mag deutlich geworden sein, dass in *Pan Jowialski* die Produktion und Reproduktion von Texten teilweise die Darstellung der Lebenswelt verdrängt. Gerade für Rollenfiguren, deren Textbezogenheit auf unterschiedliche Art ausagiert werden kann, ergibt sich ein bemerkenswert instabiles Rollenbild. Mit der Instabilität der Rollenbilder des Schriftstellers Ludmir und der Titelfigur Jowialski hat die Fredro-Forschung seit dem 19. Jahrhundert gehadert.[36] Dieses Unbehagen an nicht greifbaren Rollenbildern lässt sich möglicherweise dadurch auflösen, dass man insbesondere mit Blick auf diese beiden zentralen Gestalten weniger vom Rollenbild als von den Texten her denkt: in dem Sinne, dass sowohl Jowialski als auch Ludmir – zumindest in gewissem Umfang – als Projektionsflächen für eine Debatte des Werkproduzenten Fredro dienen. Beide Gestalten rücken in besonderer Weise die Beziehung von Text und Lebenswelt als Problemfeld in den Blick. Zu den abschließenden Befunden gehörte dann, dass durch die Textbezogenheit einzelner Gestalten zwar punktuell Facetten der Wirklichkeit exponiert werden, insgesamt die Texte jedoch eher die Wirklichkeit verdrängen. In jedem Fall werden Rollenfiguren gezeigt, die sich mit je spezifischer Textbezogenheit darauf eingestellt haben, dass ihnen eine Lebenswelt, in der sie gestaltend mitwirken können, fehlt. Auf der Ebene des Dramentextes und des szenischen Spiels aber entsteht, wie gezeigt, ein Bild der Fragmentarisierung. Das an sich auffallend geschlossene ‚Biotop' von Jowialówka wird von Texten herausgefordert und aufgebrochen. Anders als in Büchners *Leonce und Lena* (s.o.) geht es hier nicht um eine ironische Zurückweisung des romantischen Textprogramms und ästhetischer Codes der Romantik, sondern um eine Reihe heterogener Texte und Codes, die als Projektionsfläche zur Verhandlung der Kulturnation, der Befindlichkeit einer polnischen Teilkultur, der Gutsbesitzer, der Situation von Künstlern angesichts allseitiger Lähmung dienen. Das in die Kreisform der Genrekomödie eingehende Geschehen lässt sich auch als Kommentar zur Leistung der Literatur aufnehmen: Sie vermag nichts zu bewegen.

---

36 Vgl. Markiewicz, Lekcje (wie Anm. 26).

III.

Anders als bei Fredro ist in Słowackis *Balladyna* die Textbezogenheit bereits im Stücktitel angezeigt. Dieser führt zur „ernsten" bzw. „nordischen Ballade", die bekanntlich, vor allem als Volksballade und frühe Kunstballade, gattungspoetische Merkmale aller drei Gattungen – der Lyrik, Epik und des Dramas – in sich vereint.[37] Die Textbezogenheit und das Moment „Schriftstellerischen Konstruierens"[38] sind bei Słowacki um ein Vielfaches komplexer als bei Fredro. Überdies gibt es umfassende weltanschauliche, anthropologische und ästhetische Begründungszusammenhänge, die in dieser Radikalität bei Fredro fehlen. Während der Stücktitel *Pan Jowialski* eine recht eindeutige Information in der Tradition sprechender Namen gibt, ist das in dem Titel *Balladyna* enthaltene Deutungsangebot alles andere als eindeutig. Es gilt zu bedenken, dass allein der referentielle Bezug zur Textsorte Ballade von polnischen Rezipienten einerseits und Rezipienten des deutschsprachigen Raums andererseits unterschiedlich aufgenommen werden dürfte. Während für polnische Rezipienten die Kunstballade der Romantik für den Anfang und Höhepunkt des nationalen Balladenschaffens steht,[39] verbinden Rezipienten des deutsprachigen Raumes mit der Gattungsbezeichnung *Ballade* sowohl anonyme Volks- als auch Kunstballaden. Überdies wird die Kunstballade eher der Vorromantik bzw. der Deutschen Klassik und der Zeit des Sturm und Drang als der Kernphase der Romantik zugeordnet; anders als in Polen ist das Balladenschaffen weniger als ein zeitlich begrenzter Vorgang denn als ein Prozess gesehen, der sich über das ganze 19. Jahrhundert bis an den Anfang des 20. Jahrhunderts erstreckt.[40] Eine unterschiedliche Rezeption des Stücktitels ist nicht nur mit Blick auf die verschiedenen Nationalliteraturen zu erwarten (russische Rezipienten wären bekanntlich vor allem auf lyrische und epische Strukturen eingestellt). Differente Möglichkeiten der Bedeutungsbildung ergeben sich auch für nicht vorgebildete Rezipienten einerseits und Słowacki-Kenner andererseits. Für Kenner führt der singuläre Rollenname Balladyna z.B. einen Hinweis auf die „balladenhaften Nonnen, *Balladines*" in Meyerbeers Oper *Robert le diable* (1830/31) mit sich.[41] Dies lässt deutlich werden, dass über das Deutungsangebot des Stücktitels keine eindeutigen Angaben gemacht werden können. Die Wahrnehmung dieser oder jener Bedeutung hängt wesentlich vom kulturellen Kontext und der kulturellen Kompetenz eines jeden Rezipienten ab.

---

37 Dazu Schultze, Ballade (wie Anm. 17).
38 Peiper, Ludzie Jowialówki (wie Anm. 8), S. 51.
39 Das Bemühen mancher Literaturwissenschaftler, die tradierte Lehrmeinung und Vorstellung von einer gleichsam schlagartigen Ablösung der Aufklärung durch die Romantik mit der Publikation von Mickiewiczs *Ballady i romanse* [Balladen und Romanzen] (1822, vgl. Maria Bursztyn, Katarzyna Radzymińska, Słownik encyklopedyczny. Literatura Polska [Enzyklopädisches Wörterbuch. Polnische Literatur]. Wrocław 2000, S. 31 f.) durch die Vorstellung von einem schrittweisen Epochenwechsel im zweiten Jahrzehnt des 19. Jahrhunderts abzulösen (vgl. Brigitte Schultze, Zwischen Inspiration und Schieflagen: Mme de Staël in der polnischen ‚Kulturnation', in: Mme de Staël und die Internationalität der europäischen Romantik. Fallstudien zur interkulturellen Vernetzung, hrsg. v. Udo Schöning u. Frank Seeman. Göttingen 2003 [Göttinger Beiträge zur Nationalität von Literatur und Film. 2], S. 229-255, hier S. 230 f.), ist, soweit erkennbar, ohne besondere Wirkung geblieben. Vgl. Schultze, Ballade (wie Anm.17).
40 Gero von Wilpert, Ballade, in: Sachwörterbuch der Literatur. 8. Aufl., Stuttgart 2001, S. 66 ff., hier S. 67.
41 Schultze, Bauernfürst (wie Anm. 7), S. 179, Anm. 10.

Es wird zu zeigen sein, dass das Verhältnis einzelner Rollenfiguren zu ‚ihrem' gattungspoetischen System bzw. zu ihrer Stofftradition entschieden instabiler ist als die Textbezogenheit der zentralen Rollenfiguren in Fredros Komödie. Die Balladyna zugeordnete Ballade z.B. wird teilweise von anderen Textsorten und konkreten einzelnen Werken der Weltliteratur überlagert und durchkreuzt, so dass das Angebot zur ästhetischen Bedeutungsbildung geradezu diffus erscheint. Auch in der Beziehung des Organistensohnes Grabiec zur Stofftradition des *Bauernfürsten* und im Verhältnis der Goplana zur Féerie überschneiden sich Texttraditionen und Bezüge zu konkreten einzelnen Texten, so dass allein dadurch die Auflösung hinlänglich kohärenter Rollenbilder viel weiter geht als in Fredros Komödie. Zunächst sei Balladynas Verhalten gemäß der Ballade beispielhaft an einigen Textausschnitten untersucht.

Es mag hilfreich sein, sich vorab den charakteristischen Vorgang der ernsten Ballade und einige der tragenden gattungspoetischen Merkmale in Erinnerung zu rufen. Für den Vorgang gibt Oldřich Sirovátka eine in vielen Forschungen aufgegriffene Kurzbeschreibung:

> „Das Hauptthema der Ballade ist das individuelle menschliche Schicksal, der in die Schicksalssituation geworfene Mensch; die Ballade projiziert die historischen Ereignisse, die nationalen Verhältnisse und gesellschaftlichen Konflikte (...) in das intime Leben und betrachtet dieses durch das Prisma eines extremen konkreten individuellen Schicksals."[42]

Das Geschehen wird in einem einzigen Vorgangsstrang straff und zügig, oft unter Verschweigen bzw. Auslassung der Motivationen für einzelne Handlungsschritte, bis zur Katastrophe dargeboten. So entstehen die lineare Darstellung und das charakteristische Balladentempo. Das Balladentempo ist oft überdies durch die spezifische Getriebenheit der Balladenhelden gegeben: Auf der Suche nach persönlichem Glück, auch durch äußere Umstände dazu bewegt, verlassen Balladenhelden den geschützten Raum ihres Hauses und sind damit – „zur falschen Zeit am falschen Ort" befindlich – einer „dritten Kraft", einem Schädiger ausgeliefert. Ein ‚Balladenschicksal' setzt voraus, dass auf die eine oder andere Art gegen eine Ordnung, insbesondere eine familiäre, religiöse, verstoßen worden ist. Der Verstoß gegen das Ordo-Prinzip kann persönliche Schuld einschließen, kann aber auch ohne individuelle Verfehlungen erfolgen. Gerade in Volksballaden erleiden die Opfer einer „dritten Kraft" den Tod; sofern der Schädiger keine numinose Gestalt ist, sondern ein anderer Mensch, wird er oftmals mit dem Tode bestraft, macht seinem Leben auch selbst ein Ende. Die Ballade ist in jedem Fall auf eine Restituierung der Ordnung eingestellt.[43]

Balladynas Verhalten gemäß der Ballade ist zweifach begründet und gestützt: durch den systemreferentiellen Bezug zur ernsten Ballade schlechthin und durch Einzeltextreferenzen zu mindestens drei Balladen der polnischen Romantik, Chodźkos *Maliny* [Himbeeren] sowie Mickiewiczs *Świtezianka* [Das Mädchen vom Świteź-See] und *Lilije* [Die Lilien].[44] Dadurch, dass der zentrale Bezugstext, Chodźkos *Maliny*, auf ein Zaubermärchen („Die wundertätige Flöte") zurückgeht, sind von Anfang an unterschiedliche gattungspoetische Muster miteinander verschränkt. Anders als Grabiec, der ein Bewusstsein vom gattungs-

---

42 Oldřich Sirovátka, Stoff und Gattung – Volksballade und Volkserzählung, in: Fabula 9 (1967), S. 162-168, hier S. 163.
43 Vgl. Schultze, Ballade (wie Anm. 17), Abschnitt II.
44 Ebenda.

poetischen Inventar des *Bauernfürsten* hat, auf das er sich, wie zu zeigen ist, zitierend bezieht, agiert Balladyna eher unbewusst in ihrem Textprogramm, genauer in einer diffusen Mischung aus Textprogrammen. Balladyna wird, ähnlich wie in dem weiblichen Initiierungsmärchen *Frau Holle*, als die verwöhnte ältere Schwester eingeführt. Während traditionelle Märchen die Bevorzugung oder Zurückweisung eines Kindes kommentarlos berichten, wird das Textmuster hier ironisch unterlaufen. Die in der ersten Replik der „Witwe" enthaltenen Signalsetzungen für die Bevorzugung der Balladyna sind diese: „Moja Balladyno,/ Twoje rączki (...) A ty, moje dzieciątko, siedź sobie" (Słowacki, 42 f. [„Meine Balladyna,/ Deine Händchen (...) Und du, mein Kindchen, bleib nur ruhig sitzen"]). Dies lässt sich als spöttischer Kommentar zum Motiv der ungerechten Mutter aufnehmen. Das Textprogramm, auf das die Witwe sich bezieht, wird damit in Frage gestellt. Diese Infragestellung der Texttradition, in welcher eine Rollenfigur sich vorwiegend verhält, wiederholt sich z.B. auch bei dem naiven ‚edlen Ritter' Kirkor, der seine Brautwahl bereitwillig („Wyborna rada ... O!", Słowacki, 55 [„Ein vorzüglicher Rat... Oh!"]) nach dem Programm von Chodźkos *Maliny* bzw. dem dahinter stehenden Zaubermärchen vor sich gehen lässt. Die Rollenfiguren halten sich also an Textmuster, deren Tauglichkeit von Anfang an in Zweifel gezogen wird. Die Witwe verwöhnt Balladyna nicht nur, sie stellt Kirkor gegenüber sogar ein Bild ihrer Tochter her, das deren Verhalten nicht entspricht und nie entsprechen wird: „I Balladyna kocha matkę starą" (Słowacki, 54 [„Auch Balladyna liebt die alte Mutter."]) Hier ist eine der vielen Kontaktstellen, an denen das Märchen die Geschichte von Lears Blindheit gegenüber seinen Töchtern Regan, Goneril und Cordelia in sich aufnimmt, die Geschichte also, die später zu einem dominanten Bezugstext der Witwe wird. In Verbindung mit Balladynas Bezug zur Ballade interessiert vor allem, dass die Witwe ein Rollenbild ihrer älteren Tochter entworfen hat, das bloßes Konstrukt ist. Die Witwe hat auch bereits den für viele Initiierungsmärchen typischen Aufstieg von der Hütte ins Schloss entworfen („Mój królewiczu, żeń się z Balladyną." Słowacki, 44 [„Mein Prinz, heirate Balladyna."]). Sie entwirft sogar das Bild Gottes, der dieses Märchenschicksal erträumt (ebenda). Diese Konstruktionen, bei denen die Textmuster zugleich in Frage gestellt werden, schaffen normbrechende Bedingungen für Balladyna als Balladenheldin. Während in traditionellen Balladen die Sehnsucht nach persönlichem Glück einfach da ist, als Motiv oft ungenannt bleibt, und ein Verführer allenfalls kurz in Erscheinung tritt, ist Balladyna gleichsam durch die Texte ihrer Mutter festgelegt, ehe sie ein einziges Wort von sich gegeben hat.

Während in Volksballaden und vielen frühen Kunstballaden sowohl die „dritte Kraft" (sei sie nun das Böse in einer bestimmten Gestalt, eine numinose Macht oder ein anonymes Schicksal) als auch die Art des Verstoßes gegen eine Ordnung benannt werden können, ist diese balladentypische Orientierung hier weitgehend aufgehoben. Die „dritte Kraft" ist dadurch diffus geworden, dass eine Teilschuld auf mehrere Rollenfiguren verteilt ist. Die Witwe verstößt insofern gegen die familiale Ordnung, als sie eine ihrer beiden Töchter bevorzugt. Anders als im Märchen von *Aschenputtel* ist das benachteiligte Kind die jüngere, eigene Tochter, nicht aber ein ungeliebtes Stiefkind. Ein deutliches Fehlverhalten liegt auch darin, dass die Witwe gar nicht die Person ihrer älteren Tochter, sondern das Bild, welches sie sich von dieser Tochter geschaffen hat, wahrnimmt. Indem sie Kirkors Kutsche verunglücken lässt und ihren Geist Skierka damit beauftragt, der Witwe die ‚textbezogene' Brautwahl mit Hilfe des Himbeerkrugs einzuflüstern, wird ungewollt auch die in Grabiec verliebte Nymphe Goplana zu einer Schädigerin. Nimmt man den Horizont einer psychologischen Deutung an, der bereits im Verhalten der Witwe mit enthalten ist, so trägt Alina selbst, das Opfer also, zu Balladynas Affektmord bei. Während nämlich Balladyna – durchaus balladentypisch – das Motiv für ihre Getriebenheit (das Verlangen nach dem glückverheißenden sozialen Aufstieg) verschweigt, stellt Alina ihre ‚Trophäen' triumphierend zur Schau: „ten dzbanek/ To moje szczęście, mój mąż (...)/ I wszystko moje ..." (Słowacki, 74 [„dieser Krug/ Das ist mein Glück, mein Mann (...)/ Und alles ist mein ..."]). Alina steigert diese Provokation noch durch „kindliche Spöttelei" (Słowacki, 75) über Balladynas leeren Krug. Anders als in traditionellen Balladen, ist Alina somit nicht das unschuldige Opfer einer ehrgeizigen Schwester. Der zur Textgrammatik der Ballade gehörende Verstoß gegen das *Ordo*-Prinzip hat noch eine weitere Facette. Als Balladyna, die nach dem Mord in eine Identitätskrise geraten ist, zum Bewusstsein ihrer eigenen Person zurückgefunden hat, benennt sie das fehlende Gebet am Vortage als denjenigen Verstoß, der das Wirken der „dritten Kraft" ermöglicht hat: „Ach, jam się wczoraj nie modliła,/ To źle! źle! –" (Słowacki, 76 [„Ach, ich habe gestern nicht gebetet,/ Das ist schlecht! schlecht! –"]).

Diese wenigen Beispiele, denen weitere hinzugefügt werden könnten, zeigen, dass die sichere Orientierung der traditionellen Balladenwelt hier aufgehoben ist. Das charakteristische gattungspoetische Inventar lässt sich zwar noch identifizieren, ist jedoch von anderen Textsorten infiziert und hat sich zugleich vervielfältigt. Dadurch, dass sich Elemente der Ballade, des Zaubermärchens, der Féerie und weiterer Textsorten mischen und überdies Shakespeares Dramen *King Lear* und *Macbeth* (das Entsetzen der Lady Macbeth über ihre blutigen Hände etwa, ebenda) und weitere Texte integriert sind, erscheinen die Rollenfiguren geradezu wie ‚aus Texten gemacht'. Aussagen zu den Rollenbildern hängen nun vor allem von der Perspektive ab, die ein Rezipient wählt. Er kann in Balladyna die innerlich getriebene Balladenheldin sehen, die bezeichnenderweise in dem Augenblick ihre Aktivität entfaltet, als sie Kirkors Kutsche hört. Er kann sie aber auch als Opfer der falschen Erziehung und der falschen Textvorgaben ihrer Mutter, der Witwe, sehen. Dann kämen ungünstige charakterliche Anlagen und verfehlte elterliche Prägungen zusammen. Je mehr Textspuren und Perspektiven man nutzt, umso offener wird das Deutungsangebot. Von den gattungspoetischen Merkmalen der Volksballade und vielen frühen Kunstballaden ist bei Balladyna die Getriebenheit der Balladenhelden besonders herausgestellt. In der Art und Weise, wie sie ihre Schwester zur Herausgabe des Himbeerkrugs drängt und dann ohne jedes Innehalten den Mord begeht, ist diese Getriebenheit geradezu inszeniert. Denkt man den intertextuellen Bezug zur ernsten Ballade und zu Chodźkos *Maliny* mit, so ist die Sequenz mit dem Schwesternmord als metatextuelle Signalsetzung aufzunehmen.

Während in der Volksballade und in vielen frühen Kunstballaden – anders als in Chodźkos *Maliny* und Mickiewiczs *Lilije* – die Strafe für einen Mord sehr rasch erfolgt, zumindest aber angekündigt wird, lebt Balladyna – Chodźkos Schwestern- und Mickiewiczs Gattenmörderin vergleichbar – mit der unentdeckten Schuld weiter. Die Getriebenheit ist nun umdefiniert: Balladyna ist im Wortsinn hin- und hergetrieben einerseits von dem Wunsch, das Verbrechen zu offenbaren und damit von ihren Gewissensnöten befreit zu werden, andererseits dem Verlangen, eine Entdeckung ihrer Mordtat zu verhindern. Aus dem Wunsch, sich von Mitwissern zu befreien, geht dann eine ganze Mordserie hervor, deren letztes Opfer Fon Kostryn ist. Eine solche Mordserie ist weniger charakteristisch für die ernste Ballade. Sie erinnert an eine andere Spielart des Sammelnamens „Ballade" – die Moritat. In Balladynas Getriebenheit zu weiteren bösen Taten lässt sich durchaus eine Parodie auf die in

Polen vor allem in den 1820er Jahren beliebte Ballade bzw. auf den ‚Balladen-Boom' vor
1830 sehen.

Zu den Kernszenen, in denen Balladynas Getriebenheit zur Ver- oder aber Enthüllung
des Schwesternmordes herausgestellt ist, zählt IV/1. In dieser Szene nimmt Grabiec, der bis
dahin einen Kontakt mit dem Balladentext entschieden abgelehnt hat, die Enthüllungsse-
quenz aus Chodźkos *Maliny* (ein Flötenspiel, in dem die ermordete Schwester die Ballade
bis zu ihrem Tod nacherzählt) in seinen Stoff vom *Bauernfürsten* hinein. Ehe diese Zusammenführung beider Texttraditionen etwas näher betrachtet wird, sei zunächst der bewusste,
zumindest aber bewusstere Umgang des Grabiec mit seiner Textformation aufgezeigt. Dass
Grabiec mehr als viele andere polnische und nichtpolnische *Bauernfürsten* über seinen Stoff
verfügen kann, zeigt sich bereits darin, dass er nicht im Zustand der Trunkenheit, somit
passiv und wehrlos, von der Straße aufgelesen und in einen König verwandelt wird. Das
Motiv des Trunkenbolds bleibt bei dem Rollenwechsel unbenutzt, bleibt eine Leerstelle.
Grabiec wählt sich seine Rolle als Karokönig selbst.[45] Mit diesem Über-den-Text-Verfügen
korrespondiert die Tatsache, dass Grabiec nicht nur ein Opfer von Komisierung, sondern
auch ein *kluger Narr* ist, der die politische Wirklichkeit Polens in das Stoffinventar einbin-
det[46] und Balladyna an ein Eingeständnis ihrer Schuld heranführt. Dass Grabiec sich die
Rolle eines Karokönigs von der mit magischen Kräften ausgestatteten Nymphe Goplana ge-
wünscht hat, wird ihm zum Verhängnis. Damit hat er seinen Text, hinter dem ein Schwank-
bzw. Alltagsmärchen steht, in dem somit die Unschädlichkeit der komikgestützten Genres
garantiert ist, von der Texttradition des Zaubermärchens und anderer Formen mit guter
und böser Magie abhängig gemacht. Grabiec erkennt entsetzt, dass er nicht nur verkleidet,
sondern verwandelt bzw. verzaubert worden ist: „Diabla! – siwa broda,/ Co to znaczy?"
(Słowacki, 137 [„Des Teufels! – ein grauer Bart,/ Was bedeutet das?"]). Vergeblich bittet
er, Goplana möge ihn doch von diesem Bart „befreien" (Słowacki, 139). Mit königlichen
Insignien, statt mit einer Spielkrone jedoch mit der „echten Krone" der Dynastie Popiels
ausgestattet (Słowacki, 138), beginnt Grabiec, noch ehe er im Schloss angekommen ist,
mit der Wahrnehmung von Aufgaben des Herrscheramtes: „Trzeba zaraz nałożyć podatek."
(Słowacki, 140 [„Man muss sofort Steuern erheben"]). Dieses Vorgangsmotiv, eine Anspie-
lung auf kaum zu verkraftende „Kontributionen", die nach 1831 gerade dem russischen
Teilungsgebiet auferlegt worden waren,[47] gehört im Handlungsnexus des *Bauernfürsten* in
das Geschehen nach dem festlichen Mahl. Ähnlich wie in Fredros *Pan Jowialski* ist also
auch hier der Stoff fragmentarisiert. Dass das Vorgangsmotiv der Amtsführung irgendwo
in der freien Natur, in der Nähe des Goplosees, in Szene gesetzt wird, macht augenfällig,
in welchem Maße hier alle Normen außer Kraft gesetzt sind. Selbstverständlich verlieren
auch in stoffkonformen Modellierungen des *Bauernfürsten* diese Akte der Amtsführung ihre
Wirkung, sobald das Spiel beendet ist. Die Amtsausübung des Grabiec gleichsam ‚auf der
grünen Wiese' stellt jedoch den *Textcharakter* und das Fehlen von Performativität besonders deutlich heraus. Als Grabiec dann als Karokönig auf Kirkors Schloss amtiert, ist das
festliche Gelage gar nicht ihm zu Ehren ausgerichtet. Es ist in erster Linie Balladynas und

---

45 Schultze, Bauernfürst (wie Anm. 7), S. 192 f.
46 Ebenda, S. 195 ff.
47 Ebenda, S. 201.

Kirkors Hochzeitsmahl. So gesehen ist Grabiec ‚Mitnutzer' eines Vorgangsmotivs, das zur Textgrammatik seines Stoffes gehört.

Ein Umschwung im Dramenvorgang ergibt sich dann daraus, dass Grabiec – gleichsam als Regisseur seines Stoffes – nach dem Mahl die Musik- und Tanzdarbietung anordnet und, wie erwähnt, Balladynas Text in seinen eigenen Text hereinholt (IV/1). Er tut dies, nachdem sein erster Programmvorschlag, die Bären vom Bratspieß tanzen zu lassen, undurchführbar ist: Die Bären sind erschossen worden. Diese Zusammenführung der beiden Texte ist insofern bemerkenswert, als Grabiec sich bis dahin entschieden gegen Kontakt mit der Textsorte „Ballade" gewehrt hat; er hat die Nähe der Person Balladyna, nicht aber eine Nähe zum Balladengeschehen gesucht. Den Kontakt zur Ballade lehnt er z.B. ab, als Goplana ihm – ähnlich der Undine in Mickiewiczs lyrisch-epischer Ballade *Świtezianka* – „Himbeeren" anbietet: „Lecz ja nie lubię malin ..." (Słowacki, 36 [„Aber ich mag keine Himbeeren ..."]) Auch als Goplana ihn, als verliebte Nymphe und zugleich Mickiewiczs Undine folgend, zur Abend- bzw. Nachtzeit an den See bestellen will, weigert Grabiec sich, „zur falschen Zeit am falschen Ort" zu sein: „Lecz nie wieczorem – i nie przy jeziorze ..." (Słowacki, 36 [„Aber nicht am Abend – und nicht beim See ..."]). Hier wehrt Grabiec sich erfolgreich gegen die Ballade, insbesondere die numinose Ballade.

Warum er dann nach dem Hochzeitsbankett die Ballade in seinen Text integriert, bleibt offen. Grabiec fordert seinen „Minister", den Naturgeist Chochlik, dazu auf, das Lied vom Schwesternmord („Obie kocha pan", Słowacki, 167 [„Beide liebt der Herr"]) auf dem Weidenzepter zu spielen. Balladyna nimmt dieses Angebot zur Erforschung ihres Gewissens an: Sie will das Lied immer wieder hören, bis sie – nach einer Erscheinung der toten Alina – eine Ohnmacht erleidet. Dass diese Hineinnahme der Ballade in den Stoff vom *Bauernfürsten* im Wortsinn tödlich ist, zeigt sich rasch. Grabiec wird in feierlichem Geleit, das stoffkonform vom Schlafgemach an die festliche Tafel führt, in die falsche Richtung geführt: zu dem Schlafgemach, in dem er den Tod findet. Indem das feierliche Geleit nicht vom Schlafgemach an die Festtafel, sondern von der Festtafel zum Schlafgemach führt, ist die Grundformel des Stoffes „verkehrte Welt" („świat na opak") auf die Gattungspoetik selbst angewendet. Es entsteht ein impliziter Metatext und zugleich gesteigerte Textualität. Der Stoff vom *Bauernfürsten* ist durch die ernste bzw. nordische Ballade ‚zu Ende gebracht' und ausgelöscht worden. Słowacki erscheint als Philologe, der gattungspoetische Verhältnisse mit größter künstlerischer Konzentration zur Bedeutungsbildung zu nutzen versteht.[48] Ähnlich wie das Rollenbild der Balladyna, die sich zum einen immer wieder der eigenen Geschichte und dem eigenen Text aussetzen will, zum anderen vor einem offenen Schuldgeständnis flieht, ist auch dasjenige des Grabiec keineswegs eindeutig. Es gestattet eine Reihe von Auslegungen. Die Tatsache, dass Grabiec die Balladensequenz mit der „wundertätigen Flöte" in seinen Text hineinnimmt, lässt sich z.B. in der Weise deuten, dass er als ‚kluger Narr' Balladynas Getriebenheit zu immer neuen Morden ein Ende bereiten will; dies kann aber auch so gedeutet werden, dass Grabiec erkannt hat, wie wenig er in seiner Rolle als Karokönig auszurichten vermag. Er resigniert, gibt seinen Rollentext auf.

---

48 Marek Stanisz (Juliusz Słowacki jako krytyk literacki [Juliusz Słowacki als Literaturkritiker], in: Teksty Drugie [2003], Nr. 2/3, S. 270-281, hier S. 270) nennt Słowacki einen „Menschen des Buches (...) *par excellence*", mit einem „phänomenalen Fingerspitzengefühl für die poetische Werkstatt".

Alles andere als eindeutig ist auch die Textbezogenheit weiterer Dramengestalten. Wenn Goplana Grabiec Himbeeren anbietet und ein Stelldichein zu nächtlicher Stunde am See erbittet, so agiert sie wie Mickiewiczs Undine Świtezianka, die den jungen Schützen in den Tod lockt. Hier ist die numinose Ballade das Textmuster. Auf der anderen Seite lehnt Goplana jedoch für sich und ihre beiden Geister die Rolle von Schädigern in numinosen Balladen entschieden ab, wenn sie die Anweisung erteilt: „Lecz nie szkodzić żywym/ Ani ludziom, ni koniom." (Słowacki, 41 [„Aber Lebewesen nicht schaden/ Weder Menschen noch Pferden."]) Auch Goplana agiert somit nach einem instabilen bzw. offenen Textprogramm.

Besonders diffus ist auch das Rollenbild des im Walde lebenden vertriebenen Königs Popiel III., der als Eremit (Pustelnik) im Wortsinn eine ‚Anlaufstelle' für alle Ratsuchenden ist. Durch „Trostspendung" und „moralische Stärkung"[49] wie auch durch seinen sprachlichen Gestus („Synu!/ Bóg weźmie twoją pochopność do czynu/ Za czyn spełniony." Słowacki, 18 [„(Mein) Sohn!/ Gott wird deine Tatbereitschaft/ Für die vollzogene Tat nehmen."]) bezieht sich diese Rollenfigur auf die Legende im Sinne einer „hagiographischen Textsorte im christlichen Kontext".[50] Soweit erkennbar, ist dem Namen Popiel allerdings kein christliches Leben mit Vorbildcharakter zuzuordnen. Die Geschichte von Popiel (Popiel II.), dem Vorgänger des Königs Piast in Gnesen, wurzelt in einer internationalen Stofftradierung, die in Polen nationalisiert worden ist.[51] Historisch belegt ist hier somit die frühe Hauptstadt Gnesen. Diese Spur führt nicht zur Legende, sondern zur Sage bzw. Lokalsage. Die Gestalt des Popiel kommt hingegen buchstäblich aus Texten, zunächst aus mündlicher, danach aus mündlicher und schriftlicher Tradierung. Auch hier überschneiden sich mehrere Bezüge. Es sei nur an den Eremiten in Texten der Vorromantik und Romantik, etwa in Byrons *Manfred*, erinnert. Das alles andere als eindeutige Rollenbild des Pustelnik, der die legendäre polnische Krone zunächst im Walde vergräbt, dann aber wieder ausgräbt und achtlos fortwirft, hat in der Forschung ähnliche Irritationen hervorgerufen wie die gebrochenen Rollenbilder der meisten übrigen Dramengestalten.[52]

Der Befund instabiler Rollenbilder, der sich zum einen aus der Art der Textbezogenheit und zum anderen daraus ergibt, dass das Stück kein orientierunggebendes Weltverständnis mit sich führt, dem eine ‚einheitgebende' Perspektive abgewonnen werden könnte,[53] legt den Schluss nahe, dass Słowacki an Vorstellungen wie einer Ich-Identität und ganzheitlichen Persönlichkeitsbildern Zweifel hegte. Dieser Vermutung müsste in weiteren Vorhaben der Texterschließung nachgegangen werden.

---

49 Hans-Peter Ecker, Legende, in: Enzyklopädie des Märchens. Bd. 8. Berlin, New York 1996, Sp. 855-868, hier Sp. 857.
50 Ebenda.
51 Andrzej Biernacki, Z dziejów podania o Popielu [Aus der Geschichte der Popiel-Sage], in: Literatura Ludowa. Kujawy [Volksliteratur. Kujawien]. Bd. 1, Warszawa 1963 (Polskie Towarzystwo Ludoznawcze. VII. 2-3), S. 57-67; ders., Popiel, in: Słownik folkloru polskiego [Wörterbuch der polnischen Volksliteratur], hrsg. v. Julian Krzyżanowski. Warszawa 1965, S. 324 ff.
52 Henryk Markiewicz, Metamorfozy Balladyny [Die Metamorphosen der Balladyna], in: Przygody dzieł literackich (wie Anm. 26), S. 57-115, hier S. 87.
53 Dazu Maria Maskała, Die ‚intertextuelle Revolution' in Słowackis romantischem Drama *Balladyna*, in: Polnische Literatur im europäischen Kontext, hrsg. v. Frank Göbler. München 2005 (Arbeiten und Texte zur Slavistik. 77), S. 155-171, bes. S. 155-158, 169 f.

Von der in *Balladyna* angelegten unausdeutbaren Textwelt ist hier nur ein kleiner Ausschnitt vorgeführt worden, der bislang in der Forschung kaum Beachtung gefunden hat. Vieles spricht dafür, dass dieses Drama weniger von den einzelnen Rollenbildern als vom Umgang mit Texten her erschlossen werden muss.[54] Dass *Balladyna* weder von einem geschlossenen Vorgangsnexus noch von kohärenten Rollenbildern her gedeutet werden darf, hat Słowacki bekanntlich bereits seinem Gönner und Freund Zygmunt Krasiński als Verstehenshilfe an die Hand gegeben, indem er auf Ariost als ästhetisches Vorbild hinwies.[55] Auf Texttraditionen und Einzeltexte beziehen sich nicht nur die in diesem Beitrag betrachteten Rollenfiguren. Słowackis Stück endet auch mit dem Verweis auf eine Texttradition: Im Epilog fordert die „Öffentlichkeit" (Publiczność) den Chronisten Wawel auf, das dargestellte Geschehen niederzuschreiben, d.h. als Text festzuhalten (Słowacki, 229). Wie in Fredros *Pan Jowialski* gibt es somit auch hier eine Kreisbewegung von Texten zu Texten. Dabei gewinnen einzelne Textformationen, auch das ließe sich zeigen, in *Balladyna* noch weit mehr Autonomie gegenüber den Rollenfiguren als in *Pan Jowialski*. Gleichsam über die einzelnen Rollenfiguren hinweg erstreckt sich z.B. eine Worttextur, die sich als Klangmuster auf den Stücktitel bezieht: *Balladyna – Bladyna – blady – bladnę* usw.[56] Geht man von künstlerischen Verfahren wie der Lautwiederholung und Klanginstrumentalisierung aus, so sind auch Lexeme wie *błąd-*, *bled-*, *biał-* u.a.m. einzubeziehen. Charakteristische ästhetische Verfahren der historischen Avantgarde antizipierend, sind somit Zeichenträger und Zeichenbedeutung voneinander isoliert, ist der Zeichenträger als eigenständige Inszenierung von Klangmaterial herausgestellt. In Słowackis *Balladyna* wird von daher nicht nur die klassische Moderne, sondern z.B. auch die historische Avantgarde vorweggenommen.[57]

In der von Fragmentarisierung, Konstruktion und assoziativer Gestaltung, intertextueller Auf- und Überladung gekennzeichneten Textwelt von Słowackis *Balladyna* sucht man vergeblich nach Merkmalen vieler Werke der deutschen Hochromantik: nach Vorstellungen von poetischer Teilhabe am Wirken des Kosmos, von Liebe als einem Erkenntnisinstrument usf. Doch enthält Słowackis Drama, und teilweise gilt das auch für Fredros *Pan Jowialski*, Spuren, die auf die polnische Literatur des 20. Jahrhunderts vorausweisen, Spuren, die wahrscheinlich zum *Eigencharakter* der polnischen Literatur und des polnischen Theaters gehören. Hierzu seien abschließend einige Stichwörter gegeben.

---

54 Vgl. Schultze, Bauernfürst (wie Anm. 7); dies., Ballade (wie Anm. 17); Maskała, ‚intertextuelle Revolution' (wie Anm. 53), S. 155 ff., 170 f.

55 Schultze, Bauernfürst (wie Anm. 7), S. 177 f.

56 Ebenda, S. 179, Anm. 9; Schultze, Ballade (wie Anm. 17).

57 Extrempositionen dieser Vorwegnahme lotet Maria Maskała aus (vgl. Anm. 53). – Die aus der Perspektive des Jahres 2005 mögliche Erschließung weltanschaulicher und ästhetischer Vorgriffe auf das 20. Jahrhundert in *Balladyna* war den polnischen Autoren und Kritikern der ersten und zweiten historischen Avantgarde selbst, Tadeusz Peiper etwa, offensichtlich noch nicht zugänglich. Ihnen war zunächst daran gelegen, sich vom Słowacki-Verständnis der Młoda Polska-Zeit zu distanzieren. Das Drama *Balladyna* spielte dabei keine Rolle. Vgl. dazu Stanisław Jaworski, Słowacki awangardy [Der Słowacki der Avantgarde], in: Zakręty i przełomy. Studia o literaturze XX wieku [Biegungen und Brüche. Studien zur Literatur des 20. Jahrhunderts]. Kraków 2003, S. 61-69.

IV.

In der Art und Weise, wie sich in *Pan Jowialski* Rollenfiguren – statt auf die Lebenswelt –
auf Text- und Spieltraditionen beziehen und in *Balladyna* die Gestalten gewissermaßen aus
Texten gemacht sind bzw. in Texten agieren, ist – neben anderem – eine Reaktion der Literatur auf das Fehlen polnischer Eigenstaatlichkeit, auf den Zustand der bloßen Kulturnation
zu sehen. Es gilt zu bedenken, dass beide Dramen in der Phase besonderer Lähmung nach
dem Novemberaufstand und der Großen Emigration entstanden sind. Mancher mag die beobachtete Bewegung von Texten in Texte auch als eine Flucht aus der konkreten politischen
Wirklichkeit deuten. Es fällt auf, dass diese Wirklichkeit nur in einzelne Sequenzen beider Stücke hineingeholt wird. Auf die aktuelle Situation wird in beiden Stücken besonders
durch die Fortschreibungen des *Bauernfürsten* Bezug genommen, auf den Stoff also, der
eine „verkehrte Welt" zeigt. Bemerkenswert ist überdies, dass die Vergangenheit, d.h. das
sarmatische Barock bzw. die Zeit vor den Teilungen in *Pan Jowialski* und die Anfänge
polnischer Eigenstaatlichkeit in *Balladyna*, keineswegs idealisiert sind.[58] Ungeachtet der
gesteigerten, gerade bei *Balladyna* gar nicht vollständig zu erschließenden Textbezogenheit
enthalten beide Stücke auch Warnungen vor dieser Orientierung an Texten. Diese Warnungen können gerade in szenischen Realisierungen herausgestellt werden: z.B. indem die
Rollenfigur des Jowialski die Fabeln leiernd artikuliert oder unartikuliert ‚abspult', indem
in der Mordszene das Balladentempo und Balladynas Getriebenheit exponiert werden. Vor
naiver Text- und Zeichengläubigkeit warnt Słowackis Stück etwa auch, wenn die Gäste auf
Kirkors und Balladynas Hochzeitsfest nur deshalb dem Karokönig als neuem polnischen
König huldigen, weil jener mit der legendären Krone der „Lechiten" ausgestattet worden
ist.[59]

Die Warnung vor den Gefahren der Textbezogenheit, welche die Lebenswelt ausblendet,
kehrt dann im 20. Jahrhundert – vor allem in Bezug auf den nach 1830/31 herausgebildeten
identitätsbezogenen ‚Kulturtext' – in Wyspiańskis Dramenschaffen, etwa in *Wesele* [Die
Hochzeit] und *Wyzwolenie* [Die Befreiung] wieder.

In diesem Zusammenhang ist jedoch eines wichtig: Ungeachtet einiger Bezüge zur politischen Wirklichkeit nach 1830/31 und ungeachtet der Einbettung des Geschehens in den
mit Polens Anfängen verbundenen geografischen Raum hat Juliusz Słowacki sein Drama
Balladyna, sein „bestes" Stück,[60] als „nichtpatriotisch",[61] also nicht als Text von ‚nur' nationaler – und damit begrenzter – künstlerischer Aussage gesehen. Wie aus dem als „Vorrede"
bezeichneten Widmungsschreiben an Zygmunt Krasiński hervorgeht, versteht der Autor dieses Stück als eine Episode eines großen Poems nach Ariosts Art"[62] – somit als *universell*
ausgerichtetes Werk. Hier findet zugleich eine göttlich gelenkte Autokreation des Künstlers
Słowacki statt:

---

58 Zu *Balladyna* vgl. Markiewicz, Metamorfozy (wie Anm. 51), S. 115.
59 Schultze, Bauernfürst (wie Anm. 7), S. 183, 202.
60 Jarosław Marek Rymkiewicz, Słowacki Encyklopedia [Słowacki-Enzyklopädie]. Warszawa 2004,
     S. 22. Vgl. Maskała, ‚Intertextuelle Revolution' (wie Anm. 53), S. 171.
61 Vgl. Rymkiewicz, Encyklopedia (wie Anm. 60), S. 24.
62 Słowacki (wie Anm. 2), S. 3 f.

„(...) jeżeli stworzyło się w głowie poety podług praw boskich, (...) skutkiem tej dziwnej władzy, (...) we śnie nawet nie widziane istoty."

[„(...) wenn im Kopf des Poeten gemäß göttlichen Regeln, (...) infolge dieser wunderbaren Macht, (...) nicht einmal im Traum gesehene Wesen ‚entstanden'."][63]

Neben den Texten der polnischen Romantik, in denen Identität affirmiert oder konstruiert wird, verdienen von daher diejenigen Beispiele besondere Aufmerksamkeit, in denen – wie in *Balladyna* – auf die *Texthaftigkeit* bzw. *Texthaltigkeit* (*tekstowość*) des Kulturraums „Europa" aufmerksam gemacht wird. Mit Blick auf die polnische Literatur ist ohne Frage der geradezu unbegrenzte *Zugriff auf Texttraditionen und Zeicheninventare jeder Art* als ein Erbe der Romantik zu sehen. Hier geht es wohl um ein Distinktionsmerkmal, das – in den Bedingungen einer je verschiedenen Personalästhetik – bei Autoren wie Wyspiański, Witkiewicz, Gombrowicz, Różewicz u.v.m. wiederkehrt.

---

63 Ebenda, S. 3.

Thomas Grob

Romantische Phantasie, die Phantastik der Ballade und die Frage nach dem ‚Anfang‘ der polnischen Romantik

I. Das Problem des Übergangs zur ‚Romantik‘

Wenige literatur- und kulturhistorische Übergänge sind so oft diskutiert worden wie derjenige zwischen dem ‚Klassizismus‘ oder der ‚Aufklärung‘ einerseits und der ‚Romantik‘ andererseits. Dabei gibt es mittlerweile einen weitgehenden Konsens darüber, dass die Romantik ein differentes ‚Neues‘ darstellt, deren Beginn eine Epochenschwelle markiert; dies korrespondiert damit, dass in den meisten großräumigen kulturhistorischen Phasenmodellen bis hin zu Foucault und Luhmann die Zeit um 1800 eine „Sattelzeit“ (Reinhart Koselleck) darstellt. Schon literarhistorisch gibt es jedoch erstaunlich wenig Einigkeit darüber, wie der spezifische Charakter dieses ‚Umbruchs‘ und die Differenz zu den vorangehenden und gleichzeitigen Epochenformationen zu fassen wären. Diese Schwierigkeit zeigt sich besonders deutlich in einer komparatistischen, die Grenzen der einzelnen Nationalliteraturen überschreitenden Betrachtungsweise – und dies, obwohl die meisten Romantikbegriffe ihre Bedeutung eigentlich erst im gesamteuropäischen Kontext entfalten. Jeder Romantikbegriff hängt nicht zuletzt von der Bestimmung von Differenz und Kontinuität zum 18. Jahrhundert ab, und dessen Verständnis kann sehr unterschiedlich ausfallen, je nachdem, ob man den Akzent eher auf empiristische und rationalistische Strömungen oder auf den Rousseauismus, auf die ‚klassizistischen‘ Normpoetiken oder auf die Herausbildung neuer, autonomer ästhetischer Positionen im ‚Sturm und Drang‘ oder im ‚Sentimentalismus‘ legt. Zu Beginn der ersten romantischen Bewegungen in den slawischen Kulturen stehen sehr verschiedene Traditionslinien nebeneinander, an denen man sich orientieren konnte – das europäische ‚Erbe‘ des 18. Jahrhunderts war ein widersprüchliches Geflecht, dessen Komplexität sich durch die deutsche Frühromantik noch einmal steigerte.

Diese Fragen bilden keineswegs nur ein Problem für die Verfasser von Literaturgeschichten. In kaum einem literaturgeschichtlichen Bereich beeinflusst der Epochenbegriff die Betrachtung einzelner Texte und Phänomene in einem solchen Maß wie in der Romantik. Dies gilt in hohem Maße auch in Bezug auf die Problematik von Phantasie und Phantastik; wie die hier zur Diskussion stehende Ballade ist dieser Fragenkomplex tief im 18. Jahrhundert verwurzelt. Dennoch steht er für das ‚Neue‘, über das sich die jungen Romantiker definieren – und gegen das die Gegner der ‚Romantik‘ polemisieren.

Mehr noch als in anderen europäischen Literaturen wird in der polnischen Literaturgeschichtsschreibung trotz der Anerkennung eines eigenen Sentimentalismus der Übergang zur ‚Romantik‘ üblicherweise als momenthafter Paradigmenwechsel, als genau lokalisierbarer Bruch verstanden; markiert wird er durch das Erscheinen von Mickiewiczs *Ballady i romanse* [Balladen und Romanzen] im ersten Band seiner *Poezje* [Dichtungen] im Jahr 1822.

Der ‚Bruch' (przełom) bildet dafür denn auch den Begriff, der bis heute die literaturhistorischen Konzeptionen prägt.[1] Der Befund einer radikalen Diskontinuität in diesen frühen 1820er Jahren stützt sich primär auf die Selbstdefinition derjenigen Gruppe junger Dichter, die sich in diesen Jahren über das ‚Romantische' profilierte. In der polonistischen Literaturgeschichtsschreibung begründet dieser Wechsel eine polnische „Frühromantik" (wczesny romantyzm), obwohl dieselbe Phase typologisch und europäisch gesehen eine späte Romantik darstellt.[2] Zwar werden durchaus Aspekte der Kontinuität dieses Überganges beachtet, und bisweilen wird explizit die Frage nach ‚Bruch und Kontinuität' gestellt[3] – oft werden sie letztlich aber doch dem binären Kontrastmodell untergeordnet.[4] Dies gilt tendenziell umso ausgepräger, je weiter der Fokus angelegt wird, und deswegen besonders für Literaturgeschichten und Epochendarstellungen – umso mehr solche für ein breites Publikum.

Die Frage von Kontinuität und Bruch ist bezüglich der Frage nach Funktion und Bestimmung der Phantasie besonders komplex, aber auch besonders aufschlussreich. Um das Feld zu umreißen, in dem der Bezug der ‚frühromantischen' polnischen Ballade und ihrer Phantastik zur romantischen Phantasieproblematik und ihr Potenzial des Neuen erkennbar wird, ist ein etwas weiterer Bogen notwendig. Anhand eines idealtypischen Modells werde ich im Folgenden einige Aspekte des im Grunde paradoxalen Imaginationsbegriffs der europäischen Romantik (II) und insbesondere das Problem ihrer Regulierung (III) skizzieren;

---

1   Ein Beispiel dafür bietet etwa Dorota Siwickas Romantik-Monografie (Romantyzm [Romantik]. 1822–1863. Warszawa 1995). Trotz der Hinweise darauf, dass literaturhistorische Brüche nicht als plötzliche Ereignisse verlaufen würden und einige sogar vorschlügen, von „Evolution" statt von „Bruch" (przełom) zu sprechen (S. 64), beginnt die Darstellung mit der Betonung der Rolle von Mickiewiczs Gedichtband und einer binären Gegenüberstellung der „romantischen Neuerung" einerseits und der Denkweise „der Aufklärer" andererseits: diese stellten sich vor, die Natur sei von einfachen und rational wie empirisch nachvollziehbaren Gesetzen geregelt (S. 15). Es stellt sich auch für notwendigerweise vereinfachende Modelle die Frage, ob man die Annahme eines „Bruchs" durch eine vollständig differente philosophische Tiefenstruktur legitimieren und damit eine monolithische und widerspruchsfrei denkende Aufklärung suggerieren sollte.

2   Vgl. etwa den überaus interessanten komparatistischen Ansatz von Virgil Nemoianu (The Taming of Romanticism. European Literature and the Age of Biedermeier. Cambridge, Mass. 1984), der sein spätromantisches Modell etwas irreführend „Biedermeier" nennt; die ganze polnische Romantik würde in diese Phase fallen.

3   Siehe z.B. Marek Stanisz, Wczesnoromantyczne spory o poezję [Frühromantische Auseinandersetzungen über die Dichtung]. Kraków 1998, S. 12. Trotz dieser Absichten konstruiert Stanisz mit seinen (ausschließlich polnischen) Beispielen m.E. einen zu scharfen Gegensatz zwischen einem vereinheitlichten (spät-)aufklärerischen und einem romantischen Imaginationskonzept. Schon seine zum Epochenmerkmal überhöhte Unterscheidung von „rezeptiver" und „schöpferischer" Phantasie (siehe das Kapitel „Od receptywnej imaginacji do twórczej fantazji" [Von der rezeptiven zur schöpferischen Phantasie], S. 227-271) ist problematisch: Eine rein rezeptive Imagination hat es begriffsgeschichtlich nicht gegeben – davon zeugt die durchgehende Warnung vor den *phantasmata* –, ebensowenig *einen* aufklärerischen Imaginationsbegriff.

4   Etwas anders funktionieren bisweilen die Modelle aus der Sicht des ausgehenden 18. Jahrhunderts – hier kann die Schwelle von 1822 überraschenderweise ganz verschwinden (z.B. Piotr Żbikowski, Poezja oświeceniowo-romantycznego przełomu 1792–1830. Próba periodyzacji [Die Lyrik des aufklärerisch romantischen Umbruchs 1792–1830. Ein Periodisierungsversuch], in: Na przełomie Oświecenia i Romantyzmu. O sytuacji w literaturze polskiej lat 1793–1830 [Im Umbruch von Aufklärung und Romantik. Zur Situation der polnischen Literatur zwischen 1793–1830], hrsg. v. Piotr Żbikowski. Rzeszów 1999, S. 23-46).

anhand eines Vergleichs von F. Schlegels und Mochnackis Verständnis der ‚Unverständlichkeit' – die in Zusammenhang steht zur Programmatik der romantischen Ballade – soll dann eine diesbezügliche Tendenz des polnischen Modells gezeigt werden (IV), und über einen Hinweis auf die Rolle des ‚antiromantischen' und ‚antiphantastischen' Jan Śniadecki in der Formierung der jungen Romantik (V) soll schließlich das programmatische Genre der Ballade der frühen 20er Jahre und seine Technik zwischen Phantastik und obscuritas gezeigt werden (VI). In dieser Konstellation ist es wohl ein gezieltes Nicht-Sagen, welches das anthropologische Element der Imagination in dichterische Praxis und Programmatik umsetzt – und damit ein so produktives wie kurzlebiges Modell des Romantischen begründet (VII).

II. Romantische Imagination

Es versteht sich, dass eine systematische Aufarbeitung der Konzeptgeschichte von ‚Phantasie' (oder, was ich hier aufgrund der abweichenden Terminologien nicht prinzipiell abgrenze, auch ‚Imagination', ‚Vorstellungskraft') im späteren 18. Jahrhundert hier nicht geleistet werden kann; diese sprengt ohnehin jede einzelphilologische, ja die rein literaturwissenschaftliche Kompetenz. Zumindest für den nichtslawischen Bereich gibt es dazu eine umfangreiche Forschungsliteratur.[5] Man kann aber davon ausgehen, dass die Phantasie in allen romantischen Poetologien eine zentrale Position einnimmt, wenn auch in ganz verschiedenen Explizitheitsgraden. Oft erhält sie, und dies gilt bereits für die deutsche Frühromantik, einen betont programmatischen Akzent. Versuche, Romantik generell über ihren emphatischen Imaginationsbegriff zu definieren,[6] wurden mit dem Hinweis kritisiert, dass sich keineswegs bei allen ‚romantischen' Dichtern explizite, geschweige emphatisch-programmatische Phantasiebegriffe finden würden. Letztere sind tatsächlich oft an die Rezeption deutscher Theoretiker gebunden; in England beispielsweise erscheinen sie bei Shelley, Blake oder Coleridge, nicht aber beim für die polnische Romantik viel einflussreicheren Byron.

Doch sollte die unterschiedliche konzeptuelle Erscheinungsweise von Phantasie nicht hindern, in ihr einen möglichen Angelpunkt für ein übergreifendes Konzept des Romantischen zu sehen; überdies stellt sie ein Paradigma dar, das die breite Verwurzelung der Romantik in den ästhetischen Entwicklungen des 18. Jahrhunderts ebenso zeigt wie ihren Schwellencharakter. Man könnte von einem idealtypischen Imaginationskonzept ausgehen, das romantische ästhetische Vorstellungen zwar nicht immer explizit fundiert, das sie aber gewissermaßen verklammert. Schon mit der Autonomisierung des Ästhetischen, insbesondere aber mit der zunehmenden theoretischen Disqualifizierung der Verbindlichkeit rhetorischer Kategorien[7] und des Mimesisprinzips verbleibt die dichterische, im Idealfall ‚geniale' Imagination als einzige Instanz, auf die eine ästhetische Produktion abstellen kann:

---

5   Vgl. z.B. James Engell, The Creative Imagination. Enlightenment to Romanticism. Cambridge, Mass./London 1981; Barbara Ränsch-Trill, Phantasie. Welterkenntnis und Welterschaffung. Zur philosophischen Theorie der Einbildungskraft. Bonn 1996; The Romantic Imagination. Literature and Art in England and Germany, hrsg. v. Frederick Burwick u. J. Klein. Amsterdam/Atlanta 1996.
6   Die Imagination bildete bereits ein zentrales (und umstrittenes) Element der Romantikbestimmung durch René Wellek in dessen legendärer Verteidigung eines europäischen Romantikbegriffs (René Wellek, Romanticism re-examined, in: Romanticism reconsidered, hrsg. v. Northrop Frye. New York 1963, S. 107-133).
7   Das es dabei einen Rückgriff auf ‚gegenrhetorische' Begriffstraditionen geben kann, zeigt am Bei-

„(...) damit ist nun entschieden statuiert, was Breitinger in seiner kühnsten These wenigstens angeschnitten hatte: dass die Werke der Dichtung nur von der Einbildungskraft beurteilt werden dürften. (...) Die poiesis aber, als Seinsgrund aller ästhetischen Realität, ist ‚frei schaffende Wirksamkeit der Phantasie‘, ist ‚wahre Schöpfung und Hervorbringung‘.“[8]

Dies findet seinen Ausdruck in Positionen der deutschen Frühromantik, die teilweise gesamteuropäische Verbreitung fanden. Die emphatischsten Formulierungen finden sich um 1800, in der ‚maximalistischen‘ Phase der programmatischen deutschen Romantik. Die „Fantasie“ erfüllt hier keineswegs nur eine poetologische Funktion, sondern es bildet sich die Überzeugung heraus, „dass die Phantasie, die produktive Einbildungskraft das zentrale Vermögen und so der Ursprung aller welthaften Konsistenzbildung ist“.[9] Friedrich Schlegel nennt sie die „Grundfähigkeit des Bewusstseins“ und „die universelle Kraft im menschlichen Geiste“ (ebenda). In dieser – nun wirklich ‚romantisch‘ zu nennenden – Überhöhung steht die Phantasie als (ergänzender) Gegenbegriff zum Verstand für den erhabensten Aspekt des Menschseins; sie verbindet den Menschen mit dem Unendlichen, Göttlichen, denn sie ist „das Organ des Menschen für die Gottheit“.[10]

Doch handelt es sich dabei zuerst um eine anthropologische, dann um eine metapoetologische Position; eine kohärente poetologische Konzeption der Phantasie, vergleichbar etwa mit ‚Fragment‘ oder ‚Ironie‘, entsteht auch bei den deutschen Frühromantikern nur punktuell. Die Verwendung des Phantasiebegriffs – das werden wir noch bei Mickiewicz sehen – schwankt zwischen einer unspezifischen, fast metaphorischen Bezeichnung für das Ästhetische und seine anthropologische Dimension einerseits und einem hoch semantisierten, programmatischen philosophisch-ästhetischen Begriff andererseits. Schon bei Friedrich Schlegel ist die „Fantasie“ eher leitmotivisch erwähnte Größe als eigentliches Thema. In seinem Gespräch über Poesie aus dem Jahr 1800 beispielsweise – zu dessen historischem Teil Mickiewiczs Vorwort zu seinem Gedichtband von 1822 (auf das ich zurückkomme) einige Ähnlichkeit aufweist – wird die „Fantasie“ manchmal beiläufig, beinahe redensartlich erwähnt als das für das Poetische zuständige Organ des Dichters und des Rezipienten, wodurch sie zum Merkmal einer Gesamtkultur werden kann.[11]

Im ‚hochromantischen‘ Moment um 1800 hebt sich die Zweiteilung des Phantasiebegriffs weitgehend auf, die sich im Laufe des 18. Jahrhunderts herausgebildet hatte und die ‚postromantisch‘ wiederkehren wird:[12] die Zweiteilung in eine im positiven Sinn schöpfe-

---

spiel des Paradoxons (und mit Blick auf die phantastische Literatur) Renate Lachmann, Rhetorik – Gegenrhetorik, in: Dies., Erzählte Phantastik. Zu Phantasiegeschichte und Semantik phantastischer Texte. Frankfurt a.M. 2002, S. 99–116.

8 Wolfgang Preisendanz, Zur Poetik der deutschen Romantik. Die Abkehr vom Grundsatz der Naturnachahmung, in: Ders., Wege des Realismus. Zur Poetik und Erzählkunst im 19. Jahrhundert. München 1977, S. 54–74, hier S. 57 und 60. Die Zitate stammen von Jean Paul.

9 Ebenda, S. 62.

10 Friedrich Schlegel, Ideen, Nr. 8, in: Ders., Kritische Schriften und Fragmente [1798–1801], hrsg. v. Ernst Behler u. Hans Eichner. Paderborn (u.a.) 1988 (Studienausgabe. 2), S. 223.

11 Vgl. Formulierungen wie: „erlosch die schöne Fantasie in ihren Ländern“ (Schlegel, Kritische Schriften [wie Anm. 10], S. 197).

12 Europäisch rezipiert wurde vor allem der Aufsatz von Walter Scott, On the Supernatural in Fictitious Composition, and particularly on the Works of Ernst Theodore William Hoffmann [1827],

rische und eine ungebärdige, unkontrollierte, lügenhafte oder gar wahnsinnige Instanz der Bildergenerierung in der menschlichen Psyche.[13] In der aristotelischen Tradition sah man die ‚positive' Funktion der Phantasie in der Wiedererinnerung und Kombination erinnerter oder anderer Bilder von Abwesendem;[14] sie war antik noch nicht primär mit Kunst und Literatur verbunden. Als Seelenvermögen wurde ihr zunehmend – am ausgeprägtesten bei Kant, bei dem die ‚Einbildungskraft' eine zentrale Funktion in der Synthetisierung der Wahrnehmung einnimmt – eine verbindende Rolle im Erkenntnisprozess, aber auch gegenüber den anderen Vermögen zugeschrieben. Die Phantasie, und das ist einer der zentralen Prozesse im bzw. zum ästhetischen Denken der Moderne, emanzipiert sich insbesondere im späteren 18. Jahrhundert von ihrer traditionellen Zuordnung zu den niederen Seelenvermögen. Zum Ende des Jahrhunderts wird der ‚freien Phantasie' das Schöpferische an sich zugeschrieben. Sie ist der Ort, wo sich das Geniale entscheidet, und tritt in Analogie zur schöpfenden Kraft der Natur; diese Position wird für eine gewisse Zeit Mochnacki von Schelling übernehmen.

Die „Fantasie" wird um 1800 insbesondere bei den deutschen Romantikern zur Instanz, die menschliche Grenzen zu überschreiten vermag. Sie verankert in diesem idealtypischen Modell die ‚Poesie' anthropologisch, wobei sie gleichzeitig das ‚eigentliche' Wesen des Menschen berührt wie den Aspekt des Subjekts, der über das rein Subjektive hinausführt; die im weiteren Sinne religiösen Konnotationen liegen hier nah. Wie kaum ein anderer poetologischer Begriff fungiert sie als Mittlerin zwischen Produzent und Rezipient, und sie verbindet ästhetisch so relevante Größen wie das Endliche und das Unendliche, Chaos und höchste Ordung oder Subjekt und Objektwelt.[15] Dabei ist es, nicht zuletzt aufgrund

---

in: Walter Scott, On Novelists and Fiction, hrsg. v. Ioan Williams. London 1968, S. 312-353. Die polnische Übersetzung erschien 1829 im Dziennik Wileński [Wilnaer Tageblatt].

13 Vgl. zusammenfassend Jochen Schulte-Sasse, Phantasie, in: Ästhetische Grundbegriffe, hrsg. v. Karlheinz Barck (u.a.). Bd. 4, Stuttgart/Weimar 2002, S. 778-797 (mit teilweise Überschneidungen zum Eintrag „Einbildungskraft/Imagination" desselben Autors in Bd. 2, S. 88-120). Schulte-Sasse verweist etwa auf Gottsched, der bereits 1732 zwischen einem grundlosen „phantasiren" und der Kraft hinter der „vernünftigen Dicht- und Erfindungskunst" unterscheidet (S. 781). Auch innerhalb der ‚Hochromantik' werden manchmal zwei Typen der Phantasie unterschieden; es geht dann jedoch darum, den emphatischen Begriff von einem herkömmlichen abzugrenzen. Das vielleicht bekannteste Beispiel dafür ist Coleridges Abgrenzung einer rein assoziativen *fancy* von der schöpferischen *imagination* (siehe dazu Raymond L. Brett, Fancy & Imagination. London 1969, S. 31-53). Eine parallele, terminologisch gleichsam invertierte Unterscheidung trifft schon Jean Paul in der *Vorschule der Ästhetik* (§ 6 ff.) zwischen der niederen, ‚prosaischen' Einbildungskraft und der höheren Phantasie, die romantisch bestimmt wird: „Sie macht alle Teile zu einem Ganzen (...). Sie führt gleichsam das Absolute und das Unendliche der Vernunft näher" (Jean Paul, Sämtliche Werke. Abteilung I, Bd. 5, Weimar 1930, S. 47). Allerdings spricht er später von „Phantasie" auch im Zusammenhang mit dem „Feld des Schreckens" abergläubischer Bildlichkeiten (S. 96).

14 Vgl. zusammenfassend den Artikel „Phantasia" in: Historisches Wörterbuch der Philosophie, hrsg. v. Joachm Ritter u. Karlfried Gründer. Bd. 7, Darmstadt 1989, Sp. 516-535; vgl. auch die Artikel „Einbildung, Einbildungskraft" und „Imagination". Skeptisch bezüglich eines geschlossenen Phantasiebegriffs in der Antike ist Thomas G. Rosenmeyer, Φαντασια und Einbildungskraft. Zur Vorgeschichte eines Leitbegriffs der europäischen Ästhetik, in: Poetica 18 (1986), S. 197-248. Rosenmeyer verweist darauf, dass der Begriff schon antik vielschichtig verwendet wurde; immer schon ist er jedoch verbunden nicht nur mit reiner Bildlichkeit, sondern mit deren Vermittlung zu Sinngebungen (S. 205); sie ist auch immer ein „Akt" (S. 214).

15 Der Imaginationsbegriff der „high Romantics" erhält nach Engell (wie Anm. 5) „the resolving and

der starken Rezeption des ‚platonistischen‘ Ansatzes von M.H. Abrams,[16] gerade in der polonistischen Forschungsgeschichte zu einer deutlichen Überbetonung des ‚versöhnenden‘ Momentes gekommen, wie es teilweise (etwa bei Coleridge) durchaus ausformuliert ist.[17] Die Verbindung dieser Dichotomien ist jedoch keineswegs einfach mit ‚Versöhnung‘ gleichzusetzen, und das Feld der dadurch entstehenden ästhetischen Positionen sollte keinesfalls in ein einfaches neoplatonisches ‚Idealismus‘-Modell eingespannt werden. Im Gegenteil ist es geprägt von dynamischen Widersprüchlichkeiten, die nicht zum Stillstand gebracht werden können; gerade die Phantasie wird zum Träger einer nicht endenden Bewegung. Zu erinnern wäre hier etwa an die wegweisende ‚Wiederentdeckung‘ eines allegorischen Gestus in der Romantik durch Paul de Man;[18] Manfred Frank spricht von der in der Frühromantik unverfüglich gewordenen Reflexion, von der „Undarstellbarkeit des Höchsten“, ja der „Zersplitterung des Bandes zwischen Einheit und Unendlichkeit“: „Aus dem fragmentarischen Universum resultiert kein System, sondern ‚A-Systasie‘, Inkohärenz, Zusammenhanglosigkeit.“[19]

Die idealtypische Konzipierung kann im kurzen frühromantischen Moment mit der extremalen zusammenfallen: Schellings Vorstellung einer „Ineinsbildungskraft“, die die unendliche Idealität ins Reale abbildet und auf der die Kunst wie die Schöpfung beruhen,[20]

---

unifying force of all antitheses and contradictions“; er nennt insbesondere subjective / objective, internal mind / external world, time / eternity, matter / spirit, consciousness / unconscious, self-consciousness / absence of self-consciousness (S. 8).

16 Meyer H. Abrams, The mirror and the lamp. Romantic theory and the critical tradition [1953]. London (u.a.) 1972. Im Kap. „Forms of Romantic Imagination“ aus: Ders., Natural Supernaturalism. Tradition and Revolution in Romantic Literature. New York/London 1971, S. 169-195, behauptet er, Romantische Philosophie sei „primarily a metaphysics of integration“ und das Schlüsselprizip die „reconciliation‘, or synthesis“ (S. 182); dieses Kapitel erschien gesondert als „Formy wyobraźni romantycznej“ [Formen der romantischen Phantasie] im Pamiętnik literacki (1978), Nr. 3.

17 „The poet (...) diffuses a tone and spirit of unity, that blends, and (as it were) *fuses*, each into each, by that synthetic and magical power to which we have exclusively appropriated the name of imagination. This power (...) reveals itself in the balance or reconciliation of opposite or discordant properties“ (Samuel Taylor Coleridge, Biographia Literaria, hrsg. v. James Engell u. W. Jackson Bate. Bd. 2, Princeton 1983, S. 16). Auf ihn (und auf Abrams) bezieht sich auch Monika Rudaś-Grodzka, „Sprawić, aby idee śpiewały“. Motywy platońskie w życiu i twórczości Adama Mickiewicza w okresie wileńsko-kowieńskim [„Bewirken, dass die Ideen singen“. Platonische Motive im Leben und Schaffen Adam Mickiewiczs in seiner Zeit in Wilna und Kaunas]. Warszawa 2003 (Rozprawy literackie. 81) im Kapitel „Dwa oblicza wyobraźni“ [Zwei Gesichter der Phantasie], S. 257 ff.

18 Mit einer gewissen Tendenz, die historischen Grenzen zu verwischen, verweist de Man darauf, dass sich das romantische Ich „vor einer illusionären Identifikation mit dem Nicht-Ich“ bewahrt; er setzt dies in Beziehung zur Ironie, die die „Unmöglichkeit“ zum Ausdrucke bringe, „die Welt der Fiktion mit der wirklichen Welt zu versöhnen“ (Paul de Man, Die Rhetorik der Zeitlichkeit, in: Ders., Die Ideologie des Ästhetischen, hrsg. v. Christoph Menke. Frankfurt a.M. 1993, S. 83-130, Zitate S. 104 und 116). Es versteht sich, dass dies nicht als Modell der Weltflucht gemeint ist.

19 Manfred Frank, Das „fragmentarische Universum“ der Romantik, in: Fragment und Totalität, hrsg. v. Lucien Dällenbach u. Christiaan L. Hart Nibbrig. Frankfurt a.M. 1984, S. 212-224, Zitate S. 216-219. „A-Systasie“ ist ein Begriff Schellings.

20 Die Stelle aus der *Philosophie der Kunst* (1802) ist zitiert und erörtert im Kapitel zu Schelling bei Ränsch-Trill, Phantasie (wie Anm. 5), S. 173-195, Zitat S. 175. Auch Ränsch-Trill tendiert zur vereinfachenden ‚Beruhigung‘ des Modells.

ist sowohl philosophisches Fundament wie eine unüberbietbare Zuspitzung der Phantasie-konzeption.

Die prekäre Grundlage dieser Fundierung des Poetischen aus der dichterischen Phantasie wird jedoch bereits hier deutlich; ihren Ursprung hat sie in der instabilen Konzeption der ‚Phantasie‘ generell. Die Imagination als ‚Organ‘ ist eine Hypostasierung verschiedenster menschlicher Fähigkeiten der Bildgenerierung oder, modern gesprochen, psychologischer und neurophysiologischer Prozesse. Gerade durch die begriffliche Willkür, der sich dieses Konzept verdankt, bleibt sie an ihre Konzeptgeschichte gebunden. Zu dieser gehört, dass die bewusste, gesteuerte Bildgenerierung (oder die Produktion von Bildern, die zuerst ‚gesehen‘ werden) ebenso einer Phantasie zugeschrieben wird wie die nichtbewusste, nicht gesteuerte, regellose (und damit die Bilder eines ‚Unmöglichen‘ oder zumindest nicht Sichtbaren). Dies prägt die ästhetischen Auseinandersetzungen des 18. Jahrhunderts – man denke an diejenige von Bodmer und Breitinger mit Gottsched – um die Lizenz, die man der Phantasie zusprechen wollte. ‚Phantasie‘ ist aus sich heraus prinzipiell unbegrenzbar, und ihre Offenheit gegenüber dem ‚Unendlichen‘ ist nicht kategorial zu trennen von ihrer Tendenz zum Ausschweifenden, Ungebändigten, Un-Normalen.[21] Die häufige (terminologisch schwankende) Doppelung in eine positive, geordnete Vorstellungskraft und in eine regellose Phantasie liegt in der problematischen Anlage dieser Vorstellung selbst.

Wenn der frühe Friedrich Schlegel im genannten Gespräch über die Poesie übereinstimmend mit anderen Frühromantikern die Phantasie mit dem „Chaos" assoziiert, dann nimmt er diese Begriffstradition auf, um sie ins Positive zu wenden. Voraussetzung dafür ist aber eine apriorische, nicht diskursivierbare und beinahe religiös zu nennende Annahme. Schlegel bestimmt den „Anfang aller Poesie" damit, „den Gang und die Gesetze der vernünftig denkenden Vernunft aufzuheben und uns wieder in die schöne Verwirrung der Phantasie (...) zu versetzen"; diese entspreche dem „ursprüngliche[n] Chaos der menschlichen Natur".[22] Dieses „Chaos" meint keineswegs eine Unordnung, sondern im Gegenteil höchste Ordnung überhaupt. Es kann deswegen nichts Bedrohliches an sich haben: In Novalis' *Heinrich von Ofterdingen* hält der Sohn dem Vater, der nicht mehr an den „unmittelbare[n] Verkehr mit dem Himmel" glaubt, den Traum als „Schutzwehr gegen die Regelmäßigkeit und Gewöhnlichkeit des Lebens" entgegen: „eine freie Erholung der gebundenen Phantasie, wo sie alle Bilder des Lebens durcheinander wirft, und die beständige Ernsthaftigkeit des erwachsenen Menschen durch ein fröhliches Kinderspiel unterbricht."[23]

Die wenigen romantischen Texte wie F. Schlegels *Lucinde* (1799), der radikal formsprengende Techniken verwendet und das ‚chaotische‘ Prinzip im Thema der Liebe manifestiert, modellieren einen freien imaginativen Gedankenfluss. Doch gerade in diesem programmatischen Text bindet der junge Schlegel seinen emphatischen Phantasiebegriff in die Gewissheit einer höchsten Ordnung ein:

---

21 Siehe dazu die begriffsgeschichtlichen Darstellungen unter diesen Aspekten und mit Blick auf die Phantastik in Renate Lachmann, Trugbilder und ihre Poetologie, in: Dies., Erzählte Phantastik (wie Anm. 7), S. 27-44, und dies., Rhetorische Bändigung der Phantasie, in: Ebenda, S. 45-78.
22 Schlegel, Kritische Schriften (wie Anm. 10), S. 204.
23 Novalis, Gesammelte Werke, hrsg. v. Carl Seelig. Bd. 1, Herrliberg/Zürich 1945, S. 132 f.

„Der echte Buchstabe ist allmächtig und der eigentliche Zauberstab. Er ist es, mit dem die unwiderstehliche Willkür der hohen Zauberin der Fantasie das erhabene Chaos der vollen Natur berührt, und das unendliche Wort ans Licht ruft, welches ein Ebenbild und Spiegel des göttlichen Geistes ist, und welches die Sterblichen Universum nennen."[24]

Im Gespräch über die Poesie setzt Schlegel den „Urquell der Fantasie" dem „Ideal der Schönheit" gleich,[25] und das „Fantastische" wird beinahe gleichbedeutend mit dem „Romantischen" selbst.[26] Doch auch in Schlegels Text erscheint der Einwand, dass die Phantasie des Dichters sich „notwendig beschränken und teilen muss" (198), was zur kontrovers besprochenen Frage der Rolle von Formen und Gattungen führt. Denn: „Die Fantasie des Dichters soll sich nicht in eine chaotische Überhauptpoesie ergießen" (199). Die potenzielle Kehrseite der freien Phantasie liegt damit im romantischen Idealfall weniger im Überschreiten der Vernunft, im Wahnsinn – der bekanntlich eher positiviert wird –, sondern in der Beliebigkeit. Hegel, selbst durchaus auf dem Boden einer romantischen Phantasiedefinition operierend, schließt diese – zusammen mit ihrem imaginären Potenzial phantastischer Bildlichkeit – in seine Kritik der leeren romantischen Subjektivität ein;[27] seine Romantikkritik in den Vorlesungen über die Ästhetik richtet sich denn auch nicht gegen eine ‚falsche' Bildlichkeit, sondern gegen ihre „bloße (...) Zufälligkeit"[28] – die „Seite des äußeren Daseins" wird den „Abenteuern der Phantasie preisgegeben".[29]

Die Gefährdung des ‚erhöhten' Subjekts, das seine Legitimität an die schaffende Phantasie band, wird vor allem postromantisch, nach der stufenweisen Aufkündigung des frühromantischen common sense des schönen Chaos, zum zentralen Thema; die europäische Rezeption E.T.A. Hoffmanns und die Entstehung einer hoffmannesken phantastischen Prosa zeigen dies deutlich. Doch war diese Gefährdung der Romantik immer schon bewusst gewesen; sie war Bestandteil, wenn nicht Antrieb der romantischen Reflexion (und erst recht der Romantik-Kritik),[30] längst bevor die romantischen Bilder sich mit Gewalt gegen ihre ‚Schöpfer' selbst wendeten.

III. Das Problem der ‚Regulierung'

Den romantischen Konzeptualisierungen von ‚freier' Phantasie ist die Problematik inhärent, dass sie auf der Basis zeitgenössischer dichterischer Praxis nicht ‚absolut' umsetzbar waren; das radikale Potenzial einer ‚freien' ästhetischen Phantasie wird in der europäischen Literatur erst Jahrzehnte später und unter ganz anderen Voraussetzungen in eine Praxis um-

---

24 Friedrich Schlegel, Lucinde. Stuttgart 1996, S. 25.
25 Schlegel, Kritische Schriften (wie Anm. 10), S. 197.
26 „Denn nach meiner Ansicht und nach meinem Sprachgebrauch ist eben das romantisch, was uns einen sentimentalen Stoff in einer fantastischen Form darstellt" (ebenda, S. 211).
27 Siehe Karl Heinz Bohrer, Die Kritik der Romantik. Der Verdacht der Philosophie gegen die literarische Moderne. Frankfurt a.M. 1989, S. 138 bzw. 158 ff.
28 Georg Wilhelm Friedrich Hegel, Ästhetik, hrsg. v. Friedrich Bassenge. Bd. 1, Berlin/Weimar 1965, S. 505.
29 Ebenda, S. 87.
30 Vgl. zur widerspruchsvollen Geschichte des Geniegedankens im deutschen Kontext Jochen Schmidt, Die Geschichte des Genie-Gedankens in der deutschen Literatur, Philosophie und Politik 1750–1945. Bd. 1-2, Darmstadt 1988.

gesetzt. Romantische Dichtung und Kunst zeigt formal höchstens indirekt und zurückhaltend eine Tendenz zum ‚Chaos', auch wenn ihr tatsächlich eine Tendenz zur Dekomposition innewohnt, die sich gelegentlich sogar – man denke an William Turners Malerei – radikalisieren kann.

Die Frage von ästhetischer Theorie und poetologischer Praxis wird im romantischen Kontext daher besonders knifflig. Denn auch wenn dies nicht immer so vertreten wird, wird die Phantasie (und damit die individuelle Persönlichkeit des Künstlers) zur im Grunde alleinigen poetologischen Basis. Dies impliziert ihre ‚Freiheit' – man denke nur an das bereits zu Anfang der slawischen Romantiken legendäre 116. Athenäumsfragment F. Schlegels zur progressiven Universalpoesie, in dem statuiert wird, dass der Dichter keinem Gesetz unterstehe.[31] Bekanntlich verwischen sich gerade in romantischen Freiheitsbegriffen – nach der Frühromantik besonders im Byronismus und danach gerade in den slawischen Romantiken – poetologische und politische Kategorien, was die ‚Freiheit' zu einer der dynamisierenden Begrifflichkeiten romantischer Programmatik macht. Die ‚geniale' Vorstellungskraft ist per se, aber nicht in der Praxis unbegrenzt, und so muss sich romantische Phantasie in dieser postmimetischen Konzeption von innen – also durch sich selbst – begrenzen. Gerade das kann sie aber sozusagen per definitionem nicht, und das macht diese Konstellation paradoxal und konzeptuell unlösbar. Doch ist diese Spannung durchaus produktiv; sie wird denn auch auf vielfältige Weise reflektiert.[32]

Die oben beschriebene Vorannahme eines ‚geordneten Chaos' hält den potenziellen Konflikt in der deutschen Frühromantik noch begrenzt; ‚freie Phantasie' erscheint deswegen konzeptuell unproblematisch. Kommt der romantischen Phantasie die Aufgabe zu, „Spiegel" nicht nur der äußeren Natur, sondern gleich des „göttlichen Geistes" zu sein – die Stelle aus *Lucinde* wurde zitiert –, so bestimmt dies ihren Spielraum anders und unauffälliger, aber letztlich nicht weniger rigide als die abgelehnten mimetischen Konzepte. Problematisch wird der Umstand, dass eine äußere Begrenzung in der romantischen Konzeption zumindest idealtypisch nicht mehr zur Verfügung steht, vor allem dann, wenn die Selbstverständlichkeit der höheren Ordnung des Chaos auseinanderbricht. Nicht von ungefähr war die Phantasie in ihrer ganzen Begriffsgeschichte eine Instanz gewesen, die gerade diese Selbstbegrenzung nicht zu leisten vermochte, die zu einer bodenlosen, alle Grenzen überschreitenden Kraft der Unnatur wurde, wo sie nicht von außen im Zaum gehalten werden konnte. Stellt man die ordnende Geltung allgemeiner Dichtungsregeln, der Mimesis, der ‚Vernunft' oder des Geschmacks in Abrede, kann nur noch ein Verweis auf den „poetischen Instinkt" – dies ist

---

31 „Sie [die romantische Dichtart; Th. G.] allein ist unendlich, wie sie allein frei ist, und das als ihr erstes Gesetz anerkennt, daß die Willkür des Dichters kein Gesetz über sich leide" (Schlegel, Kritische Schriften [wie Anm. 10], S. 115). In der polnischen Diskussion wird dies zumindest seit Franciszek Wężyks *O poezji w ogólności* [Über die Poesie im Allgemeinen, 1815] vertreten; siehe dazu Janina Kamionkowa, Portret geniusza [Porträt des Genies], in: Problemy polskiego romantyzmu [Probleme der polnischen Romantik], hrsg. v. Maria Żmigrodzka. Bd. 2, Wrocław/Warszawa 1974, S. 101-155, hier S. 124.

32 Siehe dazu etwa Silvio Vietta, Der Phantasiebegriff der Frühromantik und seine Voraussetzung in der Aufklärung, in: Die literarische Frühromantik, hrsg. v. dems. Göttingen 1983, S. 208-220, bes. S. 211 f.

die Formulierung, die Mickiewicz[33] im Vorwort zu seinem ersten Gedichtband gebraucht – diese Regulierung leisten. Die Einbindung der Phantasie müsste zudem, da ‚Regeln' nicht aufgestellt werden dürfen, in Kategorien geschehen, die einerseits subjektiv bleiben, andererseits aber eine überindividuelle Autorität beanspruchen können – diese weitere Paradoxie öffnet Raum für literarische Paratexte und für die romantische Literaturkritik, die für die Stabilität ästhetischer Kategorien beinahe noch wichtiger ist als ihre Vorgängerinnen.

In der dichterischen Praxis jedoch ist ein anderes Muster zu beobachten: Die ‚freie' romantische Phantasie profiliert sich weniger als ‚unendliche', sondern im Kontrast zu bestehenden, engeren Phantasieverständnissen. In diesem Sinne ist romantische Phantasie primär ein negatives Konzept. Ich umgehe hier die Frage, inwiefern wir es dabei mit einer Negativität zu tun haben, die immer schon in der Tradition der Phantasiebegriffe lag – in allen Bestimmungen der Phantasie war diese eine Instanz, die gesetzte Rahmen sprengt –, oder inwiefern sie eine Verbindung aufweist zu einer spezifisch romantischen Negativität, die frühromantische philosophische Positionen prägte und die schließlich Hegel gegen die Romantik wendet. Hier interessiert vielmehr, wie sich der ‚negative' Charakter der Phantasiekonzeption in der ersten Phase der polnischen Romantik poetologisch umsetzt. Denn die theoretisch so schwer zu begrenzende romantische Freiheit der Phantasie beweist sich als (gesteuerte) Regelauflösung und in betontem Kontrast zum ‚Klassizismus' – das Verhältnis gegenüber ‚sentimentalistischen' Strömungen und Erscheinungen, denen man im Grunde viel enger verbunden war, bleibt viel verdeckter.

Der negative Gestus der romantischen Phantasie – und damit derjenige der Befreiung – ist somit ein doppelter. Er ist einerseits Grenz- und Regelverletzung, und in der Verletzung von Grenzen, die einem oft selbst entworfenen klassizistischen Anderen zugeschrieben werden, ist er gleichzeitig Konstruktion einer historischen Zäsur. Verletzungen von (vermeintlichen) Normen gehören wesentlich zum Selbstbild der Romantik, zu ihrer Selbstkonstitution als etwas ‚Neues', das nicht zufällig oft in Gestalt der Jugend erscheint. Romantische Selbstbilder bleiben auf die historische Zäsur in der Gegenwart angewiesen; dass dies einen potenziellen begrifflichen Konflikt mit dem gängigen zeitgenössischen Verständnis der Romantik als ‚post-antiker', christlicher europäischer Kunst provoziert, braucht hier nicht ausgeführt zu werden. Doch wird, und das bildet ein weiteres paradoxes Element in dieser Konstellation, zur Basis eines ästhetischen ‚Neuen', was schon seit der Anerkennung eines autonomen ästhetischen Bereichs der Philosophie angelegt war und sich im späteren 18. Jahrhundert weitgehend durchgesetzt hatte – nämlich die prinzipielle Konnotation von Dichtung und Phantasie, wie sie längst vor 1800 redensartlich geworden war. Die programmatische Überhöhung dieser Tendenz, die einhergeht mit der Überhöhung von Kunst und Dichtung generell, setzt hier allenfalls neue Akzente. Sie verschärft aber beträchtlich das Problem der Begrenzung der Phantasie.

Das Bedürfnis nach Formen, die die Markierung einer historischen Differenz und eines besonderen Einsatzes der Phantasie ermöglichen, wird (auch) im polnischen Kontext nicht zuletzt durch Elemente des Phantastischen abgedeckt. Dies hat Tradition bis in die Anfänge romantischer Ästhetik. Bei den deutschen Frühromantikern erschien das „Fantastische"

---

33 Adam Mickiewicz, O poezji romantycznej [Über romantische Dichtung], in: Ders., Dzieła [Werke]. T. 5: Pisma prozą [Prosaschriften], Warszawa 1955, S. 185-204, hier S. 202.

als Begriff, der zuerst einmal alles meinte, was mit der „Fantasie" verbunden ist; darin erwies sich sein Potenzial, in der Überschreitung des Realen das Unendliche zu berühren. Das frühromantische Ganzheitsdenken um 1800 führt dazu, dass der Einsatz phantastischer Bildlichkeiten dennoch höchst zurückhaltend erfolgt; eine Motivik des ‚freien Phantasierens', wie es etwa als Wahnsinn auftritt, entsteht hier nicht.[34] Dennoch wird das Phantastische zum Thema und zum Motivfundus, der sich – über Autoren wie Tieck – bald europäisch mit dem Romantischen assoziiert. Spätromantisch und nicht zuletzt dank E.T.A. Hoffmann nähert sich der Begriff dennoch wieder der spezifischeren semantischen und bildlichen Füllung aus dem 18. Jahrhundert, die er auch in der polnischen Diskussion hat. Um es in den polemischen Worten des Romantikgegners Jan Śniadecki zu sagen:

> „Wprowadzają dziś na scenę schadzki czarownic, ich gusła i wieszczby, duchów chodzących i upiorów, rozmowy diabłów i aniołów itd. Cóż tu w tym nowego i dowcipnego? Wszystkie baby wiedzą dawno o tych pięknościach i mówią o nich ze śmiechem pogardy. (...) Czary, gusła i upiory nie są naturą, ale płodem spodlonego niewiadomością i zabobonem umysłu; nie są narodowością niemiecką, bo to są głupstwa".[35]

> [Heutzutage bringt man Rendezvous von Hexen auf die Bühne, ihre Zaubereien und Weissagungen, wandelnde Gespenster und Vampire, Gespräche von Teufeln und Engeln usw. Wo soll hier die Neuheit und der Witz sein? Alle alten Weiber kennen diese Schönheiten schon längst und reden darüber mit verächtlichem Lachen. (...) Hexereien, Zaubereien und Vampire sind nicht Natur, sondern die Frucht eines durch Unwissenheit und Aberglauben entwürdigten Geistes; sie gehören nicht zur deutschen Volkskultur, sondern sind Dummheiten.]

Umso erstaunlicher, wenn Mickiewicz, während er seine ‚romantische' Dichtung vor allem über die phantastisch ausgestattete Ballade lanciert, genau diese Bestimmung des Romantischen theoretisch ablehnt. Sein Aufsatz *O poezji romantycznej* [Über romantische Dichtung], das Vorwort zu seinem ersten Gedichtband, in dem die Balladen erschienen, scheint weit von einem emphatischen Romantikbegriff entfernt und sucht seine Position eher über die Synthese. Explizit wehrt er hier eine Bestimmung des Romantischen über die Aufhebung der Regeln sowie die Einführung von Phantastika (na łamaniu prawideł i wprowadzaniu diabłów [im Bruch der Regeln und in der Einführung der Teufel])[36] ab. Seine eigene Position stellt, auch was den Einsatz eines Phantasiebegriffs angeht, eher eine Kurzwiedergabe verbreiteter poetologischer Ansichten dar als ein konfrontatives Manifest. Die Phantasie (imaginacja) bildet eine der wichtigen leitmotivischen Begrifflichkeiten, bleibt jedoch konzeptuell schwer zu fassen. Einerseits bleibt die Rede von der imaginacja ganz traditionell; sie

---

34 Ich habe dies ausführlicher darzulegen versucht in: Thomas Grob, Phantastik, Phantasie, Fiktion. Autoreflexive literarische Phantastik und ihr romantisches Erbe, in: Nach Todorov. Beiträge zu einer Definition des Phantastischen in der Literatur, hrsg. v. Clemens Ruthner, Ursula Reber u. Markus May. Tübingen 2006, S. 145-171.
35 Jan Śniadecki, O pismach klasycznych i romantycznych [1819] [Über klassische und romantische Literatur], in: Ders., Wybór pism estetyczno-literackich [Ausgewählte ästhetisch-literarische Schriften]. Kraków 2003, S. 50 u. 51.
36 Mickiewicz, Dzieła (wie Anm. 33), S. 201.

ist ein Seelenvermögen – in einer damals üblichen Terminologie als władza umysłu (Macht des Geistes) bezeichnet – und steht ganz konventionell, manchmal eher allegorisch oder redewendlich, für das Ästhetische, das beiläufig die „Welt der Phantasie" (świat imaginacji, 193) genannt wird. Imagination wird eher als begriffliche Präsupposition denn als argumentativer Begriff eingesetzt. Auffällig ist vor allem, dass jeder individualistische Diskurs des Schöpferischen und jeder Geniegedanke fehlt. Die Phantasie unterliegt hier bereits ganz einer kollektiven, nationalen Betrachtungsweise; sie bildet das Paradigma, nach dem die verschiedenen nationalen literarischen Kulturen historisch typologisiert werden. Dichtung, so wird vorausgesetzt und bisweilen beinahe ideologisch durchgehalten, ist Ausdruck des Volkscharakters – diesem Grundelement werden alle anderen unterworfen. So mündet die Betrachtung in der poezja gminna (Volksdichtung), die vor allem in der englischen (bzw. schottischen) und in zweiter Linie in der deutschen Literatur erkannt wird.

Wie sehr romantische Poetologie zu paradoxen Lösungen strebt, zeigt sich auch darin, dass das konflikthafte romantische Phantasieverständnis einerseits die Freiheit betont (und damit die Subjektivität des Dichters), andererseits sich stark auf das Allgemeine und die Tradition beruft.[37] Die literarische Volksverbundenheit, die im polnischen Kontext besonders relevant wird, wird zu einem primären Regulativ für die Phantasie. Durchgehend, wenn auch diskret, ist von der „Mäßigung" der Phantasie die Rede: die alten Griechen hätten ihre „lebendige Phantasie" durch „die Zartheit des Gefühls und die Reife des Verstands" gemäßigt (imaginacja miarkowaną była przez delikatność uczucia i dojrzałość rozsądku)[38] und dadurch die Harmonie in ihren Seelenvermögen geschaffen; umgekehrt wird kritisch angemerkt, das modeorientierte Paris habe die Mäßigung von Imagination und Gefühl verlangt (193). Doch auch die mittelalterliche, aus den Mythen kommende Romantik, die sich durch das Fehlen von Wohlgeformtheit, Ordnung und Ganzheitlichkeit auszeichnete, brauchte ihre Mäßigung; nur sei diese unterschiedlicher, ‚lokaler' Natur gewesen (miarkowany tylko miejscowym wpływem).[39] Direkt vor der Schlusspassage über die poezja gminna, die gewissermaßen den Kern des Romantischen ausmacht und in deren Zentrum wiederum die Ballade bzw. Romanze steht, ist die Rede davon, dass es sehr wohl Regeln für die Dichtung gebe – nur seien sie nicht über alle Zeiten und Kulturen hinweg dieselben; auch die Kritik müsse ihre Kriterien deswegen verändern und „mäßigen" (202). Ganz offensichtlich tritt das Element des ‚Volkstümlichen' als Regulierungsgröße an die Stelle der alten Regeln, die von den Vertretern des ‚Klassizismus' als das Element wahrer Poesie dargestellt worden waren, aber ihre Verbindlichkeit verloren hatten. Was diese Volksverbundenheit ausmacht, wie sie gemessen wird, ist aber in dieser Sichtweise nicht mehr festzulegen. Ein Kriterium dafür wird ausgerechnet das „Einfache", „Naive" und „Natürliche".

Ungeachtet dieser zurückhaltenden Töne und der theoretischen Relativierung nimmt Phantastisches, das zuerst insbesondere an die Balladenform gebunden war, in der frühen polnischen Romantik bekanntlich einen beachtlichen poetologisch-programmatischen Stel-

---

37 Silvio Vietta spricht von einem „mythologischen" oder „mythologisch-religiösen" Aspekt des romantischen Phantasiebegriffs (wie Anm. 32, passim); er verweist auf den „nicht lösbar[en]" Konflikt zwischen Subjektivismus und durch Phantasie zu restituierender Mythologie und die entstehende „innere Zerrissenheit" (S. 214 f.).
38 Mickiewicz (wie Anm. 33), S. 187.
39 Ebenda, S. 191.

lenwert ein. Romantisch imprägniert, wird Phantastik zum Zeichen der Überschreitung von Alltagswirklichkeit ebenso wie zu einem des Poetischen an sich.

IV. Schlegels und Mochnackis ‚Unverständlichkeit': Das ‚Volk' als Regulierungsgröße

Es gehört zu den zentralen Dynamiken der europäischen Romantik, dass mit dem zunehmend schwindenden ‚Urvertrauen' auf die letztlich göttliche Ordnung des kosmischen Chaos, das die Dichtung „berührt", auch das Bedürfnis nach poetologischen Regulierungen wächst; nicht nur in Polen tritt das Nationale, die Vorstellung eines kollektiven nationalen Genius in diese Lücke. Diese herdersche Linie des europäischen, besonders auch deutschen preromanticism wird in die romantische Dichter- und Dichtungsprogrammatik eingewoben und – wie das Postulat der ‚Freiheit' – zunehmend politisch konnotiert. Uns soll hier aber nur interessieren, dass bzw. wie dies als ‚chaosbegrenzendes' Instrumentarium in der ersten Phase eingesetzt wird und wie sich dadurch romantische ‚Negativitäten' positivieren. Es versteht sich, dass diese Tendenz zur freien genialen Phantasie des romantischen Dichters in einem spannungsvollen Verhältnis steht.

Wie andere spätere Romantiken pflegt auch die polnische trotz des abgrenzenden Gestus einen synthetisierenden, teilweise eklektischen Umgang mit ‚Prätexten' und Konzepten. Dabei verschiebt sich aber oft merklich die Anlage, was durchaus zentrale Begrifflichkeiten betreffen kann. Ich möchte auf den für unseren Kontext relevanten Punkt der ‚Unverständlichkeit' hinweisen, der von Friedrich Schlegel aufgeworfen worden war und von Maurycy Mochnacki – noch vor dem Aufstand – aufgenommen wurde; ob Mochnacki den Schlegel-Text kannte, ist mir nicht bekannt.[40]

Schlegel, der auf entsprechende Kritik an seinen Athenäum-Texten reagiert, entwirft über die Frage nach der „Unverständlichkeit" auf vielschichtige Weise eine Theorie der (schriftlichen) Sprache.[41] Die Unverständlichkeit wird dabei nicht nur mit der Ironie begründet, sondern mit ihr beinahe gleichgesetzt; ‚Ironie' prägt auch diesen Text selbst, der zudem seine eigene Ironie ständig thematisiert. Schlegel geht aus von einer grundsätzlichen Infragestellung der Möglichkeit der „Mitteilung von Ideen". Die Grenze der Mitteilbarkeit ist der Ort der autoreflexiven Aussage des ‚Wortes' oder Textes: „Ich wollte zeigen, dass die Worte sich selbst oft besser verstehen, als diejenigen, von denen sie gebraucht werden" (235). Unverständlichkeit, die assoziativ auch mit „Mystizismus" und „Kabbala" in Verbindung gebracht wird, steht deswegen nicht parallel zum „Unverstand", sondern findet sich besonders in Wissenschaft und Kunst. Sie ist Merkmal einer gesuchten „reellen" Sprache: „wo gelehrt werden sollte, wie des Menschen Geist sich selbst verwandeln und dadurch den wandelbaren ewig verwandelten Gegner endlich fesseln möge" (236). Mit deutlich sich steigerndem ironischem Gestus werden dann die utopischen Versprechungen des neuen Jahrhunderts thematisiert: „Dann wird es Leser geben, die lesen können" (241). Aber: „Noch viel verborgne Unverständlichkeit wird ausbrechen müssen" (241).

---

40 Maurycy Mochnacki, O niezrozumiałości i metafizyce [Über die Unverständlichkeit und Metaphysik], in: Ders., Poezja i czyn. Wybór pism [Dichtung und Tat. Ausgewählte Werke], hrsg. v. Stanisław Pieróg. Warszawa 1987, S. 211-223. Es handelt sich um einen Ausschnitt aus einem Artikel aus dem Jahr 1828; der Titel ist nicht original.
41 F. Schlegel, Über die Unverständlichkeit [1800], in: Ders., Kritische Schriften (wie Anm. 10), S. 235-241.

Schlegels „Unverständlichkeit" ist also ein textlicher wie philosophischer Begriff, der auf die Selbstreferenz jeder Mitteilung, ihren ‚Rest' und damit auf die Grenzen jeder Versprachlichung (oder Verschriftlichung) hinweist. Damit wird die Vorstellung einer begrenzten Mitteilung in einen unendlichen Prozess einer dynamischen, sich vervollkommnenden Erkenntnis verschoben: „Alle höchsten Wahrheiten jeder Art sind durchaus trivial und eben darum ist nichts notwendiger als sie immer wieder neu, wo möglich immer paradoxer auszudrücken" (237).

Die Ausgangsposition bei Mochnacki klingt verwandt; dennoch ist die Problematik anders angelegt als bei Schlegel. Er führt den Begriff, implizit mit Śniadecki polemisierend,[42] positiv ein: Unverständlichkeit, so meint er durchaus im Einklang mit Schlegels Abwehr des „Unverstands", bedeute keineswegs, dass ein Autor sich selbst nicht verstehe. Er führt eine Reihe von Philosophen an, die sich wenig um Verständlichkeit bekümmert hätten (212). Klingt allerdings schon die Verteidigung der ‚deutschen' Unverständlichkeit – besonders für die Deutschen komme die Sache vor der Form – defensiv, so transformiert sich die Einschätzung im polnischen Raum völlig: Die Polen hätten noch viel aufzuholen im Gebiet der Wissenschaft, und er wolle nicht „dunkle und verworrene Schriften" verteidigen, die keine anderen Vorzüge aufwiesen. Mochnacki plädiert für die gemeinsame Anstrengung von Lesern und Autoren, für den Nutzen (pożytek) in der Literatur zu kämpfen. Dem pedantyzm (Pedanterie) setzt er die erschütternde Wirkung des Neuen auf den „Schlaf des Kleingeistes" (sen miałkich umysłów, 214) entgegen; dabei müssten allgemeine Wissenschaften und die Literatur Hand in Hand gehen. Denn nicht alles könne populär behandelt werden. Dies gibt ihm Anlass, ausführlich über die Rolle der Kritik und – nun mit explizitem Verweis auf Śniadecki – über die Kritiken an den deutschen ‚Metaphysikern' zu referieren. Er gibt ihnen insofern Recht, als die Polen noch nie besonders an Metaphysik interessiert gewesen seien, nur meint er, etwas mehr davon würde ihnen gut anstehen. Sein Programm ist dennoch kein im eigentlichen Sinne philosophisches, sondern eher ein bildungspolitisches: Metaphysik sei Übung des Geistes (prawdziwą gimnastyką umysłu, 223); er fordert auch das Einhalten eines bestimmten Maßes.

„Unverständlichkeit" gehört gerade in Verbindung zur ‚metaphysischen' Sinnverdunkelung zum engeren Repertoire auch der polnischen Vorwürfe gegen die Romantik. Mochnackis Begriff ist – anders als bei Schlegel, obwohl der ja auch auf Vorwürfe reagiert – von diesen Kritiken ebenso geprägt wie von der romantischen Positivierung; der Begriff der Unverständlichkeit bleibt dabei mit der deutschen Philosophie und Literatur assoziiert. Seine durchaus polemisch intendierte Position zeigt eine deutliche Nähe zu romantischen Kernkonzepten: zur Überschreitung des klaren, beherrschbaren ‚Sinnes', zur Aufwertung und Öffnung des Rezeptionsprozesses gegenüber der geschlossenen Sinnvermittlung, zu dessen Verschiebung in einen prinzipiell unendlichen Prozess. Doch bleibt der Begriff selbst bei ihm in einen gleichsam didaktischen Kontext eingebunden, der offensichtlich seiner Einschätzung der polnischen Kultursituation entspringt: Unverständlichkeit, konzediert er, dürfe nicht Ablehnung provozieren, sondern müsse die Anstrengung zu kulturellem Fortschritt und zur Stärkung des Verstands fördern.

---

42 So der Herausgeber von Mochnacki, Poezja i czyn (wie Anm. 40), S. 543. Mochnacki zitiert die Aussage, wer unverständlich schreibe, verstehe sich selber nicht, aus Śniadeckis Aufsatz O metafizyce [Über die Metaphysik], in dem dieser gegen Kant polemisiert.

Die dichterische Praxis ist für einmal eher radikaler als die Theorie, die im Falle Mochnackis 1828 ihren ‚romantischen' Höhepunkt bereits überschritten hatte. So wie die Wahl
des vergleichsweise engen Balladengenres die regulierende Verankerung in der Volkspoesie
reflektiert, so ist die ‚Unverständlichkeit', mit der das traditionelle Genre transzendiert wird
und die schon Mickiewiczs ersten Balladen vorgeworfen wurde, poetologisch intendiert, ja
notwendig. Sie ist ein kontrolliertes Phänomen, doch kommt sie Schlegels Begrifflichkeit
in gewisser Weise nahe. Auch wenn man sie nur bedingt als Form der Ironie bezeichnen
möchte, so handelt es sich doch um Autoreflexivität in einem romantischen Sinne. Und
sie steht sowohl zur ‚Phantasie' – seit jeher die Instanz der Überschreitung gewohnter
Bedeutungen – wie umso mehr zum ‚Phantastischen' in engster Beziehung.

V. Jan Śniadeckis Antiromantismus: Das Gespenst der Regellosigkeit

Nur die spätromantische Konstellation – die bereits aus Distanz auf frühe romantische Strömungen blicken kann – macht die Art und Weise erklärbar, wie Jan Śniadecki, im Wis-
senschafts- und Bildungsbereich schwergewichtiger Mathematiker und Naturwissenschaftler
mit philosophischen Neigungen, kurz vor 1820 die Romantik angreift; er tut dies vor allem
über deren vermeintlichen Phantasiebegriff. Die historische Relevanz dieser Polemiken liegt
vornehmlich darin, dass sie so bedeutsam sind für die Konstitution der Romantik selbst.
Śniadeckis polemischer Traktat *O pismach klasycznych i romantycznych* [Über klassische
und romantische Literatur] erschien bekanntlich vor dem Auftreten einer literarischen Romantik in Polen selbst, nämlich bereits 1819 und als Reaktion auf Kazimierz Brodzińskis
Aufsatz *O klasyczności i romantyczności tudzież o duchu poezji polskiej* [Über die Klassik
und Romantik sowie den Geist der polnischen Dichtung] aus dem vorangegangenen Jahr.
Brodziński lag es, wie Alina Witkowska zu Recht feststellt, fern, ein romantisches Programm
aufzustellen oder zum Streit zwischen den Positionen aufzurufen.[43] Im Gegenteil entwickelt
er nicht nur ein komplementäres Modell, sondern einen mit sentimentalistischen Positionen
kompatiblen Romantikbegriff des Gefühls, der von einem Klassizismus abgegrenzt wird:

> „Do klasyczności potrzeba mieć więcej udoskonalony gust, do romantyczności więcej
> udoskonalone czucie."[44]

> [„Das Klassische bedarf eines verfeinerteren Geschmacks, das Romantische eines ver-
> feinerteren Gefühls."]

Brodziński skizziert verschiedene Bestimmungen des Romantischen: die Ablehnung von
Regeln, das Wecken sehnsüchtiger Gefühle, die Mittelalter- und Ritterbegeisterung. Andere wiederum würden darunter die nicht begrenzte Imagination (niczym nie ograniczającej
imaginacji) mit ihren täuschenden und erschreckenden übersinnlichen Dingen (czary, duchy
niebieskie lub piekielne, 17) verstehen. Wiederum dient die nationale Spezifik als poetolo-

---

43 Siehe ihr Vorwort zu: Kazimierz Brodziński. Wybór pism [Ausgewählte Werke], hrsg. v. Ali-
    na Kwitkowska. Wrocław (u.a.) 1966 (Biblioteka narodowa. Ser. 1, Nr. 191), S. III-CXLII, hier
    S. XLI ff.
44 Zit. nach den Ausschnitten in: Idee programowe romantyków polskich. Antologia [Programmati-
    sche Ideen der polnischen Romantiker. Anthologie], hrsg. v. Alina Kowalczykowa. Wrocław (u.a.)
    1983 (Biblioteka narodowa. Ser. 1, Nr. 261), S. 16-23, hier S. 18.

gisches Argument. Als Pole sei man an das Land der Väter und seine Geschichte gebunden und brauche kein ritterliches Mittelalter (22), und die meisten der phantastischen Elemente könnten die Polen und überhaupt die Slawen für ihre Dichtung nicht gebrauchen. Insbesondere lehnt er alles Düstere und Unheimliche ab:

> „Szczególniej zaś nie zaczerniło naszej imaginacji chrześcijaństwo tą posępnością, trwożnymi uczuciami i okropnością duchów, które przerażają imaginacją ludów germańskich." (20)

> [„Doch besonders verdunkelte das Christentum unsere Imagination nicht mit der Düsterheit, den angsterfüllten Gefühlen und der Schrecklichkeit der Gespenster, die die Imagination der germanischen Völker in Schrecken versetzen."]

Hier dringt das herderianische Slawenbild des Idyllikers durch, die Bevorzugung „sanfterer freundschaftlicher Gefühle" (łagodniejsze towarzyskie uczucia, 21). Brodziński setzt sich von den Franzosen, die er als „Sklaven der Vorschriften" (niewolnikami przepisów) bezeichnet, ebenso ab wie von den düsteren nordisch-germanischen Phantasien, während er umgekehrt die „inneren" Vorteile von „Gefühl und Imagination" oder der Philosophie der Deutschen ebenso gelten lässt wie die „äußeren" von Geschmack und Schliff (gustu i poloru) der Franzosen.

Warum diese Haltung jemanden wie Śniadecki herauszufordern vermag, leuchtet nicht auf Anhieb ein. Doch Śniadecki polemisiert nicht gegen die eher vermittelnde Position Brodzińskis an sich, sondern er nimmt sich ein Romantikbild zum Gegenstand, das dieser nur als ein mögliches referiert; zeitgenössische Autoren nennt er nicht. Śniadecki wendet sich gegen eine ‚Romantik‘, die sich im Grunde auf zwei Positionen beschränkt: eine ästhetisch-poetologische und eine philosophische. Die erstere besteht in der Behauptung, die Romantik habe alle Regeln über Bord geworfen; als positiver Maßstab wird Horaz angeführt, nebenbei werden Aristoteles, Boileau und Dmochowski genannt. Die zweite Position beruft sich auf Lockes Sensualismus. Sie argumentiert anthropologisch – unter anderem mit dem sich nicht verändernden menschlichen Verstand – und zielt vornehmlich auf die ‚freie Phantasie‘:

> „Uważam ja ją (...) prawdziwie szkodliwym, to jest jako niesłuchającą prawideł sztuki i w swobodnym bujaniu imaginacji szukającą zalet, i jakby nowych dróg bawienia i nauczania." (48)

> [„Ich halte sie (...) für wahrhaft schädlich, in dem Sinne dass sie sich nicht an die Regeln der Kunst hält und im freien Schweifen der Imagination die Vorzüge sucht und neue Wege des Unterhaltens und der Belehrung."]

Śniadecki argumentiert in erstaunlicher Distanz zu poetologischen Fragen. Sein Argument der romantischen Regelfreiheit[45] konkretisiert er nur mit dem Hinweis auf die aristotelische Einheit von Ort, Zeit und Handlung im Drama. Damit oder mit der Gleichsetzung der Freiheit von Regeln mit der Missachtung von Verstand und Wahrheit (rozum, prawda; 50) geht er nicht nur hinter romantische Positionen zurück, sondern auch hinter maßgeb-

---

45 „(...) romantycznym zaś to, co przeciwko tym prawidłom grzeszy i wykracza" [Romantik ist das, was gegen diese Regeln verstößt und über sie hinausgeht] (Śniadecki, O pismach [wie Anm. 35], S. 49).

liche Entwicklungen der vorangehenden Jahrzehnte, seien es Tendenzen zur Aufwertung der Phantasie seit Addisons Spectator-Aufsätzen von 1711/12 über „The Pleasures of the Imagination", die Autonomisierung der Ästhetik seit Baumgarten, die Lessingsche Dramentheorie oder die Auseinandersetzung zwischen den ‚Schweizern' Bodmer und Breitinger mit Gottsched über die Miltonsche Bildlichkeit.[46] Von der europäischen Literatur des späteren 18. Jahrhunderts könnte nach diesen Maßstäben nur weniges bestehen.

Tatsächlich jedoch ist der Text Śniadeckis, der anderswo ganz anders zu argumentieren scheint,[47] vorwiegend philosophisch oder, wenn man so sagen kann, ‚philosophiepolitisch' zu lesen: als empiristisches Manifest, dessen Hauptanliegen im Kampf gegen den vermuteten romantischen Anspruch zu sehen ist, der Mensch könne über seine Erfahrungswelt hinaus Erkenntnisse gewinnen.[48] Dies setzt er gleich mit einer Erkenntnis jenseits der Wissenschaft, und von hier aus führt er seine Polemik gegen den vermeintlich ungebildeten Shakespeare. Zum eigentlichen Träger dieses falschen Wissens jenseits des wahren Wissens wird die Phantasie (imaginacja), die auch für die Dichtung in scharfen Gegensatz zum Verstand gesetzt wird (unikanie rozsądku, 60). Ungeachtet der komplexen Begriffsgeschichte und differenzierter Konzeptualisierungen gesteht er der Imagination lediglich zu, die vielfältige Wahrheit zu schmücken (stroić i ubierać, 49), sie dürfe sie aber nicht verfälschen (fałszować, 49) – was sie, so muss man schließen, von sich aus tun würde. Phantasie darf sich eine gewisse Freiheit mit historischen Ereignissen erlauben – nicht aber die „Ähnlichkeit mit der Wahrheit" aufgeben (53).

Dass er beiläufig den Kunstbereich metaphorisch als „Feld der Imagination" (na polu imaginacji, 49) bezeichnet oder diese als Subjekt der Dichtung vorauszusetzen scheint, wirkt wie ein Versprecher: In der Theorie wird hier der Imagination jede positive kreative Kraft abgesprochen. In der Ablehnung scheint Śniadecki aber gerade dies doch anzunehmen. Denn nicht von ungefähr ist sie das gefährlichste aller Seelenvermögen; wiederum stammen die Beispiele dazu nicht aus dem ästhetischen Bereich:

„Ze wszystkich władz duszy ludzkiej imaginacja jest najdzielniejszą, ale też bez wędzidła najniebezpieczniejszą i najszkodliwszą. Wszystkie wymysły bezbożności, (...) wszystkie dziwactwa i niedorzeczności w filozofii są to dzieła rozpasanej imaginacji." (60)

[„Von allen menschlichen Seelenvermögen ist sie das tüchtigste, aber ohne Zügel auch das gefährlichste und schädlichste. Alle Erfindungen der Gottlosigkeit, (...) alle Wunderlichkeiten und Absurditäten in der Philosophie sind das Werk einer entfesselten Imagination."]

---

46 Wie komplex sich die Konzeptgeschichte bereits zwischen 1700 und 1750 darbietet, zeigt die breite, über den deutschen Kontext hinausgehende Darstellung von Gabriele Dürbeck, Einbildungskraft und Aufklärung. Perspektiven der Philosophie, Anthropologie und Ästhetik um 1750. Tübingen 1998; zu Addison (der übrigens 1772 in polnischer Übersetzung erschien) sowie Bodmer und Breitinger siehe ebenda, S. 67-85.

47 In *O poezji* [Über die Poesie] beispielsweise begründet er selbst den Dichter ganz aus seiner „lebendigen und üppigen Phantasie" (imaginacja żywa i bujna); die „Welt der Phantasie" (świat imaginacji) sei sein Feld und seine Quelle (Śniadecki, Wybór pism [wie Anm. 35], S. 43).

48 „(...) że dusza ma jakąś tajemną siłę widzenia bez granic" [(...) dass die Seele eine geheime Kraft eines grenzenlosen Sehens besitze] (Śniadecki, O pismach [wie Anm. 35], S. 61).

Romantik erscheint leitmotivisch als Bevorzugung des delectare auf Kosten des prodesse. Die von den strengen Regeln gelöste Imagination richtet sich gegen den Verstand (przeciwko rozumowi, 62), und die Romantik somit insgesamt gegen den Fortschritt der „Aufklärung", des allgemeinen Bildungsstandes: Der Aufsatz zeigt hier seine nicht zuletzt bildungspolitisch motivierte Intention.

Die ungeheure Resonanz dieses Aufsatzes über Jahre hinweg kann kaum seinem ästhetischen Gehalt und nur bedingt der Autorität des Verfassers zugeschrieben werden. Was den Phantasiebegriff betrifft, so entspricht er auch keineswegs dem polnischen Stand der Diskussion, die längst sentimentalistische Elemente implementiert hatte.[49] Śniadecki als das Modell vorromantischen oder aufklärerischen Denkens zu nehmen, gegen das sich die junge Generation absetzen musste, lässt sich kaum legitimieren. Doch wurde der Aufsatz durch die Romantiker selbst nobiliert: Sie sind es, die permanent auf ihn referieren. Indem Mickiewicz Śniadecki als Vorbild für den starzec (Alten) in der Ballade Romantyczność verwendet, wird dieser zur Negativfolie für das Genre, das auf die phantastischen Elemente baut – und für die jungen Romantiker überhaupt.

Wenn der heftigste Gegner alles Romantischen auf diese Weise in den programmatischen Gründungstext einer polnischen Romantik eingeschrieben wird, ist das mehr als eine persönliche Abrechnung des ehemaligen Wilnaer Studenten mit dem früheren Rektor seiner Universität. Es zeigt, dass diese frühe romantische Programmatik einen Gegner benötigt, um sich zu qualifizieren: Relativ, in Abgrenzung gegenüber restriktiveren Modellen, lässt sich Freiheit der Imagination und ihr absolutes Potential markieren. Zur programmatischen Aufgabe sich romantisch verstehender Texte werden so nicht Formen der Grenzenlosigkeit, sondern solche der gezielten Grenzüberschreitung, der Markierung eines ‚Anderen', die auf die Konstruktion dieser Grenze angewiesen ist.

Diese Doppelung von Überschreitung und impliziter Bestätigung von Grenzen entspricht präzise der Struktur des literarischen Phantastischen, zumindest wie diese der klassisch gewordene Ansatz von Tzvetan Todorov versteht. Laut Todorov stellt phantastische Literatur „die Existenz einer irreduktiblen Opposition zwischen Realem und Irrealem in Frage",[50] muss dazu aber gerade das Reale auch in der Fiktion real erscheinen lassen. Auf unseren Fall bezogen würde das heißen: Die frühe polnische Romantik muss die literarische Form betonen, will sie deren Brechung demonstrieren – und auch wenn man das als Konzeption ablehnt, so repräsentiert dieser Bruch doch in gewisser Weise den Kern des ‚Neuen', das man vertritt. Man verwendet ein begrenztes Weltmodell, um darin die prinzipielle Öffnung zum ‚Unendlichen' zu demonstrieren. Für beides eignet sich die Ballade in hervorragender Weise; sie erlaubt zudem über den Einsatz phantastischer Bildlichkeiten das Problem der dichterischen Phantasie dichterisch zu reflektieren. Dass die Verwendung phantastischer Ele-

---

49 Siehe Teresa Kostkiewiczowa, Miejsce wyobraźni w polskich poetykach 1800–1830 [Der Ort der Phantasie in den polnischen Poetiken von 1800–1830], in: Między oświeceniem i romantyzmem. Kultura polska około 1800 roku [Zwischen Aufklärung und Romantik. Die polnische Kultur um 1800], hrsg. v. Jakub Z. Lichański. Warszawa 1997, S. 337–346; Barbara Otwinowska, Imaginacja, in: Słownik literatury polskiego oświecenia [Wörterbuch der polnischen Literatur der Aufklärung], hrsg. v. Teresa Kostkiewiczowa. Wrocław (u.a.) 1991, S. 179-183 (ein entsprechendes Stichwort fehlt leider im Band zum 19. Jahrhundert).

50 Tzvetan Todorov, Introduction à la littérature fantastique. Paris 1970. Ich zitiere nach der deutschen Ausgabe: Einführung in die fantastische Literatur. Frankfurt a.M. 1992, S. 149.

mente aus dem Volksglauben und der Volksliteratur (und aus der schon älteren literarischen Tradition) bedeuten würde, dass der Autor oder Leser an diese Phantastika glauben müsste oder dass die Frage nach ihrer Existenz den literarischen Reiz ausmacht, wie Śniadecki es suggeriert – dies wäre doch ziemlich kurz gegriffen.

VI. Die Ballade und die Poetik der Leerstelle: Die romantische Konstruktion des ‚Geheimnisses'

Nach allgemeiner Auffasssung initiiert Mickiewicz 1822 mit seinen *Ballady i romanse* [Balladen und Romanzen] die romantische Ballade und damit die Romantik in der polnischen Literatur. Die Ballade, die sich spannungsvoll zwischen dem Traditionszusammenhang und dem Willen zur neuen Form situiert, wird zur Trägerin programmatischer Selbstdeutung und demonstrativer Neuerung; dabei begibt sie sich in ein komplexes Spiel mit der europäischen und polnischen Gattungstradition.[51] Es sind besonders die frühen Balladen – und keineswegs nur diejenigen Mickiewiczs –, die eine programmatische Tendenz mit Elementen des Phantastischen verbinden. Anders als in der für das Phantastische bedeutsamen Vorgabe der gothic novel verlangte die Ballade (oder die nicht scharf davon abgegrenzte duma bzw. bajka) nicht, dass das eigentliche phantastische Element schließlich seine Erklärung finden musste. Bei Niemcewicz – auf den Mickiewicz seine Balladen explizit bezieht[52] – werden in Anlehnung an Lieder und Überlieferungen die schrecklichen Geschehnisse mit phantastischem Charakter, in denen Liebe und Tod, ‚Wiedergänger' sowie die Natur eine bevorzugte Rolle spielen, linear und innerhalb der liedähnlichen Formen relativ schmucklos erzählt; einige dieser Texte – wie *Sen Marysi* [Marysias Traum] oder *Okropna puszcza* [Schrecklicher Urwald] – entstehen noch um das Jahr 1820.

Gerade auch in Bezug auf die phantastischen Elemente wurde zu Recht betont, dass sich Mickiewiczs Ballade bei aller Anlehnung von diesem Modell deutlich unterscheide. Dazu gehört, dass sich die phantastischen Elemente von ihrer Einbindung in die provozierte Gefühlsreaktion des Lesers – sei es Verwunderung, Schauer und ‚Schrecken' oder auch sentimentale Ahnung und Rührung – teilweise emanzipieren. Die einfache Erzählhaltung der duma wird aufgefächert in unterschiedliche Stimmen, die nicht immer präzise einem Sprecher zuzuordnen sind. Dies verleiht der Handlung eine Art Eigenleben. Andererseits aber wird oft auch der Erzähler selbst gleichsam in die Handlung hineingezogen, oder diese wird als Reflex eines dichterischen Ichs gezeigt. Der lyrische Para- und Metatext *Do przyjaciół. Posyłając im balladę „To lubię"* [An meine Freunde. Beim Übersenden der Ballade „Das mag ich"], der in die Balladensammlung integriert ist, demonstriert die ‚romantisierende' Verflechtung von Dichter und Text(welt) auf vielfältige Weise.[53]

---

51 Vgl. Maria Żmigrodzka, „Ballady i romanse" wobec tradycji niemcewiczowskiej [*Balladen und Romanzen* in der Tradition von Niemcewicz], in: Pamiętnik literacki 47 (1965), Sonderheft: W setną rocznicę zgonu Adama Mickiewicza [Zum hundertsten Todestag], S. 122-149. Zu den starken intertextuellen Verflechtungen der polnischen romantischen Ballade siehe etwa Brigitte Schultze, Die Ballade in Słowackis „Balladyna", in: Zeitschrift für Slawistik 50 (2005), S. 444-461.

52 Vgl. Czesław Zgorzelski, O sztuce poetyckiej Mickiewicza. Próby zbliżeń i ugólnień [Zu Mickiewiczs Kunst der Dichtung. Versuche der Annäherung und Verallgemeinerung], Warszawa 1976, S. 156 f.

53 Siehe dazu für die frühen Balladen ausführlich Rolf Fieguth, Verzweigungen. Zyklische und asso-

Auch im Programmtext *Romantyczność* [Das Romantische] subjektiviert sich das Geschehen auf mehrfache Weise. In der Hälfte der Strophen spricht das Mädchen, das im Mittelpunkt steht, selbst, doch tritt auch ein lyrisierter Erzähler auf, der Anteil nimmt, ja Partei ergreift. In einer im Vergleich zur Tradition freieren, fließenderen Form liegt das Zentrum nicht mehr gattungskonform im eigentlichen Ereignis – dem Tod des Geliebten –; dieses entzieht sich sogar der eigentlichen Erzählung. Es wird deutlich auf die Vorgängerinnen aus der Balladentradition angespielt, ohne dass dies noch erklärt werden müsste.[54] Das Phantasma des Wiedergängers beschränkt sich zuerst auf das Mädchen – das (spät)romantische Motiv des Wahnsinns klingt an –, weitet sich dann aber über das mitleidende „einfache Volk" aus auf eine weitere Sinnebene. Zum Thema wird das (Gespenster-)Sehen, das mit dem Motto aus Hamlet bereits eingeführt ist: „(...) I see... Where? / in my mind's eyes". Einerseits steht das Sehen mit dem Herzen beinahe hoffmannesk demjenigen mit dem technischen Instrument gegenüber („mędrca szkiełko i oko" [Glas und Auge des Klugen]), andererseits dem Nichtsehen der Menge: „Widzę, oni nie widzą!" (Ich sehe, sie sehen nicht!). Die Menge wiederum ist durch das Nichthören vom Mädchen getrennt, das die Einwürfe nicht beachtet: „Ona nie słucha" (Sie hört nicht). Das Thema des ‚höheren' Sehens, das im letzten Teil beim Erzähler zum Glauben wird, mündet in die Invektive gegen den Alten (starzec): Der Stich gegen Śniadecki, der gerade den romantischen Anspruch auf ‚höheres' Sehen abgelehnt hatte, ist überaus präzise. Erstaunlicherweise geht das Gedicht in seinem Schluss jedoch nicht über sentimentalistische Paradigmen hinaus: „Miej serce i patrzaj w serce" (Hab ein Herz und blick in das Herz), so wie die Ablehnung der „toten Wahrheiten" einen sehr allgemeinen Schlusspunkt bildet. Bezeichnenderweise aber endet das Gedicht so in einem Gestus der Abgrenzung gegenüber dem Bisherigen und Alten.

Dieser Text, dessen moralisierendes Ende seine Anlage etwas verdeckt, ist einigermaßen typisch für die frühe romantische Ballade; sie nur in ihrer Tendenz zur „Einfachheit" zu sehen,[55] wäre einseitig. Die Konstruktion des ‚Bruchs' entfaltet sich eher diskret und komplex. Dies entspricht der Wahl des Genres: Mit der Ballade wird weder eine ,klassizistische' Form gewählt, noch eine revolutionär neue, sondern eine verbreitete Form des 18. Jahrhunderts, die aber immer schon klassizistische Regelkanones unterlief und etwa eine barock überhöhte Körperlichkeit – man denke nur an die Figur des von Ungeziefer überzogenen Toten in Niemcewiczs *Alondzo i Helena* [Alondzo und Helena][56] – mit Elementen des sweet horror oder einer präromantisch elegischen Grabesmotivik verbinden konnte.

Dies betrifft im Grundsatz auch die hier dominierenden Elemente der ‚Abwesenheit' – ich erinnere an die Gesten des Unsichtbaren, Nicht-Sehens, Nicht-Hörens usw. –, die als Themen des Todes, des nicht (lebendig) zurückkehrenden Liebhabers, überhaupt des Rätsels der Ballade immer schon eingeschrieben waren. Die Romantiker radikalisieren diese

---

ziative Kompositionsformen bei Adam Mickiewicz. Freiburg 1998 (SEGES, Neue Folge, Bd. 21), bes. S. 63 und 111 ff.

54 „Czego się boję mego Jasienka?" [Warum nur fürchte ich mich vor meinem Jasieńko?] (Ballada polska [Die polnische Ballade], hrsg. v. Czesław Zgorzelski. Wrocław u.a. 1962 [Biblioteka narodowa, Seria I, Nr. 177], S. 91).

55 Vgl. Zgorzelski, O sztuce (wie Anm. 52), S. 199.

56 Julian Ursyn Niemcewicz, Alondzo i Helena. Duma naśladowana z angielskiego [Alondzo und Helena. Eine Duma imitiert aus dem Englischen, 1802], in: Ballada polska (wie Anm. 54), S. 7–12, hier S. 10.

Anlage zu einer Technik der Aussparung, des ‚Nicht-Sagens‘, der obscuritas – rhetorisch gesehen der „Fehler des Zuwenig"[57] und somit einer Form der ‚Unverständlichkeit‘. Diese bleibt mit phantastischen Elementen verknüpft, zeigt aber eine vorwiegend ‚negative‘ Repräsentationstechnik. Die Bildlichkeit der romantischen Ballade bleibt dabei körperlicher und widerspruchsvoller, die Präsentation mehrstimmiger und dennoch subjektiver, als das in den Dumy oder etwa den russischen Balladen Vasilij Žukovskijs der Fall ist. Im Zentrum steht dabei zunehmend eine ‚volle Leere‘, ein Geheimnis, das aber nicht mehr ganz gelüftet wird, sondern im Zustand der Ahnung verbleibt. Das ‚Verschweigen‘ breitet sich über die Balladenwelt aus – auch, aber nicht ausschließlich mithilfe des Phantasmas und des Rätsels.

Mickiewiczs *Świtezianka* [Das Mädchen vom Świteź-See], der Ballade, die etwa von Zgorzelski als definitive Überwindung sentimentalistischer Vorgaben gesehen wird,[58] schließt in der Ausgabe der *Poezje* von 1822 direkt an sein ‚Pendant‘, die Ballade *Świteź* [Świteź-See], an. Diese endete mit den Zeilen:

„Wpadła i falą nakryła się znowu, / I więcej nie słychać o niej."

[„Sie fiel hinein und die Welle bedeckte sie / Und nie wieder hörte man von ihr."]

Hier zeigt sich der See über eine Symbolik des Verbergens. Das ‚verborgene‘ oder phantastische Element verkörpert sich in diesem Falle in einer sprechenden Stimme; diese ist bald als die Geschichte zu erkennen, erweist sich allerdings wiederum als Phantasma. Bildet das Verschwinden hier gleichsam den Rahmen, so durchzieht es in der konsequenteren Ballade *Świtezianka* den ganzen Text. Rhetorisch zeigt sich das bereits in den ersten Zeilen, in Fragen, die sich variierend durch zahlreiche Balladen ziehen werden:

„Jakiż to chłopiec piękny i młody?
Jaka to obok dziewica?"

[„Was ist das für ein schöner Jüngling? / Wer ist das Mädchen an seiner Seite?"]

Die Helden werden bereits in Frageform eingeführt, als erstes Rätsel gleichsam, und die Frage zielt zumindest beim Mädchen über eine kleinräumige Rhetorik hinaus: „Ja nie wiem" [Ich weiß es nicht]. Auch weitere Fragen – „Skąd przyśła?" [Woher bist du gekommen?] – werden gestellt, aber abgewiesen, und das Wesen verschwindet (znikła) gleich nach dem Gespräch; die Versuche der Verfolgung bleiben vergeblich.

Auch die Atmosphäre wird weitgehend über ‚negative‘ Beschreibungen hergestellt: Der obligate Mond meint die weitgehende Abwesenheit von Licht (przy świetle księżyca), die Stille (cisza) diejenige der gesellschaftlichen Welt. Im Raum des Märchenhaften erscheint wieder die Doppelung des Sehens: Die Versprechungen der Nymphe kulminieren etwas zweideutig in ihrem ‚Lager‘ zwischen Spiegeln (ein zentrales Motiv, das natürlich mit dem See verbunden ist) und in göttlichen Erscheinungen (Śród boskich widziadeł). Das Motiv von Sehen und (Nicht-)Erkennen endet mit dem Irrtum des Jünglings, der in der verlockenden Erscheinung zu spät das Mädchen erkennt, dem er die Treue geschworen hat. Sogar dessen Frage nach dem Eid nimmt die Frageform auf: „A gdzie przysięga?" [Und was ist

---

57 Heinrich Lausberg, Elemente der literarischen Rhetorik. 10. Aufl., Ismaning 1990, S. 51.
58 Vgl. Zgorzelski, O sztuce (wie Anm. 52), S. 188.

mit deinem Eid?]. Dann „irren" nicht nur der Schritt, sondern auch die Augen des verfluchten Jünglings („błędny krok", „błędnymi oczyma"; die Stelle wiederholt sich). Beide verschwinden (ginie) im aufgewühlten Wasser, und im Mondlicht sind nur noch manchmal die Schatten (sic) erkennbar. Der Text endet in der resumierenden Wiederaufnahme der Frage: „A kto dziewczyna? – Nie wiem" [Und wer ist das Mädchen? – Ich weiß es nicht].

„Na co nam te tajemnice" [Was sollen uns diese Geheimnisse] – so fragt er das Mädchen zu Anfang, und die autoreflexive Stoßrichtung ist unüberhörbar: Die Frage gilt – rhetorisch – auch für den Text und seine Poetologie selbst. Tatsächlich stehen hier die Form des Rätsels und seine dichterische Präsentation im Zentrum – sein balladesker Inhalt bleibt an sich traditionskonform. Marta Piwińska sieht in solchen Elementen das, was die Balladen aus Mickiewiczs *Poezje* verbinde und sie zum Zyklus mache: „Die Einheit des Zyklus scheint mir dadurch hergestellt, dass die zahlreichen Varianten um dieses verschwiegene Zentrum kreisen – um das Wunder, das mirum."[59] Piwińska erkennt darin ein viel bedeutenderes „Geheimnis" (tajemnica) als die phantastischen Elemente der Gattung, als Nymphen und Vampire. Sie deutet (und positiviert) dieses vornehmlich thematisch: als Zeichen, das als christliche Liebe hinter dem seltsamen „formal-magischen System von Gerechtigkeit" (formalno-magiczny system sprawiedliwości) der Ballade stehe.

Man könnte dieses Geheimnis jedoch auch über seine negative Struktur zu verstehen versuchen, die vom Text selbst akzentuiert und thematisiert wird. Denn es sind die gehäuften Gesten von Abwesenheit, die Verweise auf Ungenanntes, Ungezeigtes, die mit romantischer Programmatik korrespondieren, ja diese im Text repräsentieren. Diese zeichenhaften Verweise in den scheinbar referenzfreien Raum, oder genauer: in einen Raum, der herkömmliche Formen der Referenz überschreitet, demonstrieren eine neue Konzeption der dichterischen Phantasie und sind deshalb so eng mit den Erscheinungen verbunden, die nach Piwińska in ihrer Ambivalenz die Bedeutung ins Unendliche verschieben. Piwińskas Assoziation mit der Blauen Blume der deutschen Frühromantiker (47) erscheint durchaus gerechtfertigt. Es ist dieses Element, das die vermeintlich so einfache Form der Ballade dem abgeschlossenen ‚Rätsel' entzieht und damit Schlegels offener und ambitionierter ‚Unverständlichkeit' – die diesen Balladen ja auch vorgeworfen wurde – annähert. Sie ist vielleicht weniger selbstreflexiv als bei den Frühromantikern, aber doch eine poetische Reflexion auf das Dichten und seine Möglichkeiten, über Phantasie und Phantastik das alltägliche Sehen, die herkömmliche Weltdeutung zu erweitern. Die Individualisierung der Form und die graduelle ‚Auflösung' des Individuums in der autoritativen poezja gminna bilden dabei eine paradoxe Symbiose.

Mickiewiczs Einsatz von ‚Absenz' ist in einem überpersönlichen poetologischen Kontext zu sehen. Bereits in sentimentalistischen Varianten konnten sich, unter starker Tendenz zu einer harmonisierenden Textwelt, das Phantastische und Geheimnisvolle, die geheimnisvolle Figur oder das Verschwinden zum grundlegenden Gefühl einer unbestimmten Abwesenheit steigern. Bis weit in die 20er Jahre sind deswegen die eher sentimentalistischen und die eher romantischen Balladen nur schwer zu scheiden. Eine kategoriale Differenz dieser Haltungen, die sich auch vermischen können, ist dennoch durchaus feststellbar, und sie liegt

---

59 Marta Piwińska, Koloryt uczuć, klimat wewnętrzny, topografia wyobraźni w cyklu „Ballad i romansów" [Kolorit der Gefühle, inneres Klima, Topografie der Phantasie im Zyklus *Balladen und Romanzen*], in: Dies., Wolny myśliwy. Osiem prób czytania Mickiewicza [Der Freischütz. Acht Versuche der Mickiewicz-Lektüre]. Gdańsk 2003, S. 35-47, hier S. 45.

nicht zuletzt im Umgang mit dem genretypischen Geheimnis, die die Subjektivierung der Gattung mit einem grundlegenden, demonstrativen Gestus der ‚negativen' Beschreibung und Weltkonstitution verbindet.

Allein in der Sammlung von Zgorzelski und Opacki[60] gibt es eine ganze Reihe von Balladen, die zeigen, wie die gehäuften Sprechweisen und Motiviken des Abwesenden, des Schweigens, der Dunkelheit, des Unbekannten und Unbegreiflichen sich textübergreifend zu einem Netz der ‚Negativität' verbinden, das das sich ‚romantisierende' Genre prägt. Bereits Józef Korzeniowskis Ballade *Światełko* [Das Lichtlein, 1821], die wohl noch ohne Einfluss Mickiewiczs entstand, ist von Anfang an ein einziges Spiel von Fragen[61] und Negierungen,[62] die das Rätsel (tajemnnica) aufbauen; die Szenerie ist von Stille, Nacht und Schweigen geprägt, und das Nichtverstehen bzw. Nichtwissen bildet einen zentralen thematischen Strang. Dass noch eine nachvollziehbare Geschichte angedeutet wird, relativiert diesen Gestus nur teilweise. Etwas später wird dieser noch eine andere Qualität erhalten, die das gattungstypische ‚Rätselhafte' sprengt; so etwa in Antoni Edward Odyniec' *Lunatyk* [Mondsüchtiger, 1824], wo die Verbindung von Welt und Traum in der Katastrophe endet und so auch die Gefährdung des ‚höheren Sehens' thematisiert wird.

Auch bei Józef Bohdan Zaleski findet sich die Schwarz-Weiß-Optik, die Piwińska bei Mickiewicz feststellt. In *Lubor* aus dem Jahr 1822 beschränkt sich die Handlung darauf, dass der kampferprobte alte Titelheld sich in den „schwarzen Wald" (bór czarny, ciemna gęstwina) zurückzieht und stirbt.[63] Sein Pferd kehrt allein zum Heer zurück, und er wird nicht gefunden, doch soll er seither als Gespenst umgehen. Wieder geht es beim einzigen Ereignis, dem Sterben, um ein doppeltes (Nicht-)Sehen: Es sind die rusałki, die Lubors Tod beschließen; diese verschwinden (znikły w mroku omglonym), der Betroffene hat keine Ahnung von seinem Schicksal (nic nie wie). Die viel spätere Ballade *Śpiewające jezioro* [Der singende See], die der Autor selbst eine fantazja (Phantasie) nennt,[64] versetzt gleichsam den Mickiewiczschen See in den (Puškinschen)[65] Kaukasus. Das Mädchen, das in einen Harem verkauft werden soll, trauert um den verschwundenen Liebhaber und verschwindet selbst im See, dessen tröstende Gesänge, die eine kosmische Harmonie wiedergeben, sich als Lockruf des Todes erweisen. Die Atmosphäre wird weniger von einer typischen Landschaft als von einem steten Wechsel zwischen Verdunkelung und Helligkeit (jasność) dominiert. Hier hat sich das phantastische Element bereits mit dem Exotischen verbunden. Beide sind nicht Ziel in sich, sondern dienen einer Begegnung mit dem Anderen, die ihre letztliche Erfüllung nicht in den konkreten Bildern, sondern im Text selbst hat, der sich mit ihrer

---

60 Ballada polska (wie Anm. 54).
61 „Co to za światło (...) / Czyjaż je ręka zapala?" [Was ist das für ein Licht (...) / Welche Hand hat es entzündet?] (Ballada polska [wie Anm. 54], S. 134).
62 „(...) nikt w nim nie mieszka (...) / Ni tam szczęk broni, ano gwar ludzi, / Ni biesiad nie brzmi rozmowa / (...) echa nie budzi żadnego konia podkowa. (...) Nikt go nie tulił, nikt mu nie śpiewał" etc. [niemand wohnt in ihm (...) / Kein Waffengeklirr, kein menschliches Sprechen, / kein Gespräch an einem Festmahl erklingt / (...) kein Hufgetrappel weckt ein Echo. (...) niemand drückte es [das Kind; Th. G.], niemand sang ihm vor].
63 Lubor. Ballada z powieści ludu [Lubor. Ballade aus einer Volkserzählung], in: Ballada polska (wie Anm. 54), S. 128 ff.
64 Ebenda, S. 223.
65 Dieser Vergleich stammt von Grabowski; siehe ebenda, S. 224.

Hilfe ins Unabgeschlossene ausweitet. Die Bezeichnung als „fantazja" meint damit in der Tradition dieses Begriffs weniger nur ein Genre als die angeregte Vorstellungskraft des Lesers sowie diejenige des ‚schöpfenden' Dichters.

VII. Geheimnis und Parodie: Die Entleerung der ‚phantastischen' Form in der Ballade

Das romantische Spiel mit der Ballade und ihrer relativ strengen und engen Form hatte seine Grenzen. Sehr bald zeigte sich, dass die Möglichkeiten des Genres, der Programmatik einer nicht begrenzten dichterischen Phantasie eine Bühne zu bieten, beschränkt waren. Nicht nur seine Bildlichkeit wird rasch schablonisiert, sondern auch sein ‚Allerheiligstes', das ihre Romantisierung ermöglichte: die Fokussierung auf das Nichtgesagte und Ausgesparte und damit die Suggestion des Unendlichen im Endlichen. Dies ist daran abzulesen, dass dieser Gestus rasch die Grenze zur Parodie überschreitet. So schneidet Stefan Witwicki einer eigenen früheren Ballade *Rycerz i paź* [Der Ritter und der Page, 1824] den Schluss ab, erklärt das Rätsel, das die Geschichte ausmachte, für uninteressant und macht seinen Text damit zur Parodie auf das Genre:

> Dalszych tu wierszów już się nie kładzie
> Bo mię to nudzić zaczyna
> Kiedy czytelnik od razu zgadnie:
> Tym paziem była Halina.[66]

[„Weiter fügen sich die Verse nicht mehr / Denn das fängt an, mich zu langweilen / wenn doch der Leser sofort errät: / Dieser Page war Halina."]

Der Übergang zwischen Ernst und Parodie wird bald fließend. 1826 veröffentlichte Jan Kazimierz Ordyniec eine Ballade unter dem Titel *Trzy krzyże pod Brykowem* [Drei Kreuze bei Bryków], die Juliusz Kleiner irrtümlich Odyniec zuschrieb und – wohl ebenso irrtümlich – für eine Parodie hielt.[67] Diese im Sujet konventionelle Ballade um ein Mädchen, das sich nicht zwischen zwei Jünglingen entscheiden kann, was zu gehäuften Todesfällen führt, beginnt mit der typischen Frageform: „Cóż to za piesek biały jak mleko" [Was ist das für ein Hündchen, weiß wie Milch], die immer wieder zurückgewiesen wird („Ja ci nic więcej nie powiem" [Mehr sage ich dir nicht]) und sich auf zentrale Gegenstände überträgt: „Cóż to za krzyże?" [Was sind das für Kreuze?]. Gehäuft finden sich die negierenden, meist wiederholten Forme(l)n: „sie wussten nichts", „ich sage es nicht", „ich weiß es nicht", „ich erinnere mich nicht", „ich verstehe nichts" und anderes mehr. Dies kulminiert damit, dass keiner überlebt („nikt już nie żyje") und man von niemandem mehr etwas weiß; letzteres erscheint in der polnischen doppelten bzw. dreifachen Negation („Nikt o tym z ludzi nic nie wie"). Der Schluss nimmt variierend den Anfang wieder auf: „I cóż ma znaczyć ten piesek biały? (...) Ja ci nic więcej nie powiem" [Und was kann dieses weiße Hündchen bedeuten? (...) Mehr sage ich dir nicht]. Diese rhetorische Überinstrumentierung kann schwerlich als poetisch raffinierte Konstruktion des Geheimnisses (tajemnica) gelten, was die Kritik an dieser Ballade auch deutlich machte. Bis heute bleibt bezeichnenderweise unklar, ob

---

66 Ebenda, S. 148.
67 Ebenda, S. 156-164, Kommentar S. 164 f.

der Text, der doch nur ein genretypisches Merkmal überbetont, parodistisch intendiert war oder nicht. Gerade darin zeigt sich jedoch, wie rasch dieses ‚neue' Genre in dieser Form unmöglich, da lächerlich wurde.

Literarisch interessanter ist die unbestrittene Balladenparodie unter dem so sinnfälligen wie paradoxen Titel *Epilog do ballad. Niewiadomo co czyli Romantyczność. Ballada* [Epilog auf die Ballade. Man weiß nicht was oder Das Romantische. Ballade], diesmal tatsächlich von Antoni Edward Odyniec; sie scheint den Text von Ordyniec parodistisch zu zitieren. Der Autor selbst gibt bei der Publikation in einem Gedichtband (*Poezje* [Dichtungen], 1832) Słowacki als Mitautor und Mickiewicz als Anreger des Titels an. Die Parodie nimmt sich beinahe ausschließlich die bekannte Frageform, die Negation und das ‚doppelte Sehen' zum Gegenstand:

Szło dwóch w nocy z wielką trwogą,
Aż pies czarny bieży drogą.
Czy to pies,
Czy to bies?

Rzecze jeden do drugiego:
Czy ty widzisz psa czarnego?
Czy to pies,
Czy to bies?

Żaden nic nie odpowiedział,
Żaden bowiem nic nie wiedział.
Czy to pies,
Czy to bies?

Lecz obadwaj tak się zlękli,
Że zeszli w rów i przyklękli:
Czy to pies,
Czy to bies?

Drżą, potnieją, włos się jeży,
A pies bieży, a pies bieży.
Czy to pies,
Czy to bies?

Bieży, bieży, już ich mija,
Podniósł ogon i wywija,
Czy to pies,
Czy to bies?

Już ich minął, pobiegł daléj,
Oni wstali i patrzali.
Czy to pies,
Czy to bies?

Wtém, o dziwo! w oka mgnieniu,
Biegnąc daléj, zniknął w cieniu.

Czy to pies,
Czy to bies?

Długo stali i myśleli,
Lecz się nic nie dowiedzieli,
Czy to pies,
Czy to bies?[68]

[„Liefen voller Furcht zwei in der Nacht / Bis ein schwarzer Hund ihren Weg kreuzte. / War es ein Hund, / War es ein Teufel? // Sagt der eine zum anderen: / Siehst du den schwarzen Hund? etc. // Keiner konnte etwas antworten, denn keiner konnte etwas sehen etc. // Doch beide fürchteten sich so, / Dass sie in den Graben stiegen und niederknieten etc. // Sie zittern, schwitzen, die Haare stehen ihnen zu Berge, / Und der Hund läuft und läuft etc. // Läuft und läuft und ist schon vorbei / Hob den Schwanz und wedelt etc. // Er lief an ihnen vorbei, lief weiter / Sie blieben stehen und schauten etc. // Plötzlich, o Wunder! in einem Augenblick / Während er weiterlief, verschwand er im Dunkel etc. // Lange standen sie da und dachten nach, / Sie hatten ja nichts richtig gesehen: / War es ein Hund, / War es ein Teufel?"]

Die romantische Parodierung der frühen romantischen Lieblingsgattung richtet sich keineswegs gegen deren ästhetische Grundlagen oder eine zu ‚freie' Phantasie. Doch hat sich diese aus der offenbar zu engen Balladenform zurückgezogen, und aus deren ‚doppeltem Sehen' blieb nur der hohle Gestus des vermeintlichen Rätsels, dessen Konstruktion als zu einfach erscheint. Auch Brodzińskis scheinbare Rückwendung zum Klassischen in den späteren 20er Jahren gehört wohl in den Kontext dieser Krise der Formen, die wenige Jahre zuvor unendlich offene Perspektiven einer neuen ästhetischen Grundlage zu versprechen schienen; seine Differenzierung zwischen entuzjazm und egzaltacja entspricht genau der spätromantischen Zweiteilung in eine gestalterische und eine überbordende Phantasie, wie sie Walter Scott 1827 mit großer europäischer Resonanz vertrat.[69] Michał Grabowski etwa zeigt schon 1825 ein gespaltenes Verhältnis zur Ballade. Lobt er erst, Mickiewicz – den er übrigens ganz der „deutschen Schule" zurechnet – habe seine Leser in eine „noch unbekannte ideale Welt" geführt und ihr „erhabene Schönheiten" und „die wunderlichsten Bilder der Imagination" beschert,[70] meint er etwas später, die polnische Literatur sei nun in das andere Extrem geraten und bevölkere das Land der Poesie mit Hexen und Vampiren.[71] Diese Art phantastischer Bilder könne die „geheimnisvolle Seite der Natur" (strona tajemnicza natury) ebensowenig wiedergeben wie die „Geheimnisse des Herzens" (skrytości serca, 7).

---

68 Zit. aus Juliusz Słowacki, Dzieła [Werke]. Bd. 1, hrsg. v. Julian Krzyżanowski. Wrocław 1952, S. 48.

69 Siehe Anm. 12.

70 Michał Grabowski, Uwagi nad „Balladami" Stefana Witwickiego, z przyłączeniem uwag ogólnych nad szkołą romantyczną w Polsce [Anmerkungen zu den „Balladen" von Stefan Witwicki, unter Hinzufügung allgemeiner Anmerkungen über die romantische Schule in Polen], in: Ders., Wybór pism krytycznych [Auswahl kritischer Schriften], hrsg. v. Andrzej Waśko. Kraków 2005, S. 3-8, hier S. 5.

71 Ebenda, S. 8.

Die Bilder des Übernatürlichen verlieren ihre Wirkung und setzen sich der Lächerlichkeit aus (obudzi śmieszność zamiast przerażenia, 8).

Der „Epilog" auf die Ballade war keiner auf die von ihr besetzten phantastischen Formen – die Ballade, so erweist sich, war Mittel und Zwischenstation eines tiefergreifenden ‚Kunstwollens'. Unterdessen hatten sich die Phantastika, die wie kaum etwas anderes romantische Poetologie markierten, wie auch die Sprachgesten der Aussparung längst auf andere Genres, auf Verserzählung, Prosa und Drama ausgebreitet. Dort konnten sie sich in offenerem Rahmen entfalten, mussten aber neue Mechanismen der Selbstbegrenzung ihres Phantasiepotenzials finden. Gerade in der Flüchtigkeit und Austauschbarkeit der konkretisierenden Form spiegelt die Bedeutung der Phantasie, die sich aus ihrer Gattungsbezogenheit löste und sich als dynamisches, tiefenstrukturelles Element romantischer Poetologie ihre Gefäße aussuchte; dies ist wohl der Hintergrund dafür, dass Mickiewicz eine ‚phantastische' Romantikdefinition ablehnte, eine phantastische Romantik aber praktizierte. Gerade die phantastischen Elemente und die mit ihnen korrespondierenden ‚negativen' Repräsentationsformen stehen in diesem ‚frühromantischen' Modell in einem Spannungsfeld von unendlichem Bedeutungsprozess und Wirkungsabsicht, von Begegnung mit einem ‚obskur' konturierten Anderen und dem reflexiven Verweis auf den Buchstaben der Dichtung, von ‚freier' Phantasie und der Bedrohlichkeit der Leere.

Romantik und das Andere

Monika Rudaś-Grodzka

Versklavtes Slawentum

I. Die Slawen und das Stigma des Sklaventums

In seinen *Pariser Vorlesungen* widmet Mickiewicz einer der sagenumwobenen Eigenschaften des slawischen Volkes besondere Aufmerksamkeit – dessen Passivität: „Dieses Volk ist bisher tatenlos geblieben; es nimmt einen unermesslichen Raum auf der Weltkarte ein, doch bedeutet es nichts in der Geschichte der Literatur, der Künste, der Politik, in der Geschichte, wie man sie heute begreift, in der Geschichte, die sich in Bauten und Schriften niederschlägt."[1] Im Verlauf seiner weiteren Vorlesungen gibt er dieser Unterlegenheit eine neue, von der traditionellen abweichende Bedeutung, indem er verkündet, dass die Zukunft und das Ziel dieses Volkes in seiner Geistigkeit aufbewahrt seien. Dies sollte eine Polemik gegen das Negativstereotyp der Slawen als ewiger Sklaven und zugleich ein Versuch zu dessen Umwertung sein.

Viele antike Autoren, ebenso wie zahlreiche Politiker und Denker der Neuzeit, haben den passiven / unterlegenen Charakter dieses Volkes, in dem sie lediglich einen Ausdruck seiner Sklavennatur sahen, betont. Tatsächlich wurde das Gebiet der Slawen über Jahrhunderte hinweg als Reservoir unfreier Arbeitskraft genutzt, als ein Ort der Ausplünderung und Ausbeutung. Man betrachtete das Slawentum ausschließlich vom Standpunkt seiner Neigung, sich zu unterwerfen. Die zivilisierteren, häufig bedrohlichen und streitbaren Völker behandelten dieses Volk und sein Territorium als ihr Eigentum; sie verwüsteten und vernichteten seine Siedlungen und machten sie zu Militärstützpunkten.

Natürlich kann man sich auf den Gemeinplatz berufen, dass die Sklaverei existierte, solange Kriege geführt und Handel getrieben wurde. Doch wäre eine solche Feststellung nichts weiter als eine Rechtfertigung der Grundsätze, nach denen große Zivilisationen handeln und funktionieren. Pierre Vidal-Naquet, der die Ansicht vertritt, dass die Opposition von Herr und Sklave das Fundament der antiken Welt gewesen sei, schreibt, dass „der Sklave das Funktionieren der Gesellschaft nicht deshalb ermöglicht, weil er ihren Bedarf an physischer Arbeitskraft vollkommen deckt (was niemals der Fall war), sondern weil sein Status des Anti-Bürgers, des absoluten Anderen es erlaubte, den Status des Bürgers zu festigen. Weil nämlich der Handel mit Sklaven, wie der Handel im Allgemeinen und die Geldwirtschaft es einer außergewöhnlich großen Zahl von Athenern erlaubten, Bürger zu sein."[2] Mit anderen Worten, unsere Zivilisation stützt sich von Beginn an auf die Sklaverei, die, abhängig von

---

1   Adam Mickiewicz, Dzieła [Werke]. Bd. 10, Warszawa 1955, S. 176 f. (im Folgenden in runden Klammern im Text nachgewiesen).
2   Pierre Vidal-Naquet, Le chasseur noir: formes de pensées et formes de société dans le monde grec. Paris 1983. Zitiert wird nach der polnischen Ausgabe: Czarny łowca [Der schwarze Jäger], übers. v. A. Wolicki. Warszawa 2003, S. 231.

der jeweiligen historischen Epoche, verschiedene Formen angenommen hat, beginnend mit dem offenen Modell der Antike bis hin zu den versteckten und verfeinerten Formen der Unfreiheit in unserer Zeit.

Im Frühmittelalter waren die slawischen Sklaven eine gesuchte und geschätzte Ware. Sie wurden vor allem in islamische Länder verkauft, aus denen im Austausch für sie Luxusartikel eingeführt wurden, um die Bedürfnisse der höheren Gesellschaftsklassen zu befriedigen. Dies wird durch den Bedeutungswandel des Begriffs „Sklave" bezeugt. Der lateinische Ausdruck *sclavus*, der zunächst nur den Slawen bezeichnete, ersetzte den altlateinischen Terminus *servus* und ging als allgemeine Bezeichnung für Unfreie in viele europäische Sprachen ein: so in das Deutsche (*Sklave*), Englische (*slave*) und Französische (*esclave*).[3] Mickiewicz waren diese Dinge nicht unbekannt, als er schrieb: „In der römischen Geschichte war jenes Volk wohl unter dem Namen Serven, Sevi, Servi bekannt. Es ist sehr wohl möglich, dass die Bezeichnung der Unfreien bei den Römern [*sclavi*] sich aus dieser Stammesbezeichnung ableitet, von jenen Serven, die so häufig Eroberungen unterlagen und deren Schicksal es durch viele Jahrhunderte war, fremden Völkern zu dienen. Die Namen der Unfreien sind bei den lateinischen Schriftstellern die Namen der unterjochten Stämme und Völker, und viele dieser Namen bezeichnen das Geschlecht der Slawen. Am Ende des Mittelalters entstand aus der Bezeichnung für die Slawen die Bezeichnung für den Sklaven [*esclave*], und dies deshalb, weil die Deutschen und die romanischen Völker weite slawische Landstriche unterworfen hatten, weil sie ganze Volksstämme in die Sklaverei verkauften oder unterjochten und zur Arbeit zwangen." (*Dzieła* VIII, S. 76 f.).

Marian Małowist schreibt, „die Entwicklung der beiden Begriffe *servus* und *sclavus* spiegelt gewissermaßen die Veränderungen wider, die in den gesellschaftlichen Beziehungen des frühmittelalterlichen Europas vor sich gingen, und zwar die schrittweise Verwandlung der früheren *servi* in Hörige und das Auftauchen neuer Gruppen von Unfreien auf den niedrigsten Stufen der gesellschaftlichen Hierarchie, die zuvor wahrscheinlich kaum vorhanden gewesen waren."[4] Zweifelsohne wurden im 8., 9. und 10. Jahrhundert in den Kriegen, die die slawischen Stämme untereinander führten, Sklaven erbeutet. Seit dem 8. und 9. Jahrhundert lieferten deutsche Überfälle auf die Gebiete der West- und Südslawen Gefangene. Es existierten verschiedene wichtige Ausfuhrwege. Sie führten vom Osten Europas bis in das arabische Spanien. Im Osten war Kiew ein wichtiges Zentrum, das große Mengen lebender Ware lieferte. Von dort trieben Kaufleute die Slawen über Przemyśl und Krakau zu dem großen Sklavenmarkt des 10. und 11. Jahrhunderts nach Prag. Aus Böhmen führten weitere Handelswege nach Österreich und weiter nach Italien oder nach Regensburg, anschließend nach Lyon, und schließlich nach Arles oder Narbonne. Dies waren damals Hafenstädte, von denen aus die Sklaven auf dem Seeweg in das arabische Spanien verschickt wurden. Seit dem 10. Jahrhundert gewannen Transportwege für Sklaven an Bedeutung, die durch das nördliche und westliche Deutschland führten. Aus dem Osten kommende Händler gelangten nach Mainz, und von dort aus bewegten sie sich durch das Rheintal, entlang der Mosel und der Maas in Richtung Verdun. Dort wurden junge Männer – die Ware, nach der die größte

---

3   Iza Bieżuńska-Małowist, Marian Małowist, Niewolnictwo [Die Sklaverei]. Warszawa 1987, S. 267.
4   Ebenda, S. 267 f.

Nachfrage bestand – kastriert und als Eunuchen nach Byzanz und in islamische Länder verschickt.[5]

II. Das Sklaventum und seine sexuellen Konnotationen

Versklavung, ein Leben als Sklave bedeutete häufig auch sexuelle Unterwerfung. Die europäische Mentalität betrachtet die Freiheitsliebe als ihr höchstes Ideal, das gleichwohl eng mit einem Streben nach Macht und sexueller Aktivität verbunden wird. Verschiedene Formen der Passivität oder Unterlegenheit wurden immer negativ beurteilt. Die Kultur definierte – und definiert – männliche Sexualität in den Kategorien von Macht, da Macht als Bestandteil männlicher Sexualität und Moralität betrachtet wird. Sexuelle Potenz gilt als Tugend – *virtus* –, als Ausdruck von Männlichkeit und zugleich als eine den freien Mann verpflichtende Norm. Das wichtigste Rollenmodell römischer Sexualität, das höchste Ehren versprach, beruhte auf Herrschaft – *„dominatio domini"*.[6]

Wir haben es hier mit einem eindeutigen Zusammenhang zwischen Sexualität und gesellschaftlicher Stellung zu tun. Aktive und passive Stellung im Sexualakt entsprechen dem Verhältnis zwischen hoch und niedrig, Dominierendem und Dominiertem, zwischen Unterwerfendem und Unterworfenem, Sieger und Besiegtem, zwischen Herrn und Sklaven. Das Gebot der sexuellen Aktivität verpflichtete alle freien Männer Roms, unabhängig von ihrem Alter. In Griechenland betraf dieses Gebot alle freien Männer von dem Moment an, in dem die erste Körperbehaarung sichtbar wurde, die Jungen rechnete man dagegen der Welt der Frauen zu.[7] Unter den Mädchen des *gynaikons* unterschied sich der junge Achill in nichts von ihnen, da er einer / eine von ihnen war.

Dieses Sexualverhalten ist in Oppositionen strukturiert, die auf der Nichtaustauschbarkeit der Geschlechterrollen bzw. der Rollen der Partner beruhen, die sich aus ihrer jeweiligen gesellschaftlichen Rolle ergeben. Einen Wert besitzt nur die Aktivität, denn sie ist Ausdruck der höheren Stellung und der Macht dessen, der den Akt ausführt. Daraus ergeben sich Konsequenzen für diejenigen, denen in solcher Ordnung der passive Part zufällt. Sklaven waren passiv, und ihr sexueller Missbrauch war die Regel. Alle Bürger konnten nach Belieben mit Sklaven verfahren, denn sie hatten praktisch unbegrenzte Macht über sie. Seneca der Ältere schrieb, dass „die Duldsamkeit im Falle des Freien ein Verbrechen, für den Sklaven unbedingte Pflicht, für den Freigelassenen Dienst" sei.[8] Sklaven waren das Eigentum ihres Herrn, eine lebende Sache, die Teil seines Inventars war, und sie waren als solche zum Schicksal eines Sexualobjektes verdammt. In dieser Situation völliger Unterwerfung ähnelte der Status des Sklaven demjenigen der Frau, der eine natürliche Unterlegenheit zugeschrieben wurde. Gesellschaftliche und biologische Stellung schrieben der Frau Passivität vor; in der Antike nahm man an, dass Passivität für die Frau weder eine Schande noch eine Schmach sei, da sie der Natur der Frau entspreche, die niedriger und schlechter als die des Mannes sei.[9]

5 Ebenda, S. 268 ff.
6 Vgl. Pascal Quignard, Le sexe et l'effroi. Paris 1994; zitiert wird im Folgenden nach der polnischen Ausgabe: Seks i trwoga [Sex und Furcht], übers. v. K. Rutkowski. Warszawa 2002.
7 Ebenda, S. 11 f.
8 Seneca d. Ältere, Controversiae IV, 10 (zitiert nach Quignard, Seks [wie Anm. 6], S. 11).
9 Michel Foucault, Sexualität und Wahrheit 2: Der Gebrauch der Lüste. Frankfurt a.M. 1989, S. 274 [Histoire de la sexualité. Vol. 2. L'usage des plaisirs. Paris 1984].

Für Aristoteles ist die Beziehung von Herrn und Sklaven einerseits, von Mann und Frau andererseits von derselben Art wie das Verhältnis von Geist und Körper – desjenigen, der befiehlt, und desjenigen, der seine Befehle befolgt (*Politik* I, 1254, 34 f.). Der griechische Philosoph ergänzt dabei, dass auch „die Frau edel sein kann, so auch der Sklave, wenngleich diese ein niederes, und jener ein wertloses Wesen" sei (*Poetik*, 1454, 22 ff.). Es liegt generell im Wesen der Macht, dem unterworfenen Subjekt die Rolle der Frau zuzuweisen. Ihre Sexualität macht die Frau ebenso wie den Sklaven machtlos und für den Missbrauch geeignet.[10] Einer Person mit einem niederen Status Gewalt anzutun war kein Verbrechen, sondern akzeptierte Praxis.[11]

---

10 Ellyn Kaschack, Nowa psychologia kobiety. Podejście feministyczne [Eine neue Psychologie der Frau. Feministische Annäherungen]. Gdańsk 1996, S. 135.

11 An dieser Stelle lohnt es sich, einen kleinen Exkurs in die Gegenwart zu machen. Im Juni 2005 verkündete ein junger polnischer Klempner auf den Plakaten einer Werbekampagne für Polen in Frankreich: „Je reste en Pologne, venez nombreux". Auf diese Weise lud er die Franzosen ein, unser Land zu besuchen. Nach den Informationen der polnischen Tourismusorganisation kamen 2005 14% mehr Franzosen nach Polen als im Jahr zuvor. Als im Internet ein Photo des als Klempner verkleideten Models Piotr Adamski erschien, brach eine regelrechte „Klempnermanie" aus. Von Rom bis Dublin interessierten sich die Medien für den attraktiven Polen, sogar in den USA und in Australien schaffte er es bis in die Nachrichten. Die Reklame sollte bloß eine Antwort auf die französischen Befürchtungen sein, dass Tausende von Polen auf der Suche nach Arbeit nach Frankreich strömen könnten. Westliche Medien, wie etwa die BBC, spanische und deutsche Zeitungen oder das holländische Fernsehen wurden ebenfalls auf diesen „sexy Jungen" aufmerksam. Die „Financial Times", „Libération", „Corriere della Sera" und der „Daily Telegraph" schrieben über ihn. Für einen Moment konnte man den Eindruck gewinnen, dass Europa erleichtert aufatme. Der „polnische Klempner", der bis dahin für die Franzosen ein Symbol für den drohenden Zufluss billiger Arbeitskräfte aus den ärmeren Ländern der Europäischen Union gewesen war, wurde nun zum Symbol von Willfährigkeit und sexueller Attraktion. Auf dem Plakat sieht man einen Mann, der keinerlei Aktivität zeigt, seine Haltung ist eindeutig passiv und abwartend. Wundern wir uns also nicht, dass dies eine so gewaltige Reaktion hervorrief. Ein junger Arbeiter, der ein Werkzeug mit eindeutig sexuellen Konnotationen in der Hand hält, lädt dazu ein, Polen zu besuchen und seine – nicht bloß touristischen – Vorzüge zu erkunden. Im Internet herrschte ein regelrechter Wahnsinn, es kamen Hunderte von Anfragen von Franzosen, die Polen besuchen wollten. Einige von ihnen schrieben, dass sie auf dem schnellsten Wege nach Polen kämen, wenn dort alle Klempner so attraktiv seien! Man überbot sich in Komplimenten: „Bei uns herrscht ein echter Klempnermangel. Ich nehme den erstbesten Flieger nach Warschau!", oder: „Ein Bravo eurem sexy Klempner! Es lebe Polen!". – Dies ist die eine, die „helle" Seite unseres *comeback* in der Rolle der Sklaven Europas. Leider enthüllt sich von Zeit zu Zeit eine andere, dunkle, beschämende und häufig verschwiegene Seite. In der Presse (die Lubliner Ausgabe der „Gazeta Wyborcza" vom 27.02.2006) können wir von Arbeitslagern für Polen in England, Italien oder Spanien lesen. Auf von der Außenwelt abgeschirmten Farmen arbeiten die Sklaven von heute. Sie können nicht fliehen, weil sie Tag und Nacht bewacht werden. Sie wohnen in Campinganhängern, haben keine Pässe, essen Lebensmittel, deren Verfallsdatum abgelaufen ist. Sie leihen sich Geld, um aus Polen wegzukommen, und vor Ort machen sie sich finanziell von ihren neuen Eigentümern abhängig, die die angeblich hohen Kosten ihres Aufenthaltes übernehmen – sie machen also weitere Schulden, die sie nicht abarbeiten können. Sie können ihre Rechte nicht wahrnehmen, weil sie die jeweilige Sprache nicht können, und selbst wenn es ihnen gelingt, sich zu verständigen, interessiert sich die örtliche Polizei nicht für die Angelegenheit.

III. Messianistischer Mythos der Nation – messianistischer Mythos des Individuums

Heutzutage ist es dank moderner Forschungsmethoden einfach, den sexuellen Subtext jeder Form von Unfreiheit zu entschlüsseln. In der Zeit der Romantik war dieser jedoch nicht so klar und offensichtlich wie für uns. Sicher hat sich seine Bedeutung mit der Zeit verwischt, aber in der wiederkehrenden Beschreibung des Slawen als Sklaven finden wir Spuren davon. In der Wahrnehmung der Romantiker verletzte der Slawe als Sklave die Würde der slawischen Völker und warf einen Schatten auf ihre Vergangenheit. Die meisten neuzeitlichen Erforscher des Slawentums waren der Meinung, dass ihnen dies das Gefühl ihrer Identität, Autonomie und Unabhängigkeit raube. Pavel Josef Šafářík, Joachim Lelewel und viele andere haben die herabsetzende Etymologie und die mit ihr verbundene gesellschaftlich-politische Auslegung von der Unterlegenheit der Slawen entschieden zurückgewiesen.[12]

Mickiewicz nahm das historische Urteil über die sklavenhafte Natur der Slawen an und machte es zum Ausgangspunkt seiner Überlegungen über die Bestimmung des slawischen Volkes. Er verlieh ihm einen neuen Sinn und integrierte es in seine messianistischen Ideen. Er schuf die besondere Version eines masochistischen Messianismus. Darin verknüpfte er historische Erfahrungen mit dem aktuellen Ereignis des Verlustes der Unabhängigkeit und erhob diese auf die Ebene einer politischen Religion. Eine Bestätigung seiner Thesen fand er in der Nationalliteratur, über die er seine Vorlesungen an der Universität von Paris hielt. Mickiewicz betonte darin, dass „der Messianismus in seinen verschiedenen Ausprägungen ein Kennzeichen der polnischen Nationalliteratur" sei. Der literarische Charakter des masochistischen Messianismus ist für unsere weiteren Ausführungen von grundlegender Bedeutung. Er erlaubt es uns, ihn an der Schnittstelle unbewusster Kollektivphantasien und der entstehenden nationalen Ideologie zu betrachten.

Gemäß der Analyse Krafft-Ebings ist der Masochismus in seinem Kern nicht nur eine sinnliche Erfahrung, sondern auch ein Drama des Subjekts.[13] Im vorliegenden Fall – des Kollektivsubjekts. Die polnische Nation, um die es hier geht, ist ein ungewöhnlich komplexes Gebilde, das seine Identität dadurch gewinnt, dass es sich immer weitere Begrenzungen auferlegt. Schwer erträgliche Lasten – Gefühle von Schuld und Niederlage und ein Minderwertigkeitskomplex – ließen das Nationalbewusstsein in eine Art Fieber verfallen. Isaiah Berlin schreibt, dass dieser Zustand meist „durch Wunden oder Kränkungen verursacht, durch irgendeine kollektive Demütigung" begründet sei.[14]

Es ist daher schwierig, den romantischen Nationsbegriff der Polen allein in modernen Kategorien zu betrachten, die ihn auf eine abstrakte Formel bringen. Er ist weder anonym noch amorph. Angefangen von Kazimierz Brodziński haben Dichter und Denker die Nation als lebendes Wesen oder „Organismus" betrachtet, der mit der Zeit, als sei er eine Gottheit, religiöse Verehrung hervorrief. Auf der anderen Seite – dem gab Mickiewicz bereits im dritten Teil der *Dziady* [Ahnenfeier] Ausdruck – ist die Nation ein Kollektiv konkreter Menschen mit eigenen Namen und eigener Geschichte. Davon zeugen die Gefängnisszene und

12 Paul Joseph Šafářík, Geschichte der slawischen Sprache und Literatur nach allen Mundarten. Prag 1869 (Reprint Klagenfurt 2003), S. 43 ff.

13 Vgl. Nick Mansfield, Masochism. The Art of Power. London 1987.

14 Isaiah Berlin, Das krumme Holz der Humanität. Frankfurt a.M. 1992, S. 306 [The Crooked Timber of Humanity. London 1990].

die Szene im „Warschauer Salon". Die verhafteten, auf ihren Prozess wartenden Jungen von Wilna sind, ebenso wie die Aufständischen von Warschau, eine Verkörperung der Nation. Es treten Individuen mit Namen auf, die aber zugleich das nationale Kollektiv darstellen. Etwas ähnliches können wir in den sich formierenden Emigrationszirkeln beobachten. Charakteristisch für diese Gemeinschaft war es, dass nahezu jeder jeden kannte, wenn nicht persönlich, so doch vom Hörensagen. Vielleicht hat eben dies bei Mickiewicz die Neigung verursacht, die Nation als Person zu begreifen, sie sich als „außergewöhnliches Individuum" vorzustellen, das große Taten vollbringen und die Erlösung bringen müsse. Wenn Mickiewicz an die Nation dachte, sah er immer konkrete Personen vor sich, die – vielleicht – ineinander flossen und so die phantasmagorische Maske des Erlösers und zugleich des Opfers hervorbrachten. Immer wieder postuliert er das Erscheinen der Nation in einem Einzelnen (*Dzieła* X, S. 413). Und er ruft dazu auf, dass nun die Völker so handeln müssten, wie es in vergangenen Epochen Individuen getan hätten. Diese schwer nachvollziehbaren Allegorien sind typisch für Mickiewiczs Vorstellungswelt. Manchmal nimmt dieses Postulat konkretere Form an, zum Beispiel wenn Mickiewicz sagt, dass ein Einzelner die Nation repräsentieren müsse: „Jene Vorstellung des Messianismus führt zum Einzelnen; der polnische Messianismus schreibt der Nation eine Sendung zu, die ein Einzelner ausführen muss" (*Dzieła* X, S. 415). Hier wird der Kontext des Dramas des Kollektivsubjekts deutlich, das gleichzeitig Züge eines Individualsubjektes trägt.

Damit wird auch deutlich, welch wichtige Rolle das politische Element in der masochistischen Phantasie spielt. Es genügt, an dieser Stelle an Leopold Sacher-Masoch zu erinnern. Er bezeichnete den politischen Kontext als entscheidend für die künstlerische und philosophische Gestalt seiner Prosa.[15] Die Revolution von 1848 im habsburgischen Kaiserreich war für ihn ein einschneidendes Ereignis. Die nationalen Minderheiten – darunter die slawischen –, ihre Sitten und ihr Schicksal waren für ihn eine unerschöpfliche Inspirationsquelle. Galizische, polnische, jüdische und rusinische Erzählungen machen einen Großteil seines Werkes aus. Besondere Aufmerksamkeit schenkte Masoch auch dem Zustand der Unfreiheit, in dem sich die Slawen befanden. Er sieht die Ursache für das Scheitern der Idee der panslawischen Einheit im Fehlen einer *Domina*, wie es die Zarin Katharina hätte sein können. Er glaubt, dass die Slawen sich mit einer weiteren Anstrengung doch noch befreien könnten.

Dieser obsessive Gedanke an Befreiung und an einen von der Vorsehung bestimmten Befreier war auch Mickiewicz nicht fremd: „Dennoch hat Polen erst in letzter Zeit nachdrücklich die Notwendigkeit verspürt, alle Kräfte in einem Menschen zu versammeln. ‚Wir haben keinen Führer!' – dies ist der Kampfruf der Polen seit den Zeiten Kościuszkos bis hin zu Chłopicki. Die Russen dagegen opfern für ihre Macht alles einem Menschen, einer Idee, die sich in der Dynastie verkörpert. Auch die Polen verspürten die Notwendigkeit eines Mannes, der für sie einsteht" (*Dzieła* XI, S. 15).

Mickiewiczs *Vorlesungen* wurden in hohem Maße zum Fundament der Kollektivphantasien der Polen, die daraus ihre Inspirationen zu Träumen und Schwärmereien von natio-

---

15 Vgl. Gilles Deleuze, Sacher-Masoch und der Masochismus, in: Leopold v. Sacher-Masoch, Venus im Pelz. Mit einer Studie über den Masochismus von Gilles Deleuze. Frankfurt a.M. 1980, S. 165 [Présentation de Sacher-Masoch: Le froid et le cruel, avec le texte intégrale de: La Vénus à la fourrure. Paris 1967].

naler Größe bezogen. Es ist unmöglich, sich die literarischen Nationalmythen ohne ihren politischen Kontext vorzustellen. Megalomanie und Selbsterniedrigung sind die beiden Pole jener Phantasien. Man kann sich fragen, ob wir es hier auch mit einem moralischen Masochismus zu tun haben, da das Subjekt, aus einem unbewussten Schuldgefühl heraus, nach der Position des Opfers strebt, ohne sexuelle Lust dabei zu empfinden.[16]

IV. Masochismus und Messianismus

Es lohnt daher auch, sich Mickiewiczs Vorlesung vom 17. Januar 1843 anzusehen, in der er eine „neue Lehre" über die Sendung und die Leiden des polnischen Volkes verkündet. Mickiewicz konzentriert sich dabei auf zwei Vorstellungen vom Slawentum: dessen Unterlegenheit und dessen Stärke. Der darin hervortretende slawische Masochismus ist eine Art nationale und gesellschaftliche Vorstellung, die eng mit der Literatur verbunden ist, aus der sie ihre Vorbilder und auch ihre Bestätigung für das Gefühl von Ohnmacht und zugleich von Macht bezieht. In dieser Simultaneität von Macht und Ohnmacht manifestiert sich die Struktur der Vorstellungen des nationalen Subjektes von sich selbst: Es nimmt gleichzeitig die Rolle des Sklaven und des Herrn, des Opfers und des Henkers an.

In seinen früheren Vorlesungen hatte Mickiewicz die Geschichte und das Schicksal der Slawen in Form einer mythisierten Genealogie dargestellt, ohne dabei auf historische Realitäten Rücksicht zu nehmen. In dieser phantastischen Geschichte in pädagogischer Absicht erscheinen die Slawen als allgegenwärtig, man kann sie in der Genealogie aller Völker dieser Welt finden. Sie bilden ein notwendiges, wenn auch nicht immer sichtbares Element aller Ereignisse, die wiederum – wie sich später erweisen wird – ihren Platz im göttlichen Plan zur Erlösung der Völker der Welt haben. Mickiewicz schreibt den Slawen die Begründung des weltweit ältesten Imperiums der Assyrer zu. Auch wenn sie nicht namentlich genannt werden – sie sind es, die über Perser, Daker, Meder und Thraker herrschen. Das Slawentum muss man hier nicht nur als Komponente jedes Volkes und seines Schicksals verstehen, sondern zugleich als konstantes Substrat der Geschichte im Allgemeinen, das verschiedene Formen annimmt, die nur von Gott und einigen Auserwählten verstanden werden können. Diese Chiffre, die den Nachkommen nur in Bruchstücken verständlich ist, enthüllt sich in aufeinander folgenden Etappen der Geschichte. Mickiewicz erklärt ihren verborgenen Sinn: Die Geschichte jenes Volkes beginnt mit großen Siegen, die ihm die Herrschaft über Asien bringen, dann wird es zum Sklaven aller Völker, um schließlich im Opfer der Erlösung aufzugehen (*Dzieła* XI, S. 240 f.). Dieses historische Panorama wird zur Bühne für die masochistischen Leiden des slawisch-polnischen Volkes. Mickiewicz zählt mehrere antike Denkmäler auf, die Slawen als Sklaven darstellen, und vergleicht sie miteinander. Auf diese Weise kommt es zu einem Aufeinanderprallen von Europas künstlerischer Sensibilität und den durch das slawische Volk gemachten Erfahrungen der Erniedrigung. Unter den verschiedenen Darstellungen von Sklaven, die Mickiewicz beschreibt, sticht besonders die Skulptur des „Sterbenden Gladiators" hervor. Der Gladiator aus den Kapitolinischen Museen war für den Dichter die vollkommenste und schönste Skulptur, da sie den Typus des „Sklaven als Opfer" darstelle (*Dzieła* XI, S. 245). Sie verkünde das Schicksal des polnischen Volkes.

---

16 Vgl. Sigmund Freud, Das ökonomische Problem des Masochismus, in: Internationale Zeitschrift für Psychoanalyse 10 (1924), S. 121-133.

An dieser Stelle versucht Mickiewicz, zwei Narrative über das Slawentum miteinander zu verknüpfen. Auf der einen Seite liefern die heterogene „Struktur" der unsichtbaren Einheit der Slawen, ihre „fragmentarischen Dogmen" nur widersprüchliche und einander ausschließende Bilder und Vorstellungen. Aus ihnen erfahren wir, dass die Slawen aggressiv und sanftmütig, mutig und feige, gut und böse, unfähig zu gehorchen und leicht zu täuschen seien. Diese Charakterzüge erzeugen den Eindruck einer unendlichen Erzählung, die Mickiewicz durch ein Geflecht von Erscheinungen hindurch ausspinnt und dabei ohne Übergang von einer Erzählung zur nächsten übergeht. Auf der anderen Seite ist er sich dieser Inkongruenz und Nichtfassbarkeit bewusst und übersetzt sie in fassliche Begriffe und Kategorien, indem er seine Erzählung in den Kontext einer Ästhetik der Gewalt stellt. Seine Vorlesung ist im Grunde genommen ein Schauspiel voller dramatischer Spannung. Gekonnt steigert Mickiewicz die Empfindungen seiner Zuhörer, indem er sich auf die physischen und psychischen Dispositionen der Sklaven als Opfer konzentriert. Für die griechischen und römischen Dichter waren die Sklaven-Skulpturen slawische Denkmäler in dem Sinne, dass sich in ihnen die historische Bestimmung der Slawen offenbare, d.h. die Skulpturen sowohl von der Vergangenheit sprechen als auch in die Zukunft weisen. Die Geschichte aus der Perspektive der Gewalt zu betrachten erlaubt, die Aufmerksamkeit auf die Erfahrung der Versklavung zu konzentrieren. Jede der Statuen personifiziert einen etwas anderen Aspekt nationaler Identität.

Tatsächlich haben wir es hier mit einem masochistischen Spektakel in historiosophischer Gestalt zu tun. Mickiewicz entwirft ein Szenario vom Leiden der Slawen und antizipiert damit die messianische Offenbarung des künftigen Schicksals des polnischen Volkes. In diesem originellen Theater geistiger Selbstüberwindung wird die aggressive und gewalttätige Seite des unterjochten slawischen Sklaven dargestellt – so wie im Falle des „Messerschleifers", aber nicht nur dort. Außerdem tritt darin der Typus des Sklaven als Sträfling und als Karyatide auf, die beide dazu bestimmt sind, schwerste Arbeiten zu leisten, und dabei der unmenschlichsten Ausbeutung ausgesetzt werden. In diesem fiktiven Raum der antiken Kultur, in dem das Schauspiel von den Slawen auf der Bühne dargestellt wird, verschmelzen alle Formen menschlicher Unfreiheit miteinander. Im Schlussakt, in der Beschreibung der Figur „Der sterbende Gladiator", verringert sich die Spannung zwischen den Polen der Gewalt, und schließlich heben Macht und Ohnmacht einander auf. Unausbleiblich stellt sich dabei die Imagination des Autors selbst auf die Probe. Einziger Ort, an der diese Widersprüchlichkeit deutlich werden kann, wird die Sphäre des Erhabenen, in der das Leiden, verstanden als ein Weg zur Freiheit der Nation und der Erlösung der Welt, in den Rang höchster Humanität erhoben wird.

Es ist charakteristisch, dass Mickiewicz seine Ausführungen mit der Beschreibung einer gar nicht existierenden Skulptur beginnt, die die Größe und Macht der assyrischen Slawen darstellt: einer Statue des Nebukadnezar. Diese im Buch der Propheten beschriebene Darstellung verkörperte den Wunsch vieler Romantiker nach Größe, so z.B. im „Traum" Kolařs von einem slawischen Staat, der Russland, Böhmen, Polen und die Donauländer vereinen würde. Diese Idee schloss den Gedanken an eine erneute Weltherrschaft in sich ein (*Dzieła* XI, S. 240). Auf der einen Seite erkennt und verurteilt Mickiewicz die utopische Schwärmerei derjenigen, die glauben, dass jegliche Stärke nur von der Größe und Ausdehnung eines Staates abhänge. Auf der anderen Seite sind jedoch für den Dichter die Wunschvorstellungen der staatenlosen Völker von der Schaffung eines großen Imperiums der Ausgangspunkt seines eigenen „Traums von Macht" und seiner Geschichte der ohnmächtigen Macht des slawischen Polens.

Der skythische Barbar, der nächste Held, den Mickiewicz in seiner Reihe von Sklaven-Skulpturen beschreibt, wird als Verkörperung von Stärke und Gewalttätigkeit begriffen. Der zur Skulpturengruppe des „Marsyas" gehörende „Messerschleifer" repräsentiert nach Mickiewicz die erste Etappe seiner Geschichte der Gewalt, die von den ältesten Zeiten bis zur Eroberung Asiens durch die Meder reicht. Die Gruppe setzt sich aus zwei Figuren zusammen: dem unglückseligen Satyr, der an seinen über dem Kopf zusammengebundenen Händen hängt, und dem neben ihm kauernden Skythen, der sein Messer schärft, um an dem Opfer die grausame Rache der Götter zu vollziehen – die Häutung des allzu kühnen Flötenspielers. Diese Szene, die voll dramatischen Pathos' ist, zeigt den in seiner Grausamkeit innerlich unfreien slawischen Barbaren, der die eigene Bestimmung nicht versteht und nicht ahnt, dass das ihm bisher gewogene Schicksal aus ihm ein erniedrigtes und unterworfenes Wesen machen wird. Mickiewicz lenkt die Aufmerksamkeit auf einen Charakterzug des skythischen Barbaren, der sein Schicksal und den messianistischen Sinn dieses Schicksals umschreibt. Nicht Grausamkeit und Unerbittlichkeit kennzeichnen seinen Charakter und seine wahre Natur, sondern Gehorsam und die Bereitschaft zu vollkommener Ergebenheit. Das schwache Lächeln, das sich auf dem Gesicht des Barbaren zeigt, während er sein Opfer hinrichtet, ist einer geheimnisvollen Macht unterworfen und kündigt das Kommende an:

„So blickt jener slawische Henker, sein verstörter Blick verweilt mit einem Gefühl der Qual auf seinem Opfer, schaudernd bei dem Gedanken, dass er ihn hinrichten muss, und mit einem leisen Lächeln verrät er, dass er sich dieser Notwendigkeit nicht entziehen kann, nichtsdestotrotz unterwirft er sich, traurig bestürzt, doch bereit zum Gehorsam" (*Dzieła* X, S. 243).

Mickiewicz fährt mit der Beschreibung der dakischen Sklaven fort, die auf der Trajanssäule dargestellt sind:

„Die zweite Art von Statuen und Reliefs, die die Geschichte des besiegten Assyriens darstellen, repräsentieren den Typus des Kriegsgefangenen. Gerade in Rom tritt dieser Typus häufig auf (...) die Ursache ist einfach: der überwiegende Teil der Gefangenen, die gegen Ende der Republik und während des Kaisertums nach Rom geführt wurden, waren Slawen. (...) der Slawe wurde für die Künstler zum Modell des Kriegsgefangenen, zum Inbild körperlicher, durch geistige Tapferkeit gebändigter Stärke. Also ließ die Kunst ihm seine ganze Schönheit, seine körperliche Würde gleichsam. Er wurde aufrecht, von kräftigem Wuchs und wohlgestaltet dargestellt, aber es war leicht, in ihm den Sklaven zu erkennen, wenngleich nicht einmal seine Hände auf dem Rücken zusammengebunden waren; denn seine Haltung ist erzwungen: er geht mit gesenktem Kopf und wagt es nicht, den Blick zu heben. So sehen die Slawen auf sehr vielen Denkmalen aus, und besonders auf der Trajanssäule" (*Dzieła* XI, S. 243 f.).

Das wichtigste Symbol der Erniedrigung des slawischen Volkes erblickt der Dichter in der Gestalt der Karyatiden.[17] Es gebe, schreibt Mickiewicz, den Typus des besiegten Syrers,

---

17 Mickiewicz sagt, dass eine Karyatide ein Sklave oder eine Sklavin sei; tatsächlich stellten Karya-

„der als Karyatide genanntes Schmuckelement bekannt ist; eine säulenartige Statue; sie bildet die äußerste Erniedrigung des slawischen Stammes ab. Die Karyatide ist ein Sklave oder eine Sklavin (*servus* oder *serva*), die jegliches moralische Empfinden verloren hat, der jeder Wille und jede Bewegungsfähigkeit fehlt; ein Mensch, der zu einem Teil eines Bauwerks wurde. (...) Der unglückselige Kar (Slawe), der in einer Folge schrecklicher Metamorphosen schließlich zur Säule wurde, zu einem steinernen Block. Die Kunst eignete sich den derart Versteinerten an, um ihn an Mauern zu befestigen, ihn in sie einzufügen. Die Künstler haben Kar erniedrigt, indem sie den am wenigsten organischen Teil seines Körpers hervorhoben: seine Knochen. Von seiner menschlichen Gestalt würdigten sie allein das, was der Säule am nächsten kommt: seinen starken und breiten Nacken (...) dies ist der Typus eines Menschen, der zum Postament geworden ist." (*Dzieła* XI, S. 244 f.).

Die Beschreibung der *Karyatiden* gibt eine Grenzerfahrung der Vorstellungskraft wieder, der die äußerste Erniedrigung eines Körpers offenbar wird, indem er zu einem Teil einer architektonischen Konstruktion wird. Die Phantasie formt den Körper um, nimmt ihm seine Lebendigkeit und ordnet ihn der Sphäre des Anorganischen zu. Dort versteinert der Körper. Man kann sich fragen, ob diese Rückkehr in die Welt des Anorganischen in Form einer ästhetischen Metamorphose des Körpers in eine Statue Ausdruck einer Todessehnsucht ist. Mit Sicherheit hat diese Petrifizierung mit einem Wunsch nach völliger Unterordnung und Hingabe zu tun. Die Schöpfer der Karyatiden wurden, wie Mickiewicz schreibt, dabei von den Kappadokiern inspiriert, die die ihnen von den Römern gewährte Freiheit zurückwiesen, weil sie tatsächlich von ihrem Herrn verkauft werden wollten (*Dzieła* XI, S. 244).

Bei Mickiewicz wird das slawische, also das nationale Subjekt zu einem „Ort der Stärke und zum Architekten der eigenen Vernichtung".[18] Dies beruht darauf, dass es die eigene Stärke an den Anderen abgibt und gleichzeitig ihn seiner eigenen Subjekthaftigkeit einverleibt. Anfangs scheint es, als sei der Römer jener Andere, in der neuzeitlichen Geschichte ist aber die Teilungsmacht der Andere. Einmal einverleibt, wird er oder sie zu einem Teil des Subjektes, seines widersprüchlichen und chaotischen Inneren. Der Herr ist eine Vervielfältigung, ein *alter ego* des Slawen, dessen Ich mehr als eine Person umfasst. Aber dadurch wird das slawische Subjekt zur Bühne, auf der sich der Konflikt zwischen seinen verschiedenen personae entfaltet. Es erreicht sein Ziel, wenn seine Stärke als Ohnmacht erscheint, wenn die unheimliche Kraft der Karyatide gebändigt, gezähmt und in Stein gebannt wird. Sie trägt das ganze Gewicht des Bauwerks auf ihren Schultern. Aus Andeutungen Mickiewiczs lässt sich schließen, dass das Bauwerk die Last der gesamten Welt symbolisiert, und dass die Karyatide auf einer metaphysischen Ebene für das Schicksal aller Völker steht. Der Dichter schreibt, dass es gegenwärtige, lebende Vorbilder jener Statuen gebe, dass es ausreiche, in die Bergwerke Sibiriens hinabzusteigen, um dort die slawischen Karyatiden zu entdecken (*Dzieła* XI, S. 246). Hier verschmelzen verschiedene Ebenen miteinander: die historische

---

tiden als stützendes architektonisches Element meistens eine Frau dar. Die Bezeichnung stammt vom griechischen *karyatides* – „Mädchen aus dem Dorf Karyai". Dies waren Frauen, die nach der Zerstörung ihres Dorfes Karyai durch die Perser in die Sklaverei verkauft und zu schwerer Arbeit gezwungen wurden.

18 Diese Umschreibung entlehne ich Mansfield, Masochism (wie Anm. 13).

und gegenwartsbezogene mit der künstlerischen und der messianistischen. Hier verbindet sich die Strafe, die ein unschuldiges Opfer erleidet, mit dem grenzenlosen Wunsch, sich etwas Großem hinzugeben – und all dies geschieht durch eine Überschreitung jeglichen menschlichen Maßes. Mickiewicz schafft diese Verknüpfungen, um die verborgene Stärke in der Ohnmacht der Karyatiden zu „befreien", um das nationale Subjekt zu stärken. Mickiewicz ersetzt die reale, der Gesetzmäßigkeit der Geschichte zu Grunde liegende Gewalt durch eine imaginierte, die zum Fundament nationaler Identität wird.

Die Römer sind daher nur scheinbar ein unabhängiges Subjekt, das seine Übermacht manifestiert, die Übermacht über das schwache Slawentum. Auf der Ebene der nationalen Metaphysik schafft die Subjekthaftigkeit des Anderen Leerstellen, an denen sich die weitere Geschichte der Unterwerfung realisiert. Die römischen Herren sind einzig das Werkzeug des Anderen Herrn, durch das dieser seine Pläne verwirklicht. Man kann sie mit Masken vergleichen, die das Gesicht des wahren Herrschers verhüllen, den das Volk zugleich liebt und fürchtet. Schließlich haben wir es im Masochismus für gewöhnlich (wenn auch nicht in notwendiger Weise) mit einem Drama zu tun, in dem sich der männliche Protagonist einer weiblichen *Domina* unterordnet. Überlegen wir also, wem sich das stolze, edle Volk der Slawen tatsächlich unterordnet. Das polnisch-slawische Volk brauchte keine Zarin, wie Sacher-Masoch es annehmen wird, denn seine wahre Herrin war die Polonia – das Abbild der Heimat. Im Fall der Polonia haben wir es mit mehreren Varianten eines Mythos zu tun, die, so scheint es häufig, einander widersprechen und nicht zueinander passen. Wenn wir sie jedoch nebeneinander stellen, dann sehen wir, dass die Übergänge zwischen diesen Bildern außerordentlich fließend sind. So kann etwa die Polonia ein unerreichbares Ideal sein, um im nächsten Moment zur Mutter zu werden, die ihren Sohn in den Tod schickt, und sich dann wieder zur verstorbenen und in das Grab gebetteten Frau verwandeln. Im Kontext einer spezifischen nationalen Erziehung wurde sie fortwährend umgeformt und in Abhängigkeit von Raum und Zeit modelliert. Bei Mickiewicz tritt die Polonia als das höchste und unerreichbare Ideal patriotischer Empfindungen auf, fordernd, rücksichtslos und fern. Das Volk, das sich dieser Idee hingibt, ist durch einen Pakt zu größten Opfern verpflichtet – bis hin zur Opferung des eigenen Lebens. Es leidet daher schmerzlich und von Herzen für die Heimat, aber nicht, weil die Schläge der Unterdrücker auf es niedergehen, sondern aus der patriotischen Verantwortung heraus. Die mit der Heimat verknüpften Gefühle akkumulieren sich vor allem auf einer mythischen und phantasmagorischen Ebene. In der Sphäre von Politik und Geschichte weckt das Unterdrückungssystem Widerstand, Wut und Hass. Hier findet eine Aufspaltung in ein verdientes Leiden und eine unverdiente Strafe statt, die es dem tieferen Sinn – der messianistischen Sinngebung – ermöglicht hervorzutreten.

In Mickiewiczs Vorlesung wird der Überblick über die Darstellungen des Slawen als Sklaven mit der Beschreibung des „Sterbenden Gladiators" abgeschlossen, die einen eindeutig messianistischen Inhalt hat. Eingangs (erinnern wir uns an die Beschreibung der Karyatide) verwirklicht das masochistische Subjekt seine Macht als Ohnmacht, die nach einer Umkehrung der Spannungspole sich als Macht offenbart. Die Karyatide und der Gladiator schaffen zusammengenommen eine spezifische Version des Subjektes, in der am Ende Macht und Ohnmacht ununterscheidbar werden und sich im Akt des sterbenden Gladiators und Sklaven vollenden.

Der Gladiator aus den Kapitolinischen Museen war für den Dichter „der schönste Typus, den die Bildhauerkunst jemals geschaffen hat: der Typus des Sklaven als Opfer" (*Dzieła*

XI, S. 245). Der Dichter verwarf die zu seiner Zeit gängige These, dass es sich dabei um den auf dem Schlachtfeld sterbenden Gal handle, um eine römische Kopie des berühmten Werkes der Schule von Pergamon. Er nahm es dagegen als gesichert an, dass diese Skulptur einen slawischen Gladiator darstelle, der fern der Heimat, von allen verlassen und von der römischen Menge verhöhnt, in der Zirkusarena umkommt.

> „Dort liegt er in der Zirkusarena, tödlich verletzt; sein Blut beginnt in Tropfen zu fließen, die – so sagt es Byron – den großen, vereinzelten Regentropfen gleichen, die inmitten des Wolkenbruchs fallen. Er stirbt ohne Bedauern, ohne Scham oder Zorn; schon blickt er nicht mehr auf den Gegner, der ihn niederwarf, noch auf das Volk, dem er ein Schauspiel ist. Gesammelt, in Verzückung gedenkt er in der letzten Stunde seines Lebens der Heimat, sieht sie im Geiste; er ist an den Ufern der Donau, sieht seine ärmliche Lehmhütte und die kleinen Kinder, die an der Seite ihrer dakischen Mutter spielen. Die letzte Empfindung des Gladiators ist seine Liebe zur Heimat" (*Dzieła* XI, S. 245).

Mickiewicz beruft sich hier auf die Autorität Byrons, der im Gladiatoren intuitiv den Slawen erkannt habe und dank seines poetischen Genius' die Geschichte jenes Volkes „aus dem Marmor" habe ablesen können (*Dzieła* XI, S. 245). Der Dichter betonte das Slawentum der Figur und unterstrich die Erfahrung der Heimatliebe und der Sehnsucht nach ihr, die der sterbende Kämpfer macht.

Die Heimat ist hier der zentrale Ort, was immer geschieht, geschieht ihretwillen. Das Bild der letzten Augenblicke vor dem Tod enthüllt die tiefen Bindungen des Sklaven an seine ferne Heimat. Die Erinnerung an sie beschert ihm einen leichten, geradezu fröhlichen Tod; je entfernter die geliebte Heimat ist, desto süßer und schmerzlicher ist das Empfinden für sie. Tief darin verborgen findet sich der bereits erwähnte masochistische Pakt zwischen dem slawisch-polnischen Volk und der Heimat.[19] Seine Anfänge muss man im Moment des staatlichen Niedergangs suchen, im Untergang Polens. Das Gefühl der Unfreiheit ist das Fundament des nationalen Masochismus; es umfasst die Sphären der Politik, der Religion und der Kunst. Die Wirklichkeit wird in eine mythische Welt verwandelt. Es bildet sich eine neue, persönlichere, man könnte sagen familiäre Art von Bindung heraus. Jeder Pole und Slawe kann als Geliebter der Heimat in dieses Verhältnis eintreten, aber nur unter der Bedingung, dass er auf sein Intimleben verzichtet. Die völlige Hingabe an die Idee der Polonia ist nur möglich, indem man den Geschlechtstrieb unterdrückt. Anders gesagt – die Gemeinschaft mit der Polonia muss ihrer sexuellen Komponente entledigt werden.

„Konrad" kann die Polonia nicht begehren, darum wird die Geliebte durch die Figur eines unerreichbaren Ideals (häufig in Gestalt der Mutter) ersetzt. Die Polonia ist ebenso despotisch wie Dantes Beatrice oder die Wanda und die Katharina Sacher-Masochs. Doch im Fall der Polonia kommt es zu einer Ausdifferenzierung der gegensätzlichen Pole von Opfer und Henker. Sie quält psychisch und verlangt die größten Opfer, doch nicht sie ist es, die kreuzigt, hängt oder foltert. Weil aber Techniken solcher (masochistischen) Art nötig sind, um emotionale Spannungen zu erzeugen und um das Phantasma zu entwickeln, muss

---

19 Auf die Gegenseitigkeit masochistischer Beziehungen weist Gilles Deleuze in seinen Arbeiten hin, vgl. Sacher-Masoch, Venus im Pelz (wie Anm. 15), S. 176 f.; Mystique et masochisme. Paris 1967, S. 185.

dies jemand anderer tun. Wegen der dem Idealbild immanenten Unantastbarkeit braucht die Heimat Helfer und Werkzeuge. Wir müssen also annehmen, dass es zwischen der fernen Heimat und den römischen Henkern auch eine geheime Verbindung gibt.

Das Verhalten der römischen Herren entspricht sowohl dem historischen als auch dem masochistischen Plan. Obwohl sie unbegrenzte Macht über die Slawen ausüben, sind sie in der Wirklichkeit des nationalen Mythos gleichzeitig die alternative Kraftquelle, die sein Entstehen ermöglicht. Das nationale Subjekt, das zwischen Stärke und Schwäche schwankt, vollendet das Drama von Domination und Unterordnung zu seinen Gunsten. Wir haben es hier mit zwei Ebenen der Gewalt zu tun: Auf der ersten ordnet sich der Slawe seinem Herrn unter, auf der zweiten findet eine Umkehrung der Rollen statt. Vor dem Hintergrund dieser Beziehung leuchtet unberührt das Ideal der Heimat auf: die kleine Lehmhütte, die spielenden Kinder und die Mutter. Diese Verbindung wird von einem dialektischen Geist im Sinne Hegels belebt: Der Sklave spricht im Namen des Herrn und der Herrin, ohne sich zu offenbaren. In dieser imaginierten Domination akzeptiert der Slawe Schläge, Qualen, Torturen, den Tod, denn er bereitet sich – von Rom besiegt und durch seinen Pakt mit der Heimat verpflichtet – auf seine große historische Mission vor. In der größten Erniedrigung des Körpers erlangt er geistige Macht als der Erlöser der Heimat und der Welt.

Auf der metaphysischen Ebene prophezeit diese Statue die herannahende Zeit des Christentums. Das Leiden des Gladiators wird zur Antizipation der Leiden Christi:

„Der Gladiator ist die tragischste Gestalt der antiken Bildhauerkunst. Und doch ist er noch ein Heide; sein Blick hat sich nicht gen Himmel erhoben; er hat nicht das Gepräge jener triumphierenden Heiterkeit, die die Züge der Märtyrer erleuchtet; und doch nähert sich von allen antiken Statuen diese am meisten dem christlichen Typus an. Sie stellt das Geschlecht der Slawen dar, das für die Annahme des Christentums reif ist" (*Dzieła* XI, S. 246).

Gewalt und Erniedrigung und vor allem die triumphierende Freude kündigen das Erscheinen eines slawischen Christus-Erlösers an. Der Slawe und seine Henker – die römische Menge – sind Teil ein und desselben Subjekts, verbunden durch das Ideal der Polonia und deren Forderung nach völliger Hingabe und Aufopferung, auch wenn dies auf Verleugnungen und Widersprüchen beruht. Im masochistischen Theater der Polen spielt ein übernatürliches Element göttlichen Ursprungs eine wichtige, um nicht zu sagen entscheidende Rolle. Die Demütigung des gequälten Körpers ist in den göttlichen Plan zur Erneuerung der Welt eingeschrieben. Der Rezipient soll glauben, dass diese Phantasien nicht im Kopf des Künstlers entstanden sind, sondern dass sie ein Ausdruck göttlichen Willens sind. Dahinter verbirgt sich der Wunsch, die Mission zur Erneuerung der Welt zu legitimieren und das slawische Volk für die Rolle des Erlösers zu bestimmen.

Die slawische Passivität, die Unfreiheit, die zugleich ein Einverständnis zum Tod sind, gewinnen hier eine neue Bedeutung. Mehrfach vergleicht Mickiewicz das Schicksal der Slawen und jenes der ersten Märtyrer miteinander: „(...) das slawische Volk konnte nur eine Rolle der Unterordnung spielen; es trägt eben die Demut, die Sanftmütigkeit, die Duldsamkeit in sich, die die Märtyrer des frühen Christentums und des Mittelalters auszeichneten" (*Dzieła* XI, S. 229). Der Mangel an Stärke bedeutet eine große Macht, die sich in der Zukunft offenbaren wird. Mickiewicz und mit ihm andere Schriftsteller haben betont, welche Rolle die Erwartung ihrer historischen Stunde für die Slawen spielt: „dieses Volk ist ausgezeichnet, ausgezeichnet mit dem Mal der Zukunftserwartung: es ist ein Volk, dessen Leben noch nicht zu voller Entfaltung gelangt ist" (*Dzieła* XI, S. 176). Einige Slawophile meinten, dass die historische Rolle dieses Volkes noch nicht genau bestimmt sei, andere wiederum sahen die Slawen eindeutig als die Erlöser der Völker Europas.

Der messianistische Tonfall eines erwachenden Nationalgeistes durchdrang jene Völker, die bezwungen und erniedrigt worden waren. Wir finden ihn auch in den Schriften der deutschen Romantiker. Isaiah Berlin schreibt, dass dies eine Zurückweisung ihrer (vorgeblichen) Unterlegenheit gewesen sei. Die Erniedrigten entdeckten in sich Vorzüge, die sie deutlich (und natürlich positiv) von ihren Unterdrückern unterschieden: ein reiches Geistesleben, das Streben nach Wahrheit etc. „eine großartige Vergangenheit – ob wirklich oder bloß vorgestellt – hat einen hohen Stellenwert für diejenigen, die unter dem Gefühl ihrer Minderwertigkeit leiden, verspricht sie doch eine womöglich noch leuchtendere Zukunft. Wo sich eine solche Vergangenheit nicht heraufbeschwören lässt, da weckt ihr Fehlen Optimismus. Vielleicht sind wir heute noch primitiv, arm, sogar barbarisch, aber unsere Zurückgebliebenheit ist ein Zeichen von Jugend, von nicht ausgeschöpfter vitaler Kraft; uns gehört die Zukunft, auf die die alten, müden, demoralisierten und im Niedergang befindlichen Völker – auch wenn sie sich jetzt noch ihrer Stärke rühmen – nicht mehr hoffen dürfen. Dieser messianistische Ton wurde zuerst in Deutschland, dann in Polen und Russland laut angeschlagen."[20]

Die kathartische Wucht von Mickiewiczs Interpretation erlaubte es seinen Zuhörern, sich von den Emotionen zu befreien, die durch das Gefühl der Unterlegenheit hervorgerufen worden waren. Die mit den Darstellungen des leidenden Christus korrespondierende Skulptur des sterbenden slawischen Gladiators sollte eine neue Dimension nationaler (Selbst-)Erfahrung schaffen. Sie befriedigte nicht nur die geistigen Bedürfnisse des Menschen, sondern auch sein verborgenes körperliches Verlangen und Begehren. Dieses verdrängte Begehren offenbart sich in Gestalt einer masochistischen Phantasie – in der künstlerischen Darstellung des bezwungenen Körpers. In der Gestalt des ohnmächtigen, am Boden liegenden Sklaven kann man unschwer die Faszination am erniedrigten Körper und eindeutige sexuelle Wunschvorstellungen erkennen, in denen auf den Schmerz Lust und auf den Tod die Erlösung folgt. Hier verbindet sich die libidinöse Ökonomie mit der Ökonomie der Erlösung. Der nackte, sterbende Körper verbürgt die Wahrhaftigkeit der durch den Verlust der Unabhängigkeit bewirkten schmerzlichen Empfindungen, und zugleich befriedigt er das verdrängte Begehren des Publikums. Es wurde zum geheimen Motor martyrologischer Vorstellungen einer anderen Art: des sterbenden Polen. Die Grablegung der Polonia stellt einen weiteren Akt im masochistischen Schauspiel dar, in dem sich der Rollentausch zwischen der Heimat und dem Volk vollzieht. Die Heimat verliert ihre überirdische Aura und nähert sich der Gottesmutter an, um zur leidenden und sterbenden Frau zu werden.

Das nationale Subjekt vollendet sich schließlich in der Idee der gepeinigten, ermordeten, in das Grab gelegten und wieder auferstandenen Polonia. Das sich entfaltende Drama der gequälten Polonia stellt verschiedene Etappen der Herabsetzung dar. Das nationale Subjekt vergewissert sich seiner selbst, indem es sich die Strafen, die Erniedrigungen und das Unglück vorstellt, die der Heimat widerfahren sind. Wir haben es hier mit einem Übertra-

---

20 Berlin, Das krumme Holz (wie Anm. 14), S. 309.

gungsmechanismus zu tun – es ist nicht mehr der Slawe, sondern die gepeinigte Polonia, die leidet und die eine unverschuldete Strafe trifft. Der Schlüssel zum Verständnis dieses Prozesses liegt in der Vorstellung von der physischen Erniedrigung des Körpers. Die sich wiederholende Szene des sterbenden Polens wird zu einer Obsession – zur Wunschvorstellung vom nationalen Selbstmord.

V. Der masochistische Messianismus des Individuums. Das Tagebuch des Fräulein M.

Es gibt bestimmte Zeugnisse der Rezeption von Mickiewiczs Messianismus, die uns den nationalen Masochismus in einem weiteren Kontext sehen lassen. Wir finden solche Phantasien in extremer, beinah bis ins Groteske getriebener Form im *Tagebuch einer Patientin*.[21] Das Tagebuch des Fräulein M. wurde 1926 von dem bekannten Psychiater Adam Wizel veröffentlicht, einem der ersten Psychiater, die Freuds Psychoanalyse in Polen praktizierten. Die Autorin war seit 1920 seine Patientin. Das *Tagebuch einer Patientin* ist von einer überbordenden Sinnlichkeit und religiöser Selbstverdammung geprägt. Der Herausgeber und zugleich Arzt der Patientin macht darauf aufmerksam, dass sich ihr Masochismus mit Größenphantasien und religiöser Begeisterung bzw. Selbsterniedrigung verbindet.[22]

Mit den das Tagbuch eröffnenden ersten Worten wird klar, dass wir es mit einer absoluten Inszenierung zu tun haben: „6. April 1916. Heute ist für mich ein Feiertag. Ich verabschiede mich von meinem alten, begrüße mein neues Selbst!"[23] Die Autorin enthüllt, dass Leiden, Qual und Schmerz ihr einziger Genuss seien. Sie schreibt, dass es ihr größter Wunsch sei, in den ersten Jahrhunderten des Christentums gelebt zu haben; dann hätte sie Todfeinde gehabt, die sich an ihren Qualen geweidet hätten, und sie hätte ihnen vergeben und sich im Namen der Sünder geopfert.[24]

Die Inspiration für ihre Schwärmereien gewinnt Fräulein M. vor allem aus der Literatur. Bücher, Theaterstücke oder öffentliche Lesungen nähren ihre sexuellen Phantasien. Es erregt sie, davon zu träumen, ein Verbrechen zu begehen, verhaftet und zum Tode verurteilt zu werden. Sie imaginiert ihre eigene Bestimmung zur Größe und beginnt nach einer Person zu suchen, mit der sie einen typischen masochistischen Pakt schließen könnte. Die einzige Person, die ihre Erwartungen erfüllt, ist Gott. 1918 schreibt sie:

> „Schick' mir eine schlimmere Qual, Herr, ich biete Dir diese meine Niedergeschlagenheit, dies mein Ringen dar. Nimm' sie an, Herr. Ich bringe mich selbst der Marter dar.

---

21 Pamiętnik pacjentki [Tagebuch einer Patientin], Auswahl und Vorwort v. Adam Wizel, hrsg. u. eingel. von Danuta Danek. Kraków 2001.

22 Wizel schreibt: „Der Geschlechtstrieb erschien bei der Patientin sehr früh, denn schon als kleines Mädchen zeigte sie gewisse sadistische und masochistische Neigungen. Sie erinnert sich z.B. gut, dass sie einmal beim Quälen eines Hundes sexuelle Lust empfand. Auch erinnert sie sich, dass sie, wenn man sie erniedrigte und kränkte, oder sogar, wenn sie sich vorstellte, man erniedrige und kränke sie, augenblicklich eine Lust geschlechtlicher Natur empfand. Spuren solcher masochistischer Neigungen sind bis heute erhalten geblieben. Fräulein M. erzählt, dass sie, wenn sie heute jemandes schwierigen und ihr unverständlichen Ausführungen zuhöre, manchmal eine Art besonderer Lust empfinde, ganz so, als küsse sie einen Mann" (Pamiętnik pacjentki [wie Anm. 21], S. 141).

23 Ebenda, S. 9.

24 Ebenda, S. 17.

Martere mich, martere mich. Ich werde Dich noch mehr lieben und zu Deinen Füßen kriechen. Schone mich nicht, treibe mich in den Wahnsinn. Ich werde alles ertragen."[25]

Hier gibt es eine eindeutige Verbindung zu ihrer Lektüre der Romantiker. Den größten, vielleicht entscheidenden Einfluss haben Mickiewiczs *Pariser Vorlesungen* auf sie ausgeübt:

> „Ich lese seit gestern: Mickiewiczs Vorlesung über die slawische Literatur. Ich bin sehr bewegt. Ich muss gestehen, dass ich sie zuvor nicht gelesen hatte. Ich schreibe das deswegen, weil mich die Analogie zwischen Mickiewiczs Glauben an die Mission Polens, an jenen großen Menschen, der aus ihm hervorgehen und der die ganze Welt mit sich ziehen wird, und meinem Leben mich merkwürdig ergriff. Habe ich nicht recht zu glauben, dass gerade ich die Mutter jenes Menschen sein werde? Wer könnte es leugnen? Vermutlich glaubt man nicht mehr an den polnischen Messianismus. Ich habe einmal gelesen, dass er nur ein herrlicher Traum der Romantik gewesen sei, aber woher rührt dann dieser ganze geistige Prozess in mir, der mich zu meiner jetzigen Auffassung meines Lebens geführt hat? (...)
>
> Mich hat wirklich der Geist erleuchtet. Jetzt, wo ich über das Wesen des polnischen Volkstums, des ganzen Slawentums lese, sehe ich, dass es wohl wenige Menschen in Polen gibt, die so unleugbar, so in jedem Tropfen ihres Blutes Polen sind, wie ich. Ich könnte an alles andere eher glauben als daran, dass ich ein gewöhnlicher, zufälliger Mensch bin. Auf mir lasten ganze Generationen, ich bin die Notwendigkeit."[26]

Der Kampf zwischen den idealistischen Schwärmereien von einer großen Bestimmung und rein irdischen Begierden verknüpft sich mit dem Wunschtraum, den Erlöser Polens und der Welt zur Welt zu bringen. Der Glaube an den Messianismus und an die eigene Sendung tritt in den Träumen des Fräulein M. in den Vordergrund. Der Messianismus wird hier zum Anreiz, zur Inspirationsquelle einer individuellen erotischen Phantasie mit masochistischer Prägung. An diesem Beispiel kann man sehen, welchen großen Einfluss der Messianismus auf viele Generationen von Polen hatte. Im 19. Jahrhundert, als der ideologische und politische Druck besonders groß waren, konnte sich diese extreme Ausprägung des Messianismus nicht völlig offen zeigen. Erst in der neuen Wirklichkeit des befreiten Polens nach 1918 wurde sein Substrat für den Einzelnen attraktiv: der dunkle Abgrund der Sinnlichkeit.

Aus dem Polnischen übersetzt von Heidemarie Petersen, Leipzig

---

25 Ebenda, S. 102.
26 Ebenda, S. 118 f.

Izabela Surynt

Polen als Raum des ‚Anderen' am Beispiel
der deutschsprachigen Literatur der 1820er und 1830er Jahre

I.

Der moderne preußische/deutsche Polendiskurs ist seit seinen Anfängen in der Aufklärung unauflöslich mit der Debatte über den idealen Staat und die Gesellschaftsordnung sowie über die Rolle der Kultur und Bildung (als Ergebnisse und Treibkräfte des zivilisatorischen Fortschritts) verbunden. Nach Hubert Orłowski[1] wird die Wahrnehmung Polens und der Polen prinzipiell von der Stereotypie ‚polnische Wirtschaft' geprägt. Wojciech Kunicki[2] spricht von den Ambivalenzen des deutschen Polenmythos, der zugleich negative und positive Momente enthalte, dagegen glaubt Gerard Koziełek[3] an einen geschichtsbedingten Wechsel von Perioden der – mit Rudolf Jaworski[4] zu sprechen – „Polenliebe" und „Polenschelte". Für die Auffassung von Orłowski, die sich mit der Überzeugung Kunickis durchaus verträgt, ist die Annahme grundlegend, dass die öffentliche Debatte über den Fortschritt im deutschsprachigen Raum sowie die immer deutlicher wahrnehmbare Erfahrung der Modernisierungsprozesse die Betrachtung und Deutung der Vergangenheit und Gegenwart des polnischen Staates und der polnischen Gesellschaft durch den westlichen Nachbarn konturierten.

Für die preußischen/deutschen Vorstellungen über Polen und die Polen ist eine in ihrer inneren Struktur asymmetrische Denkfigur konstitutiv, die aus dem Begreifen Polens als des ‚Anderen' schlechthin resultiert. Diese geglaubte grundsätzliche Andersartigkeit des ‚Polnischen' und zwar ungeachtet dessen Auswertung (ob positiv oder negativ) bleibt über fast drei Jahrhunderte erhalten und zieht eine nahezu pausenlose, von den aktuellen öffentlichen Debatten vorgegebene Funktionalisierung der diskursiven Polen-Konstruktionen nach sich. Daher lassen sich in den Polen-Entwürfen des 19. Jahrhunderts beinahe alle Komponenten des Polendiskurses der deutschen Aufklärung herauskehren, die kontinuier-

---

1 Hubert Orłowski, ‚Polnische Wirtschaft'. Zum modernen deutschen Polendiskurs der Neuzeit. Wiesbaden 1996.
2 Wojciech Kunicki, Zur Problematik der Polenwahrnehmung bei Gustav Freytag und Gottfried Keller, in: Interkulturelle Perspektiven. Germanistische Beiträge, hrsg. v. Norbert Honsza. Wrocław 1997, S. 63-75.
3 Gerard Koziełek, Das Polenbild der Deutschen 1772–1848, in: Das Polenbild der Deutschen 1772–1848. Anthologie, hrsg. v. Gerard Koziełek. Heidelberg 1989, S. 11-70; Deutsche Polenliteratur, hrsg. v. Gerard Koziełek. Wrocław 1991; Gerhard Kosellek, Reformen, Revolutionen und Reisen. Deutsche Polenliteratur. Wiesbaden 2000.
4 Rudolf Jaworski, Zwischen Polenliebe und Polenschelte. Zu den Wandlungen des deutschen Polenbildes im 19. und 20. Jahrhundert, in: Das Bild ‚des Anderen'. Politische Wahrnehmung im 19. und 20. Jahrhundert, hrsg. v. Birgit Aschmann, Michael Salewski. Stuttgart 2000, S. 80-89.

lich, wenn auch neu konfiguriert, in Erscheinung traten. Diente noch die Beschäftigung mit Polen den meisten Aufklärern bis zu den Teilungen des polnischen Staates oft zur Erörterung allgemeiner Fragen politischen (z.B. das Problem der polnischen Adelsrepublik), sittlichen (Affektkontrolle) oder sozialen (Frage der Bauernbefreiung) Charakters, so änderte sich die Akzentsetzung im preußischen/deutschen Polendiskurs bedeutend infolge der Auslöschung der polnischen Staatlichkeit. Die darauf folgenden politischen Entwicklungen, allen voran die polnischen Erhebungen gegen die Teilungsmächte, brachten zwar jedes Mal eine Neuprofilierung der Aussagen zu ‚Polen', ohne jedoch die einstmals eingenommene ‚asymmetrische' Optik völlig aufzuheben bzw. neu zu bestimmen.

Die seit der Vernichtung der polnischen staatlichen Souveränität sichtbar gestiegenen Aussagen zur ‚polnischen Frage' lassen sich grob um einige Punkte gruppieren. Die erste Gruppe bilden Äußerungen, die sich mit der Rechtmäßigkeit des politischen Vorgehens beider deutscher Staaten Polen gegenüber beschäftigen. Die hier entwickelten Legitimierungsstrategien wurden in der späteren Zeit nicht bloß übernommen und multipliziert, sondern – mit immer neuen Argumenten angereichert – stark ausgebaut. Ein überdeutliches Zeugnis davon gibt die ‚borussische' Geschichtsschreibung der zweiten Hälfte des 19. Jahrhunderts. Sie bündelt die in der Aufklärung noch verschiedenen Diskursebenen entnommenen Rechtfertigungsverfahren in einem komplexen, nicht zuletzt auch durch ethnisch stigmatisierende Stereotypen zementierten Deutungsmodell der deutsch-polnischen Beziehungen zusammen.[5]

Als zweiter Leitfaden der Diskussionen, die nach dem Untergang des polnischen Staates einsetzen, lässt sich die Frage nach dem Umgang mit den neuen, so eben einverleibten Territorien und ihren Bewohnern herausschälen. Gerade dieser Themenkreis verweist auf die enge Verschränkung des preußischen/deutschen Polenbildes mit dem Kolonisations-, Kolonial-, aber auch mit dem Fortschrittsdiskurs, wobei dieses Geflecht im Zeitalter der Nationalismen zusätzlich noch die engste Verbindung mit den Deutschlanddebatten eingehen wird. Die Etablierung der Stereotypie ‚polnische Wirtschaft', die – wie gesagt – nach Orłowski den gesamten modernen Polendiskurs organisiert, steht in einem engen Zusammenhang mit der modernen Erfahrung des ungleichmäßigen Fortschritts,[6] d.h. genauer: mit der erfahrenen und immer wieder erfahrbaren Ungleichzeitigkeit der Modernisierungsprozesse in verschiedenen Weltteilen, aber auch in Europa selbst. Das vom modernen Fortschrittsbegriff geprägte Kulturstufenmodell sollte den Gang der Menschheitsgeschichte visualisieren, die als steter Ablösungsprozess der ‚kindlichen' bzw. ‚wilden' ‚Naturvölker' durch die zivilisierten ‚Kulturvölker' begriffen wurde. Diese Kulturstufenleiter diente aber zugleich zur bildlichen Darstellung der Relationen unter den europäischen ‚Nationen'/Staaten, die somit in ein streng bestimmtes, hierarchisches Verhältnis zueinander gestellt wurden, aus dem dann die Rechtfertigung (oft zur moralischen Pflicht stilisiert) des kulturellen Auftrags und damit das Postulat kultureller Assimilation abgeleitet wurden. Polen – in dieser Perspektive – als ein politisches und soziales ‚unzeitgemäßes' Gefüge wahrgenommen, was der Verlust

---

5 Vgl. dazu Izabela Surynt, Das ‚ferne', ‚unheimliche' Land. Gustav Freytags Polen. Dresden 2004, S. 98-155.

6 Reinhart Koselleck, Fortschritt, in: Geschichtliche Grundbegriffe. Historisches Lexikon zur politisch-sozialen Sprache in Deutschland, hrsg. v. Otto Brunner, Werner Conze, Reinhart Koselleck. Bd. 2, Stuttgart 1975, S. 351-423.

der Staatlichkeit nur noch drastischer veranschaulichte, wurde daher als ‚zurückgeblieben‘ auf einer niedrigeren als die deutsche Kulturstufe und gleichzeitig neben den außereuropäischen ‚wilden Naturvölkern‘ eingereiht. Eben hier hat die Gleichsetzung der Polen mit den amerikanischen Indianern ihren Ursprung, so dass der griffige Spruch Friedrichs des Großen über die Polen als zivilisierungsbedürftige „arme Irokesen“[7] binnen einiger Jahrzehnte zum attraktiven Schlagwort der Kulturmissionspropaganda werden konnte.

Die Imaginierung des östlichen Nachbarn und – nicht zu vergessen – der eigenen Mitbürger als ‚Wilde‘ und ‚Barbaren‘ oder ‚Indianer‘ speist sich somit einerseits aus den semantischen Implikationen des modernen Fortschritts- und Kulturbegriffes sowie der immer wieder aktualisierten asymmetrischen Einteilung und Wahrnehmung der Menschheit; andererseits lassen sich in ihr Reflexe des Kolonialdiskurses (und zwar sowohl der deutschen Kolonial- und Kolonisationspläne als auch der Kolonialismuskritik) herausstellen. Die etwas ältere Attribuierung des polnischen ‚Nationalcharakters‘ als ‚barbarisch‘ und ‚wild‘ sowie der ‚moderne‘ Vergleich der polnischen Gesellschaft mit den amerikanischen Indianerstämmen erlaubte zugleich die Aufstellung von diversen Integrationsprojekten den neuen Mitbürgern gegenüber, wie z.B. das Konzept von Goethe *Vorschlag zur Einführung der deutschen Sprache in Polen* (1795/96) oder das von Karl Grashoff aus dem Jahre 1796 *Einige Ideen zur Beantwortung der Frage: Wie lässt sich die Bildung einer Nation am leichtesten und sichersten auf eine andere übertragen? Mit beständiger Hinsicht auf die gegenwärtige Teilung von Polen zur Überprüfung und weiteren Ausführung.* Das hier entwickelte Alteritätssystem wird die Wahrnehmung der polnischen Kultur bis in das 20. Jahrhundert hinein grundlegend prägen.

Der dritte Punkt, um den sich die deutschsprachigen Aussagen zum Thema ‚Polen‘ nach dem Verschwinden des polnischen Staates gruppieren lassen, ist unmittelbar mit dem Kościuszko-Aufstand verbunden, präziser gesagt: mit den tragischen Folgen des verzweifelten Kampfes und mit der die letzte Teilung besiegelnden Niederlage. Gerade die im Zuge der Ästhetisierung des Kampfes und seiner Anführer vollzogene Heroisierung des ‚polnischen‘ Volkes und dessen deutliche Sentimentalisierung lassen in der deutschsprachigen Dichtung zwei literarische Typen erscheinen,[8] die nicht selten eine latente Allianz mit der Stereotypie ‚polnische Wirtschaft‘ eingehen und die Darstellungsstrategien der polnischen ‚Nation‘ für die nächsten Jahrzehnte maßgeblich bestimmen werden: den Typus des ‚edlen Polen‘ und der ‚schönen Polin‘. Vor allem von der Trivialliteratur des ausgehenden 18. und beginnenden 19. Jahrhunderts tradiert, erfreuten sich die beiden stereotypen Konstruktionsmodi des ‚Polnischen‘ wegen ihrer äußeren Attraktivität (Exotismus bzw. Orientalismus mit seinen semantischen Implikationen im Sinne Edward Saids,[9] liiert mit der Vorstellung von Freiheit) und einer nahezu unbegrenzten Möglichkeit, beliebige Inhalte auf den imaginierten Raum

---

7   Friedrich der Große an d’Alembert. Zit. nach Stanisław Salmonowicz, Fryderyk II. Wrocław 1985, S. 116.
8   Allerdings soll man dabei bedenken, dass sich einzelne Züge, die den beiden Vorstellungskomplexen eigen waren, bereits in früheren Aussagen zu ‚Polen‘ finden lassen (Vgl. dazu Arno Will, Kobieta polska w wyobraźni społeczeństw niemieckiego obszaru językowego od XIV w. do lat trzydziestych XX w. [Die polnische Frau in der Vorstellung der deutschsprachigen Gesellschaften seit dem 14. Jahrhundert bis in die 1930er Jahre]. Wrocław/Warszawa 1983).
9   Edward Said, Orientalizm [Orientalismus]. Warszawa 1991 (dt.: Orientalismus. Frankfurt a.M. 1981).

‚Polen' zu projizieren, einer großen Popularität, die 30 Jahre später – nach den Erfahrungen des Novemberaufstands und seiner Konsequenzen – noch einmal eine Hochkonjunktur erleben sollten.

II.

Die direkte Verbindung zwischen den Bildern der um die Freiheit Polens ringenden tragischen Helden (hier ist vor allem auf Kościuszko als Ikone der polnischen Freiheitsbewegung zu verweisen) mit den Entwürfen des ‚Polnischen' in den 1830er und 1840er Jahren beruht auf dem in dieser Zeit häufig anzutreffenden Stereotyp des ‚edlen Polen', der – körperlich schön und oft mit morbiden Zügen ausgestattet – als Kämpfer für die Freiheit der ganzen Menschheit erfolgreich inszeniert werden konnte. Seine immer wieder beschworenen inneren Qualitäten wie Mut, Opferwilligkeit, Freiheits- und Vaterlandsliebe, gepaart mit der Dekadenz seines Wesens, gaben ein attraktives äußerliches Schauspiel ab, das zu Projektionen eigener verdrängter Wünsche und Sehnsüchte nahezu zwangsläufig einlud. Schön, tapfer und kühn lauten die häufigsten Zuschreibungen, hinter denen sich Träume von der durch die aufklärerische Tugendmoral und bürgerliche Ethik des 19. Jahrhunderts verpönten Leidenschaftlichkeit und Körperlichkeit verbergen. Die Literarisierung ‚unbürgerlicher' Themen wie Sexualität (darunter vor allem Ehebruch, Verführung, Täuschung) und Verbrechen (Mord und Sühne) wird mit Hilfe eines Alteritätskonstrukts möglich, für das zunächst in sozialer Hinsicht der Adel bzw. der ‚rohe' Bauernstand, später – auf die nationale Ebene transponiert – ‚Polen' herhalten musste. Und gerade Polen eignete sich optimal als Alteritätsentwurf, da es nicht nur kulturelle Fremdheit, sondern auch politische Differenz auf sich vereinte. Überdies eröffnete die diskursive und ästhetisch verbrämte Delegierung der besonderen Freiheitsliebe an die polnische ‚Nation' (analog zum europäischen Philhellenismus des 19. Jahrhunderts) eine Tür zur indirekten Verhandlung politischer Programme und Freiheitskonzepte, die – auf die eigene sozial-politische Situation bezogen – als eine direkte Kritik am bestehenden Gesellschaftssystem durch strenge Zensurmaßnahmen der breiteren Öffentlichkeit wohl vorenthalten geblieben wären.

Abgesehen von der politisch motivierten Funktionalisierung des imaginierten ‚Polen', über die noch zu sprechen sein wird, deutet die Tradierung der literarischen Typen des ‚edlen Polen' und der ‚schönen Polin' durch die deutschsprachige Trivialliteratur im Zeitraum zwischen den Teilungen Polens und der Märzrevolution auf eine besondere Anziehungskraft der beiden stereotypen Denkbilder hin. Die morbide Schönheit der polnischen Figuren (es ist auffallend, dass die meisten als ‚Polen' bzw. ‚Polinnen' dargestellten Gestalten – dem polnischen Autostereotyp vollkommen entgegengesetzt – mit dunklem Haar, dunklen Augen und einem blassen, fast durchsichtigen Teint, aber einer sinnlichen Stimme und Traurigkeit/Melancholie symbolisierenden Körpersprache ausgestattet werden)[10] sowie die exotische Fremdheit ihrer Kleider und Sitten, von einer unheimlichen, wild anmutenden

---

10 Die folgende Strophe aus dem Gedicht Lenaus *Der Polenflüchtling* kann als eins von vielen Beispielen für die oft beschworene morbide Schönheit des ‚edlen Polen' stellvertretend stehen: „Sie lagern um den Fremden stumm, / Ihn aufzuwecken bange: / Sie sehn der Narben Heiligtum / Auf blasser Stirn und Wange; / Dem Wüstensohn zu Herzen geht / Des Unglücks stille Majestät." Nikolaus Lenau: Der Polenflüchtling, in: Das Polenbild der Deutschen. Anthologie (wie Anm. 3), S. 216.

Landschaft umrahmt, lieferten ein reiches Reservoire an publikumswirksamen Requisiten, die dem Geschmack des an der ‚schwarzen Romantik‘ geschulten Lesers sehr entgegenkamen. Liebe, Tod und Teufel beherrschen auch in diesen Unterhaltungstexten die Bühne.

Aus dem Requisitenkasten der stereotypisierten Polen-Darstellungen schöpfen aber auch diejenigen Autoren, denen von der Literaturgeschichte ein weit höherer ästhetischer Rang zuerkannt wird – z.B. Wilhelm Hauff in seiner Novelle aus dem Jahre 1826 *Othello* oder Franz Grillparzer in *Das Kloster bei Sendomir* (1828). In seinem Begleitkommentar zur Anthologie der Polen-Literatur widmet Koziełek den beiden Texten (Ähnliches fällt bei seiner Analyse der Novelle von E.T.A. Hoffmann *Das Gelübde* auf) überraschend wenig Aufmerksamkeit, ja man kann sich des Eindrucks kaum erwehren, dass er diese Werke – mit ihren Autoren sichtlich unzufrieden – nur der Vollständigkeit wegen anführt und – als seinem Gesamtkonzept widerlaufend – mit einem einzigen Satz abfertigt. Diese selektive Lektüre kennzeichnet übrigens auch die Lesart einiger deutscher Interpreten. So weiß Koziełek über Hauffs *Othello* nur so viel zu sagen, dass in dessen Novelle „der schöne, edle und heldenmütige, zugleich aber melancholische und geheimnisumwobene Pole – dank dieser Eigenschaften ein Liebling der Frauen – sozusagen in der Reinkultur" erscheine.[11] Dabei übersieht er, dass noch eine weitere Gestalt, „der fremde Herr" (Baron Larun), im gewissen Sinne der Gegenspieler des ‚edlen‘ Grafen Zronievsky, als ‚Pole‘ in dieser Novelle agiert, der allerdings weniger durch den Zuschreibungsapparat des stereotypen Denkbildes des ‚edlen Polen‘ belastet ist. Eine analoge Deutungspraxis lässt sich auch in Bezug auf die Erzählung Grillparzers feststellen. Die deutschen Literaturforscher stellen beispielsweise fest, dass die als ‚Polen‘ fungierenden Figuren in „eigentliche" und „uneigentliche Polen" eingeteilt werden können.[12] Diese merkwürdige Klassifizierung, wenn sie auch von autobiografischen Zusammenhängen und entstehungsgeschichtlichen und epochenspezifischen Charakteristika abgeleitet werden kann, deutet auf eine Verkennung bzw. Ignorierung der Frage hin, warum denn Grillparzer oder Hauff in ihren Texten eben jene „uneigentlichen Polen" kreierten? Wenn diese Gestalten als ‚unpolnisch‘ gelesen werden,[13] was wahrscheinlich auch bei den an die Darstellungen der edlen und schönen Polen gewöhnten Lesern des 19. Jahrhunderts vorausgesetzt werden kann, dann wäre nun zu überlegen, wozu die Autoren auf das polnische Kolorit denn überhaupt zurückgriffen? Inwieweit handelt es sich dabei um Polen im staatspolitischen oder nationalen Sinne? Rösch meint zu der „uneigentlichen" polnischen Figur in *Das Kloster bei Sendomir*, dass „die quietistische Abgeschiedenheit, in der Starschensky bisher lebte, (...) nicht mit der polnischen Nationalität in Verbindung gebracht [wird], sondern auf einen epochenspezifischen Zug der Restaurationszeit [verweist]."[14] Auch die dieser Figur zugewiesenen Charakterzüge – Fleiß, Ordnungsliebe, maßvolle Lebensweise – stehen eindeutig konträr zu der gängigen Stereotypierungspraxis des polnischen ‚Nationalcharakters‘ (‚polnische Wirt-

---

11 Koziełek, Das Polenbild (wie Anm. 3), S. 39.
12 Vgl. dazu Gertrud M. Rösch, Labyrinthische Diskurse. Erzählstrategien in Grillparzers Almanach-Novelle *Das Kloster bei Sendomir*, in: Assimilation – Abgrenzung – Austausch. Interkulturalität in Sprache und Literatur, hrsg. v. Maria Katarzyna Lasatowicz, Jürgen Joachimsthaler. Frankfurt a.M. (u.a.) 1999, S. 243-256, hier S. 253.
13 Es erübrigt sich meines Erachtens, an dieser Stelle auf die stereotypen Vorstellungen der Literaturwissenschaftler einzugehen, die hier auf der Hand liegen.
14 Rösch, Labyrinthische Diskurse (wie Anm. 12), S. 249.

schaft'). Und dennoch erhalten diese ‚untypischen' Gestalten von ihren Schöpfern polnische Namen, eine polnische Vergangenheit und Gegenwart. Dieses Spiel mit den Stereotypen scheint daher auf einen anderen als nationalen bzw. staatspolitischen Sinnzusammenhang hinzuweisen, den die binäre Figurenkonstellation in den beiden Erzähltexten signalisiert.

Das Personal der Novellen besteht jeweils aus zwei Gegenparteien, die jedoch nicht durch die Zugehörigkeit zum ‚Polnischen' voneinander geschieden werden, beide werden vom Erzähler als ‚polnisch' bezeichnet, sondern durch die Ausgestaltung ihrer Charaktere, die einander kontrastreich gegenübergestellt werden. Einerseits herrscht das Leidenschaftliche, Chaotische und Destruktive, mit einem Wort: das Irrationale vor, das sich in die weit verbreitete Attribuierungsweise des ‚polnischen Nationalcharakters' mühelos einreiht. Andererseits werden hier Eigenschaften beschworen, die idealtypisch den aufklärerischen/bürgerlichen Tugendmenschen ausweisen: Selbstbeherrschung, Ordnung und Geborgenheitsbedürfnis, die in der rationalen Lebenskunst gebündelt werden. Aus dieser Opposition lässt sich die These ableiten, dass Hauff und Grillparzer das stereotyp gedachte ‚Polen' zur Verkörperung des ‚Anderen', das vorrangig sexuell kodiert ist, nutzen. Für Starschensky in der Novelle *Das Kloster bei Sendomir* wird die Liebe zu der ‚schönen Polin' Elga zur Begegnung mit dem ‚Anderen' gleich in mehrfacher Hinsicht: die Beziehung zu ihr weckt nicht nur seine sexuelle Begierde und stimuliert seine erotischen Wünsche, sondern eröffnet ihm neue Existenzräume, die ihm früher verborgen blieben. Bildlich realisiert Grillparzer die Erfahrungen seines Protagonisten mit einem plötzlichen Wechsel der Szenerie von der ländlichen Stille und Ruhe in das Gewimmel und hektische Treiben der Großstadt. Der Wechsel lässt im Hauptprotagonisten bis dahin unbekannte Wünsche entstehen und stellt ihn vor die Erprobung neuartiger Lebensmöglichkeiten. Der bis zu seiner Begegnung mit den ‚schönen Polinnen' und ‚edlen Polen' in Einsamkeit bescheiden lebende Starschensky unterwirft sich der Dynamik des ‚Anderen' und lebt sein anderes Ich aus, d.h. er verfällt der Unterhaltungs- und Verschwendungssucht, ohne diesen neuen Lebensinhalt für unmoralisch zu befinden. Die bürgerlichen Tugenden werden im Raum des ‚Anderen' außer Kraft gesetzt. Der ‚andere' Starschensky hat auch vorerst nicht die Kraft, aber auch nicht den Willen, zu seiner früheren Existenzform zurückzukehren. Die ‚Hilfe', die Besinnung also, muss von außerhalb kommen: Erst auf die deutlichen Mahnungen seines treuen Dieners hin entscheidet sich der Graf, die Hauptstadt zu verlassen.

In der Rahmenerzählung wird über die Erzählerfigur des Mönchs, ein weiteres Alterego Starschenkys, eine klare Distanz zu den Vorfällen der eigentlichen Handlung aufgebaut. Dieses erzählstrategische Verfahren ermöglicht Grillparzer auch, die Stadt (Großstadt) zum Ort des Bösen zu stilisieren, was als eine Reaktion auf die Erfahrungen der Moderne, ihres entfremdenden und bedrohlichen Einflusses auf das Leben des Einzelnen gelesen werden kann. Die polnische Großstadt (Warschau) wird zu einem mehrfach potenzierten Raum des ‚Anderen'. Der versuchte Rückweg in die frühere Lebensweise wird von vornherein als unmöglich angedeutet, wenn auch der Autor seine Figur daran anscheinend nicht zweifeln lässt. Jedoch ihre ständige, beinahe obsessive Befürchtung, dass der Wunsch nach der alten Identität nicht in Erfüllung gehen wird, weist nicht nur auf eine bloße Verunsicherung Starschenskys hin, sondern vor allem darauf, dass das gelebte ‚Andere' sich in die früheren Vorstellungen von sich selbst nicht mehr einfügen lässt. Der Mord an der treulosen Ehefrau, der schönen Polin Elga, ist sein letzter verzweifelter Versuch, das ‚Andere' auszulöschen, um dadurch den früheren Zustand zu erreichen. Mit Elga will Starschensky sein anderes

Ich töten, ohne zu ahnen, dass er durch diese Tat eine weitere Schicht seiner Persönlichkeit wird aufdecken müssen.

Die Erzählung von Grillparzer wurde oft wegen der Unglaubwürdigkeit ihrer Handlung kritisiert, wobei man meistens auf die unwahrscheinliche Flucht des gefangenen Polen (Oginsky) hinwies.[15] Diese Szene muss allerdings gar nicht als eine narrative Schwäche Grillparzers angesehen werden, denn sie lässt sich auch anders deuten. Mit dem flüchtigen ‚edlen Polen‘ entkommt Starschensky zugleich ein Teil seines Wesens, von dem er sich niemals, auch nicht durch die auferlegte Buße, wird befreien können. Sein Redezwang ist ein Beleg für die Unmöglichkeit, das alte Ich wiederzufinden und mit den Erfahrungen des ‚Anderen‘ zu leben. Die Figur Starschenskys ist dreifach gespalten: in eine rationale Persönlichkeit im ländlich-bürgerlichen Ambiente, eine irrationale in großstädtisch-adeliger Umgebung und schließlich in eine, die dem Wahnsinn verfallen, beides zugleich und keine von ihnen ist. Mit kaum verdeckter Enttäuschung stellt Koziełek über die Intentionen Grillparzers fest: „Obgleich die Handlung der Erzählung [*Kloster bei Sendomir*; I. S.] durchweg in Polen spielt, beabsichtigte der Dichter nicht, ein Bild polnischer Lebensart zu geben, sondern die Tiefen der menschlichen Psyche auszuloten.“[16] Dieser Konstatierung kann man ohne Einschränkungen zustimmen. Die Darstellungen ‚Polens‘ werden hier zum Raum des ‚Anderen‘ umfunktionalisiert, was dem Autor einen freieren Umgang mit Themen erlaubt, die an moralischen Grundsätzen der bürgerlichen Leserkreise rühren. Die Erforschung der multiplen menschlichen Innenwelt, der menschlichen Affekte und deren Zerstörungspotenzial kann narrativ an einem Ort wirksamer vollzogen werden, dem der Autor, der Erzähler und selbst der Leser durch seine behauptete Andersartigkeit entfremdet werden.

Bei Hauff kommt es zu einer ähnlichen Funktionalisierung ‚Polens‘ zum Projektionsraum des ‚Anderen‘ wie bei Grillparzer. Auch hier treten zwei ‚polnische‘ Gegenparts auf: der „eigentliche“ ‚edle Pole‘ (von einer der Figuren „fataler Mensch“ genannt) und sein „uneigentlicher“, moralisch standhafter Gegenpol. Die Doppelgängerkonstellation wird nicht nur in der Parallelität der sexuellen Begierde der beiden Männer konstruiert, deren Objekt die jugendliche deutsche Herzogin ist, sondern auch durch die analogen Lebensläufe (beide kämpften unter dem Banner Kościuszkos) und durch die auffällige Ähnlichkeit ihrer körperlichen Erscheinung, die schließlich auch die narrativ notwendige Verwechslung der beiden Männer verschuldet. Der ‚edle Pole‘ lebt sozusagen in Vertretung für den ‚Anderen‘ seine Leidenschaften, der ‚Andere‘ kann aber – trotz seiner ‚unmoralischen‘ sexuellen Wünsche – von der Schmach des höfischen Skandals, der dem ‚edlen Polen‘ und der Herzogin zum Verhängnis wird, verschont bleiben, befriedigten doch die Taten anderer seine eigenen Träume und Bedürfnisse. Ihm bleibt schließlich auch die erzähltechnisch wichtige Rolle zugewiesen, die Intrige des deutschen Hofes, an der das ungleiche Liebespaar scheitert, zu durchschauen und anzuprangern.

III.

Wie oben bereits erwähnt, multiplizierte auch die politisch engagierte Dichtung der 1830er und 1840er Jahre das Stereotyp des ‚edlen Polen‘ mit dem gesamten Attribuierungsapparat,

15 Rösch, Labyrinthische Diskurse (wie Anm. 12).
16 Koziełek, Das Polenbild (wie Anm. 3), S. 39.

den sich zuvor die Trivialliteratur gerne zueigen machte. In den Texten von Lenau, Platen, Schwab oder Kerner wimmelt es geradezu von diesen schematisierten Bildern ‚Polens'. Die Funktionalisierung des ‚polnischen Themas', die auch in den sog. *Polenliedern* stattfindet, bekommt aber einen anderen Charakter als bei den Projektionen psychologischer Fantasien auf den östlichen Nachbarn. Hier handelt es sich in erster Linie um politische Konzepte. Die Verherrlichung der fremden (polnischen) Heldentaten und Freiheitskämpfe schafft einen günstigen Ersatzraum, in dem Postulate an die deutschen Gesellschaften formuliert werden können, die in der Zeit der Restauration diese zum politischen Handeln mobilisieren sollen. Das Besingen des polnischen Freiheitsstrebens stellt sich bei genauerem Hinsehen als ein Aufruf zur Konsolidierung einer deutschen Oppositionsbewegung heraus, die sich allerdings gegen den ‚eigenen' Unterdrücker (den absolutistischen Herrscher oder eher die Tyrannei) richten sollte. Deshalb kann es auch wenig überraschen, dass die meisten ‚Polen-Dichter' der 30er und 40er Jahre, von denen viele Vertreter des liberalen Bürgertums waren, das polnische Thema bloß „auf das liberale Denkschema vom Gegensatz zwischen Despotismus und Freiheit"[17] einschränkten und damit dem realhistorischen polnischen Freiheitsringen, dessen Hauptziel es war, den souveränen polnischen Staat wiederherzustellen, wenig Verständnis entgegenbrachten. Bei den Plänen der Wiedererrichtung der polnischen Staatlichkeit handelte es sich doch um einen Staat in den Grenzen von 1772 und nicht nur um ein freies Kongress-Polen. Dazu schreibt Michael G. Müller folgendes: „Doch muß in der programmatischen Aussparung des Teilungsproblems bezüglich des preußischen und österreichischen Anteils, wie sie in der Tat für die Mehrzahl der deutschen Polenschriften der 30er Jahre charakteristisch ist, durchaus ein Indiz dafür gesehen werden, daß deren Autoren sehr spezifische Vorstellungen von einer deutschtumsgemäßen, keineswegs aber einer gleichberechtigten Lösung der deutschen und der polnischen Frage mit ihrem Polen-Engagement verbanden."[18] Die Polenbegeisterung des Vormärz, die sich durchaus als „funktionale"[19] Polenfreundschaft auffassen lässt, orientierte sich auf der realpolitischen Ebene „nicht an den Zielen der polnischen Nationalbewegung selbst, sondern an der Chance, mit Hilfe Polens die hegemoniale Vormacht Rußlands in Mitteleuropa zu brechen und eine durch ein unabhängiges Königreich Polen abgeschirmte deutsche Großmacht zu errichten."[20] Die diskursiven Polen-Entwürfe galten daher den meisten Autoren in einem weit größeren Maße der Konzeptualisierung oft miteinander konkurrierender Projekte der deutschen ‚Nation' als der sog. ‚polnischen Frage' an sich.[21]

17 Hans-Georg Werner, Der polnische Aufstand von 1830/31 und die deutsche politische Lyrik, in: Zeitschrift für Slavistik 20 (1975), H. 1, S. 119. Das oben angeführte Zitat bezieht sich zwar auf die Texte von Ernst Ortlepp, kann aber als repräsentativ für die Mehrheit der ‚Polenlieder' angesehen werden.
18 Michael G. Müller, Polen-Mythos und deutsch-polnische Beziehungen. Zur Periodisierung der Geschichte der deutschen Polenliteratur im Vormärz, in: Die deutsch-polnischen Beziehungen 1831–1848: Vormärz und Völkerfrühling, hrsg. v. Rainer Riemenschneider. Braunschweig 1979, S. 101-115, hier S. 110 f.
19 Eberhard Kolb, Polenbild und Polenfreundschaft der deutschen Frühliberalen. Zur Motivation und Funktion außenpolitischer Parteinahme im Vormärz, in: Saeculum 26 (1975), H. 1, S. 111-127, hier S. 117.
20 Müller, Polen-Mythos (wie Anm. 18), S. 110.
21 Mehr dazu ebenda, S. 110-114. Vgl. dazu auch die folgende Stelle: „Trotz des Verständnisses für

Die Funktionalisierung des ‚polnischen Themas' im Umkreis der sog. *Polenlieder* hatte aber noch einen weit weniger idealistischen und ideologischen Hintergrund als die eben besprochenen Freiheits-, Nations- bzw. Deutschlandentwürfe der Demokraten und Liberalen. Sie diente einigen Autoren auch als eine freudig begrüßte und nicht selten ergriffene Möglichkeit, mit den Polen-Gedichten sich einen bequemen Weg zum literarischen Durchbruch zu ebnen. Ein Beispiel dafür, wie sich die ‚polnische Frage' als Sprungbrett für literarische Karrieren instrumentalisieren ließ, stellt – wie es mir scheint – das Gedicht *Der polnische Bettler* von Gustav Freytag dar, ausgerechnet von jenem Autor also, der das erste literarisierte Bild der ‚polnischen Wirtschaft' in seinem Long- und Bestseller *Soll und Haben* (1855) liefert.

Der polnische Bettler erschien erstmals in einem Musenalmanach von Echtermeyer und Ruge,[22] dann wieder in Freytags Gedichtband *In Breslau* und zuletzt in seinen *Gesammelten Werken*,[23] in die der Autor diesen Text selbst aufnahm. Die Entstehungszeit dieses Werkes kann heute nicht eindeutig festgelegt werden, dennoch sprechen einige Umstände dafür, dass er zu den ersten künstlerischen Proben Freytags gehört und somit in die späten 30er Jahre[24] fällt. Über die Intentionen des Lyrikers Freytag, die ihm bei der Verfassung dieses Gedichts vorgeschwebt haben mögen, gehen die Meinungen seiner Interpreten weit auseinander. So z.B. gilt es für die einen als ein Gedicht, das mit der deutschen ‚Polenbegeisterung' der 30er Jahre nicht das Geringste zu tun hätte,[25] von anderen wird es dagegen als ein (einziger) Text

---

die edlen Intentionen und das Mitempfinden der Bevölkerung der deutschen Länder ging es hier nicht nur um Polen und sogar nicht vor allem um Polen. Das war sozusagen ein eigentümliches Referendum, in welchem die Bürger verschiedener deutscher Staaten, verschiedener sozialer Schichten, ja sogar verschiedener Geschlechter, für Polen, d.h. für Umwälzung der Verhältnisse in deutschen Ländern und in Europa und gegen Polen, d.h. für die Aufrechterhaltung des *status quo* Kongreßeuropas abstimmen konnten. Die Mehrheit, wie bekannt, hat für Polen gestimmt." Stefan Treugutt, Die Polenbegeisterung in der deutschen Literatur nach 1830, in: Deutsch-polnische Beziehungen (wie Anm. 18), S. 116-125, hier S. 118.

22 Theodor Echtermeyer, Arnold Ruge, Deutscher Musenalmanach für 1841. Berlin [1840], S. 356-362.

23 Gustav Freytag, Der polnische Bettler, in: Ders., Gesammelte Werke. Bd. 1, Leipzig 1887, S. 286-289.

24 Aufbewahrt in der Staatsbibliothek zu Berlin, Preußischer Kulturbesitz, Nachlass Gustav Freytag. Dort ist eine Mappe mit Freytags unveröffentlichten Gedichten enthalten, die in den 30er Jahren entstanden waren. Darunter ist eine interessante eigenhändige Notiz Freytags mitüberliefert: „Woykowski, Redaction des Tygodnik literacki in Posen", die den Gedanken nahe legt, dass Freytag womöglich die Veröffentlichung seiner Texte in dieser polnischsprachigen Zeitschrift in Erwägung zog.

25 Kurt Classe, Gustav Freytag als politischer Dichter. Hildesheim 1914. Classe schreibt dazu folgendes: „Wie wir in *Soll und Haben* das ‚edle Volk der Polen' von einer ganz anderen Seite kennenlernen, so hat der Dichter im *Polnischen Bettler* alles andere beabsichtigt, als in die Fanfaren eines Anastasius Grün oder Herwegh einzustimmen. (...) Mag das Lied bei oberflächlicher Betrachtung für das zertretene Polenvolk Mitleid erwecken wollen, so beabsichtigte Freytag in ihm vielmehr das Vergebliche des polnischen Freiheitskampfes zu zeigen. Wir sehen einen Polen, der in diesem Kampfe für ein Traumbild sein Hab und Gut dahingegeben, sein Glück vernichtet hat. Der Dichter zeigt in diesem vom Schicksal geschlagenen Polen das Nutzlose des polnischen Aufstandes, er will für den Menschen, der für vergebliche Sache sein Glück eingesetzt hat, aber nicht für das Polentum Mitleid erwecken." – S. 21 f.

mit einer deutlichen ,polenfreundlichen' Aussage gelesen.[26] Einig sind sich die Interpreten nur in einem, nämlich in der Überzeugung, dass sich Freytags thematisches Interesse an Polen in einen Zusammenhang mit der Tradition der deutschen ,Polenlieder' stellen lässt.[27] Die zeitliche Situierung dieses Textes in den späten 30er Jahren und seine Thematik (das Schicksal der polnischen Bevölkerung nach dem gescheiterten Novemberaufstand von 1830 gegen die russische Teilungsmacht) scheinen zwar diese These zu bekräftigen, bestimmen aber damit keineswegs im Voraus, von welchem Ansatz her der Autor seinen Stoff angehen wird. Mit der Auslegung dieses Gedichtes hat Freytag es seinen Interpreten wirklich nicht leicht gemacht. Zum einen, weil dieser Text tatsächlich als ein ,typisches' Polenlied gelesen werden kann, in dem der Autor seinem Mitleid mit polnischen Aufständischen und seiner Empörung über die ,Barbarei' der russischen Maßnahmen (die Verfolgung der Polen durch die Kosaken) oder aber auch nur seiner Anteilnahme am tragischen Schicksal unglücklicher Menschen Ausdruck verleiht. Zum anderen schwingen hier Andeutungen unterschwellig mit, die Assoziationen mit der Stereotypie ,polnische Wirtschaft' und dem ihr inhärenten ideologischen Programm evozieren. Die beiden Auslegungsmuster und die mit ihrer Hilfe herausgeschälten ,Botschaften' des Autors müssen sich jedoch gar nicht gegenseitig ausschließen. Denn gerade die Beschreibung der Zerstörung und Verwahrlosung, wie sie das ,polnische' Leben in Freytags Gedicht kennzeichnen, und nicht im geringeren Grade die Darstellung der Aussichtslosigkeit des Freiheitskampfes können als ein emotionaler Stimulus wirken, der mitfühlende und zugleich kritische Reaktionen hervorrufen kann. Ob nun aber Mitleid mit Verfolgten und Verurteilung der Gewalt mit der ,Begeisterung' für Polen, der Unterstützung ihrer nationalen Freiheitsbewegung und schließlich mit der Anerkennung der Gleichwertigkeit von polnischer ,Nationaleigenart' und deutschem ,Volkscharakter' identisch seien, wie dies in den Freytag vor dem Vorwurf der Polenfeindlichkeit verteidigenden Aufsätzen stillschweigend vorausgesetzt wird,[28] erscheint mir als höchst problematisch.

---

26 Karl Fleischer, Gustav Freytag. Bilder aus seinem Leben. Wangen i.A. 1970. Fleischer schreibt zu Freytags Haltung Polen gegenüber in der Manier einer Verteidigungsrede: „Wollte man ihn [Freytag] heute als einen Feind der Polen hinstellen, so wäre das ganz verfehlt, denn Freytag lebte während seines Aufenthaltes in Breslau in einer Zeit, wo das Mitleid mit dem herben Schicksal des polnischen Volkes eine allgemeine Erscheinung war. Freytags Mitgefühl für das polnische Volk, das er in seinem Gedicht *Der polnische Bettler* zum Ausdruck brachte, ließ ihn vielmehr in den Augen der Menge als Polenfreund erscheinen." Hier S. 8; vgl. dazu auch Gerhard Kosellek, Slawische Mentalität und deutscher Siedlergeist im literarischen Werk von Gustav Freytag, in: Oberschlesisches Jahrbuch. Berlin 1999 (1997), Bd. 13, S. 121-135. Kosellek meint dazu: „Gustav Freytag stellte sich mit seinem Gedicht in die Reihe solcher namhafter deutscher Dichter wie Ludwig Uhland, Franz Grillparzer, August Graf von Platen, Adelbert von Chamisso, Nikolaus Lenau – um nur einige wenige zu nennen." (S. 121) und weiter: „Das Gedicht spricht eine eindeutige Sprache. Als Freytag es schrieb, stand er nicht nur in der Tradition der Polenlieder, sondern gleichfalls im Banne der liberalen Ideen, die in der Zeit des Vormärz die Gemüter der Intellektuellen bewegten. (...) Mit Fug und Recht darf behauptet werden, daß dies eine Sympathie- und Solidaritätsbezeigung für das um Freiheit ringende Nachbarvolk war." (S. 123).

27 Vgl. dazu die oben angeführten Zitate von Fleischer und Kosellek sowie Classe, Gustav Freytag (wie Anm. 25), S. 21 f.

28 Insbesondere Kosellek, Slawische Mentalität (wie Anm. 26); Fleischer, Gustav Freytag (wie Anm. 26), aber auch Renata Schumann, Gustav Freytag – besser als sein Ruf, in: Silesia Superior. Górny Śląsk – Oberschlesien. www.silesiasuperior.com/02/RenataSchumann_GustavFreytag.htm vom 15.05.2003.

Freytag selbst bestritt in den 80er Jahren des 19. Jahrhunderts seine angeblich ‚mitfühlende‘ Einstellung gegenüber den Polen überaus entschieden und wehrte damit alle potentiellen Versuche ab, ihm jedwede Polensympathien zuzuschreiben, als er in seiner Autobiografie kategorisch deklarierte:

> „Jetzt kam mir die Zeit, in der ich vorzugsweise gerne gereimte Geschichten verfertigte, es war die erste selbständige Lebensäußerung einer Poesie. Eines dieser Stücke, den ‚polnischen Bettler‘ sandte ich dem Musenalmanach von Echtermayer und Ruge. Daß es Aufnahme fand und einen artigen Brief Ruge's zur Folge hatte, wurde in späteren Jahren die Einleitung zu einem persönlichen Verhältniß mit dem Herausgeber. Ruge hatte angenommen, daß die Klage des Polen aus politischer Wärme für Polen eingegeben sei, die leider damals Modekrankheit des Liberalismus war. Er kannte mich nicht, sonst hätte er das Gegentheil herauslesen können."[29]

Offensichtlich entzieht sich dieser Text nicht nur heute eindeutigen und endgültigen Interpretationen, die anscheinend immer noch (politisch) erwünscht sind.[30] Kann diese unmissverständliche (allerdings erst nachträgliche) Distanzierung Freytags von seiner früheren Haltung oder von Annahmen anderer über den Charakter dieser Haltung damit erklärt werden, dass er zur Zeit des Erscheinens von *Erinnerungen aus meinem Leben* auf der Höhe seiner Popularität und nicht zuletzt bei seinem Publikum im Ruf eines konsequenten und unerbittlichen Gegners der ‚polnischen Wirtschaft‘ stand und dieses Selbstbild um jeden Preis stützen wollte, so muss man dem Selbstbiografen in einem Punkt wirklich Recht geben: Dieser Text lässt sich in beide Richtungen in gleicher Weise erfolgreich interpretieren. Der Umstand, dass Echtermeyer und Ruge als Herausgeber des Musenalmanachs einen Text mit einer gegenläufigen politischen Tendenz überhaupt nicht publiziert hätten (was Freytag vollkommen bewusst war), läßt den Standpunkt Ruges, dass dieses Gedicht die „politische Wärme" für die Polen und ihren Unabhängigkeitskampf bringe, plausibel erscheinen. Als debütierender Dichter bemühte sich Freytag damals offensichtlich um seinen Eintritt in die literarische Öffentlichkeit und um den Anschluss an Persönlichkeiten, die in dieser Zeit die Öffentlichkeit prägten, und er war von den damals herrschenden politischen und ästhetischen „Moden" selbst wesentlich stärker beeinflusst, als dass er bereits zu jenem Zeitpunkt es vermocht hätte, diese gegen den Strom zu prägen. Zum zweiten kann angenommen werden, dass Freytag absichtlich auf ‚gängige‘ literarische Themen und Formen zurückgriff, da er sich von dieser ‚Konformität‘ einen schnelleren Erfolg versprechen konnte. Denn gerade die thematische Ausrichtung dieses Textes, und zwar so wie sie von Ruge verstanden wurde, in ihrer zumindest oberflächlichen Korrelation mit den Tendenzen der Zeit entschied über dessen Aufnahme in die Anthologie und nicht Freytags angebliche Darstellung ‚gegen den Strich‘ oder schließlich eine glänzende ästhetische Qualität. Diesem Umstand lässt sich meiner Meinung nach entnehmen, dass Freytag mit einer solchen (und eben nicht gegenteiligen) Lesart seines Textes gerechnet hatte und dass genau sie ihm den Weg zum literarischen Durchbruch ebnen würde.[31]

---

29 Gustav Freytag, Erinnerungen aus meinem Leben, in: Ders., Gesammelte Werke (wie Anm. 23), Bd. 1, S. 104.
30 Vgl. Schumann, Gustav Freytag (wie Anm. 28).
31 Vgl. dazu die Meinung Karen Hagemanns über das literarische Debüt von Friedrich Rückert, nach

Die in der Autobiografie rhetorisch zugespitzte Formulierung: „Er [Ruge] kannte mich nicht" wird daher von Freytag eher als ein retrospektiv retuschierendes Mittel eingesetzt, das seinen Leser in der Gewissheit bestärken sollte, Freytag habe früh als „Kind der Grenze" sein „deutsches Wesen im Gegensatz zum fremden Volksthum lieben"[32] gelernt und schon immer die ‚Wahrheit‘ über den polnischen ‚Nationalcharakter‘ gekannt. Eine offene Sympathiebekundung für die rebellierenden Polen, sollte sie auch auf seine ‚unreife‘ Jugend fallen, hätte Freytags Selbstentwurf ins Wanken bringen müssen, verbargen sich doch hinter den vormärzlichen (symbolischen oder realen) Freundschaftsgesten der Deutschen gegenüber den Polen auch konkrete Wunschvorstellungen von der idealen Gesellschaft und von Beziehungen zwischen den ‚freien‘ Nationen. Und von Revolutionen aller Art, von republikanischen und umstürzlerischen Umtrieben wollte sich Freytag ebenso stark distanzieren wie von der anderen „Modekrankheit des Liberalismus", dem – müsste man hier ergänzen – ‚jungdeutsch‘ und demokratisch geprägten Liberalismus: vom Konzept des Selbstbestimmungsrechts der ‚Völker‘, das die führende Position des preußischen Staates im Wettlauf mit Österreich um die Hegemonie zu untergraben drohte.

Den beiden oben erwähnten Interpretationsstrategien, die Freytag entweder Polensympathien oder Polenfeindlichkeit bescheinigen wollen, ist eine Kategorie gemeinsam: die Kategorie des Mitleids. Plädiert Classe für die Entschlüsselung des Liedes *Der polnische Bettler* als Ausdruck des Mitleids Freytags mit den (polnischen) Menschen, die einen aussichts- und sinnlosen Kampf um ihre nationale Unabhängigkeit führen und somit als Opfer ihrer Illusionen um alle irdischen Güter gebracht werden, so hebt er doch vor allem den humanen (und nicht nationalen) Aspekt hervor. ‚Mitleid‘ und ‚Begeisterung‘ für die Polen liegen für Classe demzufolge weit auseinander. Ganz anders dagegen für Fleischer und Kosellek: Für sie ist die Bekundung des Mitgefühls mit Solidarität und Anerkennung der polnischen Freiheitsbestrebungen identisch und ein Beweis für Freytags positive Haltung Polen gegenüber, die erst infolge der Ereignisse im Großherzogtum Posen um 1848 einer Wandlung und Radikalisierung unterworfen wurde. Mag die ‚Polendebatte‘ in der Paulskirche mit Jordans, der übrigens zu Freytags Bekannten zählte, Schlagwort vom „gesunden Volksegoismus" auch tatsächlich Ansichten des Autors entscheidend geprägt haben, so lässt sich dennoch feststellen, dass er bereits vor den Ereignissen in der Paulskirche eindeutig negative Urteile über die polnische (Un-)Kultur und zivilisatorische Rückständigkeit kolportierte.[33] Die Verwen-

---

dem sich dieser das gesamte Repertoire von Themen und Motiven der patriotisch-nationalen Lyrik der Befreiungskriege zunutze machte. Sie meint dazu folgendes: „Rückert sehnte sich danach, als Dichter anerkannt zu werden und durch Schreiben seinen Lebensunterhalt sichern zu können. Deshalb erwartete er begierig die öffentliche Reaktion auf sein Erstlingswerk, die *Deutschen Gedichte*, das er 1813 geschrieben und im Sommer 1814 veröffentlicht hatte. Um zumindest in Literatenkreisen als Dichter Anerkennung zu finden, suchte er den Kontakt zu zeitgenössischen Literaturgrößen. (...) Da es Rückert vor allem um seinen persönlichen Ruhm ging, wählte er für seine Lyrik einen Gegenstand, der in Mode war und auf öffentliche Resonanz hoffen konnte, kleidete ihn aber in die komplizierte Form des Sonetts." – Karen Hagemann, „Mannlicher Muth und Teutsche Ehre". Nation, Militär und Geschlecht zur Zeit der Antinapoleonischen Kriege Preußens. Paderborn (u.a.) 2002, S. 202. Diese Taktik lässt sich meines Erachtens auch auf Freytags Bestreben, in der deutschen literarischen Öffentlichkeit Fuß zu fassen, im Großen und Ganzen übertragen.

32 Freytag, Erinnerungen (wie Anm. 29), S. 4.

33 Exemplarisch dafür [Gustav Freytag], Liebesbriefe eines Fähnrichs. Brief an den Bauer Michael

dung der Kategorie des Mitleids allein informiert daher kaum über Freytags Stellungnahme zu ‚Polen' als Staat, Nation, Gesellschaft, Kultur etc., über seine Betrachtungs- und Beurteilungsweise der polnischen Geschichtsentwicklung oder über seine Wahrnehmung und Bewertung der polnischen Kultur und des Standortes der Polen in der Welt der ‚Bildung'. Das Mitleid für die Polen als Opfer des „Weltgerichts" muss gar nicht mit der Verherrlichung oder Begeisterung für die polnische Staatsform oder für den polnischen Habitus einhergehen.[34] Das Mitleid ist weder eine kognitive Kategorie noch ein alternatives Angebot für einen effektiv funktionierenden Staat.[35] Das Mitleid liefert vor allem aber keine Parameter für die Positionierung des ‚Anderen' im Kulturstufenmodell der Menschheitsentwicklung, das Freytags (und größtenteils des gesamten 19. Jahrhunderts) Wahrnehmungsparadigma der anderen ‚Völker' fundamental prägte. Denn Mitleid kann man doch schließlich auch mit denen haben, die diesem Auslegungsmuster zufolge auf einer niedrigeren Kulturstufe stehen, und zwar nicht zuletzt deswegen, weil sie eben am „Bildungsfortschritt" nicht (ausreichend) partizipiert hätten.

Das Bild des äußerlich wie innerlich verwahrlosten Bettlers, das Freytag in diesem Text durch die kurzen Hinweise des quasi Er-Erzählers und hauptsächlich durch den (demaskierenden) Selbstbericht der Titelgestalt evoziert, enthält zahlreiche Signale für den Leser, die die Aufnahme dieses Textes durch das Prisma der Stereotypie ‚polnische Wirtschaft' steuern könnten. Da diese Stereotypie in den 40er Jahren des 19. Jahrhunderts bereits seit langem einen sprichwörtlichen Charakter aufwies, so lässt sich annehmen, dass bei der Lektüre dieses Gedichts die unscharf konturierten Bilder und mehrdeutigen Wortfiguren in das vertraute Muster der Wahrnehmung des östlichen Nachbarn abrutschen konnten. Dies gilt aber ebenso für die gegenläufige Lesart des Textes als eines ‚Polenliedes', wobei hier allein das Thema und die Entstehungszeit als wahrnehmungs- und vor allem deutungslenkende ‚Instrumente' fungieren.

Dem Gedicht *Der polnische Bettler* gebührt meiner Überzeugung nach eine Sonderstellung im literarischen Œuvre Freytags: Zum ersten, weil es in thematischer Hinsicht innerhalb der nicht geringen literarischen Produktion des Schriftstellers zu jenem Zeitpunkt völlig vereinzelt dasteht; zum zweiten, weil es keine eindeutige (oder eigentlich gar keine) Auseinandersetzung mit dem Thema ‚Polen' im Unterschied zu späteren überaus deutlichen Stellungnahmen bringt; und zum letzten schließlich, weil dieser Text wahrscheinlich überhaupt nur aus ‚strategischen' Gründen entstanden ist. Denn die Umstände seiner Veröffentlichung und die spätere Beziehung Freytags zu Ruge scheinen nahe zu legen, dass Freytag gerade mit diesem Gedicht versuchte, Kontakt zu Ruge und Echtermeyer aufzunehmen, um sich mit ihrer Hilfe auch außerhalb Breslaus und Schlesiens als Schriftsteller zu etablieren.

Mroß, erwählten Deputirten des Kreises Strehlitz in Schlesien für die constituirende Versammlung in Berlin, in: Die Grenzboten (1848), Bd. 2, S. 345-350; ders., An den Freigärtner Michael Mroß. Zweiter Brief, in: Ebenda, Bd. 4, S. 285-294.

34 Hubert Orłowski, Z modernizacją w tle. Wokół rodowodu nowoczesnych wyobrażeń o Polsce i Polakach. [Mit der Modernisierung im Hintergrund. Über die Herkunft moderner Vorstellungen über Polen und die Polen]. Poznań 2002.

35 Ebenda, S.120.

IV.

Die stereotypen Darstellungsmodelle Polens in der deutschsprachigen Literatur des 19. Jahrhunderts, die sowohl in der Trivialliteratur als auch in den politisch engagierten Texten eine konstitutive Rolle spielten, wurden mit analogen Attribuierungsverfahren realisiert, für die eine implizite Wertungsambivalenz des Dargebotenen grundlegend war. Mit Hilfe der Stereotype des ‚edlen Polen‘ und der ‚schönen Polin‘ konnte ebenso wirksam die Bewunderung wie die Verachtung für den polnischen ‚Nationalcharakter‘ zum Ausdruck gebracht werden. Fungiert das ‚Polnische‘ in den Polenliedern der 30er und 40er Jahre als durchaus bewunderungs- und mitleidswürdig, so wohnt den trivialisierten Darstellungen der Polen eine deutliche Verurteilungs- und Abgrenzungstendenz bei. Diese Ambivalenzen korrespondieren mit den etwas anders gelagerten Vorstellungen von den ‚Anderen‘ und ‚Fremden‘, die sich jedoch mit der Wahrnehmung Polens und der Polen vergleichen lassen: der ‚edle Pole‘ erinnert stark an den ‚edlen Wilden‘, aber auch an den rohen Barbaren der Wildnis, so wie sie die französische und englischsprachige Literatur des ausgehenden 18. und frühen 19. Jahrhunderts kreierte. Die Zuschreibungen, mit denen man die rohen ‚Wilden‘ zu definieren bemüht war, vermitteln ein verkehrtes Bild der auf der aufklärerischen Vernunftlehre basierenden Wunschvorstellung von sich selbst. Die Zuordnung von „asymmetrischen Gegenbegriffen“ gilt prinzipiell für beide Varianten der Alteritätskonstruktion des ‚Wilden‘ (d.h. des ‚edlen‘ und des ‚rohen‘), der das ältere Barbaren- bzw. Heidenstereotyp[36] zugrunde liegt. Die Gestalt des ‚edlen Wilden‘ gilt den Zivilisationskritikern (Rousseau) meist nur als Projektionsfläche für utopische Entwürfe paradiesischer Glückseligkeit und der Harmonie mit der Natur, die als alternatives Angebot zur voranschreitenden Entfremdung des ‚modernen‘ Menschen gelten. Im Falle des ‚rohen Wilden‘ erstarren die durchweg negativ konnotierten Zuschreibungen zu einem abgrenzenden Wahrnehmungsraster des ‚Anderen‘, das die grundsätzliche Unvereinbarkeit und Unverträglichkeit des Selbst- und Fremdentwurfs fixiert. Zugleich stellt es Hierarchien und Machtverhältnisse her, die das eigene, nicht selten gewaltsame, Vorgehen (Christianisierung und Kolonialisierung) nicht nur bloß legitimieren, sondern, zur christlichen (heiligen) Mission überhöht, sakralisieren. Das Zuschreibungsparadigma, mit dem man den ‚rohen Wilden‘ stereotypisierte, vereinigt in sich ein Repertoire von Attributen, die sich mit ihren verschiedenen Abwandlungen, Akzentuierungen und Schattierungen auch in die sozialen, konfessionellen und nationalen Alteritätskonzepte innerhalb der eigenen Gesellschaft bzw. in den Relationen zwischen den europäischen Nationen problemlos integrieren lassen.

Die Vernetzung des Kolonialdiskurses mit dem Ostkolonisationsprojekt bzw. die Analogisierung der überseeischen Expansion mit der deutschen Erschließung des ‚Ostens‘ schuf einen diskursiven Rahmen, in dem das ältere Verfahren der Stereotypisierung Polens und der polnischen Bevölkerung mittels der Zuschreibung von Barbarentopoi semantisch aktualisiert und um die in das Kulturstufenmodell eingeschriebenen Wahrnehmungsdimensionen des ‚Anderen‘ erweitert werden konnte. Das herkömmliche Barbarenstereotyp blieb dabei in seiner Tiefenstruktur unangetastet und wurde zunehmend mit neuen Erfahrungen aufgefüllt,

---

36 Reinhart Koselleck, Zur historisch-politischen Semantik asymmetrischer Gegenbegriffe, in: Ders., Vergangene Zukunft. Zur Semantik geschichtlicher Zeiten. Frankfurt a.M. 1979, S. 211-259.

bis sich schließlich die Stereotypisierung der Polen als ‚barbarische Indianer‘[37] (der eingangs erwähnte Spruch Friedrichs des Großen machte eine schwindelerregende Karriere) neben den stigmatisierenden Zuordnungen des Nomadentums, der orientalischen Tyrannei, sexuellen Maßlosigkeit und Luxussucht fest etablierte.

Einen erheblichen Energieschub konnte diese Stereotypisierungspraxis, der die Asymmetrie der Vorstellung vom ‚Anderen‘ zugrunde lag, nicht zuletzt durch die deutsche Kritik an der Ausrottungs- und Vertreibungspolitik der Kolonialmächte gegenüber den Indianern erhalten. Die Reflexion über das Vorgehen der zivilisatorisch überlegenen Europäer gegenüber den ‚Naturvölkern‘ auf dem amerikanischen Kontinent ließ die einheimischen Urbewohner als tragische und mitleiderregende Gestalten, als Opfer der europäischen Zivilisationsübermacht und des Expansionsdranges erscheinen. Die literarische Figur des ‚edlen Wilden‘, die sich zwar aus der europäischen Zivilisationskritik speiste, behielt jedoch weiterhin die asymmetrische Betrachtungs- und Evaluierungsweise bei, mit dem Unterschied lediglich, dass die bisher zugeordneten Merkmale nun positiv ausgelegt wurden. „Die voranschreitende Ausrottung oder Vertreibung der Urbevölkerung leistete diesen Phantasiebildern [den Entwürfen des ‚edlen Wilden‘; I. S.] Vorschub, und späte Reue floss nicht selten in die Legendenbildung ein und umgab die Gestalt des Indianers mit der sentimentalen Aureole des besiegten Helden.“[38] Und gerade an jener Tendenz zur Heroisierung des Indianers und an seiner Darstellung als freiheitsliebend und zugleich gescheitert lässt sich eine gewisse Affinität zum Bild des ‚edlen‘ Polen festhalten, das die deutsche Polendichtung der 30er und 40er Jahre des 19. Jahrhunderts kreierte. Wie jener ist auch dieser eine tragische Gestalt, deren herkömmliche Lebenswelt einem unaufhaltsamen Zerstörungsprozess ausgesetzt ist. Die Vernichtung des gewohnten Lebenszusammenhangs durch militärisch dominierende Außenmächte und die Einschränkung bzw. Aufhebung des Selbstbestimmungsrechts, die dem Raub jeglicher Entscheidungsmöglichkeit gleichkommt, verlieh den beiden Figuren einen vergleichbaren symbolischen, emotional aufgeladenen Wert: Der um seine Heimaterde gebrachte und in Reservate verbannte nordamerikanische Indianer und der für sein zerschlagenes Vaterland erfolglos kämpfende Pole erweckten – wie auch immer motivierte und von der realpolitischen Lage vorgegebene – emotionale Solidarität und Mitleid. Die Untergangsstimmung verstärkte die nostalgische Komponente in den imaginären Bildern der tragischen Helden durch das evozierte Gefühl der Unwiederbringlichkeit des Entschwundenen. Die Vergeblichkeit des Kampfes gegen die Dominanz der ‚Fremden‘, die unbeschränkte Aufopferungsbereitschaft, der Heroismus und schließlich die resignative Kapitulation vor der militärischen bzw. zivilisatorischen Übermacht bestimmten den traurigen Ton dieser literarischen Darstellungen und prägten entscheidend den tragischen Grundzug in den beiden Verkörperungen des vergeblichen Ringens um Freiheit und Gleichheit.

Aber auch die infolge der Ereignisse der Märzrevolution bemerkbare Abkehr von der Figur des positiv gedeuteten ‚edlen Polen‘, die durch die politische Entwicklung an Aktualität verloren hatte, und wieder verstärkt praktizierte Stereotypisierung der polnischen

---

37 Vgl. dazu Eva Hahn, Hans Henning Hahn, Nationale Stereotypen. Plädoyer für eine historische Stereotypenforschung, in: Stereotyp, Identität und Geschichte: die Funktion von Stereotypen in gesellschaftlichen Diskursen, hrsg. v. Hans Henning Hahn. Frankfurt a.M. 2002, S. 17-56.

38 Urs Bitterli, Die ‚Wilden‘ und die ‚Zivilisierten‘. Grundzüge einer Geistes- und Kulturgeschichte der europäisch-überseeischen Begegnung. München 1991, S. 380.

Gesellschaft durch Zuschreibungen von eindeutig negativ besetzten Attributen konnte mühelos auf die älteren bzw. parallelen Alteritätskonstruktionen zurückgreifen, da die ‚schiefe‘, in die Struktur des Barbarenstereotyps eingezeichnete Optik nur selten aufgegeben wurde. Ob als mit dem ‚edlen Wilden‘ verwandter ‚edler Pole‘, ob als unzivilisierter Urheber und Träger der ‚polnischen Wirtschaft‘ – das deutsche Wahrnehmungsmuster der Polen blieb der ‚Logik‘ des Zerrspiegels verpflichtet.

Maria Zadencka

Zeichen der Exterritorialität.
Ukraine-Bilder in den Werken polnischer Romantiker

I. Vor der Aufklärung: Der anthropologisch-philosophisch-juristische Diskurs

An einer Stelle seines Buchs *Inventing Eastern Europe* führt Larry Wolff zwei Bemerkungen aus der Zeit der Aufklärung über die Ukraine an. Die eine spricht von einem weitläufigen und außergewöhnlich fruchtbaren Land, das von schiffbaren Flüssen durchzogen und mit mächtigen Eichenwäldern bedeckt ist; einem Land, das – in den Händen der mit „Piratenzügen" beschäftigten Kosaken – im „Naturzustand" verharrt und dessen Charakter ebenso wie der seiner Bewohner exakt den Zustand zu Zeiten der antiken Barbaren widerspiegelt. Das Land wird Wolff zufolge hier beschrieben als „Preis, der jeden Eroberer in Versuchung führen könnte".[1] Die zweite Bemerkung stellt die Ukraine nicht mehr als *permanenten* „Naturzustand" dar, sondern als ein Land, das dank seiner „natürlichen Bedingungen" zur Wiege und zum Zentrum einer neuen, „besseren" Zivilisation werden kann:

> „Die Ukraine wird ein neues Griechenland werden: der schöne Himmel dieses Volkes, ihr lustiges Wesen, ihre musikalische Natur, ihr fruchtbares Land usw. werden einmal aufwachen: aus so vielen kleinen wilden Völkern, wie es die Griechen vormals auch waren, wird eine gesittete Nation werden: ihre Grenzen werden sich bis zum schwarzen Meer hin erstrecken und von dahinaus durch die Welt."[2]

Die erste Beschreibung stammt aus Edward Gibbons *Decline and Fall of the Roman Empire* (1776–1788), die zweite aus Johann Gottfried Herders *Journal meiner Reise im Jahr 1769*.

Bei Gibbon ist die Ukraine ein Land, das „genommen" und „aufgeteilt" werden kann – dieses Bild zeichnet die zivilisatorische Ödnis, die die Barbaren in den ersten Jahrhunderten unserer Zeitrechnung durchstreiften, und ahmt Vorstellungen nach, wie sie aus Beschreibungen der „zivilisatorischen Ödnis" der Neuen Welt bekannt sind. Herders Bild einer neuen Zivilisation in der Ukraine ist von Rousseauschen Idealen und von dessen „edlem Wilden" inspiriert – von Vorstellungen über den guten und schönen Charakter von Menschen, die nicht von den Irrwegen der Zivilisation verdorben sind und die eine authentische Kultur hervorbringen. Diese beiden grundverschiedenen Äußerungen stehen für zwei unterschiedliche Stile „kolonialen" Denkens. Wolffs von postkolonialen Forschungen beeinflusste Arbeit führt zahlreiche Beispiele für die Rhetorik der Elite des 18. Jahrhunderts an, in der die kolonialen Territorien und Völker der Neuen Welt mit den Ländern des europäischen „Nordens"

---

1 Larry Wolff, Inventing Eastern Europe. The Map of Civilization on the Mind of the Enlightenment. Stanford 1994, S. 298.
2 Johann Gottfried Herder, Journal meiner Reise im Jahr 1769. Leipzig 1972, S. 64.

oder „Ostens" – „Osteuropas" in der anachronistischen Terminologie Wolffs – verglichen oder gar gleichgesetzt werden.[3]

Die Funktion derartiger Vergleiche konnte sehr verschieden sein, so wie schon der bloßen Tatsache, dass das niedrigere zivilisatorische Niveau der europäischen Peripherie betont wurde, unterschiedliche Bedeutung zukommen konnte.[4] Unabhängig von ihrer Aussagefunktion ebneten diese Vergleiche meines Erachtens bestimmten Formen der Bildgebung den Weg, wie sie in einer Reihe von polnischen romantischen Werken anzutreffen sind, die in erster Linie Darstellungen der Ukraine liefern.

* * *

Die intellektuelle Manier der westlichen Aufklärung, die Charakteristika der „weniger bekannten" Länder Europas mit den exotischen Ländern der Neuen Welt und mit den Kolonien zu vergleichen, bildete sich unter dem Einfluss vieler Faktoren heraus; der wichtigste war vielleicht der Zusammenhang mit der langen philosophisch-juristischen Debatte über die Souveränität der Staaten und das Völkerrecht, wie sie die Werke von Hobbes, Locke und Rousseau sowie vor ihnen von Bodin, Barclay, Grotius und Pufendorf durchzieht.[5] Neben dem grundsätzlichen Problem der „Reinigung des (europäischen) Staatskörpers vom Krie-

---

3   Wolffs an Quellenanalysen reiches Buch ist nach wie vor eine der wichtigsten Arbeiten über die Haltung der Aufklärung zu den Gebieten des östlichen und südlichen Europas (im geografischen Sinne). Sie ist für die Ausklammerung großer Quellengruppen (u.a. deutscher Texte, die zur Gattung der „gelehrten Reise" gehören) sowie für die anachronistische Verwendung des Begriffs „Osteuropa" scharf kritisiert worden. Vgl. Michel Confino, Re-inventing the Enlightenment. Western Images of Eastern Realities in the Eighteenth Century, in: Canadian Slavonic Papers 36 (1994), H. 3-4, S. 505-522.

4   Die Betonung des Zustandes von Rückständigkeit/Wildheit/Anarchie/Despotie/Sklaverei konnte, wie Wolff ausführt, als Gegenbild dienen, als Bestätigung des Bildes vom zivilisierten Heimatland des Reisenden auf dem Wege der Negation; sie konnte auch – darauf weisen die Rezensenten von Wolffs Buch hin – eine Konstruktion sein, die dazu diente, die Tragfähigkeit der aufklärerischen Ideen zu Politik und Staatsverfassung auf den Prüfstand zu stellen; sie konnte als in kaum bekannten, also zum Teil symbolischen Gegenden lokalisierte Parabel auf die unvollkommene Staatsverfassung der eigenen Länder dienen; sie konnte schließlich die uralten Stereotype reproduzieren, die in Europa seit fast zwei Jahrhunderten kursierten. Einer Selektion des „empirischen" Materials, einer unkritischen Reproduktion alter Stereotype oder auch einer phantastischen Lokalisierung utopischer Staatsentwürfe begegnet man in diesen Texten häufig – trotz des erklärten Anspruchs auf Faktentreue und Neutralität.

5   Klassische Arbeiten zum Begriff der Souveränität sowie zum postscholastischen Naturrecht sind: Bertrand Jouvenell, Sovereignty. An Inquire into the Political Good. Cambridge 1957; Leo Strauss, Natural Right and History. Chicago 1952; Quentin Skinner, The Foundations of Modern Political Thought. Cambridge (u.a.) 1978. Die wichtigste Arbeit war für mich Carl Schmitts umfangreicher Essay *Der Nomos der Erde* (1950), der als einer der wenigen die Frage der für den Diskurs des souveränen Staats charakteristischen allegorischen Formeln, der mythischen Wurzeln bestimmter juristischer Konzepte sowie der Art und Weise der räumlichen Ausgestaltung der politisch-juristischen Realität berührt. Duncan Ivison und Thomas Baldwin haben über die Geschichte des Konzepts von der Territorialität des souveränen Staates geschrieben, Michel Foucault hat dem Gegensatz zwischen dem Diskurs über die Souveränität und dem „revolutionären Diskurs" einen großen Teil seiner Vorlesungen im Collège de France 1976 gewidmet.

ge" war hier der offene Raum der Neuen Welt die zweite wichtige Quelle einer neuen juristischen Reflexion.

Diese Diskussion wurde zur Grundlage des politischen Denkens ebenso wie der politischen Praxis, die in Europa mehrere Jahrhunderte lang herrschte: zur Grundlage eines Diskurses, der eine Ordnung relativen Gleichgewichts zwischen absolutistisch regierten, souveränen Territorialstaaten setzte. Wer zu diesem geschlossenen und abgegrenzten System europäischer Staaten gehören sollte und wer nicht, das wurde hauptsächlich in Kriegen und Rangstreitigkeiten des 17. Jahrhunderts ausgetragen und fand in immer neuen Traktaten und Friedensverträgen seine sukzessive Bestätigung.[6] Es war dies der bekannte Prozess der juristischen und politischen Reorganisation Europas, der in einem zentralistischen Umbau der Staaten bestand, was zu einer effektiveren inneren Organisation und zu einer erhöhten Verteidigungsfähigkeit führte. Dieser Prozess unterlag einer unverkennbaren spatialen Interpretation: Das abgegrenzte Territorium war der physische Ausdruck sowohl der Reichweite der so effektiv wie möglich agierenden absoluten Macht im Inneren als auch des äußeren Gleichgewichts. Das souveräne Territorium war eines der grundlegenden Zeichen für die Souveränität als solche. Dieser Prozess setzte im 17. Jahrhundert mit dem Westfälischen Frieden ein; eine weitere, späte Bestätigung fand er im Wiener Vertrag nach den napoleonischen Kriegen. Die wahrscheinlich spektakulärste Veränderung, die diese „neue Ordnung" auf der europäischen Landkarte bewirkte, waren die Teilungen Polen-Litauens. Im Rahmen des diese Ordnung regulierenden Diskurses wurden Argumente formuliert, die die Teilungen rechtfertigten.

Das Gleichgewicht in einem geschlossenen und abgegrenzten System von Staaten erleichterte Friedensverhandlungen, die Begrenzung oder Zivilisierung der Kriege und war eine „Entlastung", die nicht nur für ein ruhigeres Leben auf dem Kontinent, sondern auch für die Expansion im außereuropäischen Raum, in der Neuen Welt benötigt wurde. Die absolute Macht in einem territorial abgegrenzten Staat verlieh den Fragen nach der Freiheit des Einzelnen und nach dem Recht auf Eigentum neue Aktualität. Beide Fragen bildeten die Quintessenz der individuellen politischen Rechte. Im absolutistisch regierten Staat verzichten die Untertanen aufgrund eines moralisch-juristischen Kontrakts zu Gunsten des Herrschers auf einen Teil dieser Rechte. Dieses höchst disziplinierte System, das auf dem kontraktären Konzept eines idealen *Gleichgewichts* basierte, verfügte über ein eigenes „Sicherheitsventil", von dem sein Fortbestehen ganz wesentlich gestützt wurde: eine Sphäre, in der das Recht auf Freiheit und auf „Inbesitznahme" potenziell und praktisch realisiert werden konnte und nicht von der auf dem alten Kontinent eingeführten Disziplin eingeschränkt wurde. Denn in den Schriften der Juristen und Philosophen wurde die Neue Welt häufig als Gegensatz zu dem geordneten Raum Europas dargestellt: als Gebiet ohne Grenzen – seien es physische Grenzen oder Grenzen der Disziplin, des Rechts oder der Moral. Das in Europa formulierte Recht auf Eigentum, das mit Verdiensten, Arbeit und „Sesshaftigkeit" zusammenhängt, lässt sich in der Neuen Welt beliebig interpretieren – ebenso wie die Prinzipien der Legitimierung von Macht. Wahrscheinlich begann man diese Beschreibung erst sekundär auch auf jene Gebiete in Europa anzuwenden, die von starken Staaten als Ex-

---

6 Vgl. Carl Schmitt, Der Nomos der Erde im Völkerrecht des Jus Publicum Europaeum. Köln 1950, S. 117.

pansionsraum betrachtet wurden, die hinsichtlich ihrer territorialen Kohärenz „schwankten" und „schwächer entwickelt" waren. Die tatsächliche zivilisatorische Verspätung wurde bald in einer Rhetorik dargestellt, die an das Bild vom „grenzenlosen Land" der Neuen Welt anknüpfte.

Die „Grenzenlosigkeit" des Raums in der Neuen Welt wurde zumeist als eine Freiheit beschrieben, die *älter war als das Gesetz* – als „heroischer" Individualismus von Individuen also, die sich selbst ihr Recht setzen, sich ihre Verbündeten selbst aussuchen, ihr Eigentum auf eigene Faust – und manchmal im Konflikt mit der Gemeinschaft – erwerben; aber auch als „heroischer" Kollektivismus einer Gemeinschaft, die von diesem Draufgängertum profitieren kann. Diese mythische Färbung nimmt der Begriff „Freiheit" in Grotius' klassischen Schriften aus dem siebzehnten Jahrhundert über die Freiheit des Seehandels und die Freiheit der Besiedlung des Landes in der Neuen Welt an; einer ähnlichen Stilistik bedient sich im 18. Jahrhundert nicht selten auch Gibbon, wenn er über die Eroberungszüge der Barbaren in den ersten Jahrhunderten unserer Zeitrechnung schreibt. Ein polnisches Beispiel für eine Erzählung, die sich ganz und gar einer „mythischen" Raumcharakteristik bedient, die sowohl von den Beschreibungskonventionen in Bezug auf den freien Raum der Neuen Welt als auch von Gibbon beeinflusst ist, sind bestimmte Passagen aus Zygmunt Krasińskis poetischem Prosaroman *Agaj-Han* (1832). Die polnischen Züge gegen Osten, in die Tiefe Russlands und Asiens während der Kämpfe um den Moskauer Thron im 17. Jahrhundert (Beginn der Handlung: 1611) werden *gleichzeitig* mit der Eroberung Amerikas und mit dem Zug der Barbaren gegen Rom verglichen:

> „So wie ein Jahrhundert zuvor die Spanier am anderen Ende der Erde durch die neu entdeckte Welt streiften, so ergießen sich heute die Polen über die Weiten Moskaus. Schau: Cortez zieht Montezuma vom Thron, Żółkiewski führt die Šujskijs. Mexiko entflammt in der Glut der Feuerbecken inmitten der schwarzen Seen und fleht um Hilfe für seine geschändeten Götter, Moskau – die Stadt mit den tausend Kuppeln – empört sich seiner Heiligen und der entweihten Kirchen willen.
>
> Eine neue Welt war das für die Polen, östlich, weit, offen für die Tritte der beschlagenen Pferdehufe. Was immer in Lechien an harten Seelen und wilden Herzen schlummerte, das sollte erwachen und auf den Auen von Moskau bis Astrachan ein verbissenes Leben führen. Sie leben also ohne Rast, kämpfen Tag und Nacht, mit dem Helm auf der Stirn und dem an die Brust gehefteten Kürass, frei; sie lachen über Bitten und Befehle, scheren sich nicht um ihr Heim, lieben die Jagd und die Schifffahrt, sind ungebunden alle Tage ihres Lebens, bis sie der Tod überrascht. (...) Genauso waren vor Jahrhunderten die Helden, die Bezwinger Roms, denen die Freiheit so sehr in der Brust wallte, dass sie, von ihr vorwärtsgetrieben, den Irrtum liebten, allerlei Erscheinungen und den ewigen Kampf gegen alles, was sie umgab – Menschen, die Elemente; und dass sie es auf dem Ozean mit dem Sturm aufnahmen und zu Land über Trümmer schritten".[7]

Der offene Raum der „Neuen Welt" Eurasiens wird als Sphäre absoluter Freiheit beschrieben, als Ort der Explosion einer kollektiven Energie, als Land ohne Grenzen, eine jedem

---

7   Zygmunt Krasiński, Agaj-Han, in Ders., Dzieła literackie [Literarische Werke]. Bd. II, hrsg. v. Paweł Hertz. Warszawa 1973, S. 489-619, hier S. 547 f. (Vgl. auch Beitrag von Rolf Fieguth im vorliegenden Band, S. 134-151).

offen stehende Welt ohne Gesetz und Disziplin. Verwendung findet hier die Metapher des Ringens „mit dem Sturm auf dem Ozean" – eher beiläufig und in gewissem Sinne sogar fehlerhaft gebraucht, zeugt sie davon, dass sie bereits zum festgelegten Bildrepertoire für dieses Bedeutungsfeld gehört. Der Vergleich der Freiheit zur Inbesitznahme des „Niemandslandes" mit der Freiheit auf dem Meer (der „Freiheit des Meeres") war eines der zentralen Argumente und Bilder, die im Diskurs und im neuen Recht die Expansion in der Neuen Welt abstützten.

* * *

Ein Werk der polnischen Literatur, in dem die Meeresmetaphorik in einem vergleichbaren Kontext auftritt, ist Antoni Malczewskis *Maria. Powieść ukraińska* [Maria. Ukrainische Erzählung, 1825]. Dieses Werk nimmt eine radikale Veränderung der in der polnischen Literatur bis dato dominierenden Landschaft der Ukraine vor. Bisher war diese Landschaft vor allem verbunden gewesen mit dem Mythos der Erde als „Mutter des Rechts", die „die Zeichen der gerechten Verteilung des Arbeitslohns an sich trägt" (Carl Schmitt), mit der Bestellung des Bodens und den damit zusammenhängenden Ritualen, wie in Szymon Szymonowic' *Żeńcy* [Die Schnitter, 1614] oder Szymon Zimorowic' *Roksolanki* [Ruthenische Mädchen, veröff. 1654], mit dem Ethos des Landadels oder einem gärtnerisch-pastoralen Ideal wie in Trembeckis *Sofijówka* (1804/1815).[8]

Die Ukraine in *Maria* ist eine grenzenlose Steppe mit einem offenen, weiten Horizont, ein menschenleerer Raum, in dem keinerlei Aufteilungslinien gezogen sind: Es gibt dort keine Grenzen, der Wind verweht die Spuren der Wege, es fehlt fast völlig an einer regelmäßigen Bewirtschaftung – mithin an allen jenen Charakteristika, dank deren sich die Ukraine der mythologischen Sphäre der Erde zuordnen ließe. Allgegenwärtig ist dafür die Meeresmetaphorik: Die Ritter tauchen ins Gras wie ins Wasser; das Pferd schnappt nach dem Wind wie ein Segel; der Held ist wie ein vom Blitz getroffener Mast, als er sich der drohenden Gefahr bewusst wird; um auf Spuren der Vergangenheit zu stoßen, muss man in die Erde „versinken" etc.[9] Das Bild der Welt ist kohärent und trägt alle Züge der my-

---

8 In Trembeckis *Sofijówka* wird das Lob des von Katharina II. in der Ukraine eingeführten Rechts in der Rhetorik der Mythologie der Erde formuliert, die der Sphäre des Meeres gegenübergestellt wird: „Katarzyna, przez czyny nieśmiertelna swoje, / gdy zniosła Zaporoża i Krymu rozboje, / odtąd dopiero każdy, swojej pewien właści, / pod zbrojnym żyje prawem wolny od napaści. / Wygnała barbarzyństwo rzeczy postać inna / *i obfita ziemica jest, czym być powinna.* / Ciągną ninie ku sobie te *pola karmiące* / przez *niegościnne morze* korabiów tysiące. / Ordessa zmartwychwstała i wymienia złotem / *uroszony rolniczym owoc ziemi potem*" [„Erst seitdem Katharina, die durch ihre Taten unsterblich geworden ist, / den Raubzügen der Zaporoger Kosaken und von der Krim ein Ende gesetzt hat, / lebt jeder, seines Besitzes sicher, / frei von Überfällen unter dem wehrhaften Gesetz. Ein neuer Stand der Dinge hat die Barbarei vertrieben, / *und das Land ist fruchtbar, wie es sein soll.* / Nun ziehen diese *nährenden Felder* / über das *ungastliche* (Schwarze) *Meer* Tausende von Schiffen an. / Ordessa (Odessa) ist auferstanden und tauscht / *die vom Schweiß des Landmanns besprengte Frucht der Erde* in Gold ein."]: Stanisław Trembecki, Sofijówka [Der Garten Sofijówka], hrsg. v. Jerzy Snopek. Warszawa 2000, S. 22 (Hervorhebungen von mir).

9 „Tymczasem wieś minąwszy, z bitej schodząc drogi, / Coraz się, coraz głębiej, wpędzali w odłogi; – / Gdzie wiatr ziarna zasiewa, Czas płody przewraca, / Nie zbiera plonu Chciwość, ni schyla się Praca – / Samotne – ciche – błogie – dziewicze ich wdzięki / Kwitną skrycie, od człeka nie

thologischen Sphäre des Meeres: Die Steppe der Ukraine ist ein Raum der *Freiheit* sowie ein Raum der *Angst*, in dem es nichts Stabiles gibt und wo alles passieren kann, ein Ort unvorhergesehener Wendungen des Schicksals, plötzlicher Katastrophen und Stürme. Und schließlich steht ein Zitat aus Lord Byrons *Corsair* als Motto vor dem zweiten der beiden Lieder des Werks.

Den Charakteristika der Landschaft entspricht die moralische und rechtlich-gesellschaftliche Dimension der dargestellten Welt: Die Steppe ist wie das Meer: *res nullius* und *res omnium*, sie gehört allen und niemandem, die an Land geltenden Hierarchien sind ihr fremd; „grenzenlose" private und kollektive Leidenschaften gewinnen die Oberhand über die Entwicklung der Handlung, die Welt ist im Grunde frei von Werten, Spuren früherer sittlicher Orientierungen sind zwar noch in bestimmten Gesten und Haltungen präsent, werden jedoch mit Verrat belohnt. Über allem herrschen das Schicksal, das Grauen und der Tod. Es ist eine anarchische, nihilistische und beinahe agnostische Welt.

Das Auftreten dieser kohärenten Bildgebung wird erklärbar, wenn man davon ausgeht, dass *Maria* in gewissem Sinne ein allegorisches Poem ist und dass die Meeresmetaphorik an die Problematik und an spezifische Bildgebungsverfahren des frühen philosophisch-juristischen Diskurses anknüpft, in dem das Meer und das auf dem Meer geltende Recht eines der zentralen Themen waren. Im Rahmen ebendieses Diskurses entstand das begrifflich-imaginative Bild des „freien Meeres", das in Bezug auf das Recht der freien „Inbesitznahme" der Neuen Welt, auf die *Freiheit, die älter ist als das Gesetz*, der Argumentation diente.

In seinem klassischen Werk *Mare liberum* (1609 anonym erschienen) – einem jener Werke, die das neuzeitliche System der Territorialstaaten und die rechtlichen Regeln seines Funktionierens prägten – argumentiert Hugo Grotius, dass das Meer frei sei und niemandes Eigentum sein könne, da es unendlich sei (keine Grenzen besitze) und sich seine Nutzung nicht messen lasse.[10]

---

skażone ręki, / Niebo je obejmuje – gdy w całym przestworze / Rozfarbionej żyzności rozciąga się morze. / Tam wódz stary, jak żeglarz, podług biegu słońca / Szybował swoim wojskiem w kierunku bez końca" [„Und, indeß gebahnten Weg sie, und Dörfer, meiden, / Tiefer nur in Brachen stets jagen sie, und Heiden, / Wo der Wind die Körner sät', bis die Zeit sie pflückte, / Wo nicht Habgier Früchte häuf' Arbeit nie sich bückte; / Einsam, heilig, jungfräulich; Reize noch sie spenden, / Die verborgen blühn, befleckt nicht von Menschenhänden, / Nur der Himmel sie umfängt, denn in ferne Weiten / Dehnt sich aus ein wogend Meer bunter Fruchtbarkeiten; / Folgend nur der Sonne Lauf, weiter stets und weiter, / wie ein Seemann, seine Schaar führt der alte Streiter."]: Maria. Ukrainische Erzählung von Anton Malczewski. Aus dem Polnischen metrisch übertragen v. Dr. Albert Weiss. Leipzig o.J. (Verlag von Philipp Reclam jun. Universalbibliothek. 584), S. 30.

„Już rycerze bez koni w czerwonym poziomie – / Już popiersia wędrują na skrwawionym spodzie – / Już kołpaki – proporce – już znikli jak w wodzie." (AMM, II/V) [„Doch in rieß'gem Dorngebüsch auf der rothen Erde / Bergen sich im Hinterhalt Ritter ohne Pferde. / Auf dem Boden Blutbefleckt, bricht ihr Leib sich Bahnen – / Schon versunken, wie im Strom Kolpak's sind und Fahnen."] S. 31.

„I tak to leciał Wacław – błogi, gdyby nagle / Piorun rozdarł w tej chwili jego życia żagle, / Boby nim wicher świata miotać nie był w sile". (AMM, II/XIV) [„Selig so jung-Waclaw schwebt, wie wenn im Momente / Seines Lebens Segeltuch jäh' ein Blitzstrahl trennte. / Nimmer Stürme dieser Welt hätten ihn bezwungen"] S. 39.

10 Hugo Grotius, Von der Freiheit des Meeres. Leipzig 1919, S. 45-51; ders., O prawie wojny i pokoju

Dieselbe Logik wendete Grotius in *De jure belli ac pacis* (1625) auf das Recht zum Erwerb von Eigentum in der Neuen Welt an: Die neu entdeckten, weitläufigen Landstriche seien wie das offene Meer. So wie das Meer nicht das Eigentum derjenigen sein könne, die hier auf Fischfang gehen, so könnten die unbestellten Gebiete nicht das Eigentum jener sein, die hier nur der Jagd nachgehen und in diesen Gegenden „umherstreifen". Wenn man nicht imstande sei, ein Gebiet so zu nutzen, dass es dem Gemeinwohl dient, dann besitze man daran kein Eigentumsrecht.[11] Grotius hat einen neuen Begriff in die Rechtswissenschaft eingeführt: das „Gesetz vom sekundären Erwerb von Eigentum",[12] das dazu dienen sollte, die koloniale „Inbesitznahme" von Gebieten auf den neuen Kontinenten zu legitimieren (eine Argumentation, der sich Gibbon in seiner Rhetorik annähert, wenn er von der Ukraine spricht).

Die „Freiheit des Meeres" wurde auf unterschiedliche Weise verstanden. Sie bezeichnete nicht mehr nur jene mythologische Freiheit, an die Grotius' gleichnamige Broschüre anknüpfte, sondern transportierte auch Inhalte, die unmittelbar mit der neuen Weltordnung – der Anpassung des Rechts an die merkantilistische Politik von Staaten und Handelsgesellschaften – sowie mit der Aufteilung und „Inbesitznahme" der Gebiete der Neuen Welt zusammenhingen. Erstens wurde die „Freiheit des Meeres" zu einer Metapher für die Freiheit zur Aneignung neuer Gebiete; einer „vor-rechtlichen" Freiheit, da sie sich aus dem Umstand ergab, dass sowohl dem Meer als auch den neuen Gebieten ein *anderes* als das in Europa akzeptierte Recht zugesprochen wurde. Zweitens bezeichnete die neue „Freiheit des Meeres" auch den Effekt der praktizierten Suspension des Wirkens des Rechts in einem bestimmten Gebiet von Ozeanen und Kontinenten, sie bezog sich auf eine Region, die von den europäischen Staaten auf den Weltmeeren durch die Aufteilung entlang so genannter „Freundschaftslinien" (*amity lines*) definiert wurde.[13] Jenseits dieser Linien endete das Wirken des Rechts, und es herrschte eine unbeschränkte Freiheit zum Beutemachen sowie das „Recht des Stärkeren": eine *Freiheit jenseits des Rechts*. Der konkrete geografische Raum *beyond the line* wurde von einigen Autoren als Raum nihilistischer Rechtlosigkeit, als Raum des Naturzustands und der Primitivität, des Kriegs aller gegen alle gesehen, als Ort, an dem der „Wolfscharakter des Menschen"[14] zu seiner wahren Verwirklichung gelangte und wo

---

[Vom Recht des Krieges und des Friedens]. Übers. und hrsg. v. Regimiusz Bierzanek. Warszawa 1957, II.2.3., S. 260-262. (Im Weiteren zit. unter der Sigle JBP.)

11 Grotius, JBP, II.2.17 (wie Anm. 10). Vgl. auch Duncan Ivison, Property, Territory, Sovereignty and International Law. Justyfing Political Boundaries, in: Natural Law and Civil Sovereignty. Moral Right and State Authority in Early Modern Political Thought, hrsg. v. Ian Hunter u. David Saunders. Basingstoke (u.a.) 2002, S. 219-234, hier S. 223.

12 Grotius, JBP, II.2.8 (wie Anm. 10).

13 Die erste „Freundschaftslinie" dieser Art war eine mündlich vereinbarte Geheimklausel des Vertrags von Cateau-Cambrésis (1559); weitere folgten in den verschiedenen Versionen des Meridians. Vgl. Schmitt, Nomos (wie Anm. 6), S. 60.

14 „[I]m 16. und 17. Jahrhundert erhielt das ‚homo homini lupus' durch die Tatsache der Freundschaftslinien einen konkreten Sinn. Denn jetzt wurde es geortet, d.h. es erhielt einen von christlichen europäischen Regierungen anerkannten Raum offener und unverhüllter Geltung. Das ‚homo homini lupus' des Thomas Hobbes war die aus einem neu entdeckten Raum der Freiheit hervorbrechende Antwort des 17. Jahrhunderts auf Vitorias Zurückweisung dieser heidnischen Formel": Schmitt, Nomos (wie Anm. 6), S. 64. Schmitt interpretiert auch Lockes pessimistische Ideen vom „Naturzustand" als Ideen, die in der Neuen Welt, in Amerika, „lokalisiert" sind.

die Grundlagen des Funktionierens menschlicher Gemeinschaft suspendiert waren. Schmitt konstatiert, dass sich Hobbes' Konzept des Naturzustands von der Beschreibung der konkreten Erfahrung ebenjener Sphäre herleite. Er interpretiert auch Pascals berühmten Satz „Ein Meridian entscheidet über die Wahrheit" als „Ausspruch des Schmerzes und des Erstaunens (...) Es handelt sich (...) um das für einen denkenden Menschen wie Pascal erschütternde Faktum, daß christliche Fürsten und Völker sich darüber geeinigt hatten, für bestimmte Räume den Unterschied von Recht und Unrecht als nicht vorhanden zu betrachten."[15]

In beiden Fällen bezeichnete die „Freiheit des Meeres" einen Raum, der eine Entlastung für das sich herausbildende organisierte und ausbalancierte rechtsstaatliche System der europäischen Staaten darstellte. In beiden Fällen bezeichnete sie eine *Exterritorialität* in Bezug auf die territoriale Souveränität der europäischen Staaten.

Malczewskis Poem – anfangs aufgrund seines exzentrischen Stils recht gleichgültig aufgenommen – wurde mit der Zeit zu einem der beliebtesten Werke, dessen Bildgebungsverfahren und einzelne narrative Ideen von anderen Autoren nachgeahmt wurden. Die bildliche Darstellung des Raumes in *Maria* wurde gemeinhin als nostalgischer Regionalismus (Kleiner), als Entdeckung der ukrainischen „Provinzialität" (Grabowski) und „Originalität" (Mochnacki) charakterisiert. Ich meine jedoch, dass der Raum dieses Werks auf andere Art organisiert ist: Die entscheidende Rolle spielt hier nicht die Beziehung der ukrainischen Peripherie (mit ihrer historischen Rolle als Grenzmark mit militärischer Schutzfunktion) zum polnischen Zentrum,[16] sondern die Beziehung des polnischen Zentrums mitsamt seiner ukrainischen Grenzmark[17] zur europäischen Welt – als Spannung zwischen dem Motto des I. (von Kochanowski) und dem des II. Liedes (von Byron).

Das Bild der Ukraine, die in Malczewskis Poem als Meer dargestellt wird, kann man wahrscheinlich als ausgebaute Metapher eines Landes betrachten, dem ein eigenes Territorium und das heißt souveräne staatliche Rechte fehlen, das in eine Sphäre der Freibeuterei oder sogar in einen Bereich *beyond the line*, jenseits des Rechts und der Moral, wie sie auf dem alten Kontinent gelten, verschoben ist. Die ukrainische Steppe wird auf diese Weise zu einem Ort der Imagination, an dem die grauenhaftesten mythologischen Eigenschaften

---

15 Schmitt, Nomos (wie Anm. 6), S. 63 f.
16 Michał Grabowski z.B. schrieb: „Schauen wir zum Beispiel auf *Malczewskis* Werk: Sein Blick ist ganz einfach nur auf die Ukraine als die traurigste Provinz seines Vaterlandes gerichtet, eine wilde, entvölkerte, leere Provinz, *ora finitima* des wohlgestalteren und fröhlicheren Polens": Michał Grabowski, Literatura i krytyka [Literatur und Kritik]. Wilno 1840, S. 39.
17 Elżbieta Stryjniak-Sztankone hat gezeigt, dass der Text der „ukrainischen Erzählung" *Maria* nicht sehr stark mit Ukrainismen angereichert ist und dass eines der tragenden Elemente der ukrainischen Landschaft die Linde ist, die an die Tradition des im Motto zum I. Lied zitierten Kochanowski anknüpft: Elżbieta Stryjniak-Sztankone, Przyroda ukraińska w „Marii" Antoniego Malczewskiego [Die ukrainische Natur in „Maria" von Antoni Malczewski], in: Polska w literaturze ukraińskiej – Ukraina w literaturze polskiej. Materiały z sesji naukowej zorganizowanej w dniu 10–11 czerwca 2002 roku przez Instytut Filologii Polskiej Filii Akademii Świętokrzyskiej w Piotrkowie Trybunalskim [Polen in der ukrainischen Literatur – die Ukrainie in der polnischen Literatur. Materialien einer wissenschaftlichen Konferenz, organisiert vom Institut für Polnische Philologie der Filiale der Akademia Świętokrzyska i Piotrków Trybunalski vom 10.–11. Juni 2002], hrsg. v. Stanisław Frycie. Piotrków Trybunalski 2003, S. 147-154.

des Meeres wiederaufleben: die Furcht vor Chaos und Vernichtung.[18] Das Poem konstruiert oder entwirft auf seine Weise ein Bild von der mentalen Situation einer Gemeinschaft im Schockzustand, der die Grundlagen der Existenz abhanden gekommen sind, die der Herrschaft des Rechts entzogen ist und „seinen Platz in der Welt" verliert.

Eine der Schlüsselszenen des Poems, das Erscheinen von Karnevalsmasken, das von einem Vergleich zwischen dem polnischen und dem venezianischen Karneval begleitet wird („Czy znasz Weneckie zapusty [...] Czy znasz ty Polskie zapusty?", Lied II, 2) [„Kennst du den venezianischen Karneval (...) Kennst du den polnischen Karneval?"], ist eine Figur, die in gekürzter Form den Sinn der so verstandenen, breit entfalteten Trope des Meeres bestätigt. Die Rolle des Karnevals für die abgegrenzte, disziplinierte, in dem sie umgebenden Raum zentral situierte Stadt ähnelt in der europäischen Kultur der Logik des Funktionierens der „Freiheit des Ozeans" oder der Funktion der halb im Geheimen definierten Sphäre jenseits der *amity lines* für das auf disziplinierte territoriale Einheiten begrenzte System der europäischen Staaten. Er ist ein Sicherheitsventil, ein „konventionelles" Freisetzen von Energie in der disziplinierten Realität, das eine die Ordnung zerstörende Revolution verhütet. In *Maria* wird der „polnische Karneval" allerdings dem „venezianischen Karneval" gegenübergestellt. Der venezianische Karneval dient der Verhinderung eines Verbrechens, während der polnische Karneval ins Verbrechen mündet – er ist eine andere Qualität, weil er sich in einem Raum vollzieht, der jenseits von Gesetz, Moral und dem Wirken kultureller Sicherheitsmechanismen liegt. Die Sphäre *beyond the line* bedeutet die Suspension oder Umkehrung des europäischen kulturellen Kodes. Desgleichen ist übrigens die gesamte Poetik in *Maria* die Poetik einer Realität, die von Misstrauen gegenüber einer schlichten Lektüre gewöhnlicher Zeichen durchsetzt ist.

Wie es scheint, muss in den tonangebenden Kreisen in Polen ein recht großes Bewusstsein für die allegorischen Bedeutungen existiert haben, die dem Meer in ebendiesem Sinne zugeschrieben wurden, und so entstand das metaphorisch-allegorische Bild der Gleichsetzung der Ukraine mit dem Meer als bewusste Anknüpfung an jene in der Literatur fixierten Vorstellungen eines exterritorialen Meeres (seines Rechts/seiner Rechtlosigkeit), die sich aus der Argumentation und der polemischen Rhetorik des philosophischen Diskurses herleiteten, der das System der zwischenstaatlichen Beziehungen in Europa schuf. Davon kann eine andere Figur bildhafter Rhetorik zeugen, die im Rahmen derselben „literarischen Schule" auftrat. In seinem Gelegenheitspoem *Do spółtułaczów. Wieszcze oratorium* [An die Mitpilger. Prophetisches Oratorium, 1865] schreibt Bohdan Zaleski, dass „die Emigration unsere neue Ukraine ist". Eine der symbolischen Vorstellungen, mit deren Hilfe versucht wurde, die Situation der Emigration zu beschreiben, war ihre Darstellung als Gruppe von Schiffbrüchigen, die auf einem Schiffswrack auf dem offenen Meer treiben – wie etwa auf dem bekannten Bild von Teofil Kwiatkowski. Wie das Zaleski-Zitat belegt, war dieses Motiv nicht nur an den alten, in der polnischen Literatur und Kunst seit Jahrhunderten verwendeten Topos des Staats-Schiffes geknüpft. Der scheinbar willkürliche Vergleich der Emigration mit der Ukraine in Zaleskis Poem hat seine innere Logik, und das beide Vorstellungen verbindende Element ist ein Bild des Meeres, das als Figur der „Exterritorialität" fungiert und fixiert ist.

---

18 Zur Mythologie des Meeres in der Literatur vgl. z.B. Joachim Grage, Chaotischer Abgrund und erhabene Weite. Das Meer in der skandinavischen Dichtung des 17. und 18. Jahrhunderts. Göttingen 2000.

II. Byron: Der koloniale Diskurs

Die bildliche Darstellung der Ukraine als Meer kann noch andere Konnotationen haben und einen Standpunkt zum Ausdruck bringen, von dem aus nicht die „Exterritorialität" des Meeres, die Ausklammerung aus der Herrschaft des Rechts im Vordergrund steht, sondern die *allmähliche Zerstörung der Freiheit des* Meeres und das Schwinden jener Eigenschaften bei Individuen und menschlichen Gruppen, die eine notwendige Energiequelle für Aktionen darstellten, die die Gesellschaft zusammenhielten. Die Ukraine würde dann also deswegen mit dem Meer gleichgesetzt, weil zu jener Zeit das Meer immer weniger eine Domäne der Freiheit, des Abenteuers und des individuellen Schicksals war und zunehmend den Interessen und Aktionen der „Seefahrerstaaten" und der großen Handelsgesellschaften untergeordnet wurde. Das Meer wurde zur Schlüsselregion einer neuen, „globalen" Ordnung Europas und der Welt. In dieser Ordnung mussten der Mut und das Risiko, Meere und neue Kontinente zu erobern, eine starke Grundlage zu Lande haben. Sie mussten durch eine disziplinierte und formalisierte, stabilisierende Ordnung austariert sein, die auf dem Kontinent entstanden war und expandierte, um mit der Zeit auf das Meer ausgedehnt zu werden. Dieses Gleichgewicht war jedoch labil. Auf das Meer ausgedehnt, zerstörten Rechtsordnung und Disziplin die ursprüngliche, mythologische Freiheit des Meeres und mit ihr die Freiheit des Individuums. Der juristische Ausdruck für den Beginn dieses Prozesses und zugleich das symbolische Faktum, das diesen Stand der Dinge ins Bild fasste, war die Kriminalisierung des Piratenberufs.[19] In gewissem Sinne nehmen die Staaten und Handelsgesellschaften in ihrem grenzenlosen Gewinnstreben selbst das Verhalten von Piraten an.

In gewisser Weise war die gesamte europäische Romantik die Thematisierung jener Tendenzen, die sich aus der Entwicklung der zwischenstaatlichen Ordnung, aus der Beschränkung der Freiheit des Individuums und aus der Erweiterung des Systems staatlicher und gesellschaftlicher sowie zwischenstaatlicher und imperialer Disziplin ergaben. Für die Verteidiger des Freiheitsmythos ging das System der Disziplin mit dem geistigen und physischen Leiden des Individuums sowie mit moralischer Heuchelei, mit dem Schwinden von geistigen Werten und Lebensenergie in der Gesellschaft einher. Zu den wichtigsten „programmatischen" Texten gehörten die Werke Lord Byrons, darunter sein *Corsair*, der gemeinsam mit Jan Kochanowski Malczewskis *Maria* als Motto dient.

Die „zerstörte Freiheit des Meeres", der „far and subject sea / Which makes the fearless isles so free" (*Venice. A Fragment*), zeigen Byrons Werk grundsätzlich auf zwei verschiedene Weisen. Sie wird, erstens, mittelbar veranschaulicht, anhand der Folgen, die Expansion und Kolonialpolitik sowie die mit ihnen einhergehenden Veränderungen in Politik, Recht und Lebensweise für den einzelnen Menschen nach sich ziehen – für den Zustand des „menschlichen Herzens", das, wie Elfenbein feststellt, bei Byron eher an das universale Subjekt der Aufklärung erinnert als an das individualisierte, unwiederholbare Subjekt der Romantik und das trotz seiner satanischen Züge letztlich den Ideen Rousseaus näher kommt als denen von Hobbes.[20] Byrons Helden reagieren auf die Verengung der Sphäre der Freiheit

---

19 Der Frieden von Utrecht (1713) stärkt die Kontrolle der Regierungen über die Kaperschiffe, so dass alle übrigen „Freibeuter" der Kategorie der Piraten zugeschlagen werden; vgl. Schmitt, Nomos (wie Anm. 6), S. 153.
20 Vgl. Andrew Elfenbein, Byron and the Victorians. Cambridge 1995, S. 18 ff.

in einer sich verändernden, „modernisierenden" und „globalisierenden" Welt: Sie fliehen oder werden in Grenzregionen abgedrängt, wo es ihnen gelingt, sich durch die Begegnung mit der Alterität und das Experimentieren mit der eigenen Identität einen Platz für sich selbst zu erarbeiten. Ihr Handeln ist auch eine Reaktion auf die Heuchelei nicht nur in der Lebensführung des eigenen Milieus, sondern auch der Politik und des Rechts – auf jenes Phänomen also, das Pascal in seiner Aussage über den Meridian vorausahnte und durchlitt. Der ironische Erzähler legt dieses Charakteristikum bloß, profitiert jedoch auch von ihm, indem er diskret mit verschiedenen Stimmen und Bewertungsperspektiven spielt.

Ein solcher vieldeutiger, „literarisch amorpher" Held ist in Malczewskis *Maria* der Erzähler selbst, der sich, so die Kritiker, auf ein Gespräch mit einer Verkörperung seiner selbst einlässt: mit dem „Jungen", der „auf der Flucht vor der Verzweiflung" durch die Welt streift. Eines der allegorischen Motive in *Maria* ist die zerstörte mythische Freiheit im „Byronschen" Sinne: Der heroische Optimismus (die „Freiheit" und „Fröhlichkeit", die „Freundschaft" und das „Pflichtbewusstsein") des alten Adels weicht dem Pessimismus und der „Verzweiflung" (dem „Gram" und der „Einsamkeit") – Energie verwandelt sich in Lethargie.[21] Anders als bei Byron gibt es in diesem Werk jedoch keinen imaginierten Grenzbereich, wo man Schutz suchen und die Kraft zu einem authentischen Leben schöpfen könnte – etwa im Venedig des Karnevals oder in den warmen Ländern des Südens und des Orients. Oder anders gesagt: Diese werden genannt, weil sie unerreichbar sind – auf diese Weise wird eine Distanz zum literarischen Muster geschaffen (vgl. AMM, II/I). Die Ukraine in *Maria* ist radikal in den Bereich *jenseits des Rechts* verschoben, der historisch betrachtet ebenfalls eine der Folgen der allmählich zerstörten mythologischen „Freiheit des Meeres" war.

Zweitens tritt das Thema der „zerstörten Freiheit des Meeres" bei Byron auch unmittelbar auf: als Reflexion über die koloniale und imperiale Politik. Er betrachtet sie einerseits aus der Perspektive der historischen Taxonomie und der auf ihr basierenden Vergleiche und Anspielungen. Byron ist hier wahrscheinlich stark beeinflusst von der Methode des Vergleichs unterschiedlicher historischer Formationen bei Gibbon, dessen begeisterter Anhänger er war. Andererseits stellt er die koloniale Politik im Lichte der aktuellen heftigen Diskussionen, die er insbesondere mit dem Hofdichter Southey über das Engagement der Literatur für die Schaffung oder Konstruktion eines Bildes der britischen Kolonien führte.[22]

Von allen orientalisch-historischen Fragmenten am interessantesten sind hier jene über die Republik Venedig, deren Existenz als selbstständige politische Einheit vor relativ kurzer Zeit – im Jahre 1797 – zu Ende gegangen war (ähnlich wie im Falle der polnisch-litauischen Adelsrepublik). Das alte Venedig wird als koloniales überseeisches Imperium dargestellt und im Subtext mit der Seemacht Großbritannien identifiziert. Seine Freiheit und sein Reichtum sind – wie in *Venice. A Fragment* – eine Funktion der Unterwerfung des Meeres, und zugleich bedeutet seine Macht den Verlust der eigenen Freiheit – wie in der topografischen Allegorie in Lied IV von *Childe Harold's Pilgrimage*, das mit einem Vergleich von Palast

---

21 Vgl. den charakteristischen Schluss des Poems: „I cicho – gdzie trzy mogiły w posępnej drużynie; / I pusto – smutno – tęskno w bujnej Ukrainie." (AMM, II/XX) [„Und still ist es, wo drei Gräber in düsterer Gemeinschaft stehen; / Und öde, traurig und sehnsuchtsvoll ist es in der üppigen Ukraine."]

22 Tim Fulford, Poetic Hells and Pacific Edens. http://erudite.org/revue/ron/2003/v/n32-33/009259 ar.html.

und Gefängnis eröffnet wird.[23] Doch letztlich ist Venedig – wie in *Beppo* und den Anspielungen in *Childe Harold* – ein Ort des Karnevals, in dem die Konflikte und Probleme,
die sich aus den diversen, von der kolonialen Welt hervorgebrachten Bedrohungen und aus
dem Zusammenstoß der Kulturen ergeben, suspendiert sind; es ist ein Ort der heilsamen
Transgression – aber auch eine Utopie, ein *Neverland*, ein irrealer Ort, der ja doch erst
vor kurzem von der politischen Landkarte verschwunden war. Malcolm Kelsall vergleicht
den Status und die Rolle des karnevalesken Venedig mit der unterseeischen Grotte in Byrons letztem Poem *The Island: or Christian and his Comrades* (1823). Neben *The Corsair*
ist *The Island* das zweite Poem, dessen Handlung vor dem Hintergrund des Ozeans spielt
und dessen Helden Menschen des Meeres und Outlaws sind. Byron selbst hat beide Poeme trotz des unterschiedlichen Inhalts als thematisch verwandt betrachtet. Sie bilden ein
Paar von Werken, die sich gegenseitig erhellen. So wie in *The Corsair* die Grenzen der
inneren Freiheit und Identität jenseits der Wirkungssphäre des Rechts exploriert werden, so
ist *The Island* ein explizit maritimes und koloniales Werk über die Grenzen des europäischen Rechts und der europäischen Kultur sowie über die exotische Alterität der kolonialen
Völkerschaften. Die außerhalb des Rechts gestellten Meuterer von der *Bounty* werden mit
der Bevölkerung der Südseeinseln gleichgesetzt, doch die Tendenz dieser Gleichsetzung ist
positiv, die Region *beyond the line*, die sie de facto rekonstituieren, offenbart die ursprüngliche Natur des Menschen nicht in Gestalt des Hobbesschen Wolfs-Menschen, sondern des
Rousseauschen Edlen Wilden. *The Island* ist zwar keine Apologie der Rebellion oder der
Sitten der Eingeborenen, doch durch eine Manipulation der Fakten werden die drastischen
Daten der realen Geschichte umgangen, und der Schluss des Poems verleiht der Erzählung
einen fast idyllischen Charakter. Wie irreal und naiv diese Erzählung auch sein mag – sie
offeriert doch eine gewisse positive Vision vom Zusammenleben unterschiedlicher Kulturen
und Zivilisationen.

Ein Teil der polnischen romantischen Werke über die Ukraine – wie etwa Malczewskis
Maria – entstand unter dem direkten oder indirekten Einfluss Byrons.[24] Sie wiederholen,
wie mir scheint, das aus Malczewskis Werk bekannte Schema der Integration und Zurückweisung der von Byron ausgehenden Inspiration, insbesondere die Distanzierung von jenen
für Byron charakteristischen Lösungen, die vor einem radikalen Pessimismus bewahren.

* * *

Seweryn Goszczyńskis Versroman *Zamek Kaniowski* [Das Schloss von Kaniów, 1828]
knüpft an die Ereignisse des Massakers von Humań (1768) an und verbindet diese mit
der folkloristisch-romanesken Geschichte des Kosaken Nebaba, der als einer der Anführer
der Rebellion dargestellt wird.

---

23 Zum Venedig-Thema in Byrons Werken vgl. Malcolm Kelsall, „Once did she hold the gorgeous
   East in fee...". Byron's Venice and Oriental Empire, in: Romanticism and Colonialism. Writing
   and Empire, 1780–1830, hrsg. v. Tim Fulford und Peter J. Kitson. Cambridge 1998, S. 243-260.
24 Es geht hier nicht nur um rekonstruierbare einfache Sequenzen wechselseitiger Inspiration, sondern
   auch um Intertextualität im weitesten Sinne, um die Zugehörigkeit zu einer Konstellation von
   Texten, die einen historisch identifizierbaren Diskurs bilden und einander Sprache, Bilder, Motive
   und Themen zur Verfügung stellen.

Zamek Kaniowski erweckt insofern den Eindruck eines neutralen Berichts, als der Text sich bemüht, die Verbrechen beider Konfliktparteien abzuwägen und beide Seiten mit romantischer Empathie zu charakterisieren. Auf der einen Seite werden die Kosaken, auf die sich die Aufmerksamkeit konzentriert, auf eine Weise gezeigt, die die in der polnischen Literatur bereits seit Bartłomiej Zimorowic (1597–1677) und der Dichtung der Konföderation von Bar (1768–1772) existierenden Bilder der Grausamkeit und Primitivität mit einer an sich neuen *Faszination* für das Leben der „Kinder des Bluts" und der „Natur" verbindet. Es ist eine Faszination für ihren Kampfesmut, ihr Orientierungsvermögen im Gelände und ihren Instinkt, der ihnen, im Verbund mit der ganzen Welt ihrer Vorurteile, gelegentlich die Fähigkeit verleiht, kommende Ereignisse vorauszuahnen. Auf der anderen Seite erinnern die Polen am Vorabend des Massakers in nichts an Menschen, die zu den Verbrechen fähig wären, die ihnen vorgeworfen werden; die religiöse Demut der Männer und die Ruhe der Frauen könnten auf ein gerechtes Leben hindeuten – doch der Grund für die Demut ist Angst. Die Verantwortung für das Massaker wird beiden Seiten gleichermaßen zugewiesen. Der die Kosaken agitierende Nebaba zählt die polnischen Verbrechen auf, die ein Zusammenleben unmöglich machen und nach Rache verlangen. Der Schrecken des Pogroms an den Polen wird mit einer ebenso schrecklichen „barbarischen Strafe" vergolten. Die beiden erotischen Affären, in die Nebaba verwickelt ist – mit Orlika, die zur Ehe mit dem polnischen Schlossverwalter gezwungen ist, und mit der wahnsinnigen Ksenia – fungieren hier auf eine Weise, wie sie für Texte über die militärische oder kolonisatorische Eroberung neuer Gebiete typisch ist, in denen die erotische Metaphorik häufig eine Figur der Inbesitznahme des Landes darstellt. Das doppelte Motiv des erotischen Missbrauchs, nämlich Vergewaltigung in der Ehe und Verführung, korrespondiert mit Beschreibungen des „jungfräulichen" Landes und der Natur und weist die Verantwortung für die verheerenden Ereignisse beiden Seiten des das Land zerstörenden Konflikts zu.

In dem „neutralen" Gleichgewicht der Erzählung tritt jedoch ein bestimmtes Moment auf, das dieses Gleichgewicht in Frage stellt. Der ichbezogene, nostalgische, in sein Spiegelbild „wie in das Bild der Geliebten" versunkene „rachsüchtige Nebaba"[25] ist ein Byronscher Held oder erinnert zumindest stark an einen solchen. Es gibt jedoch einen grundsätzlichen Unterschied zwischen Byrons Strategie und der Bildgebung in dem polnischen Werk: Byrons Helden sind geheimnisvoll für ihre Umgebung und für den Leser – aber nicht für sich selbst. Sie kennen das Innerste ihres „menschlichen Herzens", und aus dieser Kenntnis, aus dieser Verankerung im eigenen „Geheimnis" ergeben sich auch die unerwarteten Wendungen in ihrem Handeln, die edelmütigen Impulse, „die einzigen Tugenden unter tausend Verbrechen"; es ist dies auch eine Quelle der Freiheit, für die sie eine Form und einen Platz suchen. Nebaba dagegen *kennt sich selbst nicht*, das Innerste seines Herzens ist ihm unbekannt, und diese Unkenntnis ist unmittelbar mit der Ankündigung einer blutigen Rache und Revolution verknüpft.

„A u Kozaka taka myśl ponura,
Jakby mu w duszy osiadła ta chmura.

---

25 Seweryn Goszczyński, Zamek Kaniowski [Das Schloss von Kaniów], hrsg. v. Maria Grabowska u, Maria Janion. Warszawa 1958, Cześć II/5. (Im Weiteren zit. unter der Sigle SGZK und Angabe des Teils und Abschnitts.)

Nie wie dlaczego. Odsunął się w stronę,
Oparł na ręku czoło zamyślone;
Znowu się rzucił, jakby w nagłym gniewie,
I razem ostygł; czemu wszystko? – *nie wie.*
A potem dobył kinżału zza pasa,
Obracał w ręku, igrał z blaskiem jego,
Próbował ostrza; *nie wiedzieć dlaczego.*" (SGZK I/14; Hervorhebungen M. Z.)

[„Und der Kosak ist in so finsteren Gedanken,
als habe sich eine Wolke in seiner Seele niedergelassen.
Er weiß nicht, warum. Zog sich auf die Seite zurück,
Stützte die nachdenkliche Stirn in die Hand;
Fuhr wieder hoch, wie in plötzlichem Zorn,
Und erstarrte sofort; warum das alles? – *Er weiß es nicht.*
Und dann zog er den Dolch aus dem Gürtel,
Drehte ihn in der Hand, spielte mit seinem Glanz,
prüfte die Klinge; *man weiß nicht, warum.*"]

Nebaba kennt sich selbst nicht, und deshalb ist er nicht frei. Er ist ein Gefangener seiner Leidenschaften, die keinen Unterschied zwischen Gut und Böse kennen.[26] Diese Charakterisierung der Hauptfigur und mit ihr des ganzen Kosakenaufstands bringt es mit sich, dass die dargestellte Welt ähnliche Züge annimmt wie die Ukraine in Malczewskis *Maria*. Anders als bei Malczewski hat sie jedoch nicht den Charakter einer Allegorie, die auf Vorstellungen u.a. aus kolonialen Texten zurückgreift, um ein Land ohne Souveränität – eine kulturelle und politische Situation, die zur Atrophie der Moral führt – zu beschreiben. In *Zamek Kaniowski* vollzieht sich die imaginative Erschaffung einer *von Grund auf* primitiven Welt: Die schöne, weitläufige Ukraine kennt weder Gesetz noch Moral, sie ist ein „schwankender" Raum, der jeden Moment wieder zu einem Land des „Wahnsinns", der „Hölle" und des „Wolfscharakters" werden kann.

In der Forschung hat man bereits festgestellt, dass das Spiel mit literarischen Perspektiven die historische Dimension und Bedeutung der Nebaba-Figur reduziert und eine narrative Flucht vor der der Mythologisierung der Kosakenfigur darstellt – und dass infolgedessen in der literarischen Substanz des Werks keine polnische Antwort auf die politische Selbstdefinition des ukrainischen Helden formuliert wurde.[27] In *Zamek Kaniowski* zeigt sich also keine

---

26 „Aż mu się piekłem krew zajęła cała, / Aż mu się czapka od włosów podniosła, / Od jego dreszczu aż się łódź zachwiała, / Aż się obejrzał rybak, co u wiosła – / Kiedy te myśli, jak piekła zarzewie, / Przeszły piorunem przez Nebaby głowę, / A to gdy światła obaczył zamkowe. / (...) / Prędko mu przeszła rozkosz zemsty krótka." (SGZK I/25) [„All sein Blut entflammte wie von der Hölle, / Seine Mütze hob sich von den Haaren empor, / Von seinem Schaudern kam das Boot ins Schwanken, / Dass sich der Fischer am Ruder nach ihm umsah – / Als Nebaba diese Gedanken, wie die Glut der Hölle, / wie ein Blitz durch den Kopf schossen, / Als er nämlich die Lichter des Schlosses erblickte. / (...) / Rasch verging ihm die kurze Wonne der Rache."]

27 German Ritz hat darauf hingewiesen, dass die Figuren der starken ukrainischen Helden Nebaba und Orlika sowie die proukrainische politisch-historische Perspektive des Werks, die sich um ihr Handeln herausbildet, im Roman nicht durch eine politische Kritik am Aufstand dekonstruiert werden, sondern durch ihre romantischen literarischen Bezüge (aufgezeigt wird vor allem das

grundlegend neue Herangehensweise gegenüber den ukrainischen Problemen, obwohl das Werk immer wieder eine proukrainische Position bezieht. Auf ähnliche Weise kann man die erwähnte Verschiebung in der Verwendung des Byronschen literarischen Musters auffassen. Der feine Unterschied, der Nebaba von der „Würde" des literarischen Mythos trennt, kann in gewissem Sinne mit dem Mimikry-Effekt (Bhabha: „genauso, aber ein bisschen anders"[28]) kolonialer Texte verglichen werden, die auf neue Weise die alten Hierarchien zementieren – eine gefährliche, weil mystifizierende Strategie. Auch wenn *Zamek Kaniowski* eine sehr weitgehende Empathie gegenüber dem Kosaken als dem „Anderen" an den Tag legt, ändert der Text nichts an den alten Vorurteilen und Trennlinien – er ist eher aus einer polnischen Perspektive heraus geschrieben und reflektiert die *Fehler* der polnischen „Taktik" in der Ukraine, als dass es sich um eine neutrale Archäologie vergangener Ereignisse handelte.[29]

Allgemein gesagt konnte die Empathie der polnischen Autoren gegenüber dem ukrainischen Volk ihren Ursprung u.a. auch in der vom Verlust der Souveränität verursachten ambivalenten Situation, in der eigenen Unterordnung haben, die von politisch bewussten und sensiblen Individuen als „kolonial" erfahren wurde. Zu diesem Thema äußert sich Goszczyński in seinem deutlich später entstandenen *Memoriał* [Memorandum], das schon ganz eindeutig der Gattung politischer Prosa angehört:

> „Ihr habt hier in Galizien ein polnisches und ein ruthenisches Landvolk sowie das von beiden fast ganz separierte Volk der Bergbewohner – und alle diese mögen sich gegenseitig nicht. (...) Das einfache ruthenische Volk hasst die Polen mit einem Hass des Stammes, der Sprache, des Glaubens und des Leibeigenen; am schlimmsten gequält und entwürdigt, akzeptiert es trotzdem oder vielleicht gerade deswegen am aufrichtigsten die Worte der Erlösung, und die jüngsten Ereignisse gaben ihm die Gelegenheit, sich – wie das Volk anderer Landstriche – gegenüber den Propagandisten, d.h. den Emigranten, entweder mit vermindertem Hass zu verhalten oder sogar mit einer größeren Geneigtheit, die mitunter eine rührende Opferbereitschaft erreichte."[30]

Spiel mit Mickiewicz-Texten und mit der Tradition der antiken und Shakespeareschen Helden) sowie durch die literarische Ironie, die bei der Konstruktion der Figuren am Werke ist. „Die Verschiebung der ukrainischen Figuren aus ihrer Sinnmitte ist, pointiert gesagt, weniger Sache der Figuren selber als ‚polnische' Zutat des Erzählers". Ritz nennt diese Dekonstruktion der Helden eine „‚polnische' Ausflucht vor der Mythisierung der Figuren [, denn] ein mythischer Kosake, anders als ein mythischer Konrad Wallenrod, richtet sich gegen ein nationales Selbstverständnis": German Ritz, Postać Kozaka pomiędzy mitem a historią w polskiej literaturze romantycznej [Die polnische romantische Kosakenfigur zwischen Mythos und Geschichte], in: Opowiedziany naród. Niemiecka i polska literatura wobec najconalizmów XIX w. [Das erzählte Volk. Deutsche und polnische Literatur gegenüber den Nationalismen des 19. Jahrhunderts], hrsg. v. Izabela Surynt, Marek Zybura. Wrocław 2006, S. 121-144.

28 Homi K. Bhabha, Of Mimicry and Man. The Ambivalence of Colonial Discourse, in: Location of Culture. London/New York 1994.

29 „Piekła za wojną zatrzaśnięto bramę. / Znów tenże pokój i zbrodnie te same! (SGZK III/30) [„Nach dem Krieg wurde das Tor der Hölle zugestoßen. / Wieder derselbe Frieden und dieselben Verbrechen!"]

30 Seweryn Goszczyński, Memoriał do Centralizacji Polskiego Towarzystwa Demokratycznego w roku 1838 [Memorandum an die Zentralisation der Polnischen Demokratischen Gesellschaft im Jahre 1838], zit. nach Józef Tretiak, Wstęp [Einleitung], in: Seweryn Goszczyński, Król zamczyska [Der König des Schlosses]. Kraków 1922, S. 29.

Bezeichnenderweise sind es in dieser Passage die Emigranten, die mit der ruthenischen Bevölkerung Kontakt aufzunehmen versuchen. Die Rede ist hier von den offensichtlichen Realitäten der konspirativen Arbeit, aber die Erwähnung dieser realen Emissäre der „polnischen Sache", d.h. zur damaligen Zeit derjenigen, die den Verlust der Souveränität vielleicht am stärksten erlebten, erinnert daran, dass das empathische Bild von der Ukraine und seiner Bevölkerung mit dem traumatischen Gefühl der „Exterritorialität" einher geht – auch in Goszczyńskis früherem Text *Zamek Kaniowski*. Vor allem aber kann der mit Bildern des Verbrechens gesättigte und auf die historischen Ereignisse projizierte Pessimismus dieses Werks aus diesem Blickwinkel betrachtet werden. Es wäre dies ein „rational-anthropologischer" Blickwinkel als Ergänzung zu ontologisch-metaphysischen Interpretationen, in denen der historische Pessimismus als „Fatalismus des Bösen" und „Höllenmaschine" der Welt verstanden wurde.[31]

* * *

Die Handlung von Juliusz Słowackis Poem *Żmija*[32] (1832) spielt auf den Inseln an der Dnjepr-Mündung, in der „Sicz" – dem Wehrlager der Kosaken jenseits der Stromschnellen –, auf dem Schwarzen Meer und am gegenüberliegenden türkischen Ufer. Hauptfigur ist der legendäre Hetman der Sicz, der die Raubzüge der Kosaken gegen die Türken anführt, der aber, wie sich herausstellt, ein türkischer Renegat und in Wahrheit von dem Plan besessen ist, an seinen Feinden in der alten Heimat Rache zu nehmen. Das Poem ist auf Anspielungen und Entlehnungen insbesondere aus *The Corsair*, aber auch aus *The Island* von Byron aufgebaut (die Beschreibungen der felsigen Ufer, der Wassernymphen, der Aktionen auf offenem Meer etc.). *Żmija* ist, so scheint mir, eine Romanze, in der – ähnlich wie in *The Island* – ein Bild von der Begegnung zwischen (östlicher, türkischer) Zivilisation und „natürlicher, primitiver Kultur" (den Kosaken) gezeichnet wird.

Byron, der sich in den Jahren 1818–1823 an der heftigen Diskussion zu verschiedenen Fragen der britischen Kolonien beteiligte, schrieb *The Island* im vollen Bewusstsein der Realität exotischer/kolonialer Begegnungen der britischen Zivilisation mit diversen Typen „primitiver" Kulturen.[33] Ungeachtet dieses Wissens, das ohne Frage dem größten Teil der aufgeklärten literarischen Öffentlichkeit jener Zeit zugänglich war, schuf er eine Erzählung, die mit einer idyllischen Vision von der Liebe zwischen einem blonden „Sohn der nördlichen Meere" und einer dunkelhäutigen Tochter der „kindlichen Welt" der Natur endet – einer Vision ganz und gar im Rousseauschen Geiste. In *The Island* spielen bei der Charakterisierung des Liebespaars sowohl ihre Herkunft als auch die Verbundenheit mit ihrer

31 Diese Formulierungen stammen aus: Maria Janion, Koliszczyzna [Der ukrainische Bauernaufstand von 1768], in: Romantyzm i historia [Romantik und Geschichte], hrsg. v. Maria Janion und Maria Żmigrodzka. Warszawa 1978, S. 111-130; Marek Przybyszewski, Świat jako maszyna piekielna. O *Zamku kaniowskim* Goszczyńskiego [Die Welt als Höllenmaschine. Über Goszczyńskis *Das Schloss von Kaniów*], in: Studia z teorii i historii poezji [Studien zur Theorie und Geschichte der Poesie]. Seria II. Wrocław 1970, S. 129-149.
32 Juliusz Słowacki, Żmija, in: Ders., Dzieła [Werke], hrsg. v. Julian Krzyżanowski. T. II: Poematy [Poeme]. Bearb. v. Eugeniusz Sawrymowicz. 2. Aufl., Wrocław 1952, S. 25-84. (Im Weiteren zit. unter der Sigle JSZ und Angabe des Liedes und der Verse.)
33 Vgl. Fulford, Poetic Hells (wie Anm. 22).

jeweiligen Heimatgegend und dem Volk, das sie repräsentieren, eine wichtige Rolle: „each was to each a marvel". Der Gedanke, den Byron hier entwickelt, erinnert an Herders Idee von der Entstehung einer neuen Zivilisation, die – wie in der Herderschen Ukraine – auf den unverdorbenen, guten Sitten beruhen wird, so wie sie sich aus der Natur ergeben.

In *Żmija* stellt sich die Begegnung zwischen Zivilisation und „primitiver" Kultur anfangs recht ähnlich dar. Die Fähigkeiten der Kosaken und ihres Hetmans ergänzen sich. Die Wechselseitigkeit beruht auf dem Austausch von Wissen und Fertigkeiten, und diese Symbiose wird in einem Volkslied bekräftigt. Der Titelheld Żmija ist für seine Kosaken ein „Wunder" (das märchenhafte Schloss, die Aura des Geheimnisvollen) – und ist selbst Teil ihrer wunderbaren Welt (die märchenhaften Nymphen). Doch je näher im Poem die Aufklärung des Geheimnisses rückt, desto stärker gerät diese Wechselseitigkeit aus dem Gleichgewicht.

Die Kosaken erweisen sich als Stamm, der seine militärischen Erfolge im Grunde dank ihres Anführers erreicht, der sie organisiert, in der Strategie des Kampfes unterweist, von Sieg zu Sieg führt, diszipliniert, „zivilisiert" und im Herderschen Sinne „bessere Sitten" lehrt – und der, wie sich herausstellt, ein Fremder ist, ein Ankömmling aus jener Zivilisation, auf deren Kosten sie lebten. Über dem Bild der Kosaken schwebt die ganze Zeit der Geist der Gibbonschen Beschreibung und die alte Diskursmetaphorik in Bezug auf die Stämme, die die „zur kolonialen Aufteilung" bestimmten Gebiete bewohnen: Sie pflügen nicht, sie arbeiten nicht, sie „säen im Meer", und dort ernten sie auch die Früchte ihrer Arbeit – sie sind Piraten aus der Zeit der Freiheit, „die älter ist als das Gesetz":

„Pierwej fale wyspy zniosą,
Niźli Kozak dla spoczynku
Tknie się pługa..." (JSZ IV/229–231)
[„Eher tragen die Wellen die Inseln ab,
als dass der Kosak zur Erholung
den Pflug in die Hand nimmt..."]

„My, Kozacy, siejem w morzu.
Gdy się z wiosną plony zgarną,
Pełnym workiem piastry świecą,
Podłe jako liść zżółkniały;

Jak wleciały,
Tak wylecą." (JSZ IV/205–210)
[„Wir Kosaken säen im Meer.
Wenn mit dem Frühling die Ernte zusammenkommt,
dann leuchten die Piaster im prallvollen Sack,
Nichtswürdig wie ein vergilbtes Blatt;
Wie sie hineingeflogen sind,
so werden sie wieder hinausfliegen."]

Anfangs werden die Kosaken, die zugleich Piraten sind, in der Konvention von Byrons *Corsair* dargestellt: als freier Stamm freier Menschen. Doch während die Enthüllung der Wahrheit über ihren Anführer näher rückt, verlieren sie nach und nach die Aura tapferer, freier und ihre Schätze vermehrender Räuber und werden zu einem primitiven, grausamen

Stamm, abgeschottet nach außen und zu einem ewigen Naturzustand verdammt, der nichts mit dem Naturzustand aus Rousseaus Schriften zu tun hat. (Die Züge primitiver Brutalität entsprechen dabei jenen, die im Zusammenhang mit den Pazifikinseln diskutiert wurden, z.B. grausame Behandlung von Kriegsgefangenen und Tötung von Kindern.) Słowacki, so scheint es, spielt mit seinem Leser, seinen Gewohnheiten und Byronschen Assoziationen. Das „Korsaren"-Poem *Żmija* ist in gewisser Weise ein Anti-*Island*. Die Affäre des „Ankömmlings aus der Zivilisation" – des Hetmans Żmija – mit einer jungen Frau aus der örtlichen Elite (der Tochter eines Popen) ist ganz gewiss kein Bund ewiger Liebe und endet auch nicht mit der Aussicht auf eine Verschmelzung von „Stammeseigenschaften" – vielmehr ist sie die ostentative, brutale Zurückweisung einer solchen Lösung: Sie endet mit einer Kindstötung, deren „ideologische" Rolle die Schlussszene unterstreicht, in der das Blut des Kindes auf das Grab des „fremden" Vaters gegossen wird – ein Zeichen der ethnisch motivierten Ablehnung jeglicher Fremdheit und damit auch aller „zivilisatorischen Verbesserungen".

Schlussbemerkungen

Grob vereinfachend kann man sagen, dass bei den „ukrainischen" Werken der polnischen Romantiker zwei Richtungen zu beobachten sind, was die Behandlung des „Lokalen" und „Volkstümlichen" angeht. Die chronologisch gesehen erste, „slawophile" Richtung folgt dem Rousseauschen und Herderschen Konzept einer primitiven Zivilisation, die „durch gute Sitten verbessert wird". Die lokale Einheit wird durch die „gemeinsame Sache" historischer Kämpfe und im gemeinsamen, ästhetischen Erleben der Schönheit der Landschaft gezeigt. Trotz der tragischen historischen Motive ist dies grundsätzlich eine heitere, optimistische Variante, die der „Stärkung der Herzen" dient, die historische Tragik in eine heroisch-volkstümlich-ritterliche Erzählung verwandelt und das Volkstümliche ornamental, literarisch behandelt.[34] Hierher gehören die meisten Werke von Zaleski, Chodakowski und Padurra sowie fast die gesamte Strömung der ukrainischen *Dumki*. Die zweite Variante ist düster und pessimistisch und erweckt den Eindruck, als habe sie sich in Opposition zur ersteren entwickelt. Sie umfasst Werke, die von den Kritikern als byronistisch, häufig auch als von Malczewskis *Maria* beeinflusst eingestuft werden. Diese Werke stellen die Ukraine als ein Land dar, das sich in eine historische und moralische – um nicht zu sagen zivilisatorische – Wüste verwandelt. Sie exponieren die „satanisch-gotischen" Züge der bekannten Byronschen Texte und sind wie diese eine Reflexion über die Grenzen des Menschentums und die Umstände einer gefährlichen Annäherung an diese Grenzen. Die „metaphysisch-mythisch-folkloristische" Volkstümlichkeit ist hier – wie dies in der „kolonialen" Literatur der Fall zu sein pflegt – häufig eine Funktion dieser Reflexion. Diese Werke führen jene Elemente ein, die Byron zur Entschärfung des Pessimismus nutzt – machen aber keinen Gebrauch von ihnen; sie verzichten darauf, sich die chamäleonhafte Natur seiner Texte zunutze zu machen –

---

34 M. Korzeniewicz unterscheidet zwei Richtungen der romantischen „Volkstümlichkeit", und zwar eine ästhetisch-literarische und eine metaphysisch-mythisch-folkloristische: Maria Korzeniewicz, Od ludowości ironicznej do ludowości mistycznej. Przemiany postaw estetycznych Słowackiego [Von der ironischen zur mystischen Volkstümlichkeit. Wandlungen in den ästhetischen Positionen Słowackis]. Wrocław 1981; vgl. auch Marta Ruszczyńska, Ziewonia. Romantyczna grupa literacka [Ziewonia. Eine romantische literarische Gruppe]. Zielona Góra 2002.

gerade diesen „transgressiven" Elementen wird im Gegenteil die Funktion einer endgültigen Bestätigung der Negativität zugewiesen. So wie in *Maria*, wo der „venezianische Karneval" nicht dazu dient, den Kastenkonflikt zu entschärfen, sondern nur in die Katastrophe führt. Ähnlich verhält es sich diesbezüglich in Goszczyńskis *Zamek Kaniowski*, Słowackis *Żmija*, Olizarowskis *Zawerucha* und in vielen anderen Texten.

Von allen diesen Werken scheint Malczewskis *Maria* das wichtigste zu sein – ein Werk, das vielleicht immer noch nicht völlig verstanden wurde. Sein Wert besteht nicht nur darin, dass es ein neues Modell der bildlichen Darstellung einer konkreten Region etablierte, sondern auch darin, dass diese Bildgebung ein metaphorisch-allegorischer Kode für Begriffe und Probleme, eine Zusammenführung verschiedener Diskurselemente war; und dass der Text dadurch einen ganzen Diskursraum eröffnete und zugänglich machte, den man von nun an in der polnischen Literatur mehr oder weniger bewusst zu explorieren begann – anfangs vor allem unter Rückgriff auf ebendiesen Typ der Bildgebung. Das exterritoriale Meer ist hier dasjenige Bild, in dem viele Themen der späteren Literatur und Publizistik zusammenfließen: Zeichen für eine exterritoriale nationale Existenz, für die Folgen eines *praktischen* Heraustretens aus dem Wirkungsbereich des internationalen Rechts, für den Schrecken, den die Umkehrung und Manipulation kultureller Kodes und Werte birgt; ein Bild für die Angst vor der Auflösung in Grenzenlosigkeit und Alterität. Es ist auch ein Bild, das eine Bewertung der Geschichte des einstigen Staates beinhaltet; eines Staates, der die seine Möglichkeiten übersteigende Aufgabe auf sich genommen hatte, über die „grenzenlosen" Gebiete des Ostens zu herrschen – wir können hier die Worte Malcolm Kelsalls über Joseph Conrads *Heart of Darkness* paraphrasieren, ein Werk, das in der „Epoche spätimperialer Existenzangst" und in dem Bewusstsein geschrieben wurde, dass „die europäischen Nationalstaaten die Rolle auf sich genommen haben, die Welt zu beherrschen, was völlig außerhalb ihrer Möglichkeiten lag", und „von ihrer eigenen Eroberung besiegt wurden".

Aus dem Polnischen übersetzt von Jan Conrad, Rostock

Katrin Steffen

Visionen jüdisch-polnischer Gemeinsamkeit.
Polnische Romantik als Erinnerungsort
jüdischer Identitätsentwürfe in Polen

„Polen, Deine Nacht und meine, sie haben sich zu einem Ganzen verbunden", so lässt
der Schriftsteller Aaron Zeitlin in seinem jiddischen Drama *Esterke* von 1932 den Geist
des bekannten jüdischen Schriftstellers Icchock Lejb Perec sprechen, der in einen Dialog
mit dem Geist von Adam Mickiewicz tritt. Mickiewicz wird mit den Worten eingeführt:
„Vierundvierzig heiß ich, von den Frankisten stamme ich ab."[1]

Dieses Stück, das der Autor selbst ein „polnisch-jüdisches Mysterium" nannte, thematisiert die legendäre Liebschaft der „schönen" Jüdin Esther mit König Kasimir dem Großen.
Mit der angeführten Passage, die das fiktive Treffen zwischen Mickiewicz und Perec –
zweier sich nach einer polnisch-jüdischen Einheit sehnender Universalisten – schildert,
wird Zeitlins Werk zu einer symbolischen Darstellung der polnisch-jüdischen literarischen
Verbindungen.[2] Die Romantik bzw. die Romantiker und dabei vor allem Adam Mickiewicz
haben in diesen literarischen Verbindungen keine geringe Rolle gespielt, sie werden generell
zu einem wichtigen Bestandteil der unterschiedlichen jüdischen Perzeptionen von Polen –
auf einige ihrer Symbole und Werte soll im Folgenden eingegangen werden.[3] Es geht hier
also weniger um die romantischen Texte an sich, sondern vielmehr um ihre Funktion als
Projektionsflächen für die Verortung des „Eigenen" und des „Anderen" im postromantischen
Diskurs.

Dabei besteht das prinzipielle Problem nicht nur darin, dass eine jüdische Rezeption der
Romantik bislang wenig systematisch untersucht worden ist, sondern auch in der Asymme-
trie gegenseitiger Wahrnehmung, die bereits Zeitlin ansprach, als Perec an Mickiewicz die
Worte richten ließ: „Wer Du bist – das weiß ich, aber wer ich bin – das weißt du nicht...".[4]
Während Fragestellungen wie „Mickiewicz und die Juden" oder „Norwid und die Juden"

---

1 Die Zitate nach Chone Shmeruk, Legenda o Esterce w literaturze jidysz i polskiej [Die Legende
von Esther in der jiddischen und der polnischen Literatur]. Warszawa 2000, S. 120 f. Mickiewiczs Worte, die aus der „Großen Improvisation" seines Werkes *Ahnenfeier* stammen, führten
zu lang anhaltenden (und fruchtlosen) Diskussionen über die höchst umstrittene angebliche oder
tatsächliche frankistische Herkunft seiner Mutter, dazu auch Joanna Rostropowicz Clark, Adam
Mickiewicz's ‚Forty and For' or the Dangers of Playing with Kabbalahs, in: Polin 7 (1992),
S. 57-62.
2 Shmeruk, Legenda (wie Anm. 1), S. 10.
3 Ich stütze mich dabei in Teilen auf meine Monografie: Jüdische Polonität. Ethnizität und Nation
im Spiegel der polnischsprachigen jüdischen Presse 1918–1939. Göttingen 2004.
4 Shmeruk, Legenda (wie Anm. 1), S. 1.

oder „Die Gestalt des Juden in der polnischen Literatur"[5] für die literaturwissenschaftliche und auch historische Forschung von Interesse waren und entsprechende Untersuchungen hervorgebracht haben, so stehen umgekehrt gedachte Fragen wie „Die Juden und Mickiewicz" oder eben die Bedeutung der polnischen Literatur und Geschichte für Jüdinnen und Juden weniger im Zentrum der Forschung. Der Prozess der Subjektivierung der Juden in der Geschichte hat hier also bislang kaum stattgefunden. Juden werden in den jeweiligen Mehrheitsgesellschaften nach wie vor eher als Objekte denn als handelnde und denkende Subjekte wahrgenommen.

Betrachtet man die Bedeutung von Texten und Gedanken der Romantik für die Polen bewohnenden Juden, lassen sich unterschiedliche Rezeptionsebenen herausarbeiten, wobei deren Grenzen an den Rändern verfließen. Juden und Jüdinnen in Polen lassen sich dabei kaum als „die" polnischen Juden begreifen, weil sie eine sehr vielfältige, differenzierte und trilinguale Gemeinschaft mit einer Vielzahl unterschiedlicher Identitätsentwürfe bildeten, so dass zwischen einer jiddischsprachigen, einer hebräischen und einer polnischsprachigen Rezeption differenziert werden muss. Darüber hinaus muss in Betracht gezogen werden, ob, wie und warum sie sich voneinander unterschieden haben.[6] Da dies eine umfangreichere Untersuchung erforderlich machen würde als hier möglich ist, konzentriere ich mich in meiner Darstellung im Wesentlichen auf die Rezeption romantischen Denkens durch polnischsprachige Juden im späten 19. und im frühen 20. Jahrhundert.

Rezeptionsebenen des Romantischen

Für polnischsprachige Juden waren – zum einen – romantische Texte im Rahmen der sich im 19. Jahrhundert allmählich linguistisch akkulturierenden Minderheit ein Element der polnischen Sprachvervollkommnung, die von einer eminent sozialen Bedeutung war, und ein Anlass für die Bewunderung der Schönheit der polnischen Sprache. 1915 begann der in der Zwischenkriegszeit bekannte jüdische Journalist, Begründer der Warschauer polnischsprachigen jüdischen Tageszeitung „Nasz Przegląd" [Unsere Rundschau] und Schriftsteller Jakób Appenszlak sein Poem *Mowie polskiej* [An die polnische Sprache] mit den Worten: „O polnische Sprache! Die Sprache von Mickiewicz und Norwid, Du bist auch meine Sprache, die Sprache des Juden, der an den Ufern der Weichsel von Zion träumt!"[7] Ein ähnlich inniges Verhältnis zur polnischen Sprache entwickelten viele polnischsprachige Juden, unabhängig davon, ob sie wie Appenszlak oder zum Beispiel der Journalist und Schriftsteller Roman Brandstaetter dem Zionismus anhingen oder sich einem national, kulturell

---

5 Mieczysław Inglot, Postać Żyda w literaturze polskiej lat 1822–1864 [Die Gestalt des Juden in der polnischen Literatur 1822–1864]. Wrocław 1999; über den Zeitraum der Romantik hinausgehend auch: Stranger in our midst. Images of the Jew in Polish Literature, hrsg. u. mit einer Einleitung v. Harold B. Segel. Ithaca/London 1996; zu Mickiewicz siehe Anm. 13, zu Norwid zum Beispiel Juljusz Feldhorn, „....Pomnik strzaskany..." Motywy żydowskie w twórczości Cyprjana Norwida [„...das zerschlagene Denkmal..." Jüdische Motive im Schaffen von Cyprjan Norwid], in: Miesięcznik Żydowski (1933), H. 7-8, S. 8-26.
6 Chone Shmeruk, Hebrew – Yiddish – Polish: A Trilingual Jewish Culture, in: The Jews of Poland between Two World Wars, hrsg. v. Yisrael Gutman, Ezra Mendelsohn u. Chone Shmeruk. Hanover/London 1989, S. 304-309.
7 Jakób Appenszlak, Mowie polskiej: poemat [An die polnische Sprache: ein Poem]. Warszawa 1915.

und politisch verstandenen Assimilationsgedanken verpflichtet fühlten wie Julian Tuwim. Tuwim wurde von dem Literaturhistoriker Chaim Löw 1933 als ein „Romantiker von Natur aus und aus Tradition" bezeichnet, der aus der romantischen Epoche neben dem Individualismus und der Liebe zur Natur die Überzeugung vom magischen Gehalt und Wert der Sprache übernommen habe.[8] Tuwim selbst merkte 1924 im „Nasz Przegląd" an, dass er in „der polnischen Kultur aufgewachsen [sei] und mit meiner ganzen Seele an der Polonität" hänge. Die „Sprache, in der ich am genauesten und gleichzeitig am subtilsten das ausdrücken kann, was ich fühle, ist die polnische Sprache."[9] Roman Brandstaetter wiederum, der nach dem Zweiten Weltkrieg zum Katholizismus konvertierte, verstand in einem Artikel für die polnisch-jüdische Wochenzeitung „Opinja" [Meinung] seine Mission in der Zwischenkriegszeit als polnisch-jüdischer Autor in einem Rekurs auf die Romantiker so: „Wir verbünden das Wort von Mickiewicz mit dem heiligen Wort der Bibel."[10] Die polnische Sprache wies für viele Juden demnach einen hohen emotionalen Wert auf, und dies wurde seit dem 19. Jahrhundert von den damals zeitgenössischen Werten der Romantik genährt.[11]

Zum zweiten bildeten romantische Texte während des 19. und 20. Jahrhunderts wegen ihrer spezifischen Inhalte für verschiedene Gruppen innerhalb der polnischen Juden eine politische Plattform, um die so genannte „polnisch-jüdische Verbrüderung" besonders im Umfeld des Januaraufstandes zu begründen. Anknüpfend daran wurden romantische Texte später in wachsendem Maß zu einer Appellationsinstanz für Juden in Polen, die sich in der Auseinandersetzung mit dem sich zunehmend exklusiv verstehenden Nationalismus in Polen und dem polnischen Antisemitismus auf die Romantiker beriefen, weil sich hier Texte finden ließen, die von diesem eng verstandenen Nationsverständnis im Verhältnis zum vermeintlich „Anderen" und „Fremden" abwichen und den „Anderen" nicht aus dem Korpus der Nation ausschließen wollten, sondern ihm ein Recht auf staatsbürgerliche Gleichheit bei gleichzeitiger kultureller Differenz zusprachen. Dies bezieht sich insbesondere auf Adam Mickiewicz, den Dichter, der als *der* große, „Seher" (wieszcz) und romantische Nationaldichter Polens schlechthin galt (und gilt). In der ihm zugeschriebenen Funktion und Bedeutung war Mickiewicz den Propheten des jüdischen Volkes vergleichbar,[12] und die Rolle,

---

8 Chaim Löw, Żydzi w Poezji Odrodzonej Polski. Romantycy. Juljan Tuwim [Die Juden in der Poesie des Wiedergeborenen Polen. Romantiker. Julian Tuwim], in: Miesięcznik Żydowski 10 (1933), S. 145-168, hier S. 149. Ein „Berauschen am Schönen der polnischen Natur" hielt auch der überwiegend jiddischsprachige Dichter Maurycy Szymel für ein Kennzeichen der Schriftsteller jüdischer Herkunft in Polen, siehe ders., Kij w mrowisku [Stich ins Wespennest], in: Opinja 27 (1933).

9 Nasz Przegląd vom 6.1.1924, S. Leben, Luminarze literatury i nauki polskiej o kwestii żydowskiej w Polsce. Ankieta „Naszego Przeglądu" [Die Leuchten der polnischen Literatur und Wissenschaft über die jüdische Frage. Eine Umfrage des „Nasz Przegląd"], darin: Julian Tuwim.

10 Opinja Nr. 25 (1933), Roman Brandstaetter, Sprawy poezji polsko-żydowskiej, III: Kłody pod stopami [Polnisch-jüdische Angelegenheiten, III: Knüppel zwischen den Füßen].

11 Marcin Wodziński, Language, Ideology and the Beginnings of the Integrationist Movement in the Kingdom of Poland in the 1860s, in: East European Jewish Affairs 34 (Winter 2004), S. 21-40, hier S. 26.

12 Maria Janion, Misterium nieprzerwane [Ungebrochenes Mysterium], in: Dies, Do Europy tak, ale razem z naszymi umarłymi [Nach Europa ja, aber gemeinsam mit unseren Verstorbenen]. Warschau 2000, S. 5 ff., hier S. 6.

die Juden in seinem Werk gespielt haben, regte die jüdische Rezeption an.[13] Bei Mickiewicz glaubte man nachlesen zu können, dass für ihn die Begriffe „Pole" und „Jude" Teile
einer multiethnischen Gemeinschaft und keine gegensätzlichen Begriffe waren.[14] In seiner
messianischen Konzeption behandelte Mickiewicz die Juden in gleicher Weise wie die Polen und Franzosen als ein auserwähltes Volk. Juden und Polen kamen als zwei Nationen
im Exil zum Vorschein, die in ihrem jeweiligen Messianismus eine mystische Verbindung
eingegangen sind.[15] Mickiewicz wollte die Juden, das unterdrückte Volk, befreien. Er sah
im Volk Israel – zum Entsetzen seiner katholischen Landsleute – den „älteren Bruder", der
nicht der Assimilation ausgesetzt werden durfte, sollte er seiner heilsgeschichtlichen Aufgabe nicht verlustig werden. Mickiewicz schuf die Grundlage für einen bemerkenswerten
polnisch-jüdischen Dialog, indem er für die Juden die vollständige Gleichberechtigung, die
Bewahrung ihrer Kultur und eine gemeinsame Zukunft einforderte.[16] Diese Utopie schei-
terte aber im 19. genauso wie im 20. Jahrhundert. Kurz vor seinem Tod plante Mickiewicz
noch, sie gleichsam in die Tat umzusetzen – er wollte eine jüdische Legion aufstellen,
die gemeinsam mit Polen und Türken während des Krim-Krieges 1855 gegen das zarische
Russland kämpfen und helfen sollte, den Boden für die Wiederherstellung eines polnischen
Staates zu bereiten.[17] Sein Tod machte diesen Plan zunichte.

Der freiheitliche und kämpferische Impetus der romantischen Texte war – zum dritten – ebenfalls dafür verantwortlich, dass diese für die Juden einen großen Stellenwert

---

13 Das Thema „Mickiewicz und die Juden" ist nicht erst seit Erscheinen des Buches von Jadwiga
Maurer („Z matki obcej ...". Szkice o powiązaniach Mickiewicza ze światem żydowskim [„Von
einer fremden Mutter ..." Skizzen zu den Verbindungen von Mickiewicz mit der jüdischen Welt].
London 1990) ein kontrovers diskutiertes, das hier nicht vertieft werden kann. Im Kern steht
die Frage, ob die polnische Mickiewicz-Forschung jüdische Verbindungen des Dichters bewusst
oder unbewusst verschwiegen habe. Der Posener Historiker Krzysztof Makowski kommt zu dem
Schluss, das Thema sei oft umgangen worden, und führt dies vor allem auf Ethnozentrismus in
der Geschichtswissenschaft sowie auf einen gewissen Unwillen, „gefährliche Themen" aufzugrei-
fen, zurück; ders., Wątek żydowski w badaniach nad Mickiewiczem [Der jüdische Kontext in
den Forschungen über Mickiewicz], in: Księga Mickiewiczowska. Patronowi uczelni w dwuset-
ną rocznicę urodzin 1798–1998 [Das Mickiewicz-Buch. Dem Schirmherren der Hochschule zum
200. Jahrestag seiner Geburt], hrsg. v. Zofia Trojanowiczowa u. Zbigniew Przychodniak. Poznań
1998, S. 419-450. Dort finden sich umfangreiche Literaturangaben zum Thema.
14 So Jan Błońskis Einschätzung von Mickiewiczs Gedankenwelt: Autoportret żydowski czyli o żydowskiej szkole w literaturze polskiej [Das jüdische Selbstbild oder über die jüdische Richtung
in der polnischen Literatur], in: Ders., Biedni Polacy patrzą na getto [Die armen Polen schauen
auf das Ghetto]. Kraków 1996, S. 57-117, hier S. 59.
15 Vgl. Andrzej Walicki, Philosophy and Romantic Nationalism. The Case of Poland. Notre Dame
1994, S. 266 sowie Stefan Schreiner, Die Säkularisierung der messianischen Idee. Jüdischer und
polnischer Messianismus im 19. Jahrhundert, in: Evangelische Theologie 54 (1994), S. 45-60, hier
S. 51 f., auch Heiko Haumann, „Das Erhabenste der Menschlichkeit". Adam Mickiewicz und der
jüdisch-polnische Messianismus, in: Fenster zur Geschichte. 20 Quellen – 20 Interpretationen,
Festschrift für Markus Mattmüller, hrsg. v. Bernhard Degen. Basel/Frankfurt a.M. 1992, S. 247-
259.
16 Vgl. Maria Janion, Mickiewicz – nowożytny myśliciel religijny [Mickiewicz – ein moderner Re-
ligionsdenker], in: Do Europy tak (wie Anm. 12), S. 53-71, hier S. 53.
17 Abraham G. Duker, Jewish Volunteers in the Ottoman-Polish Cossack Units during the Crimean
War, in: Jewish Social Studies (JSS) 16/3 (1954), S. 203-218, 16/4 (1954), S. 351-375, hier S. 354.

erhielten. Unter Berufung auf die Worte der Romantiker und auf den jüdischen Beitrag zur Unabhängigkeit Polens waren Juden bemüht, ihre eigene Daseinsberechtigung in Polen zu begründen.[18] Vor allem die Zionisten in Polen versuchten im Rahmen dieses Narrativs darauf zu verweisen, dass sie ebenfalls in der Lage seien, etwa in Palästina um eine eigene Nation zu kämpfen, hätten sie doch bereits in Polen ihre Fähigkeit zum Kampf bewiesen.

Für die beiden letzten Rezeptionstraditionen, die im Folgenden im Vordergrund stehen, spielten der mythologisierte romantische Held und das romantische Ideal der „Tat" eine besondere Rolle. Das Ideal der Tat wurde zu einer zentralen Kategorie der Reflexion der polnischen Romantiker, lieferte es doch dem Volk, das durch die Teilungsmächte seiner staatlichen Existenz beraubt worden war, eine Zukunftsvision. Der Literaturhistoriker Kazimierz Wyka hat daher für die erste Romantikergeneration zu Beginn des 19. Jahrhunderts in Polen eine aktive, dynamische Haltung ausgemacht, die sich deutlich vom analytisch-romantischen Geist unterschieden habe, der in der Europäischen Romantik vorgeherrscht habe.[19]

Die Romantik wurde im Rahmen dieser Rezeptionstraditionen, die hier keineswegs vollständig aufgeführt werden, von zahlreichen Juden in Polen als ein Arsenal genutzt, als ein Gedächtnisort, aus dem sich bestimmte Denkweisen und handlungsrelevante Zeichen schöpfen ließen. Diese Anknüpfung an die Romantik war zum einen an die polnische Mehrheitsbevölkerung gerichtet, ließ sich aber zum anderen auch innerjüdisch verwenden – wobei der Begriff „innerjüdisch" etwas irreführend ist, weil alles, was die polnische Judenheit in Polen öffentlich und auf Polnisch diskutierte, einen Bezug zu der sie umgebenden Bevölkerung hatte. Jede jüdische Geschichte ist bi-national zu betrachten als die Geschichte einer Minderheit, die in einer konkreten hegemonialen Kultur existierte.[20] Dies hatte zur Folge, dass bei jüdischen Erinnerungen, Bezügen, Texten und Zeichen in Polen der Bezugsrahmen ein doppelter war: Sie bezogen sich zum einen auf die eigene Gruppe und deren historisches Selbstverständnis. Zum anderen sollte die eigene Geschichte und die eigene Erinnerung an bestimmte Ereignisse in ein Verhältnis zur Geschichte der nichtjüdischen Umwelt gesetzt werden.

Im Verlauf des späten 19. und des frühen 20. Jahrhunderts lässt sich im Zuge einer zunehmenden Nationalisierung des Staates in ganz Europa, von dem auch Teile der europäischen Judenheiten ergriffen wurden, für Polen ein Bedeutungswandel romantischer Texte und Inhalte feststellen. Sie wurden verstärkt im Sinne eines eigenen jüdischen Nationalstaates gedeutet und ideologisiert, worauf nach einem kurzen historischen Abriss einzugehen sein wird.

Im 19. Jahrhundert hatte unter den Juden in Polen eine sprachliche Assimilierung eingesetzt, ohne zu einem Massenphänomen zu werden. Eine Elite versuchte, die Sprache und auch

---

18 Siehe den Band Żydzi w obronie Rzeczypospolitej [Juden in Verteidigung der Republik], hrsg. v. Jerzy Tomaszewski. Warszawa 1996.

19 Vgl. Maria Janion, Vorwort, in: Polnische Romantik. Ein literarisches Lesebuch von Hans-Peter Hoelscher Obermaier. Frankfurt a.M. 1998, S. 9-42, hier S. 10.

20 Amnon Raz-Krakotzkin, Geschichte, Nationalismus, Eingedenken, in: Jüdische Geschichtsschreibung heute. Themen, Positionen, Kontroversen, hrsg. v. Michael Brenner u. David N. Myers. München 2002, S. 200.

die Kultur einer Gesellschaft zu übernehmen, die selbst keinen eigenen Staat hatte.[21] Diese Juden wurden in der Zeit der geteilten polnischen Nation, mit deren Befreiung sie sich identifizierten, zu „leidenschaftlichen Polen in dieser schweren historischen Zeit", wie Piotr Wandycz es formuliert hat, weil sie die polnische Frage mit freiheitlichen und universalen Werten verbanden.[22] Sie waren sprachlich und kulturell in der polnischen Kultur, besonders der Romantik, verwurzelt und mit Polens Nationalliteratur sehr vertraut. Sie versuchten über die Aneignung des nationalen Kanons die Welt der modernen Nation, die ja immer auch ein partizipatorisches und egalitäres Prinzip zu verheißen schien, zu betreten. Dabei gaben sie nicht alle jüdischen Traditionen auf – solche Konstellationen sind unter anderem bei Joanna Olczak-Ronikier in ihrer Familiensaga *W ogrodzie pamięci* nachzulesen.[23] Es war bereits eine neue Generation von Juden in Polen, die Polnisch sprach, nachdem ihre an der jüdischen Aufklärung orientierten Väter in den 1820er und 1830er Jahren die Grundlagen für diesen Prozess gelegt hatten. 1839 wurde diese Gruppe polnischsprachiger Juden von Antoni Eisenbaum auf ein Drittel der jüdischen Bevölkerung in Polen geschätzt – eine Zahl, die zweifellos zu hoch ist, aber einen Trend andeutet.[24] In den 1860er Jahren kam es in der patriotisch aufgeladenen Atmosphäre im Vorfeld des Januaraufstands zur so genannten polnisch-jüdischen „Verbrüderung". In ihrem Zuge entstand eine neue jüdische Zeitschrift, „Jutrzenka" („Morgenröte"), um die und um deren Chefredakteur Daniel Neufeld, einem Absolventen der Warschauer Rabbinerschule, sich Juden mit einem starken polnischen nationalen Identitätsentwurf gruppierten, die so genannten Integrationisten. Deren Identitätskonstruktion sei, so Marcin Wodziński, eine Folge des intensiven Einflusses der polnischen Romantik gewesen, vor allem des Gedankens der Solidarität mit dem polnischen Volk.[25] Diese Solidarität traf damals auf eine enthusiastische Reaktion eines großen Teils der polnischen Intelligenz, Juden und Polen schufen gemeinsam nach 1860 eine patriotische Bewegung. Die Juden nahmen an patriotischen Manifestationen teil, und Polen und Juden besuchten sich gegenseitig in Kirchen und Synagogen. Diese gemeinsamen Anstrengungen veranlassten den Dichter Cyprian Kamil Norwid, besonders nach der brutalen zarischen Unterdrückung der patriotischen Demonstrationen vom 8. April 1861, das Gedicht *Żydowie polscy* [Polnische Juden] (1861) zu schreiben.[26] In diesem Gedicht preist er die Kontinuität

21 Ezra Mendelsohn, A Note on Jewish Assimilation in the Polish Lands, in: Jewish Assimilation in Modern Times, hrsg. v. Bela Vago. Colorado 1981, S. 141-149, hier S. 142-144.
22 Piotr Wandycz, Polska międzywojenna [Polen in der Zwischenkriegszeit], in: Uniwersalizm i swoistość kultury polskiej [Der Universalismus und die Eigenart der polnischen Kultur]. Bd. 2, hrsg. v. Jerzy Kłoczkowski, Lublin 1990, S. 261-291, hier S. 266.
23 Joanna Olczak-Ronikier, W ogrodzie pamięci [Im Garten der Erinnerung]. Krakau 2002, Beispiele auf S. 46, 80 und 99; die Erinnerungen liegen nun auch auf Deutsch vor: Im Garten der Erinnerung. Eine europäische Jahrhundertfamilie. Aus dem Polnischen von Karin Wolff, Berlin 2006.
24 Wodziński, Language (wie Anm. 11), S. 26.
25 Marcin Wodziński, Oświecenie żydowskie w Królestwie Polskim wobec chasydyzmu [Die jüdische Aufklärung im Königreich Polen gegenüber dem Chassidismus]. Warszawa 2003, S. 164-168 u. 263; ders., Language (wie Anm. 11), S. 33.
26 Andrzej Fabianowski, Judaizm – Diaspora – Mesjanizm. Romantyczne myślenie analogiami [Judaismus – Diaspora – Messianismus. Das romantische Denken in Analogien], in: Kwestia żydowska w XIX wieku. Spory o tożsamość Polaków [Die jüdische Frage im 19. Jahrhundert. Auseinandersetzungen um die Identität der Polen], hrsg. v. Grażyna Borkowska u. Magdalena Rudkowska. Warszawa 2004, S. 43-60, hier S. 58.

des jüdischen Volkes sowie den Patriotismus und die Fähigkeit zum Heroismus, die Juden und Polen verbinden würden.

Nach dem gescheiterten Januaraufstand allerdings, der sowohl von Christen als auch von Juden in der Dichtung mit der Zerstörung Jerusalems verglichen wurde, lösten sich die polnisch-jüdischen Verbindungen nach 1864 relativ schnell wieder auf. Dies mag zum einen aus dem Utilitarismus resultiert haben, der dieser „Verbrüderung" immer auch zugrunde gelegen hatte – in dieser Zeit der Reform spielte vor allem auf Seiten der Polen ein Element von politischem Kalkül mit, weil die Juden als wichtige Verbündete gegen die russische Teilungsmacht angesehen wurden, und zudem basierte die „Verbrüderung" von vornherein auf einer angenommenen Überlegenheit der polnischen Kultur und war in ihrer Reichweite auf die Eliten begrenzt[27] – zum anderen wurde die Auflösung der polnisch-jüdischen Verbindung beschleunigt durch den wachsenden Antisemitismus in Polen, der vor allem von den Nationaldemokraten vertreten wurde, sowie den wachsenden jüdischen Nationalismus in Form des Zionismus und anderen autonomen jüdischen Nationalbewegungen in Polen. Jedenfalls wurde die Katastrophe des romantischen politischen Gedankens in Polen ebenfalls zur Katastrophe der romantisch verstandenen Assimilation der Juden in Polen.[28]

Dennoch blieben die Jahre 1861–1863 lange für die einen wie die anderen als ein mythisches „Goldenes Zeitalter" im Gedächtnis und beeinflussten die gegenseitigen Beziehungen.[29] Als zum Beispiel 1925 der 82-jährige Jurist, Historiker und Publizist Aleksander Kraushar, der zu Beginn des 20. Jahrhunderts zum Katholizismus konvertiert war, zu seiner Einschätzung der weiteren Entwicklung der polnisch-jüdischen Beziehungen befragt wurde, gemahnte er an die Zeit des Januaraufstandes von 1863, an dem er aktiv teilgenommen hatte und den er als eine Zeit ohne Antisemitismus erinnerte. Für eine Annäherung an Polen empfahl Kraushar den Juden, ein ausgeprägtes Staatsbürgerbewusstsein zu entwickeln und die polnische Kultur zu entdecken und zu lieben. Kraushar riet, ganz dem Programm der Integrationisten der älteren Generation folgend, die ‚Judenfrage' auf dem Weg von „Bildung, Fortschritt und Zivilisation" zu lösen. Eine Polonisierung der Juden hielt er dementsprechend nur für eine Frage der Zeit.[30]

Romantische Konzeptionen wurden genau in dieser Zeit des Januaraufstandes auch im Umgang der Integrationisten mit dem Chassidismus sichtbar. Die nicht assimilierten Chassiden wurden durch „Jutrzenka" als Idealisten voller Glauben wahrgenommen und deren Verachtung für materielle Güter auf dem Hintergrund der romantischen Gegenüberstellung von Idealismus und Realismus positiv verstanden. Besonders Neufeld schaute auf die jüdische Geschichte durch ein polnisches Prisma, er nahm die polnischen Mythen auf, unter anderem den Mythos einer mystischen Ukraine, und er erlag der Exotik der Chassiden, einem positiven Volksbegriff und der Faszination von volkstümlichen Formen von Reli-

---

27 Theodore R. Weeks, Poles, Jews and Russians, 1863–1914: The Death of the Ideal of Assimilation in the Kingdom of Poland, in: Polin 12 (1999), S. 243–256, hier S. 245.
28 Fabianowski, Judaizm (wie Anm. 26), S. 59.
29 Wodziński, Oświecenie żydowskie (wie Anm. 25), S. 168.
30 Aleksander Kraushar in Nasz Przegląd vom 6.1.1925, dort: Pisarze i uczeni polscy o kwestji żydowskiej. Ankieta „Naszego Przeglądu" [Polnische Schriftsteller und Gelehrte zur jüdischen Frage. Eine Umfrage des „Nasz Przegląd"].

giosität.[31] Dieser Teil der integrationistischen Ideologie, der zu einer Solidarität mit den chassidischen „Brüdern im Glauben" aufrief, war ein Abbild der „polnisch-jüdischen Verbrüderung" und der Versuch, die romantischen Ideen von Solidarität auf die innerjüdischen Beziehungen zu übertragen.

Nachdem sich aber die Hoffnung der Integrationisten, als gleichberechtigte Partner in Polen anerkannt zu werden, so wie es Adam Mickiewicz postuliert hatte, als trügerisch herausstellte, verschwand auch der Gedanke einer innerjüdischen Verbrüderung in dieser romantischen Form wieder. Er wich für die Juden in Polen zunehmend der Auseinandersetzung mit dem polnischen Nationalismus und Antisemitismus. Dies hatte auch zur Folge, dass sich viele Juden von einem Nationalismus, der immer stärker dazu tendierte, Juden als die „Anderen" und „Fremden" aus dem sich formierenden polnischen Nationsgebilde auszuschließen,[32] abwandten, auch wenn sie zuvor bereits zahlreiche polnische Normen adaptiert und akzeptiert hatten. In dieser Situation boten sich vor allem der Zionismus und der Sozialismus als politische Alternative an. Der Jüdische Allgemeine Arbeiterbund „Bund" und die Zionistische Weltorganisation wurden zur gleichen Zeit im Jahr 1897 gegründet.[33] Diejenigen, die sich dem Zionismus zuwandten, folgten dem Beispiel der europäischen Nationalismen;[34] sie nahmen das, wovon sie ausgeschlossen werden sollten, übersetzten es und erfanden so ihren eigenen Nationalismus. Dies bedeutete einerseits, die zuvor hauptsächlich religiösen Traditionen jüdischen Lebens zu transformieren, weil es schien, sie bedürften einer Nationalisierung, um bewahrt werden zu können. Andererseits hieß das, Elemente und Muster der polnischen Kultur in ein neues Konzept eines modernen, polnischen, europäischen und nationalen Juden zu inkorporieren und zu transformieren. Zu letzterem trugen Werte und Symbole der polnischen Romantik nicht wenig bei.

Romantische Helden

Entsprechend der polnischen Aufstandstradition und dem erwähnten Ideal der „Tat" waren es besonders die romantischen Helden, die sich für solche Narrative anboten. Zu einem solchen Helden mit einem „romantischen Lebenslauf",[35] zu einer literarischen Legende und zu

---

31 Wodziński, Oświecienie żydowskie (wie Anm. 25), S. 196.
32 Vgl. Krzysztof Żydowicz, Polish Nationalism until 1919, in: Nationalism in Europe. Past and Present. Bd. 1, hrsg. v. Justo G. Beramendi, Ramón Máiz, Xosé M. Núñez. Santiago de Compostela 1994, S. 585-601, hier S. 597 sowie Alina Cała, The Question of Jews with the Polish Kingdom (1864–1897). An Interpretative Essay, in: Polin 1 (1986), S. 130-150.
33 Heiko Haumann, Zionismus und die Krise jüdischen Selbstverständnisses. Tradition und Veränderung im Judentum, in: Der Traum von Israel. Die Ursprünge des modernen Zionismus, hrsg. v. Heiko Haumann. Weinheim 1998, S. 9-64, hier S. 23. Zu dem Festhalten an einer nationalen Basis in der Judenheit bzw. einer Re-Nationalisierung, die dazu führte, dass sich auch die jüdische Arbeiterbewegung bei ihrer Entstehung national artikulierte, trugen auch sozioökonomische Umstände wie ein ethnisch segmentierter Arbeitsmarkt bei, vgl. dazu Heinz-Dietrich Löwe, Die Juden in Osteuropa – sozioökonomische Strukturen und politische Verhaltensmuster, in: Trumah 7 (1998), S. 9-34, hier S. 28-34.
34 Zu Ähnlichkeiten zwischen dem Zionismus und den europäischen Nationalbewegungen Miroslav Hroch, Zionism as an European National Movement, in: Jewish Studies 38 (1998), S. 73-81. Hroch bindet dort den Zionismus in die von ihm entwickelten Modelle zur Nationsbildung ein.
35 Der Begriff bei Maria Janion, Pułkownik żydowski [Der jüdische Oberst], in: Romantyzm, poe-

einem kulturellen Mythos, an dem weniger die historischen Fakten seiner Biografie als sein mythenbildendes Potenzial interessierten, wurde z.B. Berek Joselewicz (1764–1809), der jüdische Oberst, dessen Regiment 1794 nach der Zweiten Teilung Polens im Kościuszko-Aufstand gegen russische und preußische Truppen gekämpft hatte.[36] Joselewicz hatte darum gebeten, ein jüdisches Regiment aufstellen zu dürfen, und seine Glaubensbrüder dazu aufgerufen, am Kampf um das freie Polen teilzunehmen. Es gelang ihm, 500 jüdische Freiwillige zu rekrutieren – Juden als Soldaten waren damals eine neuartige Erscheinung für die polnische Armee. Ihren religiösen Vorschriften blieben die Soldaten treu; wenn es nicht gelang, koschere Speisen zuzubereiten, hungerten sie. Bei der Belagerung von Warschau kämpfte das Regiment fast buchstäblich bis zum letzten Mann – nur 20 Soldaten überlebten. Joselewicz kämpfte im Anschluss weiter für Polen auf der Seite der Napoleonischen Truppen und fiel 1809 im österreichisch-französischen Krieg.

Die Art und Weise, in der fast das gesamte Regiment damals dem russischen Angriff zum Opfer fiel, machte aus ihm sehr bald eine Legende, die Legende eines polnischen Massada, die immer wieder, zuletzt während des Ghetto-Aufstands im Jahre 1943, auflebte.[37] Von zahlreichen nichtjüdischen polnischen Schriftstellern wurde Joselewicz sowohl in Romanen, Dramen als auch in Gedichten zu einer literarischen Gestalt verarbeitet, angefangen von einem anonymen Gedicht unter dem Titel *Berko Żyd* [Berko der Jude] aus dem Jahr 1846 über den Roman *Żyd* [Der Jude] von Józef Ignacy Kraszewski aus dem Jahr 1866 bis zu Maria Konopnickas poetischem Zyklus *Śpiewnik historyczny* [Historisches Gesangbuch] aus dem Jahr 1905 und weiteren Dramen und Erzählungen, die oftmals von der historischen Wirklichkeit abwichen, deren Ziel es aber war, einen polnisch-jüdischen Helden zu erschaffen, zum Teil unter Betonung seiner vermeintlichen assimilatorischen Tendenzen.[38] Vielen Juden galt Joselewicz zwar als ein polnischer Patriot, aber vor allem als einer, der seine jüdische Identität beibehalten und nicht zugunsten einer vollständigen Verschmelzung mit Polen aufgegeben hatte – diese Konstellation war es, die das Gedenken an ihn nach 1918 in der zunehmenden Desillusionierung der Juden in Polen bezüglich der Form der Assimilation so attraktiv machte, weil er für viele Juden *das* Konzept auch für die Gegenwart abgab – staatliche und rechtliche Gleichberechtigung unter Beibehaltung von kultureller und religiöser Differenz. Auch Joselewicz selbst hatte diese Richtung vertreten, dass die Juden ihrem Glauben treu bleiben sollten.[39] Die Tatsache, dass er und andere Juden an dem bewaffneten

---

zja, historia [Romantik, Dichtung, Geschichte]. Festschrift für Zofia Stefanowska, hrsg. v. Maria Prussak u. Zofia Trojanowicz. Warszawa 2002, S. 48-69, hier S. 48.

36 Daniel Kalinowski, Berek Joselewicz – egzystencja i literacki mit [Berek Joselewicz – seine Existenz und der literarische Mythos], in: Kwestja żydowska w XIX wieku (wie Anm. 26), S. 61-78, hier S. 61. Ein umfassender Überblick über die Werke zu Joselewicz seit seinem Ableben liefert Zbigniew Libera, Berek Joselewicz w legendzie literackiej [Berek Joselewicz in der literarischen Legende], in: Ders., W literaturze i legendzie (o judaikach polskiego Oświecenia). Szkice literackie [In der Literatur und in der Legende (über Judaica der polnischen Aufklärung). Literarische Skizzen]. Łódź 1993, S. 44-67.

37 Janion, Pułkownik żydowski (wie Anm. 35), S. 55, unter Verweis auf das Gedicht *Żydom polskim* [Den polnischen Juden] von Władysław Broniewski aus dem Jahr 1943.

38 Siehe zu diesen Werken und ihren Inhalten im Einzelnen Kalinowski, Berek Joselewicz (wie Anm. 36), S. 69-74, sowie Libera, Berek Joselewicz (wie Anm. 36).

39 Janion, Pułkownik żydowski (wie Anm. 35), hier S. 53.

Kampf der Nation teilnehmen konnten, war ein Triumph des modernen Republikanismus von Tadeusz Kościuszko, mit dessen Person Berek Joselewicz untrennbar verbunden war.[40] Kościuszkos republikanische Vision Polens hatte die kämpferische Mission von Joselewicz erst ermöglicht. Sein politisch und nicht ethnisch geprägter Nationsbegriff meinte alle Bürger der Republik, unabhängig von ihrer Herkunft, von ihrer Religion und von ihrem Besitz, er trennte den Staat von der Religion und die nationale Zugehörigkeit hielt er für eine Frage der politischen Loyalität und nicht der Sprache, der ethnischen Herkunft oder der Religion.[41] Er wollte die Juden weder bekehren noch sonst ändern, ähnlich wie Mickiewicz. Joselewicz hatte zudem den Beweis erbracht, dass Juden nicht, wie ihnen in Polen und andernorts stets zugeschrieben wurde, von Natur aus feige seien. Man hielt sie für egoistisch und kosmopolitisch, unfähig, sich in den Dienst der nationalen Sache zu stellen und zu kämpfen, und fast per definitionem für Spione und Verräter. „Jude" und „Soldat" waren in der polnischen Kultur nach Maria Janion[42] die stärksten antagonistischen Begriffe überhaupt. Das Regiment von Joselewicz bewies die Unrichtigkeit dieser Behauptungen.

Auf Joselewicz trafen mehrere Merkmale des romantischen Helden zu. Er war ein Held, der um die Freiheit kämpfte und sein Leben auf dem Altar des Vaterlandes und der Menschheit opferte. Sein Lebenslauf war rätselhaft, weil nicht vollständig erklärt werden konnte, *warum* dieser jüdische Vermittler aus einem kleinen Städtchen, der an seiner Religion festhielt, zu einem heldenhaften Soldaten des Kościuszko-Aufstandes werden konnte, obwohl er sich weder in den Augen der Soldaten noch des Adels besonders dazu geeignet hatte. Die Rätselhaftigkeit gehört aber zum festen Bestandteil des romantischen Helden-Mythos.[43] Wiewohl Joselewicz bereits vor 1918 zu einer Legende für Polen und Juden geworden war und ihm in seiner Heimatstadt Kock ein örtlicher Adliger 1909 einen großen Gedenkstein gestiftet hatte, so gelangte er doch vor allem in der Zweiten Polnischen Republik zu besonderer Popularität: „Heute ehren sie ihn überall, sowohl in den Freimaurerlogen als auch in den erlesensten Kreisen der Warschauer Society", hielt Helena Romer im Jahr 1934 fest.[44]

Gemäß den unterschiedlichen politischen Ausrichtungen innerhalb der polnischen Judenheit fielen bei aller Übereinkunft im Urteil, dass Joselewicz ein Beispiel dafür war, dass Polen und Juden gemeinsam friedlich und gleichberechtigt Polen bewohnen konnten, die Einschätzungen zu Joselewicz in den Details unterschiedlich aus. So akzentuierten jüdische Autoren zu Beginn der Zweiten Republik im Jahr 1918, voller Hoffnung auf Gleichberechtigung in einem neuen und freien Polen – darunter der Schriftsteller Leo Belmont, der für den Assimilationsgedanken stand, aber auch der Publizist Samuel Hirszhorn, später Journalist des pro-zionistischen „Nasz Przegląd" –, stark den Verbrüderungsakzent.[45] Bei-

---

40 Ebenda, S. 52.
41 Andrzej Walicki, Ideologia narodowa Tadeusza Kościuszki [Die nationale Ideologie von Tadeusz Kościuszko], in: Ders., Idea narodu w polskiej myśli oświeceniowej [Die Idee der Nation im polnischen aufgeklärten Denken]. Warszawa 2000, S. 115 f.
42 Janion, Pułkownik żydowski (wie Anm. 35), S. 50.
43 Ebenda, S. 49.
44 Helena Romer, Dlaczego walczył? [Warum hat er gekämpft?], in: Album pamiątkowy ku czci Berka Joselewicza pułkownika wojsk polskich w 125-letnią rocznicę Jego bohaterskiej śmierci. 1809–1934 [Gedenkalbum zu Ehren von Berek Joselewicz, Oberst der polnischen Armee, zum 125. Jahrestag seines heldenhaften Todes. 1809–1934], hrsg. v. Majer Bałaban. Warszawa 1934, S. 207.
45 Leo Belmont, Monumentalna postać Berka Joselewicza [Die monumentale Gestalt des Berek

de sahen in ihrem historiosophischen Vergleich in Joselewicz die Verbindung der beiden Völker nach 1918 vorgezeichnet.[46] Der jiddischsprachige Dichter Joseph Opatoszu bildete dagegen diesen gleichen Helden in seinem Roman *In pojlisze welder* als Initiator des modernen Freiheitskampfes der Juden ab.[47] Und Marek Friszlender wollte Berek Joselewicz, diesen „leidenschaftlichen Polen, aber gleichzeitig mustergültigen Juden", 1918 als Anlass dafür verstanden wissen, alle Juden in Polen auf den gemeinsamen Nenner des „Staatsbürgers Polens" zu bringen, aber dies ausdrücklich nicht mit dem Ziel einer Assimilation, sondern einer national-kulturellen Autonomie. Er betonte, dass sich die Liebe zu Polen hervorragend mit der Liebe zu einer eigenen jüdischen Nationalität vertrage, und vertrat so den Standpunkt der Assimilationsgegner.[48]

Nichtjuden und Juden waren sich hingegen weitgehend einig, dass Berek Joselewicz als Vorbild der Zweiten Polnischen Republik gedacht werden müsse. Und so gründeten sich mehrere Komitees zur Errichtung eines Denkmals, in denen auch Nichtjuden tätig wurden, weil sich das Bild von Joselewicz in den romantischen Mythos der nationalen Helden eingeschrieben hatte. Er war als Jude ein romantischer polnischer Soldat.[49] Zu seinem 125. Todestag im Jahr 1934 erschien unter dem Patronat von Józef Piłsudski ein umfangreiches Erinnerungsbuch, ein Album mit zahlreichen Fotos und Dokumenten, herausgegeben von dem polnisch-jüdischen Historiker Majer Bałaban, der im Vorwort festhielt: „Seit Jahren war Berek bei uns ein Symbol für den Juden als Staatsbürger, der, obwohl er seiner Religion und seiner Gemeinschaft treu blieb, für Polen seine Gesundheit und sein Leben opferte. Dieses Symbol leuchtete den folgenden Generationen und aus ihm erwuchsen die Juden-Soldaten der nationalen Aufstände und die Juden, die gemeinsam mit Piłsudski am 6. August 1914 Oleandry verließen."[50] Hier wird eine direkte Linie von den Juden als Soldaten im 18. Jahrhundert bis zu den Legionen gezogen, mit denen Józef Piłsudski die Unabhängigkeit erkämpft hatte und in denen jeder achte Soldat ein Jude gewesen war. Als der jüdische Kombattanten-Verband ebenfalls zu diesem 125. Todestag eine Feier zu Ehren aller für Polen gefallenen Juden ausrichtete, hörten zahlreiche auch nichtjüdische Gäste zunächst einen Vortrag von Majer Bałaban. Anschließend legte die Festversammlung zwei Kränze nieder – zunächst am Grab des Unbekannten Soldaten der Republik Polen, danach erst am Grab eines jüdischen Legionärs der Ersten Brigade. Diese Veranstaltung in Warschau war eine Demonstration, wie die ehemaligen jüdischen Soldaten die nationale Symbolik des polnischen unabhängigen Staates als auch ihre Symbolik internalisiert hatten – die Zeitung „Nasz Przegląd" nannte diesen Tag einen Feiertag für alle Warschauer Juden.[51]

Joselewicz], in: Berek Joselewicz. Pułkownik wojsk polskich. W 109-tą rocznicę zgonu bohatera narodowego na polu walki o niepodległość [Berek Joselewicz. Oberst der polnischen Armee. Zum 109. Jahrestag des Todes des Nationalhelden auf dem Schlachtfeld für die Unabhängigkeit]. Warszawa 1918, S. 4 ff., hier S. 6, sowie Samuel Hirszhorn, Berek Joselewicz, in: Ebenda., S. 2 f.

46 Vgl. Kalinowski, Berek Joselewicz (wie Anm. 36), S. 73.
47 Janion, Pułkownik żydowski (wie Anm. 35), S. 67.
48 Marek Friszlender, Berek Joselewicz a żydostwo narodowe [Berek Joselewicz und die nationale Judenheit], in: Berek Joselewicz (wie Anm. 45), S. 12 f.
49 Janion, Pułkownik żydowski (wie Anm. 35), S. 63.
50 Album pamiątkowy (wie Anm. 44), S. 8.
51 „Nasz Przegląd" vom 28.5.1934: Obchód ku czci Żydów poległych za Polskę. „Zdobyliście prawa swoją krwią wraz z innymi bojownikami o wolność i niepodległość" [Feier zu Ehren der für

Bei Joselewicz handelte es sich also um einen romantisch konnotierten Gedächtnisort, der im bilateralen Verhältnis für beide Seiten anschlussfähig war, für die Juden zunächst im Soldatischen – für die Konstituierung der Legende war es ein wichtiger Faktor, dass er kämpfend auf dem Schlachtfeld gestorben war –, dann vor allem aber im gegenwartsorientierten Beweis, dass die Tolerierung von kultureller Differenz in Polen eine historische Tradition hatte. Ganz unumstritten war das Gedenken an Joselewicz aber nicht, da von polnischer Seite verschiedentlich in Zweifel gezogen wurde, dass sein Regiment überhaupt existiert hatte, weil Juden als Soldaten ja etwas waren, was es prinzipiell nicht geben konnte.[52] Weil sich das Bild von Joselewicz aber in den in der Zweiten Polnischen Republik höchst wirksamen romantischen Mythos der nationalen Helden einschreiben konnte, konnte er auch zu einem polnischen nichtjüdischen Erinnerungsort werden und als solcher nach 1945 weiterleben: Im Jahre 1959 erschien im Verlag des polnischen Verteidigungsministeriums in einer Auflage von 10 000 Stück ein Erinnerungswerk unter dem Titel *Pułkownik Berek* [Oberst Berek], bei dem der Klappentext verhieß, bei diesem Werk handele es sich um eine gute, patriotisch reiche und notwendige Lektüre.[53] In dieser Erzählung ist Joselewicz ein gebildeter Mann, verfügt über breite Kontakte in der jüdischen Intelligenz in ganz Europa und propagiert mit Erfolg die reformatorischen Ideen der Assimilationsanhänger, auch wenn dies nicht seinen Intentionen entsprochen haben mag. In der Zeit der nationalkommunistischen und realsozialistischen Angleichung aller Unterschiede, in der eine eigenständige polnisch-jüdische Kultur nicht wahrgenommen wurde, war die Lesart, die Juden in Polen hätten in einer Gesellschaft ohne Judenhass ohnehin alle Polen werden wollen, in sich folgerichtig. Im Jahre 2004 wiederum wurde Joselewicz dann als herausragendes Beispiel für die polnisch-jüdischen Soldaten in den Kämpfen Polens auf der Homepage des polnischen Außenministeriums positiv gewürdigt.[54]

Ein weiterer „Held", der sich in den romantischen Mythos einpasste und der in besonderem Maße das Ideal der „Tat" verkörpert hatte, war Józef Piłsudski. Wenn Adam Mickiewicz, dessen Name in unzähligen Artikeln in der jüdischen Presse, aber auch in Parlamentsreden jüdischer Abgeordneter und anderswo für die jüdische Bevölkerung als eine Appellationsinstanz fungierte, allgemein als geistiger Wegbereiter der staatlichen Unabhängigkeit Polens galt, wurde Piłsudski als derjenige wahrgenommen, der Mickiewiczs Gedanken in die Tat umgesetzt hatte. Viele Juden in Polen zeigten einen tiefen Respekt für ihn und entschuldigten seine antidemokratischen Tendenzen mit der überragenden Leistung,

Polen gefallenen Juden. „Ihr habt das Recht mit Eurem Blut erworben, gemeinsam mit den anderen Kämpfern für Freiheit und Unabhängigkeit"]. Dem 125-jährigen Todestag wurde im „Nasz Przegląd" auch ein sechsteiliger Artikelzyklus vom 24.4.1934 bis zum 27.5.1934 gewidmet. Majer Bałaban zeichnete dort die Entwicklung von „unserem Berek", wie er ihn eher in Verehrung denn kritisch-historischer Betrachtung nannte, bis zu seinem Tod nach. Vgl. „Nasz Przegląd" vom 22.4., 29.4., 6.5., 13.5., 20.5. und 27.5.1934, M. Bałaban, W 125-letnią rocznicę śmierci Berka Joselewicza (5.5.1809) [Zum 125. Todestag von Berek Joselewicz (5.5.1809)], I-VI.
52 Beispiele bei Janion, Pułkownik żydowski (wie Anm. 35), S. 55 ff.
53 Karol Koźmiński, Pułkownik Berek. Opowieść o Berku Joselewiczu [Berek Joselewicz. Eine Erzählung über Berek Joselewicz]. Warszawa 1959.
54 Henryk Szumski (Lieutnant-General of the Republic of Poland), Jews-Soldiers. http://msz.gov.pl/start?page=1180300001, Zugriff vom 2.11.2004. Diese Seite existierte Anfang 2007 nicht mehr und ist auch auf der aktuellen Website des Ministeriums nicht auffindbar.

die er vollbracht hatte. Dieser Respekt spiegelte sich in zahllosen und manchmal überaus pathetischen Artikeln in der jüdischen Presse, in Reden und symbolischen Ehrenhandlungen wider.[55] Von einer von Piłsudskis Tod ausgehenden Integrationskraft für die jüdische Bevölkerung wurde aus Lemberg berichtet, wo erstmalig seit 1891 die – politisch untereinander zerstrittenen – Juden vereint an einem Trauerzug teilgenommen hätten.[56]

Im „Nasz Przegląd" würdigte der bereits erwähnte Chefredakteur Jakób Appenszlak Piłsudskis Tod als ein „Ereignis von Weltrang", bei dem die Welt einen der „größten Menschen dieser Epoche" verloren habe. Als herausragende Eigenschaft stellte Appenszlak die „Übereinstimmung von Wort und Tat, Gedanken und Handeln" heraus und sah im Leben des ‚Marschalls' eine Erfüllung der „Befreiungsideen der prophetischen nationalen Poesie". Appenszlak ordnete Piłsudski in eine direkte Nachfolge der romantischen Nationaldichter ein, deren Denken dieser verwirklicht habe.[57] In den folgenden Jahren wurde er immer wieder in eine evolutionäre Verbindung zu Adam Mickiewicz gebracht.[58] So vermerkte Jakób Appenszlak 1936: „Zum zweiten Mal vollzog sich eine Verkörperung der Seele eines Individuums im Vaterland, wie sie einst in den feurigen Worten von Adam Mickiewicz zum Ausdruck kamen: ‚Ja i ojczyzna – to jedno!' [Ich und das Vaterland sind eins]".[59] Es war die universalistische Vision von Polen und Europa, die Betonung des Geistigen mehr als des Materiellen und die freiheitsliebende und kämpferische Haltung, die dazu führte, dass Mickiewicz und Piłsudski von Juden in Polen in eine evolutionäre Verbindungslinie gebracht wurden.[60] Jakub Appenszlak hatte bereits 1924 in Piłsudski vor allem einen Poeten gesehen. Bis dahin habe er von Piłsudski als Soldat, als Verschwörer, als Revolutionär gehört, nun aber sehe er, dass er ein verhinderter Dichter sei. Er zählte ihn zu den „Dichtern der romantischen Epoche", zu den Dichtern, die für die heutige Wirklichkeit nichts als Verachtung übrig hätten: „Das Wort ‚Börse' sprach Piłsudski mit Verachtung aus, mit Hass, wie ein Dichter-Romantiker, der sich nicht damit abfinden kann, dass doch heute die Börse

---

55 Detaillierter dazu Steffen, Jüdische Polonität (wie Anm. 3), S. 114-125
56 Vgl. Wiktor Chajes, Semper fidelis. Pamiętnik Polaka wyznania mojżeszowego z lat 1926–1939 [Semper fidelis. Das Tagebuch eines Polen mosaischen Glaubens aus den Jahren 1926–1939], mit einer Einl. und Anm. vers. von Paweł Pierzchała. Kraków 1997, S. 179.
57 Vgl. „Nasz Przegląd" vom 13.5.1935, dort: Jakób Appenszlak, Wielkie serce bić przestało... [Ein großes Herz hat aufgehört zu schlagen...].
58 Vgl. Leszek Kamiński, Romantyzm a ideologia. Główne ugrupowania polityczne Drugiej Rzeczypospolitej wobec tradycji romantycznej [Die Romantik und die Ideologie. Die wesentlichen politischen Gruppierungen der Zweiten Republik gegenüber der romantischen Tradition]. Wrocław (u.a.) 1980, S. 51. Krzysztof Kawalec bestätigt die Existenz dieser Verbindung, die er einerseits für etwas hält, das sich von selbst verstanden habe, andererseits bewertet er diese quasi-religiöse Bewunderung für Piłsudski als eine „schockierend exotische Strömung" in Polen, vgl. Krzysztof Kawalec, Wizje ustroju państwa w polskiej myśli politycznej lat 1918–1939 [Die Vorstellung von der Staatsverfassung im polnischen politischen Denken 1918–1939]. Wrocław 1995, S. 115.
59 „Nasz Przegląd" vom 12.5.1936, dort: Epitaphium. Das Zitat „Ich und das Vaterland sind eins" stammt aus der zweiten Szene des dritten Teils von Mickiewiczs Dziady. Vgl. Adam Mickiewicz, Dzieła poetyckie [Poetische Werke]. Bd. III, Warszawa 1992, S. 182.
60 Vgl. zu diesen Werten der polnischen Romantik Janina Kulczycka-Saloni und Maria Straszewska, Romantyzm. Pozytywizm (Literatura Polska 2. Od średniowiecza do pozytywizmu) [Romantik. Positivismus (Polnische Literatur 2. Vom Mittelalter bis zum Positivismus)], Warszawa 1990, S. 58-85, sowie Gerardo Cunico, Messianismus bei Mickiewicz. Vorträge am Slavischen Seminar der Universität Tübingen Nr. 22. Tübingen 1998, S. 23 f.

die Welt regiert", notierte er in höchstem Verständnis für die Verachtung des Materiellen, nachdem er einen Vortrag von Piłsudski zum Januaraufstand gehört hatte.[61]

Piłsudski diente der jüdischen Bevölkerung als eine emblematische Verkörperung all der „guten" historischen Traditionen Polens – das meinte seinen frühen proletarischen Universalismus sowie das föderale Konzept der Ersten Republik, des polnisch-litauischen Gemeinwesens in der Frühen Neuzeit, und die „jagiellonische Idee", die in einer idealisierten Form für viele Juden einen toleranten und multikonfessionellen Staat symbolisierte. Deswegen galt Piłsudski vielen als Repräsentant eines universellen Konzeptes eines republikanischen Gemeinwesens aller Bürger, das bis etwa zum Januaraufstand von 1863 vorherrschend gewesen und in dem für viele Polonität noch nicht mit Katholizismus gleichgesetzt war.[62] Das romantische Ideal der militärischen „Tat", das ebenfalls von Piłsudski in dieser Lesart verkörpert wurde, fand seinen Niederschlag auch darin, dass sich generell in Teilen der jüdischen Bevölkerung eine – an den allgemeinen Trend in Polen angelehnte – hohe Wertschätzung alles Militärischen verbreitete. Als der Senator und Rabbiner Mojżesz Schorr im Dezember 1938 in Warschau eine Militärsynagoge einweihte, verlieh er dieser Wertschätzung Ausdruck: Er verkündete in Anlehnung an das Gedankengut von Józef Piłsudski, dass Nation und Armee verschmelzen müssten, um eine große familiäre Gemeinschaft zu bilden. In der Armee sah Schorr den Gleichheitsgrundsatz verkörpert, in der „Gleichheit des Opfers auf dem Altar des Vaterlandes".[63] Juden in Polen hatten die Traditionen des Landes verinnerlicht und verehrten ein kämpferisches Heldentum, ein Heldentum, an dem auch sie ihren Anteil hatten. In diesem Zusammenhang wurde 1936 die Herausgabe eines „Gedenkbuchs zu Ehren gefallener Juden", das die Namen von jüdischen Offizieren und Soldaten der Legionen enthielt, sehr begrüßt. Majer Bałaban drückte seine Freude darüber aus, dass „wir jetzt eine Liste von jüdischen Soldaten in den Händen haben, die für Polen kämpften und starben, und das (...) ist für uns eine Legitimation unserer Bürgerrechte und ein Schutzschild vor rassistischen Gelüsten."[64] In dem Buch sah Bałaban die Existenzberechtigung von Juden in Polen unter dem romantisch konnotierten Motto ‚Wir starben für Polen'.

Neben den gemäßigten Zionisten in Polen waren vor allem die jüdischen Revisionisten unter ihrem Anführer Vladimir Jabotinsky, die bereits vor dem Zweiten Weltkrieg einen

---

61 „Nowy Dziennik" vom 21.1.1924, Jakób Appenszlak, Józef Piłsudski na trybunie (wrażenia z odczytu Marszałka Piłsudskiego o powstaniu styczniowym) [Józef Piłsudski am Rednerpult (Eindrücke von einem Vortrag des Marschalls über den Januaraufstand)].

62 Vgl. Maria Janion, Spór o antysemityzm. Sprzeczności, wątpliwości i pytania [Die Auseinandersetzung um den Antisemitismus. Widersprüche, Zweifel und Fragen], in: Do Europy tak (wie Anm. 13), S. 127-166, hier S. 157, sowie Brian Porter, When Nationalism Began to Hate. Imagining Modern Politics in Nineteenth-Century Poland. New York/Oxford 2002, S. 157-232.

63 „Nowy Dziennik" vom 6.12.1938, Mojżesz Schorr, Ojczyzna – Świątynia. Kazanie wygłoszone na uroczystości poświęcenia Synagogi Wojskowej w Warszawie [Das Vaterland – das Heiligtum. Predigt aus Anlass der Feier zur Einweihung der Militärsynagoge in Warschau]. Diese Ausführungen sind vor dem Hintergrund der innen- und außenpolitischen Entwicklung zu sehen, war doch das Zusammenleben von Juden und Nichtjuden in der polnischen Armee nicht konfliktfrei, wovon zahlreiche Artikel in der polnisch-jüdischen Presse zeugen.

64 „Nasz Przegląd" vom 1.11.1936, dort: Majer Bałaban, Nasza legitymacja obywatelska. Księga pamiątkowa ku czci Żydów-bojowników sprawy polskiej [Unsere staatsbürgerliche Legitimation. Das Gedenkbuch zu Ehren der Juden-Kämpfer für die polnische Sache].

bewaffneten Kampf um das damalige Gebiet Palästinas befürworteten, von der mythologisierten Vorstellung der polnischen, romantischen Konzeption beeinflusst, einen eigenen Staat durch das Ideal der Tat erringen zu können, was in diesem Fall konkret den Kampf mit der Waffe in der Hand meinte. Der revisionistische Dichter Uri Zwi Greenberg erinnerte sich im Jahr 1945 an ein Gespräch, das er einst mit Jabotinsky in Warschau geführt hatte und in dem dieser angemerkt haben soll: „Da wir kein Imperium haben, frage ich nicht nach der Literatur eines Imperiums; sondern eher nach einer Literatur, die, sagen wir, die eines Volkes ist, das eine Befreiungsbewegung und eine messianische Sehnsucht aufzuweisen hat, etwas in der Art von Mickiewicz."[65] Jabotinsky, der in der Zeit der Zweiten Republik für die polnisch-jüdische Presse arbeitete und gelegentlich in Warschau Reden hielt und für die Sache der Revisionisten eintrat, galt darüber hinaus als ein glühender Verehrer von Józef Piłsudski, weil er dessen Entwicklung von einem illegalen Untergrundkämpfer hin zu einem legitimen und allseits anerkannten Anführer im „Dienste der Nation" bewunderte.[66] Nach dessen Tod hatte er Piłsudski als ein „Phänomen weltweiten Ausmaßes" bezeichnet und ein großes Vorbild für die Juden, wegen seines „Ideals der Tat", gerade auch in Palästina genannt und erklärt, die polnischen Juden seien auf der Grundlage der Romantik erzogen worden, ja geradezu aus ihr erwachsen.[67]

Diese „romantische Grundlage" verwendeten auch andere Autoren, um das Dasein der Juden in Polen zu kennzeichnen: Bertold Merwin zum Beispiel verstand in seinem 1913 erschienenen Buch über die „Juden im Aufstand von 1863" eine jüdische Assimilation in Polen grundsätzlich anders als zum Beispiel in Deutschland. Dort nämlich habe eine mechanische, Mendelssohnsche, gesellschaftliche Assimilation stattgefunden – die polnische hingegen beruhe nicht auf den Salons, nicht auf einer Verbrüderung des Kapitals mit dem Geist, sondern „auf der Tat, auf dem Tränken der Felder der Ehre mit dem Blut, das aus dem gemeinsamen Schoß der Mutter-Erde floss".[68] An den Anfängen eines solchen Assimilationsprozesses stand für Merwin wiederum Berek Joselewicz, denn dieser Prozess habe mit dem „wunderbaren Moment" begonnen, als Berek Joselewicz vor Kościuszko gestanden habe und gesagt hätte: „Polen im Unglück – und hier melden wir uns, Juden, seine Söhne, und verbinden unser Schicksal mit dem Schicksal derjenigen, die sich für Polen schlagen!"[69] Denn die Juden in Polen hätten sich „mit dem Herzen" assimiliert. In Merwins Konstrukt von den unterschiedlichen Judenheiten erscheinen hier zwei Wege, ein aufgeklärter (deutscher) und ein romantischer (polnischer) Weg.[70] Ähnlich pathetisch und mit der Metapher vom vergossenen Blut versehen wurde in der jüdischen Presse immer wieder ein jüdischer Patriotismus in Polen begründet, ein Patriotismus, so wiederum Jakób

---

65 Zitiert nach Yaacov Shavit, Politics and Messianism: the Zionist Revisionist Movement and Polish Political Culture, in: Studies in Zionism 6 (1982), Nr. 2, S. 229-246, hier S. 234.
66 Ebenda, S. 236.
67 Vgl. „Nasz Przegląd" vom 29.5.1935, W. Żabotyński o uczczeniu pamięci Marszałka Piłsudskiego. Polska a Palestyna. Tekst przemówienia polskiego [V. Jabotinsky über das Bewahren des Gedächtnisses an Marschall Piłsudski. Polen und Palästina. Text der polnischen Ansprache]; Chajes, Semper fidelis (wie Anm. 56), S. 179.
68 Bertold Merwin, Żydzi w powstaniu 1863. Ku uczczeniu 50 rocznicy powstania [Die Juden im Aufstand von 1863. Zur Ehrung des 50. Jahrestages des Aufstands]. Lwów 1913, S. 7.
69 Ebenda, S. 8.
70 Janion, Pułkownik żydowski (wie Anm. 35), S. 59.

Appenszlak, der keine Legitimation brauche, weil er von einer Vermischung von jüdischem und polnischem Blut auf den Schlachtfeldern für die Verteidigung Polens gekennzeichnet sei.[71] In diesem Verständnis näherten sich auch die Standpunkte von sich ansonsten diametral gegenüberstehenden jüdischen politischen Ausrichtungen wie der Zionisten und der Assimilationsanhänger an.

Zusammenfassend kann festgehalten werden, dass Juden in Polen aufgrund der spezifischen historischen Entwicklung auf romantisch konnotierte Texte, Zeichen und Symbole Bezug nahmen und selbst mythologisierte und zuweilen ideologisierte Bezüge erschufen, die auf emblematische Muster wie Adam Mickiewicz, Tadeusz Kościuszko, Berek Joselewicz und Józef Piłsudski zurückgingen, die jeweils eng in Verbindung mit dem Mythos eines „romantischen Helden" standen. Mit diesem Bezug auf den militärisch-martyrologischen Kontext der polnischen Romantik trugen Teile der polnischen Judenheit dazu bei, ein solches konservatives Bild der polnischen Romantik in postromantischen Zeiten zu festigen. Auf der anderen Seite ergänzten und transformierten sie dieses Bild, indem sie betonten, dass die polnische Romantik nicht eindeutig national konnotiert gewesen sei, und stellten ihre Offenheit in den Vordergrund, die Tatsache, dass in den Vorstellungen der Romantiker Platz für das „Andere" gewesen sei. Das Universum von Mickiewicz enthielt ein Polen, das viel breiter als ein „ethnisch reines Polen" angelegt war, ein offenes Polen, eine Gemeinschaft vieler.[72] Er hatte gefordert, dass Juden und Polen in enger Vertrautheit zusammenleben sollten, ohne dabei ihren jeweils eigenen geistigen Horizont aufzugeben – ähnlich wie ein halbes Jahrhundert zuvor Kościuszko. Zudem hatte Mickiewicz in den Augen vieler Polen und Juden den Weg hin zu einer eigenen Nation mit dem Wort vorbereitet, einen, den Józef Piłsudski durch seine Taten vollendet hatte. Beide galten als nicht antisemitisch, sondern standen für die so genannte „jagiellonische Idee", also für Multikonfessionalismus und aufgeklärten Republikanismus, wodurch sie für die jüdische Bevölkerung mythogener als andere Personen und zu Gedächtnisorten werden konnten. Sowohl Piłsudski als auch Mickiewicz galten als emblematische Verkörperungen von bestimmten Mustern aus der polnischen kulturellen Tradition, Muster, die mit der romantischen Tradition verbunden waren. Diese Muster wurden von jüdischen Journalisten, Schriftstellern und Politikern synkretisch kombiniert und zu Gedächtnisorten gemacht, die mehrfach codiert waren, weil sie verschiedene Traditionslinien vermischten, polnische und jüdische, und unterschiedliche Diskurse verknüpften. Ihre Symbolik war weder eine allein jüdische noch eine allein polnische, sondern eine polnisch-jüdische, weil sie im Austausch und in Interaktion mit der Kultur der polnischen Mehrheitsbevölkerung zustande gekommen war und den Versuch darstellte, das polnische Modell in eine jüdische Nationalgesellschaft zu transferieren.

Piłsudski und Mickiewicz dienten dabei auch als eine Plattform für den jüdischen Nationalismus, weil sie bereits den Weg zu einer eigenen Nation „durchlitten" hatten, und zwar mit Erfolg. In der Nachahmung von Adam Mickiewicz haben Juden in Polen die Geschich-

---

71 „Nasz Przegląd" vom 27. 6.1933, dort: Jakób Appenszlak, Nasze – Wasze [Unsere – Eure].

72 Irena Grudzińska-Gross, Podejrzane pochodzenie jako kategoria kultury polskiej [Eine verdächtige Herkunft als Kategorie der polnischen Kultur], in: Inny. Inna. Inne. O inności w kulturze [Der Andere. Die Andere. Das Andere. Über die Andersartigkeit in der Kultur], hrsg. v. Maria Janion, Claudia Snochowska-Gonzalez u. Kazimierza Szczuka. Warszawa 2004, S. 98-109, hier S. 108.

te des jüdischen und des polnischen Volkes analog interpretiert und parallelisiert, da sich beide „auserwählten" Völker angeblich im Exil erneuerten – hier sind Parallelen in den Identitätsentwürfen und im Gedächtnis von Polen und Juden zu beobachten, wie sie auch im Eingangszitat von Aaron Zeitlin zum Ausdruck kommen. Die Parallelen gehen auf die Beeinflussung der jüdischen durch die polnische romantische Literatur zurück: „Und das ist auch kein Zufall. Die Entwicklung der neuen hebräischen Literatur fällt in die Zeit der Blüte der polnischen romantischen Literatur. Der Charakter der polnischen Literatur, der durch die politische Lage Polens bedingt war, war dem Volk nahe, das seit Jahrhunderten kein Vaterland hatte. Eben diese geistige Verwandtschaft brachte die hebräischen Übersetzungen der Werke der geistigen Anführer des polnischen Volkes hervor", so hieß es 1938 im „Nasz Przegląd".[73]

Die daraus resultierende Parallelität in den Autostereotypen eröffnete auf der einen Seite die Möglichkeit, ein offenes Nationenkonzept zu formulieren, das resistent zu sein schien gegen die Enttäuschungen, die erlebt wurden, wenn Juden in Polen als Bürger zweiter Klasse behandelt wurden. Der Rekurs auf die Geschichte und ihre besten Elemente, der Rekurs auf Gedächtnisorte, eröffnete die Möglichkeit, eine Vision von Selbstbehauptung zu formulieren, die die Gleichheit von Staatsbürgern bei einem gleichzeitigen Recht, kulturelle Differenz zu wahren, enthielt. Zudem zeugt diese Entwicklung von einer hohen Anziehungskraft der polnischen Kultur. Auf der anderen Seite entwickelten sich aus dieser Parallelität ebenso Konkurrenzsituationen – als zum Beispiel der erwähnte Roman Brandstaetter eine Abhandlung über die geplante Aufstellung einer jüdischen Legion von Adam Mickiewicz verfasste,[74] wurde ihm von der etablierten Mickiewicz-Forschung vorgeworfen, er lüge, übertreibe, sei einseitig und apologetisch. Ein Journalist forderte, man solle einen „polnischen Historiker" mit der Untersuchung der Legion beauftragen, dann werde sich schon alles aufklären.[75] Hier fand ein nationalistischer Kampf um die Deutungshoheit über Mickiewicz statt, für den Maria Janion festgehalten hat, sobald sich ein jüdischer Historiker oder Publizist an Mickiewicz annäherte, befürchtete man, er werde den Polen „weggenommen". Der Diskurs der Mickiewicz-Forscher in der Zweiten Republik aber sollte „rein polnisch" klingen, so Janion.[76] Die gegenseitige geistige Beeinflussung von Polen und Juden in einem Land, das sie seit Jahrhunderten gemeinsam bewohnten, sowie Mickiewiczs Gedanken zu den Juden sollten nicht zur Kenntnis genommen werden dürfen. Daher war ein solches Konzept der Gleichberechtigung bei Wahrung von kultureller Differenz bereits seit dem späten 19. Jahrhundert nicht durchsetzbar, weil es dem polnischen Nationalismus, der wie viele andere Nationalismen auch keine Differenz ertrug, ein radikal neues Gesicht gegeben hätte, weil es die Polonität aus ihren rein polnischen Bezügen lösen und unter

---

73 „Nasz Przegląd" vom 9.10.1938, dort: Jehuda Warszawiak, Adam Mickiewicz w języku biblii (w związku z obchodem „Dni Mickiewiczowskich") [Adam Mickiewicz in der Sprache der Bibel (im Zusammenhang mit den Feiern zu den „Mickiewicz-Tagen")]. Zu den Übersetzungen vgl. auch Franciszek Kupfer und Stefan Strelcyn, Mickiewicz w przekładach hebrajskich [Mickiewicz in hebräischen Übersetzungen]. Wrocław 1955.
74 Roman Brandstaetter, Legion żydowski Adama Mickiewicza (dzieje i dokumenty) [Die jüdische Legion von Adam Mickiewicz (Geschichte und Dokumente)]. Warszawa 1932.
75 Maria Janion, Sprawa o Pigonia [Der Fall Pigoń], in: Do Europy tak (wie Anm. 12), S. 167-211, hier S. 200.
76 Ebenda, S. 206-211.

ihrem Dach eine Einheit in Vielfalt kreieren wollte. Insofern wohnte den romantisch konnotierten jüdischen Narrativen und Mythen eine naive Hoffnung auf eine polnisch-jüdische
Verbrüderung inne, die sich nicht erfüllen sollte – es war somit auch eine Welt von Utopien
und von Visionen, eine vielfältige Welt jedoch, die zweifellos zum Erbe einer offenen und
multiperspektivischen polnischen Romantik gehört, die nicht nur in Kategorien nationaler
Engführung wirkte, sondern auch nach dem „Anderen" gesucht und es gefunden hat.

Arkadiusz Bagłajewski

Krasiński und die „Frau der Zukunft"

„Dieses Fräulein" und die „Frau der Zukunft"

Im Jahre 1843 gab Zygmunt Krasiński – der seit Ende 1838 eine Beziehung mit Delfina Potocka unterhielt – dem Drängen seines Vaters nach und heiratete Elżbieta (Eliza) Branicka. Krasiński hat eine „schwarze" Legende seiner Ehefrau geschaffen, die er mit der verächtlichen Bezeichnung „dieses Fräulein" bedachte – und eine „goldene" Legende der geliebten, idealisierten Delfina, auch Dialy oder Didysz genannt. Diese biografische Legende war von so großer Suggestivkraft, dass sich noch heute ein Biograf des Dichters (Zbigniew Sudolski) bemüßigt fühlt, Krasińskis Ehefrau in seinem Buch zu rehabilitieren.[1] Doch solche Versuche hat es auch früher schon gegeben. So bemühte sich etwa Stanisław Tarnowski von einem außerliterarischen Standpunkt aus, jenes suggestive Bild der „ungeliebten Ehefrau" zu verändern, wenn er über die zahlreichen lebenspraktischen Talente Eliza Krasińskas schrieb.[2]

Der Dichter selbst belegte seine Ehefrau nicht nur mit dem verächtlichen Epitheton „dieses Fräulein", sondern war in seinen Briefen bestrebt, seine Abneigung gegenüber Eliza im Rahmen eines zuvor ausgearbeiteten anthropologischen Diskurses bzw. einer in diesen Diskurs eingebetteten Reflexion über die Frau und das Weibliche zu begründen. „Diesem Fräulein" Eliza und anderen Frauen ihres Schlages stellt er die „Frau der Zukunft" gegenüber, die für ihn in Delfina Potocka verkörpert war, seitdem er sie im Dezember 1838 kennen gelernt hatte. Diese Konzeption Krasińskis ist eine nähere Betrachtung wert, denn auch wenn er sich nicht von stereotypen Vorstellungen vom Weiblichen frei machte, so gelang es dem Dichter doch auch, ein neues Denken zu entwerfen, das das Stereotyp von der „Minderwertigkeit" des weiblichen und der „Überlegenheit" des männlichen Elements – mitunter recht weitgehend – in Frage stellte.

Aus dem „verfluchten" Dresden, wo man ihm einen „bitteren Kelch" bereitet hatte (so schrieb er am 18. Juli 1843 an Delfina Potocka über seine Heirat;[3] LDP, I, 796), berichtete er

---

1 Zbigniew Sudolski, Krasiński. Opowieść biograficzna [Krasiński. Eine biografische Erzählung]. Warszawa 1997, S. 310 f.

2 Stanisław Tarnowski, Zygmunt Krasiński. Studia do historii literatury polskiej. Wiek XIX [Zygmunt Krasiński. Studien zur Geschichte der polnischen Literatur. Das 19. Jahrhundert]. Kraków 1892, S. 445-451.

3 Zitate aus dem Briefwechsel des Dichters weise ich unter entsprechenden Siglen direkt im Haupttext nach; römische Ziffern bezeichnen die Nummer des Bandes, arabische die Seitenzahl. LDP – Zygmunt Krasiński, Listy do Delfiny Potockiej [Briefe an Delfina Potocka], hrsg. v. Zbigniew Sudolski. T. I-III, Warszawa 1975. – Gegenstand der Untersuchung sind im Wesentlichen die in Band I enthaltenen Briefe aus den Jahren 1838–1843, da sich die Anschauungen des Dichters zu den mich interessierenden Fragen in diesem Briefkorpus formieren und stabilisieren; spätere Brie-

auch an Jerzy Lubomirski, worin eigentlich die Tragik seiner Existenz bestand: nicht nur und nicht so sehr darin, dass er gezwungen worden war, eine ungeliebte Frau zu ehelichen; und auch nicht darin, dass Delfina Potocka, die große Liebe seines Lebens, nun zur „Zweiten", zur Geliebten wurde. Dieser biografische Diskurs hat sich längst verbraucht und kann uns keine Antwort auf die Frage nach Krasińskis Beziehungen zu Frauen liefern. Es war nicht das Ehedrama, das sich in Dresden verdichtete; vielmehr trat ein Konflikt anderer Art zutage: ein spezifisches Knäuel von Identitätsfragen mit philosophischen Bezügen.

Es scheint lohnend, einen neuen Blick auf dieses Knäuel zu werfen und zwar im Kontext des in Krasińskis Werk formulierten neuen anthropologischen Diskurses und der philosophischen Anschauungen, die sich ab 1837 herausbildeten, als Krasiński nach der Lektüre der deutschen Philosophen (vor allem Hegel und Schelling) in seinem Projekt die Umrisse eines historiosophischen und eschatologischen Übergangs von der „zweiten" zur „dritten Epoche" skizziert. Und hier – in der „Epoche des Übergangs", wie er seine Zeit nennt – formiert sich seine interessante Konzeption von Weiblichkeit/Männlichkeit. In diesem Kontext beruht die Opposition „dieses Fräulein" vs. „Frau der Zukunft" auf dem Gegensatz zwischen einer Weiblichkeit, die im Stereotyp einer Welt der Salons und des Klatschs gefangen ist, und einer verwandelten Weiblichkeit, die auf anderen anthropologischen Grundlagen basiert. Wir wollen uns die Ausformulierung dieser Konzeption näher anschauen und werfen zunächst einen Blick auf Krasińskis Bekenntnisse in seinem Brief an Lubomirski vom 25. Juli 1843.

Der Dichter schreibt: „alle Frauen sind entweder dumme Kinder oder die verkörperte Sinnlichkeit. Und nur von ihr allein weiß ich, dass sie Geist ist – nicht Kind, nicht Materie, sondern Vernunft, Herz, Persönlichkeit, mein Ideal für alle Zeiten!" (LL, 149).[4] Auf solche Urteile stoßen wir in den Briefen des Dichters immer wieder – doch daneben auch auf andere, in ihrer Bedeutung völlig konträre, die das Stereotyp auf den Kopf stellen. Auf der einen Seite also Sinnlichkeit, Materie und Kindlichkeit, auf der anderen Geist, Idee, Herz und Vernunft: Diese Opposition ist in Krasińskis Denken ständig präsent, wenn er (so etwa in seinem Brief an Potocka vom 3. August 1841) eine Spaltung, einen Kampf, den Antagonismus widersprüchlicher Elemente des „Geschlechtlichen" wahrnimmt – und doch bestrebt ist, eine Vereinigung beider herbeizuführen, die das Prinzip der neuen Epoche ist. Die kommende Synthese und Ganzheit wird mithin versöhnen, was getrennt ist, und den Einseitigkeiten eine neue Begründung geben. Wir könnten also sagen, dass Sinnlichkeit und Materie „dieses Fräuleins" eine wesentliche Komponente von Vernunft und Herz – mit einem Wort: des verwandelten, höheren Geistes der „Frau der Zukunft" – sind. Krasiński

---

fe reproduzieren im Prinzip nur die hier gefundenen Formulierungen. In meiner Analyse übergehe ich im engeren Sinne literarische Werke, da in ihnen ein ähnliches Ensemble an Themen zutage tritt und im literarischen Diskurs bearbeitet wird; mir kam es darauf an, der Identitätsproblematik anhand eines einigermaßen homogenen diskursiven Materials nachzugehen. Im vorliegenden Artikel greife ich auf einige meiner früheren Interpretationsansätze zurück: Arkadiusz Bagłajewski, Dyptyk epistolograficzny Krasińskiego – spotkania z kobietą, nową tożsamością, pełnią romantycznego „ja" [Krasińskis epistolografisches Diptychon – Begegnungen mit der Frau, der neuen Identität und der Fülle des romantischen Ichs], in: Kobieta w literaturze i kulturze [Die Frau in der Literatur und Kultur], hrsg. v. Dorota Mazurek. Lublin 2004, S. 69-115.

4 LL – Zygmunt Krasiński, Listy do Jerzego Lubomirskiego [Briefe an Jerzy Lubomirski], hrsg. v. Zbigniew Sudolski. Warszawa 1965.

reflektiert über die Ganzheit und versucht sie in dem von ihm erarbeiteten philosophischen Vokabular zu begründen.

Wenn er – voller Verzweiflung und Enttäuschung über sein „Leben" als Ehemann „dieses Fräuleins" – von seiner biografischen Lage schreibt, dann verzweifelt er im Grunde auf einer anderen Ebene als der des Gefühls, im Leben gescheitert zu sein. Er verzweifelt als „Bruder", der gewissermaßen seine „Schwester" verliert, wie er Delfina – die „Frau der Zukunft" – nannte; zumindest im Sinne der gesellschaftlichen Rolle, die er spielen sollte: der Rolle des Ehemannes, die mit der Rolle des „Bruders" in Konflikt gerät – wobei sich letztere aus der geistigen Verwandtschaft jener ergibt, die in sich die gemeinsame Ebene des Menschentums der „dritten Epoche" erkannt und gefunden haben. Man kann auch sagen, dass Krasiński in einer neuen, auf Liebe gegründeten Verbindung von Mann und Frau der „dritten Epoche" bereits näher gekommen war – und nun in eine konventionelle Eheverbindung geworfen wurde, die zur Ordnung der Gegenwart, der „Epoche des Übergangs" gehörte. Er fand sich, wie er schrieb, im „Abgrund des Geistes" wieder, in dem auch der Körper – zitternd, weinend, von Konvulsionen geschüttelt – gegen den regressiven Sturz in die Ehe rebellierte.

Der Körper, der einer regressiven Erfahrung ausgesetzt ist und von dem Weg hin zu einer neuen Formel der Existenz abgebracht wird, zieht sich auf die Erfahrungen der frühen Kindheit zurück: „ganze Tage lang liege ich da und stöhne" (LL, 155). Diese nervliche Zerrüttung ist auch eine Form der Identifikation mit einer „weiblichen" Nervosität (die Delfinas Verhalten übrigens fern lag). Man könnte sagen, dass der „männliche" Körper von einer „weiblichen" Reaktion erschüttert wird, doch dieses Urteil wäre nicht gerechtfertigt. Die Unterschiede im Verhalten, der Unterschied zwischen weiblichem und männlichem Geist, von dem in den Briefen des Dichters in diversen Zusammenhängen die Rede ist, die unterschiedliche Empfindungsweise von Mann und Frau, die unterschiedlichen Rollen, die sie spielen und spielen sollen – das alles wird sich in der Zukunft ändern; zur Zeit jedoch sind einigen wenigen Personen – darunter Krasiński – Symptome von Spuren einer neuen Existenz gegeben. Er schlüpft in eine „weibliche" Rolle, gibt aber dieses existenzielle Experiment nichtsdestotrotz aus einer „männlichen" Perspektive wieder. Was das bedeutet, davon wird in den weiteren Ausführungen noch die Rede sein.

An dieser Stelle möchte ich betonen, dass sich in den stereotypen Konstruktionen, die dem „männlichen Geist" a priori eine Überlegenheit gegenüber dem „Geist des Weibes" zusprechen (so beispielsweise in dem Brief an Edward Jaroszyński vom 29. Dezember 1838, aber auch in vielen anderen Briefen), Risse abzeichnen, die ein anderes Denken ankündigen. Auch wenn dieses Denken nicht mit dem patriarchalischen Überlegenheits-Stereotyp bricht, so stellt es doch eine wesentliche Modifikation desselben und im polnischen Kontext den Vorboten eines „präemanzipatorischen" Diskurses dar, der der Frau eine neue Rolle zugestehen sollte. Denn Krasiński war künftig bestrebt, zwischen den bislang antagonistischen Elementen, dem männlichen und dem weiblichen, zu vermitteln – entsprechend dem Gesetz der „Dreieinigkeit", das er überall wirken und auf eine Synthese im Sinne einer Absorption der vorgängigen Elemente zustreben sah. Daher weist der Dichter auch in einem Brief an Jaroszyński von Ende Dezember 1838 (in dem er nota bene von der Lektüre der Hegelschen *Ästhetik* berichtet) darauf hin, dass die Versöhnung der widersprüchlichen Elemente – von ihm als engelsgleiche Erhöhung des weiblichen und männlichen Geistes verstanden – den Kern einer erneuerten Philosophie von Frau und Mann darstelle.

Das Auffinden des Schönen im Geist; engelsgleicher Zustand, geistige Verfeinerung und Erhöhung, Befreiung vom Hier und Jetzt, ein Aufscheinen des Dort: Das ist natürlich keine präzise begriffliche Sprache. Doch der Entwurf einer anderen Sprache für die Philosophie von Frau und Mann zeichnet sich hier bereits ab, wenn der Dichter schreibt, dass die Erhöhung des weiblichen Geistes, die mit der Offenbarung der Wahrheit gleichgesetzt wird, auf die Aufhebung des Dualismus zusteuert: „Dieses melodiöse Zusammenfließen von Geist und Körper, diese Vereinigung, diese Versöhnung zweier scheinbar widersprüchlicher Elemente überflutet unsere Seele wie eine Welle aus Feuer und trägt uns davon wie im Wahn! – Im Manne gibt es diese enge Verbindung und Identifikation nicht; der Geist behält immer die Oberhand" (LC, II, 16).[5] Unterschied und Fremdheit sind hier bereits in einer Sprache zum Ausdruck gebracht, die schon bald danach streben sollte, jenen Antagonismus aufzuheben.

An dieser Stelle sollte in Ergänzung des Bisherigen darauf hingewiesen werden, dass Krasińskis Position in der Frage einer neuen, verwandelten Weiblichkeit – der „Frau der Zukunft" – im weiteren Kontext seiner philosophischen Anschauungen zur Epoche der Zukunft steht.[6] Sie ist mit anderen Worten eine „kleine" Erzählung im Rahmen einer „großen" Erzählung, sie ist deren Absplitterung – als solche freilich recht selbstständig, auch gegenüber dem romantischen Konzept von Liebe.

In der „großen" Erzählung kommt dem Begriff des Geistes eine Schlüsselrolle zu: Der Geist unterliegt der Entwicklung, durchläuft verschiedene Phasen und kommt am Ende dieses Weges zum Bewusstsein seiner selbst. Zuerst spaltet sich der Geist in antagonistische Elemente auf: in Körper (Sein, Materie) und Seele (Denken, Bewusstsein), die in der Zukunft in einem Akt der Synthese das höhere, jenseitige, ewige Leben des Geistes erlangen werden. Krasiński, der (wie es Ziemowit Miedziński, der Spezialist für die philosophischen Anschauungen des Dichters, formuliert), im Geist die „Identität von Idee und Natur, Allgemeinem und Singulärem, Seele und Körper"[7] sieht, operiert mit diesem Begriff in umfassenden gedanklichen Kontexten, was wir insbesondere in seiner Korrespondenz verfolgen können. Das Fehlen einer präzisierten Terminologie und der ständige Wechsel von einem Beobachtungsfeld zum nächsten machen es dem Wissenschaftler, der es, wie einst Kleiner, etwa unternähme, Krasińskis Philosophie „systemhaft" zu rekonstruieren, nicht leichter. Doch terminologische Nonchalance ist in jener Epoche typisch für die Haltung des

---

5 LC – Zygmunt Krasiński, Listy do Augusta Cieszkowskiego, Edwarda Jaroszyńskiego, Bronisława Trentowskiego [Briefe an August Cieszkowski, Edward Jaroszyński und Bronisław Trentowski]. T. 2, hrsg. v. Zbigniew Sudolski. Warszawa 1988.

6 Eine modellhafte Rekonstruktion von Krasińskis „großer" Erzählung liefert die Monografie von Juliusz Kleiner, Zygmunt Krasiński. Dzieje myśli [Zygmunt Krasiński. Die Geschichte seines Denkens]. T. I-II, Warszawa/Lwów 1912. Ein neuerer Ansatz findet sich bei Alina Kowalczykowa, Poglądy filozoficzne Zygmunta Krasińskiego [Die philosophischen Anschauungen Zygmunt Krasińskis], in: Polska myśl filozoficzna i społeczna [Das polnische philosophische und gesellschaftliche Denken]. T. 1, hrsg. v. Andrzej Walicki. Warszawa 1973.

7 Ziemowit Miedziński, Osobowość i przyszłość. Zygmunt Krasiński na tle historiozofii romantycznej i polskiej filozofii narodowej [Persönlichkeit und Zukunft. Zygmunt Krasiński auf dem Hintergrund der romantischen Historiosophie und der polnischen Nationalphilosophie]. Katowice 1999, S. 56.

„philosophierenden Dichters",[8] der das große Ganze – in allen seinen Erscheinungsformen, von den kleinsten Elementen bis zu kosmischen Höhen – zu erfassen sucht.

In seiner „großen" Erzählung (die den Versuch darstellt, ein philosophisches Projekt in Opposition zu Hegel zu schaffen, auch wenn Krasiński sich das Schema der Hegelschen Triade zu eigen macht) unterstreicht der Dichter, dass die Vereinigung der beiden gegensätzlichen Elemente – des Seins, das zum Denken wird und zum Bewusstsein kommt, und des Denkens, das sich in der Tat verwirklicht und dadurch zum Sein wird – eine neue, die „dritte Epoche" anbrechen lassen wird, die sich auf der Erde ebenso realisiert, wie sie in der jenseitigen Geschichte des Geistes präsent ist, in die die Geister nach ihrer Verwandlung eintreten werden. In der „großen", die Grenzen des Globus überschreitenden Erzählung wirkt das Gesetz der Versöhnung von Widersprüchen durch synthetische Absorption auf verschiedenen Zeitebenen und in unterschiedlichen Formen. Es betrifft und berührt den globalen Geist (die Gemeinschaft der Geister) wie die einzelnen Geister für sich genommen. Unter ihnen befinden sich Geister, die die Avantgarde der ihrer Verwandlung entgegengehenden Menschheit darstellen. Doch das, was die Zukunft für die Menschheit bereit hält, erkennen manche in der Tiefe ihres Ichs (das Ich, mit großem Anfangsbuchstaben geschrieben, setzt Krasiński mit dem Geist der Person gleich). Deshalb ist die „ideale" Dialy, wie der Dichter Delfina Potocka nennt, ein Ich, das in eine überirdische Sphäre entrückt ist; ein Geist, der einen Hauch von seiner Unsterblichkeit verspürt hat und den Geistern anderer Menschen, die nichts von der „Zukunft" wissen, als Vorhut den Weg der Verwandlung weist. Sie, die sich unter der Vorhut der Geister befindet, ist eine Frau. Sie ist die „Frau der Zukunft". Was bedeutet das?

Die Frau der „Epoche des Übergangs" – ein erster Zugang

In seinem Brief an Lubomirski vom 28. Juli 1843 schreibt der Dichter: „Glaube mir, es gibt keine andere so erhabene Frau wie Sorrento – sie allein ist vom Schlage der Frauen der Zukunft" (LL, 151). Doch seiner Korrespondenz kann man entnehmen, dass sich Krasiński für andere Formen einer Weiblichkeit interessierte, die der „dritten Epoche" schon näher gekommen war, einer Weiblichkeit im Augenblick des Übergangs: für Hellseherinnen, Stigmatisierte und weibliche Medien; auch für symbolische Gespenstererscheinungen der weiblichen Person (die Frau, die im Gedächtnis, in den Erinnerungen präsent ist) oder für magnetische Geister, die sich als Projektion des Geistes offenbaren.

Ein wichtiges Zeugnis für Krasińskis Verständnis vom Konzept einer verwandelten Weiblichkeit – der „Frau der Zukunft" – ist sein Brief an Delfina Potocka vom 3. Januar 1840, auf den wir noch zurückkommen werden. An dieser Stelle sei gesagt, dass im Denken des Dichters die Überzeugung von einer künftigen grundlegenden Verwandlung der Menschen, die sich auf einer apokalyptisch verwandelten „anderen Erde" wiederfinden werden, eine zentrale Rolle spielt. Die Formen dieser Verwandlung sind der Natur eingezeichnet; daher ist

---

8   Vgl. hierzu die klassische Arbeit von Maria Janion, Krasiński a Hegel [Krasiński und Hegel], in: Romantyzm. Studia o ideach i stylu [Die Romantik. Studien zu Ideen und Stil]. Warszawa 1969; wiederabgedruckt in: Maria Janion, Prace wybrane [Ausgewählte Arbeiten]. T. II: Tragizm, Historia, Prywatność [Tragik, Geschichte, Privatheit], hrsg. v. Małgorzata Czermińska. Kraków 2000, S. 263-297.

die Offenbarung in der Natur und in der Poesie ein wesentliches Element der Konstituierung einer neuen Anthropologie. Uns interessiert jener Moment in Krasińskis Denken, in dem er die Offenbarung der Wahrheit über die Zukunft mit der Poesie und mit der Frau in Zusammenhang bringt. Warum stellt er diesen Nexus her?

Weil jene Poesie der Zukunft bereits „in uns", das heißt in Krasiński und Delfina ist. Und vielleicht ist die neue Poesie manchmal sogar in Dialy stärker präsent als in ihrem Siżys – so änderte er in seiner Korrespondenz die „konventionellen" Namen, was ebenfalls ein semantisches Potenzial birgt, weil es auf die Anthropologie der Masken, der Hüllen, des Versteckens und des Spielens diverser Rollen im geistigen Theater des Lebens verweist.

Die verehrte Dialy, die ideale Didysz, die ein Engel genannt wird – diese recht konventionellen Bezeichnungen verweisen auf die Erzählung von der Verbindung zweier Liebender, zweier Seelen – mit einem Wort: auf das Konzept der romantischen Liebe. Wie Marta Piwińska einmal festgestellt hat, findet sich im zentralen romantischen Topos vom Mythos der Liebe ein Bild, in dem die Liebe sagt, dass es ihr nicht darum geht, den anderen zu besitzen, sondern darum, das „eigene Selbst" in ihm widerzuspiegeln.[9] Doch bei Krasiński handelt es sich um ein anderes Konzept, ein Bild, das von der für den polnischen Bereich kanonischen Form abweicht, die jenes Konzept im IV. Teil von Mickiewczs *Dziady* [Ahnenfeier] angenommen hat. Das androgyne Paradigma ist bei Krasiński erweitert und durch das aus der Rezeption Hegels abgeleitete Schema der dialektischen Triade ersetzt, die den von der Romantik vorgeprägten Mythos der Androgynie überlagert. Weiblichkeit ist hier nicht mehr nur eine Projektion des männlichen Ichs, sie erfährt eine ganz bestimmte konzeptuelle und semantische Aktivierung. Und wenngleich Krasiński die geliebte Dialy seine „Schwester" nennt, so verbergen sich hinter dieser Bezeichnung doch andere Bedeutungen als jene, die wir bei anderen Romantikern vorfinden.[10] Auf diese Frage wird noch zurückzukommen sein.

Zitieren wir eine der zahlreichen Charakterisierungen der Frau der „Epoche des Übergangs". Der bekannte Brief vom 20. März 1840 – der Entwurf zu einem neuen I. Teil der *Nie-Boska komedia* [Ungöttliche Komödie] – weist freilich Spuren eines neuen Nachdenkens über ein eschatologisches Werk auf, das schließlich in *Trzy myśli...* [Drei Gedanken...] und insbesondere in *Przedświt* [Morgengrauen] verwirklicht wurde. In diesem Brief schreibt Krasiński über die Heldin des geplanten Werks:

> „Um Deinen Charakter aus dem Feld des Lebens in die Sphäre der Kunst zu übertragen, muss der bisher bekannte und idealisierte Typus der Frau um eine Stufe angehoben werden. Dein Charakter enthält Vergangenheit und Zukunft der Frauen zugleich – beide muss man zusammenfassen, verbinden und harmonisieren, damit die ideale Dialy erstehe. Dein Charakter ist zugleich zärtlich, nervös und daher furchtsam, mutig und unendlich finster. Er atmet etwas Byronhaftes. Du bist kein Charakter, kein Typus, kein Wesen einer stabilen Zeit, die sich schon abgelagert hat und der sich alle Bedingungen des Lebens und Seins offenbart haben. Aus dir kann weder Hektors Andromache noch Romeos Julia werden. – Wie unsere ganze Epoche gehst du ohne innezuhalten der Zukunft entgegen. Dieses Gehen ohne innezuhalten, diese Bewegung von dir muss man wiedergeben; es ist etwas ungeheuer Tragisches darin, denn du leidest daran. (...)

9 Marta Piwińska, Miłość romantyczna [Romantische Liebe]. Kraków 1984, S. 534.
10 Ebenda, S. 534 ff. Piwińska verweist u. a. auf die Werke von Chateaubriand, Byron und Słowacki.

Und du wirst in diesem Poem sein, wie du in meinem Herzen bist und auf jenem Bild
aus Baden – eine Göttin der Traurigkeit und des erhabenen Stolzes, Herrin der Anmut
und des Unglücks zugleich! Wir beide sind dasselbe – du auf weibliche Weise, ich als
männliche. Eine Zeit beiderseitiger Annäherungen und Vereinigungen rückt heran. Ich
habe etwas von der Zärtlichkeit einer Frau, du etwas vom finsteren Wesen eines Mannes.
Wir beide sind Figuren einer Epoche, die nicht *sich selbst* gehört, sondern zwei andere,
fremde Epochen berührt und zwischen ihnen stöhnt und weint!" (LDP, I, 202)

In dieser Passage, die die Illustration eines schöpferischen Prozesses darstellt, sind auch
Elemente eines Diskurses enthalten, der patriarchalische Unterschiede aufhebt – genauer
gesagt, diese Aufhebung ankündigt; während die Stereotypisierung der Opposition männ-
lich/weiblich, finster/zärtlich aufrecht erhalten wird, werden Spuren eines neuen Konzepts
des Geschlechts – in Zeiten „beiderseitiger Annäherungen und Vereinigungen" – sichtbar.
Krasiński scheint hier an eine Synthese zu denken, auch wenn er in der Zeit des „Übergangs"
eine Übertragung der Rollen entwirft und ausfindig macht: Das männliche Ich nimmt an sich
selbst Züge wahr, die das gängige Stereotyp der „Frau" zuschreibt, so wie dem weiblichen
Ich ebenso stereotype „männliche" Züge zugeschrieben werden. Nichtsdestotrotz ist dies die
Spur eines anderen Denkens: Die Psychologie der Person, die Projektion des Dichter-Ichs
scheint wichtiger zu sein als die philosophische Analyse der „Frau der Zukunft". In seinem interessanten Buch über „Metaphysische Visionen der Weiblichkeit" (so der Untertitel)
kommentiert Jarosław Ławski Krasińskis Brief dahingehend, dass der Dichter im Zusammenhang mit dem geplanten Finale der *Nie-Boska komedia* an eine vollständige Vereinigung
des „Weiblichen" und des „Männlichen" gedacht habe:

> „Delfina, die in eine Gottheit verwandelte Göttin, die aus der Tiefe des Unbewussten
> und der Phantasie hervorgetreten war, sollte in jene Tiefe zurückkehren und sich mit der
> männlichen Seele Henryks vereinigen, der sie geschaffen und vervollkommnet hatte. Es
> ist unverkennbar, dass diese Projektionen einer vollendeten Weiblichkeit ein ganz und
> gar ichbezogenes Gepräge haben, dass sie sich ganz von ihrem realen Ausgangspunkt –
> der hochmütigen und launenhaften Dialy – gelöst haben und eine narzisstische Projektion
> jenes Ichs des unvollkommenen Dichters, jener weiblichen Seele des Dichters darstellen,
> dem zur Vollkommenheit irgend etwas fehlt."[11]

Dem Urteil, das in dem zweiten der zitierten Sätze zum Ausdruck kommt, kann man wohl
nicht vorbehaltlos zustimmen. Denn auch wenn man im Auge behält, dass sämtliche Konstruktionen Delfinas, Dialys, der „Schwester" und „Beatrice" eine Projektion von Krasiński
selbst, Ausdruck und Symptom seiner Sehnsüchte und Träume sind, so sind sie doch auch
ein Ausdruck seines philosophischen Projekts, umfassenderer Begründungen des Konzepts
der „Frau der Zukunft". Dialy als Projektion von Krasińskis Ich hat in unterschiedlichen
Konstruktionen, Masken, Enthüllungen und Verhüllungen Eingang in seinen Briefwechsel
gefunden; doch sie alle laufen im übergeordneten Projekt und in der Analyse ebenjener
„Frau der Zukunft" zusammen.

---

11 Jarosław Ławski, Marie romantyków. Metafizyczne wizje kobiecości. Mickiewicz – Malczewski –
   Krasiński [Die Marien der Romantiker. Metaphysische Visionen der Weiblichkeit. Mickiewicz,
   Malczewski, Krasiński]. Białystok 2003, S. 707.

Absenz und Präsenz

In Anlehnung an Lechońs bekannte Formulierung kann man von Präsenz und Absenz Dialys in Krasińskis Texten sprechen, von einer Projektion und von Spuren, die über die erhaltenen Briefe und Texte Krasińskis verstreut sind; Delfina ist anwesend und zugleich abwesend.

Die Präsenz ist allerdings eine Projektion Krasińskis – die Textualisierung seiner intellektuellen Aktivität und des Wirkens seiner Phantasie; sie ist der differenzierte „Text" der Person bei gleichzeitiger Markierung von Spuren einer Präsenz des Ichs namens Delfina Potocka als Subjekt in Krasińskis Werken. Das ist natürlich nicht verwunderlich. Projektionen des männlichen Ichs sind geradezu das Markenzeichen für die Aktivität eines Subjekts, das in der Rolle des romantischen Liebhabers auftritt – die romantischen Dichter knüpften hier schließlich an eine viel ältere Tradition an, schreiben sie doch in den zwar variierten, aber doch wiedererkennbaren Dekorationen des westlichen Liebes-Mythos, unter Berufung auf das Paradigma von Dante und Beatrice, auf das Paradigma der höfischen Liebe,[12] das bei ihnen vom androgynen Mythos überformt wird. Die Frau – oder, allgemeiner gesagt, die Weiblichkeit – wird in diesem Zusammenhang häufig auf stereotype Weise aufgerufen und entworfen – man könnte sagen: mit wenigen Strichen eines wiedererkennbaren kulturellen Musters. Dialy – davon können wir uns durch die Lektüre selbst einiger weniger, zufällig ausgewählter Briefe überzeugen – wird im Rahmen des Mythos von der idealen Weiblichkeit entworfen. Diese Projektionen werden freilich von anderen Elementen überlagert; auch von solchen, die aus dem „realen" Leben Delfina Potockas stammen – natürlich in Spuren, in Bruchstücken einer Existenz, die recht eigenwillig, aber nicht zufällig erfasst wird.

Delfinas Präsenz und Absenz – im Rahmen der Projektion von Krasińskis Ich – lässt sich am folgenden Beispiel beobachten. Wie man nicht nur aus Krasińskis Briefen weiß, war Potocka stimmlich begabt. Zeitgenossen – darunter Chopin – schätzten ihr Gesangstalent; Krasiński war davon ebenso begeistert wie vom Gesang der Maria Malibran. Leider konnte dieses Gesangstalent damals nicht aufgezeichnet werden; geblieben sind also nur Spuren, Äußerungen der Begeisterung und Eindrücke. Anders als im Falle der berühmten Malibran hat die Rezeption von Potockas gesanglichen Fähigkeiten einen eher privaten, impressiven Charakter.

Das Fehlen technischer Reproduktionsmöglichkeiten brachte es mit sich, dass Delfina Potockas Kunst eine Aktivität zugeschrieben wurde, die – mit Benjamin gesprochen – in einem unauflöslichen Zusammenhang mit ihrem „Hier und Jetzt"[13] stand. Dieses Kunstwerk konnte ausschließlich als gesangliche Darbietung im kleinen Kreis des Salons oder – das war der häufigere Fall – in der privaten Beziehung zwischen Dialy und Sizys zur Existenz gelangen. Folgt man den Ausführungen Benjamins, so kann auf das Problem der „Echtheit" von Delfinas Kunst hingewiesen werden – in dieser Beziehung geht mit der Projektion Dialys, mit der spezifischen „Vereinnahmung" ihrer Kunst durch das Ich Krasińskis eine Verschiebung von Delfinas künstlerischer Existenz aus der flüchtigen Atmosphäre des Salons in die

---

12 Eine Beschreibung dieses Modells liefert die klassische Arbeit von Denis de Rougemont, L'amour et l'occident. Paris 1939.
13 Walter Benjamin, Das Kunstwerk im Zeitalter seiner technischen Reproduzierbarkeit. Drei Studien zur Kunstsoziologie. Frankfurt a.M. 1963, S. 11.

ebenso flüchtige textuelle Realisierung einher, die auf Spuren und Eindrücken beruht. Da Delfinas Stimme nicht materiell reproduziert werden kann, bleibt sie für uns eine stumme Sängerin; dabei wird sie in dem Maße zum „sprechenden" Ich des Textes, wie Krasiński ihr in seinen Briefen eine Stimme verleiht. Und erst aus dieser textuellen Projektion Krasińskis dringen gelegentlich jene Spuren von Delfinas eigenem Ich, Bruchstücke ihrer Stimme und ihres künstlerischen Ausdrucks zu uns durch. Dabei hat die künstlerische Existenz Delfinas vor der Epoche der technischen Reproduzierbarkeit des Kunstwerks zur Folge, dass die – wiederum mit Benjamin gesprochen – „Aura" eines authentischen, unwiederholbaren und einzigartigen Phänomens ebenfalls in Form von über die Korrespondenz verstreuten Spuren erhalten geblieben ist. Hätte es dagegen damals die Möglichkeit gegeben, die Stimme aufzuzeichnen und mit Hilfe von Platten zu reproduzieren, so wäre die Benjaminsche Aura, die als fester Wert ein unverzichtbares Element in Krasińskis Projekt darstellt, vielleicht verloren gegangen. Delfinas Gesang steht in einem direkten Zusammenhang mit Zeit und Ort wie auch mit einer spezifischen Verschiebung der Aura in den Innenraum von Krasińskis Ich. Anders gesagt: Wenn es möglich gewesen wäre, Delfina eine Stimme zu verleihen, so hätte dies nicht nur eine Abschwächung von Krasińskis Projektionspraktiken zur Folge gehabt, sondern auch das Projekt der gemeinsamen Teilhabe, der Koautorschaft von Dialy und Sižys ganz und gar zum Scheitern gebracht.

Was also bleibt, sind die Worte, in die der Dichter seine Reaktionen auf Delfinas Gesang fassen kann. Krasiński ordnete Dialy als mit musikalischem Talent begabte Frau in den – noch näher zu erörternden – umfassenderen Kontext seines Denkens über Musik und Musikalität ein; und dieses Denken weist wiederum zahlreiche Übereinstimmungen mit der romantischen Ästhetik auf. Die Lokalisierung Dialys in diesem Kontext hat hier also auch einen recht komplizierten, diskursiv zweideutigen Charakter. Es sei jedoch unterstrichen, dass wir – da wir im Umgang mit Krasińskis Charakterisierungen von Delfinas musikalischen Talenten diese (oftmals überaus exaltierten) Urteile nicht verifizieren können – gezwungen sind, eher auf dem sicheren Niveau des allgemeineren ästhetischen Diskurses zu verbleiben, der Musikalität mit metapoetischer Reflexion verbindet, als auf dem Niveau impressiver Spuren. Doch da in jenen Spuren gewisse „Reflexe" des Subjekts enthalten sind, sollten sie auch nicht ignoriert werden. Man kann hier Detektiv spielen, sich als Fahnder betätigen, der – wie German Ritz schreibt – „nach den verwischten Spuren weiblicher Präsenz in der Kultur [sucht, die] das Schweigen der Frauen brechen werden".[14]

Spuren – „nur" Spuren. In einem seiner Briefe heißt es: „In Deinem gestrigen Brief schreibst du: *używam cudzy język* – man sagt *cudzego języka* [ich bediene mich einer fremden Sprache]; *w wyspie byli* – man sagt *na wyspie* [sie waren auf der Insel]." Und etwas später: „ich sage Dir: von diesen wenigen, unbedeutenden Fehlern abgesehen, hast Du die Gabe, Deine Gedanken wundervoll auf Polnisch auszudrücken; du schreibst ein ungewöhnlich reines und ernsthaftes Polnisch, ohne jene Affektiertheit, an der für gewöhnlich der Stil aller Polinnen krankt, sobald sie sich ihrer Muttersprache bedienen" (LDP, I, 276 f.).

---

14 German Ritz, Granice i perspektywy gender studies [Grenzen und Perspektiven der Gender Studies], in: Ders., Nić w labiryncie pożądania. Gender i płeć w literaturze polskiej od romantyzmu do postmodernizmu [Der Faden im Labyrinth des Begehrens. Gender und Sex in der polnischen Literatur von der Romantik bis zur Postmoderne]. Warszawa 2002, S. 10.

Wir verfügen über ein gutes Dutzend solcher Spuren von Delfina Potockas „Schrift". Es ist also nur eine Spur geblieben – jene „wenigen, unbedeutenden Fehler", die in diesem Brief zitiert sind; doch Delfinas „wundervoll auf Polnisch ausgedrückte" Gedanken sind nicht erhalten geblieben. Die Spuren deuten darauf hin, dass Potocka mit dem Polnischen ihre Probleme hatte. Doch wenn wir den ganzen – nicht erhaltenen – Briefwechsel kennenlernen könnten, wäre unser Urteil sicherlich ein anderes als jenes, das wir aus der Lektüre der Spuren ableiten können. Diese „subjektgerichtete" Lektüre erlaubt es uns nicht, über die Hypothese von der unzureichenden Beherrschung des Polnischen hinauszugehen – als spannender erweist sich jedoch die Lektüre der „Person", der Projektion des Dichter-Ichs. Die Rekonstruktion des „wunderbar auf Polnisch Ausgedrückten" – jenseits der Projektion, unter der „fremden" Schrift – wäre also spannender als die der „Fehler". Natürlich – das kann nicht oft genug betont werden – wäre die Situation eine andere, wenn Potockas Briefe erhalten geblieben wären.

Welche „Spuren", welche Bruchstücke von Delfinas subjektiver Existenz können wir in den Briefen des Dichters noch finden? Hier führt eine allgemeinere und anregende Beobachtung von German Ritz weiter. Er schreibt: „Das romantische Ich muss sich in seinem poetischen Selbstentwurf nicht als ein allgemeines, sondern als ein sexuelles Ich zu erkennen geben. Es kann in der Rolle des Mannes nicht mehr die Alterität der Frau ausschließen, um einen vollständigen Entwurf von sich zu schaffen, sondern muss – vom Willen zur Sublimation getrieben – auf das Andere verweisen, ja ihm sogar eine fremde Stimme verleihen."[15] Wir wollen diesem Hinweis folgen, dabei freilich Ritz' Position ein wenig modifizieren. Grundsätzlich lassen sich nämlich zwei Arten beobachten, den Diskurs des männlichen Subjekts, der die Vorstellung von Delfina entwirft, zu überschreiten (oder diese Überschreitung zu versuchen): zum einen das Projekt der „doppelten" Autorschaft, zum anderen der Versuch, sich mit dem weiblichen Subjekt zu identifizieren, in den „weiblichen" Diskurs einzutreten, ihn zu erproben.

Wenden wir uns zunächst dieser Frage zu. Hier eine Stilprobe, die zeigt, wie sich Krasiński in einer empathischen Erlebnisgemeinschaft verwirklicht: „Als ich Deinen Traum las, sah ich ihn, träumte ihn selbst (...) Ach! Ich spüre diesen Traum, als hätte ich ihn selbst im Inneren meines Geistes geschaffen und geträumt" (LDP, I, 135). Bekenntnisse dieser Art gibt es viele. Immer wieder lesen wir Worte wie diese: „aber ich spüre Dich, als ob ich selbst du wäre" (LDP, I, 267). Oder auch in einer anderen Version, wenn er in dem bereits zitierten Brief vom 20. März 1840 von der „Zeit beiderseitiger Annäherungen" spricht. Es sei betont, dass Krasiński und Delfina Potocka Subjekte einer Epoche des „Übergangs" sind; und dass sie die Epoche der Zukunft ankündigen. In jener Epoche werden sich das „Weibliche" (Zärtlichkeit) und das „Männliche" (finsteres Wesen) verschieben und vermischen. Es ist jedoch nicht zu übersehen, dass Krasiński, wenn er Konstrukte verwandelter Frauen und Männer der „dritten Epoche" entwirft, auf Geschlechter-Stereotype zurückgreift; und auch wenn er sie auf spezifische Weise vermittelt, abschwächt und verschiebt, so belegen andere Briefe doch, dass er dem „männlichen" Element in dieser dialektischen Verbindung nach wie vor einen höheren Rang einräumt.

---

15 German Ritz, Seks, gender i tekst. O granicach autonomii literackiej [Sex, Gender und Text. Von den Grenzen literarischer Autonomie], in: Nić w labiryncie pożądania (wie Anm. 14), S. 25.

Ergänzt sei noch, dass sich diese neue anthropologische Konstruktion Krasińskis – die verwandelte Menschen, Frauen und Männer, darstellt – auf eine bestimmte Etappe in der Geschichte der Menschheit bezieht, bevor diese ihr Endziel erreicht: den Status von Engeln, die körperlose Existenz der Gemeinschaft der Geister.

Und in diesem gedanklichen Kontext muss die Projektion jener spezifischen „Absenz" Delfinas gesehen werden, die, obwohl sie „hier" ist, zugleich ins „Dort" verschoben ist. Ihre Präsenz/Absenz wird im „hier" immer wieder in den Kategorien eben jener Verschiebung hin zur Sphäre der Transzendenz sowie einer Verortung auf der Grenze, im „Dazwischen" beschrieben. Sie ist die ideale Frau, die „ideale Dialy", und das bedeutet, dass ihr Tiefen-Ich (das mit dem verwandelten Geist gleichgesetzt wird) eine überirdische Schönheit ausstrahlt und ihre musikalischen Interessen mit der musikalischen Erkenntnis der Einheit und Harmonie des Weltalls zusammenhängen, die das künftige globale Vaterland der verwandelten Geister auszeichnen werden.

Die Bewegung hin zum „Dort" hat zur Folge, dass sich die ideale Delfina auch Zygmunt auf neue Weise offenbart: durch die Vision, den Traum, den magnetischen Kontakt oder, wie in *Przedświt*, durch die verwandelte Natur. Und durch diesen Kontakt hinterlässt sie einen Teil ihres geistigen Ichs im Ich des Dichters und erhebt dieses dadurch zum Bewusstsein des Ichs. Diese Beziehung wirkt übrigens auch in umgekehrter Richtung, wenn Siżys Dialy verwandelt. Immer wieder begegnen wir dem Traum von der Auflösung des Ichs Zygmunts in dem Delfinas und umgekehrt; und schließlich schlägt sich jenes verwandelte Ich nach dem Prinzip der Emanation im Werk nieder.

Die erste Etappe sieht so aus: „doch dann zerfloss ich in Deinem Geist, der über mir, um mich, in mir klang in inspirierten Gesängen!" (LDP, I, 214). Wir haben keine Veranlassung, nicht an Delfinas stimmliches Talent zu glauben; doch geht es hier um etwas anderes. „Der Dichter und jene, die er liebt, sind zwei Menschen ähnlich, die ertrinken – aber im Meer der Ewigkeit. Wenn der Liebende zu schwimmen, nach dem Körper der Geliebten zu tauchen, ihn an die Brust zu drücken und an die Oberfläche der Wellen des Weltalls, bis unter die Sterne emporzutragen vermag – dann werden er und sie ewig leben" (LDP, I, 227).

Liebe und Dichtung sind hier zu einer Einheit verflochten, und diese im Grunde metaphysische Verbindung wird interessanterweise in Metaphern der körperlichen Vereinigung ausgedrückt – vielleicht eine Spur der Lektüre mystischer Schriften, vielleicht auch die bewusste Evozierung des Paradigmas der romantischen Liebe. Und in *Przedświt* lesen wir, dass dem Wort (des Dichters) im Rahmen einer neuen Konzeption eschatologischer Dichtung der Klang der Harfe entspricht. Das Spiel der „Schwester", der Harfenspielerin, ist weniger eine Beigabe zum Wort des Dichters als vielmehr eine ebenbürtige, wenn auch im Poem thematisierte Form „poetischen" Schaffens. Dabei findet sich gegen Ende des Werks die Andeutung einer „gemeinsamen" neuen Poesie.

Die verwandelte Wirklichkeit sehen beide mit „gemeinsamem Blick" – „mit dem Auge jenes dritten Wesens". Und am Schluss des Poems stoßen wir auf die folgende Andeutung gemeinsamer Autorschaft:

„Co czuli w sercu – rzucili w te słowa;
(...)
Jakkolwiek pieśni nie pojmą szyderce,

My już w niej całe wyśpiewali serce,
I tu jest nasze ze słowem rozstanie!"[16]

[„Was sie im Herzen fühlten, warfen sie in diese Worte;
(...)
Wenn auch die Spötter das Lied nicht verstehen werden –
Wir haben darin unser ganzes Herz leergesungen,
Und das ist unser Abschied vom Wort!"]

Als Krasiński mit der Arbeit an *Przedświt* beginnt, tauscht er mit Delfina den Gedanken geistiger „Koautorschaft" aus: „und vielleicht weißt Du nicht, dass dieses ganze Werk meines Geistes nichts anderes ist als Dein Gedanke, der sich in meinem Denken verbreitet und vermehrt hat – ganz und gar Du, aber in mir!" (LDP, I, 374). Das umgekehrte Verhältnis ist zum Beispiel in dem Brief vom 28. Oktober 1843, in der Bezugnahme auf den Mythos vom Ewig-Weiblichen formuliert: „In Dir ist mein *Ewiges Weibliche* [im Original deutsch], wie am Ende des *Faust*; in Dir ist alles, was meins ist. (...) Und Dein zauberischer Geist hat Macht über den meinen, er wirkt auf ihn ein trotz der Entfernung, trotz des Schweigens (...) er wirkt allmächtig." (LDP, II, 114) Und hier beschreibt Krasiński die Reaktion seines Körpers[17] – es genügt, dass er einen Brief von Delfina in Händen hält, schon bricht er in Tränen aus und beginnt „bis in den letzten Nerv zu beben" (LDP, II, 114). Auf diese körperliche folgt eine geistige Reaktion, die in der von Krasiński so bevorzugten musikalischen Metaphorik zum Ausdruck gebracht wird: „die Saiten meines Ichs schwingen und reißen oder stimmen sich eine nach der anderen" (LDP, II, 114). Dabei gibt diese Metaphorik die Ambivalenz wieder, die dem Einfluss des „zauberischen" Du eigen ist – der Körper wird von Konvulsionen erschüttert, doch der „unsterbliche Geist" erkennt ein Potenzial geistiger Energie, das mit dem Brief übermittelt wird.

Es ist meines Erachtens gewinnbringend, manche von Krasińskis Werken als Texte zu betrachten, die eine spezifische Form „doppelter" Autorschaft, die verborgene Präsenz eines anderen Ichs auszeichnet, die sich als Spur manifestiert.

Natürlich muss noch einmal unterstrichen werden, dass die häufigste Form der Präsenz von Delfina Potocka in Krasińskis Werken (in seinen Briefen, Gedichten oder Poemen) in jenem „Text" der Person besteht, der eine Projektion von Krasińskis Ich ist. Dafür ist das folgende Geständnis typisch, auch wenn Krasiński zunächst davon spricht, in sich „gewissermaßen ein zweites, eigenes Ich" (LDP, I, 217) zu finden, und sich mit der Erfahrung der Mutterschaft identifiziert: „Ich liebe Dich zutiefst; tief wie in einem Abgrund liegt Dein Bild, schläft, erwacht und bewegt sich in mir. Ich trage Dich auf ewig in mir, in meinem Geist, wie eine Mutter ihr Kind an der Brust trägt. Du bist für mich zum Geheimnis des Lebens geworden, niemals und nirgends kann ich *Frau Delfina* erblicken, sondern ich sehe, fühle, lebe ohne Unterlass mit diesem weiß gekleideten Geist, mit diesem Geist meiner Visionen" (LDP, I, 217).

---

16 Zitiert nach Zygmunt Krasiński, Pisma. Wydanie Jubileuszowe [Schriften. Jubiläumsausgabe]. T. 4, hrsg. v. Jan Czubek. Kraków 1912, S. 365.

17 Ausführlich zu diesem Thema Marek Bieńczyk, Czarny człowiek. Krasiński wobec śmierci [Der schwarze Mensch. Krasiński und der Tod]. Warszawa o.J. [1990]; Janusz Węgiełek, Mam ciało [Ich habe einen Körper]. Warszawa 1980.

Geist, Gespenst – eine solche Projektion finden wir auch in Briefen, in denen Joanna Bobrowa vorkommt. Doch in den erhaltenen Briefen an Delfina Potocka erfährt die Projektion von Delfinas „Geist" – die häufig mit dem Interesse für den Magnetismus verknüpft wird – eine tiefere Begründung als nur durch die romantische Gemeinschaft des Gefühls, Denkens und Ausdrucks. Diese Begründung besteht, allgemein formuliert, in dem Versuch, die geistige Person mit Hilfe einer prophetischen, seherischen Begabung, die die „dritte Epoche" ankündigt, zu erkennen. „Frau Delfina" wird hier ignoriert, sie wird als „Geist", als „Gespenst" betrachtet – und der sie Betrachtende hat die Gabe eines neuen Sehens, des Einblicks in das geistige Profil der verwandelten Person empfangen. Dies ist, wie wir in den Briefen lesen, ein Erkennen und eine Einsicht von einer anderen als der irdischen Seite, von einer postumen Seite her, die freilich den Tod als Grenzpunkt ignoriert, an dem die physische Person ihr Ende findet und sich die geistige Person zu konstituieren beginnt. Das Gespenst, das Krasiński sehen will und manchmal sieht, ist die zum Engel gewordene Dialy. Sie erscheint als Geist, als Gespenst, denn in „diese" Wirklichkeit, die sich verändern wird, dringen Formen jener „dritten Epoche" ein – über die Natur, den Magnetismus, den Traum, die Elektrizität.

Auf diese Weise beginnt sich die Fülle der Wirklichkeit zu enthüllen, die bislang verborgen und gespalten war – so wie Personen und Geister in einen weiblichen und einen männlichen Teil aufgespalten sind. In der Enthüllung der neuen Epoche, in der Veränderung der Wirklichkeit spielt Dialy eine wesentliche Rolle. Denn sie ist – in der Entfernung, oder im Grunde dank der Entfernung – eine Dichterin, deren Ausdrucksmittel die Musik ist und die das universale Gesetz der Harmonie entdeckt, das Krasiński als Symptom der Epoche der Verbindung und Synthese auffasst. Nun wird diese Wahrheit vom „Zusammenfließen" der verschiedensten Widersprüche, wie es der Dichter nannte, durch Delfinas Musik und dann verbal durch den Dichter selbst übermittelt.

Die Musik entdeckt „die Wahrheit, die in der Welt ewig geschieht". In einem Brief vom 18. März 1840 heißt es:

> „O! Du bist die oberste, die vollendetste Künstlerin unter der Sonne, du benötigst weder Meißel noch Pinsel noch Harfe. Du musst nur irgendwo stehen bleiben und schauen – schon leuchtet das Licht, grünt der Rasen, färben sich die Berge blau, gewinnt die ganze Natur Form, Farbe und Leben. Sie war schon vorher da, und auch Licht, Grün und Blau – alles das war schon da, aber es war ein Licht ohne Helligkeit, Blumen ohne Farben, ein Himmel, der nicht blau[18] war. Komme doch, Du Zauberin der Kunst, Du, ohne die es nirgends Poesie gibt, Du mein großes *Fiat* – denn wenn Gott dieses Wort auch vor Jahrhunderten ausgesprochen hat: wenn Du es jetzt nicht wiederholst, dann existiert es nicht für mich. Du bist in meinem Leben das, was in Haydns gewaltiger Komposition der Moment ist, in dem das Licht hervorbricht. Dieser musikalische Moment ist das Alpha und Omega des Ganzen" (LDP, I, 181 f.).

Man könnte sagen, dass in diesen Hyperbeln eine zugleich an der Genesis orientierte und eschatologische Poesie hervortritt. Sie wird mit Delfina und mit der Musik in Zusammenhang

---

18 Oder: „nicht himmlisch". Die Polysemie des polnischen Adjektivs „niebieski" kann im Deutschen nicht wiedergegeben werden [Anm. d. Übers.].

gebracht, mit der Idealisierung sowohl Delfinas als auch der Musik als wesentlichen Komponenten der neuen Poesie. Die neue Poesie ist (Krasińskis) Wort und (Delfinas) Musik. Es geht hier nicht um Inspiration, sondern um die Bestimmung einer ästhetischen Gemeinschaft. Worte setzen Musik frei, so wie Musik eine transzendentale Wahrheit transportiert, die dann in Worte gekleidet wird. Zur Autorin des „Textes" wird also Delfina, auch wenn „Wort" und „Schrift" in diesem „Text" Krasiński zu gehören scheinen.

Wenn Krasiński voller Emphase berichtet, dass „diese kleine Didysz" einen solchen „musikalischen Löwen" (LDP, I, 251) geschaffen hat, dann teilt er die Überzeugung der Epoche, dass Delfinas musikalische Komposition ein Ausdruck ihres Denkens ist. Und zweifellos können wir in diesen Spuren von Kompositionen, die einmal wirklich existiert haben – „das war genau jene Stelle, in deren Mitte gleichsam ein ständiges *Rauschen* (*murmure*) ist, das dahinströmt wie musikalische Wellen, das aus einer strengen Folge einzelner Akkorde erwächst und gegen Ende zu ihnen zurückkehrt; eine Stelle nach der Art Chopins" (LDP, I, 250) –, können wir in ihnen eine ästhetische Übereinstimmung mit Krasińskis Anschauungen zur Kunst und zu einer nach Harmonie, Synthese und Fülle strebenden Poesie sehen. Zu jener Zeit versteht Krasiński (wie er es in einem Brief an Słowacki vom 23. Februar 1840 formuliert) die Poesie – gleich ob es sich um „gesungene" oder „geschriebene" Poesie handelt – als „ewiges Vorhersehen der höchsten Formen, die einmal – ob nun auf der Erde oder im Himmel – reale Gestalt annehmen werden" (LRA, I, 445).[19] Die geschriebene Poesie Krasińskis wie die gesungene Poesie Delfinas sind ein „Zustand des Übergangs", ein „Schmerzensschrei gegen die Jetztzeit" (LRA, I, 445). Doch zugleich führen „alle Wellen der Poesie", also auch jene, die er in Danielewiczs Spiel bei der Darbietung von Delfinas Kompositionen erkannt hat, „zur Realität des Engelseins".

> „So wirst Du Dich abends hinsetzen, wenn alle eingeschlafen sind, einen Brief von mir lesen und als Antwort auf meine Gedanken selbst beginnen, Gedanken zu spinnen (...) Du wirst Dich in den Himmel versetzen, und wenn Du auf die Erde zurückkehrst, bringst Du Töne mit, die Du von anderen Planeten gelöst hast, und trittst ans Klavier, und in der Musik gibst Du jene Mischung wieder, die aus meinem und Deinem Geist und aus den Strahlen der Sterne entstanden ist. Und wenn ich wiederkomme, wirst Du mich spielen, wirst Du alle diese Gedanken in Töne kleiden, und in diesem Kreislauf – mal auf der Erde, dann wieder im Himmel; mal in mir, dann in Dir; mal auf diesem Papier, mal unter Deinen Fingern auf den Tasten – eilen sie dahin, steigen auf, sinken herab, verwandeln sich, nehmen körperliche Gestalt an und legen diese Gestalt wieder ab – und sind doch stets ein und dieselben, wie sie von mir zu Dir und von Dir zu mir kreisen, und bilden das, was uns verbindet und vereint, wenn wir augenscheinlich nicht zusammen sind, wenn wir *nur nicht sichtbar* beieinander und miteinander sind!" (LDP, I, 276).

In diesen Worten klingt natürlich der romantische Traum von der „Korrespondenz" an – die Utopie von der Erschaffung einer neuen Kunst, die Poesie und Musik zu einer Synthese vereint. Doch Krasiński entwirft Delfina auch als „Mitautorin" der Poesie und als „Mitautorin" seiner Person.

---

19 LRA – Zygmunt Krasiński, Listy do różnych adresatów [Briefe an verschiedene Empfänger], hrsg. v. Zbigniew Sudolski. T. 1, Warszawa 1991.

Ich und Du

Das erneuerte Menschentum gründet Krasiński auf eine neue Form der Beziehung, die er als Verbindung von „Bruder" und „Schwester" bezeichnet. Es handelt sich um eine geistige Brüderschaft/Schwesternschaft, um eine Verwandtschaft, die die bisherige sexuelle Identität in Klammern setzt. Übrigens hat der Dichter, wie wir noch sehen werden, seine terminologischen Schwierigkeiten mit dieser neuen geistigen Verbindung; er würde jene neue Beziehung gern mit Worten bezeichnen, die es im Wörterbuch nicht gibt:

> „Nenne mich Deinen Bruder, denn ich fühle mich als Bruder Deiner Seele, ich fühle, dass ich Dich entweder niemals hätte sehen oder mich nie von Dir hätte trennen sollen. Und ich – soll ich Dich ‚Schwester' nennen? Liebe ich Dich denn ganz und gar wie eine Schwester? Kann ich das, was ich für Dich fühle, in Klassifikationen, in Namen aufteilen?" (LDP, I, 30).

Hier gibt es eine große „terminologische" Unsicherheit, die in der Serie von Fragesätzen zum Ausdruck kommt.

In früheren Briefen, aber auch in Gedichten, die an Delfina Potocka gerichtet sind (und die häufig zusammen mit einem Brief abgeschickt wurden und einen integralen Bestandteil desselben bildeten), versucht Krasiński, das Wesen der Beziehung zwischen „Bruder" und „Schwester" als eine besondere geistige Verbindung zu bestimmen. Es darf jedoch davon ausgegangen werden, dass wir diese Beziehung im Kontext einer Synthese von Ich und Du, aus dem Blickwinkel eines eschatologischen Geschichtsverständnisses betrachten sollten.

Anfang 1840 beabsichtigt Krasiński, Delfina Potocka ein Armband zu schicken, worüber er sie in einem Brief informiert. Immer wieder fügte der Dichter seinen Briefen die verschiedensten Andenken bei, und er liebte es auch, größere Geschenke schriftlich zu erwähnen. Schmuck, Bilder, Miniaturen, Pantoffel, Kleider, Decken aus Schwanenfedern und natürlich Blumen – viele Blumen – begegnen uns in dieser Korrespondenz. Aber nicht alle Andenken kommen einander gleich. Im oben erwähnten Brief findet sich eine Beschreibung des zu dem Armband gehörenden Steins:

> „Auf die Rückseite des Steins zu Deinem Armband lasse ich einritzen: *Ty – Niebo – Ja* [Du – Himmel – Ich]. Eine überaus mystische Aufschrift. Wirst du sie auf uns anwenden? Wirst Du Gott *Du* nennen – also das, was nicht *Ich* heißt, was außerhalb meiner ist? Oder wirst Du es von oben nach unten lesen: *nie Ty* [nicht Du], und auf der anderen Seite *bo Ja* [weil Ich], und dann wieder über Kreuz – *nie Ja, bo Ty* [nicht Ich, weil Du]. Zusammen also: *nie Ty, bo Ja, nie Ja, bo Ty* [nicht Du, weil Ich, nicht Ich, weil Du], mithin ein Hinüberfließen des Ichs in das Du und des Du in das Ich. – Die Einheit der Liebe – Wahrheit zweier Herzen und die allgemeine Wahrheit der Welt! Das Leben des einen, das im anderen lebt, und des anderen, das im ersten lebt, und zusammen eine *Ganzheit*. Eine solche Ganzheit ist Gott und unser Geist. Eine ebensolche Ganzheit ist mein und Dein Herz; ebenso alles, was aus *zweien* besteht und sich zu etwas *Drittem* verbindet. Eine solche Bewegung, eine solche *Zwei*, die zur *Drei* wird und wieder zur *Einheit*, zum Selben – ist das nicht letztlich die *Liebe*? Wer könnte eine bessere, präzisere, vollendetere Definition für sie finden? Genau das ist ein mystischer Begriff: die Verbindung der Liebe mit dem Leben der ganzen Welt, der Nachweis, dass unter ihrer Form alles in der Schöpfung und im Geist verstanden wird" (LDP, I, 146).

Die empathische Identifizierung sollte Krasiński bald mit der Formel einer neuen Identität bezeichnen: „im Geist sind wir siamesische Zwillinge" (LDP, I, 335). Unter diesen Bedingungen sollte uns ein Bekenntnis wie das folgende nicht verwundern: „so kommt es, dass ich Dich so kenne, dass ich Dich nicht mehr nur kenne, sondern mich auf Dich verstehe, und nicht nur das, sondern dass ich Dich fühle, als sei ich selbst Du" (LDP, I, 267). Dabei unterstreicht der Dichter immer wieder, dass – wie bereits erwähnt – die Beziehung zwischen Ich und Du keinen Verlust der Persönlichkeit und keine zwei voneinander getrennte Existenzen mit sich bringt. Im Gegenteil – in einer neuen Synthese, die dem Bindeglied der Liebe zu verdanken ist, stärkt sie das Gefühl für die Persönlichkeit des Ichs. „Denn Liebe beruht darauf, dass jemand beständig im anderen verloren zu gehen droht, aber niemals wirklich verloren geht! Und *Einheit* darauf, dass sich die verschiedensten Klänge zu einer Stimmung verbinden!" (LDP, I, 412).

Ich bin also in jemandem, ich bin ein Teil von ihm – aber ich bleibe weiterhin ich selbst, so wie der andere, der in mir ist, die Identität seiner Person empfindet. Zusammensein bedeutet – um auf die von Krasiński so häufig verwendete musikalische Metaphorik zurückzugreifen – die Bewahrung der Eigenständigkeit der „Klänge", die den gemeinsamen „Ton" bilden. Es sei darauf hingewiesen, dass der Dichter die von ihm ausgearbeitete Theorie von der Verbindung zwischen Ich und Du eine Zeitlang mit der Metempsychose in Zusammenhang brachte. Allerdings wird die Metempsychose – etwa in dem Brief vom 29./30. Dezember 1839 – auf die Zukunft bezogen: auf die „in den Status von Engeln versetzte", „erhöhte" Erde. Dabei geht es nicht mehr um das „alte Europa", sondern um die durch die Weiten des Kosmos zu Gott strebende Erde. Die Beziehung zwischen Ich und Du wird also zu einer Beziehung, die mit der eschatologisch verstandenen Geschichte des Globus in Zusammenhang gebracht wird. Diese „doppelte" Verankerung der Beziehung bringt es mit sich, dass in Krasińskis Gedankenwelt der Poesie eine besondere Rolle zuwächst, da sie in besonderer Weise das Vorgefühl anderer Zeiten liefern kann; mehrfach wird die Überzeugung geäußert, dass die neue Poesie der Eschatologie, die vom neuen Wir empfunden und entworfen wird, mit Hilfe der Musik zum Ausdruck gebracht werden kann – mit der Musik des Kosmos, die freilich durch das Wort des Dichters freigesetzt wird.

Die Verbindung von Ich und Du ist auch in der Lage, den Zustand des „magnetischen Hellsehens" hervorzurufen, wie der Dichter in seinem Brief vom 1. März 1844 berichtet. In der Gesellschaft anderer Menschen schaltet Krasiński allmählich sein Bewusstsein aus, schließt die Augen und „schon sind sie fort" – „ich bin schon auf dem Gipfel der Alpen oder an den Ufern des Mittelmeeres (...) denn es hängt nicht von mir ab, wo ich mit Dir sein kann, nicht ich steuere kraft meines Willens die Reise, die ich mit Deinem Geist unternehmen soll" (LDP, II, 329). Dieser Moment des „*Sehens* von Dir" wird zugleich zum Gegensatz der Existenz im „Hier und Jetzt", die in den Kategorien der Austrocknung, des Verbrennens, des Sterbens und der Erschöpfung beschrieben wird. Das Bestehen jener Beziehung zwischen Ich und Du eröffnet also die Möglichkeit, die Erfahrung gescheiterten Lebens zurückzudrängen. Die Projektion glücklicher Augenblicke in der Vergangenheit hebt die Gegenwart auf und kündigt zugleich an, wie die Zukunft aussehen wird.

Die Projektion des Glücks, der Empfindung der Existenz in ihrer Fülle, wird wie von einem Schatten von Melancholie begleitet.[20] Sie ist imstande, die Existenz in Stücke zu

---

20 Ausführlich dazu Bieńczyk, Czarny człowiek (wie Anm. 17).

zerreißen, in „Fetzen" und „Lumpen" der Seele, wie der Dichter schreibt. Aber Integration ist immer eng verflochten mit Desintegration, auch wenn in dem hier untersuchten Text-korpus das Gefühl des Scheiterns, des Mangels und der Trennung eindeutig zugunsten des Strebens nach Synthese und Fülle, nach der Vereinigung von Ich und Du zurückgedrängt wird.

Die Frau der Zukunft und die Epoche des Übergangs

Die neue Existenzform, die Verbindung von Ich und Du, die zu „unserem Wir" werden, die Verbindung zwischen Krasiński und Delfina Potocka ist die Präfiguration einer künftigen allgemeingültigen Existenzform der verwandelten – vergeistigten, zu Engeln erhobenen – Menschheit. Gegenwärtig betrifft diese sozusagen avantgardistische existenzielle Erkenntnis besonders sensible, fühlende Individuen, deren Seelen auf diese Erde der „Trennung" geraten sind. Doch dies wird sich ändern.

Der Mensch der Zukunft wird sich durch die Fähigkeit auszeichnen, seine Bestimmung zu begreifen – die Versöhnung von Körper und Seele, Sein und Denken; er wird nach dem Status eines Engels streben, da er das Bewusstsein einer geistigen Existenz in sich entdeckt, und dieses neu entdeckte Bewusstsein wird er einst in der Tat zum Ausdruck bringen, die antinomische Elemente zu einer Synthese vereint. Mittel und in gewisser Weise auch Ziel der neu zu entdeckenden Existenz wird die Liebe sein, die Liebe im Sinne einer Verbindung von Seelen, die – ohne ihr Wesen und ihre Individualität zu verlieren – gemeinsam eine höhere Ebene geistigen Bewusstseins erlangt haben.

Der Mensch der Zukunft wird eine Frau sein; das heißt, er wird sich in der Frau, im „Weiblichen" ausdrücken. In der Zukunft werden sich die Männer von ihrer bisherigen Existenz verabschieden müssen – sie werden den Frauen näher stehen und weibliche Sen-sibilität als einen wesentlichen Bestandteil ihrer eigenen Identität erkennen. Die Frau wird das Materielle, Körperliche vergeistigen – ein Zeichen dafür sind heute die „überspannten Nerven" –, und der Mann wird ein „weibliches" Element in sich entdecken – auch wenn der Mann von heute nicht glaubt, dass die Zukunft die Epoche der Frauen ist, „dass aus-gerechnet diese schwächeren Körper, diese überspannten Nerven die poetischen Lauten der Zukunft sind, die Saiten, auf denen der Geist der Himmel ein nie zuvor erträumtes Lied spielen wird!" (LDP, I, 123).

In seiner glänzenden Studie *Oczy Duerera* [Die Augen Dürers] weist Marek Bieńczyk zu Recht darauf hin, dass Krasiński in obsessiver Weise „die Erfahrung einer Existenz [darstellt], die er ‚weiblich' nennt, wenn er die Augenblicke aufzählt, in denen er sich ‚als Frau fühlt', in denen in ihm ‚etwas Weibliches erwacht', in denen ‚eine weibliche Vorstellungskraft' von ihm Besitz ergreift".[21] Man kann nach der Bedeutung dieser sexuellen Transgression fragen – und natürlich stellt diese Frage auch Bieńczyk in seiner Studie über Krasińskis Briefe. Seiner Ansicht nach führt diese Überschreitung der Geschlechtergrenze zur empathischen Erkenntnis einer prophetisch-thanatischen Weiblichkeit, die in der Figur der Kassandra zum Ausdruck kommt, und dann dazu, dass „Krasiński schließlich der Fülle

---

21 Marek Bieńczyk, Oczy Duerera (O Zygmuncie Krasińskim i jego listach) [Die Augen Dürers (Über Zygmunt Krasiński und seine Briefe)], in: Ders., Oczy Duerera. O melancholii romantycznej [Die Augen Dürers. Über die romantische Melancholie]. Warszawa 2002, S. 154.

teilhaftig wird, einer kosmischen, höheren Fülle, die die ursprüngliche Unvollständigkeit des Mannes, von der er überzeugt war, überwindet".[22] Dies ist sicher richtig, doch sollte auf ein bestimmtes Detail in Krasińskis Denken hingewiesen werden, das Bieńczyk nicht erwähnt: die neue „Weiblichkeit" als Verbindung zwischen dem Geist und der neuen Poesie.

In seinem Brief an Delfina Potocka vom 3. Januar 1840 hält er fest:

„Unsere Epoche ist insbesondere für die Frauen eine Epoche des Übergangs – und deshalb ist sie so unsicher, irregehend, schlecht abgegrenzt und so voller Widersprüche. Der weibliche Geist wird aus diesem Chaos in neuer Form hervorgehen: nicht mehr als passive Poesie, wie es bislang der Fall war, sondern als Geist, der seine eigene Poesie begreift, also als Poesie der Tat. Ihr werdet nicht mehr um des Beifalls willen singen, sondern um des Gesangs willen, und nicht mehr der Eitelkeit wegen lieben, sondern der *Liebe* wegen. Ihr werdet zur Poesie der Welt und des Menschengeschlechts. Die Männer müssen euch dieses ganze Feld überlassen. Und dann werdet ihr euch an ihnen rächen. Sie werden zu euren Füßen knien und euch anbeten, doch ihr werdet sie nicht anschauen, sondern euren Blick voller Inspiration gen Himmel richten. Dies wird der Augenblick der Rache sein. Es wird jene Epoche kommen, in der sie – nicht für immer, aber eine Zeitlang – euretwegen so unglücklich sein werden, wie ihr es ihretwegen wart von Anbeginn der Welt. Ihr werdet eure Lauten, eure Lieder, eure Gedanken lieben, nicht sie; die neue Kraft, die in euch erwacht, nicht sie; und so werden sie weinen und sich quälen. Bis jene Epoche der Entzweiung und Zwietracht vorübergeht und die *Liebe* eures Herzens zu ihren Herzen zurückkehrt, jedoch ohne den Vorrang ihrer materiellen Stärke. Eure Poesie wird die notwendige, andere Hälfte ihres Geistes sein, so wie es euer Körper bisher für ihren Körper war; doch der Geist kann nur durch Liebe und Harmonie leben, während der Körper stets durch Unterdrückung und Egoismus zu leben versucht. Wenn ihr also die notwendige andere Hälfte, die notwendige Voraussetzung ihres Geistes geworden seid, wird es keinen Kampf mehr zwischen euch geben, sondern *Liebe* und *Glaube*" (LDP, I, 123 f.).[23]

Die neue Epoche wird sich „weder heute noch morgen" offenbaren, doch spricht Krasiński davon, dass man eine solche Zukunft bereits heute begreifen und vorausahnen könne. In seinem Brief vom 8./9. Januar 1840 heißt es, dass diese Zukunft – in der die Frauen so werden, wie Delfina schon heute ist – von den Polinnen ausgehen werde. So wie der Dichter in seinen philosophischen Schriften das zum Engel gewordene Polen durchgehend als Präfiguration des Schicksals anderer Nationen betrachtet, die in Harmonie nach einer globalen Verwandlung der Geschichte in Eschatologie streben, so tritt im Diskurs seiner Briefe dasselbe Denkschema als „kleine" Erzählung in Bezug auf die leidenden, „schmerzerfüllten" polnischen Frauen zutage. Auch wenn man diese Worte heute kaum lesen kann, ohne von ihnen peinlich berührt zu sein: Krasiński stellt den Polinnen die Italienerinnen gegenüber, die sich durch ein sinnliches Verhältnis zur Materie auszeichneten und daher „niedere" Wesen seien. „Aber heute sind sie nur Taugenichtse, nur Tiere, und die Befreiung und höhere Würde der Frauen wird ganz gewiss nicht von den Italienerinnen ausgehen."

---

22 Ebenda, S. 155.
23 Ein ähnlicher Gedankengang findet sich in Krasińskis Brief vom 17. November 1847; vgl. LDP, III, 457 f.

Nach Ansicht des Dichters sprechen drei Gründe für die Vorreiterrolle der Polinnen: die Fähigkeit, durch ihr Wort zu überzeugen, das Bewusstsein der ihnen zustehenden Rechte und die „ihnen angeborene Poesie, die sich einmal breit entwickeln wird" (LDP, I, 134).

Zur Begründung seiner Anschauungen greift Krasiński auch hier wieder auf das von ihm so geschätzte triadische Schema zurück: Anfangs, in der heidnischen Epoche, war die Frau „Materie, Sklavin, Vieh". Dank des Christentums wurde sie zum vom Körper gelösten Gedanken. In der dritten Epoche werden sich diese Elemente verbinden, und es kommt zu einer „Idealisierung der Materie".[24] Diesen Gedankengang krönt der Autor von *Przedświt* mit einem Bild von Christus unter den Frauen – und stellt auf diese Weise das „christologische" und das „weibliche" Element des Leidens in einen Zusammenhang mit Liebe und Erlösung. Aus Krasińskis Sicht hat Christus den Frauen den Weg zur Erlösung gewiesen – einen Weg, der besser ist als der der Männer; doch indem er „mit den Frauen sprach" und „bei ihnen saß", habe er auch ihre geistig-emotionale Seite veredelt, jene Seite, die sich in der Zukunft in ihrer ganzen Fülle offenbaren wird.

Wie der Geistliche Michał Czajkowski schreibt, war die Haltung Jesu gegenüber den Frauen für seine Zeit außergewöhnlich. Jesus habe den Frauen eine neue Würde gegeben. Unter Berufung unter anderem auf die Arbeiten der amerikanischen Bibelwissenschaftlerin und Feministin Sr. Barbara Reid betont Czajkowski, dass die Frauen im Lichte des Lukasevangeliums als „aufopferungsvolle Mitarbeiterinnen im Evangelium und im Himmlischen Königreich"[25] bezeichnet werden könnten. Und auch wenn sie nicht aktiv an „Jesu Mission der Verkündigung, des Predigens, des Heilens, der Austreibung böser Geister und der Vergebung der Sünden" teilnähmen, so könne man sie doch als eine „Jüngerschaft in potentia" betrachten. „Zahlreiche andere Frauen, von denen Lukas schreibt (auch wenn er ihnen eine untergeordnete Rolle zuweist), haben durch ihre bloße Präsenz und die vielerlei Dienste, die sie verrichten, durch ihre Zuverlässigkeit, ihre Talente und Opferbereitschaft an der Mission Jesu und des Christentums teil."[26]

Wir können die These wagen, dass Krasiński, als er das Bild von Christus unter den Frauen in seine Reflexion über die „Frau der Zukunft" einfließen ließ, zur Avantgarde seiner Zeit gehörte; denn unabhängig von der Verwurzelung seiner Anschauungen im messianistischen Denken stellt er diesen Teilbereich seiner Reflexion in völlig neue Bezüge: zur Empathie, zum Verständnis und zur Verkehrung des Stereotyps mittels einer mit dem Evangelium argumentierenden Begründung, der aus diesem Evangelium abgeleiteten Liebe. Er kehrt gewissermaßen zur evangelischen Quelle zurück, in der – anders als in den Schrif-

---

24 Auch wenn es sonderbar erscheinen mag: Nach diesen Ausführungen – die er an die einzige ihm bekannte Frau der „dritten Epoche" richtet – geht der Dichter zu „orthografischen" Bemerkungen über. Daher sei hier jene Stelle aus demselben Brief zitiert, die den Lobgesang auf die neue Weiblichkeit krönt – ein köstliches Pendant zum Problem „Ideal und Wirklichkeit": „Warum sagst Du, dass Du schlecht Polnisch schreibst? Ich habe doch das letzte Blatt Deines Briefs vor mir: schön und vollendet. Nur manchmal irrst Du dich in der Wahl der Buchstaben und schreibst *jezdem* statt *jestem* [ich bin], *rzadanie* statt *żądanie* [Forderung], *byłem* statt *byłam* [ich war]. Aber das sind doch ganz unbedeutende Fehler" (LDP, I, 135).

25 Ks. Michał Czajkowski, Kobieta w Nowym Przymierzu [Die Frau im Neuen Bund], in: Kobieta w nowym wieku [Die Frau im neuen Jahrhundert], hrsg. v. Jacek Bolewski SR. Kraków 2001, S. 67.

26 Ebenda, S. 68 f.

ten der Kirchenväter, insbesondere des hl. Augustinus – keine Abwertung der Frauen zu finden ist.[27]

Die Frauen werden also den Geist der neuen Zeit zum Ausdruck bringen – durch eine neue Liebe, die ihre Wurzeln im Evangelium hat. Es sei daran erinnert, dass zur selben Zeit, da Krasiński seine Gedanken zur „neuen" Frau formuliert und sie mit der „neuen" Poesie verknüpft, in seinem Werk die Hinwendung zu prophetischen Ansätzen beginnt, die in einer Poetik der Vision ihren Ausdruck finden – dies gilt für seine so genannten literarischen Werke wie für seine Briefe (insbesondere die an Potocka und August Cieszkowski). „Die Poesie ist untrüglich die letztgültige Wahrheit der Zukunft", schreibt er in seinem Brief an Delfina Potocka vom 29./30. Dezember 1839 und unterstreicht in seinen Ausführungen, dass die neue Poesie, die die Form einer Traumvision annimmt (Anregungen findet der Dichter hier in den Werken von Jean Paul), in der Lage sei, „den Himmel, den Zustand einer vollendeten Menschheit, ihre Verwandlung in Engel, (...) das Paradies" darzustellen (LDP, I, 114).

Andrzej Waśko unterstreicht in seinem Buch:

„So nimmt also die Poesie (die ‚geschriebene Poesie') in Krasińskis Augen einen prognostischen Charakter an – sie wird zunehmend verstanden als bildhafte Vorhersage, als prophetische Vision von den höchsten Formen des Lebens in der irdischen Geschichte und im ‚Himmel', das heißt in der eschatologischen Zukunft des menschlichen Geistes. Zweitens ist die Poesie der Worte als Ausdruck der menschlichen Sehnsucht nach dem Absoluten ausschließlich für die irdische Etappe in der echatologischen Geschichte der Menschheit kennzeichnend. Im ‚Paradies' (...) konnte es keine Poesie geben (...) Im ‚Himmel' (...) wird sich der intentionale Charakter der Poesie also in ihre reale Existenz verwandeln."[28]

In seiner Argumentation betont Waśko, dass nach Auffassung des Dichters die Poesie in der nächsten Epoche – der Epoche der Tat – zur Wirklichkeit werden, das heißt „in die Sphäre des realen Seins, in die Welt der Dinge, menschlichen Handlungen und Erfahrungen"[29] überführt werden wird. Und an der Grenze zwischen diesen Epochen wird die Laute der Frau gemeinsam mit dem Wort des Mannes der Wahrheit der Offenbarung eine Stimme verleihen. Das ist das Thema von *Przedświt*.

„Unser Wir"

Wir haben immer wieder darauf hingewiesen, dass Krasiński, wenn er seine Vorahnungen von den Erscheinungsformen der „dritten Epoche", der „neuen" Frau und der neuen Poesie

---

27 Vgl. hierzu Hanna Skierczyńska, Pozycja kobiet w społecznej nauce Kościoła katolickiego [Die Stellung der Frauen in der Soziallehre der katholischen Kirche], in: Od kobiety do mężczyzny i z powrotem. Rozważania o płci w kulturze [Von der Frau zum Mann und zurück. Überlegungen zum Geschlecht in der Kultur], hrsg. von Jolanta Brach-Czaina. Białystok 1997 (v.a. S. 77-80); außerdem den im selben Band veröffentlichten Aufsatz von Dorota Ostrowska, Wizerunek kobiety w pismach Ojców Kościoła [Das Bild der Frau in den Schriften der Kirchenväter].

28 Andrzej Waśko, Zygmunt Krasiński. Oblicza poety [Zygmunt Krasiński. Gesichter des Dichters]. Kraków 2001, S. 307.

29 Ebenda.

skizziert, mit einer Perspektive des „weder heute noch morgen" arbeitet, aber auch feststellt, dass es manchmal möglich ist zu enthüllen, „was sein wird". Diese Gabe ist dem Dichter gegeben – jedoch dem „neuen" Dichter, dem es gelungen ist, in eine empathische Beziehung mit der „Schwester" zu treten, wie er die Frau der Zukunft zu nennen beginnt. Daher die Bevorzugung neuer poetischer Register: der Vision und der Prophezeiung, die vor dem Hintergrund einer eschatologisch verwandelten Natur von den vergeistigten Existenzformen des Ich und Du, vom Wir, verkündet werden. Daher wird die „erneuerte" Frau als Partnerin des verwandelten Mannes, mit dem sie die Synthese eines neuen, vergeistigten, erlösten Menschen bilden wird, gemeinsam mit ihm die Offenbarung der neuen Zeit verkündigen.

Davon spricht Krasiński unter anderem in seinem Brief vom 19. Dezember 1841, den wir als eine Art Krönung des hier analysierten Problemzusammenhangs ansehen können. „Unser Wir" ist aus dem Paradies herausgetreten, und ins Paradies – zunächst zur erneuerten Natur, dann in das himmlische Paradies – wird es zurückkehren. Liebe und Leiden werden ihm dabei helfen. Mit anderen Worten: Das Sein erlangt die Bewusstheit des Denkens und wird sich in der Tat offenbaren, die hier als Heran-Wachsen und Rückkehr zum Status von Engeln verstanden wird. Dies ist die Wahrheit der Prophezeiung und Offenbarung, die in einer Poetik der Vision wiedergegeben wird. „Unser Wir" durchläuft drei Phasen: der „engelgleich-geheimnisvollen Kindlichkeit", der „Männlichkeit, des Ernstes, des Heldentums [...] die für einen kurzen Augenblick das Angesicht Gottes in der Tiefe des Himmels zeigen", und der „strahlend klaren Macht des Erzengels". Gegenwärtig befindet sich „unser Wir" in der ersten Phase; doch ist ihm die Vorahnung der anderen Phasen und erneuerter, neuer Formen der Existenz gegeben. Das „neue Wir" schließt den „neuen" Dichter und die „Frau der Zukunft" in sich ein.

„Ich könnte tausendmal über dasselbe nachdenken, sprechen und schreiben, und stets in anderer Form – und doch hätten alle diese Formen immer die gleiche, allen gemeinsame Färbung! (...) Und so würde ich endlos schreiben und schreiben, und wie ein indischer Fakir seiner Persönlichkeit im Pantheismus der Natur verlustig geht, so könnten mein Herz und meine Vorstellungskraft sich in pantheistischer Begeisterung, in dem pantheistischen Eintauchen in jene ersten Augenblicke unseres *Wir* verlieren! Denn auf diese Weise ist unser Wir geboren worden und in die Welt gekommen; ein neues Wesen, ein neues Geschöpf, das sich wie alles, was geboren wird und lebt, später entwickeln musste, um die Form seiner perfekten Ergänzung zu erlangen!" (LDP, I, 429 f.).

Aus dem Polnischen übersetzt von Jan Conrad, Rostock

German Ritz

Zwischen Gender und Nation – Frauen in der polnischen Romantik oder die Sprache des Geschlechts. Versuch eines konzeptuellen Zugangs

Die weibliche Romantik ist in der polnischen Literaturwissenschaft und weitgehend auch Historiografie noch nicht eigentlich entdeckt worden, während die Zeit vor und nach der Romantik von der gender-orientierten Forschung vergleichsweise große Aufmerksamkeit erhielt.[1] Weibliches Schreiben gibt es in der Romantik, gehört aber nicht zum Kanon der polnischen Romantik, wie auch anderswo in Europa, und männliches Schreiben entdeckt sich – aufgrund der programmatischen erhöhten Sensibilität der Romantik – das Andere der Frau und sucht es sich zu eigen zu machen.[2] Vor allem letztere Eigenart provoziert offensichtlich wenig zum Aufbrechen eines männlich besetzten Kanons, da die Frau im Kanon ja stets positiv verhandelt wird. Die Zurückhaltung im Bedürfnis nach einem korrigierenden weiblichen Blick der Romantik fällt in Polen umso mehr auf, da polnische Romantikforschung seit mehreren Generationen stark weiblich besetzt ist. Die genuin kulturhistorisch orientierte anglo-amerikanische Gender-Forschung hat diesen ‚weißen Fleck‘ für die englische und teilweise auch für die französische Literatur zu schließen versucht.[3] Die international wirksame weibliche Erzählliteratur aus dieser Zeit mit Jane Austen, Mme de Staël oder George Sand erklärt die andere Aufmerksamkeit.

Die polnische weibliche Romantik ist gleichzeitig aber auch keine terra incognita, sie ist in vielen Bereichen nur unter anderem Aspekt untersucht worden. Unser Beitrag, der von bisheriger eigener Forschung ausgeht,[4] versteht sich als konzeptueller Zugang, der un-

---

1 Exemplarisch sei hier auf die Pionier-Arbeit von Grażyna Borkowska verwiesen, die ihre ‚weiblichen‘ Erkundungen im 19. Jahrhundert mit Narcyza Żmichowska einsetzt, und auf den neueren Beitrag von Bożena Popiołek zum weiblichen frühen 18. Jahrhundert mit ihrem großen wissenschaftlichen Apparat. Grażyna Borkowska, Cudzoziemki. Studia o polskiej prozie kobiecej [Fremde. Studien zur polnischen Frauenprosa]. Warszawa 1996; Bożena Popiołek. Kobiecy świat w czasach Augusta II, Studia nad mentalnością kobiet z kręgów szlacheckich [Welt der Frauen zur Zeit Augusts II., Studien zur Mentalität der Frauen aus Adelskreisen]. Kraków 2003.
2 „The Romantic tradition did not simply objectify women. It also subjected them, in a dual sense, portraying woman as subject in order to appropriate the feminine for male subjectivity." Alan Richardson, Romanticism and the Colonization of the Feminine, in: Romanticism and Feminism, hrsg. v. Anne K. Melor. Bloomington 1988, S. 22.
3 Vgl. den systematischen Beitrag von Anne K. Mellor, Feminism, in: Romanticism. An Oxford Guide, hrsg. v. Nicholas Roe. Oxford 2005, S. 182-198.
4 German Ritz, Kobiece obrzeża polskiego romantyzmu. Funkcja literatury kobiecej w rozwoju literackim [Die weiblichen Ränder der polnischen Romantik. Frauenliteratur in Funktion der literarischen Entwicklung], in: Kresy (2005), Nr. 4, S. 44-61; ders., Juliusz Słowacki, Dramat romantyczny jako dramat płci [Das Drama der Romantik als Drama des Geschlechts], in: Ders.,

ter einem komparatistischen und literaturhistorischen Aspekt die Situation der polnischen weiblichen Romantik zu fassen sucht. Weiblich wird hier immer doppelt verstanden, d.h. als imaginierte Weiblichkeit und als weibliche Imagination bzw. weibliches Schreiben. In der gebotenen Allgemeinheit läuft unsere Darstellung aber auch die Gefahr der unzulässigen Verallgemeinerung innerhalb der differenzierten Romantikforschung, dies umso mehr, da weibliche Romantik auch Grundprobleme der Romantik berührt, wie die Konzeption der Liebe oder die Frage nach dem romantischen Roman. Weibliche Romantik kann aber auch die bestehenden literaturhistorischen und poetologischen Konstrukte von Romantik überprüfen und in Bewegung bringen.

Gender und Nation

Mme de Staël hat mit ihrem programmatischen Roman *Corinne ou l'Italie* von 1807, der von Łucja Rautenstrauchowa zusammen mit L. Witte ins Polnische übersetzt wurde und 1853 erstmals erschien, einen programmatischen Zusammenhang von Gender und Nation hergestellt. Das kulturelle Geschlecht definiert sich über den bzw. im kulturellen Raum, der sich gerade im Wechselspiel mit dem kulturellen Geschlecht als politischer Raum und als imperialer oder nationaler Raum definiert. Corinne erhält im fremdbestimmten Italien Zugang zur Kultur, wird Teil der Kultur, was ihr im imperialen England verwehrt bleibt. Gender kartografiert in *Corinne* die europäische Landkarte im Schatten des napoleonischen und des britischen Empires neu, erhält in der Funktion der Aufdeckung der kulturellen Bedingtheit des Geschlechts den Charakter eines Dissenses und unterläuft subkutan den Herrschaftsdiskurs der Zeit. Auch der gleichzeitig entstehende Roman *Adolphe* von Benjamin Constant, der aber erst 1816 erscheint, operiert mit einem verwandten Raumkonzept. Adolphe, der Hauptheld, erlangt mehr aus Spleen denn aus Zuneigung die Liebe Ellénores, der Mätresse des Grafen P. Die ungleich Liebenden verwickeln sich in eine paradoxe Beziehung, in der die freie Bindung der Geschlechter im zeittypischen Modell von Mätresse und Geliebter zur sekundären und unauflöslichen Verstrickung wird, weil sie nur mehr individuell verstanden wird. Ellénore ist Polin, ein Opfer des Untergangs Polens im 18. Jahrhundert, das es nach Frankreich verschlagen hat. Sie versteht ihre Rolle als Mätresse uneigentlich bzw. ambivalent zwischen den Kulturen. Und Adolphe erkennt erst in Polen seinen Ich-Verlust, in das ihn der Double-Bind-Bezug zu seiner Geliebten gestürzt hat, erkennt ihn im Blick der anderen auf sich selber. Nachrevolutionäres Frankreich und geteiltes Polen erscheinen im Zerrspiegel der Liebesbeziehung der Haupthelden aber nicht als unabhängige Kulturräume,

---

Nić w labiryncie pożądania. Gender i płeć w literaturze polskiej od romantyzmu do postmodernizmu [Ein Faden im Labyrinth des Begehrens. Sex und Gender in der polnischen Literatur von der Romantik bis zur Postmoderne]. Warszawa 2002, S. 67-84; ders., Postać Kozaka pomiędzy mitem a historią w polskiej literaturze romantycznej [Die polnische romantische Kosaken-Figur zwischen Mythos und Geschichte], in: Opowiedziany naród. Niemiecka i polska literatura wobec nacjonalizmów XIX w. [Erzählte Nation. Deutsche und polnische Literatur im Horizont des Nationalismus im 19. Jahrhundert], hrsg. v. Izabela Surynt u. Marek Zybura. Wrocław 2006, S. 121-143; ders., Mazepa – romantyczna figura Innego [Mazepa als romantische Figur des Anderen], in: Inny, inna, inne, O inności w kulturze [Der, die, das Andere, Über das Andere in der Kultur], hrsg. v. Maria Janion, Claudia Snochowska-Gonzalez u. Kazimiera Szczuka. Warszawa 2004, S. 72-85.

sondern ambivalent aufeinander bezogen; in ihnen lässt sich die zentrale Dichotomie von Opfer und Täter vertauschen.

Die Erweiterung von Gender in den Bereich der Nation ist mehr als eine einfache Horizontbildung für die schwer fassbare Kategorie von Gender, ist mehr als ihre Objektivierung oder ihr Erfahrbarmachen. Die Beziehung von Gender und Nation ist nur selten eine einseitige. Die Konstrukte der Geschlechter und der Gesellschaft entlarven sich im wechselseitigen Bezug zwar als Formen von Machtverhältnissen, aber heben sich in ihm nicht auf. Die Interrelation zeigt die Ausdehnung bzw. die Tiefe der jeweiligen Konstrukte. Es ist nicht von ungefähr, dass Gender und Nation zum Ende des 18. Jahrhunderts und im frühen 19. Jahrhundert als eng bezogene Kategorien erscheinen.[5] Sie sind Ausdruck des gleichen europäischen Modernisierungsprozesses im Zeitalter Napoleons, und diese Modernisierung muss sich in der Interrelation von Gender und Nation aber gerade nicht als einfaches Projekt der Moderne oder als Teil der Emanzipation enthüllen.

Polen übernimmt das westeuropäische Modell der Beziehung von Gender und Nation und nähert es seinen anderen historischen und kulturellen Bedingungen an. Es dominieren zwei Modelle der tragischen Grenzüberschreitung der Liebenden. Die anderen Orte sind die Ukraine und der andere Raum der meist ostslavischen, vor allem weißrussischen Volkskultur. Die Grenzüberschreitung vollzieht sich nach Osten und bestätigt in den Liebestragödien die alte Jagiellonenidee. Der Raum der Liebenden erhält dabei zwei Funktionen: Er hält die Erinnerung an das einstige Imperium wach und versucht sich in seinem anderen Begreifen durch die Liebe auch für die Zukunft als eigenen zu entwerfen. Die Relation von Gender und Nation im Modell des imperialen und kolonialistischen Bezugs der Völker zeigt sich vor allem in den polnischen ukrainischen Poemen von Antoni Malczewski, Seweryn Goszczyński und in den Ukrainetexten von Juliusz Słowacki. Die im europäischen sentimentalistischen Roman bereits automatisierte tragische Liebesverstrickung zwischen den Ständen – in Polen meist als Mesalliance von Kleinadel und Magnaten dargestellt (Ludwik Kropińskis *Julia i Adolf*) – erweitert sich in Malczewskis *Maria* nicht nur zum Geschichtspessimismus und verwandelt seinen sentimentalistischen Ausgangspunkt über das Hinausgreifen in das Metaphysische, wie dies die polnischen Interpreten meist festhalten.[6] Sie relativiert auch die Tragik des polnischen Liebesdramas Marias, indem sie es in den fremden Raum der Ukraine und in den Horizont des Herrschaftsbezugs von Polen und Ukrainern versetzt. Die Gewalt gegen die Frau verspiegelt sich in der ‚fremden‘ Gewalt der Macht. In *Maria* ist das Liebesdrama ein polnisches Binnendrama im es mehrfach übergreifenden Raum der Ukraine. Die faszinierende mythopoetische Kosakenfigur, in der polnischen romantischen Darstellung meist als Figur zwischen den Geschlechtern und den Ethnien und als Figur des Begehrens und des Anderen (Słowackis *Mazepa*) begriffen, kann in *Maria* das Binnendrama nicht vermitteln, er bleibt als das Andere außen. Der Kosak ist Figur des Rahmens und dort Teil des Ästhetischen bzw. des Romantischen. In Goszczyńskis *Zamek Kaniowski* [Das

---

5 Die Entwicklung der meist tragischen Liebesgeschichten über die Kultur- und nationale Grenze seit dem ausgehenden 18. Jahrhundert in der Tradition des europäischen Sentimentalismus und der Romantik zeigt sich vor allem im Vergleich der Literaturen als Konstante.

6 Vgl. Jarosław Ławski, Dlaczego *Maria?* [Warum *Maria*], in: Ders., Marie Romantyków, Metafizyczne wizje kobiecości [Romantische Marien-Figuren, Metaphysische Visionen der Weiblichkeit]. Białystok 2003, S. 498-593.

Schloss von Kaniów] wird der Kosak bereits Figur des Binnendramas; diese erweitert das Liebesdrama ins Phantasmatische, das aber im Reflex der polnisch-ukrainischen jüngsten Geschichte des 18. Jahrhunderts (Koliszczyzna) gebrochen wird, ähnlich wie auch seine Tendenz ins Mythische gekappt wird. Die Ukraine erscheint in den romantischen Texten meist in zweifacher Form, als sich entgrenzender Raum der alten Rzeczpospolita und als Teil des Orients, sie ist im Liebesdrama gendered und phantasmatisch zugleich, d.h. exotischer Raum der sexuellen Projektionen und Raum, in dem die Geschlechteropposition im sexuellen Phantasma überwunden werden kann wie später bei Sacher-Masoch. Anders als in der westeuropäischen Literatur wird die Ukraine in der polnischen Imagination aber nie nur zum phantasmatischen Raum. Bei Słowacki wird Mazepa eingemauert, sobald er sich als Figur des Begehrens gezeigt hat, und bei Józef Ignacy Kraszewski, der in seinem Roman *Ulana* von 1843 das polnische romantische Pattern des Liebesdramas aufbricht und als tragische Liebesbegegnung zwischen Adel und bäuerlicher Landbevölkerung darstellt, bleibt die sexuelle Faszination, die von der Ukrainerin Ulana ausgeht, immer gendered und ist viel stärker als in den romantischen Poemen Teil der anderen Kultur. Das romantische Sujet bricht sich in der ganz anders erzählten Wirklichkeit des Dorfes in Polesien.[7]

Zygmunt Krasińskis *Agaj Han* von 1832, ein Text, der mehrfach am Rande seines Schaffens und der Romantik steht, nimmt in der hier aufgespannten Tradition des mit Gender überschriebenen Ostens eine äußerst dynamische Rolle ein, indem er die polnische Konzeption des Ostens mehrfach verschiebt und verändert. Die Kresy sind in *Agaj Han* nicht die Ukraine, sondern die Tiefe Russlands, das aber viel expliziter als die Ukraine als Kolonie Polens in dem viel zitierten Kapitel VI erscheint. Die Darstellung des Raums zeigt sich in ihrer bildgewaltigen Beschreibung von der Gewalt der Polen in Russland fasziniert, sie ist vor allem von der Darstellung der Gewalt selber fasziniert und wird dabei ambivalent. Die Ambivalenz setzt sich fort in der Konzeption des Liebespaars. Es ist nicht die Frau, die erwartungsgemäß als Repräsentantin des kolonisierten Russlands fungiert, sondern Agaj Han, der Page aus Astrachan, eine Figur des Orients und Instanz des Andern des (sexuellen) Begehrens. Er ist zwar Subjekt des Begehrens, wird aber in der Erzählung zum Angeschauten und Beschriebenen, wird zum Objekt und zugleich zur Instanz der Frenesie. Die andere ,polnische' Seite repräsentiert Maryna. Nach dem Tod Dmitrijs bereits am Ende ihrer Macht, wird sie als eine Art Balladyna geschildert, die in der Absolutheit ihres Machtwillens fasziniert. Der ihr ergebene Kosak Zarucki garantiert in seiner Nibelungentreue ihren pervertierten Willen zur Macht und transformiert ihn über seine Zugehörigkeit zur Ukraine, und er restituiert die im Begehren Agaj Hans pervertierte und mutierte Männlichkeit. Die Beziehung von Gender und Nation sind in diesem Text gleichsam wie übererfüllt und beginnen sich zu automatisieren.

Narcyza Żmichowska entwirft in *Poganka* [Die Heidin] von 1846 eine Art Hybridisierung der beiden grundlegenden Raummodelle des polnischen romantischen Liebesdramas. Es ist eine Art phantastischer ,Nebenraum' wie in Mickiewiczs Balladen, der aber nicht über die Folklore, sondern über die antikisierende dekadente Kulturvorstellung gebildet wird, und er ist entgrenzter exotischer Raum des Ostens zugleich. Die jüngste Forschung hat in der

---

7   Vgl. Stanisław Burkot, *Ulana* Józefa Ignacego Kraszewskiego, in: Trzynaście arcydzieł romantycznych [13 romantische Meisterwerke], hrsg. v. Elżbieta Kiślak u. Marek Gumkowski. Warszawa 1996, S. 179-194.

Nachfolge Maria Janions *Poganka* als romantischen Vampir-Roman gelesen.[8] Der Roman suggeriert die erwartete Vampir-Lektüre bzw. eine phantasmatische Hauptfigur an der Grenze der Romantik, löst sie aber nicht ein. Anders als in den polnischen ‚Ukraine'-Texten wird die grundlegende Tendenz romantischer Liebestragödien zum Absoluten, zum Metaphysischen oder zum Phantasmatischen in *Poganka* nicht über die Dimension von Gender und Nation zurückgebunden, dafür ist der Raum Azpasjas zu unbestimmt. Die Auflösung des hier verhandelten Phantasmas geschieht einerseits über die sehr stark markierte Opposition von Erzählrahmen und Binnengeschichte und andererseits über den indirekten Geschlechtertransgress, der die Hauptfigur Beniamin charakterisiert, d.h. sie kommt über die markierte weibliche (gendered) Autorschaft nicht zustande, die das männliche Phantasma über mehrere Verschiebungen gleichsam auflöst.

Żmichowska kann hier auch als Beispiel gelten, wie Frauen in Polen als Erzählerinnen zwischen Sentimentalismus und Romantik generell das dominante Raumpattern der Liebesgeschichten aufbrechen. Maria Wirtemberska lässt in *Malwina* ihren enigmatischen Helden auch aus den ‚Grenzgebieten' (Kresy) kommen, das Verwirrspiel der Identität, das aber vornehmlich nicht an die Geschlechterordnung, sondern an die Ordnung des Herzens rührt, spielt sich aber im Wechsel von Warschau und dem Landedelhof ab. Bei Wirtemberska und später in Elżbieta Jaraczewskas Roman *Zofia i Emilia* [Zofia und Emilia] von 1827, den sie als „nationalen und originär von einer Polin geschriebenen Roman"[9] untertitelt, verhandelt sich Gender im Wechsel von Stadt und Land. Als gendered wird dabei immer Warschau beschrieben, und zwar primär – auch in dieser Frauenliteratur – in der Beschreibung der Frau, die sich bei Jaraczewska mit Hilfe der Mutter als Objekt des Begehrens entwirft und als Teil der von außen (Frankreich) kommenden Mode der galanten Kultur versteht. Die dazu im Gegensatz stehende Erziehung von Emilia auf dem Lande wird in der Tradition von Rousseau als die natürliche dargestellt, damit auch als nicht gendered, sie wird es aber, indem sie deutlich als die nationale Kultur beschrieben wird, die von der Tradition ausgeht und als zukunftsfähig verstanden wird. In der *Malwina* von 1816, wo wir eine ähnliche Überführung des sentimentalistischen Romans in den patriotischen finden, bleibt die natürliche und ‚nationale' Kultur des Landedelhofes noch von den Frauen garantiert, bei Jaraczewska ist sie primär Kultur des Vaters.

Die versuchte Aneignung weiblicher Empfindsamkeit und Imagination über den romantischen Dichter oder die romantische Idealisierung der Frau

Der romantische Dichter, der aus dem Gefühl spricht, versteht sich nicht als partikuläre Instanz, sondern als allgemeine. Er will und kann als solcher die ganze Wirklichkeit erfassen und will darum vor allem das Andere der Vernunft in seine Erfahrung zurückholen. Er steht auf der Seite des Wahns, auf der Seite des Begehrens, und er steht auf der Seite der Frau. Es gibt vor allem zwei Orte, die den Versuch des romantischen Dichters belegen, sich die genau jetzt immer wichtiger werdende Position der Frau zu eigen zu machen: das Konzept der

---

8   Barabara Zwolińska, *Poganka* Żmichowskiej jako opowieść o kuszeniu i uwiedzeniu [Żmichowskas *Heidin* als Roman der Versuchung und Verführung], in: Dies., Wampiryzm w literaturze romantycznej i postromantycznej [Vampirismus in der Literatur der Romantik und Postromantik]. Gdańsk 2002, S. 98-135.

9   Im poln. Original: „Powieść narodowa oryginalnie przez Polkę napisana."

romantischen Liebe und die Darstellung des weiblichen Gangs zur Macht und zur Literatur (Gradus ad Parnassum).

Im Zusammenhang mit dem Konzept der romantischen Liebe ist in der Forschung seit Piotr Chmielowski[10] sehr viel über die Rolle der Frau geschrieben worden. Jarosław Ław-skis aktuelle und monumentale Arbeit zu den metaphysischen Visionen der Weiblichkeit bei den drei großen Romantikern sei hier stellvertretend erwähnt, sie arbeitet auch die polnische Forschung diesbezüglich sehr breit auf.[11] Ławski geht in seiner gewaltigen Rekonstruktions-arbeit wie viele vor ihm von der romantischen Idealisierung der Weiblichkeit aus, die erst im Durch- und Überschreiten ins Metaphysische zur Ruhe kommt, d.h. von der romantischen Intention selber. Dieser Ansatz, vor allem wenn er so differenziert recherchiert daherkommt, ist richtig, kann aber die Frau in ihrer zeittypischen Geschlechterrolle (gender) nicht zeigen, die hinter diesem Sublimierungsprozess steht und ihn wohl auch in Bewegung setzt, weil die Frauenrolle in der romantischen Überhöhung zugedeckt wird. Gender erscheint in den utopischen Weiblichkeitskonzepten vor allem dort, wo die Utopie Brüche erhält und wo die Frau in die Nähe der Position des dichterischen Ichs kommt.

Mit einer solchen Engführung von dichterischem Ich und neuem weiblichen Du operiert das programmatische Gedicht *Romantyczność* [Romantik]. Der innere Dialog von Karusia mit ihrem toten Geliebten ist der Monolog einer Wahnsinnigen, in dem die Ich- und Du-Position zusammenfallen und die epische Objektivierung, wie sie die Ballade anstrebt, sich im Inneren der Heldin auflöst. Diese radikal antirhetorische und nicht diskursive Rede wird vom argumentativen Dialog zwischen Dichter und Philosoph gerahmt, in dem der Dichter die Wahrhaftigkeit des Mädchens verteidigt. Wichtig für unseren Zusammenhang ist, dass der Dichter nicht mit dem Mädchen zusammenfällt, sondern in seiner anderen diskursiven Rede Teil der Kultur bleibt und über sein erweitertes Bewusstsein das Andere des Mädchens und des Wahns integriert. Er ist immer mehr als das Mädchen, das er mit seinem Herzen erkennt. Das Mädchen ist das Neue, sie ist aber nicht Subjekt des Neuen.

Mickiewicz hat von den polnischen Romantikern wohl das komplexeste Frauenbild in seinem Liebesprojekt entworfen und mit *Dziady IV* [Ahnen IV] dafür den Architext ge-schaffen, der für mehrere romantische Generationen nach ihm primäres Muster blieb.[12] Der gewaltige innere Monolog vor dem Priester, in seiner Art dem Monolog Karusias nicht unähnlich, spricht von beidem: der idealen romantischen Liebe und ihrem Scheitern am Anderen der Frau. Das Andere der Frau enthüllt sich im Scheitern der romantischen Lie-be als ihre zeitbezogene und damit nicht absolute Geschlechterrolle (Gender) und als das Andere des Begehrens „Wie ein Insekt auf dem Rosenblatt".[13] Die Dekonstruktion der ro-

---

10 Piotr Chmielowski, Kobiety Mickiewicza, Słowackiego, Krasińskiego [Die Frauen bei Mickiewicz, Słowacki, Krasiński]. Kraków 1886.
11 Vgl. Anm. 6.
12 Maria Janion, Poezja w kraju. Próba syntezy [Lyrik in der Heimatliteratur. Versuch einer Synthese], in: Literatura krajowa w okresie romantyzmu 1831–1863 [Heimatliteratur zur Zeit der Romantik 1831–1863], T. I, Kraków 1975, S. 77.
13 „Jak owad na róży kwiecie", wie er dies in der *großen Improvisation* apostrophiert. Vgl. meine Darstellung: Seks, gender i tekst albo granice autonomii literackiej. Owad na kwiecie. Utrata autonomii tekstu w romantyzmie [Sex, Gender und Text oder die Grenzen der literarischen Au-tonomie. Insekt auf dem Blumenblatt. Verlust der Autonomie des Textes in der Romantik], in: Teksty Drugie (1999), Nr. 1-2, S. 165-174.

mantischen Liebe ist vor allem Thema des romantischen Romans, klassisch durchgeführt in Benjamin Constants *Adolphe* vor *Dziady IV* und in Alfred de Musset *La confession d'un enfant du siècle* nach ihm. Im Roman kann das erzählte Scheitern der Liebe die zeitbedingte Geschlechterrolle beider Protagonisten fassen, im Monolog Gustaws in *Dziady IV*, dessen Subjektstatus als ‚dziad‘ ohnehin offen ist, kann die Objektivierung des Ichs nicht erreicht werden, ist Epos und Drama nur eine Zielform des Monologs des romantischen Ichs, das sich nicht mehr selber überschreiten kann.

Słowacki, der eine gewaltige Galerie von starken Frauen, die europäisch ihresgleichen sucht, in seinen Dramen entwirft, sucht diese Anbindung des Frauenbildes an das lyrische Ich über die Gattung des Dramas zu lösen. Seine starken Frauen von Balladyna über Judyta, Roza, Idalia bis zur Księżniczka kommen dem Zentrum der Macht zwar sehr nahe, werden aber als positive Repräsentantinnen der Macht vernichtet (Balladyna) und vor allem auch im Griff nach der romantischen Imagination schließlich ironisch fallen gelassen.[14] Auch Krasiński, der in seinen Liebesbriefen an Delfina – mit Hegels Geschichtsphilosophie im Hintergrund – eine weibliche Geschichtsutopie entwirft, durchwirkt sein ideales Frauenbild der ‚kobieta przyszłości‘ (die Frau der Zukunft)[15] stets auch mit Gender, vor allem dort, wo die Frau in die Nähe der Dichterrolle tritt.[16] Die Frau wird in der kommenden synthetischen und synästhetischen Dichtung nämlich (nur) zur Instanz der Musik, während das Wort, d.h. die Sprache, wie dies auch Bagłajewski zugibt,[17] Sache des Mannes bleibt.

Vergleicht man das gleichzeitige Frauenbild weiblicher Autorinnen, dann gilt fast durchwegs, dass ihnen utopische Entwürfe dieser Art fremd sind. Dafür ist aber die Erfassung der historischen Geschlechterrolle (gender) in der Zeichnung insbesondere der Frauen umso genauer und vielschichtiger, vor allem dann, wenn es um die kritische Aufzeichnung der falschen Erziehung der Frau wie in Jaraczewskas *Zofia i Emilia* geht.

In Wirklichkeit konnte Zofia wie alle Kinder mit gesundem Menschenverstand denken und die Dinge gerecht beurteilen, obwohl niemand sie nach ihrer Meinung fragte und man ihr bei nichts erlaubte, ihre Gefühle und Gedanken zu zeigen, und sie unablässig zu den Maximen verpflichtete, dass „Schweigen unser Schmuck ist“, dass es „den Fräulein nicht erlaubt wäre, weder laut zu lachen, noch sehr sich zu freuen, weder lebhaft zu reden, noch Langeweile zu zeigen, weder rasch zu laufen, noch ungefragt zu antworten.“ Zofia

---

14 Vgl. meine Darstellungen: Dramat romantyczny jako dramat płci (wie Anm. 4); Słowacki kam nicht nach Berlin. Romantische Ironie als Form des Ausbruchs aus dem neuen Modell der nationalen Literatur und als ihre Erweiterung, in: Slovenská literatúra: revue pre literárnu vedu (2005), Nr. 4/5, S. 318-347.

15 List do Delfiny Potockiej [Briefe an Delfina Potocka], T. I, Warszawa 1975, S. 122 f. (3.1.1840).

16 Arkadiusz Bagłajewski hat sich in jüngster Zeit systematisch um die Frauenkonzeption bei Krasiński bemüht, vgl. Arkadiusz Bagłajewski, Dyptyk epistolograficzny Krasińskiego – spotkania z kobietą, nową tożsamością, pełnią romantycznego „ja“ [Ein Brief-Diptychon von Krasiński – Begegnungen mit der Frau, der neuen Identität, dem Höhepunkt des romantischen „Ichs“], in: Kobieta w literaturze i kulturze [Die Frau in der Literatur und Kultur], hrsg. von Dorota Mazurek. Lublin 2004, S. 69-115; ders., Krasiński und „die Frau der Zukunft“, in diesem Band, S. 348-368.

17 „Die neue Poesie ist (Krasińskis) Wort und (Delfinas) Musik. Es geht hier nicht um Inspiration, sondern um die Bestimmung einer ästhetischen Gemeinschaft. Worte setzen Musik frei, so wie Musik eine transzendentale Wahrheit transportiert, die dann in Worte gekleidet wird. Zur Autorin des ‚Textes‘ wird also Delfina, auch wenn ‚Wort‘ und ‚Schrift‘ in diesem ‚Text‘ Krasiński zu gehören scheinen.“ Bagłajewski, Krasiński und „die Frau der Zukunft“ (wie Anm. 16), S. 361.

fühlte und dachte deswegen nicht weniger, sondern im Gegenteil mehr als andere Kinder, sie war weniger als sie wie eine Schauspielerin, sondern mehr wie ein Zuschauerin in der Gesellschaft. So verstand sie es denn bestens, sowohl die Mutter einzuschätzen und sich bei ihr einzuschmeicheln, als auch Fräulein Rosalie anzubetteln und ihr Geheimnis zu hüten. Zu früh mit der traurigen Misanthropie vertraut oder mit dem Scharfblick der Politik ausgestattet, lernte sie in den Tugenden nur den Schein zu sehen und in der Art, ein angenehmes Leben zu führen, die Fähigkeit, die Schwächen der anderen auszunützen.[18]

Die Beschreibung entfaltet sich zum mehrschichtigen psychologischen Porträt der Protagonistin und führt in der Erfassung von Gender das Erzählen über die Romanpoetik ihrer Zeit hinaus.[19] Die Darstellung des konstruierten Geschlechts arbeitet bei Jaraczewska, wie erwähnt, mit einer einfachen Oppositionskonstellation von ‚natürlichem' und ‚kulturellem' Geschlecht. Die ‚natürliche' Geschlechterrolle Emilias enthüllt sich dabei als Ordnung des Vaters und als patriotische Haltung; sie ist letztlich nicht weniger konstruiert, folgt jedoch einer anderen gesellschaftlichen Ordnung.

Die auffallende Metamorphose vom Selbstbezug der liebenden bzw. privaten Heldinnen in den sentimentalistischen und didaktischen Romanen zur patriotischen Haltung, die wir bei Wirtemberska, weniger direkt in Anna Mostowskas *Astolda* (1807), bei Klementyna Hoffmanowas *Listy Elżbiety Rzeczyckiej* [Die Briefe Elżbieta Rzeczyckas, 1824] und bei Jaraczewska finden – die Frauen garantieren in einigen Texten sogar in viel stärkerer Form die patriotische Haltung als Männer –, steht in einem direkten Gegensatz zum Ausschluss der Frau bei den Romantikern, sobald das byronistische Modell von Romantik in das der nationalen Verantwortung umschlägt. In *Dziady III* und in *Kordian* fehlt die Frau nach der Verwandlung des romantischen einsamen Ichs. Die Frau wird, wie in der Figur der jetzt Symbolwert erhaltenden Mutter, von den politischen Taten der Männer nur mehr betroffen, ist aber kaum mehr deren Subjekt.

Die hier herausgestellte Differenz männlicher und weiblicher Autorschaft in der Zeichnung der ‚patriotischen' Frau ist aber auch über die Entstehungszeit der Texte begründet. Die Romanbeispiele stammen aus der Zeit vor dem Aufstand, in dieser Zeit garantiert auch bei Mickiewicz die Frau die patriotische Haltung gegenüber dem männlichen Anspruch auf privates Glück; Aldona aus *Konrad Wallenrod* ist aber eingemauert und hat als Eremitin durch ihren Aus- und Abschluss ihre Weiblichkeit wie durchgestrichen, die in der Begegnung der Geschlechter entsteht. Die Differenz beruht schließlich auch und entscheidend auf der Gattung.

Gender und Gattung

Der schöpferische Anteil der Frauen beschränkt sich während der polnischen Romantik primär auf die Prosa, während Lyrik, lyrisches Poem und Drama, das Gattungszentrum der polnischen Romantik, mit wenigen Ausnahmen den männlichen Autoren überlassen blei-

---

18 Elżbieta Jaraczewska, Zofia i Emilia [Zofia und Emilia]. Warszawa 1958, S. 30.

19 Irena Łossowska, Tradycja i nowatorstwo w powieściach Elżbiety Jaraczewskiej [Tradition und Erneuerung in den Romanen Elżbieta Jaraczewskas], in: Tradycja i nowoczesność dydaktycznej powieści Oświecenia w Polsce [Tradition und Modernität des Erziehungsromans der Aufklärung in Polen]. Warszawa 2002, S. 197 ff.

ben.[20] An dieser männlichen ‚lyrischen' Dominanz ändert sich erst in der Spätromantik, insbesondere mit Erscheinungen wie Żmichowska in den 1840er Jahren etwas, aber auch sie wird sich vor allem als Erzählerin durchsetzen. Die ältere Dichterin Anna Libera mit Jahrgang 1805 wird erst in den 1840er Jahren mit ihrer patriotischen und gesellschaftskritischen Lyrik breiter an die Öffentlichkeit treten, mit einer Lyrik, die sich auch der Sache der Frauen annimmt: „Immer ist sie Eigentum ihres Mannes, ihres Herren / Von Natur aus zu diesem Schicksal verurteilt".[21]

Der wesentliche Anteil der Frauen an der Herausbildung des modernen Romans Ende des 18. und im frühen 19. Jahrhundert gilt für viele europäische Literaturen und er gilt auch für die polnische.[22] Die Frau ist nicht nur primäre Leserin dieser Literatur und wird als Hauptthema entdeckt, sie ist auch deren Autorin. Der polnische Roman entwickelt sich im 19. Jahrhundert anders und tendenziell unabhängig bzw. konservativer gegenüber der Stilgeschichte, dies gilt insbesondere für die Romantik und den Modernismus am Ende des Jahrhunderts. Stil- und Gattungsgeschichte stimmen im 19. Jahrhundert oft nicht überein. In der polnischen wie beispielsweise in der englischen Literatur steht die Prosa außerhalb des romantischen Kanons bzw. wird stilgeschichtlich nur an den Rändern der Stilperiode wirksam, der Roman existiert nichtsdestotrotz aber auch in dieser Zeit weiter. Seine Berücksichtigung kann das Bild der Epoche verändern.

Der Roman zeigt zwischen 1820–1850 insgesamt nicht nur ein anderes Bild der Romantik, sondern auch ein anderes Bild der Frau; er verdiente es, stärker ins Zentrum des literaturhistorischen Interesses zurückgebracht zu werden. Józef Bachórz hat in seinem jüngsten Buch *Romantyzm a romanse* [Romantik und Romanzen] die wichtige Relation von Frauenbild und Frauenliteratur von und für Frauen in der polnischen Prosa insbesondere seit den 1830er Jahren herausgearbeitet. Das neue Frauenbild wird in vielen vor allem von Männern geschriebenen Erzähltexten in den 1830er und 40er Jahren, dem Höhepunkt dieser Erscheinung, zum Motor des Erzählexperiments und zum Anzeichen ihrer inneren Verbindung zur Romantik. Das Neue entsteht in diesen Texten auch in der Erkundung des sexuellen Begehrens, das sich nicht mehr als Agape fassen und sublimieren lässt und das, wie Janion bei Dominik Magnuszewskis *Niewiasta polska w trzech wiekach* [Eine polnische Braut über drei Jahrhunderte] festhält, in den Körperbildern nach der Frenesie[23] greift, wie bereits Krasiński in *Agaj Han*. Das neue Frauenbild ist dabei nicht nur Sache des Zeitromans, wie

---

20 Anne K. Mellor hat für die englische Literatur festgehalten, dass das vermeintliche Fehlen der weiblichen Autorschaft während der Romantik, auch in der Lyrik, von einer statistischen Erhebung nicht bestätigt wird: Anne K. Mellor, Romanticism and Gender. New York 1993, S. 4 ff.

21 „Zawsze jest własnością swojego męża, pana, / Prawem samej natury, na ten los zkazana" [Immer ist sie Eigentum ihres Mannes und Herren, / Über das Naturgesetz selber zu diesem Schicksal verurteilt]. Zitiert nach Grażyna Borkowska, Małgorzata Czermińska u. Ursula Philips, Pisarki polskie od średniowiecza do współczesności. Przewodnik [Polnische Schriftstellerinnen seit dem Mittelalter bis zur Gegenwart. Ein Führer]. Gdańsk 2000, S. 54.

22 Józef Bachórz, Romantyzm a romanse. Studia i szkice o prozie polskiej w pierwszej połowie XIX wieku [Romantik und Romanzen, Studien und Skizzen zur polnischen Prosa der ersten Hälfte des 19. Jahrhunderts]. Gdańsk 2005, S. 106 ff.

23 „Magnuszewski hat viel für den Beweis geleistet, dass er über die Werkstatt einer rhythmischen frenetischen Prosa verfügt. Vor allem hat er sich darum bemüht, eine literarische Entsprechung der Leidenschaftlichkeit selber im Stil der Leidenschaft zu schaffen." Maria Janion, Czas formy otwartej [Zeit der offenen Form]. Warszawa 1984, S. 32-36, hier S. 35.

ihn Kraszewski *(Ulana)* entwickelt, sondern auch des historischen Romans vor allem bei Magnuszewski.[24] Der erzählte Eros spricht in diesen Texten immer auch von Gender.

Wie weit die gesellschaftliche Modernisierung in Bezug auf die Frau in der bekanntlich so dunklen Paskevič-Zeit ging, reflektieren in den frühen 1840er Jahren gleich mehrere Texte, angefangen von Edward Dembowskis historischer Fantasie *Kobieta i mężczyzna* [Mann und Frau] von 1843,[25] in der die gesellschaftliche und vor allem kulturelle Entwicklung in einen direkten Zusammenhang mit der Befreiung der Frau gerückt wird, und endend mit einer allerdings in Bezug auf die politische Orientierung seiner Autoren sehr heterogenen[26] Reihe von satirisch parodistischen Texten, wie Ludwik Sztyrmers *Frenofagiusz i Frenolesty*, erstmals 1843 in Petersburg erschienen, oder das Gemeinschaftswerk Józef Bogdan Dziekońskis und Józef Aleksander Miniszewskis *Powieść zlepiana* [Zusammengeklebter Roman],[27] in deren komisch absurdem Zerrspiegel vor allem die gebildete Frau steht. Die Satire besitzt in ihrer Strategie der Übertreibung in diesen Texten keinen eindeutigen Adressaten mehr und berührt jeweils das Absurde, wie beispielsweise in Sztyrmers *Kobieta filozofka* [Die Frau als Philosophin], wo die weibliche Philosophin zum Schluss den Verstand verliert, als sie die Philosophie Hegels zu überschreiten versucht. Die Komik trifft die deutsche Philosophie und ihre ambitionierte Leserin. Aber es wird hier und im weiteren Gang des Erzählers (zusammen mit seinem Führer) durch das neuzeitliche Inferno einer Irrenanstalt entlang den weiblichen Wahnbildern, ausgesperrt und säuberlich segregiert in den Zellen, nie deutlich, wer die fatale Entfremdung der Frau aus ihrer natürlichen Ordnung verantwortet, die Männer oder Frauen selber. Die Emanzipation selber scheint in diesen Grotesken aber wie ein unbestrittenes kulturelles Faktum, das sich anders als in der Romantik nicht in der Gleichheit der Liebenden bzw. Empfindenden ausdrückt, sondern im Griff nach der Bildung, im Zugang nach dem Wissen. Dembowski, der in seiner *Phantasie* von der Liebe ausgeht, endet seinen Text im utopischen Bild. Anstelle der diskursiven Darstellung erscheint, mehrfach expressiv aufgerufen, das Unaussprechliche:

> „Ich hatte noch einen wunderbaren Traum – werde ihn aber nicht erzählen – wer könnte denn ihn schon erzählen? Ich sah, wie man die Frau liebt und die Menschen waren total glücklich – und das Leben war eine Glückseligkeit. – Nein! Worte können das nicht beschreiben." (Kobieta i mężczyzna, 216)

Die weibliche Emanzipation bricht sich wortreich im männlichen satirischen Zerrspiegel, während der männliche Entwurf von ihr wortlos bleibt.

Bildung, präzis als Bildung und Bildungsanspruch der Frau, ist auch Hauptthema der meisten polnischen Frauenromane seit 1800. Die Frauenliteratur entwickelt sich auf der Achse der didaktischen Literatur, über die sie sich einerseits im Projekt der Aufklärung und

---

24 Marta Ruszczyńska, Dominik Magnuszewski. Między historią i naturą [Dominik Magnuszewski. Zwischen Geschichte und Natur]. Zielona Góra 1995, S. 135-171.

25 In: Edward Dembowski, Pisma [Schriften]. T. III, Warszawa 1955, S. 215 f.

26 Sztyrmer gehört zu den Legitimisten, Dziekoński zur dissidenten oder zumindest politisch ambivalenten Warschauer Bohème (Cyganeria).

27 Zusammen mit dem Gemeinschaftswerk von Kraszewski und Jankowski 2004 in Katowice neu editiert: Józef Ignacy Kraszewski, Placyd Jankowski, Powieść składana. Powieść zlepiana [Ein zusammengesetzter Roman. Ein zusammengeklebter Roman], hrsg. v. Józef Aleksander Miniszewski. Katowice 2004.

in Polen andererseits im Projekt der großen Staats- und Gesellschaftsreformen des späten 18. Jahrhunderts verankert. Mit dieser Verankerung entwickelt sich die Frauenliteratur von Anfang an auch als Teil der patriotischen Kultur des untergegangenen Polens. Die Bildung der Frau wird Teil des Nation-Building, in deren Funktion Literatur sich zunehmend versteht bzw. als die sie rezipiert wird. Das Modell der didaktischen Literatur bedeutet für die schreibenden Frauen damit nicht nur ein Abdrängen in die pädagogische Provinz, sondern es garantiert ihr gerade in der utilitaristischen Ausrichtung des Schreibens auch den Zugang zur Öffentlichkeit, der wie bei Hoffmanowa zum Zugang zu einer öffentlichen Stellung im Unterrichtswesen vor dem Novemberaufstand führen kann. Bildung ist in den Romanen von Mostowska, Wirtemberska, Jaraczewska und Hoffmanowa immer auch Grenzüberschreitung. Sie bricht wie in Hoffmanowas *Listy Elżbiety Rzeczyckiej* [Briefe von Elżbieta Rzeczycka] die patriarchale sarmatische Welt auf und stellt sich erst später wieder – nicht ohne die Hilfe eines männlichen Vorbilds in der Figur Stanisławs Konarskis – in den Dienst der nationalen Sache. Auch Jaraczewskas vom Vater erzogene Emilia aus *Zofia i Emilia* verlässt, auf Bildungsreise geschickt, die pädagogische Provinz des Vaters. Bildung ist in diesen Romanen aber meist in zweifacher Form angesprochen. Es ist die erzählte Bildung, meist Selbstbildung der Mädchen, und es ist der Bildungsanspruch der Erzählerin bzw. Autorin selber, besonders markiert in den sich verselbständigenden autothematischen Erzählpassagen bei Mostowska, die ihr phantastisches Bild des alten Litauen mit historiografischen und erklärenden Passagen durchsetzt, so dass der Erzähltext zwischen Fiktion und wissenschaftlicher Abhandlung zu oszillieren beginnt. Diese Hybridisierung bringt den Roman wie knapp hundert Jahre später Karol Irzykowskis *Pałuba* an die Grenze der Literatur, ist bei Mostowska aber sicher nicht ein Moment des Erzählexperiments, sondern des zeittypischen Anspruchs, gleichberechtigter Teil der Kultur zu sein, die sich ganz im Geiste der Aufklärung in der Wissenschaftlichkeit nobilitiert.

Neben der Bildung ist es das Gefühl, das Recht des Herzens, das den polnischen Frauenroman als solchen ausweist und auch weiter entwickeln lässt. Gefühl und Verstand, die beiden zentralen Eigenschaften der neuen humanen Existenz, verbinden sich in den Liebes- und Erziehungsromanen. Beide sind und bleiben wichtigstes Gattungsmodell der Frauenliteratur bis in die zweite Hälfte des 19. Jahrhunderts. Die Verbindung verläuft nicht ohne innere Friktionen, Gefühl und Verstand suchen bis zu Żmichowskas Romanen der 40er Jahre aber nie, sich auszuschließen bzw. zu ersetzen. Der andere um- und vorsichtige Umgang mit dem Recht des Herzens unterscheidet die Frauenliteratur von der gleichzeitigen männlichen romantischen Literatur. Die Romantik bewirkt wie in den beiden Kurzromanen *Listy Elżbiety Rzeczyckiej* von 1824 und *Dziennik Fraciszki Krasińskiej* [Das Tagebuch der Franciszka Krasińska] von 1825 von Hoffmanowa aber auch eine ‚Kristallisierung‘ des weiblich differenten Ansatzes. Die beiden stilisierten weiblichen Ich-Konfessionen in Form eines Brief- bzw. eines Tagebuchromans aus der hier nicht dunkel gezeichneten Sachsenzeit, d.h. am Vorabend des aufgeklärten Polens unter dem späteren polnischen König Stanisław August, legen den emanzipatorischen und didaktischen Textanlass ganz nach innen. Die bei Mostowska, Wirtemberska und Jaraczewska manchmal etwas geschwätzige und ungebremste Präsenz der autobiografisch gefärbten Erzählstimme wird über die ‚Authentik‘ der Dokumente verhindert; in dieser Durchstreichung der Autorschaft wird die größte Differenz zur Romantik mit seiner absoluten Autorschaft und Textautonomie erreicht. Die beiden Romane rekonstruieren zwei unterschiedliche Aufstiegsviten von zwei jungen Landedel-

Fräuleins in die Mitte der Macht. Die Darstellung setzt ganz auf die Distanz, und über die Authentizität der Faktografie entsteht der Eindruck eines Simulacrums. Herausgearbeitet werden in diesem scheinbaren Alltagsdiskurs das Modell einer weiblichen Empfindsamkeit und eines weiblichen Aufstiegs, beide sind als zeitbezogen und als offen für die Zukunft beschrieben.

Żmichowska verfährt in *Poganka* analog und umgekehrt zugleich. Erzählt wird in der Binnengeschichte keine Modellgeschichte einer romantischen Liebe, sondern das Andere des (sexuellen) Begehrens. Dargestellt wird die Dekonstruktion einer romantischen Liebe, die ins Leere führt und keine (Gegen-)Identitäten schafft. Żmichowska kommt in *Poganka* wie keine der hier erwähnten Autorinnen der männlichen Romantik nahe, muss über das Verfahren von mehreren Verschiebungen und sexuellen Transgressionen gleichzeitig ihr Außen markieren.[28] Dieses Außen erhält seinen Ort in der rahmenden Salongeschichte, die den neuen soziokulturellen Rahmen von Literatur in den 1840er Jahren dokumentiert. Die weiblichen und männlichen Mitglieder des Salons verstehen die Geschichte Beniamins nicht mehr als Selbstausdruck. Roman Zmorski hat fast gleichzeitig im Poem *Lelio*, das die romantische Liebesgeschichte nach *Dziady IV* noch einmal nacherzählt, diese in ihrer faustisch anmutenden Selbstvernichtung, die das moderne Ich berührt, noch als Bekenntnis einer Generation dargestellt und damit auch seinen Leser in der Zeit erreicht.[29] Żmichowska nimmt in *Poganka* am Ende der Romantik als weibliche Autorin einen männlichen romantischen Existenzentwurf auf, um ihn in einer Art Suspense und nicht im Verfahren der Ironie als etwas anderes offen stehen zu lassen. Die Frauenliteratur hat die Annäherung an die männliche Imagination bisher vermieden, Żmichowska hat sie versucht und dabei nicht ihre weibliche differente Autorschaft, sondern die männliche Imagination, die männliche Geschichte des Begehrens, gleichsam durchgestrichen erzählt.

Literatur und Geschlechtergeschichte. Ein kurzer Epilog

Die polnische Geschlechtergeschichte ist für die Romantik noch nicht geschrieben. Die Art des Auftretens der Autorinnen und die Texte von Frauen und Männern aber beweisen, dass sich das Verhältnis der Geschlechter stark verändert. Die Änderungen kommen zunächst von außen, insbesondere über die sentimentalistische Erzählliteratur, aber auch über die *książki zbójeckie* (Räuber-Bücher), die nicht nur den alten Sarmatismus aufbrechen, sondern auch den aufgeklärten, und die beide Geschlechter als Lesende in ihren Bann ziehen. Den Weg zur Frauen-Emanzipation überlagert bzw. durchkreuzt der Weg zur nationalen Emanzipation. Der Umbruch der Gesellschaft über die Teilungen und Aufstände, der fast ausschließlich ein Umbruch der Adelsgesellschaft ist, verhindert zwar programmatische Auftritte von Frauen für Frauen – Polen hat keine Mary Wollstonecraft mit ihrer *vindication of the rights of woman*, noch eine Mme de Staël –, befördert aber viele Einzelfiguren, die ihre differente Stimme erheben. Die Rückbindung eines eigentlich emanzipatorischen Diskurses geschieht über die systematische Einschreibung der neuen Frauenrolle in die zwar höhere gesellschaftliche, aber immer auch ‚väterliche' Ordnung. Es ist eine Ordnung, die die Frau

---

28 Vgl. Ritz, Kobiece obrzeża (wie Anm. 4).
29 Vgl. German Ritz, Zwischen Dichtung und Verschwörung oder der kurze Versuch, die Romantik zu wiederholen (in Vorbereitung).

über den Patriotismus, aber außerhalb der Familie definiert. Dass insbesondere der weibliche Bildungseifer das männliche Gegenüber irritieren kann, belegt die von Józef Frank überlieferte sexistische Reaktion von einem der Śniadecki-Brüder auf Mostowskas Bitte um Aufnahme als Ehrenmitglied der Wilnaer Universität: „Ja, wenn sie nur schön ist" („Tak, byleby była piękna").[30]

---

30 Zit. nach Barbara Czwórnóg-Jadczak, Anna Mostowska, in: Pisarze polskiego oświecenia [Die Schriftsteller der polnischen Aufklärung]. T. 3, Warszawa 1996, S. 576.

Jan Zieliński

Das Bild eines heiteren Todes
(Norwid – Raffael – Maratti und *Der Tod des Heiligen Joseph*)
Ausstellung eines einzigen Bildes

Im Jahr 1862 machte sich der arme polnische Künstler und Dichter Cyprian Norwid in Paris auf den Weg in eine Ausstellung eines besonderen Kunstwerks. Von diesem Besuch sind drei Erwähnungen in seinen Briefen an die in Warschau lebende Joanna Kuczyńska überliefert, die so aussagekräftig sind, dass ich sie hier vollständig als Ausgangspunkt meiner weiteren Erörterungen anführe.

Die erste Erwähnung ist ein postscriptum zum Brief Nr. 407, den der Herausgeber von Norwids Werken Juliusz W. Gomulicki auf „ungefähr den 15. August 1862" datiert:[1]

> „Seit einigen Tagen zeigen sie ein unbekanntes Bild Raffaels, den *Tod des Heiligen Joseph* – ein Meisterwerk!! – sie zeigen es gegen ein Entgelt – ich ging hin, und als ich aber beim Eintreten das Bild erblickte, ging ich gleich darauf zu und vergaß zu zahlen, was alsbald bemerkt wurde, man sagte nichts, als ich aber hinausging, entsann ich mich, dass ich nicht bezahlt hatte, worauf der Besitzer mir erwiderte: ‚Sie müssen nichts zahlen, mein Herr' – und ich ihm darauf: ‚Aber doch, gewiss' – und er darauf: ‚Wenn ja, dann nehme ich es an, aber ich gebe Ihnen dafür eine Fotografie des Bildes' – und ich darauf: ‚Das werde ich gewiss nicht ablehnen' – also gab er mir eine Fotografie, die ich Ihnen, wenn Sie es wünschten, übersenden würde? – sie ist klein, man kann sie einem Brief beilegen.
>
> Aber was für ein interessanter Vorfall! Schade, dass es davon nicht mehr gibt!"

Die zweite Erwähnung, von Gomulicki als Brief Nr. 408 bezeichnet und identisch datiert, lautet so:

> „Diesmal werden Sie, meine Liebe, recht viel für die Post bezahlen müssen, aber ich bemitleide Sie nicht! Mich kostet wahrlich die Post mit China, Rom, Amerika etc. im Jahr mehr als meine eigenen Handschuhe. Ich selbst benötige so wenig, dass ich unter denen, die nicht verzweifeln, kaum jemanden wüsste, der so wenig benötigte – aber JEDES WERK KOSTET VIEL: die Menschen wissen ganz und gar nichts, was ein solches Werk kostet, welche Mittel unerlässlich sind, um es zu schaffen!
>
> Ich schicke Ihnen also die Fotografie des neu entdeckten Meisterwerkes und schicke auch ein Büchlein mit seiner Beschreibung, welches ich *sous-bande* schicke, damit es die Grenzkontrollen passiert. Jeder kann sehen, welchen Inhalt die Sendung hat. Ich wollte

---

1 Cyprian Norwid, Pisma wszystkie [Gesamtwerk], hrsg. v. Juliusz W. Gomulicki. Bd. 9: Listy 1862–1872 [Briefe 1862–1872]. Warszawa 1971, S. 50 (Datierung S. 48).

warten, bis Sie mir Ihren Wunsch offenbaren, Ihnen diese rare und für jeden Christen, denn jeder Christ ist in gewisser Hinsicht ein Künstler – interessante Sache zu schicken, aber ich kann nicht warten, denn vielleicht hätte ich dann keine Zeit, und gleich so viel, als ich sie in diesem Moment habe. In meinem Nachtrag hatte ich begonnen zu schreiben, auf welch eigenartigem Wege mir diese Fotografie zugefallen ist: dort, wo sie das Bild zeigen, wollte man von mir kein Eintrittsgeld annehmen, obgleich mich dort niemand kannte und obgleich ich an jenem Tage sehr sorgfältig gekleidet war, sie konnten also nicht annehmen, dass sie meiner Sparsamkeit helfen würden. Als ich also darauf beharrte, dass man bei mir keine Ausnahme mache, gab man mir dafür die Fotografie und das Büchlein, und diese meine Beute schicke ich Ihnen. Vielleicht werden diese außergewöhnlichen Umstände irgendwann zu einem allgemeinen Grundsatz und man wird mir, wo immer ich eintrete, verschiedene schöne Dinge geben, und dann werde ich ein Pferd haben und schöne Handschuhe, und ich werde ein sehr ehrbarer Mensch sein, und heiraten.

Für dieses Mal ist mir der Tod des Heiligen Joseph zugefallen.

Ich kehre zu meiner Arbeit zurück."[2]

Die dritte und letzte uns bekannte Stelle, an der Norwid den *Tod des Heiligen Joseph* erwähnt, findet sich wiederum im postscriptum eines Briefes an dieselbe Adressatin, den der Herausgeber mit der Nummer 413 versehen und auf die „2. Hälfte September 1862" datiert hat:

„Für das kleine Bild von Raffael bieten sie zwei Millionen – der Besitzer will drei."[3]

Resümieren wir zunächst, was sich aus diesen drei Erwähnungen über die Fakten schließen lässt, die zu jenem „interessanten Vorfall" beigetragen haben. 1862 wurde in Paris gegen ein Entgelt ein Bild von geringen Ausmaßen („kleines Bild") gezeigt, das ein unbekanntes Meisterwerk Raffaels sein sollte und den „Tod des Hl. Joseph" darstellte. Der Besitzer des Bildes war bereit, es gegen die gigantische Summe von drei Millionen Franc zu verkaufen, und es wurden ihm zwei Drittel dieser Summe dafür geboten. Der Besitzer verfügte auch über eine Aufnahme des Bildes sowie über ein Büchlein, das offenbar eine Beschreibung des Werkes enthielt. Norwids Interesse an dem Vorfall rührte nicht von der bloßen Tatsache, dass er ein großartiges Bild gesehen hatte (wenngleich die Unterstreichung und die zwei Ausrufezeichen hinter dem Wort „Meisterwerk" ohne Zweifel von dem Eindruck zeugen, den das Bild ihm gemacht hatte), sondern daher, dass er, als er „das Bild erblickte", direkt darauf zuging, ohne daran zu denken, Eintritt zu bezahlen, und dass der Besitzer des Werkes seine aufrichtige Begeisterung erkannte und kein Geld von ihm annehmen wollte. Bei der zweiten Erwähnung betont Norwid, dass er an jenem Tag „sehr sorgfältig" gekleidet gewesen sei, dass also der Verzicht auf die Annahme des Eintrittsgeldes kein verschleiertes Almosen gewesen sei, sondern ein Ausdruck der Anerkennung des Bildbesitzers dafür, dass das Werk in einer ihm würdigen Weise wahrgenommen wurde.

Was für ein Bild sah Norwid 1862 in Paris? Die Antwort wollen wir zunächst in der üppig entwickelten Norwid-Forschung, dann in den Monografien, die sich mit den Bildern

---

2 Ebenda, S. 50 f.
3 Ebenda, S. 59.

Raffaels im Frankreich des 19. Jahrhunderts befassen, und schließlich in den Monografien zum Werk Raffaels suchen.

Eine geheimnisvolle Broschüre

Die Norwid-Forschung schweigt.

Mindestens zwei Bücher widmen sich dagegen den Werken Raffaels im Frankreich des 19. Jahrhunderts. Leider erwähnt keines von ihnen die Arbeit, die 1862 in der Ausstellung in Paris gezeigt wurde.[4]

In den Monografien zum Werk Raffaels taucht überhaupt keine Darstellung des *Todes des Heiligen Joseph* auf, weder unter den Werken dieses Künstlers, noch unter den ihm zugeschriebenen Arbeiten. Dies trifft ebenso auf die neueren Monografien wie auf Abhandlungen aus dem 19. Jahrhundert zu.

Bleibt noch die Pariser Kunstpublizistik jener Zeit. Als Ausgangspunkt kann dabei die Bibliografie neuer Kunstpublikationen dienen, die Paul Chéron halbjährlich auf den Seiten der „Gazette des Beaux-Arts" veröffentlichte. Tatsächlich erschien in der ersten Dezembernummer 1862 folgende bibliografische Notiz:

> *La merveille de l'art religieux, ou Tableau original, inconnu de Raphaël*, annoncé dans le n° 119 de l'Osservatore Romano. Par l'Abbé Nicolle, Secrétaire de S. Ém. le Cardinal di Piétro. Paris, in-8 de 15 pages, avec une photographie."[5]

Bevor wir uns mit der Broschüre des Abbé Nicolle beschäftigen, wollen wir den Informationen nachgehen, die in ihrem Titel enthalten sind. Sie verweisen uns auf die wahrscheinlich erste gedruckte Erwähnung des uns interessierenden Bildes, die am Samstag, den 24. Mai 1862 im „Osservatore Romano" erschien. Da es sich um eine kurze Erwähnung handelt, sei sie hier vollständig zitiert:

> „Il Sig. Abate Nicolle Segretario dell'Emo. Cardinale di Pietro in una vendita all'incanto ha fatto acquisto d'un quadro originale, che per giudizio degli artisti, che l'hanno veduto, si trova essere un capo d'opera dell'arte religiosa. In quanto all'autore, è incerto attribuendosi da alcuni a Raffaele, da altri al Correggio. Fra poco una descrizione ne verrà data alla luce, ed i signori amanti dell'arte saranno chiamati a visitare uno die piu commoventi e piu sublimi concetti che siano stati mai trattegiati in una tela."[6]

Das Bild wurde folglich in Italien erworben, und seine Autorschaft war nicht von vornherein sicher, auch wenn man von Beginn an annahm, dass es von der Hand Raffaels stammen könnte. Es wurde von einem Geistlichen mit französischem Namen erworben, der sich als Sekretär eines der dortigen Kardinäle in Rom aufhielt.[7]

Die Broschüre *La merveille de l'art religieux ou Tableau original, inconnu de Raphaël* ist heute eine bibliografische Rarität, doch zu ihrer Zeit erfreute sie sich eines großen

---

4 Vgl. Hommage à Raphaël. Raphaël et l'art français. Paris 1983; Martin Rosenberg, Raphael and France. The Artist as Paradigm and Symbol. University Park, PA 1995.
5 Paul Chéron, Bulletin bibliographique, in: Gazette des Beaux-Arts 4 (1862), Bd. 13, S. 560.
6 Osservatore Romano 2 (1862), Nr. 119 vom 24.05., S. 473.
7 Camillo Card. Di Pietro (1806–1884, seit 1859 Kardinal) war ein Beamter der römischen Kurie.

Erfolges und erschien in mehreren Auflagen. Ihr Umfang vergrößerte sich dabei von 15 Seiten in der ersten Auflage auf 20 Seiten in der vierten.[8] Die fortlaufende französische Nationalbibliografie vermerkt in ihrer Ausgabe vom 12. Juli 1862 das Erscheinen der ersten Auflage,[9] die letzte Anmerkung zur vierten Auflage verweist auf Zeitungsartikel vom 18. und 25. Juli.[10] Es ist anzunehmen, dass die Broschüre entsprechend der Nachfrage nachgedruckt wurde, und das Tempo, in dem dies geschah, scheint auf einen großen Erfolg der Ausstellung hinzuweisen. Andererseits besteht aber auch die Möglichkeit, dass es nur zwei Auflagen gab und dass der Vermerk „quatrième édition" auf dem Umschlag des Warschauer Exemplars ein Reklametrick war. Diese Frage lässt sich, da die Broschüre in Bibliotheken so selten zu finden ist, nicht eindeutig klären.

Es lag zweifelsohne in der Absicht des Autors der Broschüre, ein enthusiastisches Loblied auf das Bild zu singen, das den *Tod des Heiligen Joseph* darstellt. Wenn man sie jedoch kritisch und aus heutiger Perspektive liest, und wenn man weiß, dass das Bild nicht als Werk Raffaels anerkannt worden ist, dann ist sie keineswegs so eindeutig. Ein gutes Beispiel dieser Zweideutigkeit zeigt die einführende Notiz, die quasi den Charakter einer Präambel besitzt:

> „Cette toile mesure 47 centimètres largeur sur 43 de hauteur. On ne peut renfermer plus de merveilles dans un plus petit espace. Au sentiment d'Overbeck, elle n'a jamais été retouchée et n'a subi aucune restauration. La peinture est dans un état de conversation si parfaite qu'on dirait mise d'hier. Seulement la toile des contours est si usée qu'elle ne tient plus au bois que par quelques filaments."[11]

Der erste Teil der Broschüre mit dem Titel *Exposition* stellt eine typische Ekphrasis dar. Das Thema des Bildes ist der Tod des Heiligen Joseph.

> „Le saint vieillard est représenté étendu sur son lit de douleur, au moment ou, après une douce agonie, l'âme se détache de son enveloppe mortelle. Un dernier frémissement vient de parcourir ses membres déjà glacés par le froid de la mort et dont les extrémités sont laissées à nu par un ample manteau de laine jaune, jeté à la traverse de son corps, qui lui sert de couverture. Ses yeux sont fixés vers le ciel, l'objet de tous ses désirs. (...) A la droite du mourant est assis le Christ dans l'attitude d'une affectueuse mais calme anxiété. Il est revêtu d'une robe de pourpre étincelante que recouvre un long manteau bleu. Ses cheveux retombent avec une grâce infinie sur ses épaules, et ses traits, d'une beauté ravissante quoique placés entièrement dans l'ombre, laissent entrevoir le Dieu

---

8 Abbé Nicolle, La merveille de l'art. Religieux, ou Nouveau tableau original, inconnu, de Raphaël. Annoncé dans le no 119 de l'Osservatore romano. Par ..., secrétaire de S. Ém. le cardinal di Pietro. Paris 1862. Ich hatte in der Bibliothèque Nationale in Paris (Sign. VP 13688) und in der Bibliothèque Cantonale et Universitaire in Fribourg (Sign. Fn 32 IV) je ein Exemplar der Erstausgabe, und in der Warschauer Nationalbibliothek (Sign. I 57902) eines der vierten Ausgabe in der Hand. Letzteres trägt den Stempel von Karol Ruprecht, eines Pariser Freundes, Altersgenossen und Briefpartners von Norwid. Es gehörte, wie aus einer früheren Signatur (8656 Bat) hervorgeht, ursprünglich zu den Beständen der so genannten Bibliothèque des Batignolles, die in den Jahren 1842–1872 am polnischen Lyceum in Paris existierte.

9 Bibliographie de la France, 51, 2. Serie (1862), Nr. 28, S. 315.

10 Abbé Nicolle, La merveille (wie Anm. 8), [4. Aufl.], S. 19.

11 Ebenda, S. 3.

sous la forme d'un jeune homme de vingt-cinq ans. Le regard fixé avec amour sur le visage de son père d'adoption, de sa main gauche il soulève doucement sa tête comme pour recueillir son dernier soupir, tandis que, de l'extrémité des doigts de sa droite, il touche délicatement l'épaule du mourant, dans le but de réveiller son attention à cette heure solennelle. Par une disposition particulière des doigts de la main gauche, l'index est dressé et les trois derniers doigts fermés. Au premier abord, il semblerait que cette disposition des doigts est l'effet d'un mouvement naturel qui donne plus de vigueur et d'énergie au bras soulevent la tête du saint; mais, en considérant attentivement l'expression de la figure du Christ, le mouvement de ses lèvres et de sa main droite, il devient évident que c'est là le signe extérieur qui reflète sa pensée: il enseigne au mourant le mystère de l'unité de Dieu dans la Trinité des personnes et par conséquent le mystère de son Incarnation, et lui confie la mission d'aller annoncer aux âmes des limbes que l'heure de la consommation de ces grands mystères approche. On reconnait encore cet enseignement du Christ au nombre trois répété trois fois: trois doigts fermés, les trois personnages de la Sainte-Famille ou la Trinité imparfaite, comme parlent les Pères, et les trois anges."[12]

Die Engel werden mit einem Satz beschrieben, mehr Aufmerksamkeit widmet der Autor dagegen der Gottesmutter. Er lenkt die Aufmerksamkeit auf Einzelheiten wie die Blässe des Gesichts, die vom Weinen geröteten Augen und „ce sanglot contenu sur ses lévres" – Details, die von einer intensiven Auseinandersetzung des Autors der Ekphrasis mit diesem (seinen Maßen nach) kleinen Bild zeugen. Die Psychologie der Gestalten wird aus der Verknüpfung zweier Gefühle erklärt: „d'une immense douleur, tempérée par le calme que donne la foi la plus vive". Auf diese Weise geht der Abbé Nicolle zur theologischen Interpretation über und erklärt, dass Maria, die nun allein auf Erden zurückgelassen sei, „assiste déjà en esprit à cette longue et douleureuse immolation de son fils qui commence au jardin des Olives pour finir au sommet du Golgotha".[13]

In einer Anmerkung, die den zweiten Teil der Broschüre beschließt, zitiert Nicolle aus den *Lettres d'un pélerin* des katholischen Publizisten und Dichters Graf Edmond Lafond einen Abschnitt aus dessen Bericht von einem Besuch im römischen Atelier von Johann Friedrich Overbeck:

„Overbeck nous fait voir ensuite un sujet *que je n'ai jamais vu* traité: c'est la mort de saint Joseph; il expire doucement dans les bras de Jésus qui le bénit; en face, la Vierge est à genoux. Je me suis permis, nous dit le peintre, de supposer que saint Joseph est mort dans les bras de Notre-Seigneur. On ne parle plus de lui dans les Evangiles après le crucifiement, ce qui peut faire croire qu'il était mort auparavant. Et ou a-t-il pu mourir, sinon entre sa chaste épouse et son divin Fils?"[14]

---

12 Ebenda, S. 4 f. Der letzte Satz wurde in der späteren Auflage hinzugefügt.
13 In einer Anmerkung weist Nicolle (wie Anm. 8) darauf hin, dass Raffaels Sixtinische Madonna eben einen solchen Gesichtsausdruck habe.
14 Abbé Nicolle, La merveille (wie Anm. 8), S. 10; vgl. Edmond Lafond, Rome: Lettres d'un pélerin. Paris 1856, Bd. 2, S. 69 f.

An dieser Stelle sei hinzugefügt, dass der Name Overbeck für Norwid ein zusätzlicher Magnet seines Interesses gewesen sein muss, da er sich sehr für das Werk des Nazareners interessierte und 1852 sogar einen kurzen Kommentar (auf Italienisch) zu einer Broschüre geschrieben hatte, in der der deutsche Maler die Konzeption seines Bildes *Triumph der Religion über die Schönen Künste* erläuterte.[15] Overbeck kehrte in seinem Werk noch mehrfach zum Thema des Todes des Heiligen Joseph zurück.

Der dritte Teil der Broschüre (*Des beautés d'exécution*) ist der Besprechung der technischen Aspekte der Bildausführung gewidmet. Die Hauptthese Nicolles läuft darauf hinaus, die Harmonie der folgenden Elemente zu betonen: ideale Schönheit, Erhabenheit des Themas, Vollkommenheit der Zeichnung und Vollkommenheit der Farbgebung („la beauté idéale; sublimité de sujet; la perfection du dessin et celle du coloris"). Der Autor spart nicht mit Superlativen, wenn er sagt, dass

> „jamais la sainteté de la mort n'a paru plus vive [!] et plus éclatante que dans cette tête de saint Joseph (...) jamais on a donné à la figure du Christ, sans en excepter le Christ de la Transfiguration, au Vatican, et celui du Titien, au palais Pitti, de Florence, plus de beauté, plus de noblesse, de douceur et d'intelligence vraiment divines". Zudem zitiert er die Worte eines Angehörigen des Heiligen Kollegiums, der gesagt haben soll: „Non, il n'y a rien de si beau au Vatican. Je vous remercie infiniment des émotions religieuses que la vue de ce tableau m'a données."[16]

Der Eindruck, dass die Wirklichkeit in vollkommener Weise nachgebildet worden sei, bezieht sich nicht nur auf die auf dem Gemälde dargestellten Personen, sondern auch auf die Gegenstände:

> „Les draps du lit de saint Joseph, son manteau, la robe et le manteau du Christ et de la Vierge ne sont pas de l'imitation, mais bien des tissus de fil, de lin, de laine, en un mot, l'étoffe elle-même que l'œil saisit comme si on pouvait la toucher du doigt. En outre, chaque pli des draperies est raisonné; il n'en est pas un seul qui n'ait sa cause soit dans le poids de l'étoffe, soit dans le mouvement des membres qui en sont couverts, soit même dans un mouvement antérieur qui laisse sa trace dans la position de la draperie. Cet dernier effet se produit d'une manière bien sensible dans le mouvement de la draperie à l'endroit du genou de la jambe droite du saint, mouvement causé par le frémissement ordinaire aux mourants au moment ou ils rendent le dernier soupir."[17]

Man muss die außergewöhnlich präzise Beobachtungsgabe betonen, die der Autor hier an den Tag legt, umso mehr, als wir es hier mit der Beschreibung eines kleinen Gemäldes von 43 x 47 Zentimetern zu tun haben.

---

15 Vgl. Federigo Overbeck, Il trionfo della religione nelle Belle Arti. Roma 1841; Cyprian Norwid, Una picciolissima osservazione al Illustre Autore del „Magnificat delle arti", in: Ders., Pisma wszystkie (wie Anm. 1), Bd. 6, S. 395 ff.
16 Abbé Nicolle, La merveille (wie Anm. 8), S. 11 f.
17 Ebenda, S. 13. In einer Anmerkung weist Nicolle auf einen ähnlichen Effekt in dem ungewöhnlichen Faltenwurf der Gewänder der vier Figuren der *Verklärung Christi* (Christus, Moses, Elias und eine kniende Frau) hin.

In der späteren Version der Broschüre hat Nicolle an dieser Stelle einen Abschnitt hinzugefügt, der davon zeugt, dass er sich unaufhörlich bemühte, alle Geheimnisse des kleinen, aber außergewöhnlichen Gemäldes zu enträtseln und immer weiter in seine Tiefe einzudringen: „Par ce mouvement de la draperie Raphaël a voulu représenter l'instantanéité de la mort de saint Joseph, ce que les Italiens appellent le *transito*, la transition, le moment précis du passage de la vie à la mort."[18] Dieser Moment wird, so der Autor, durch eine ganze Reihe leichter, kaum wahrnehmbarer Bewegungen dargestellt, wie etwa dem Lächeln der beiden Engel, die herbeigeflogen kommen, um die Seele des Heiligen zu empfangen, ein Lächeln, das „sie ist unser" [„elle est à nous"] zu sagen scheint, oder wie die von unten nach oben gerichtete Kopfbewegung des dritten Engels, die die Bewegung der auffahrenden Seele wiederholt, und schließlich der Faltenwurf der Flügel und die Wellen des Engelshaares, die vom Luftstrom dieser Bewegung hervorgerufen werden.

Nach diesen technischen Ausführungen zitiert der Autor (ohne Namen zu nennen) zwei Autoritäten. Zwei Künstler, die „stumm vor Bewunderung" gewesen seien, hätten sich in seiner Gegenwart in jene „himmlische Szene" vertieft. „Einer der besten Maler Roms" habe auf die Frage, ob er in dieser Komposition irgendeinen Fehler finde, geantwortet: „Keinen einzigen". Der andere Künstler habe auf die Frage, wer seiner Meinung nach der Autor dieses Bildes sei, enthusiastisch geantwortet: „Wenn nicht Raffael, dann ein Engel". An dieser Stelle sei hinzugefügt, dass die Worte über Raffael und den Engel ein Rekurs auf eine Szene sind, die Bellori im 17. Jahrhundert beschrieben hat und in der Andrea Sacchi eine Zeichnung Raffaels bewundert:

> „Andrea postosi il disegno davanti, si fermava immoto a riguardarlo e molto tempo dopo con molta commozione d'animo esclamava: ‚Vogliono darmi ad intendere che Rafaelle non fosse un angelo: non è vero, era un angelo, era un angelo'."[19]

Die Fotografie

Der letzte Abschnitt der Broschüre ist der Fotografie gewidmet, die als ein Mittel begriffen wird, um das fromme Kunstwerk bekannt zu machen:

> „La photographie popularisera cette merveille de l'art et du sentiment religieux, qui deviendra ainsi, pour tous les cœurs pieux et sensibles, une prédication éloquente et constante, une source féconde de bonnes pensées et de salutaires résolutions; car, en jetant les yeux sur cette image, ils ne pourrant s'empêcher de dire intérieurement ce que nous avons dis déjà tant de fois nous-même: Mon Dieu, faites-moi la grâce de mourir comme Joseph, dans les bras de Jésus et de Marie."[20]

Eine ähnliche Absicht verfolgte sicher auch Norwid, als er die Fotografie gemeinsam mit der Broschüre an seine Warschauer Briefpartnerin schickte.

Die Aufnahme, die die Broschüre des Abbé Nicolle schmückte, war nicht das Werk eines Amateurfotografen. Sie wurde von Hilaire David angefertigt, einem Maler, Fotografen und

---

18 Ebenda (4. Auflage), S. 15.
19 Giovan Pietro Bellori, Le vite de' pittori, scultori e architetti moderni, hrsg. v. Evelina Borea. Torino 1976, S. 557 f.
20 Abbé Nicolle, La merveille (wie Anm. 8), S. 15.

Theoretiker der Fotografie. David war als Schöpfer von Bildern bekannt, die auf Ausstellungen gezeigt wurden und bei denen es sich, wenn man nach den Titeln geht, überwiegend um Genrebilder handelte (*Quinte et Quatorze et Capot, Bonum Vinum, La Bonne prise, Le Martyre de Saint-Philippe*). 1854 veröffentlichte er eine Broschüre über seine eigene Methode der Koloration von Fotografien mit Aquarellfarben – im Jahr der Ausstellung erschien ihre dritte Auflage.[21] Von ihrer Beliebtheit zeugt auch die Tatsache, dass sie vollständig ins Englische übersetzt und dem Kapitel XXXV von John Towlers *The Silver Sunbeam* (New York 1864) hinzugefügt wurde.[22] David stellt in dieser Broschüre höchste Ansprüche an die kolorierte Fotografie, gleich in den ersten Sätzen vergleicht er die farbigen Aufnahmen mit der Miniaturmalerei und sagt, dass beide Genres künstlerische Fähigkeiten erfordern und dass der Fotograf Vollkommenheit anstreben müsse.

Die Fotografie im Exemplar der Bibliothèque Nationale ist heute vergilbt und verblichen. Doch auch so zeugt sie davon, dass Abbé Nicolle den Fotografen, dem er die Aufgabe anvertraute, jenes Meisterwerk der religiösen Kunst zu verewigen, mit derselben Sorgfalt auswählte, mit der er das von ihm entdeckte Werk beschrieb.

Pressestimmen

Die Broschüre des Abbé Nicolle samt der Fotografie und die Briefe Norwids sind nicht die einzigen Spuren von der Existenz jenes Bildes, das den *Tod des Heiligen Joseph* darstellt. In der Pariser Presse der Jahre 1862 und 1863 kann man weitere Reaktionen auf die Präsentation des Bildes finden.

Am 26. Juli 1862 spottet Albert Kaempfen in seiner Pariser Chronik, die auf den Seiten der beliebten Wochenschrift „L'Illustration" erschien, dass man nun nicht mehr in den Louvre gehen oder nach München, London oder Rom fahren müsse, um ein Meisterwerk von Raffael zu sehen; er selbst habe sich auf einem Plakat in der Passage Colbert davon überzeugen können. Er zitiert den Anfang und das Ende des Plakates, lässt aber die Beschreibung des Bildes selbst aus. Wie aus seinen Zitaten hervorgeht, wurde ein originales Meisterwerk von Raffael, das den *Tod des Heiligen Joseph* darstellte, demjenigen angeboten, der als erster bereit sei, dafür 10 Millionen Francs zu zahlen. Diese Summe stehe im Kontrast zu den Ausmaßen des unvergleichlichen Bildes – 47 Zentimeter in der Länge auf 43 Zentimeter in der Breite.[23]

Für unsere Ausführungen ist das Feuilleton von Kaempfen deshalb wichtig, weil es ein weiteres Element der Strategie schildert, mit der für das Bild, das den *Tod des Heiligen Joseph* darstellt, geworben wurde: ein reißerisches Plakat, das zur Teilnahme an der Auktion eines Bildes mit einem vorher festgelegten und sehr hohen Ausgangspreis einlud. Aus der dritten Notiz Norwids, die auf Mitte September datiert ist, wissen wir, dass keiner eine so hohe Summe geboten hatte und dass sie im folgenden auf 3 Millionen Francs verringert wurde.

---

21 Hilaire David, Méthode de peinture à l'aquarelle. Appliquée uniquement à la photographie de portraits. Paris 1862.

22 Towlers Buch ist vollständig im Internet verfügbar: http://albumen.stanford.edu/library/monographs/sunbeam/chap35.html.

23 Vgl. X[avier] Feyrnet [Albert Kaempfen], Courrier de Paris, in: L'Illustration 40 (1862), Nr. 1013, S. 51.

Ein halbes Jahr später erschien in der Neujahrsnummer der Zeitung „Le Temps" ein Brief von Élise Nicolle, der Schwester des Abbé, mit einem Appell um Hilfe bei der Feststellung des Namens eines Verstorbenen, dessen Nachlass am 2. Mai 1862 in Rom versteigert worden sei, bei welcher Gelegenheit ihr Bruder ein Bild erworben habe. In diesem Brief erscheint zum ersten Mal eine Information über die Signatur auf dem Bild: „le tableau signé: IL RA Sanzio A. 1520, représentant la *Mort de Saint Joseph*."[24]

Der Brief von Élise Nicolle selbst ist beachtenswert, weil er ein dramatisch konstruierter Text ist, der mit Lektüreeindrücken beginnt und mit einer religiösen Note endet. Hier sein wesentlicher Inhalt:

> „En examinant ce matin un plan de Rome, j'ai trouvé que l'entrée de l'escalier de l'appartement dans lequel eut lieu cette vente donne sur la rue de Panico; mais je me souviens que les pièces de cet appartement, ou je fus chercher les objets achetés par mon frère, et qui occupe le dernier étage, donnent sur la rue des Coronari; à main gauche en venant de cette dernière rue pour déboucher dans la rue di Panico. Or, je lis dans Nibby cette particularité, p. 358, édition 1860: ‚En retournant sur la place de S. Salvatore in Lauro et de là se dirigeant à droite dans la rue contiguë dite des Coronari, l'avant-dernière maison qu'on trouve à gauche, marquée du n° 124, appartenait à l'immortel Raphaël d'Urbin, qui y demeura quelque temps, et dont il fit un legs au Panthéon pour y fonder une chapellenie en faveur de l'autel de la Vierge, ou il fit enterré. Pour honorer la mémoire de ce grand peintre, Charles Maratta, en 1705, fit peindre en clair-obscur son portrait sur la façade de cette maison; il est maintenant entièrement effacé.
>
> La maison a été distraite du legs originaire et appartient au chapitre de Sainte Marie-Majeure. La rue des Coronari débouche dans celle de Panico, d'ou l'on voit à droite la place et le pont Saint-Angelo, dont nous parlerons en son lieu.'[25] (...) D'après ce rapprochement, le dernier chef-d'œuvre de Raphaël a donc été vendu à l'encan dans la maison même ou au moins dans la maison contiguë à celle qu'habitait Raphaël.
>
> Mon frère croit se rappeler que dans la même vente, on a vendu des ornements ecclesiastiques. Ce qui ferait penser que le défunt, qui n'était pas nommé sur le prospectus, pouvait être ecclesiastique. (...)"[26]

Auf diese Weise kehrt die Angelegenheit neun Monate nach der Auktion, auf der jenes geheimnisvolle Bild aufgetaucht war, wieder zu ihren römischen Ursprüngen zurück. Das Zitat aus dem beliebten Rom-Reiseführer soll die Echtheit des Bildes beglaubigen, das unmittelbar dem Erbe Raffaels zugeordnet wird.

Carlo Maratti

Die Erwähnung des Malers, der 1705 ein Portrait von Raffael auf dessen Haus gemalt habe, ist eine für die weiteren Überlegungen sehr wesentliche Information in dem Brief von Élise Nicolle. Denn dieser Barockmaler ist unter anderem der Autor einiger Darstellungen des *Todes des Heiligen Joseph*.

---

24 Élise Nicolle, in: Le Temps v. 01.01.1863, S. 3.
25 Vgl. Antoine Nibby, Itinéraire de Rome et de ses environs. 8. Aufl., Rome 1860, S. 358.
26 Élise Nicolle (wie Anm. 24).

Carlo Maratti oder Maratta (1625–1713) zählt heute nicht mehr zu den bedeutenden Malern. Gleichwohl erfreute er sich zu seinen Lebzeiten einer außerordentlichen Anerkennung. Er wurde im Dorf Camerano bei Ancona geboren. Schon als elfjähriger Junge zeigte er ein solches Zeichentalent, dass seine Eltern ihn zum Studium nach Rom schickten. Dort nahm Andrea Sacchi ihn in seine Werkstatt auf und ließ ihn Arbeiten von Raffael und Carraccio kopieren. Der junge Maratti erwarb sich schnell als Autor von Madonnenbildnissen Ansehen, weshalb Salvatore Rosa ihn „Carluccio delle Madonne" nannte. Im Alter von 25 Jahren erhielt er in Rom seinen ersten öffentlichen Auftrag: ein Bild für die Kirche des Hl. Joseph (S. Giuseppe dei Falegnami). Nach dem Tode seines Meisters (1661) übernahm er dessen Aufträge und Mäzene, zu denen so bedeutende Leute wie die Familien der Barberini und Chigi (mit Papst Alexander VI.) gehörten. Zur Begründung und Festigung von Marattis Bedeutung trug der mit ihm befreundete, einflussreiche Kritiker und Kunsttheoretiker Gian Pietro Belloni entscheidend bei, der ein Anhänger des Klassizismus war.

Marattis Ruhm hielt sich das ganze 18. Jahrhundert hindurch. Der Marquis d'Argens schrieb: „Les femmes peintes par Raphaël, Correge, Carlo Maratti ont quelque chose de divin",[27] und prophezeite, dass von den Malern des 17. Jahrhunderts zwei in das Gedächtnis der Nachwelt eingehen würden: Guido Reni und Maratti.[28]

Heute gilt Maratti eher als Künstler, der einen großen Einfluss auf seine Zeitgenossen ausübte. Die Autoren eines amerikanischen Ausstellungskataloges zur römischen Zeichnung des Barock schreiben gar über „das Rom Marattis".[29]

Der „große" *Tod des Heiligen Joseph*

Aus dem Werk von Carlo Maratti sind uns zwei recht unterschiedliche Interpretationen der Agonie des Heiligen Joseph bekannt. Ich beginne ihre Beschreibung entgegen der Chronologie mit der größeren der beiden Kompositionen, die seit dem Ende des 18. Jahrhunderts zum Sammlungsbestand des Kunsthistorischen Museums in Wien gehören.

Das Bild ist (am Fuß des Sterbebettes des Heiligen) auf das Jahr 1676 datiert. Es ist in Öl auf Leinwand gemalt und misst 368 x 206 cm, wobei sein oberer Rand halbrund ist. In den Inventarlisten des Wiener Museums ist es gegenwärtig mit der Nummer 121 versehen.[30]

Die Entstehungsgeschichte dieses Gemäldes hat Bellori, der Freund und Biograf Marattis, beschrieben. Während der Zeit, in der der spätere Kardinal Alberizzi[31] päpstlicher Nuntius in Österreich war,[32] lebte die Witwe Kaiser Ferdinands III. (1630–1686), Eleonore

---

27 Jean-Baptiste de Boyer, Marquis d'Argens, Lettres juives ou Correspondance philosophique, historique et critique entre un juif voyageur et ses correspondans en divers endroits. Bd. 3, La Haye 1738, S. 137.
28 Ebenda, S. 139.
29 Jean K. Westin, Robert H. Westin, Carlo Maratti and His Contemporaries. Figurative Drawings from the Roman Baroque. University Park, PA 1975, S. 7.
30 Die Gemäldegalerie des Kunsthistorischen Museums in Wien. Verzeichnis der Gemälde. Wien 1991, S. 80.
31 Mario Alberizzi (1609–1680) stammte aus fürstlicher Familie und war während des Pontifikats von Alexander VI. Gouverneur von Ancona (seit dieser Zeit kannte und unterstützte er Maratti). Von 1671–1675 war er Nuntius in Österreich, danach wurde er zum Kardinal geweiht. Vgl. Donato Squicciarini, Die Apostolischen Nuntien in Wien. Città del Vaticano 1999, passim.
32 Bellori schreibt „in Germania".

Magdalena, eine „in Kunstdingen gebildete Person, die von eigener Hand zeichnete und entzückende Miniaturen anfertigte."[33] Die Kaiserin huldigte dem Kult des Hl. Joseph und wollte für ihre Kapelle in Wien (im Leopoldinischen Trakt der Hofburg) ein Bild haben, das den Tod dieses Heiligen darstellen sollte. Maratti wurde vom Kardinal über diesen Wunsch in Kenntnis gesetzt und fertigte eine Zeichnung an, die die Zustimmung der Kaiserin fand

> „e le fu carissimo. Seguito egli la pittura in una tela centinata alta circa 18 palmi con figure maggiori del vero. Espose il santo vecchio rilassato sul letto con la mano al petto mezzo ignudo e con faccia in abbandono, languido gl'occhi, le labbra spiranti gli ultimi respiri. Da piedi l'assiste Giesú Cristo e lo benedice, dall'altro lato la Vergine mesta con le mani incrocicchiate al seno; avanti ed al fianco s'inginocchiano due angioli divotamente ed un altro appresso con ambe le mani solleva un vaso d'oro che fuma al cielo soavi odori in contrasegno delle virtú di questo santo patriarca essercitate in vita; si sciolgono sopra dalle nubi due angeli che mirano pietosamente Giuseppe languente, quasi attendino l'anima sua purissima per portarla sopra alla beatitudine, precedendo tre alati fanciulli, uno de' quali tiene la verga fiorita del Santo, e piú presso il letto tre cherubini s'avvicinano; ed apresi in quella camera il paradiso."[34]

An einer Stelle ist Belloris Ekphrasis nicht ganz genau, denn sie erweckt den Eindruck, als würden sich Jesus und Maria auf gegenüberliegenden Seiten des Bettes befinden. Hier ist die Beschreibung im Katalog von Engerths (1884) genauer, die auch Informationen über die Farbgebung enthält:

> „Eine gelbe Decke ist über ihn gebreitet; der Oberleib ist bloss. Ihm zur Linken steht [!] Maria mit gefalteten Händen, zu ihm niederblickend, und ganz vorne rechts kommt der Heiland geschritten, der die Rechte segnend erhebt, während er mit der Linken sein blaues Gewand zusammenfasst. Er erscheint im Profil, die linke Seite dem Beschauer zuwendend. Die Werkzeuge Josephs liegen auf dem Boden. Links knien betende Engel, deren einer hält ein reiches Rauchgefäss in die Höhe; andere schweben aus den Wolken nieder und einer bringt dem Sterbenden einen Lilienzweig."[35]

Unter dem unserem Maler gewidmeten Stichwort schreibt von Engerth von dem Ruhm, dessen sich Maratta (er benutzt diese Namensform) zu seinen Lebzeiten erfreut habe, wobei er hinzufügt:

> „Heutzutage vermögen wir das übertriebene Lob seiner Zeitgenossen nicht zu verstehen, denn wir finden, dass Maratta kaum etwas mehr gethan hat, als die Schule des Guido und des Dominichino am Leben zu erhalten; wir anerkennen seinen Fleiß, sprechen ihm jedoch die coloristische Ader und künstlerische Wärme ab."[36]

Aus heutiger Perspektive stellt sich das Bild mit der Darstellung des Heiligen Joseph, das auf Bestellung einer Angehörigen der Herrscherfamilie angefertigt wurde, als Bestandteil

---

33 Bellori, Le vite (wie Anm. 19), S. 607 f.
34 Ebenda.
35 Eduard R. v. Engerth, Kunsthistorische Sammlungen des Allerhöchsten Kaiserhauses. Gemälde. Beschreibendes Verzeichnis. Bd. 1, Wien 1884, S. 205 f.
36 Ebenda.

des diesem Heiligen gewidmeten Kultes dar, der von den Habsburgern mindestens seit der Zeit Ferdinands II. gepflegt wurde. Leopold I. stellte 1675 die Erblande der Habsburger und ein Jahr später die ganze Monarchie unter den Schutz des Hl. Joseph. Als 1668 ein Feuer den Leopoldinischen Trakt zerstörte, aber wie durch ein Wunder die in der Hofkapelle aufbewahrten Kreuzesreliquien verschonte, stellte Eleonore zum Zeichen der Dankbarkeit den Orden vom Sternenkreuz (die weibliche Entsprechung des Ordens vom Goldenen Vlies) unter das Patronat der Gottesmutter und des Hl. Joseph. Und noch auf eine weitere Art und Weise war die Hofkapelle mit der Gestalt des Hl. Joseph, des Patrons eines guten Todes und des vorbildlichen Familienvaters und Ernährers verknüpft: Seit 1672 wurde hier den schwangeren Kaiserinnen der feierliche Segen erteilt. „Bei der tiefen Sorge um den Bestand des Reiches unter habsburgischer Herrschaft wundert es nicht, dass Leopold dem heissersehnten Thronfolger (dem späteren Kaiser Joseph I.), dessen Geburtsfeier am 26. Juli 1678 feierlich in der Kammerkapelle begangen wurde, den ersten Namen Joseph gab."[37]

Barbara Mikuda-Hüttel, Autorin einer Monografie zur Ikonografie des Hl. Joseph im 17. und 18. Jahrhundert, weist in ihrer Beschreibung des „großen" *Todes des Heiligen Joseph* ganz unabhängig von Abbé Nicolle auf die besondere Rolle hin, die in dieser Bildkomposition „Gesten und Blicke" spielen.[38] Auf der anderen Seite betont sie – im Unterschied zur Beschreibung des Pariser Bildes – die „distanzierte Abschilderung" der Sterbeszene und den fehlenden körperlichen Kontakt zwischen den Figuren des Bildes, was sie auf der einen Seite mit der Grenzstellung Marattis erklärt (Barockkünstler hielten ihn für einen klassizisierenden, akademischen Maler, Klassizisten dagegen für einen Barockkünstler), auf der anderen Seite mit dem feierlich-höfischen Kontext, für den das Bild bestimmt war.[39]

Der „große" *Tod des Heiligen Joseph* übte, unmittelbar und durch Abbildungen, einen entscheidenden Einfluss auf die Gestalt der in den Ländern der Monarchie weit verbreiteten Darstellungen dieses Motivs aus.

Der „mittlere" *Tod des Heiligen Joseph*

Marattis zweite (nennen wir sie „mittlere") Version des *Todes des Heiligen Joseph* ist für unsere Ausführungen wesentlich wichtiger, weil sie in ihrer Komposition mit dem Bild identisch ist, das wir nur als Fotografie kennen und das Norwid 1862 in Paris als ein Meisterwerk Raffaels besichtigte.

Die „mittlere" Version hängt gegenwärtig in der Pfarrkirche von Laxenburg bei Wien, doch formal gehört sie ebenfalls zur Sammlung des Kunsthistorischen Museums (Inv. Nr. 161). Sie ist in Öl auf Leinwand gemalt und misst – und dies ist der einzig wesentliche Unterschied zu dem Pariser Bild – 172 x 169 cm. Seine Autorschaft ist unsicher. Im Bestandskatalog vom Ende des 20. Jahrhunderts ist dieses Bild zusammen mit drei weiteren Bildern, mit denen es 1816 in die Wiener Galerie gelangte, mit dem Titel „nach Maratta"

37 W[olfgang] P[rohaska], Carlo Maratta (1625–1713), Tod des Hl. Joseph, in: Geschichte der Bildenden Kunst in Österreich, hrsg. v. Hellmut Lorenz. Bd. 4: Barock. München/London/New York 1999, S. 406.

38 Barbara Mikuda-Hüttel, Vom ‚Hausmann' zum Hausheiligen des Wiener Hofes. Zur Ikonographie des hl. Joseph im 17. und 18. Jahrhundert. Marburg 1997, S. 133.

39 Ebenda.

versehen, wobei zwei der Bilder (ein Diptychon) als „Kopie", unseres und die *Flucht nach Ägypten* (ebenfalls in der Kirche von Laxenburg) als „Wiederholung" bezeichnet werden.[40]

Alle vier Bilder verweisen auf verloren gegangene Bilder Marattis aus der römischen Kirche Sant'Isidoro. Das Diptychon (*Geißelung Christi* und *Christus bricht unter dem Kreuz zusammen*) hing in der Capella Ludovisi (die erste Kapelle auf der linken Seite), die Bilder mit den Josephsdarstellungen in der Capella Altaleona (die erste auf der rechten Seite).

Der Bildschmuck der Kirche Sant'Isidoro gehört zu den frühen Arbeiten Marattis (1652). Das den Hl. Joseph thematisierende Bildprogramm umfasste ein Kuppelfresko (*Lob des Hl. Joseph*), zwei Lunetten (*Krippe* und *Josephs Traum*), sowie drei Ölbilder, die die *Vermählung des Hl. Joseph*, die *Flucht nach Ägypten* und den Tod des Heiligen darstellen. Es lohnt sich zu erwähnen, was Francis Harold, ein Franziskanermönch und Bibliothekar des Irischen Kollegiums (zu dem die Kirche des Hl. Isidor gehörte), zehn Jahre nach der Fertigstellung dieses Bildzyklus in seinen Annalen schrieb:

> „S. Joseph actis Carolis Maratti anconitani, Andreae Sacchi quondam discipuli, nunc eius et virtutis et famae haeredis, manu adeo ad artem et pietatem depictis ut continuae molestiae nobis sint, qui picturarum exemplaria seu rubrica, seu vivis coloribus expingunt."[41]

Amalia Mezzetti, die Autorin eines Maratti-Werkkataloges, stellte zu den uns interessierenden Bildern fest:

> „Altre due tele con lo ,Sposalizio' e la ,Morte de S. Giuseppe', già rispettivamente sull'altar maggiore e sulla parete laterale destra, mancano dall'epoca dell'occupazione di Roma da parte dei francesi nel 1798 (informazioni cortesemente fornite dal Padre Guardiano dell'Ordine dei Frati Minori) e sono state sostituite con delle copie ottocentesche."[42]

Der von uns bereits zitierte Katalog von Engerths gibt folgende Bildbeschreibung:

> „Der Heilige liegt auf dem Sterbebette, von einem gelben Tuche theilweise bedeckt. Zu seiner Rechten sitzt Christus, mit der Linken das Haupt des Sterbenden unterstützend, dem er sein Gesicht zuwendet und mit der erhobenen Rechten den Segen ertheilt. Auf der anderen Seite des Bettes steht Maria, die gefalteten Hände unter dem blauen Mantel halb verborgen, mit vorgeneigtem Haupte. Über dieser Gruppe erscheinen Engelsköpfe in einer Glorie."[43]

---

40 Die Gemäldegalerie des Kunsthistorischen Museums (wie Anm. 30), S. 80.
41 „Die Geschichte des Heiligen Joseph wurde von Carlo Maratti (1652) aus Ancona, einem Schüler von Andrea Sacchi und Erben dessen Tugenden und dessen Ruhms, gemalt mit einer der Kunst und der Frömmigkeit ergebenen Hand zum Trost in unserer Bedrängnis. Sie ist ein Stück vorbildliche Malerei sowohl in ihrer Zeichnung wie in ihrer lebendigen Kolorierung." Francisci Haroldi, Epitome Annalium Ordinis Minorum. Rom 1662, zitiert nach: Costanza Lorenzetti, Carlo Maratti: la sua giovinezza a Roma, in: L'Arte (1914), S. 148.
42 Amalia Mezzetti, Contributi a Carlo Maratti, in: Rivista dell'Istituto Nazionale d'Archeologia e Storia dell'Arte, N.S. Anno IV (1955), S. 335.
43 Engerth, Kunsthistorische Sammlungen (wie Anm. 35), S. 209.

Nach diesem Katalog ist das Bild, ebenso wie *Der kreuztragende Christus*, in den kaiserlichen Registern aus der Mitte des 18. Jahrhunderts verzeichnet. Für eine gewisse Zeit hingen beide Bilder in Salzburg, dann im kaiserlichen Palast bei Rennweg, und 1816 wurden sie in die Sammlung der Galerie eingegliedert.

Es steht fest, dass das Bild am Ende des 19. Jahrhunderts aus der ständigen Ausstellung herausgenommen wurde. 1929 erschien es wieder in der Öffentlichkeit, als Heinrich Ott, Probst der Pfarrkirche von Laxenburg „aus Bundesbesitz" zwei Bilder nach Maratti erhielt – unseres und die *Flucht nach Ägypten* – und sie links und rechts neben dem Hauptaltar aufhängte.[44]

Zwei Hypothesen

Wie lassen sich die hier vorgestellten Informationen zu der uns interessierenden Darstellung des *Todes des Heiligen Joseph* von Maratti – oder „nach Maratti" auswerten? Die Identität der beiden Bilder – desjenigen, das Norwid in Paris sah, und desjenigen, das bis zum Ende des 19. Jahrhunderts in einem Wiener Museum hing und das heute die Pfarrkirche von Laxenburg ziert – können wir von vornherein ausschließen. Zum einen ist das zweite Bild um ein Vielfaches größer als das erste, zum anderen befindet es sich seit mindestens 200 Jahren in Österreich, konnte also 1862 nicht in Paris gezeigt werden. Es existierten also mindestens zwei Bilder mit derselben Komposition.

Hier zeichnen sich zwei Hypothesen ab.
1. Das Bild Marattis, das bis zum Ende des 18. Jahrhunderts in der römischen Kirche Sant'Isidoro hing, wurde nicht von den Franzosen geraubt, sondern – wahrscheinlich von einem Geistlichen – versteckt, tauchte nach dem Tode dieser Person 1862 wieder auf und wurde vom Abbé Nicolle erworben. Das österreichische Bild wäre dann eine Kopie, die vor dem Verschwinden des Originals angefertigt wurde. Gegen eine solche Hypothese sprechen jedoch die geringen Ausmaße des Gemäldes, das der Abbé Nicolle gekauft hat. Schließlich haben die in Wien befindlichen Kopien oder Nachahmungen der Bilder Marattis aus der St. Josephskapelle von Sant'Isidoro als Altarbilder wesentlich größere Ausmaße.
2. Verlockender ist die zweite Hypothese: es hat ein kleines Bild von Raffael gegeben, das den Tod des Hl. Joseph darstellt. Es befand sich im Besitz von Maratti und diente ihm als Muster für die Altareinfassung von Sant'Isidoro. Viel spricht für diese Hypothese: Es ist bekannt, dass Andrea Sacchi seinen Schülern Bilder früherer Meister, darunter auch Raffaels, zum Kopieren gab. Es ist bekannt, dass Maratti eine reiche Gemäldesammlung besaß, die seine Tochter erbte. War darunter auch ein kleines Bild von Raffael?

1985 hat Daniel L. Bershad das Nachlassinventar Marattis veröffentlicht, das als Anlage zu seinem Testament verfasst worden war. In dieser beeindruckenden Aufstellung finden sich Arbeiten von Dürer, Poussin, auch ein *Polonicum* (ein von Maratti selbst gemaltes Portrait eines polnisches Ritters, für das Fürst Radziwiłł Modell saß). Auch viele Arbeiten Raffaels sind darin aufgelistet, aber leider kein *Transito di San Giuseppe*.

---

44 Vgl. Herbert Rauch Höpffner, Die Pfarrkirche zu Laxenburg. Teil II: Heiligtum und Kulturgut – Ein Stück Pfarrgeschichte, in: Kulturstein Nr. 40, Februar 1998.

Angesichts dessen liegt es nahe, die zweite Hypothese zu modifizieren und zu sagen, dass das Gemälde, das 1862 auftauchte, wahrscheinlich kein Werk Raffaels war, wie sein neuer Besitzer sich wünschte, sondern eines von Maratti. Im Inventar wird ein Bild beschrieben, das sowohl mit seinen Maßen als auch mit seinem Motiv zu dieser modifizierten Hypothese passt:

> „Un'altro della med.a misura pur mezza figura vestita di bianco, e turchino con S. Giuseppe al lontano con cornice pur dorata tutte tre dipinte del Sig. Carlo Maratti tutte tre tengono l'offitio in mano."[45]

Die Bemerkung über die sichere Hand könnte sich auf die Entstehungszeit beziehen. Maratti litt gegen Ende seines Lebens unter einem Zittern seiner Hände, die drei hier angeführten kleinen Bilder wären also zu einem früheren Zeitpunkt entstanden, was wiederum mit der Entstehungszeit der Altarbilder von Sant'Isidoro – und darunter auch des „mittleren" *Todes des Heiligen Joseph* – übereinstimmen würde.

Ein poetisches Echo

Es ist an der Zeit, vom Bild, das den *Tod des Heiligen Joseph* darstellt – gleichgültig, ob es von Raffael oder von Maratti stammt – zu Norwid zurückzukehren. Da das Bild, das er im August 1862 sah, einen so großen Eindruck auf ihn machte, und da er auch die Broschüre des Abbé Nicolle kannte, lohnt es sich, die Frage zu stellen, ob die Eindrücke, die das „Meisterwerk der religiösen Kunst" hinterlassen hat, irgendeine Spur in seinem Werk hinterlassen haben.

Auf den Hinschied von Józef Zaleski

Am 10. Februar 1864 nahm Norwid am Begräbnis des Majors Józef Zaleski (1790–1864) teil. Nach seiner Rückkehr vom Begräbnis schrieb Norwid ein kurzes Prosagedicht, das heute unter dem Titel *Auf den Hinschied von Józef Z. Sel.* bekannt ist.[46] In der Handschrift ist der Titel mit einem Kranz von Buchstaben umgeben, der an den Seiten von den Initialen des Verstorbenen gebildet wird (J Z), in der Mitte das Symbol des Auferstandenen Christus zeigt (Ein Kreuz auf dem Buchstaben P) und von den griechischen Zeichen für Anfang (?) und Ende (?) geteilt wird. Dieser kunstvolle Titel scheint zu suggerieren, dass der Text von den höchsten Dingen handelt, von Anfang und Ende, vom Ewigen und Endgültigen.

Gleich nachdem er das Gedicht geschrieben hatte, schickte Norwid es nach Fontainebleau an die Familie Zaleski, doch nach einigen Tagen, nachdem er erfahren hatte, dass der Verstorbene „den Tod des Gerechten, gesegnet mit Visionen der Seligen im Herrn, starb", schrieb er an Józef Bohdan Zaleski: „Ich erfuhr erst, wie er starb, nachdem ich erfahren hatte, dass er gestorben war."[47]

---

45 David L. Bershad, The newly discovered testament and inventories of Carlo Maratti and his wife Francesca, in: Antologia di Belle Arti (1985), Nr. 25/26, S. 70.
46 Norwid, Pisma wszystkie (wie Anm. 1), Bd. 1, S. 380 f. Eine spätere Fassung ist auf Deutsch zugänglich: Cyprian Norwid, Vade-mecum. Gedichtzyklus (1866). Polnisch-deutsch, hrsg., eingel. u. übers. v. Rolf Fieguth, mit einem Vorwort v. Hans Robert Jauss. München 1981, S. 217 ff.
47 Ebenda, Bd. 9, S. 130; vgl. deutsch S. 217. Im Folgenden nach dieser Übersetzung zitiert.

Das Gedicht teilt sich in drei Teile (ich erinnere an die Bemerkung des Abbé Nicolle von der „nombre trois répété trois fois"). Im ersten Teil verweist Norwid auf das, was wir durch Gottes Sohn über den Ewigen erfahren, und reflektiert über die Bedeutung von Schmerz und Leiden („boleść") im göttlichen Heilsplan. Gott wolle kein unmenschliches, sinnloses Leiden, das „versäult das menschliche Herz", und es „in ausdauernden Stein verwandelt", sondern ein Schmerz, der den Menschen zur Anstrengung seiner geistigen Kräfte motiviert („besiegt sich selbst") und ihm Trost spendet.

Um die Göttliche Barmherzigkeit zu veranschaulichen, führt der Dichter das Bild des Tautropfens ein, der vom Himmel fällt, um den Schmerz des geknickten Feldgrases zu besänftigen. Dieses Bild, das wahrscheinlich an Pascals Vergleich des Menschen mit einem schwankenden Schilfrohr anknüpft, wirft in plastischer Weise die Frage nach der Beziehung zwischen dem Kleinsten, Unbedeutenden, geradezu Mikroskopischen (Tautropfen, gebrochenes Feldgras) und dem Größten und Unermesslichen auf.

In diesem Zusammenhang lohnt es sich, die Aufmerksamkeit auf einen Abschnitt in der Broschüre des Abbé Nicolle zu lenken, den ich bisher übergangen habe. Nach den Worten „Les draps du lit de Saint Joseph, son manteau, la robe et le manteau du Christ et de la Vierge ne sont pas de l'imitation, mais bien des tissus de fil, de lin, de laine, en un mot, l'étoffe elle-même que l'œil saisit comme si on pouvait la toucher du doigt" folgt in der erweiterten Ausgabe der Satz: „Et ce qu'il y a d'aussi remarquable, c'est que cette miniature à l'huile supporte l'examen de la loupe sans rien perdre de sa délicatesse et de son fini". Diesem Satz hat der Autor eine ausführliche Anmerkung angefügt, in der er sich bemüht zu erklären, warum das von ihm präsentierte Bild bisher der Aufmerksamkeit der Kunsthistoriker entgangen sei:

> „Cette dernière particularité, le silence gardé sur cette œuvre par les historiens et les artistes contemporains de Raphaël, le cachet d'inspiration religieuse qu'elle revèle à un si haut degré, enfin les sentiments de piété édifiante que le Sanzio montra à la fin de sa vie; toutes ces raisons portent à croire qu'il peignit en effet ce tableau à la loupe, dans sa dernière maladie, à l'insu de ses amis, et uniquement pour s'édifier de la pensée de la mort du juste."

Ein auf dem Totenbett mit Hilfe einer Lupe gemaltes Abbild des guten Todes, das trotz seiner Miniaturhaftigkeit nichts an Präzision eingebüßt hat – und seine poetische Entsprechung ist Norwids Tautropfen, der „aus so ungeheurem Himmel trifft seine kleine Stelle".

Den zweiten, mittleren Teil des Gedichts bildet ein stark rhetorisierter Abschnitt, in dem drei Mal der Ausruf „darum" wiederholt wird. Der Dichter führt hier zwei einander entgegengesetzte semantische Stränge ein: den plötzlichen Brechungen, den Zersplitterungen und dem Tod stellt er die Vollendungen, die Beschließungen und die Hinschiede gegenüber.[48] Der Tod erscheint in dieser Perspektive als Bruch, als ein Sich-Losreißen vom Leben, als Zertrümmerung der Vergangenheit, während das Wort „Hinschied" positiv als eine sanfte Vollendung des irdischen Lebensabschnitts, als christliche Erfüllung des irdischen Seins konnotiert ist.

---

48 „Abschließen – mich losmachen – auch das werde ich lernen!" ruft Norwid in einem kurz zuvor, um die Jahreswende 1861/62 entstandenen *post scriptum* zu seiner Übersetzung eines Horaz-Textes aus (vgl. Norwid, Pisma wszystkie [wie Anm. 1], Bd. 1, S. 366).

Wir wollen diesen Eindruck an einem anderen Gedicht Norwids überprüfen, das er aus Anlass des Sterbens eines Freundes oder Bekannten schrieb. Es entstand 1858 und trägt den wahrhaft barocken Titel *Zum Hinschied des werten Herrn Jan Gajewski, eines politischen Emigranten aus Polen und Ingenieurs in Frankreich, der im Juli 1858 bei der Explosion einer Dampfmaschine in Manchester getötet wurde.*[49] Das Motiv des nützlichen Todes erscheint hier in der letzten Strophe in den Worten „Das Leben zieht hier noch aus dem Sterben Nutzen". Gajewski, der zu einem Opfer des technischen Fortschritts wurde, wird zum Symbol der Solidarität und zu einem zeitgenössischen Heiligen Johannes (charakteristisch ist hier die Gleichsetzung des Toten mit seinem Namenspatron, die auch im Gedicht zum Tod von Józef Zaleski eine Rolle spielt).

Wir wollen zum Gedicht zurückkehren. Der mittlere Teil endet mit der Feststellung: „Dein Tod, Joseph, verehrter Mann, gleicht wahrlich einer segensreichen Tat". Die Bezeichnung „(Ehe)mann Joseph" verknüpft die Gestalt Józef Zaleskis, der nie eine eigene Familie gründete, sondern einige Jahrzehnte hindurch in Fontainebleau in der Familie seines berühmten Namensvetters, des Dichters Józef Bohdan Zaleski, lebte und bei der Erziehung von dessen Kindern half, mit der Gestalt des Heiligen Joseph, des nominellen Mannes von Maria und Ernährers Jesu. Die Aussage, dass sein Tod die Kennzeichen einer segensreichen Tat trage, erinnert an die in der pietistischen Literatur über den Heiligen Joseph verbreitete Idee, dass es eine „erbauliche" Wirkung habe, sich in sein Sterben zu vertiefen.

1866 kehrte Norwid zu dem Gedicht zurück, das er nach dem Begräbnis von Józef Zaleski geschrieben hatte, und überarbeitete es, um es als hundertstes und abschließendes Gedicht in den Zyklus *Vade-mecum* einzufügen, der sein ehrgeizigstes lyrisches Werk war.

Das hundertste Gedicht des *Vade-mecum* ist kürzer als die erste Version; es ist auch sehr viel dichter, in sich geschlossener. Optisch erinnert es, mit der Überschrift in Form einer dreieckigen Bekränzung (gleichsam einem Tympanon) und dem fast wie ein regelmäßiges Rechteck angeordneten Text, an einen Grabstein. Von den Veränderungen des Textes sei nur auf eine hingewiesen, weil sie im Zusammenhang mit der weiteren Umformung jener Eindrücke steht, die Norwid beim Betrachten des *Todes des Heiligen Joseph* sammelte. Die Worte der ersten Fassung „über ein christliches Bild vom heiteren Tode" wurden hier zu „Eines christlichen Endes heiteren Ton" geändert. Die Erinnerung an das Bild des sterbenden Joseph verleiht, metaphorisch gesprochen, der Dichtung Norwids einen besonderen Klang.

Zum Hinschied der Poesie

So wie das Józef Zaleski gewidmete Gedicht sechs Jahre nach der Elegie auf den Tod von Jan Gajewski entstand, so entstand weitere sechs Jahre später, 1870, das Gedicht *Zum Hinschied der Poesie (Elegie)*,[50] das unter dem Eindruck des Todes von Zofia Węgierska, einer engen Freundin Norwids, geschrieben wurde. Norwid schickte es an Seweryn Goszczyński, in dessen nachgelassenen Papieren es gefunden und dem Autor zugesandt wurde, der es mit einem neuen Datum versah (1877), so als wolle er betonen, dass auch seine *Poesie* mit seinem Eintritt ins Hospiz sterbe.

---

49 Ebenda, S. 293 f.
50 Ebenda, Bd. 2, S. 200 f.

Zwar ist die *Poesie* die Titelheldin des Werkes, aber die nachdrückliche Erinnerung an diesen Umstand („ich sage: die Poesie") lässt es angemessen erscheinen, dieses Werk auch als eine Äußerung zum Tod einer nahestehenden Person zu lesen. Dies wird im zentralen Bild des Gedichtes deutlich, das die Hälfte der ersten und den größeren Teil der zweiten Strophe umfasst:

> „Pamiętasz dobrze oną straszną dobę, / Gdy przed jej łożem stałem zamyślony, / Łzę mając wielką w oku, co szukało, / Czy to, co gaśnie, jest duch albo ciało? // Ona zaś (mówię: Poezja), swe ramię / Blade ku oknu niosąc, znak mi dała, / B y m ś w i a t ł o p r z y ć m i ł, b o u ś m i e c h y k ł a m i e, / Jakby jej w oczy wiosna urągała. / Nie wiem, czy ranę dostrzegłem, czy znamię, / Pod lewej piersi cieniem, gdy zadrżała?..."

> [„Erinnerst Du jenen schrecklichen Moment gut, / Als ich, gedankenverloren, an ihrem Lager stand, / Eine große Träne im Auge, das nicht wusste, / Ob, was vergeht, Geist oder Körper ist? // Sie aber (ich sage: die Poesie), ihren Arm / Den blassen, zum Fenster hebend, gab mir ein Zeichen, / Dass ich das Licht verdunkle, weil es ein Lächeln lügt, / Als verhöhne der Frühling ihre Augen. / Ich weiß nicht, ob ich eine Wunde erblickte, ob ein Mal, / wie ein Schatten unter der linken Brust, als sie erbebte?..."]

Derjenige, der hier in Gedanken versunken am Sterbebett steht, erinnert an Christus in der Ekphrasis des Abbé Nicolle (dies ist bekanntermaßen nicht die einzige Gleichsetzung mit Christus in Norwids Dichtung): „Le regard fixé avec amour sur le visage de son père d'adoption (...) au moment ou, après une douce agonie, l'âme se détache de son enveloppe mortelle." Der Arm der Sterbenden streckt sich ein letztes Mal zum Fenster hin – der Arm des Heiligen Joseph „a suivi le mouvement du jambes pour retomber crispé sur le lit".[51] Das Lächeln, das die Sterbende sieht, ist wohl ein Echo auf das Lächeln der Engel in der Beschreibung des Abbé Nicolle, die herbeifliegen, um die Seele des Heiligen zu empfangen: „Le sourir des deux anges qui viennent d'arriver pour recueillir l'âme du saint exprime cette idée: elle est à nous."[52] Und der Hinweis auf die Wunde oder das Mal, das der Betrachter „wie einen Schatten unter der linken Brust" erblickt, ist dies nicht eine genaue, ja geradezu spiegelgleiche Entsprechung der Worte „le mouvement de la draperie à l'endroit du genou de la jambe droite du saint, un mouvement causé par le frémissement ordinaire aux mourants au moment ou ils rendent le dernier soupir" aus der Ekphrasis des Abbé Nicolle? Und auch der sterbende Heilige hat, ebenso wie die sterbende Poesie, eine entblößte Brust. Alle diese Übereinstimmungen zeugen von dem dauerhaften Eindruck, den das gezeigte Bild samt der es begleitenden Broschüre auf Norwid ausgeübt haben.

Assunta

Die Entstehungsgeschichte der Elegie *Zum Hinschied der Poesie* ist unmittelbar mit der Genese eines anderen Werkes verbunden, das gleichfalls der Erinnerung an Zofia Węgierska gewidmet ist, und zwar mit dem Gedicht *Assunta*. Es wurde ebenfalls 1870 nach dem Tod der Freundin Norwids geschrieben. Als Józef Reitzenheim Norwid sieben Jahre später, nach

---

51 Abbé Nicolle, La merveille (wie Anm. 8), 4. Aufl., S. 16.
52 Ebenda.

dem Tod von Seweryn Goszczyński die Handschrift der Elegie zurückgab, kehrte der Dichter auch zu dem Text *Assunta* zurück, den er korrigierte und – entweder damals oder 1879 – die dazugehörige, ohnehin schon umfangreiche Glosse mit dem Titel *Blick gen Himmel* deutlich erweiterte.

Das Werk, dessen vollständiger Titel *Assunta oder das Schauen. Ein Poem* lautet, ist für Norwid ungewöhnlich symmetrisch gebaut, es ist gleichsam auf einem quadratischen Grundriss errichtet. Es besteht aus vier Liedern zu je 20 achtzeiligen Strophen. Der Autor hat das Gedicht mit vier Glossen versehen, die allerdings die Symmetrie etwas stören, da drei von ihnen nur je eine Zeile lang sind, während die vierte mehrere Druckseiten umfasst.

Das Ganze verdient die Bezeichnung „ekphrasisches" Gedicht, weil es mit Beschreibungen tatsächlich existierender und fiktiver Bilder gesättigt ist.

Der Erzähler begibt sich zu der Hütte eines alten Gärtners, in die er ohne anzuklopfen eintritt:

„Wszedłem – – a pierwszą spostrzeżoną rzeczą / Był krzyż maleńki, złoty – ten mój znany! – / Na nagich piersiach starca – – / (– – tak kaleczą / Martwe przedmioty!) / – Starzec, zadyszany, / Obrócił ku mnie twarz z szczególną pieczą, / Pierwej opartym bywszy o mur ściany: / ‚Ją, i starania weź mego pogrzebu!...' / Wyrzekł – / – – – – Assunta – spojrzała ku niebu."[53]

[„Ich trat ein – – und was ich zuerst erblickte / War ein kleines Kreuz, golden – jenes, das ich kannte! – / Auf der nackten Brust des Alten – – / (– – so entstellen / tote Dinge!) / Der Alte, schwer atmend, / wandte das Gesicht mir zu mit besonderer Fürsorge, / Erst lehnte er sich an die Mauer an: / ‚Für sie, und mein Begräbnis sorge!...' / Rief er aus – – – – – – – – – – – – / – – – – Assunta – blickte gen Himmel."]

Der Blick gen Himmel

Der erste Vers des zweiten Achtzeilers im vierten Lied der *Assunta* – „Wer blickt heute noch geraden Wegs [prostopadle] in den Himmel hinauf?"[54] – war anfangs mit einer einfachen, einzeiligen Glosse versehen: „Man müsste eigentlich sagen: g e r a d e n B l i c k s [prostoględnie]. Doch sind wir in der Wahl des Ausdrucks unentschieden. – N." Der Neologismus „prostoględnie" begründet sich durch den Umstand, dass es hier um einen Blick geht, der sich gen Himmel richtet, also eine dem Fallen entgegengesetzte Bewegung ausführt. Übrigens verknüpft Norwid hier mit dem ihm eigenen Sinn für Synthesen wie zufällig die Motive des vom Himmel fallenden Tautropfens und des zum Himmel gerichteten Blicks miteinander.

Unabhängig von dieser kurzen Glosse ist derselbe Vers noch mit einer zweiten, ungewöhnlich langen Glosse versehen. Norwid berichtet darin von einer Entdeckung aus dem Grenzbereich zwischen Kunstgeschichte und Religionswissenschaft, er erzählt nämlich, dass „das Heben des Blickes gen Himmel" eine Geste sei, die sowohl der antiken als auch der frühchristlichen Kunst in östlicher, byzantinischer Tradition fremd gewesen sei. Die ersten Zeugnisse dieser Geste könne man nach Meinung des Dichters tatsächlich erst in der früh-

---

53 Norwid, Pisma wszystkie (wie Anm. 1), Bd. 3, S. 287.
54 Ebenda, S. 2.

christlichen Kunst der römischen Katakomben finden. Es gebe diesen Blick weder in der außereuropäischen („bei den Indern") noch in der klassischen Kunst, nirgends habe eine göttliche Figur „die Augen gen Himmel erhoben".[55]

„Ses yeux sont fixés vers le ciel, l'objet de tous ses désirs", schrieb Abbé Nicolle in der Ekphrasis des dahinscheidenden Hl. Joseph. Und an einer anderen Stelle, die ich bisher weggelassen habe, präzisierte er:

> „Les yeux de Saint Joseph se fixent".[56] Er erklärte diese Aufwärtsbewegung mit der Gestalt des dritten Engels: „Le troisième a fait un mouvement de tête de bas en haut pour suivre l'âme qui s'envole. Dans ce mouvement, les ailes de l'ange se sont déployées dans le sens de la direction de l'âme et ses cheveux ont subi une légère dépression d'un côté et un soulèvement de l'autre par deux effets opposés de la résistance de l'air."[57]

Norwid hat, ähnlich wie in der Elegie zum Tod von Józef Zaleski, die Idee über den der christlichen Kunst eigenen Blick gen Himmel auf zwei Arten formuliert: in der Prosa der Glosse und in der Lyrik des vierten Liedes der *Assunta*. Dort finden die oben angeführten Ausschnitte aus der Broschüre des Abbé Nicolle ihre Entsprechung im sechsten Achtzeiler, der die Augen Assuntas beschreibt:

> „Te oczy były ciemnogranatowe, / Jako dwa winne grona – i owiane / Tak samo w bielmo lekkie i perłowe / Że gdzie wejrzała, przezierałem ścianę, / A gdy je w Niebo podniosła wschodowe, / Widziałem, że są ofiarą pijane – / Jakby dobitnie mówiły, acz z cicha: / ,Weź, Panie, dwa te grona, do kielicha'!"[58]

> [„Diese Augen, dunkler Granat, / Wie zwei Trauben – und getrübt/ von einem Schleier leicht und perlenglänzend / Dass, als sie mich ansah, ich hindurchsah durch die Wand, / Und, als sie sie gen Himmel hob, / Ich sah, dass sie des Opfers trunken sind – / als sprächen sie deutlich, wenn auch leise: / ,Nimm, Herr, diese beiden Trauben, in den Kelch'!"]

* * *

Wir wollen zum Abschluss zu den zwei Ausgangshypothesen zurückkehren und sie einer weiteren Kontrolle unterziehen. Da der polnische Dichter es für angebracht hielt, seine Briefpartnerin in der Heimat über die Ausstellung jenes Bildes zu informieren und ihr die dazugehörige Broschüre zu schicken, muss man annehmen, dass das angebliche Meisterwerk Raffaels auch in anderen Ländern Europas ein Thema war. Als Referenz habe ich die „Illustrierte Zeitung" ausgewählt, die in Leipzig erschien und der Kunst relativ viel Raum widmete.

Die erste Notiz zu dem uns interessierenden Thema erscheint in dieser Wochenschrift am 20. September 1862. Ein nicht genannter Autor meldet, dass in Rom ein Bild aufgetaucht sei, das den *Tod des Heiligen Joseph* darstelle und für ein Werk Raffaels gehalten werde:

---

55 Norwid, Pisma wszystkie (wie Anm. 1), Bd. 3, S. 296.
56 Abbé Nicolle, La merveille (wie Anm. 8), 4. Aufl., S. 15.
57 Ebenda, S. 16.
58 Norwid, Pisma wszystkie (wie Anm. 1), Bd. 3, S. 298.

„Abermals will man in Rom ein Meisterwerk Raphael's, den ‚Tod des hl. Joseph' darstellend, aufgefunden haben, das sich seit sechs Generationen in dem Besitz einer Familie befand und vor kurzem bei einer Versteigerung zum Vorschein kam. Für die Echtheit spricht die ausgezeichnete Schönheit des Gemäldes und der Umstand, dass Overbeck es für ein Werk des grossen Meisters erklärt, überhaupt von mehr als 400 Künstlern, die es betrachtet haben, kein Zweifel geäussert worden ist."

Die Quelle dieser Information ist natürlich der (mit Namen und seiner Funktion als Sekretär eines Kardinals benannte) Abbé Nicolle, den der Autor der Notiz am Ende wörtlich zitiert:

„Der Maler Francia, welcher Raphael in seinen letzten Lebenstagen besuchte, habe ihn mit einem kleinen Bilde beschäftigt gesehen und sei ausser sich über dessen Schönheit gewesen. Die Kunstgeschichte und die Kataloge erwähnen dessen aber nicht."[59]

Sieben Wochen später kommt die Leipziger Wochenschrift auf die Angelegenheit zurück und meldet:

„Unlängst wurde in Rom ein ziemlich kleines Gemälde aufgefunden und ausgestellt, das den Tod des hl. Josephs behandelt, und als dessen Urheber Raphael bezeichnet wurde. Es hat sich schon herausgestellt, dass das Bild kein Raphaeli'sches ist, sondern dem Pinsel des Carlo Maratti entstammt; es existiert eine Copie des Gemäldes von Robert Van Audenaerde unter welcher der Name des Meisters, der das Original geschaffen, eingegraben ist. Maratti malte es für die dem hl. Joseph geweihte Kapelle in der Kirche S. Isidor zu Rom."[60]

Die Notiz in der deutschen Zeitung erklärt, wieso sich die Spur des Bildes, um das in Paris so viel Aufsehens gemacht worden war, so schnell verlor. Diejenigen, die geglaubt hatten, es mit einem Werk Raffaels zu tun zu haben, hatten selbst kein Interesse daran, ein Thema aufrecht zu erhalten, das evtl. ihre eigene Inkompetenz offenbaren konnte.

Die bisherigen Aussagen beseitigen einige weiße Flecken. Wir haben das Bild, das einen so großen Eindruck auf den in Paris lebenden Dichter machte, identifiziert. Wir haben eine Episode aus der Rezeptionsgeschichte Raffaels aufgedeckt. Wir haben die Spur eines verschollenen Bildes von Maratti wiedergefunden. Wir haben eine ganze Reihe von Promotionsstrategien für Kunstwerke im Paris der 60er Jahre des 19. Jahrhunderts rekonstruiert. Wir haben eine Broschüre vorgestellt, die sich dadurch auszeichnet, dass sie mit hervorragender Präzision ein relativ kleines Kunstwerk beschreibt. Wir konnten zeigen, welchen Einfluss jenes Bild und jene Broschüre auf das Werk Norwids ausgeübt haben, einen Einfluss, der der Forschung bisher zwangsläufig unbekannt war.

Wir konnten jedoch nicht definitiv klären, ob das Bild tatsächlich von Raffael stammte, weil sich dies ohne Zugang zum Bild nicht bewerkstelligen lässt. Auch ist nicht bekannt, was mit dem Bild weiter geschehen ist und wo es sich heute befindet, falls es noch existiert. Womöglich ist es verkauft worden, wenn auch mit Sicherheit nicht annähernd für die astronomische Summe, die der Abbé Nicolle forderte, denn dies wäre in die Annalen des

---

59 Illustrierte Zeitung Nr. 1003 v. 20.09.1862. Der letzte Satz ist eher ein Kommentar des Korrespondenten als ein Zitat aus den Ausführungen des Abbé Nicolle.
60 Illustrierte Zeitung Nr. 1010 v. 08.11.1862.

Kunsthandels eingegangen – übrigens muss der Preis, nachdem feststand, dass es sich wahrscheinlich um ein Bild Marattis handelt, drastisch gefallen sein. Vermutlich erfuhr das Bild dasselbe Schicksal, das ihm nach Meinung des Abbé Nicolle bereits vor 1862 widerfahren war: weiteren Generationen als ein erbauliches Bild eines heiteren Todes zur religiösen Andacht zu dienen.

Cyprian Norwid, der zum eigenen Gebrauch ein Kruzifix ohne Christusfigur entworfen und ausgeführt hat; der sich zuerst für das unbekannte Werk begeisterte; der sowohl seine erste, spontane Begeisterung als auch die spätere Enttäuschung über die Unzuverlässigkeit menschlicher Urteilsfähigkeit in Literatur umzuformen vermochte – er hätte das Schicksal eines religiösen Kunstwerkes zwischen einstiger Berühmtheit im Werte vieler Millionen und schlichter geistiger Andacht zu schätzen gewusst.

Aus dem Polnischen übersetzt von Heidemarie Petersen, Leipzig

Personenregister

Die Autoren des Bandes

Arkadiusz Bagłajewski, Dr. phil., geb. 1962 in Lublin; wissenschaftlicher Mitarbeiter am Institut für Polnische Philologie an der Marie-Curie-Skłodowska-Universität in Lublin, Chefredakteur der literarischen Vierteljahresschrift „Kresy". Veröffentlichte zur Literatur der polnischen Romantik zahlreiche Aufsätze sowie die Monografie *Ostatni romantyk. Twórczość liryczna Kornela Ujejskiego* [Der letzte Romantiker. Zum lyrischen Schaffen von Kornel Ujejski] (1999). Betreibt außerdem Forschungen zur jüngeren Literatur, insbesondere der des Exils, sowie zu Erscheinungsformen und Funktionsweisen der romantischen Tradition in der Gegenwart.

Agata Bielik-Robson, Dr. phil. habil., geb. 1966, arbeitet am Institut für Philosophie und Soziologie der Polnischen Akademie der Wissenschaften sowie am Zentrum für Amerikanische Studien der Universität Warschau. Veröffentlichte drei Monografien: *Na drugim brzegu nihilizmu* [Am anderen Ufer des Nihilismus] (1997), *Inna nowoczesność* [Eine andere Moderne] (2000), *Duch powierzchni: rewizja romantyczna i filozofia* [Der Geist der Oberfläche: romantische Revision und Philosophie] (2004); in Arbeit: *The Saving Lie. Harold Bloom and Deconstruction*. Forschungsschwerpunkte sind zeitgenössische Subjektphilosophie, Theorie der Literatur sowie Religionsphilosophie unter besonderer Berücksichtigung des Judentums.

Hans-Jürgen Bömelburg, Dr. phil. habil., geb. 1961, wissenschaftlicher Mitarbeiter am Nordost-Institut Lüneburg, arbeitet zur ostmitteleuropäischen, insbesondere zur polnischen und preußischen Geschichte von der Frühen Neuzeit bis zur Gegenwart. Autor vielfältiger Veröffentlichungen, u.a. der Dissertation *Zwischen polnischer Ständegesellschaft und preußischem Obrigkeitsstaat* (1995) und der Habilitation *Frühneuzeitliche Nationen im östlichen Europa. Das polnische Geschichtsdenken und die Reichweite einer humanistischen Nationalgeschichte 1500–1700* (2006); gegenwärtige Projekte: Geschichte der Stadt Lodz im 20. Jahrhundert; Frühneuzeitliche Adelseliten in Polen, Livland und Preußen.

Stefan Chwin, Dr. phil. habil, geb. 1949 in Gdańsk / Danzig, Schriftsteller, Essayist, Literaturhistoriker und -kritiker, Professor an der Universität Gdańsk. In den 1980er Jahren Redaktionsmitglied der Reihe „Transgresje". Zu seinen wichtigsten literaturkritischen und -wissenschaftlichen Publikationen gehören: *Bez autorytetu* [Ohne Autorität] (zusammen mit Stanisław Rosiek, 1981), *Romantyczna przestrzeń wyobraźni* [Der romantische Phantasieraum] (1988), *Literatura i zdrada* [Literatur und Verrat] (1993). Herausgeber des *Konrad Wallenrod* von Adam Mickiewicz in der Reihe „Biblioteka Narodowa" (1993). Verfasser eines autobiografischen Essays *Krótka historia pewnego żartu* [Kurze Geschichte eines gewissen Witzes] (1991), und der Romane *Hanemann* (1995; dt.: *Tod in Danzig*), *Esther* (1999; dt.: *Die Gouvernante*), *Złoty pelikan* (2003; dt.: *Der goldene Pelikan*), *Żona pre-zydenta* [Die Präsidentenehefrau] (2005), *Dolina Radości* [Das Tal der Freude] (2006); veröffentlichte auch zwei phantastische Romane *Ludzie-skorpiony* [Menschen-Skorpione] (1984) und *Człowiek-Litera* [Mensch-Buchstabe] (1989) sowie eine Sammlung „alternativer Erzählungen" *Wspólna kąpiel* [Gemeinsames Bad] (2001, zusammen mit Krystyna Lars), *Kartki z dziennika* [Blätter des Tagebuchs] (2004). Seine Bücher und Texte wurden in viele europäische und außereuropäische Sprachen übersetzt. Er ist Träger zahlreicher Preise, u.a.: Preis der Kościelski-Stiftung in Genf, „Paszport Polityki" der Zeitschrift „Polityka", Preis der Erich Brost-Stiftung, des Polnischen PEN-Clubs, und der Andreas Gryphius Hauptpreis. War einige Jahre Mitglied der Jury des polnischen Literaturpreises „Nike". In Deutschland erschien auch Chwins Essayband mit einem bibliografischen Anhang zu Chwins Werk: *Stätten des Erinnerns. Gedächtnisbilder aus Mitteleuropa. Dresdner Poetikvorlesung* (2005).

Rolf Fieguth, Dr. phil. habil., geb. 1941, ist ordentlicher Professor für Slavistik an der Universität Freiburg/Schweiz (kurz vor der Pensionierung). Sein wissenschaftliches Profil ist von Roman Ingarden sowie von den russischen Formalisten und den mitteleuropäischen Strukturalisten geprägt; er bearbeitet verschiedene Themen der russischen und vor allem polnischen Literatur von der Frühen Neuzeit bis zur Moderne. Er hat (zusammen mit Fritz Arnold) eine 13-bändige deutsche Gombrowiczausgabe besorgt und namentlich über die Dichter Jan Kochanowski, Franciszek Dionizy Kniaźnin, Adam Mickiewicz, Cyprian Nor-wid und Czesław Miłosz publiziert. Übersetzt hat er u.a. Lyrik von C. Norwid, Iosif Brodskij und Tomas Venclova.

Alfred Gall, Dr. phil. habil., geb. 1971 in Walenstadt / Schweiz, ist Professor für west-slavische Literatur- und Kulturwissenschaft an der Johannes Gutenberg-Universität Mainz, wissenschaftlicher Leiter des Mainzer Polonicums. Forschungsgebiete: Russische und pol-nische Literatur, Literaturgeschichte, Literaturtheorie (Systemtheorie, Poststrukturalismus, Pragmatismus). Veröffentlichte u.a. seine Zürcher Dissertation *Hermetische Romantik: Die religiöse Lyrik und Versepik F.N. Glinkas aus systemtheoretischer Sicht* (2001) und Habili-tation *Performativer Humanismus: Die Auseinandersetzung mit Philosophie in der literari-schen Praxis von Witold Gombrowicz* (2007).

Thomas Grob, Dr. phil. habil., geb. 1961 in Olten / Schweiz, ist Privatdozent für Slavistik und Allgemeine Literaturwissenschaft an der Universität Konstanz, lehrt in Konstanz und Zürich. Dissertation über *Daniil Charms' und literarische ‚Kindlichkeit'* (1994); Habilitation über russische Postromantik (im Erscheinen). Arbeitsschwerpunkte: Polnische und russische Romantik im europäischen Kontext, Phantastische Literatur, Gegenwartsliteratur, Geschich-te von Phantasiekonzepten, Literatur und Raum, Literatur und historische Mythisierung, Literatur und Ökonomie, Geschichte von Teufelsbildern u.a.m.

Tomasz Kizwalter, Dr. phil. habil., geb. 1955 in Warschau, ist Professor am Historischen Institut der Universität Warschau, Leiter der Abteilung für die Geschichte des 19. Jahrhun-derts. Seine Forschungsschwerpunkte sind Ideengeschichte und Geschichte der gesellschaft-lichen Vorstellungen wie überhaupt des 19. Jahrhunderts. Als die wichtigste der zahlreichen

Publikationen gilt die Monografie *O nowoczesności narodu. Przypadek polski* [Über die Modernität der Nation. Der Fall Polen] (1999).

Michał Kuziak, Dr. phil., geb. 1970 in Żywiec / Polen, ist wissenschaftlicher Mitarbeiter am Institut für Polnische Philologie an der Akademia Pomorska / Pommersche Akademie in Słupsk / Stolp und leitet dort die Abteilung für Literaturtheorie sowie den Arbeitskreis zur Erforschung der Romantik und ihrer Präsenz in der Kultur. Autor von Büchern über Adam Mickiewicz: *Wielka całość. Dyskursy kulturowe Mickiewicza* [Eine große Ganzheit. Mickiewiczs kulturelle Diskurse] (2006) und *Ze studiów nad prelekcjami paryskimi Adama Mickiewicza* [Studien zu Adam Mickiewiczs Pariser Vorlesungen] (in Druck), sowie über Juliusz Słowacki: *Fragmenty o Słowackim* [Fragmente über Słowacki] (2001). Darüber hinaus zahlreiche Aufsätze zur Literatur der Romantik, der Gegenwart sowie zur Literaturtheorie in einschlägigen Fachzeitschriften. Herausgeber der Sammelbände *Juliusz Słowacki. Wyobraźnia i egzystencja* [J. Słowacki. Phantasie und Existenz] (2002); *Sztuczne raje.... Używki w literaturze* [Künstliche Paradiese... Genussmittel in der Literatur] (2002). Redaktionsmitglied der Zeitschrift „Słupskie Prace Filologiczne". Stipendiat der Stiftung für Polnische Wissenschaft (Fundacja na Rzecz Nauki Polskiej). Arbeitet gegenwärtig über die moderne Poetik Norwids. Schreibt auch populärwissenschaftliche Bücher.

Andreas Lawaty, Dr. phil., geb. 1953 in Bytom / Beuthen, Historiker und Polonist, ist Direktor des Nordost-Instituts in Lüneburg. War polonistischer Redakteur der Reihe „Polnische Bibliothek" (1982–2000) am Deutschen Polen-Institut, Autor der Dissertation *Das Ende Preußens in polnischer Sicht* (1986), Herausgeber (mit Hubert Orłowski) von *Deutsche und Polen. Geschichte, Kultur, Politik* (2003). Forschungsschwerpunkte sind Geistesgeschichte und Geschichte politischer Ideen in Ostmitteleuropa, polnische Geschichte der Neuzeit und Zeitgeschichte, deutsch-polnische Beziehungen.

Michał Masłowski, Dr. phil. habil., geb. 1944 in Warschau, ist Professor für polnische Literaturwissenschaft an der Sorbonne (Paris IV). Autor von mehreren polnischen und französischen Arbeiten zur polnischen Romantik, zur Geschichte und Theorie des Dramas, zum Aspekt der Religion in der zeitgenössischen Literatur und zur Kulturanthropologie in Mitteleuropa. Zusammen mit Jacques Donguy Übersetzer von polnischer Literatur – romantisches Drama und zeitgenössische Lyrik – ins Französische.

German Ritz, Dr. phil. habil., geb. 1951, Professor für slavische Literaturwissenschaft an der Universität Zürich. Forschungsschwerpunkt Polnische Literatur des 19. und 20. Jahrhunderts. Publizierte auf Polnisch und Deutsch zu Jarosław Iwaszkiewicz, über die polnische Prosa nach 1956, Gender und Literatur, literarische Wechselbeziehungen, Übersetzungskritik. Aktuelle Projekte: die polnische Romantik, Neuschreibung der polnischen Literaturgeschichte.

Monika Rudaś-Grodzka, Dr. phil., geb. 1964 in Lublin, wissenschaftliche Mitarbeiterin am Institut für Literaturforschung der Polnischen Akademie der Wissenschaften in der Abteilung Romantik. Verfasste u.a. die Monografie *„Sprawić, aby idee śpiewały". Motywy platońskie w życiu i twórczości Adama Mickiewicza w okresie wileńsko-kowieńskim* [„Dafür sorgen, dass die Ideen singen". Platonische Motive im Leben und Werk von Adam Mickiewicz in seiner Wilna-Kaunas-Lebensphase] (2003).

Brigitte Schultze, Dr. phil. habil., geb. 1940 in Stralsund, em. Universitätsprofessorin, hat von 1987 bis 2005 an der Johannes Gutenberg-Universität Mainz die Westslavischen Literaturen (Polonistik, Bohemistik) vertreten und war wissenschaftliche Leiterin des Mainzer Polonicums. Ihre weitgehend mit Sonderforschungsbereichen, Graduiertenkollegs und anderen interdisziplinären Einrichtungen verbundenen, auf die polnische, russische und tschechische Literatur und Kultur bezogenen Forschungsschwerpunkte betreffen u.a. Probleme der Gattungspoetik, die Theorie und Praxis literarischen Übersetzens, historische und systematische Aspekte von Drama und Theater sowie kulturwissenschaftliche und intermediale Problemstellungen. Unlängst erschien ihre Monografie *Der polnische Bauernfürst: vom Bauern zum König. Arbeiten am Stoff in vier Jahrhunderten* (2003, auch in polnischer Übersetzung 2007).

Mikołaj Sokołowski, Dr. phil. habil., geb. 1972 in Warschau, Vizedirektor des Instituts für Literaturforschung der Polnischen Akademie der Wissenschaften und wissenschaftlicher Mitarbeiter in der Abteilung Romantik. Forschungsschwerpunkt ist die polnische Romantik im internationalen Kontext. Publizierte Arbeiten zu Fragen der Mystik und des Nihilismus: *Król duch Juliusza Słowackiego a epopeja słowiańska* [König Geist von Juliusz Słowacki und das slavische Epos] (2004); *Idee dodatkowe. Mickiewicz i włoski sensualizm* [Zusätzliche Ideen. Mickiewicz und der italienische Sensualismus] (2005). Er ist Herausgeber von *Mit jedności słowiańsko-romańskiej w życiu i twórczości Adama Mickiewicza.* [Der Mythos der slavisch-romanischen Einheit im Leben und Schaffen Adam Mickiewiczs] (2006) und Übersetzer von Emanuele Severino ins Polnische.

Katrin Steffen, Dr. phil., geb. 1967 in Bremen, seit Mai 2002 wissenschaftliche Mitarbeiterin am Deutschen Historischen Institut Warschau, Forschungsschwerpunkte: Jüdische und polnisch-jüdische Geschichte im 19. und 20. Jahrhundert; Geschichte von Zwangsmigrationen im 20. Jahrhundert; Minderheiten und Nationalismus in Ostmitteleuropa; Geschichte des Wissens in Ost und West; Modernisierungsgeschichte und Transnationalität. Wichtigste Veröffentlichungen: *Jüdische Polonität 1918–1939. Ethnizität und Nation im Spiegel der polnischsprachigen jüdischen Presse* (2004); *Europas Platz in Polen. Polnische Europa-Konzeptionen vom Mittelalter bis zum EU-Beitritt* (2007, herausgegeben gemeinsam mit Claudia Kraft).

Izabela Surynt, Dr. phil. habil., geb. 1967; Studium der Germanistik an den Universitäten Berlin (Humboldt-Universität), Wrocław/Breslau und Aachen, 1995 Promotion über Marie von Ebner-Eschenbach, 1990–2004 wissenschaftliche Assistentin an der Universität Oppeln, Habilitation 2005 über Gustav Freytag, seit 2004 am Lehrstuhl für Germanistik des Willy Brandt Zentrums der Universität Wrocław/Breslau tätig. Veröffentlichungen zuletzt: *Das „ferne", „unheimliche" Land. Gustav Freytags Polen* (2004), *Postęp, kultura i kolonializm* [Fortschritt, Kultur und Kolonialismus] (2006), *Opowiedziany naród. Literatura polska i niemiecka wobec nacjonalizmów XIX wieku* [Die erzählte Nation. Polnische und deutsche Literatur angesichts der Nationalismen des 19. Jahrhunderts] (2006, Mitherausge-

berin), *„Mein theurer Theodor!"* *Gustav Freytags Briefe an Theodor Molinari 1847–1867*
(2006, Mitherausgeberin).

Dirk Uffelmann, Dr. phil. habil., geb. 1969 in Kassel, ist Professor für Ost-Mitteleuropa-
Studien an der Universität Passau. Forschungsschwerpunkte in der russischen, polnischen,
tschechischen, slowakischen und deutschen Literatur und Kultur: Zusammenhänge von Literatur und Kulturphilosophie, Christologie, Kirchenrecht, Architektur- und Wirtschaftstheo-
rie. Autor von *Die russische Kulturosophie* (1999) und *Der erniedrigte Christus und seine
Ausgestaltungen in der russischen Kultur und Literatur* (Habilitationsschrift 2005), Mither-
ausgeber von *Orte des Denkens. Neue Russische Philosophie* (1995), *Kultur als Übersetzung*
(1999), *Nemeckoe filosofskoe literaturovedenie* [Deutsche Philosophische Literaturwissenschaft, russ.] (2001) und *Uskol'zajushchij kontekst. Russkaja filosofija v XX veke* [Der ent-
gleitende Kontext. Russische Philosophie im 20. Jahrhundert; russ.] (2002).

Maria Zadencka, Dr. phil. habil., geb. 1956 in Kraków / Krakau, Privatdozentin / Assi-
stant Professor am Slawischen Institut der Universität Stockholm, Dozentin am Slawischen
Institut der Universität Helsinki. Forschungsbereiche: Polnische Literatur des 19. und 20.
Jahrhunderts in der komparativen Perspektive; Polnische Exilliteratur; Literatur und nationale Diskurse in Polen, Finnland, Estland, Lettland, Litauen; Literatur und der frühmoderne
philosophische Diskurs über den souveränen Staat. Mitherausgeberin der Buchreihe „Literatur und nationale Identität".

Jan Zieliński, Dr. phil. habil., geb. 1952 in Warschau, lebt in Bern, Literaturhistoriker,
Literatur- und Kunstkritiker, Übersetzer, ehemaliger Diplomat, Kurator. Verfasser von mehreren Büchern, u.a. über Ludwig von Tetmajer [dt.: *Ludwig von Tetmajer Przerwa: 1850–
1905. Gründer der Eidgenössischen Materialprüfungs- und Forschungsanstalt EMPA; Pio-
nier der Materialprüfung und -forschung* (1995)], Józef Czapski, Juliusz Słowacki, Józef
Mackiewicz, über den europäischen Roman um die Jahrhundertwende, über die Exil-Lite-
ratur sowie über polnische Spuren in der Schweiz. Seit 2007 Professor für Weltliteratur an
der Kardinal Stefan Wyszyński-Universität in Warschau.